Drimmel · Gott sei uns gnädig

Heinrich Drimmel

Gott sei uns gnädig

Die Welt von Josef Stalin bis Jimmy Carter

Amalthea

2., erweiterte Auflage 1980

Gesamtherstellung: Salzer - Ueberreuter, Wien
Printed in Austria
ISBN 3-85002-114-9

Inhalt:

Der Liberalismus, der nach 1945 aus den USA nach Europa kam:

Der amerikanische Gebrauch von »Liberalismus als politische Strömung der Gegenwart weicht in wesentlichen Punkten von der traditionellen und modernen kontinentaleuropäischen Bedeutung des Begriffes ab. Der heutige amerikanische »Liberale« fordert die Ausweitung der Regierungstätigkeit in Richtung des Wohlfahrtsstaates sowie staatliche Einflußnahme auf die Wirtschaft; er steht bei Arbeitskonflikten gewöhnlich auf der Seite der Gewerkschaften. Er setzt sich nachdrücklich gegen den Rechtsextremismus und rassische oder religiöse Diskriminierung sowie für die Sicherung weitgehender bürgerlicher Freiheiten und die aktive Beteiligung aller Bürger am politischen Leben ein. Die »liberale« Außenpolitik der Nachkriegszeit ist gekennzeichnet durch entschiedenen, aber undogmatischen Antikommunismus.

Aus: Arthur Schlesinger, DIE TAUSEND TAGE KENNEDYS, Bern und München 1965, Seite 21, Anmerkung.

»Links gibt es keinen Feind!«

Parole der Liberalen in Frankreich

ES WIRD WIEDER GESCHOSSEN

Der Mozart-Expreß stand in der öden Schneelandschaft des Winters 1947 wie das teure Spielzeug eines verwöhnten Kindes aus besserem Haus, das die Buben der Umgebung, die nicht mitspielen durften, neidvoll anstarrten. Diejenigen, die in diesem Fall nicht mitspielen durften, waren Soldaten der sowjetischen Besatzung in Ostösterreich. In ihren scheinbar ärmlichen Felduniformen, die in Wirklichkeit äußerst zweckmäßig waren, sahen sie neben den herausgeputzten US-Militärpolizisten, die den stehenden Zug bewachten, aus wie wirkliche Soldaten neben zivilistischen Rekruten in teuren Extrauniformen. Und da waren auch die Österreicher der Nachkriegszeit – in abgetragenen, oft zerschlissenen Kleidern aus der Vorkriegszeit, unter ihnen Frühheimkehrer aus der Kriegsgefangenschaft in umgeschneiderten Uniformstücken der einstigen Deutschen Wehrmacht, Menschen, denen man ansah, daß sie von den Federn aufs Stroh gekommen waren, die in der eisigen Kälte jämmerlich froren, aber dennoch nicht heimgingen, weil es hier etwas anzuschauen gab: ein Wunder aus einer anderen Welt.

Der Mozart-Expreß verkehrte in dieser Zeit regelmäßig zwischen Salzburg, damals Zentrum der US-Besatzungszone in Österreich, und dem US-Feldflughafen bei Tulln. Von dieser Tulln-Air-Base unterhielten die Amerikaner ihre Flugverbindung mit dem Westen, vor allem für die Offiziere im Internationalen Kontrollrat für Österreich, der seinen Sitz im vierfach besetzten Wien hatte. Eisenbahnsoldaten der US-Army haben die Zuggarnitur aus erbeutetem Material der Deutschen Reichsbahn und der Mitteleuropäischen Schlafwagen- und Speisewagen-Gesellschaft, der MITROPA, zusammengekuppelt. Vorher hat man die im Krieg heruntergekommenen Waggons gründlich mit DDT behandelt, sie mehrmals gereinigt und schließlich, so gut es ging, auf Glanz gebracht. An die Außenwände der Waggons malte man Abbildungen der amerikanischen Flagge sowie Aufschriften in russischer und deutscher Sprache, wonach der Train ausschließlich amerikanischen Militärs und ihren Angehörigen vorbehalten war. Kurz gesagt: For American personal only.

Nicht nur der Mozart-Expreß war »off limits«. In Salzburg hatten die Amerikaner über Nacht die Bewohner eines ganzen Stadtviertels evakuiert, um ihr Besatzungspersonal unterzubringen. Es lebte sich gut im besetzten Österreich, viele amerikanische Familien konnten sich hier Annehmlichkeiten leisten, die ihnen daheim nie mehr zukommen werden. Auch die Russen haben in der alten Kurstadt der österreichischen Kaiser, in Baden bei Wien, einen Stadtteil von der Zivilbevölkerung geräumt, das Viertel mit Stacheldraht und hohen Holzwänden umgeben und dahinter allerlei betrieben, von dem die Österreicher nur gerüchteweise erfuhren: so, daß sich dort die Zentrale der sowjetischen Kontrolleinrichtungen für ganz Mitteleuropa befand. Oder daß entführte Personen von Baden aus mit der schauerlichen Geheimbahn verschickt wurden, was später Alexander Solschenizyn im Archipel Gulag beschreiben wird. Alle vier Besatzungsmächte nahmen, was noch brauchbar war: Hotels, Gaststätten, Bars und andere Stätten, wo man unter sich blieb. In der amerikanischen Zone gab es ein wahres Paradies, vor dessen Eingang, wie ehedem ein Erzengel, ein US-Militärpolizist stand und »American personal only« durchließ. Es waren Läden, die den merkwürdigen Namen PX trugen. Dort gab es alle Herrlichkeiten der Vorkriegszeit und andere, die man früher nicht einmal dem Namen nach in Österreich gekannt hat. Es war gut, wenn man ein Ami-Girl, wie man sagte, ein »Fräulein«, wie die Ami sagten, also die Freundin eines Ami, in der Familie hatte. Auch ein Ami-Girl durfte nicht hinein in einen PX-Laden, wohl aber holte für sie ihr Ami heraus, was er brauchte, um seine Freundschaft zu seinem Fräulein in Betrieb zu halten.

So geht es nach jedem verlorenen Krieg. Die Sieger nehmen

zuerst nicht nur das eroberte Land unter Kontrolle, sondern auch die Weiblichkeit. Die Russen taten das brutal, quasi als Rache dafür, was deutsche Landser ihrem Land und den Russinnen angetan hatten. Im Westen taten es ein PX-Laden oder Parfum aus Paris oder die etwas kärglicheren Möglichkeiten der Engländer. Auch deutsche Soldaten haben sich einmal mit französischen oder italienischen und anderen Frauen und Fräulein amüsiert. Nachher nahmen sie Fotos dieser Damen mit in den Rußlandfeldzug, wo sie erleben mußten, daß die Russinnen, trotz Hunger und Not, bei weitem nicht gleichermaßen entgegenkommend waren wie ihre Geschlechtsgenossinnen im Westen. Da war es gut, daß man bei der Sichtung des Nachlasses eines gefallenen Landsers den Inhalt der Brieftasche genauer durchsah, Fotos von Frauen, die offenbar nicht zur Familie des Toten gehörten, aussortierte, ehe man alles in die Heimat schickte.

Ja, so haben sich die Zeiten geändert seit den Tagen der Blitzkriege und Blitzsiege, in denen auch die Ostmärker keine Schnürschuhe trugen, sondern gute deutsche Marschstiefel, Knobelbecher genannt. Der Verlierer muß, wenn erst einmal der Krieg zu Ende ist, nicht nur seinen Nacken tief beugen vor den Siegern, sondern außerdem zugeben, daß er und nur er schuld gewesen ist an dem verdammten Krieg, und seine zeitlichen Sündenstrafen abdienen in den Vorhöllen der Besatzungsmächte.

Die Österreicher, naiv, wie sie in politischen Dingen zuweilen sind, hielten sich nach 1945 für Bürger eines befreiten Landes. So wie die Italiener nach Kriegsschluß den einmarschierenden Amerikanern und Engländern et cetera zuriefen:

»Vittoria a noi!«

Immerhin waren die Österreicher im Moment besser dran als die »Piefkes«, wie sie jetzt ihre Befreier vom Jahre 1938 schimpften. Denn sie, die damaligen Ostmärker, hatten eine eigene Regierung für das ganze Gebiet des 1938 untergegangenen Bundesstaates Österreich. Zwar sah der erste österreichische Staatskanzler nach 1945, der Sozialdemokrat Karl Renner,

das herrschende Besatzungsregime als eine Last an, die er mit »vier Elephanten in einem Ruderboot« verglich, doch er verstand es wie nachher Leopold Figl, mit der lästigen Situation auf seine Weise fertig zu werden. Seit dem Spätherbst 1945 gab es in Österreich wieder ein freigewähltes Parlament, freilich und auch zum Ärger der US-Besatzung keines mit einer sozialistischen Mehrheit. Dieses Parlament konnte gemäß der Verfassung des Landes von 1920 Gesetze beschließen, die auch in Kraft traten, sofern nicht der Alliierte Kontrollrat für Österreich mit den Stimmen *aller vier* Besatzungsmächte, also einstimmig, Einspruch dagegen erhob. Das war selten der Fall. So regierten Parlament und Regierung im vierfach besetzten Österreich mehr und mehr nach dem politischen Willen der Bevölkerung und nicht – wie in Deutschland – nach dem Willen der Besatzungsmächte.
Mit der Zeit fingen die Österreicher an, alle Mißlichkeiten des Lebens nicht mehr ausschließlich Hitler in die Schuhe zu schieben, sondern den Russen. Die Russen haben denn auch einiges angerichtet, was die Hilfe der Ami für Österreich wieder zunichte machte. So durfte in ihrer Zone der österreichischen Wirtschaft nicht aus den Mitteln des ERP-Fonds, also letzten Endes aus amerikanischen Beständen, geholfen werden. Der Aufbau im Lande bekam ein West-Ost-Gefälle, das noch immer nicht vollends begradigt werden konnte. So wurde in der Russenzeit der enorme Vorsprung der Hotellerie, des Wintersports und Fremdenverkehrs, der einmal in der Kaiserzeit in Niederösterreich entstanden war, zerstört.
Die Abkürzung USIA bekam dafür eine fatale Bedeutung: USIA war die Abkürzung für die russische Bezeichnung Uprawlenie Sovetskoe Imustcestva w Awstrii, also Verwaltungsstelle des sowjetischen Besitzes in Österreich. Natürlich hat es vor dem Krieg keinen sowjetischen Besitz in Österreich gegeben. Auf der Potsdamer Konferenz haben aber die westlichen Siegermächte zugestimmt, daß sich die Sowjets in ihrer Besatzungszone in Österreich an dem schadlos hielten, was man in Moskau als deutsches Eigentum ansah. Also nicht bloß Besitz

früherer Unternehmer aus dem sogenannten Altreich vor 1938, sondern alles Staatsvermögen in der Russenzone, zum Beispiel österreichisches Staatsvermögen aus dem 19. Jahrhundert – oder aus noch früheren Zeiten –, das 1938 in den Besitz des Deutschen Reiches übergegangen war.
Die Russen waren keine angenehmen Gäste im Land. Aber sie hielten sich an den alten Rechtssatz: Pacta sunt servanda. Und in der Tat haben sie nicht selten Vertragsverpflichtungen, wenn sie diese einmal übernommen haben, verläßlicher gehalten als gewisse Typen im Westen. Zu diesen Typen gehörte ganz bestimmt nicht der US-Hochkommissar für Österreich, der Dreisternegeneral Mark Weyne Clark. Für ihn waren die Österreicher bis zu seinem Kommen nach Wien so fremd wie für einen Texaner der Wiener Heurige. Was er bis dahin kannte, war die enorme Kampfkraft von Gebirgsdivisionen der Deutschen Wehrmacht, die, aus der »Ostmark« rekrutiert, den Alliierten die Kämpfe im Brückenkopf von Anzio, den Kampf um das Kloster Monte Cassino und überhaupt die Eroberung Italiens verdammt schwer machten. Verdammt schwer, so hat es Clark selbst einmal ausgedrückt. Clark und unzählige Amerikaner brachten nach 1945 keine politischen Ideologien ihrer Heimat nach Österreich, sondern unersetzliche Hilfen für ein total ausgepowertes Land. Diese Amerikaner hinterließen ein Bild des Amerikaners im Land, das sich ganz gewaltig von dem »häßlichen Amerikaner«, wie ihn die Klassenkämpfer der Neuen Linken 20 Jahre später sahen, unterschied.
Für die Lage im vierfach besetzten Österreich ist es notwendig, noch einmal von jenem Mozart-Expreß zu sprechen, der im Hochwinter 1947 in der Russenzone gehalten hat und die Stätte eines tragisch verlaufenen Zwischenfalls wurde. Und das kam so: Der amerikanische Zugskommandant zog die MP-Wachen, die rund um den Zug aufgezogen waren, ein und gab dem österreichischen Fahrdienstleiter Befehl, den Zug raschest abzufertigen. In diesem Moment sprangen einige russische Soldaten, voran zwei Offiziere, auf den Expreß. Hauptmann Klementiev und der Oberleutnant Saltikov wurden im Korridor des

Zuges vom amerikanischen MP-Sergeant Shirley Dixon gestellt und mit drastischen Gesten und drohender Stimme aus dem Zug befördert. Als der Zug langsam anfuhr, sprangen die beiden Offiziere noch einmal auf und gerieten mit Dixon hart aneinander. Klementiev zog seine Armeepistole, aber Dixon gelang es, den Hauptmann zu bewegen, das Ding wegzustecken. Nachher überkam den russischen Offizier offenbar der Zorn, er zog noch einmal die Schußwaffe, diesmal aber war der Amerikaner schneller, er schoß und tötete den Russen mit einem Schuß. Jetzt zog Saltikov, wieder kam der MP-Mann eher zum Schuß; Saltikov kam mit einer Verletzung davon. Dixon zog die Notbremse. Der Zug kam zum Stehen. Amerikaner trugen die Leiche des sowjetischen Offiziers aus dem Zug. Im selben Moment kamen Männer der russischen Bahnhofswache im Eilschritt heran, nahmen die Leiche an sich und legten sie neben dem Waggon in den hartgefrorenen Schnee. Offiziere beider Besatzungsmächte verhinderten, daß es zu weiteren Tätlichkeiten kam. Der russische Bahnhofskommandant sagte dem amerikanischen Zugskommandanten, er möge mit seinem Zug verschwinden, ehe noch was passiert. Und für den Toten wird man sich rächen.

Der erschossene Hauptmann Klementiev lag da, und die Einheimischen schauten mehr neugierig als ängstlich auf das, was weiter geschah. Ein Kriegstoter war lange eine Alltäglichkeit gewesen, ein Toter im Schnee war keine Sensation. Aber: dieser Russe ist nicht mit einer deutschen Pistole Modell 08/15 erschossen worden, sondern mit einer amerikanischen Waffe, Kaliber 0,45 Inches. Vor das bisherige Feindbild der Russen, den deutschen Nazifaschisten, schob sich langsam ein anderes: das des schwerbewaffneten Büttels des amerikanischen Kapitalismus. Den Hitler-Faschismus hatte man soweit beseitigt, der internationale Kapitalismus mit seiner Vormacht US bestand weiter.

Der nächste Akt der Tragödie im Mozart-Expreß spielte sich auf höherer Ebene ab. Selbstverständlich waren der US-Hochkommissar Clark und der SU-Hochkommissar Konev wegen des ganz unnötigen Sterbens des Hauptmanns Klementiev ganz verschiedener Meinung. Ivan Stepanovic Konev war einer der großen Strategen und Heerführer im Zweiten Weltkrieg. 1941 hat er an der Kalininfront den Stoß der Deutschen auf Moskau zum Stehen gebracht, nachher stieß er mit seiner Ukrainischen Front weit nach Westen, bis Schlesien, Sachsen und der Tschechoslowakei. Er und Clark trugen die höchste, auch an Ausländer verliehene Kriegsauszeichnung der SU, den Sovarov-Orden. Und Konev schätzte Clark als Soldaten mit einigem Können. Beinahe wäre Clark den Sowjets mit seiner Strategie gefährlich geworden. 1944 wäre es Clark bei seinen Verfolgungskämpfen bis in den Norden Italiens vielleicht gelungen, weiter nach Nordosten vorzustoßen und so vor den Sowjets Ostmitteleuropa und die nördliche Balkanhalbinsel unter Kontrolle zu bringen. In diesem Falle hätte es dann keine kommunistischen Diktatoren in Jugoslawien, Bulgarien und Albanien, vielleicht auch nicht in Ungarn gegeben. Derlei lag aber nicht in der Absicht Washingtons. So wie der Stoß Eisenhowers auf Berlin unterbunden wurde, unterblieb auch der Stoß Clarks ins Laibacher Becken und weiter nach Ost- und Südostmitteleuropa. Man nahm Clark einfach seine besten Divisionen weg und füllte damit eine für Südfrankreich bestimmte Invasionsarmee auf; für eine Aktion, die nach den Erfolgen der Alliierten in West- und Nordfrankreich militärisch nicht mehr notwendig, politisch nur deswegen von Bedeutung war, weil damit die kommunistischen Partisanen im Land Mut faßten, um an die etwa 40 000 Franzosen, die sie ohne weiteres und insgesamt als Kollaborateure der Nazis hinstellten, umzubringen. Was jedoch den MP-Sergeant Dixon betrifft, so bekam Konev ihn nicht vor ein sowjetisches oder ein internationales Militärgericht. Clark wußte, was in diesem Fall Dixon geschehen wäre: man hätte ihn als mörderischen Kapitalistenverbrecher abgeurteilt, aufgehängt, die Leiche verbrannt und die Asche in den Bach geworfen. Mochte man das mit Nazikriegsverbrechern tun, mit einem Amerikaner jedenfalls nicht. Clark ließ sich zwar mit Konev auf einen monatelangen Papierkrieg ein; währenddessen verschwand Dixon

aus Österreich; dafür hatten die amerikanischen Diplomaten und Juristen, die den Fall bearbeiteten, eine schöne und angenehme Bleibe in Österreich.
Um diese Zeit interessierte Clark schon weniger ein Fall wie der des US-Sergeanten Dixon als vielmehr der Ertrag seiner Erfahrungen im Umgang mit den Russen. Längst pries man in amerikanischen Zeitungen und Magazinen jenen »couragious redhaired« Figl, Österreichs ersten Nachkriegsbundeskanzler, dessen Körpergröße der US-General fast um einen halben Meter überragte. Figl sprach 1946 nicht ein Wort Englisch, und Clark machte sich nicht erst die Mühe, die Sprache der verdammten Deutschen zu erlernen. Und doch verstanden sich die beiden Männer bald ausgezeichnet. Clark erkannte, daß Figl etwas an sich hatte, was er unter allen Umständen respektierte und achtete: Mut. Figl, der 1938 automatisch in ein KZ eingeliefert worden war, hatte nach seiner Entlassung aus dem KZ während des Krieges sogleich damit begonnen, eine Partei christlicher Demokraten vorzubereiten. Das fiel der GESTAPO auf, und Figl kam zum zweiten Mal ins KZ, diesmal mit der Bestimmung, seine Tat vor einem Volksgerichtshof zu verantworten. Wenn nicht im April 1945 die Wächter des »Grauen Hauses«, dem Wiener Gefängnis Figls, die Zellen der politischen Gefangenen vorzeitig geöffnet hätten, dann wäre Figl nie Bundeskanzler geworden, weil man ihn wohl noch unter die Guillotine gebracht hätte. Clark wußte es. Er sah aber auch, wie es Figl verstand, mit den Russen umzugehen: keine Preisgabe von Grundsätzen, aber größte Beweglichkeit im Verhandeln und jene Zähigkeit, mit der ein Bauer zu allen Zeiten zu verhindern versteht, daß ein unangenehmer Nachbar in seinen Acker hineinackert. Mit der Zeit lernte Figl die amerikanischen Ausdrücke für Mehl und andere Nahrungsmittel kennen, ferner für Kohle und Benzin, und schließlich verstand es der kleine Österreicher, die Transportmittel des US-Besatzungsregimes für Aufgaben zur Verfügung gestellt zu bekommen, die nicht nur der Versorgung der US Armed Forces in Österreich dienten.
Etwas war dazugekommen: Im Spätherbst haben die Sozialisten

in der Russenzone trotz des vor zehn Jahren gegen die sogenannten Klerikofaschisten geführten Bürgerkriegs und trotz der deswegen bestandenen Hoffnungen der Sowjets nicht kommunistisch gewählt, sondern sozialistisch. Und so ist nach dieser Wahl die später arg gescholtene schwarz-rote Koalition unter Figl zustande gekommen. Was den Amerikanern, letzten Endes zum Vorteil der Kommunisten, im besetzten Italien nicht gelungen ist, wurde 1945 in Österreich unter dem Zwang der Verhältnisse Tatsache. Um diese Zeit gingen in Washington die Uhren bereits vor. Man sah es dort gar nicht gern, daß sich in Österreich der US-Hochkommissar Clark mit dem klerikalen Figl besser vertrug als mit dem sowjetischen Verbündeten aus der Kriegszeit. Noch immer galt in den US das Image Stalins, das auf dem Höhepunkt des Zweiten Weltkriegs den Amerikanern vor Augen gehalten wurde. Das Bild des guten »Uncle Joe«, eine unglaubliche Verharmlosung Stalins und des Stalinismus, deren Folgen erst nach dem Krieg spürbar wurden. Der Nachfolger des 1945 verstorbenen US-Präsidenten Roosevelt, der aus dem Mittelwesten der US stammende Modewarenhändler Harry Truman, hielt vom naiven Verhalten des Generals Clark überhaupt nichts. Zudem war er schon immer der Meinung, die er später den Journalisten anvertraut hat:
»Dummheit ist an sich nicht rechtswidrig, denn anderenfalls säßen drei Viertel der Generale im Gefängnis.«
Was Clark in Österreich für Österreich tat, gehörte nach Ansicht Trumans zu diesen Dummheiten der Generale. Also erwog er, Clark aus Österreich weg- und hinaufzubefördern. Einmal, bei einem Heimaturlaub des Hochkommissars, sagte Truman zu seinem Logenbruder:
»General, Sie sind Protestant, Freimaurer des 33. Grads und Soldat. Sie kennen sich in Italien aus. Einen Mann wie Sie könnte ich als unseren Vertreter beim Papst brauchen.«
Truman rechnete mit dem dreifachen Schutz, den Clark an sich hatte, um vor jeder Anfechtung des Papismus gefeit zu sein. So einen Mann, der zudem ein wenig dumm war, konnte er brauchen. Einfach zum Dasein im Vatikan. Aber Clark erwiderte, er

sei Soldat und kein Diplomat oder Politiker, und es wäre ihm recht, bis zuletzt als Soldat dem Staat zu dienen. Die Zeit, da man hochrangige Generale der US-Army abschob auf gutbezahlte Posten in der Industrie, war noch nicht da. Auch dahin hätte sich Clark, ein Berufssoldat aus der Zeit vor 1914, nicht verbringen lassen. Also wird Truman den US-Hochkommissar in Österreich abziehen und ihm ein Armeekommando in der Heimat übertragen. Was Clark in der Zeit nach seinem Weggang aus Österreich, 1947, bis zum Ausbruch des Krieges in Korea, 1950, erlebte, kam ihm sehr merkwürdig vor.

Zuerst verstand er nicht die Vorwürfe, die jetzt, nach dem Krieg, gegen den verewigten US-Präsidenten Roosevelt wegen dessen Politik in Jalta und Potsdam erhoben wurden. Mit der Zeit erfaßte er aber, warum denn Truman sich gegen derlei üble Nachreden zur Wehr setzte: deswegen nämlich, weil diese Kritik zugleich auch eine Propaganda war gegen die Demokratische Partei, deren Superstar Roosevelt gewesen ist. Und eine Gefahr für die Wiederwahl Trumans im Jahre 1953. Immer häufiger hörte man von Truman, er sei in Jalta gar nicht dabeigewesen und in Potsdam mit einer schon halbfertigen Erledigung des Krieges konfrontiert worden. Derlei Ausflüchte waren den Liberalen im Land zuwenig. Sie verlangten, Truman müsse sich voll und ganz hinter die Politik Roosevelts stellen. Jeder, der das nicht täte, sei kein Mann des Fortschritts und des Friedens.

»Man hat behauptet, Roosevelt habe die Vereinigten Staaten ausverkauft. Was natürlich eine verdammte Lüge ist. Wenn sich die Russen an die Abmachungen gehalten hätten, die sie in Jalta eingegangen sind, dann hätte es überhaupt keine Schwierigkeiten gegeben. Das aber haben sie nicht getan«, meinte jetzt Truman.

Die Wahrheit ist, daß sich Moskau streng, ja mit konsequenter Strenge an die Abmachungen von Jalta und Potsdam gehalten hat. Also konnten sie sich nur wundern, wenn die Amerikaner, als sie sahen, was ihre Vertreter in Jalta und Potsdam angerichtet hatten, anfingen, an den Abkommen herumzuverbessern.

Mehr noch: trotz Trumans Einsicht schlossen die US immer neue Abmachungen mit der SU.
Auch sonst erlebte Clark nach der Rückkehr aus Europa seltsame Dinge in den Staaten. Schon vor dem letzten Krieg ist die Universität von Kalifornien einer der Hauptstützpunkte für den Kommunismus in den US gewesen. Dort, in Berkeley, entstand das erste Labor für Strahlenforschung. Dorthin schickte die SU einen gewissen Cheifez, Gregori Cheifez, als Vizekonsul nach San Francisco. So genoß dieser Spion der SU eine gewisse Immunität. Cheifez zog zuerst einen aus Jugoslawien gekommenen Steve Mesarosh, zuerst in der ungarischen KP, nachher als Emigrant in Jugoslawien und Hörer am Lenininstitut in Moskau, heran. Mesarosh konnte sich vor seinem Kommen nach Kalifornien in China und im Spanischen Bürgerkrieg für die KP hervortun. In Berkeley arbeitete für ihn als Verbindungsmann der Physiker Josef Weinberg. Weinberg bekam wertvolle Informationen von seinen Genossen, die damals an der Atomforschung in den US arbeiteten. Unter diesen Wissenschaftern ragte der aus Norwegen stammende Haakon Chevalier – dies ein angenommener Name – hervor; Chevalier vertrat den Grundsatz, es sei ausgesprochen unfair, den Russen das sogenannte Atomgeheimnis vorzuenthalten. Wo doch die Sowjets unersetzliche Verbündete im Kampf gegen die Nazi waren. Ein Versuch Chevaliers, Lewis Oppenheimer, den späteren Vorsitzenden der US Atomenergie-Kommission, für derlei Absichten zu gewinnen, scheiterte. Indessen verschwieg Oppenheimer den Versuch Chevaliers, ihn zum Landesverrat zu bewegen. Oppenheimer brachte sein Fachwissen aus Deutschland mit in die US. In Göttingen hat er studiert und promoviert, in den US wurde er Professor an der Universität von Kalifornien.
1942/43 sind die Russen dahinter gekommen, daß ihnen die Amerikaner in der Atomforschung weit voraus waren. Was nützte ein Sieg über die Nazifaschisten, wenn nachher die Vormacht des Kapitalismus, die US, ein viel unheimlicherer Nachbar in der Weltpolitik sein konnte, als es Deutschland je hätte werden können? Da war es gut, daß in Kriegszeiten die Regie-

rung in Washington sich wenig um die SU-Spionage in den US kümmerte, gewisse Warnungen der Abwehr geringschätzte. So konnte noch vor Kriegsende die sowjetische Atomspionage in den US kräftig ausgebaut werden. Schlüsselfigur dieses Spionagerings wurde unter anderen ein gewisser Klaus Fuchs. Fuchs war vor 1933 als Student an der TH Charlottenburg in der KP tätig und der SU-Spionage in Deutschland dienlich. Nach seiner Emigration nach England arbeitete er in Glasgow und Birmingham mit dortigen Atomphysikern zusammen. Im Prinzip dachte er so wie der aus Norwegen eingewanderte Chevalier.
1943 schickte die Londoner Regierung eine Expertengruppe von Physikern in die US. Fuchs, nun schon Engländer, war mit dabei. In den US ging Fuchs in der Columbia-Universität New York, ein weiterer Stützpunkt für Linksintellektuelle, an Land. Das Jahr darauf war er schon in Los Alamos, wo es dann 1945 gelungen ist, die erste zur Explosion gebrachte Atombombe herzustellen.
Zugleich mit Fuchs ist der Russe Anatolij Jakovlev in die US gekommen. Ihm verschaffte man Immunität, indem man ihn zum Generalkonsul in New York machte. Jakovlev fand einen Gewährsmann namens Harry Gold vor. Gold, der schon seit 1932 als Industriespion der SU in den US arbeitete, stellte die Verbindung mit dem Ehepaar Rosenberg her. Julius Rosenberg war Elektroingenieur, seine Frau Ethel, geborene Greenglas, wurde durch ihren Bruder David mit Gold bekannt. Die Rosenbergs, keine Emigranten, sondern bereits in den US geboren, spionierten für die SU in, wie sie es sahen, rein idealistischer Absicht. Später, in dem gegen die Rosenbergs geführten Spionageprozeß, erklärte Julius Rosenberg, er werde nichts vor Gericht aussagen, was der Sache der SU Schaden zufügen könnte. 1953 wurden die beiden Rosenberg im New Yorker Sing-Sing-Gefängnis hingerichtet. Eine Generation später wurden sie von der Neuen Linken in den US und allen Partisanen des dort ausgebrochenen Aufstands gegen den Staat als politische Märtyrer und Opfer einer rassistischen Klassenpolitik verehrt.
Es konnte nicht ausbleiben, daß diese Spionagefälle in der Öf-

fentlichkeit der US eine Sprengwirkung bekamen. Truman konnte nicht umhin, die Sache ernst zu nehmen. Denn in der Öffentlichkeit tauchte der Vorwurf auf, die US-Regierung befleißige sich einer »softness on Communism«. 1947 kam das sogenannte Taft-Hartley-Gesetz heraus, das alle Gewerkschaften verpflichtete, keine Funktionäre als KP-Mitglieder zu dulden. Später wurde ergänzend dazu verlangt, daß der Betroffene in den letztvergangenen fünf Jahren nicht der KP angehört hatte. Als 1950 der Krieg in Korea ausbrach, waren bereits von den Liberalen der Demokratischen Partei alle Mechanismen gegen die KP in Gang gesetzt, deretwegen man nachher den Konservativen Senator aus Wisconsin McCarthy als »politischen Hexenjäger« verdammt hat; um nicht die Kritik an derlei Unduldsamkeit als Last der Demokratischen Partei mitschleppen zu müssen. McCarthyism wurde Chiffre für alle Gegnerschaft zu jenem amerikanischen Liberalismus, für den der Feind immer rechts und nur rechts steht, niemals aber links.
Vorerst, man war noch in der Ära Truman, arbeiteten die Parlamentsausschüsse, zumal auch jener gegen antiamerikanische Aktivitäten, weiter nach einem Prinzip, das jeder Rechtsstaatlichkeit ins Gesicht schlägt. In jedem modernen Prozeßrecht kann der Zeuge die Aussage verweigern, wenn er sich mit seiner Aussage selbst strafrechtlichen Verfolgungen aussetzt. In den US verlegt man Untersuchungen wegen gewisser politischer Verfehlungen einfach in einen Parlamentsausschuß. Dort kann jeder unter Androhung einer Strafe – sub poena – gezwungen werden, dem Ausschuß ausnahmslos alle Aussagen und Materialien zu erbringen, die die Politiker für notwendig erachten. So wird man einmal den 37. Präsidenten der US, Richard Nixon, wegen Dingen zu Fall bringen, die seit Generationen zu den verborgenen Praktiken der Demokratie in Amerika gehören und auch nach Nixon nicht aufhören werden. Dann aber geschah das Unerwartete:
1948 machte der allseits geachtete Hauptherausgeber des US-Magazins TIME, Whittaker Chambers, ohne gezwungen zu werden, eine sensationelle Aussage vor einem solchen Parla-

mentsausschuß. Von Chambers war damals längst bekannt, daß dieser einmal der KP angehört hat. Schon war es nicht von Nachteil, als bekehrter Ex-Kommunist den Ideen der Freien Welt des Westens zu dienen. Der Amerikaner Chambers war einmal ein Alter Kämpfer der KP der US, der er schon 1924 beigetreten ist. Als Stalin Ende der dreißiger Jahre anfing, in der SU die Alten Kämpfer der KPdSU auszurotten, sprang Chambers ab. Man springt aber nicht so ohne weiteres von der KP ab, so wie man etwa aus einer anderen Partei austritt. Chambers nahm gewisse Erinnerungen mit, zum Beispiel jene an einen gewissen Alger Hiss. Den Namen dieses Hiss nannte Chambers 1948 einem Parlamentsausschuß. Da ging ein Raunen durch den Saal und die Politiker schüttelten ungläubig ihre Köpfe. Mr. Hiss war Abgänger der hochberühmten Harvard-Universität, nachher ein sogenannter Senkrechtstarter in den US: Sekretär des Obersten Richters, später in einer äußerst seriösen New Yorker Anwaltsfirma, in der Zeit der Weltwirtschaftskrise aus 1929 Mitarbeiter des US-Präsidenten Roosevelt in dessen vielfach gesetzwidrigen Wirtschafts- und Sozialreformen der dreißiger Jahre, genannt New Deal. Einmal in Washington, konnte nichts mehr den Aufstieg des Mr. Hiss hemmen. Er wurde Berater des stellvertretenden Leiters des Außenressorts und kam so in den Mitarbeiterstab Roosevelts. 1945 kam er mit Roosevelt nach Jalta, von den dortigen Genossen mit Augurenlächeln begrüßt. Seine nächste Tat war die Vorbereitung des ersten Zusammentretens der Vereinten Nationen, der UN, in San Francisco. Er wurde Generalsekretär dieser Tagung. Er hat wichtige Partien der UN-Charta mit getextet. Er flog zusammen mit US-Präsident Truman von San Francisco zurück nach Washington, und er überreichte Truman das Exemplar der eben beschlossenen Satzung. Umso merkwürdiger ist es, daß Truman später behauptete, er sei niemals mit Mr. Hiss zusammengetroffen. Nach der Tagung in San Francisco verließ Mr. Hiss den Vordergrund der politischen Szene. Er übernahm den Vorsitz in der reichen Carnegie-Stiftung für den Frieden. Von dieser und anderen Stiftungen in den US wird

noch erzählt werden. Für Mr. Hiss schufen die finanziellen Mittel dieser angesehenen Stiftungen die Möglichkeit, die Außenpolitik in einem Maße zu beeinflussen, das einem Europäer zunächst unverständlich erscheinen muß. Unabhängig von bürokratischen Einengungen konnte Mr. Hiss Aktionen von weltpolitischer Bedeutung steuern, ohne daß es eine staatliche Kontrolle gab. Und diesen Mann wagte Mr. Chambers 1948 als einen Spion der SU hinzustellen. Als einen früheren Genossen, den Mr. Chambers 1938 vergebens zu überreden versucht hat, die KPdSU zu verlassen. Mr. Hiss hingegen unternahm es damals, Mr. Chambers erneut für seine Spionagetätigkeit auszunutzen: Er übergab Mr. Chambers drei Metallhülsen, in denen sich Mikrofilme mit Ablichtungen von staatlichen Geheimdokumenten befanden. Mr. Chambers sollte dieses Material, wie gewohnt, Richtung Moskau weiterleiten und sich so erneut im Dienst der SU-Spionage kompromittieren. Aber Chambers behielt die Hülsen bei sich, hob sie auf.
Bei diesem Punkt der Enthüllungen angelangt, überstürzten sich die weiteren Ereignisse im Parlamentsausschuß. Hiss erschien spontan vor dem Ausschuß und erklärte, Mr. Chambers seit 1937 nie mehr getroffen zu haben. Demnach wäre der angebliche Spionagefall aus 1938 eine Erfindung. Von den drei Metallhülsen wollte Mr. Hiss nichts wissen. Es war der spätere US-Präsident Richard Nixon, der nun mit einigem Geschick in die Untersuchungen des Falls eingriff und sich dabei die Infektion jener politischen Todeskrankheit holte, der er in den siebziger Jahren zum Opfer fallen sollte. Denn man überführt nicht ungestraft einen der engsten Mitarbeiter des verstorbenen Präsidenten Roosevelt des Landesverrats, der Spionage. 1948 interessierte sich der parlamentarische Untersuchungsausschuß weniger um die fraglichen Ablichtungen aus einer Zeit, die 10 Jahre zurücklag. Vielmehr war der nunmehrige Fund der von Chambers seit 1938 zurückgehaltenen Filme von Bedeutung. Um es kurz zu machen: Nixon war es, der das Zusammentreffen Hiss–Chambers in einem Zeitpunkt *nach* 1937 nachwies. Die Hülsen wurden produziert. Hiss kam vor Gericht. Hiss entwand sich

dem Vorhalt, er hätte spioniert. Dafür wurde er wegen Aufwiegelung verurteilt. So kam er billig davon, und später, als das liberalistische Establishment in den US Nixon schon zu Fall gebracht hatte, nahm Mr. Hiss wieder sein Geschäft als Rechtsanwalt in New York auf. So war das unter honorable men.

Nie wurde erhoben, was Mr. Hiss als engster Mitarbeiter Roosevelts wirklich angerichtet hat. Noch kurz vor seinem Tod versuchte Truman eine Mohrenwäsche an Hiss zu machen. Für Truman war der Fall Hiss weniger ein Staatsverbrechen als ein Vorfall, der die Interessen seiner Demokratischen Partei berührte. Mochte Hiss gelogen haben, als er leugnete, Mr. Chambers nach dem 1. Jänner 1938 gesehen zu haben. Mochte sich hinter diesem Leugnen eines hochintelligenten Menschen Gott weiß was verbergen: Mr. Hiss war sich seiner Haut gewiß, solange er den Mund hielt. Und das hat er denn auch getan.

Damals, Ende der vierziger Jahre, schien es indessen dem News Management, also der Nachrichtenfabrik des liberalistischen Establishments der US, hoch an der Zeit, das Störfeuer von rechts niederzukämpfen. Einer der linksintellektuellen Publizisten erfand für den Anti-Kommunismus in den US die Bezeichnung: Hexenjagd. Das erinnerte an mittelalterliche Hexenverfolgungen, klerikale Borniertheit und Rückfall in Zeiten, mit denen die US bei ihrer Gründung Schluß machen wollten. Praktisch bedeutete das, daß man aus dem seit der Aufdeckung der Spionagetätigkeit der SU entstandenen Anti-Kommunismus einen Bumerang machte: Mit größter Konsequenz verfolgten fortan die Linksintellektuellen der US ihren Anti-Antikommunismus, denunzierten sie jede Regung eines Anti-Kommunismus als getarnten Neofaschismus oder Neo-Nazismus, als Anti-Semitismus und Gegnerschaft zur Demokratie, um so die Spießbürger zu erschrecken. US-Präsident Truman gab von Regierungsseite Schützenhilfe.

Zunächst versprach er, das Ergebnis der gegen Mr. Hiss geführten Untersuchungen herabzuspielen. Nachher sprach er von einem Störmanöver, das mit der Aufbauschung des Falles Hiss das Vertrauen in die Regierung und die öffentliche Moral un-

tergraben sollte. Nach allem, was die Tradition der Demokratie und des Parlamentarismus in den US ausmacht, gewiß eine merkwürdige Kritik seitens des höchsten Amtsträgers der Republik. Auch die Aburteilung Mr. Hiss' erschütterte nicht die Ansichten Trumans in Sachen Spionage und Anti-Kommunismus. Und der ganze Haß Trumans und seiner Demokratischen Partei begann sich gegen den damals noch recht jungen Richard Nixon zu richten; der war fortan nicht bloß ein Kamel, das Gras, das über eine Sache gewachsen war, wegfraß; vielmehr ein ganz übles Subjekt. Oder, wie es später der Ex-Präsident Truman formulierte:
»In der ganzen Zeit, die ich in der Politik gewesen bin, hat es nur zwei Leute gegeben, die ich gehaßt habe, und er (Nixon) ist einer davon. Er (Nixon) gibt nicht nur nichts auf das Volk, er weiß nicht einmal, wie man die Wahrheit sagt. Ich glaube nicht, daß dieses Miststück den Unterschied zwischen Wahrheit und Lüge kennt.«
So Mr. Truman zu einem Zeitpunkt, in dem er immer noch beharrlich leugnete, mit Mr. Hiss jemals in seinem Leben persönlich zusammengetroffen zu sein. Dieser Mr. Truman konnte als Präsident der US keine Linie in die große Politik bringen. Während er einerseits in der Innenpolitik des Landes jede, wirklich jede Gegnerschaft zum Kommunismus scharf verurteilte und als staatsschädlich hinstellte, war er in der Außenpolitik des Landes gezwungen, den Antikommunismus, wie er in verschiedenen vom Kommunismus gefährdeten Ländern entstand, mit den Möglichkeiten der Weltmacht USA zu unterstützen. So 1945 auf Bitten Großbritanniens in Griechenland, später bei der Militärhilfe an die Türkei, 1948/49 bei Aufrechterhaltung der Luftbrücke nach Berlin zur Abwehr der von der SU gedachten Abwürgung des Freien Berlin. Und nicht zuletzt 1949 bei der Gründung der Militärpakte der NATO und 1951 des ANZUS-Paktes, also eines Sicherheitspaktes zur Sicherheit des Pazifischen Raumes.
In Washington, im Haus des Gehenkten, sprach man damals nicht gerne vom Strick. Wenn schon von der unausweichlichen

Auseinandersetzung die Rede sein mußte, dann sollte es ein KALTER KRIEG sein. Das Wort stammt von einem gewissen Herbert B. Swope, Freund jenes Mannes Bernard Baruch, der seit dem Ersten Weltkrieg zu den kräftigsten Hirnprothesen des amerikanischen Liberalismus zählte. Swope, im Krieg im Kabinett Roosevelts, stieg nachher zur Präsidentschaft der General Electric Company auf. Zuerst behielt Baruch den Code KALTER KRIEG bei sich. Dem Ende jenes Hitler sollte und mußte nach den Ansichten Roosevelts der endliche Weltfriede folgen. Zuletzt waren es rein wirtschaftliche Erwägungen, die Baruch veranlaßten, in der Öffentlichkeit der späten vierziger Jahre vom KALTEN KRIEG in drastischer und demonstrativer Weise zu sprechen.
Warum das? Die SU fing damals an, systematisch auf Rohstoffvorkommen loszugehen, deren Kontrolle sich die US nach Zerstörung des Kolonialismus der Europäer erhofft hatten. *So* hat sich derlei Roosevelt bei seinem Gespräch zur Zeit mit Stalin – 1945 in Jalta – nicht gedacht. Mochte das eine Zeitlang, bisheriger Kriegsbündnisse eingedenk, hingehen. Dann aber riß den US die Geduld. Und Baruch nannte bei einer Abschlußfeier des Industrial College of the Armed Forces, also am Kreuzungspunkt der Interessen des Militärs und der Rüstungsindustrie, die Dinge beim Namen:
»Russia is waging a cold war.«
Der berühmte Kolumnist Walter Lippman griff sogleich dieses Stichwort auf und jagte es durch das Kommunikationsnetz des liberalistischen News Management in den US. Lippman belieferte um diese Zeit 250 einflußreiche Zeitungen mit seinen Kommentaren. Und das wog am Vorabend des Zeitalters der Telekratie – also der Lenkung der öffentlichen Meinung und der politischen Willensbildung durch das Fernsehen. Zu spät, nämlich als er schon ein vergreister Ex-Präsident war, erkannte Mr. Truman, was damals geschah:
»Eines der Ereignisse, das über unser und das Dasein aller Länder seinen Schatten warf, ist unrichtigerweise der KALTE KRIEG genannt worden ...«

So hat Truman die Diagnose einer Krankheit mit der Krankheit selbst verwechselt. Er hat gehofft, indem er selbst nicht vom KALTEN KRIEG redete, etwa die SU und den Kommunismus davon abzuhalten, das System der zweigeteilten Welt aus 1945 umzuwerfen und jedes nur greifbare Land nicht unter Kontrolle zu nehmen. Aber die Bewegung des Anti-Antikommunismus griff bald auf Europa über. Dort bezeichneten sozialistische und liberalistische Parteien den Anti-Kommunismus als das schmutzige Manöver reaktionärer Kreise, fortschrittlich gesinnte Menschen vor ihr politisches Vehikel zu spannen. Das Vakuum entstand, in das die Marx-Renaissance und die Neue Linke seit den fünfziger Jahren einfließen konnten. In Korea aber warf an einem Tag im Jahre 1950 ein Amerikaner die Hände in die Luft, als er im Feuer der aus Nordkorea gekommenen Kommunisten zusammenbrach. Seine Kameraden beugten sich über ihn und flüsterten erschrocken: He is dead.

Es ereignete sich an einem Tag im August 1948 in Wien, und zwar auf dem dortigen Döblinger Friedhof. Die Wiener selbst sollte die Sache nichts angehen. Denn es handelte sich um einen Juden, allerdings um einen, der schon lange vor der Hitlerzeit unter die Erde gekommen war. In einer Zeit, da Hitler noch nicht seinen Fuß in die damalige k. k. Reichshaupt- und Residenzstadt gesetzt hatte. Wie immer der spezielle Fall gewesen sein mag, momentan waren die Besatzungsmächte der vier Sektoren der alten Kaiserstadt, vor allem die Amerikaner, auf die Wiener schlecht zu sprechen. Wegen dem, was in der Hitlerzeit den Wiener Juden geschehen ist. Daß der bis 1938 gegen den hereinbrechenden Nationalsozialismus geleistete Widerstand – zum Teil mit Waffengewalt – diesen Austrowiderständlern die Bezeichnung Judenknechte und KZ-Haft eingetragen hat, kümmerte die Sieger von 1945 wenig. Denn diese Widerständler waren in ihren Augen keine Résistance, sondern ein Haufen böser Klerikofaschisten; Typen, die man in der US-Zone Österreichs zuerst einmal inhaftiert hat und in der britischen Zone scharf unter Kontrolle hielt. Es verstand sich, daß nach all dem und vielen anderen Gewalttätigkeiten bei dem im August 1948auf dem Döblinger Friedhof stattfindenden Akt Österreicher unerwünscht waren.

Der Döblinger Friedhof war einmal der kommunale Nobelfriedhof im Nobelbezirk Döbling der Kaiserzeit. Damals erforderte eine Nobelleich' nicht bloß einen aufwendigen Pompes funèbres, sondern jene Noblesse, die unbezahlbar ist, weil man sie entweder hat oder nicht hat. Im jetzigen Fall handelte es sich um eine Exhumierung. Aus der Erde herausgeholt wurde ein Sarg, der eine Generation unter der topographischen Bezeichnung I/1/30 in einer noblen Leuten vorbehaltenen Gruft gelegen ist. Der Buchstabe »I« steht für israelitisch, was bedeutete, daß dieser Sektor des Gottesackers unter der Aufsicht des Hochwürdigsten Rabbinats gestanden hat. Und daher für alle Ewigkeit von der Auflassung ausgeschlossen ist. Die Ziffer »1« wies auf eine Gruft in bevorzugter Lage, also in einer ersten Gräberreihe. Und die Zahl »30« betraf die Gruft der Familie Herzl. Grufteinfassung und Deckel waren, bis auf die Platte mit der Inschrift, aus Kunststein gemacht. Auf der Traverse sind zwei eingravierte Zionsterne zu sehen, seit 1897 Symbol der zionistischen Bewegung des Wiener Doktor juris Theodor Herzl. In dieser Gruft wurde 1903 der Vater Jakob beerdigt und später die Mutter. Aber zuletzt wurde das ganze Äußere der Begräbnisstätte gestaltet nach der historischen Bedeutung des Namens Theodor Herzl.

In der Zeit vor 1914 waren die Herzls einmal reiche Budapester Juden gewesen. Ein Budapester Jude unterscheidet sich von einem Wiener Juden wie ein Preuße von einem Österreicher. Man hat es dem Doktor Herzl zeitlebens angesehen, daß er kein k. k. Gymnasium der Reichshaupt- und Residenzstadt Wien besuchte, sondern eines in Budapest. Noch dazu das dortige Evangelische Gymnasium, dessen Unterrichtssprache Deutsch war. Der Gymnasiast Herzl ist nicht getauft worden, trotzdem war er dem deutsch-freisinnigen Geist, der an seinem Gymnasium herrschte, offen. Vorbilder aus der Geschichte waren nicht jüdische Helden, wie sie im Alten Testament beschrieben werden, sondern Männer wie etwa der deutsche Reichskanzler Otto von Bismarck. Das dem römischen Papst ins Gesicht geschleuderte Wort Bismarcks, er werde nicht bußfertig nach Canossa gehen, gefiel dem Schüler Theodor. Für ihn war Martin Luther der deutsche Mann, der es zustande brachte, deutschen Geist aus langer Nacht zu befreien. Befreiung »aus langer Nacht« durch »Luthers Macht«, es reimte sich nicht schlecht.

Mit Stolz sah der Studiosus Theodor auf einen seiner Onkel, der 1849 am Aufstand der Ungarn gegen die Kaiserlichen teilgenommen hatte und es bei den Honvéd zum Offizier gebracht hatte. Nach 1867, als sich die Ungarn wieder einmal für eine Zeit mit den Österreichern ausgeglichen hatten, bestand besagter Onkel darauf, daß er mit dieser Charge auch in die Evidenz der königlich ungarischen Honvéd unter dem König Franz Joseph I. genommen wurde.

Distanzen bestanden von jeher. Herzls Vater, abstammend von der Elite des Prager Judentums, kam auf Umwegen ins Ungarische. Die Vorfahren der Mutter waren schon länger Untertanen des Königs von Ungarn. Mit Wien und dem kaiserlichen Österreich bestanden nur schwache Beziehungen. Kein Wunder, daß der Maturant Theodor, als er an der Wiener Universität Jus studierte, nicht der ersten jüdisch-nationalen Waffenverbindung KADIMAH beitrat, sondern der deutschnationalen Burschenschaft ALBIA. Arthur Schnitzler hinterließ eine Beschreibung des Burschenschafters Herzl: Tadellos gekleidet. Auf dem Kopf die blaue Albenmütze. Das Burschenband um die Brust, den kurzen Bummlerstock mit dem elfenbeinernen Knopf und dem darin eingravierten Zirkel der Verbindung unter den rechten Ellenbogen geklemmt. Ein sehr gut aussehender junger Mann, nach dem sich Frauen und Frauenzimmer umsahen.

Herzls Eltern verblieben auch in Wien bei ihrem jüdischen Glauben, aber die strengen Lebensgewohnheiten frommer Juden galten für sie nicht mehr. Weder trug Vater Jakob den Streiml, die mit Pelz verzierte Kopfbedeckung, noch weniger hielt er von den Peies, den schwarzen Ringellocken über dem Ohr, und der traditionellen Bekleidung. Vielmehr war Theodors Vater dem Äußeren nach ein eleganter Bürger im liberalen Wien. Die Mutter Jeannette war eine schöne, elegante Dame. Eine Schönheit, wie man damals sagte. Die Perücke über dem kahlgeschorenen Kopf, die ihre Mutter noch getragen hat, wäre für sie undenkbar gewesen. Kurz: Herzls waren den amtlichen Papieren nach mosaischer Konfession, aber ebenso liberal wie unzählige Christen der Stadt Wien, die nur mehr sogenannte Taufscheinchristen waren. Auf dieser Abkehr vom religiösen Leben hielt für eine Zeit die Ambivalenz des politischen Liberalismus in der Spätkrise des alten Österreich.

Der Studiosus juris Theodor Herzl erhörte nicht die während seiner Studentenzeit aufkommenden antisemitischen Töne, die nach 1848 für eine Weile verstummt waren. Das war zu einer Zeit, in der Georg von Schönerer das von Juden erworbene reiche Erbe seines Vaters ohne Bedenken genoß und regen Umgang mit antiklerikalen Juden pflegte. Erst später, als Schönerer in burschenschaftlichen Kreisen verkehrte, acquirierte er sich den Antisemitismus der Völkischen, den Theodor Herzl schon viel früher in burschenschaftlichen Kreisen zu spüren bekam. Denn Burschenschaften, mit denen ALBIA im Cartell gewesen ist, waren in Herzls Studentenzeit »judenrein«. Als Richard Wagner 1883 starb, veranstalteten die deutschnationalen Verbindungen Wiens einen Trauerkommers. Hermann Bahr, später einer der schärfsten Gegner des Antisemitismus, hielt die Kommersrede. Weil der junge Bahr die Erinnerung an Wagner mit der Hoffnung auf den baldigen Anschluß Österreichs ans Deutsche Reich verband, wurde er von der Universität relegiert. Er ging nach Czernowitz und bekam dort eine andere Ansicht vom Judentum. Herzl aber blieb in Wien und reichte kurz nachher wegen des in burschenschaftlichen Kreisen aufkommenden Antisemitismus sein Austrittsgesuch beim Convent der ALBIA ein:
»Es ist einleuchtend«, schrieb damals Herzl, »daß ich, behaftet mit dem Hindernis des Semitismus, heute nicht um die Aufnahme in die Burschenschaft ansuche würde ... und daß ich dort (nicht) bleiben will.«
Der aufkommende Antisemitismus orientierte sich nicht, wie Herzl es in seinem Austrittsgesuch andeutet, am Semitismus, sondern ganz anders:
Ob Jud', ob Christ, ist einerlei.
In der Rasse liegt die Schweinerei.
Der Ursprung dieser dummen Brutalität war nicht typisch wienerisch. Alle in dieser Stadt zum Exzeß gelangenden Ideen kamen und kommen aus dem Westen, diesmal aus Deutschland. Und die Deutschen bezogen den Antisemitismus nicht von Hitler, sondern vom Franzosen Gobineau und dem Engländer Chamberlain, welch letzterer Richard Wagner nicht nur ver-

wandtschaftlich verbunden war. Ende der siebziger Jahre kam die Bezeichnung Antisemitismus in Sachsen in Umlauf, dort fand auch ein erster internationaler Kongreß von Antisemiten statt.

Mit dem Austritt aus der ALBIA wich Herzl der momentanen Konfrontation mit dem Antisemitismus aus, ohne sich gleich auf die Bedeutung seines Judentums zu besinnen. In der Redaktion der »Neuen Freien Presse«, Kampfblatt eines aggressiven Liberalismus in Wien, war er als brillanter Publizist willkommen und geschätzt. Wie er aber anfing, seine späteren zionistischen Ideen zu entwickeln, erlebte er eine Konfrontation mit dem großen Mann dieser Zeitung: Moritz Benedikt. Benedikt war kein ungarischer Jude, er stammte aus Mähren, wo es bis zum Ende der Monarchie keine antisemitischen Exzesse gab. Benedikt verbat sich in seiner Redaktion den aufkeimenden Zionismus seines Glaubensgenossen Herzl. Das war, als *beide* noch nichts von einem metaphysisch begründeten Volkstum einer Nation wissen wollten. Herzl schrieb sich vorerst vieles von der Seele, was diesen Konflikt nicht schürte. Theaterstücke von Niveau, Schilderungen aus den vornehmen Salons der Haute Juiverie Wiens, aber auch Klatschgeschichten und Abenteuerromane. Alles hatte, wie gesagt, schriftstellerisches Niveau. Dann kam die Stunde der Erleuchtung, und die erlebte Herzl nicht in Wien, sondern in Paris, der Geburtsstätte des modernen Antisemitismus des 19. Jahrhunderts. Dorthin ging er als Mitarbeiter der »Neuen Freien Presse«. Er kam gerade zurecht, um einen fürchterlichen Skandal in der Seinestadt zu erleben:

Einem kleinen, unansehnlichen Juden namens Dreyfuß war es gelungen, als Erster seiner Herkunft in den Generalstab der französischen Armee aufgenommen zu werden. Das war der Skandal. Liberale Politiker, christliche wie jüdische, konnten nach dem Untergang des Zweiten Empire anno 1870 die Macht in der nachfolgenden Republik Numero 3 in Frankreich erobern. In den neunziger Jahren aber kam der Umschwung. Nicht zuletzt in Kreisen junger Offiziere, deren Namen im Er-

sten Weltkrieg nach 1914 Weltberühmtheit erlangen werden, weil sie zuerst das sogenannte Wunder an der Marne vollbrachten, 1918 aber die Armee der Entente in Frankreich zum Sieg über die Deutschen führten. Solchen Militärs war der Hauptmann im Generalstab Dreyfuß Stein des Anstoßes. Als Dreyfuß durch die Machenschaften eines Major Esterhazy, dessen Vorfahre in französische Dienste getreten war, in den Verdacht der Spionage für die Deutschen geriet, gedieh der Skandal ins Unermeßliche. Es nutzte nichts, daß Kaiser Wilhelm II. auf Bitten jüdischer Freunde sein Offiziersehrenwort gab, wonach Dreyfuß niemals für die deutsche Armee spioniert hat. Im Gegenteil. Wenn sich in Frankreich erst einmal Juden mit Deutschen verbünden, dann scheint es Zeit zu sein, Ordnung zu machen.
Und man machte Ordnung – und dem Dreyfuß einen Prozeß, in dem ein antisemitischer Generalbaß mächtig aufklang. Da erlebte Herzl, wie der Schriftsteller Émile Zola, selbst Halbjude, vom Leder zog und mit seinem berühmt gewordenen Artikel in der Zeitung L'AURORE jenes J'ACCUSE ausstieß, das im Kritizismus der Linksintellektuellen generationenlang nachklingen wird. George Clemenceau, Partisane der Pariser Kommunarden von 1870/71, Sturmführer des Antiklerikalismus in Frankreich und Vater des Sieges über die Deutschen anno 1918, lieh der Verteidigung Dreyfuß die Hilfe aus der ganzen Wucht seiner politischen Persönlichkeit. Zehn Jahre dauerte der Kampf um die Rehabilitierung Dreyfuß'. Der kleine Jude war zuletzt eine Nebenfigur in diesem Kampf, ihm gab man nachher alles zurück, Rang und Ansehen, dazu die Beförderung und das Kreuz der Ehrenlegion. Die Feinde des Dreyfuß schienen von einem Vulkanausbruch verschluckt worden zu sein. Ihr Antisemitismus wanderte aus.
Den Skandal und den ersten Akt der Affäre Dreyfuß erlebte Herzl in Paris. Dann ging er nach Wien zurück und schrieb dort sein Buch DER JUDENSTAAT, erschienen in einer kleinen Verlagsbuchhandlung in der Wiener Währinger Straße. Schon verließen die in Rußland von furchtbaren Pogromen erschreckten Juden Europa und wanderten nach Palästina aus.

Für Herzl aber war Palästina, das Gelobte Land der Väter, nicht nur ein Ort der Zuflucht, sondern Stätte der Heimkehr und Ort neuer Erhebung nach Jahrhunderten der Unterdrükkung und Verfolgung.
Das Wort Zionismus erfand der Wiener Jude Nathan Birnbaum. 1897 sprach Herzl in einem Satz aus, was Birnbaum in einem Wort prägte: DIE JUDEN SIND EIN VOLK. Nicht bloß das einmal von Gott auserwählte Volk, sondern ein Volk in der Völkergemeinschaft der Welt des kommenden 20. Jahrhunderts. Mit einem Volkstumsbegriff, der allerdings metaphysischen Ursprungs war, so wie er das in Wien bei den Deutschvölkischen erlernt hat. Damit forderte Herzl den Kosmopolitismus der liberalen, bereits emanzipierten Juden in Europa heraus. Diese und ihre jüngsten Vorfahren haben darum gekämpft, aus ihrem Ghettodasein herauszukommen und zusammen mit emanzipierten Christen im vorurteilsfreien Liberalismus des 19. Jahrhunderts eine Heimstätte zu haben.
Herzl bekam den ganzen empörten Zorn der in Westeuropa längst arrivierten Juden zu spüren. Die Ostjuden, nicht unbedingt Anhänger Herzls, waren bereit, selbst in die Hölle auszuwandern, um den Pogromen in Rußland zu entkommen. Mit einigem Neid sahen die Ostjuden im zaristischen Rußland auf die im alten Österreich unter Kaiser Franz Joseph lebenden Ostjuden. Damals entstand ein jüdischer Witz:
Herzl sprach in einer großen Judengemeinde Galiziens. Man hörte ihm andächtig zu. Es schien, als wäre man von der Richtigkeit und Notwendigkeit seiner Ausführungen überzeugt. Einer der Zuhörer wollte eine Auskunft:
»Und wer wird an der Spitze des neuen Judenstaates stehen?«
Darauf der Herzl:
»Ein Herrscher, so wie ihn alle Völker haben.«
Da leuchteten die Augen des Fragestellers auf, und er sagte:
»Das wird sich' unser Kaiser Franz Joseph sein, der was eh' König von Jerusalem sein soll, wie man hört.«
Der Herzl verneinte mit kaltem Blick diese Annahme, und es wurde still im Raum. Dann erhob sich ein Uralter und sagte:

Sie haben wunderbar gesprochen. Aber gestatten Sie, daß wir unter unserem Kaiser bleiben.«
Das war ein Witz. Aber der Kampf Herzls um die Verwirklichung seiner Idee vom Judenstaat war eine bitterernste und zuletzt bitterböse Sache. Zumal dann, als es sich erwies, daß um die Jahrhundertwende ein Judenstaat im türkischen Palästina nicht möglich war. Und Herzl die von der Regierung in London angebotene Ersatzlösung, die Errichtung eines Staates in einer britischen Kolonie in Ostafrika, zu überlegen begann. 1903 erwarb der russische Dichter Maxim Gorki mit seinem Bühnenwerk NACHTASYL Berühmtheit in Europa. Die jüdischen Gegner Herzls meinten, sie wünschten kein Nachtasyl der Juden unter den Negern Ostafrikas. Das Jahr darauf war Herzl mit seinen seelischen und körperlichen Kräften am Ende. Nach einer Kur in Karlsbad suchte er das niederösterreichische Edlach auf, eine ruhige Sommerfrische in guter Lage. Und in Edlach ist Doktor Herzl an einem heißen Sommertag gestorben. Wohl an einem Sterben seiner Seele, manche sagen, durch Selbstmord. Der biblische Saul suchte, nachdem er die Schlacht gegen die Philister im Gebirge Gilbo verloren hatte, selbst den Tod. Und Abemelech tötete sich beim Anblick von Juden, die wieder einmal dem Götzendienst verfallen waren. Solcher Tod ist seit Urzeiten kein schmählicher Tod.
Wie immer es war: Herzl starb unter unerträglichen Schmerzen. Er hatte schweres Fieber, litt unter quälender Atemnot. Lange Stunden hindurch schien es den Angehörigen, als läge er im tiefen Schlaf. Dann zog wohl die Kavalkade letzter Ereignisse auf seinem Weg zum Judenstaat in der Erinnerung vorbei:
Auf dem letzten von ihm präsidierten Zionistenkongreß schien es vielen Teilnehmern, als wäre es Herzl nicht mehr ernst mit der Heimkehr nach Palästina. Tatsächlich ist Herzl damals nach Basel gekommen, nachdem er unzählige denkbare Wege nach Palästina erfolglos erkundet hatte und es für einen Fehler hielt, das von der Regierung in London angebotene »Nachtasyl« in Ostafrika rundweg abzulehnen. Er selbst hat 1901 die

Ausweglösung im britisch kontrollierten Zypern im Kopf gehabt. Noch eine Generation später, 1938, wird der Reichsleiter der NSDAP, Alfred Rosenberg, darauf hinweisen, daß es kein von Europäern besiedeltes Gebiet gibt, das groß genug wäre, sechs Millionen Juden aufzunehmen. So kam die Insel Madagaskar in Frage. Raum für *sechs* Millionen Juden aus Europa. Dieselbe Zahl wird später einmal als Gesamtzahl der im Verlauf der berüchtigten Endlösung der vierziger Jahre Getöteten genannt werden. Ob Palästina, ob Zypern, ob Ostafrika, ob irgendein Land der Erde, dort und an vielen anderen gedachten Stätten für einen Judenstaat werden kaum zwei Generationen nach dem Tod Herzls mörderische Kämpfe zwischen verschiedenen Nationen, Rassen und Farbigen ausbrechen, wird der international gewordene Klassenkampf jede dauernde Ruhe im Land verhindern. Dann aber wird auch kein Sultan in Konstantinopel mehr einem jüdisch werdenden Palästina im Weg stehen und kein Zar in St. Petersburg die fast ununterbrochene Serie von Pogromen zulassen. Dachte Herzl an solche Möglichkeiten der Zukunft, wenn er aufseufzte und tief Atem schöpfte, oder war es einfach die Atemnot des Sterbenden?

Dachte er an jenen Polizeiminister des Zaren, ansonsten Protektor der Pogrome, der zuletzt mit Herzl Fühlung nahm, um einen sogenannten geordneten Auszug der Juden aus Rußland zustande zu bringen? Es war, als wäre Herzl mit seinen Bemühungen beim Pförtner der Hölle angelangt, die den Ostjuden wohnlicher zu sein schien als eine Bleibe in Rußland. Auf dem letzten Kongreß in Basel mußte er selbst zugeben:

»Viele haben gemeint, es könne nicht schlechter werden. Und es ist schlechter geworden.«

1903 war das Jahr, in welchem in Belgrad jene Terroristenorganisation den serbischen König und dessen Frau abschlachten ließ, die 1914 in Sarajewo den österreichischen Thronfolger ermorden ließ, damit endlich das alte Österreich zu dem werde, was es in den Augen serbischer Nationalsozialisten sein sollte: eine östliche Schweiz. Herzl ahnte, daß das Verhängnis in

einem Vehikel über Weichen gefahren war, auf denen es kein Zurück mehr gab. Die Hölle war auf. Und deswegen hat Herzl in Basel gefordert:
»Retten wir die, welche zu retten sind. Es ist höchste Zeit.«
Viele haben innerlich gelacht. In Paris wurde eben das Verfahren gegen den abgeurteilten Dreyfuß wiederaufgenommen; man wird dem Hauptmann seinen Rang wiedergeben; die dortigen Antisemiten werden sich hüten, noch einmal aufzubegehren. Und in Wien war Georg von Schönerer dank seiner Parole *Durch Reinheit zur Einheit* zu einem Abgeordnetenmandat gekommen, das er bald aufgeben wird. Auch Schönerer wollte den Juden mit der Reitpeitsche kommen, und er kam dafür in den Kerker, verlor den Adel und alle Aussichten auf künftige Erfolge in der Politik. War Herzl ein Prophet? Er war es nicht. Wäre er einer gewesen, er hätte seine Feinde, die ihn des Verrats an der Sache der Juden beschuldigten, zerschmettert. So überließ er es denn in Basel seinem Freund Südfeld, der sich später Max Nordau nennen wird, das Ersatzprojekt Ostafrika vorzutragen. Aber Südfeld konnte zu viele nicht überzeugen, weil er selbst nur mit halbem Herzen für den Auszug ins afrikanische Nachtasyl war. Ein Zögern in der Palästinafrage genügte, um sich den tödlichen Haß der radikalen und eingefleischten Zionisten zu holen: Ein jüdischer Student verübte auf den Sprecher Herzls ein Revolverattentat. Die Tat mißlang, aber der Ausruf des terroristischen Attentäters wird forthallen in der Geschichte des Zionismus:
»Tod dem Nordau, dem Ostafrikaner!«
Nordau wird Herzl überleben und so auch Birnbaum und jene, die an dem Tag im August 1948 dabei gewesen sind, als man die Särge Herzls und seiner Eltern aus der Gruft holte und in Kisten für den Transport nach Palästina verpackte.
Niemand weiß, ob Herzl in seiner Todesstunde wirklich das unbegründete Gefühl, eine Niederlage erlitten zu haben, bewog, wie Saul zu handeln; oder ob ihn sein Auge in eine Zukunft sehen ließ, bei deren Anblick ihm das Herz abgedrückt wurde. Nach dem Kongreß in Basel, 1903, hat Herzl seinen äl-

testen Förderer, den Großherzog von Baden, aufgesucht, der ihm einige der Türen in die Welt der Großen von damals geöffnet hat. Bei diesem Edelmann konnte er sich ausreden, so wie er es im Kreis der Seinen oft gar nicht mehr durfte.

»Wir würden gerne auf das gute Land in Ostafrika verzichten«, gestand Herzl dem Großherzog, »und dafür das schlechte (Land) in Palästina nehmen. Ich würde es als eine Ehrenrettung für uns arme Juden ansehen, wenn wir auf das reiche Land (in Ostafrika) verzichten wegen des armen Landes (in Palästina).«

Arm waren die Juden nicht mehr. Herzl durfte dem türkischen Sultan einmal die Sanierung der Finanzen des großen türkischen Reiches anbieten, wenn der Beherrscher der Gläubigen dafür Palästina den Juden als Heimstätte überlassen würde. Arm war der Sterbende. Die Londoner TIMES druckte mit großem Fleiß Serien von Leserbriefen ab, in denen Herzl schlecht wegkam. Ein gewisser Lucian Wolf schrieb zusammenfassend, man habe mit dem bloßen Versuch, die Juden in Ostafrika anzusiedeln, schon Schiffbruch erlitten. Es dauerte nicht lange, und die britische Kolonialverwaltung stimmte ein in die Kritik am möglichen Nachtasyl: Wie man denn nur dazukäme, derlei Ansiedlungen zuzulassen, wo doch nur zwanzig Perzent des fraglichen Gebiets für Weiße zur Ansiedlung geeignet seien. Und ob man den britischen Steuerträgern zumuten möchte, die afrikamüden Juden schließlich auf Staatskosten nach Europa zurückzubefördern, bevor diese dem Tropenklima und den Tropenkrankheiten zum Opfer fallen.

Nicht nur unter den Assimilanten im Westen schwoll die Kritik an Herzl an. Auch die Ostjuden meinten heimtückisch:

»Der Herzl wird durch seine Persönlichkeit alle russischen Juden anziehen, vielleicht auch die westeuropäischen. Aber er kennt die Juden überhaupt nicht und glaubt daher, daß der Zionismus es nur mit äußeren Hindernissen zu tun bekommt, nicht aber mit inneren. Man sollte ihm nicht die Augen öffnen. Dann wird er seinen unfruchtbaren Glauben an die Sache behalten.«

Herzl, in Österreich zu lange bei Nichtjuden groß geworden, kannte nicht mehr die Juden, reich, wie sie im Westen, arm, wie

sie im Osten waren. Er hatte nur mit einem Typ Wiener Juden zu tun, von denen einmal einer sagen wird:
»Herr Doktor, merken sie sich, Palästina is' nix für an' Wiener Juden. Ka Kaffehaus, ka garnix.«
Andere wieder erfanden als Mittel der Kritik jene jüdischen Witze, über die sich Nichtjuden totlachen können, weil diese nicht wissen, aus welcher tiefen Traurigkeit die Pointe des Witzes kommt: So die Antwort auf die Frage, was ein Zionist ist: Ein Jude in England, der einen reichen Juden in den USA bewegt, einem armen Juden in Rußland das Geld für die Auswanderung nach Palästina zu geben.
Der sterbende Herzl wurde von seinen jüdischen Gegnern unter scharfer Kontrolle gehalten. Selbst nach Edlach schickten diese noch Aushorcher, um zu erfahren, wie groß die Gefahr sei, die von einem wankelmütigen und unsicher gewordenen Herzl drohte. Wie um seinen Glauben zu beweisen, bat Herzl in einer Stunde wie dieser, man möge seinen Leichnam einmal nach Palästina verbringen, so wie es dort einen Judenstaat geben wird. Das aber sollte erst in fünfundvierzig Jahren der Fall sein.
1948 war es soweit, daß der letzte Wunsch, der aus dem Glauben Herzls kam, erfüllt wurde. Im August 1948 war Döbling Teil des US-Sektors in Wien. Es kommandierten fremde Obersten und Generale im Land. Die Österreicher hatten nichts zu reden und schon gar nicht in Zusammenhang mit dieser Exhumierung. Grabstätte und Friedhof waren von US-Militärpolizei abgesperrt, der Kordon von Wiener Sicherheitswachmännern hatte nur die Passanten zu belehren, daß sie hier nichts zu suchen hätten. Ohne die US hätte die Heimkehr der Juden und die Heimkehr dessen, was an Herzl sterblich war, überhaupt nicht geschehen können. Die Welt, zu der die Särge der Familie Herzl wieder emporgehoben wurden, hätte Theodor Herzl nicht erahnen können. Mächtigkeiten, um deren Wohlwollen er zu Lebzeiten im Interesse seiner Sache betteln mußte, waren versunken:
Es gab keinen Sultan mehr in Konstantinopel, und was von der

Türkei übriggeblieben war, das war ein atheistischer Staat, in dem man sich über den Glauben des Muselmanen nur lustig machte. Den russischen Zaren haben 1918 seine bolschewistischen Feinde ermordet, und weder der Vetter des Ermordeten in London noch der andere in Berlin haben mehr geweint als einige Krokodilstränen. Und die Habsburger-Monarchie, mit deren Paß Herzl einmal in aller Welt unterwegs war, bestand in dem Umfang, den 1908 die serbischen Nationalisten gewollt haben: eine ohnmächtige, zudem ärmliche östliche Schweiz.
Um die Kisten mit den Särgen nach Palästina zu bringen, bedurfte es zuerst US-2 1/2-Tonnen-LKWs zum Transport zur Tulln-Air-Base; nachher einer jener US-Transportmaschinen – mit dem israelischen Hoheitszeichen versehen –, die einmal Kern der Fluggesellschaft EL AL sein werden. In Tulln, mitten in der SU-Besatzungszone Ostösterreichs, durfte überhaupt kein Flugzeug einer Privatfluggesellschaft landen. Nur US-Transporter. Leicht hob sich die Maschine mit den Särgen der Familie Herzl vom Boden, nahm Kurs nach Süden. Die unendliche Bläue eines Sommertags über dem Mittelländischen Meer tat sich auf, ehe am Horizont die Küste sichtbar wurde. Die Küste des Landes mit dem schlechten Boden, der Herzl unendlich teurer war als der beste Boden irgendeines Landes der Welt: Heimat für Menschen, die zulange heimatlos gewesen sind. Neben der Herzl-Grabstätte auf dem Mount Herzl ist das Herzl-Museum. Darin die Möblage des Arbeitszimmers aus der Haitzingergasse in Wien. Ein Interieur von der Art, wie es erst spätere Generationen in einem Anfall von Nostalgie wieder zu bewundern lernten. In nächster Nähe des Sitzplatzes am Schreibtisch steht, wie ehedem, die Fotografie eines Deutschen: die des längst von seinen Landsleuten vertriebenen Großherzogs von Baden. Herzl wollte dieses Bild zu Lebzeiten nahe wissen. Und so steht das Bild eines Deutschen, nach 1945, im Arkanum des Zionismus, Zeichen dafür, wie weit Deutsche und Juden von einander abkamen, als es aus war mit Herzogen und Königen und Kaisern in Deutschland.
Wie weit eigentlich? 1914, bei Ausbruch des Ersten Weltkrieges

in Europa, verließen viele Juden, die aus Deutschland eingewandert waren, die neue Heimat Palästina. Sie hatten gehört, daß der Deutsche Kaiser unterm 1. August 1914 die Mobilmachung anbefohlen hat. Und sie waren Reservisten irgendwelcher Kontingente des deutschen Heeres. Ein gewisser Doktor Elias Auerbach zum Beispiel, der das Unternehmen führte, war in der Reserve der Königlich bayerischen Armee. So wie Adolf Hitler ist er damals freiwillig an die Front gegangen. Zwanzig Tage dauerte die Reise der Juden nach Konstantinopel, große Strecken mußten zu Fuß zurückgelegt werden. In der Hauptstadt der mit Deutschland verbündeten Türkei angekommen, bestiegen die Rückwanderer den Zug, um über das neutrale Bulgarien und Rumänien sowie Österreich-Ungarn heim ins Reich zu kommen. Im Herbst 1914 stand der Oberarzt der Reserve Doktor Auerbach schon an der deutschen Front in Frankreich.

Um diese Zeit setzten die Ostjuden in Deutschland und Österreich, vor allem aber die in Rußland, vorbehaltlos auf den Sieg der Mittelmächte über die Armeen des Zaren. Als die Deutschen schon große Teile von Russisch-Polen erobert hatten, begrüßte der später in den US bekannt gewordene jüdische Dichter Rosenfeld die Befreier aus dem Reich mit einem Gedicht in jiddischer Sprache:

Fa jeden Schmitz, was sej derlangen,
Begleit mit der Geschichte Bejser,
Ruf ich mit frehlichen Gesangen:
Hurra for Daitschland! Hoch der Kejser!

Schmitz, soviel wie die den Russen zugedachten Schläge. Bejser, der Zorn der Geschichte. Bei soviel Enthusiasmus der Ostjuden konnte der Generalquartiermeister der deutschen Truppen im Osten, der spätere krasse Antisemit Erich Ludendorff, nicht zurückstehen. Es erschien ein Aufruf des Oberkommandos Ost an »die Jidden in Paulen«. Zu ihnen wollten, so die Ansicht Ludendorffs, die Deutschen »als Freind« kommen und für das »gleiche Recht for der Jidden« kämpfen. Und alles ging in der Tat bestens. Die Westjuden im Lager der Feinde der Mittelmächte hielten still. Bis dann 1917 die russischen Heere zerschlagen waren, der Zar abdanken mußte und eine liberale Regierung in der russischen Hauptstadt an die Macht kam. Das war die Wende. Denn jetzt bestand einerseits kein Grund mehr, die Feinde des zaristischen Rußlands länger zu unterstützen, und andererseits mußte jetzt der Verbündete Deutschlands, die Türkei, vollends zerschlagen werden, um Palästina unter Kontrolle zu kriegen und es den Juden als Heimstätte zu geben. So geschehen 1917.

Das Jahr 1917 brachte den Mittelmächten Deutschland und Österreich wieder militärische Erfolge, die Entente noch einmal an den Rand einer Niederlage. Die mächtige öffentliche Meinung, die zumal die Westjuden zur Entfaltung bringen konnten – vor allem in England und den US – wurde zur Abwehr der gefährlichen Erfolge der Mittelmächte mobilisiert. Zwar propagierten die Westmächte, sie selbst führten einen »Krieg ohne Annexionen«, indessen war die den Juden zugedachte Heimstätte in Palästina nur dann erreichbar, wenn das Land dem Sultan weggenommen würde. Ein jüdischer Pufferstaat in Palästina konnte zudem den von England kontrollierten Suezkanal im Norden bestens abschirmen. Also gab am Allerseelentag 1917 der britische Außenminister Lord Balfour namens seiner Regierung eine Erklärung ab, wonach die Regierung der Britischen Majestät mit größtem Eifer bemüht sein wird, in Palästina für das jüdische Volk »a national home«, also eine Heimstätte zu schaffen. Nach dem Krieg bekam Großbritannien vom Genfer Völkerbund, die später sanft entschlafene UN von damals, tatsächlich ein »Mandat« für Palästina, also den Auftrag, namens des Völkerbundes dort die Hoheitsrechte auszuüben. Um es gleich zu sagen: So wenig einmal britische Kolonialbeamte vom Nachtasyl in Ostafrika gehalten haben, so wenig hielten nach 1919 britische Kolonialbeamte in Palästina von der, wie sie sagten, »zionistischen Marotte«. Unverständlich, wie einmal der Großherzog von Baden Verständnis für derlei aufbringen konnte, immerhin kein sturer Preuße, sondern ein süddeutscher Liberaler und verwandt dem britischen Königshaus.

Und da lebte noch in England ein gewisser T. E. Lawrence, genannt LAWRENCE OF ARABIA. Im ersten Weltkrieg, während die reguläre britische Armee gegen die sterbende Türkei schmähliche Niederlagen an den Dardanellen und in Mesopotamien erlitt, konnte Lawrence die Araber aufhetzen, mit Unterstützung Großbritanniens dem Sultan, Beherrscher aller Gläubigen, den Krieg zu machen. Dieser Aufstand im Inneren brachte die alte Türkei zu Fall. Nach der Zerschlagung der Mittelmächte war die Zeit da, den Arabern den versprochenen Lohn für den Abfall vom Sultan zu zahlen. Unabhängige arabische Staaten: Irak, Syrien und die Staaten auf dem Boden der Halbinsel Arabien. Von einem Judenstaat in Palästina war keine Rede. Um so mehr Absprachen gab es mit arabischen Fürsten von Teilstaaten, Alleinherrschern, die nicht lange nach dem Willen des arabischen Volkes fragten, obwohl um 1918 viel vom Volkswillen, der Fürstenwillkür brechen sollte, die Rede war.
Nach 1918 trugen den Zionismus weniger die Männer aus der Schule Herzls als vielmehr Intellektuelle, die aus den US kamen, und Ostjuden, denen es in dem von den Siegern von 1918geschaffenen Polen nicht viel besser ging als ehedem unter dem Zaren. Damals kam aus den US eine gewisse Golda Meir, von Beruf Lehrerin, mit ihrem Mann nach Palästina. Sie wird einmal eine der großen Frauen werden, die Gott einem Volk in großen Krisen schenkt. Und es kam der polnische Jude David Gruen, der sich David Ben Gurion nannte, ins Land. Auch er wird der große Ministerpräsident des Judenstaats werden, dessen Unabhängigkeit ausrufen und den Weg bahnen, auf dem Golda Meir weitergehen wird. 1929 übernahm in England der Jude Chaim Weizman mit seiner JEWISH AGENCY die bisherigen Aktivitäten der von Herzl hinterlassenen zionistischen Bewegung. Noch hielt sich die jüdische Einwanderung nach Palästina in Grenzen. 1931 zum Beispiel kamen nicht mehr als 4 000 Juden ins Land. Trotzdem wuchs das wache Mißtrauen der Araber in Palästina, jener, die man einmal die heimatvertriebenen Palästinenser nennen wird. Erst nach der Machtergrei-

fung Hitlers in Deutschland, 1933, stieg die Zahl der Einwanderer sprunghaft an: 1933: 30 000 und zwei Jahre später 62 000im Jahr. Wie recht hat Herzl 1903 gehabt, als er erklärte:
»Es ist höchste Zeit . . .«

Im April 1936 brach der erste organisierte Großaufstand der Araber gegen die jüdischen Einwanderer los. Großbritannien machte von seiner Macht als Mandatsstaat nur wenig Gebrauch, um die Juden zu schützen; was es tat, zerstörte für immer die Sympathien für London, die einmal zu Lawrence' Zeiten bestanden haben. Kein Wunder, daß die Araber, zumal die in Ägypten, bei Ausbruch des Zweiten Weltkriegs ihre Hoffnungen auf Deutschland setzten. Die Westalliierten haben ih nen das gründlich ausgetrieben. Im Irak unterdrückten sie nach guten alten Kolonialmethoden das sich anbahnende Bündnis mit Berlin. Im Iran mußte der regierende Schah, der auch lieber mit Hitlerdeutschland gegangen wäre, abdanken und ins Exil gehen. In Ägypten sperrte man einfach die jungen Offiziere der Armee des Königs Faruk ein, um ihnen die Hoffnung auf das Kommen des deutschen Afrikakorps unter General Erwin Rommel auszutreiben. Unter den so kujonierten arabischen Offizieren befanden sich ein gewisser Gamal Abdel Nasser und sein Kamerad und Freund Muhammed El Sadat, zwei Männer, die dem Staat Israel noch viel zu schaffen machen werden. Andererseits fielen im Kampf gegen arabische Sympathisanten der Deutschen die ersten israelischen Untergrundkämpfer. So im Irak, wo die Gefahr eines Umschwungs zugunsten Hitlerdeutschlands am größten war.

Um die blutigen Auseinandersetzungen zwischen Palästinensern und jüdischen Einwanderern zu unterdrücken, blockierte die englische Flotte zu Zeiten mit Gewalt die Einwanderung europäischer Juden von See her. Um 1940 wäre Hitler nichts lieber gewesen, als die in seinem Kontrollbereich lebenden Juden so oder so loszuwerden – von der späteren »Endlösung« der Judenfrage war noch keine Rede. Aber gerade das wollten die Alliierten nicht, denn als Folge der Masseneinwanderung von Juden in Palästina hätten sie, mitten im Krieg gegen Hitlerdeutschland, womöglich die ganze arabische Welt am Hals gehabt. Schon entstanden in Palästina jüdische Heimwehr-Formationen, unter ihnen die später legendär gewordene HAGANAH. Männer, denen die HAGANAH zu zahm war, brachen nach vorne hin aus und schufen sich die radikale Terrororganisation IRGUN Z'BAI LEUMI. Noch weiter heran an den Feind wollte die berüchtigte Sternbande unter einem gewissen Abraham Stern, bei deren Terroraktionen der spätere israelische Ministerpräsident Menachem Begin mitmachte. Begin fiel im Krieg der SU gegen Polen im Jahre 1939 der Roten Armee in die Hände. Später ließ man ihn frei, damit er mit den Russen gegen die Nazi kämpfe, aber Begin gelangte 1942 nach Palästina. Damals war der Feind im Fadenkreuz nicht der Hitler in Europa, sondern die englische Mandatsmacht in Palästina.

1944 riß jüdischen Terroristen die Geduld. Sie ermordeten mitten im Krieg gegen Hitlerdeutschland den in Kairo residierenden englischen Staatsminister Lord Mayne, just kein Freund der Juden. Und als nach dem Ende Hitlers die sozialistische Regierung in London fortfuhr, der Gefahr eines Aufruhrs der Moslems in aller Welt aus dem Weg zu gehen und lieber die Sache mit dem NATIONAL HOME der Juden in Palästina auf die lange Bank zu schieben, war in Palästina der Teufel los.

Es stellte sich heraus, daß die UN, die das Palästinaproblem mit Hilfe der britischen Mandatsmacht lösen sollte, Gewaltakten genauso hilflos gegenüberstand wie ehedem der Genfer Völkerbund. Die Folge dessen waren Terrorwellen, in denen bald die Araber, bald die Juden obenauf waren. Jüdische Kommandos legten das Eisenbahnnetz in Palästina lahm; griffen britische Polizeistationen und Truppenunterkünfte mit Infanteriewaffen und Bomben an; führten einen rücksichtslosen Partisanenkrieg gegen die Mandatsmacht. An einem Sabbath im Juni 1946schlugen die Briten zurück. Sie besetzten die Zentrale der Jewish Agency in Palästina und umzingelten die militärischen Stützpunkte der Haganah. So etwas aber konnten sich die Briten in ihren Kolonien erlauben, nicht aber mit den Juden Palästinas: Drei Wochen später flog ein Hotel, in dem sich viele Stäbe der

Briten, aber auch Wohnungen der Familienangehörigen befanden, in die Luft. Es gab zahlreiche Tote. Menachem Begin war mit dabei in dieser Aktion. Damals rühmte er sich dessen, später, als Ministerpräsident von Israel, war ihm lieber, wenn über die Sache Gras gewachsen wäre. Noch immer warteten in den Mittelmeerhäfen 400 000 Juden auf die Einwanderung nach Palästina. Die Briten blockten derlei weiterhin ab, die Haganah aber ging dazu über, die illegale Einwanderung zu organisieren. Noch war die englische Flotte nicht ganz lahm; sie fing Schiffe mit jüdischen Einwanderern ab und verbrachte die Passagiere anderswo an Land und in Lager, die zwar keine KZ waren, aber immerhin so gut unter Kontrolle gehalten werden konnten wie die berüchtigten KZ Hitlers, die man jetzt zu Museen ausgestaltet. In Palästina arbeiteten britische Militärgerichte. Schon gab es britische Soldaten, die schossen jetzt lieber auf Juden als früher auf Nazis. Im Jänner wurde, nachdem genug Palästinenser ebenso zu Tode gekommen waren, der jüdische Terrorist Dov Gruen abgeurteilt. Gruen hatte im letzten Krieg unter den Briten gedient. Da nahmen die Juden einen britischen Major und einen Richter der Mandatsmacht als Geiseln. In London war man schon dabei, das Palästinamandat an die UN zurückzugeben und bis zum Frühjahr 1948 ganz Palästina zu räumen. In der UN holte man alte Pläne zur Teilung des Landes zwischen Juden und Arabern hervor, deren Bekanntwerden die Verbissenheit, mit der sich Juden und Araber in Palästina bekriegten, steigerte. Denn jetzt ging es für die Juden darum, bis zum Tag der Beendigung des britischen Mandats und des Inkrafttretens des Teilungsplans der UN möglichst viele Teile des Landes unter Kontrolle zu bekommen. Das hatte zur Folge, daß bald so ziemlich alle Methoden erprobt und angewendet wurden, die später in den sechziger und siebziger Jahren die Terrorszene in Europa beherrschten: Bombenanschläge, Morde an Polizisten, Geiselnahmen und brutale Einschüchterung der Nicht-Kombattanten. Churchill, immerhin noch ein Veteran aus der großen Kolonialzeit seines Landes, machte im Unterhaus eine Szene: Er trommelte mit den Fäusten und schrie:

»Wie lange soll dieser erbärmliche Krieg noch dauern?«
Gar so erbärmlich war der Krieg in Palästina nicht. Großbritannien setzte dort 100 000 Mann ein. Doch vor den Briten hatten die Juden jetzt keinen Respekt mehr. Als die Briten einen mörderischen Terroristen hinrichteten, knüpften die Juden zwei Briten auf. Der Terror gegen die Palästinenser, die ohnedies panikartig aus ihrem Land flohen, überstieg alles Dagewesene. Als die Juden in dem arabischen Dorf Deir Jassi bei einem Massaker fast 250 Zivilisten ermordeten, konnten westliche Agenturen nicht länger darüber schweigen. Endlich, am 15. Mai 1948, geschah es: Der letzte britische Hochkommissar ging aus dem Land, in Tel Aviv wurde unter einem Bild Herzls der unabhängige Staat Israel ausgerufen, und die Truppen der arabischen Staaten drangen von allen Seiten in Palästina ein. Ägyptische, syrische, libanesische und irakische Truppen sowie die von Briten ausgebildete Eliteeinheit der ARABISCHEN LEGION wollten das bisherige Mandatsgebiet besetzen. Der dreißigjährige Krieg um Palästina fing an. Alles geschah, nachdem die UN jenen Plan zur friedlichen Teilung des Landes beschlossen, den die Araber nie anerkennen werden, der aber den Juden die Chance bot, sich ihres Teiles zu bemächtigen und über diesem Gebiet die Anfänge ihres unabhängigen Staates Israel zu schaffen.
Wer aber wird den Schild über den kleinen Judenstaat halten, der wie ein winziges Boot auf dem riesigen Meer der arabischen Welt schaukelt? Am 13. März 1948 bekam US-Präsident Truman den Anruf seines früheren Geschäftskompagnons Eddie Jacobson aus dem Statler-Hotel in Washington. Truman sagte am Telefon:
»Eddie, ich freue mich immer, alte Freunde wiederzusehen ... Ich möchte nur nicht, daß Sie ein Wort über das sagen, was drüben im Nahen Osten passiert. Versprechen Sie mir das?«
Und Eddie versprach es, wenig später war er im Arbeitssalon des US-Präsidenten. Kaum hatten sich die alten Kompagnons begrüßt, da fing Eddie an zu weinen. Truman konnte Eddie nie weinen sehen, und so kam das Gespräch vom Fleck weg auf Pa-

lästina. Eddie erzählte vom guten alten und kranken Doktor Chaim Weizman, der so gerne hinüber möchte nach Palästina, wo er doch ein ganzes Leben lang für den Judenstaat gearbeitet hat, um einmal dort im freien Judenstaat zu leben.
»Immer wenn ich an den Doktor denke, muß ich weinen . . .« schluchzte Eddie, und Truman nannte Eddie einen verdammten Esel, den er besser nicht ins Zimmer gelassen hätte. Dann aber rief Truman sein Außenministerium an und sagte, er möchte mit Weizman reden. Im State Departement war der Teufel los. Israel sei als Staat nicht anerkannt, Weizman ohne offiziellen Status. Aber Truman war stur, und am 18. März 1948 sprach Weizman mit dem US-Präsidenten Truman. Nur elf Minuten, nachdem Israel im Mai 1948 unabhängig geworden war, erfolgte die Anerkennung durch die US. So hat es später der greise Truman erzählt. Das trug ihm viel Lob ein. Ein Texaner aber, einer aus dem Ölgeschäft, der überzeugt war, daß es ohne das Öl aus arabischen Ländern in den US verdammte Schwierigkeiten geben wird, warf seinen Hut auf die Erde und schrie: »Wir haben schon wieder das falsche Schwein geschlachtet.«

PRAGER FENSTERSTURZ 1948

Defenstrieren ist ein heute ganz veraltetes und meist vergessenes Fremdwort, unter dem sich moderne Menschen nichts vorstellen können. Es gibt aber ein altes Land in Europa, in dem dieses Tätigkeitswort eine gewisse Symbolik der Rechtsgeschichte bekam. Dieses Land heißt Böhmen, auf tschechisch Čechy. Dort kommt es auch in unserer Zeit noch vor, daß bei einem Sturz des Regimes einer durchs Fenster von der Bühne des Politischen abgehen muß. Damit das Volk angesichts der Leiche des Gestürzten erkennt, daß sich mit diesem Sturz etwas an den Zuständen im Land geändert hat. Meistens, fast immer, geht es bei einem solchen Sturz um einen Glauben, der herangezwungen oder ausgetrieben werden soll.
Als zum Beispiel 1415 der hochberühmte tschechische Glaubensreformator Jan Hus in Konstanz öffentlich verbrannt wurde, fing man in Prag damit an, papsttreue Geistliche einfach auch umzubringen, Kirchen, in denen gegen Hus gepredigt wurde, niederzubrennen und Anhänger des alten Glaubens arg zu terrorisieren. Um 1418 brachte ein gewisser Jan Žiška einiges System in das ganze Tun. Ein wilder Haufen drang eines Tages ins Rathaus der Stadt Prag, griff sich einige der katholischen Stadtrichter, den Bürgermeister sowie einen minderen Ratsdiener und warf diese Papisten zum Fenster hinunter. Die Unglücklichen fielen auf Heugabeln und Spieße, die das gute Volk von Prag ihnen entgegenhielt, vielleicht um die Wucht des Falles zu mindern. Aber die so Defenstrierten waren unklug genug, sich von diesen bäuerlichen Werkzeugen aufspießen zu lassen.
Zweihundert Jahre später, 1618, hatten einige böhmische Herren von Adel und Stand genug von den katholischen Habsburgern, die ihnen zudem das und jenes wegnehmen wollten, was die Herren vorher der katholischen Kirche mit Gewalt genom-

men hatten. Am 22. Mai 1618 drangen selbige Herrn von Adel in die Stadtresidenz. Sie hießen Thurn, Kinsky, Lobkowitz et cetera. Deren Nachfahren werden treu katholisch und ergeben Diener des Hauses Habsburg sein. Ihnen stellten sich Herren von Adel entgegen, die mit den Eindringlingen nahe verwandt oder verschwägert, aber halt katholisch und gut österreichisch waren. Von diesen defenstrierte man die Herren von Martinitz und von Slavata. Diesmal stand das gute Volk von Prag nicht unter den Fenstern. Einer der evangelisch gewordenen Herren wunderte sich sehr, daß die heilige Maria, die einer der Defenstrierten vor seinem Sturz angerufen hat, diesen offensichtlich vor Schaden bewahrte, ja daß alle so Gestürzten, nachdem sie am Boden gelandet waren, aufstanden, ihre Hüte suchten und anschließend das Weite. Merkwürdig.
Wieder drei Jahrhunderte später, 1918, war es endgültig aus mit der Herrschaft der Habsburger in Böhmen und in der ganzen Monarchie. Diesmal waren die alten Feinde des Hauses Österreich in Nord und Süd, Ost und West, insgesamt so übermächtig, daß es ihnen gelang, mit ihrer Übermacht nach vier Jahren eines Weltkriegs das angeblich morsche Reich zu zerschlagen und statt dessen einen Trümmerhaufen in Mittel- und Ostmitteleuropa anzurichten. Dessen sich eines Tages Adolf Hitler bemächtigen wird. 1918 waren die Diener des Kaisers wohl auch noch treu und gut katholisch, aber defenstrieren wollten sie sich nicht lassen. Und es geschah, was der jüdische Dichter aus Prag dreißig Jahre später in einem Roman über den ersten jüdisch-arabischen Krieg so beschreibt:
»Wie nobel war das alte Österreich abgetreten, hatte in voller Ordnung den revolutionären Tschechen Amtslokale, Eisenbahnen, Institute, alles unversehrt zur Verfügung gestellt, so daß die neuen Herren in aller Bequemlichkeit nur in die fertige Wohnung einzuziehen brauchten.«
Dreißig Jahre später, 1948, gab es in Prag wieder eine echte Defenstration. Diesmal fiel der Sohn des schon legendären Gründers der ČSR des Jahres 1918, der Sohn Jan des großen Thomas Masaryk, aus einem Fenster des Palais Czernin auf den

Prager Hradschin. Dieses Palais haben schon die neuen Herren von 1918 seinem alten Herrn einfach weggenommen und darin das Ministerium für Auswärtige Angelegenheiten eingerichtet. So wie Max Brod das beschrieben hat. Der 1948 so oder so defenstrierte Jan Masaryk war in der Stunde seines Todes noch immer Außenminister der ČSR, die unter der Herrschaft der KP bald eine ČSSR werden sollte. Eine tschechoslowakische sozialistische Republik, zum Unterschied von der 1948 endgültig gestürzten Republik liberaler Bürgerlicher aus dem Jahre 1918. Jan Masaryk, ein guter Liberaler, allerdings nach altösterreichischem Zuschnitt, hat auch zeitlebens geglaubt, für einen Liberalen gibt es links keinen politischen Gegner. Und so hat er versucht, nach dem KP-Putsch in Prag des Jahres 1948 noch unter einem KP-Regime mitzumachen, weil für ihn links kein Feind stand, nicht einmal eine gegen alle anderen politischen Richtungen absolut intolerante KP.
Jan Masaryk war trotz allem ein Österreicher, der nach 1918 in die Sortiermaschine der neuesten Geschichte kam. Im Ersten Weltkrieg, als sein Vater Thomas Masaryk gerade im Exil dabei war, die Habsburger-Monarchie zu zerstückeln, diente der junge Masaryk, wie Hunterttausende Tschechen, bei den Kaiserlichen. Nicht nach der später populär gewordenen Art des k. u. k. Infanteristen Schwejk, sondern als k. u. k. Fähnrich in der Reserve an der Front. Als Heimkehrer in die ČSR war er just nicht der Typ, der nach 1918 in Prag sehr gefragt war. Der spätere diplomatische Dienst enthob ihn, so im Ausland, mancher Zweifel und Befürchtungen in der Heimat. Gratulierte er doch einmal seinem zum Staatspräsidenten gewordenen berühmten Vater mit sehr kecken Worten zum Geburtstag:
»Du siehst brillant aus, Papa. Du wirst noch unsere Republik überleben.«
Der alte Masaryk hatte aber das Glück, schon 1935 zu sterben, also vier Jahre bevor Hitler der ČSR aus 1918 den Lebensfaden abschnitt. Er brauchte so nicht zu erleben, wie seine alten liberalistischen und sozialistischen Freunde in Paris, aber auch die von ihm mäßig geschätzten Konservativen in London, Hitler gewähren ließen. Nach dem Zweiten Weltkrieg

kehrte Jan Masaryk in die CSR zurück und machte als Parteiloser Staatspolitik. Ein richtiger moderner Parteipolitiker ist er aber nie geworden.

Jahre nach der Defenstration Jan Masaryks hat ein Kommunist, Ota Šik, der 1948 beim Kommunistenputsch in Prag gegen die Nichtkommunisten wacker mitgemacht hat, beschrieben, wie dieser Putsch verlaufen ist. Als Böhmen zum Dritten Reich kam, kam Šik in ein KZ. Dort lernte er Schicksalsgenossen kennen, die zwar Deutsche waren, aber dennoch, wie Tschechen und andere minderwertige Angehörige von Ostvölkern, im KZ einsaßen. Das wunderte den jungen Šik, der damals noch kein Kommunist war, denn die Deutschen waren für ihn noch bösere Feinde als etwa Faschisten und Antikommunisten. Immerhin ging er im KZ seinen Weg zum Kommunismus. Dieser sagte ihm etwas, wie er später in Büchern schrieb. Denn wenn die KP etwas zu sagen hat in einem Land, dann haben »andere« Politiker absolut den Mund zu halten. Daran fand Šik nichts Anstößiges. Erst als der alt gewordene Stalin in den fünfziger Jahren wieder einmal, so wie Ende der dreißiger Jahre, anfing, bewährte Altkommunisten, zumal solche jüdischer Herkunft, zu terrorisieren, geriet Šik in Verwirrung. Er fand nicht viel daran, daß um diese Zeit auch der Generalsekretär der KPČ, Rudolf Slánský, gewaltsam unter die Erde kam. Slánský hieß eigentlich Salzmann, und damit ist einiges gesagt: Man warf ihm seine jüdische Herkunft vor, verdächtigte ihn des Zionismus und stellte seine Tätigkeit als Kommunist als titoistisch hin. In Jugoslawien hat der Diktator Tito nach 1945 seine Feinde auch nicht anders liquidiert, als Kommunisten überall, wo sie an die Macht kommen, politische Gegner liquidieren; er hat sich bei dieser ersprießlichen Tätigkeit mit der Zeit jedes Dreinreden der Genossen in Moskau verbeten. Um mit Klassenfeinden Schluß zu machen, brauchte er keine russischen Aufpasser.
Um aber noch ein Wort über das Ende Slánskýs zu sagen. Er begann sein Geständnis vor dem Gericht mit einem Satz, der eigentlich schon alles sagt:

»Ich, Rudolf Slánský, jüdischer Abstammung . . .«
Damals gab es in der KPČ noch, so wie 1917 in Rußland, viele Macher jüdischer Herkunft, die zwar Atheisten waren, ihre Kraft aus dem Judentum aber nicht abstreifen konnten, oft gar nicht wollten. Viele fühlten sich neuerdings solidarisch mit den Juden, die der Spätstalinismus sich als Opfer holte. 1956, Stalin war schon tot, und sein zweiter Nachfolger Chruščov machte weiter in Stalinismus, wurden solche und andere Kommunisten in der ČSSR mißtrauisch, als der Aufstand ungarischer Genossen von der sowjetischen Armee blutig unterdrückt wurde. Genossen Šik gingen offenbar die Augen auf, denn er schrieb später über die Erfahrungen jener Tage in Ungarn:
»Meine Zweifel an der Richtigkeit des kommunistischen Weges ... wurden zur niederdrückenden Gewißheit ... Mit der naiven Erklärung, der Stalin-Kult sei Ursache aller Übel, konnte ich mich natürlich nicht zufriedengeben . . .«
Gar so natürlich war das auch wieder nicht. Denn an Hochschulen in den US wurde damals schon gelehrt, der Kommunismus sei an sich sehr human. Nur die vorübergehende und systemwidrige Form des Stalinismus sei abzulehnen. Anders der Šik. Der schrieb nämlich:
»Ich stand vor der Wahl, entweder die Reihen der KP zu verlassen oder den Versuch zu unternehmen, durch langfristige, geduldige und zielbewußte Tätigkeit zur Systemänderung beizutragen.«
Das war sein Irrtum. In der Freien Welt des Westens wollten nämlich damals die Anti-Antikommunisten nicht das kommunistische System ändern, sondern eine Wiederholung stalinistischer Exzesse verhindern. Hat nicht Mao Tse-Tung, oft gerühmt als das SCHWERT DES KOMMUNISMUS, angesichts des Aufstandes der ungarischen Genossen im Jahre 1956 feierlich erklärt:
»Den Feinden gegenüber wird die Methode der Diktatur angewandt.«
Also doch Diktatur. Über die in kommunistischen Regimen terrorisierten, verfolgten und gemordeten Nicht-Kommunisten hat

sich noch kein Kommunist Gedanken gemacht. Mochten diese nur weitermachen, verlieren im Kampf gegen den Kommunismus und fallen – von ihnen ist keiner zuviel getötet worden.
So ist es gekommen, daß auch Ota Šik in die Ereignisse des Prager Frühlings 1968 und seine Folgen geraten ist. Frühling in der Goldenen Stadt ist seit Menschengedenken nichts anderes als ein Frühling, wie er in jeder besonders schönen Stadt gerät. Seit 1946, also aus der Zeit der verdammten Liberalen, wurden in Prag anläßlich der Wiederkehr des Todestages des berühmten Komponisten Smetana – am 12. Mai 1884 – Festspiele unter der Bezeichnung PRAGER FRÜHLING abgehalten. Smetana war natürlich kein Kommunist, nicht einmal ein Sozialist, aber seiner Oper »Die verkaufte Braut« schreiben linksgedrallte deutsche Opernregisseure eine starke und sinnfällige sozialkritische Note zu. Sei's drum, die Smetana-Festspiele fanden auch nach dem KP-Putsch von 1948 statt, zumal der Name des Komponisten in der Werbung nicht vorkam, es sei denn, im Programm der Aufführungen.
Hier muß nachgeholt werden, wie das mit dem Kommunistenputsch in Prag anno 1948 war. Es geschah dies, als der Leiter des Außenministeriums der US, der frühere Chef des Stabes der US-Armed Forces im Zweiten Weltkrieg, George Catlett Marshall, mit dem nach ihm benannten Plan zur Wiederaufrichtung der im Krieg zerstörten Wirtschaft in Europa herauskam. Marshall war im Krieg kein Napoleon und kein Moltke, er verwaltete den Krieg wie ein Wirtschaftsunternehmen mit erhöhten Lebensrisken, aber äußerst erfolgreich. Ohne die Hilfen Marshalls an die 1941 fast zugrunde gerichtete Rote Armee wäre sie niemals bis zur Elbe gekommen, gäbe es keinen Eisernen Vorhang. Immerhin fand Marshall im Krieg, Vater aller Dinge, auch die Richtigkeit des amerikanischen Sprichwortes bestätigt: MONEY MAKES IT. Geld macht es, so Marshall, auch Kommunisten schwerer, in Mittel- und Westeuropa vorwärts zu kommen; außerdem festigt das Geld den Freiheitswillen zuweilen ganz enorm.
Natürlich funktionierte dieses Prinzip in den vierziger Jahren

nicht überall gleich gut. In China, einem der großen Kriegsverbündeten der US und der SU, erwies sich die Hilfe, die Moskau den Kommunisten Mao Tse-Tungs gab, als viel wirksamer als jene, die Washington in das nationale China Tschiang Kai-Scheks ein wenig wahllos und systemlos pumpte. Marshall versuchte daher seinen Kriegsverbündeten Generalissimus Tschiang dazu zu bewegen, mit der KP Mao Tse-Tungs eine Koalitionsregierung für ganz China einzugehen. Umsonst warnte Tschiang die Ostasien-Experten in Washington vor einem solchen Experiment. Und als nachher Tschiang gar noch aufsässig wurde, drosselten die US die Hilfslieferungen an Nationalchina, ein Rezept, das sie in ihrer Asienpolitik noch öfters den vom Kommunismus bedrohten Verbündeten verschreiben werden. Moskau hingegen komplettierte, zum Teil mit US-Lieferungen aus der Zeit des Zweiten Weltkriegs, die Waffenausrüstung der Armeen Maos, und dieser konnte mit einiger Sicherheit auf den Endsieg über das – wie man in Washington jetzt sagte – korrupte, unfähige und reaktionäre System Tschiangs rechnen. 1949 war es damit soweit. Und während das News Management der sogenannten Freien Welt nicht aufhörte, die Zahl der Naziopfer in die Höhe zu schrauben, hielt es die Zahlen der bei der Machtergreifung Maos in China ums Leben gekommenen Gegner des Kommunismus strikt unter Verschluß. Selbst in der katholischen Kirche vergaß man bald die China-Märtyrer unter dem Regime des, wie es nachher im Westen hieß, hochgebildeten und ungemein humanen Mao.

Zurück zu Marshall und seinem Plan aus 1947, den späteren »Marshallplan.« Wie sein Verfasser den Studenten der Harvard-Universität erzählte, sollte dieser Plan nicht nur die im Krieg zerstörten wirtschaftlichen Verhältnisse wiederherstellen, sondern sich – wörtlich – gegen Hunger, Armut, Verzweiflung und Chaos richten. Sofort erkannten die Sowjets, dieser Plan sei nichts mehr als die finanzielle Unterstützung der Containment-Politik der US, also der Versuche, das Umsichgreifen des Kommunismus in der Welt zu unterbinden und dazu der Welt noch die Fesseln des Kapitalismus anzulegen. In der Freien

Welt des Westens konnte man sich jetzt aussuchen, ob man mit dem Marshallplan die Methoden einer freien und einer sozialen Marktwirtschaft oder die eines sozialistischen Staatskapitalismus verfolgen wollte. Hinter dem Eisernen Vorhang blieb allfälligen Interessenten am Geld der Marshallplan erspart, dort erlaubte Stalin nichts anderes als die kommunistische Kommandowirtschaft von Staats wegen.
Als der Marshallplan 1947 lanciert wurde, gab es in der ČSR noch gewisse Überreste der ČSR aus 1918. Diese Spätkapitalisten bissen daher sofort den amerikanischen Köder, wie man in Moskau lehrte, an. Auch einige Männer der KPČ – und erst recht die dortigen Sozialisten – waren so schwach in ihrem Klassenbewußtsein, daß sie mit einschwenkten auf die Marshall-Straße. Šik hörte damals aufmerksam zu, als der amtierende sowjetische Außenminister Molotow die gefährliche Frage stellte:
»Wohin soll derlei führen?«
Auch Molotow hätte an sich nichts gegen den Empfang von Mitteln aus dem Marshallplan gehabt. Der Haken für einen Kommunisten war aber die vorgeschriebene Kontrolle der Verwendung dieser Mittel durch einen in Paris eingerichteten Kontrollrat. Dies im Auge, gab Molotow den Tschechen und Polen, die am Marshallplan mitnaschen wollten, die Antwort auf die erwähnte Fragen:
»Nach diesem Plan könnten die Polen gezwungen werden, die Kohleproduktion zu erhöhen, um damit der Wirtschaft eines anderen, womöglich nichtkommunistischen Staates, zu dienen, anstatt die Produktion jener Wirtschaftszweige im eigenen Land zu fördern, die in der nationalen Planung Polens vorrangig werden. Und den Tschechen könnte die Steigerung der Maschinenproduktion vorgeschrieben werden, obwohl die ČSR vielleicht ganz andere vorrangige Pläne zu verwirklichen hätte.«
So würde die kommunistisch orientierte Kommandowirtschaft auf allen Ebenen gestört, und westliche Kapitalisten bekämen Einblicke in Verhältnisse, wie sie hinter dem Eisernen Vorhang entstanden. Molotow ging mit seinen Warnungen im Osten von

Haus zu Haus. Er brachte sie aber auch in Paris ganz gut an, wo man ohnedies die Übermacht der US nur schmollend ertrug und die starke KPF im Kampf gegen den Marshallplan brillierte. Obwohl durch den Eisernen Vorhang Europa längst und auf unabsehbare Zeiten in zwei Teile gespalten war, malte Molotow noch einmal den Teufel an die Wand:
»Die Staaten Europas werden unter dem Gesetz des Marshallplans in zwei Gruppen geteilt werden. Und während sich in Frankreich die Sowjetunion niemals und unter keinen Umständen in innere Verhältnisse einmischen würde, muß man von den US erwarten, daß sie Frankreich unter ihre wirtschaftliche Abhängigkeit bringen werden.«
Solches Reden gefiel den französischen Kommunisten sehr, dem eher katholischen General De Gaulle aber nicht weniger. Der General wird immer eine Verbindung zur SU im guten Zustand halten, um sich gegen unerwünschte Hilfen der US zur Wehr setzen zu können.
Im Osten haben sich Tito, noch immer Stalinist, sowie Bulgarien und Rumänien, im Krieg besiegte ehemalige Feinde Moskaus, den Wünschen Molotows sogleich gefügt. Aber Polen und vor allem die ČSR machten sich fertig zu Kontaktgesprächen mit dem Marshall-Komitee in Paris. Die Polen sagten scheinheilig, sie täten das nur, weil sie sich absolut auf die Wachsamkeit der SU verlassen könnten. Die Ungarn, auch Verlierer aus 1944/45, kuschten vollends, denn dort waren die Stalinisten ganz obenan mit ihrer Diktatur. Immer größer wurde in Ost und West das Interesse an der künftigen Haltung der Prager Regierung. Schon seit langem war ein Staatsbesuch des Staatspräsidenten Eduard Beneš sowie des Ministerpräsidenten und KP-Chefs Klement Gottwald in Paris fällig. Auch Jan Masaryk sollte als Außenminister mit von der Partie sein. In diesem Moment aber wurde Stalin deutlich:
»Dieser Marshallplan hat keinen anderen Zweck, als die Sowjetunion zu isolieren!«
Mag sein, dachten die Tschechen, aber im Moment ist uns unser tschechisches Hemd näher als ein russischer Pelz. Stalin

roch den Braten und wurde noch deutlicher in seinen Warnungen an Prag:
»Jetzt ist nicht die Zeit für irgendwelche Ausflüchte. Eine Teilnahme der ČSR an diesem Plan wäre ein Bruch des sowjetisch-tschechoslowakischen Bündnisses.«
Der Masaryk, wie man ihn noch immer nannte, war jetzt so alt wie sein Vater, als er diesem prophezeite, der Staatspräsident werde seine ČSR überleben. Jung war er, als 1938 die Westmächte die Republik seines Vaters im Stich ließen. Und der unglückliche Hácha zuletzt den Rest der ČSR dem Hitler und dessen Schutz anvertraute. Damals brach seine Welt zusammen. Jetzt, als im Westen die Idee des Marshallplans aufblitzte, meinte er, vielleicht gelingt es uns doch noch. Was sollte gelingen? Nicht einmal laut denken durfte man das, sollte es einem nicht schlecht ergehen unter einem kommunistischen Ministerpräsidenten in Prag.
So wie der Hitler 1939 die Tschechen nach Berlin holte, um ihnen den Marsch zu blasen, so kommandierte jetzt der Stalin den Präsidenten Beneš, den KP-Chef und Regierungschef Gottwald und den Außenminister Masaryk nach Moskau. Um diese Zeit standen der Beneš und der Masaryk, beide Freimaurer, bei Stalin nicht mehr zu Buch. Im Moment zählte für Stalin nur der Gottwald, wohl der treueste Stalinist in der ČSR. Dieser verstand gleich, daß es mit dem Marshallplan für die ČSR aus war. Darüber redeten die Genossen Stalin und Gottwald erst gar nicht viel miteinander. Vielmehr mußten die beiden Herren aus Prag und der Genosse Gottwald zur Kenntnis nehmen, daß sie anstatt der Mittel des Marshallplans aus dem Osten ganze 200 000 Tonnen Getreide aus der SU bekommen werden. Dazu große Mengen Viehfutter, Saatgut sowie Düngemittel, um die darniederliegende Landwirtschaft der früheren Kornkammer des alten Österreich auf die Beine zu bringen. Und dazu Maschinen für Landwirtschaft und Industrie.
Nachdem also Prag kuschte, kuschte auch Tito, und die Ungarn kuschten nicht nur, sie zogen den Kopf ein in der Treue ihrer Stalinisten zu Stalin. Die anderen scharf kontrollierten

Volksdemokratien mucksten sich nicht einmal mehr, sondern lobten den großen Stalin über den grünen Klee, während sie den US-Kapitalismus mit den ausgesuchtesten Schimpfworten verdammten. Was Stalin noch nicht ganz gelungen war, brachte Marshall mit seinem Plan zustande: Der Ostblock war gefestigter denn je seit 1945.

Und dann geschah mitten im Triumph kommunistischer Einheit das Unwahrscheinliche. Es gab im alten Serbien ein Sprichwort, nach dem sich die dem Sultan unterworfenen Serben ihre Feinde im Land ein wenig vom Leibe hielten:

»Tief mußt Du Dich vor dem Türken verbeugen, um ihm das Messer von unten her in den Bauch zu rennen.«

So geschah es, daß Tito plötzlich einen gemeinen Streich gegen die Sowjetmacht ausführte. Tito tat das mit dem Vorwurf, daß sich die KPdSU irre, wenn sie die Landwirtschaft vor der Industrie bevorzuge. Die KP Jugoslawiens blieb der nächsten Sitzung der Kommunistischen Internationale fern, mußte dafür aber schwere Vorwürfe einstecken. So, daß sie sich vom Leninismus entfernt habe, indem sie einen »friedlichen Übergang vom Kapitalismus zum Sozialismus« unternähme. Die unter dem Titoismus Ermordeten waren eben schon tot und konnten gegen das Wort »friedlich« nichts einwenden. Es gefiel aber Moskau nicht, daß es in der Volksfront Jugoslawiens, getreu dem von Moskau entworfenen Urmodell dieses Trojanischen Pferdes des Kommunismus, auch bourgeoise Gruppen gäbe, ja daß nationalistische Gruppen des Landes bei den internationalistischen Kräften des Kommunismus, selbst in der Führung der KP, überwiegen. Im Osten war die Zeit reif dafür, unter der Bezeichnung TITOISMUS eine Häresie des Marxismus-Leninismus anzuprangern. Titoisten in anderen Ostblockländern werden unter dem Vorwurf, titoistisch gesinnt zu sein, alsbald flugs in die Reinigungsmaschine Stalins kommen.

In Prag gingen die Uhren anders. Dort ließ sich der linke Flügel der alten sozialdemokratischen Partei, die Anhänger des deutschstämmigen Parteivorsitzenden Zdeněk Fierlinger, von

den Kommunisten ködern; der »Rest« der SP wurde später vereinnahmt. Kam freiwillig, wie man sagte.
Die sozialdemokratischen Minister in der Regierung Gottwald aber waren absolut nicht geneigt, sich unter die Fuchtel der KP zu begeben. Sie taten aber leider, was man in Gewärtigung einer KP unter keinen Umständen tun sollte: Sie waren mutiger, als es ihre Kräfte an sich erlaubt hätten. Sie rannten ins aufgeklappte Schnappmesser der KP, indem sie aus Protest demissionierten, um die Öffentlichkeit zu alarmieren. Staatspräsident Beneš aber wußte aus der Geschichte, daß man Kommunisten, die nach der Macht im Staate langen, keinen größeren Gefallen erweisen kann, als unter lautem Protest gegen ihre bolschewistischen Methoden den Platz zu räumen. Noch nie haben Kommunisten derlei Protestaktionen veranlaßt, ihre Praxis zu ändern. Im Gegenteil. Immerhin gelang es Beneš noch einmal, die sozialdemokratischen Minister von ihrer Demission abzubringen und sie an Bord des untergehenden Schiffes, Modell ČSR 1918/19, zu halten.
Für Herbst 1948 war eine Sozialistenkonferenz im roten Schweden anberaumt, und viele Sozialisten, nicht zuletzt die aus Ländern hinter dem Eisernen Vorhang, hofften sich darnach eine Stärkung des demokratischen und mehr freiheitlichen Sozialismus in Europa. Aber dorthin oder nach irgendwohin in die Freie Welt werden Sozialisten aus Prag nie mehr reisen können. Nie werden in der ČSR die für Mai 1948 angekündigten Parlamentswahlen, auf die nicht nur die dortigen Sozialdemokraten hofften, stattfinden. Der KP-Chef wird einen sehr drekkigen Stecken in die Hand nehmen, um seine Feinde in der ČSR niederzuschlagen, damit sie nie mehr den Mund aufmachen werden. Vor dieser Wahl sollten auch die in der NATIONALEN VOLKSFRONT vereinigten politischen Parteien, außer der KP natürlich, kastriert werden. Anders als Hitler, der die politischen Parteien, außer der NSDAP, nach der legalen Machtergreifung zertrümmert hat, wollte Gottwald die »anderen« Parteien in der ČSR vom Frühjahr 1948 zum Schweigen bringen, ehe er seine Machtergreifung dem Risiko aussetzte,

daß er bei den nächsten Wahlen im Land wieder nicht die Mehrheit der Wählerstimmen bekam. Und darum beschloß man zu putschen. Und dabei tat nicht nur der erwähnte Ota Šik mit, sondern viele spätere Gesinnungsfreunde Ota Šiks, die es störte, wenn zuletzt die KP ihre eigenen Kinder fraß.

In einem war die KPČ im Jahre 1948 besser dran als die NSDAP im Jahre 1933: Sie konnte schon *vor* dem Sieg des Stalinismus in der ČSR die Polizei von jenen Elementen säubern, die zwar keine Kollaborateure der Deutschen und keine Faschisten gewesen sind, dafür aber nichts mit dem Kommunismus zu tun haben wollten. Die SP erhob gegen diese Aktion Protest, weil selbst der Blinde sehen konnte, was die Kommunisten damit vorhatten. Immerhin gab es vor dem KP-Putsch 1948 in Prag noch einen Justizminister in der Koalitionsregierung, der ein Sozialdemokrat war und den Kurs des Parteivorsitzenden Fierlinger nicht mitmachte. Dieser erdreistete sich, so die spätere geschichtliche Würdigung, im Prager Parlament den Kommunisten in der Polizei vorzuwerfen, sie betrieben Methoden, die man nach 1945 eigentlich nur mehr den Nazi und ihrer GESTAPO vorwerfen durfte: Terroristische Gesinnungsschnüffelei von Amts wegen, Terror gegen politische Untersuchungshäftlinge und so weiter. Natürlich nannte der Justizminister bei seinen Vergleichen die Nazi und die GESTAPO nicht beim Namen. Das Volk wußte ohnedies, woran es wieder war.

Dieser Justizminister war ein mutiger Mann. Er erhob nicht nur Anklagen im Parlament, er verlangte auch, daß die von der KP in die Polizei eingeschleusten KP-Terroristen wieder entfernt werden. Das in einer Stadt zu sagen, auf die schon das Zielfernrohr Stalins gerichtet war, bedeutete jenen Mut zur Freiheit, von der im Freien Westen so viel die Rede war. In der KP erhob sich ein Sturm der Entrüstung gegen einen solchen Minister im Kabinett des Genossen Gottwald. Zumal der Justizminister fortfuhr mit seinen Angriffen und zuletzt eine Untersuchung gegen jene Funktionäre des Staates verlangte, die besagte Terroristen eingeschleust hatten. Schon trugen sich der junge Masaryk und andere Minister mit der Absicht, im Protestfall zu demissionieren.

Letzteres lag durchaus im Plan der KP, wie oben schon gesagt. Mehr noch: Eine KP duckt sich nicht, wenn sie angegriffen ist, sie schlägt wuchtig zurück. Im Februar warf sie den »anderen« Parteien offen vor, diese seien daran, die Demokratie in der ČSR zu zerstören und die Regierung gewissen Beamten auszuliefern. Und das mit dem Ziel, die im Mai des Jahres fälligen Parlamentswahlen mit undemokratischen Methoden zu beeinflussen. Ein seltsamer Vorwurf, wo doch in den Gefängnissen die Angstschreie der von kommunistischen Polizisten gemarterten Gegner der KP zu hören waren. Genossen, wie der Ota Šik einer war, kümmerten sich weniger um diese Methoden, sie warteten auf die Ergreifung der totalen Macht im Staat durch ihre Genossen.
In dieser Spätkrise einer ohnedies schon einäugigen Demokratie in Prag tauchte aus Moskau einer der Stellvertreter des dortigen Außenministers Molotow auf. Unlängst noch Gesandter Stalins in Prag, kam er jetzt als Vollstreckungsbeamter Stalins. Jene Regierungsmitglieder, die in den Verdacht geraten waren, eine Beamtenregierung in der ČSR schaffen zu wollen, ließen es angesichts des Spions vom Tod erst gar nicht auf einen Fenstersturz oder dergleichen ankommen. In der SP des Landes erhob sich großes Jammern: die einen Sozialisten warfen den entschiedenen Gegnern der Kommunisten vor, sie hätten vor deren Angriffe auf die gesäuberte Polizei gewarnt; aber man habe nicht auf sie gehört, und jetzt sei das Ende da. Andere warfen den politischen Opportunisten, wie Fierlinger einer war, vor, sie seien ein Haufen von Deserteuren, bereit, zur KP überzulaufen. Ota Šik und seine Freunde sahen dem zu, und sie freuten sich, denn der totale Sieg der KP war nahe.
Auch der KP- und Regierungschef Gottwald war mit dieser Entwicklung sehr einverstanden. Wenn schon die Sozialdemokraten so kuschten, wie würden es erst die bürgerlichen Feiglinge halten, wenn die KP im Endkampf mit ihrer Polizei und ihren bewaffneten Milizen kommen wird? Noch gab es eine Armee, in der Männer dienten, die sich im Krieg einige Verdienste gegen die Deutschen erworben hatten. Viele davon waren keine

Kommunisten. Also sprach der Regierungschef mit dem Verteidigungsminister und Oberkommandanten der Streitkräfte der Republik General Ludvik Svoboda. Svoboda hat einmal als Kadett und Offiziersanwärter bei den Kaiserlichen angefangen, ist dann aber in russischer Kriegsgefangenschaft zur Tschechoslowakischen Legion der Ententetruppen übergegangen und hat dann als Berufssoldat gedient, bis der Hitler nach Prag kam. Im Zweiten Weltkrieg kommandierte er eine tschechoslowakische Division der Roten Armee. Sein Mut im Krieg war unbestreitbar. Politisch war er ein übler Opportunist von Jugend auf. In der Krise des Jahres 1948 meldete er dem kommunistischen Regierungschef:

»Die Armee wird sich in politische Zwistigkeiten nicht einmischen.«

Der Svoboda tat aber noch mehr. Er verteilte Beutewaffen, die man 1945 den Deutschen abgenommen hat, an die Parteigänger der KP in den Betrieben und half bei der Aufstellung der sogenannten Betriebs-Milizen. Alles ging zu, wie 1917 in der russischen Hauptstadt, wo auch vom Fleck weg mehr als die Hälfte der Offiziere nach dem dortigen KP-Putsch in die Rote Armee des Genossen Trotzki eintrat.

Staatspräsident Beneš war in diesen Tagen krank und verzweifelt. An sich war er Oberstbefehlshaber der Armee, aber im Moment wäre keiner seiner Befehle mehr durchgekommen, dafür hatte der Svoboda gesorgt. Die steile Karriere des einstigen Sprachlehrers Eduard Beneš an einer deutschen Handelsschule im Königreich Böhmen war zuende. Umsonst hat er dem Gottwald und anderen Funktionären der KPČ gesagt:

»Die Kommunisten ..., die auf dem Weg zur tatsächlichen Macht schon so weit vorgedrungen sind, müssen verstehen, daß sie sich etwas Zurückhaltung auferlegen müßten. Daß sie zwar nirgends zurückzuweichen brauchen, aber Geduld für den richtigen Augenblick haben müssen, um in vernünftiger Weise den Weg der Evolution fortzusetzen.«

Geduld, ja Geduld wird schon bald notwendig sein, aber für die »anderen«, wenn sie erst einmal unter der Fuchtel der KP leben müssen. Der Ota Šik hatte noch immer nichts einzuwenden gegen den Gang der Dinge. Er machte mit, als die KP am 21. Februar 1948 ihre Leute in den Städten, Dörfern und Fabriken aufrief, Aktionskomitees zu gründen. Anführer für diese Komitees würde man schon schicken, wo sie nicht schon an Ort waren. Man muß hier zugeben, daß nicht nur der Šik, einer der Männer des Prager Frühlings von 1968 – davon wird noch erzählt werden – mitgemacht hat, sondern auch die anderen, die nach der Unterdrückung dieser Frühlingshoffnungen mit den Methoden des »Panzerkommunismus« ins Exil gingen, gerne bei der Sache waren: So der Goldstücker, der nach 1939 vom Beneš abgefallen und zu den Kommunisten übergegangen ist, der Mňačko und der Smrkovský, die einmal großes Lob wegen ihrer freiheitlichen und humanen Gesinnung in den USA und im Westen ernten werden. Schließlich, und das muß man auch bedenken, haben diese Genossen im Jahre 1948 nur geholfen, einen Kommunismus an die totale Macht zu bringen, der in jedem Fall besser ist als irgendein Regime, das *nicht* linksorientiert ist. Auch ein Slowake namens Alexander Dubček, der bald eine steile Karriere machen wird, hat aus innerster Überzeugung mitgetan in jenem historischen Februar 1948. Denn die Stunde des Kommunismus in der ČSR war jetzt endlich gekommen:

Der KP- und Regierungschef Gottwald forderte den Staatspräsidenten Beneš, immerhin ein Linksliberaler, Antifaschist und Hasser der Deutschen, auf, die nichtkommunistischen Mitglieder der amtierenden Regierung sofort zu entlassen. Recht hat er, sagten damals der Šik und Genossen. Sie haßten in jenem Moment den liberalen Beneš, als dieser zögerte, den Befehl des Genossen Gottwald auszuführen. Man organisierte eine Papierflut von Protestforderungen aus dem ganzen Land, die den Wunsch des KP-Chefs unterstützten. Das ist unmittelbare Demokratie, ausgeübt an der Basis der Gesellschaft. Aber der alte Beneš sagte zu Gottwald:

»Was Sie da machen, ist ein Coup d'état. Aber mich werden Sie nicht hineinlegen.«

Man sieht, Beneš vermied es, die Dinge beim Namen zu nennen; er hätte ja sonst nicht wie ein Sprachlehrer französisch reden müssen, sondern einfach auf gut tschechisch Kommunistenputsch sagen müssen. Der Gottwald kümmerte sich erst nicht um derlei Sprüche, sondern ließ den Vorhang für den zweiten Akt seines Putsches hochgehen: Er ließ auf dem flachen Land die klerikalen und liberalen Funktionäre und Politiker arretieren; die Lokale der Parteien zusperren; ihre Zeitungen beschlagnahmen, damit die Demokratie an der Basis einwandfrei funktionieren kann. Und dann fiel dem Gottwald ein guter Witz ein: er ließ verlauten, all das geschähe nur, weil ein Putsch gegen den allseits verehrten Staatspräsidenten Beneš geplant gewesen sei. Gottwald sei Dank, die Regierung hat rechtzeitig zugeschlagen gegen solche faschistische Mordbanditen.

In der Moskauer PRAVDA, auf deutsch: DIE WAHRHEIT, konnte man in einer Stunde wie dieser lesen:

»Das tschechoslowakische Volk hat seine Meinung bereits zum Ausdruck gebracht.«

Was bedeutete, daß die für Mai vorgesehenen allgemeinen Wahlen keine Bedeutung mehr bekommen werden. Die Studenten von Prag, deren Vorgänger nach 1939 gegen die Deutschen und Nazi aufgestanden sind, jagte die KP-Regierung bei einem ähnlichen Anlaß mit der Polizei auseinander. Tags darauf ging die nämliche Polizei, angeblich vom Fierlinger angestiftet, in die Parteizentrale der SP, machte die alte Arbeiterpartei kaputt. In der Öffentlichkeit nahm ein Mann der sogenannten Mitte, ein bisheriger Sozialdemokrat namens Bohumil Laušmann, von deutscher Herkunft wie der Fierlinger-Zdeněk, das Wort und sagte einfach, in der bestandenen SP sei ohnedies die Mehrheit für das Zusammengehen mit den Kommunisten gewesen. Und ein Aufgehen der Partei in der KP sei das beste. Basta. Staatspräsident Beneš besprach sich mit seinem Verteidigungsminister General Svoboda, der selbst einmal den Posten des Beneš einnehmen wird. 1918 hat in Berlin der Sozialdemokrat Friedrich Ebert die Revolution ausdrücklich als hassenswert hingestellt

und lieber die alte Armee herangeholt als Deutschland dem Bolschewismus preiszugeben. Für derlei war der Svoboda nicht zu haben. Denn im Moment war Gott, wenn es einen gab, bei den stärkeren Bataillonen, bei den Kommunisten. Laut sagte er seinem Obersten Befehlshaber:
»Ich habe an die Betriebs-Milizen ohnedies nur alte deutsche Karabiner ausgeben lassen und ganz wenig Munition.«
Und das war die reine Wahrheit, denn Kanonen brauchte es wirklich nicht, um die ČSR des Jahres 1938 – Modell 1945 – aus der Stellung zu schießen. Die Ratten verließen das Staatsschiff.
Beruhigt oder vollends nervös geworden, genehmigte Staatspräsident Beneš am 25. Februar 1948 in aller Form den Rücktritt der bisherigen Koalitionsregierung, um dann eine neue Regierung Gottwald ins Amt zu berufen. Eine saubere Regierung, ohne das groß- und kleinbürgerliche Pack. Mitläufer aus allen Lagern waren fortan als Popanze dabei, sogar ein Pfaffe machte mit bei den Kommunisten. Und dann kam der Schlußakt. Ort, so wie 1918 und 1945, der Prager Wenzelsplatz. Monolog des Klement Gottwald, der unter anderem die Grabrede am politischen Grab des Eduard Beneš hielt:
»Es war für Präsident Beneš nicht leicht, die Vorschläge, die ich ihm unterbreitete, anzunehmen ... Er brauchte geraume Zeit, um darüber nachzudenken und sich zu entscheiden ... Wir sind dem Präsidenten Beneš dankbar, daß er dem Wunsch des Volkes sogar in Dingen Rechnung getragen hat, die anzunehmen ihm persönlich schwer gefallen sind.«
Der Šik, der Goldstücker, Smrkovský, der Mňačko und andere sehr human und demokratisch denkende Kommunisten hörten das und applaudierten ihrem Genossen Gottwald. Denn jetzt hatten sie die »anderen« endgültig aus dem Weg, und die antikommunistischen Wegelagerer saßen hinter Schloß und Riegel. Diese fortschrittlich denkenden Männer kamen in den folgenden Jahren hoch hinauf in der Republik, die, wie schon erwähnt, nachher ČSSR hieß. Das zweite »S« als deutlicher Trennungsstrich zur Republik aus 1918/45.

Der junge Masaryk saß als Popanz in der neuen Regierung. In der Einsamkeit der unzähligen Räume des Palais Czernin befiel ihn das Gefühl einer grenzenlosen Verlassenheit. Die politischen Ereignisse gingen an ihm vorbei und über ihn, den politischen Ressortleiter, einfach hinweg. Er machte sich Gedanken über das, was man Zivilcourage im Politischen nennt. Im Krieg, bei den Kaiserlichen, war er immer couragiert. Die ganze Zeit seit Juni 1915 ist er ununterbrochen im Feld gewesen. Der Winter 1917 in den Karpaten war besonders beschwerlich. Es kostete schon einige Courage, mit den Tragtierkolonnen, im Feuer der Russen, die Hänge hinauf durch den Schnee zu kommen, um Munition und anderen Nachschub und die tägliche Verpflegung in die Grabenstellungen zu bringen.
Im Frühjahr hat man ihn dann für die Silberne Tapferkeitsmedaille I. Klasse für tapferes Verhalten vor dem Feind eingegeben. Der Divisionär Baron Luxardo – und wohl auch der Fähnrich Masaryk – waren damit einverstanden, daß es diesmal bei der II. Klasse verblieb. Wie oft haben damals der dreißigjährige Masaryk und der Baron über Zeiten und Menschen gesprochen. Man war sicher nicht der gleichen Anschauung. Aber der Baron ließ sich vom Fähnrich, immerhin Abgänger des hochberühmten Wiener Akademischen Gymnasiums, einiges sagen. Angesichts der Revolution in Rußland, deren Folgen noch gar nicht abzusehen waren, konnten beide eine gewisse Sorge um künftige Entwicklungen in Mitteleuropa nicht unterdrücken. Der Baron war zu nobel, um den jungen Masaryk zu fragen, was er wohl zu seinem Herrn Papa sage, der um diese Zeit eben dabei war, im liberalen Rußland die Fronten der dort vergatterten Tschechoslowakischen Legion abzuschreiten, die bald den Österreichern bei Zborov in Galizien arg zu schaffen machen sollten. Vielleicht dachte der Divisionär daran, daß bei der Entente einige tausend Tschechen mitmachten, während bei den Kaiserlichen und im Zivildienst der Monarchie noch immer Hunderttausende Tschechen noch immer nicht taten, was man ihnen einblies: Desertion und geheim betriebene Sabotage. Wann haben die Tschechen, nicht die im Exil, sondern die in

der Heimat und an der Front, Schluß gemacht mit den Habsburgern? 1917, als Baron Luxardo sich am Tatarenpaß in den Karpaten mit dem jungen Masaryk unterhielt, 1917 also, war das noch nicht abzusehen. Denn Schluß gemacht haben die Tschechen erst dann mit Österreich, als im Sommer 1918 die große Offensive der Deutschen in Frankreich endgültig versackte und die Initiative auf die Truppen der Entente überging. Nach Kriegsende ist der junge Masaryk nicht gerade als Held der Republik heimgekommen in die Republik seines Vaters.
Im Moment, 1948, beneidete der schon zweiundsechzig Jahre alt gewordene junge Masaryk seinen Vater, der sterben durfte, ehe der Hitler nach Prag kam. In einer Stunde wie dieser fiel ihm ein, was sein Vater, ein bedeutender Universitätsprofessor, über den Selbstmord geschrieben hat:
»... dieses fieberhafte Erfinden, dieser unruhige Verbrauch aller modernen Möglichkeiten, dieses dauernde Reisen und Geschäftetreiben, dieses Sichheranbilden und Genießen, diese Jagd nach Reichtum und Glück, dieser irrsinnige Gebrauch verschiedener Tötungsarten, Alkoholismus und Prostitution – kurz gesagt, das ganze moderne Leben im großen und kleinen, das schöne und graue, das herrliche und böse, das erhabene und niedrige, das wunderbare und gemeine Leben, gibt uns keine Ruhe und Befriedigung ... Im Gegenteil.«
Der k. k. Universitätsprofessor Masaryk, Ordinarius an der von Kaiser Franz Joseph I. neugegründeten tschechischen Universität in Prag, der die dortige Unterrichtssprache nie ganz beherrschte und deswegen von tschechischen Studenten gefrozzelt wurde, hat ja gar nicht ahnen können, was für eine Bedeutung der Selbstmord so um die Mitte des 20. Jahrhunderts bekommen wird: Für unzählige Europäer wird er das Fenster im Gerichtsgebäude sein, aus dem Angeklagte springen können, ehe sie ein furchtbares Urteil trifft. Und so kam der junge Masaryk nach einem Fall durch ein Fenster des Palais Czernin zur Freiheit im Tod. Einige werden sagen: Er ist gesprungen. Andere aber: Sie haben ihn defenestriert. Seither ist Prag, das große und schöne Fenster zum Westen, zu.

Ort des Geschehens war die Stadt Bonn am Rhein, die Vaterstadt Beethovens. Das Datum des Geschehens: der 8. Mai 1949, lag vier Jahre nach der bedingungslosen Kapitulation des Deutschen Reiches im Frühjahr 1945. Und es geschah, daß 65 Delegierte aus der amerikanischen, britischen und französischen Besatzungszone Westdeutschlands sowie 5 Delegierte aus Westberlin Beschluß faßten über ein Grundgesetz für eine Bundesrepublik Deutschland. Kurze Zeit später, am 30. Mai 1949, wiederholte sich ein ähnlicher Akt in der Sowjetischen Besatzungszone Deutschlands: Der Dritte dortige Volkskongreß verabschiedete eine Verfassung einer Deutschen Demokratischen Republik.

Was die kühnsten Träume uralter Aggressoren gegen die deutsche Einheit in vergangener Zeit nicht zu hoffen wagten, das war jetzt geschehen: auf dem Boden Deutschlands, besser: dessen, was nach den Vertreibungen von Millionen Deutschen seit 1945 als »Deutschland« übriggeblieben war, entstanden zwei Staaten, die sich mit der ausgesuchtesten Feindseligkeit einander gegenüberstanden. Nicht einmal an der ehedem k. k. Militärgrenze des alten Österreich gegen die kriegerische und zu fortwährenden bewaffneten Überfällen geneigte alte Türkei hat es derlei strikte Abgrenzungen gegeben wie jene, die alsbald mitten in Deutschland, entlang des Eisernen Vorhangs entstanden. Die kommunistische Regierung der Deutschen Demokratischen Republik wird entlang ihrer Grenze gegen Westdeutschland einen Sperrgürtel schaffen, wie ihn nicht einmal die Bolschewiken nach 1917 bei ihrer Absperrung gegen das »andere« Europa zustande gebracht haben. Mehr noch: am 13. August 1961 wird diese Regierung in Berlin eine Mauer errichten, die Ostberlin von Westberlin auf eine Art trennen wird, wie es der lei noch nie in der Geschichte einer Weltstadt gegeben hat.

Noch mehr: Beide so entstehenden Staaten der Deutschen werden sich aufs neue bewaffnen und mit ihren bewaffneten Streitkräften einander nicht bloß mit äußerster Wachsamkeit unter Kontrolle halten; sie werden jeweils den übernationalen Militärbündnissen beitreten, die in den beiden Brückenköpfen der Supermächte US und SU auf europäischem Boden bestehen und diesen auf die Stufe eines Neo-Kolonialismus, dem jede echte Souveränität abgeht, herabdrücken. Beide Staaten werden Polizei-Truppen unterhalten, die alles übertreffen werden, was einmal im Dritten Reich Polizeidienste versehen hat. Der Übergang von West- nach Ostdeutschland wird bei weitem schwieriger sein als etwa der zwischen dem alten China und gewissen Nachbarstaaten. Spionageringe werden von beiden Staaten unter erheblichen Kosten gegen das »andere Deutschland« unterhalten werden. Einmal wird es in der Bundesrepublik gleich 19 000 Spione aus dem Osten geben, die meisten aus der DDR, viele aus der BRD, also Landesverräter, die gegen gutes Geld einiges zusetzten am Luxuskomfort des westdeutschen Wirtschaftswunders. Nur deutsche Menschen können imstande sein, im Auftrag fremder, im Grunde feindseliger Supermächte einander derartig viel Leid und Schaden anzutun, wie dies fortan im Umgang der beiden Staaten auf dem Boden Deutschlands geschehen wird. Die längste Zeit werden sich nächste Verwandte nicht zu Gesicht bekommen; und die DDR wird überhaupt nur mehr alte Menschen in die BRD zu Besuchsreisen aus dem Land lassen, Menschen, deren Altersversorgung im Falle, daß diese »drüben« bleiben, dem westdeutschen Kapitalismus obliegen wird. Zehntausende Deutsche aus dem Osten werden, oft unter Gefahr ihres Lebens, nach dem Westen flüchten, viele werden im Feuer ostdeutscher Grenzposten tot zusammenbrechen, andere wird man auf der Flucht ergreifen und für viele Jahre in die Kerker der DDR sperren. Kein Teufel hätte solche Teufeleien ersinnen können.

Nach der Verabschiedung des Bonner Grundgesetzes, nur zwei Kommunisten stimmten gegen dessen Annahme, erhob sich der

dreiundsiebzigjährige Präsident des Rates Konrad Adenauer zu einer kurzen Rede ex praesidio. Er sagte, die Ratsmitglieder hätten sich bei den Vorarbeiten für dieses Gesetz als Gebende wie als Nehmende bewährt. Vor allem lobte er die Toleranz, mit der die ehrliche Meinung Andersdenkender anerkannt wurde. Und der alte Mann wollte hoffen, daß diese Geduld und Duldsamkeit auch vorherrschen wird, wenn demnächst die Wahlwerbung für den ersten Bonner Bundestag in der Republik anheben wird. Ohne Pathos sagte er dann:
»Meine Damen und Herren! Gemäß Artikel 145 verkünde ich im Namen und im Auftrag des Parlamentarischen Rates, unter Mitwirkung der Abgeordneten Großberlins, das Grundgesetz. Es tritt mit dem heutigen Tag in Kraft ...«
Die letzten Worte der Proklamation gingen fast unter in dem Lärm, der im Saal entstand, als sich die Anwesenden von ihren Sitzen erhoben. Nur wenige Sätze hat Adenauer in einer Stunde wie dieser noch gesprochen, so von der Fahne des Staates, von der Hoffnung auf den Tag, an dem das ganze Deutschland unter dieser Fahne wieder vereinigt werden möge. Und von der endlichen Rückkehr unzähliger deutscher Menschen, die man verschleppt hat oder in Kriegsgefangenenlagern hielt. So war die grenzenlose Not der Deutschen damit präsent gemacht: Die willkürliche Zerreißung des Landes. Die Vertreibung von Millionen Deutschen aus der uralten Heimat ihrer Vorfahren. Die grausamen Verschleppungen unter dem Regime der Sieger von 1945. Und alle Deutschen, die hörten oder lasen, was an jenem Tag im Mai 1949 in Bonn am Rhein beschlossen wurde, dachten an jene Millionen Deutscher, die nie mehr aus den Massakern der Kriegs- und Nachkriegszeit heimkehren werden. Kaum eine Familie gab es im Land, die nicht Sorge und Trauer wegen solcher Verluste getragen hätte.
Und dann klang im Beratungssaal ein deutsches Lied auf. Welches Lied wohl? Nicht das Lied der Deutschen aus 1841, das dem Deutschland von der Maas bis an die Memel, von der Etsch bis an den Belt, galt. Denn der gründlich mißverstandene Kehrreim des Liedes:

»Deutschland, Deutschland über Alles, über Alles in der Welt« wäre von den Siegern des Jahres 1945 als eine erneute freche Provokation empfunden worden, wie eine solche eben nur den Deutschen zuzumuten ist. Nie haben sich andere Völker darum gekümmert, daß die Deutschen diesen Kehrreim nicht anderen Nationen zugemutet haben, daß er nur ausdrückte, was für sie selbst Deutschland war. »Alles, über alles« im Zeitalter des aufkommenden Nationalismus, währenddem die Franzosen, die Briten, die Russen und andere Nationen noch ganz andere Ansprüche für sich und gegenüber den »anderen« erhoben. Also sang man nicht dieses Lied in dieser Stunde, nicht einmal dessen letzte Strophe, in der ohnedies nur Einigkeit und Recht und Freiheit für das deutsche Vaterland gefordert wurden. Jene Strophe, die später nach der Melodie des österreichischen GOTT ERHALTE Staatshymne der BRD werden sollte. Wie gut, daß die guten Österreicher sich zum Teil so sehr dieses Liedes schämten, daß sie der Mehrheit der Österreicher nicht gestatten wollten, diese österreichischste aller Hymnen für sich zu behalten.

Das Lied, das in einer Stunde wie dieser in Bonn erklang, hatte einen guten Klang und eine schöne Weise:

Ich hab' mich ergeben mit Herz und mit Hand
Dir, Land voll Lieb' und Leben,
Mein deutsches Vaterland.

Den älteren Menschen, jenen, die es einmal noch im vergangenen Jahrhundert mit ihren hellen Knabenstimmen in einer Schulstube gesungen haben, wurde diesmal die Kehle rauh, und sie mußten sich mühen, Tränen zu unterdrücken. Andere, die einmal Couleurstudenten, zumal Burschenschafter, gewesen waren, erinnerten sich daran, daß jetzt – unter dem Schwarz-Rot-Gold von 1815 – das Lied des Burschenschafters Hans Ferdinand Maßmann erklang, Teilnehmer am Wartburgfest 1817. August Binzer hat die seltsam klagende Weise komponiert, anno 1819, als die Behörden des damaligen Deutschen Bundes die Allgemeine Deutsche Burschenschaft verboten haben:

Das Band ist zerschnitten,
War Schwarz Rot und Gold,
Und Gott hat es gelitten,
Wer weiß, was er gewollt?

Diese Fahne in den Farben der Urburschenschaft, unter der in dieser Stunde Mitglieder des Parlamentarischen Rates saßen, wird alsbald auf neue zerschnitten werden. Denn jenen in der Ostzone wird nicht gestattet werden, mit den anderen in der Westzone die nämliche Fahne zu haben. Und so wird man dort dem Fahnenblatt eines der konstruierten Symbole beifügen, das die Egalisierung aller Volksdemokratien und kommunistischer Regime im Osten mit ähnlichen Motiven prägt.

Der erste gewählte Bundestag der BRD wählte dann am 15. September 1949 Konrad Adenauer zum ersten Bundeskanzler und Adenauer blieb das 14 Jahre lang. Schon drei Tage vorher hat man Theodor Heuß zum Staatsoberhaupt gewählt. Heuß, der das Experiment in Bonn am Rhein stets als ein Transitorium bezeichnet hat. Einen Übergang, halbwegs auf Berlin und zu einer neuen Einheit Deutschlands. Im Westen vergaß man dem Liberalen Heuß gerne, daß er 1933 im alten Berliner Reichstagsgebäude für das Ermächtigungsgesetz gestimmt hat, mit dem Adolf Hitler völlig legal in seine spätere Machtausübung gewählt wurde. Was Adenauer betraf, so erweckte sein Kommen bei der sozialistischen Regierung in London und der liberalistischen in Washington der Ära des dortigen Präsidenten Harry Truman mäßige Freude. Bald stellte es sich heraus, daß zwischen dem Sozialismus der Briten und dem Liberalismus, der aus den US kam, jene Gemeinsamkeit bestand, nach der die Aversion gegen den klerikalen Adenauer verständlich wird. Aus solcher Gesinnung wandten verständlicherweise die Sieger im Westen, zumal die mit großer Stärke auftretenden Kommunisten in Frankreich, ihre Sympathien der Sozialdemokratischen Partei Deutschlands zu, die bei der ersten Bundestagswahl in der Minderheit blieb und lange, zu lange – wird man später sagen – bleiben wird.

In den US wurden viel Sympathien für den Vorsitzenden der

SPD Kurt Schumacher erweckt. Nicht nur, weil er der erneuerten KPD ein entschiedenes NEIN als Absage an den Plan einer-sozialistischen Einheitspartei unter kommunistischer Führung erteilt hat. Schumacher war ein erklärter Antiklerikaler. In den US lobte man ihn als Champion of Separation between Church and State. Champion, also Kämpfer, Streiter. Er war jedenfalls kein Papist, ein Freisinniger, wie ihn die Linksintellektuellen in der Freien Welt des Westens lobten.

Der Sieger in der Bundestagswahl Konrad Adenauer bekam in den US ein anderes Bild. Die vielbeachtete Zeitschrift TIME nannte ihn unverblümt einen schlauen und glatten dreiundsiebzigjährigen Greis, also einen höchst unsympathischen alten Mann, verschlagen und böse. In der linksliberalen Zeitschrift THE NATION machte man aus der in der Redaktion dieses Blattes herrschenden antideutschen und höchst parteiischen Stimmung noch weniger Hehl. Demnach war der erste Bundeskanzler in Westdeutschland einfach ein gefährlicher Gegner; an sich nicht uninteressant, im übrigen aber halb Fuchs, halb Diktator. Also so etwas wie ein halber Hitler. In Wien wird der dortige Historiker Friedrich Heer Konrad Adenauer immer in einer Linie sehen, in der auch Hitler stand und der damals noch regierende Papst Pius XII.

Andere Amerikaner mißtrauten der Unterwürfigkeit, mit der die im Krieg zu Boden geschmetterten Deutschen den Siegern entgegenkamen. Gewiß, in dem taten nach 1945 die Deutschen zuviel. Sie klopften, so wie einmal im Osten die Juden, sozusagen knapp über dem Boden an den Türen der Mächtigen.

Um keine Vertraulichkeiten zwischen Amerikanern und Westdeutschen aufkommen zu lassen, wurden letztere vom News Management in den US und den Agenturen belehrt: Man möge ja nicht glauben, man sei daran, Deutschland entgegenzukommen. Vielmehr sei es doch so, daß – leider – die Feindschaft der SU zu diesem an sich bedauerlichen Schritt gezwungen habe. Und man wird nie, niemals vergessen, was deutsche Nazis angerichtet haben. Zumal sich kein Deutscher, nicht einmal einer, der damals im Mutterleib empfangen war, sich nicht für alle

und jede Schuld der Nazizeit lebenslänglich schuldig fühlen möge, um dafür an Leib und Seele zu büßen. Mochte im Strafrecht die Vergeltungstheorie von fortschrittlichen Rechtsgelehrten längst verworfen worden sein, im Gericht über die Deutschen wird man just diese Theorie der Vergeltung und der unablässigen Buße immer aufs neue herausstreichen.
Und: Den Deutschen möge ja nicht einfallen, auf die gefährlichen Träume ihres Kaisers Wilhelm II. und Adolf Hitlers zurückzukommen, wie sie das offenbar zuweilen in petto haben. Da sei nicht nur Gott davor, sondern zumal die Toten zweier Kriege. Wie konnte dieses Volk einen Adenauer wählen?
Nun, in den US wußte man es: Da war die traditionelle Voreingenommenheit der Deutschen, eine gewisse Befangenheit gegenüber den Lehren Marxens, den man lange genug als einen jüdischen Schreiberling abgewertet hat, trotz seiner brillanten Theorien vom Klassenkampf. Man wird hier bemerken, daß die Munition, mit der einmal um 1970 eine sozialistisch-liberalistische Koalition die Epigonen Adenauers in Bonn aus der Stellung schießen wird, made in US ist.
In den US störte das Eigenschaftswort »christlich« im Namen der Adenauer-Partei und einer in Bayern entstandenen Schwesterpartei, die womöglich noch mehr traditionsgebunden war. Die Zeitung des AMERICAN JEWISH COMMITTEE brauchte in dieser Beziehung nicht aus ihrem Herzen eine Mördergrube zu machen. Sie schrieb einfach, die neuentstandene westdeutsche Republik sei unter die Fuchtel echter Reaktionäre geraten. Dazu konnte man im Zentralorgan des liberalistischen Establishment der US THE NEW YORK TIMES lesen, Adenauer sei ein im höchsten Maße verschlagener alter Reaktionär. In derlei Zusammenhängen fehlte fast nie der Hinweis, der Kanzler sei alt, längst verbraucht, keiner neuen Idee fähig. Und: jesuitisch, also unheimlich verschlagen, doppelzüngig nach der Methode, wonach angeblich der Zweck jedes Mittel heiligt.
Dann wieder hielt THE NEW YORK TIMES Adenauer vor, er sei ein böser Mann, Symbol eines extremen Konservativismus – alles was nicht links steht ist in solcher Polemik stets extrem

oder radikal – und dergleichen mehr. In der SU freute man sich über diese Zensuren, nach denen ihr Regime in der deutschen Ostzone nicht gar so schlecht in der Meinung der Weltöffentlichkeit dastand.
Um dem Prinzip einer sogenannten differenzierenden Betrachtungsweise entgegenzukommen und nicht in den Verdacht einer schwarz-weiß-Malerei zu kommen, schrieben die Zeitungen in den US oft, Adenauer sei immerhin Rosenzüchter. Nie hat der Kanzler die verfehlte Bezeichnung losbekommen. Er *züchtete* nämlich keine Rosen, er war in seinem Anwesen ein *guter Gärtner*, der sich persönlich um seine Rosenbeete kümmerte. Dann hörte man, Adenauer sei ein echter Sohn des Weinlands am Rhein, kein Alkoholiker, versteht sich, aber einer, der gerne Wein trinkt. Und er war ein ruhebedürftiger Mann nach einem in den US verbreiteten Image. Warum ging er als Regierungschef also nicht in den Ruhestand?
So haben die Amerikaner die SPD gelehrt, wie man über Christdemokraten herziehen muß, um diesen die unverdiente Sympathie des Wählervolks zu entziehen. Adenauers politische Freunde, als Klerikale ohnedies unbegabt in der Pressepolitik, kamen gegen dieses Punktfeuer aus dem Ausland schlecht an, zumal der Alte es nicht mochte, diese Polemik durch Widerlegungen anzuheizen und in die Länge zu ziehen.
Die Art, in der man in den US das Image der Christdemokraten ruinierte, war ungleich besser und wirksamer als die Art, in der Schumacher kämpfte und polemisierte. Auch die SPD hatte nicht mehr das gut ausgebaute Pressewesen, das ihr einmal in der Weimarer Republik vor 1933 zur Verfügung gestanden ist. Die westlichen Besatzungsmächte, zumal die Briten und Amerikaner, bevorzugten sogenannte »unabhängige« Tageszeitungen in ihren Zonen. Ihnen gaben sie bessere Startmöglichkeiten, für sie lieferten sie das Know-how. How to demolish das Regime Adenauer, das verstand bald keine Tageszeitung auch nur annähernd so gut wie die 1946 von britischen Besatzungsoffizieren inspirierte, später in der US-Region Hamburg erscheinende Wochenzeitschrift DER SPIEGEL. Bestimmt, einmal Zentral-

organ der sozialistisch-liberalistischen Regierungskoalition in Bonn zu werden. Einen bayerischen Löwen, wie etwa Franz Joseph Strauß, ins Netz rennen zu lassen, wurde eine Spezialität dieses Magazins, das der deutschen Linksintellektuellen liebstes Kind geworden ist.

Man kann sich keinen größeren Unterschied im Typ vorstellen als jenen, der nach 1945 in Westdeutschland in der Gegnerschaft des Vorsitzenden der SPD Kurt Schumacher zu Konrad Adenauer entstanden ist. In der Debatte über die erste Regierungserklärung Adenauers, im Spätsommer 1949, nahm Schumacher das Wort. Schon war er mit körperlichen Leiden und seelischen Qualen bis zur Unausstehlichkeit geplagt. Und doch gestattete sein fester Wille seinem im Krieg verstümmelten, in KZ-Haft ausgemergelten Körper angesichts des politischen Gegners keine Schwachheiten. Mochte vielen der Rigorosismus Schumachers, also die Unerbittlichkeit, nicht gefallen, mochten andere meinen, man müßte dem Adenauer ganz anders kommen; kein ehrlicher Freund oder Gegner konnte diesem Mann die Achtung versagen, ihm, der in Berlin den Kommunisten die Absage erteilt hat, nachdem in den Ostländern andere Vorsitzende sozialdemokratischer Parteien bald nolens bald volens eingeschwenkt waren auf die Gefolgschaft in einer kommunistisch gesteuerten »Einheitspartei« und deren Kader.

Aus dem schon 1919 an Polen verlorenen Westpreußen stammend, mußte er geradezu ein Antipode des Rheinländers Adenauer werden. Adenauer, der vor 1933 mit seiner politischen Karriere vermieden hat, auch in Berlin in oberste Ränge zu rükken. Für den der Osten immer unheimlich und wohl unerklärlich war. 1914 rückte Kurt Schumacher freiwillig ein, Adenauer wurde einige Jahre später Oberbürgermeister von Köln. Als Adenauer schon zur Prominenz des katholischen Zentrums gehörte, mühte sich der an der Front verkrüppelte Schumacher um ein Studium. 1918 trat er in Berlin in die Reihen der Arbeiter- und Soldatenräte. Seine Karriere begann der Westpreuße aber in Württemberg. Dort wurde er politischer Publizist und nachher Abgeordneter zum dortigen Landtag. Später, als

Reichstagsabgeordneter in Berlin, kam er in jungen Jahren in den Fraktionsvorstand, als dessen stellvertretender Vorsitzender er die letzten Nachhutsgefechte der alten Arbeiterpartei gegen die mit Übermacht nachdrängenden und schon verfolgenden Nationalsozialisten führte. Man hat sich nicht gescheut, den Schwerkriegsinvaliden, so wie später den Österreicher und Bundeskanzler Alfons Gorbach, in ein KZ einzuweisen. Schumacher wurde ganze elf Jahre in Haft gehalten.

In Berlin begann Schumacher 1945 wieder mit seinem Kampf. Er war Kämpfer, kein gefinkelter Taktiker, wohl auch kein Stratege im Politischen. Das wird man ihm einmal, auch in nahestehenden Kreisen, anlasten, zumal es Schumacher nicht gelungen ist, zu Lebzeiten dem Adenauer-Regime den Lebensfaden abzuschneiden.

In Berlin hat Schumacher, so lange er es dort als Sozialdemokrat tun konnte, für die Einheit Deutschlands gekämpft. Für die SPD erkämpfte er, solange die Russen dieser Partei den Atem ließen, bemerkenswerte Erfolge in der sowjetischen Besatzungszone Deutschlands. Daß in Deutschland die SPD nicht auf den Kurs einer sozialistischen, also kommunistischen Einheitspartei eingeschwenkt ist, war vor allem sein Verdienst. Schumacher widerstand solchen Anfechtungen nicht fernab, in einer Parteizentrale, sondern in Berlin. Es war für ihn ein schwerer Tag, als er nach dem Zusammenschluß der SPD und der KPD der Ostzone in einer Sozialistischen Einheitspartei Berlin verließ, um seinen Kampf in der Arbeiterpartei der Westzonen fortzusetzen.

In einem hatten Adenauer und Schumacher ein verwandtes Schicksal: Ist letzterer in der Ostzone am sowjetischen Kommandoregime und seinen deutschen Handlangern zunächst gescheitert, so geschah Adenauer ähnliches in der Britischen Besatzungszone am Rhein. Es war dies die Zeit, in der in London eine Sozialistische Regierung am Ruder war, der jener Adenauer als Bürgermeister in Köln ebensowenig gefiel wie Leopold Figl als Bundeskanzler im vierfach besetzten Österreich. Adenauer unter diesen Umständen zu feuern, machte keine

Schwierigkeiten. Der für die Stadt Köln kompetente General des britischen Besatzungsregimes bekam Order, Adenauer als Oberbürgermeister der kriegszerstörten Stadt abzusetzen, und der General blieb den Politikern in London nichts schuldig. Es war nur Pech, daß er Adenauer aus einem Grund feuerte, der nicht stichhältig war: Die Briten waren gegen Adenauer, weil dieser angeblich unfähig für das Amt war, das er, in Krieg und Frieden, mit so großem Erfolg vorher verwaltet hat. So ist es gekommen, daß sowohl Schumacher als auch Adenauer bei ihrem erneuten Start im Politischen nach 1945 an dem jeweiligen Besatzungsregime gescheitert sind. Was wohl der Sache beider Politiker, nicht aber ihrem Renomee geschadet hat.
Auf welcher Höhe standen um 1949 noch die parlamentarischen Debatten zwischen Regierung und Opposition. Und wie weitab geriet seither die SPD ab von der Linie, die Schumacher damals gezogen hat und von der klaren Sicht der Realitäten. Es ging konkret um einen Ministerposten, allerdings um einen Posten, dessen Dasein signifikant für die Lage in Deutschland war: Um den Ressortleiter des sogenannten Ostministeriums. Noch quängelte man nicht wegen der Zahl der Ministerposten und deren Kosten. Schumacher sah es als einen Fehler an, für die Beziehungen zwischen der Bundesrepublik und der Ostzone eine politische Instanz aufzurichten. Solche innerdeutsche Angelegenheiten wären vielmehr richtig und besser bei einer Abteilung des Bundesinnenministeriums aufgehoben. Denn das fragliche Verhältnis sei unter deutschem Blickwinkel als ein innerdeutsches Problem zu manifestieren. Und dann malte Schumacher, ohne den Christdemokraten eine böse Absicht zu unterstellen, jenen Teufel an die Wand, der dann in den siebziger Jahren unter dem Bundeskanzler Willy Brandt die Szene betreten wird:
»Es entstehen bestimmt nicht gewollte (von den Christdemokraten nicht gewollte!) Gefahren dadurch, daß die Möglichkeit gegeben wird, durch die Errichtung eines besonderen (Ost)Ministeriums die Dinge auf die völkerrechtliche Ebene zu diskutieren.«

So wird es kommen. In den siebziger Jahren, wenn einmal eine sozialistisch-liberalistische Regierungskoalition in Bonn die Deutsche Frage hinaufdiskutieren wird. Dann wird im legendären West-Ost-Dialog auch die Deutsche Frage diskutiert, hineindiskutiert werden. Nicht ohne polemische nachfolgende Klärung des Kerns der Diskussion hat Schumacher 1949 das Problem der Einheit durch Diskussion angeschnitten:
»Aber deutsche Einheit ist nicht möglich in der Form einer russischen Provinz oder eines sowjetischen Satellitenstaates.«
Und rasch nachher eine kalte Dusche für die Christdemokraten in der Regierung nach der Taktik des Kampfes der Parteien:
»Ich verstehe, daß in dem eisigen Sturm des Kalten Krieges sich manche Leute in Deutschland den Charakter erkältet haben. Einige dieser Herren sind heute Mitglieder der Bundesregierung.«
Gut gebrüllt. Aber eine Generation später werden sich im milden Klima des West-Ost-Dialogs einige der Epigonen Schumachers nicht bloß erkälten, sondern eine galoppierende Schwindsucht holen. Diese binnen einer einzigen Generation entstandene Zersetzung der nationalen Substanz Deutschlands, nicht die Zerreißung Deutschlands durch seine Feinde, wird die schwärende Wunde des ganzen Deutschseins und seiner Kultur werden. Um 1949 gab es auch in der Ostzone gute Deutsche, die sich schützten gegen die Eiskälte der totalen Gleichschaltung im Ostblock, die die Nähe zum Deutschland im Westen vorzogen; erst im Faulklima eines Dialogs werden solche Stimmen verstummen und wird auf beiden Seiten des Eisernen Vorhangs in Deutschland in den beiden Regierungskanzleien die nämliche Maxime aller Linken gelten:
»Achtung! Der Feind steht rechts!«
Schumacher dachte anders, anno 1947:
»Wir (Sozialdemokraten) wünschen, daß bei allen Verschiedenheiten der Auffassungen sozialer, politischer und kultureller Natur die Angelegenheit der deutschen Einheit überall in Deutschland die Angelegenheit der gleichen Herzenswärme und der gleichen politischen Entschiedenheit wird.«

Herzenswärme. Welchen Stellenwert hat dieses altväterische Wort im Wortschatz der Ideologen, Politologen und Soziologen der siebziger Jahre? Ach, mit einer NEUEN SPRACHE werden unversehens NEUE SPRACHINHALTE in Polemiken und Dikussionen kommen, bis der ursprüngliche BEGRIFF und seine geschichtliche Bedeutung wegdiskutiert sein werden.
Für Adenauer freilich war die Ostzone so etwas wie ein sowjetischer Posten vor Gewehr in Deutschland. Er rechnete fortdauernd mit etwas, das in Washington längst nicht mehr mit gleicher Schärfe zur Diskussion zu stehen schien: Mit dem auch nach 1945, nach dem Krieg, ungebrochenen Expansionsdrang des Kommunismus und dessen Vormacht in der SU. Dieser in alle Richtungen verlaufende Drang gehört zum System, das Lenin hinterlassen hat. Und Stillhalten wäre für die SU nicht weniger als eine Preisgabe des Marxismus-Leninismus in einem wichtigen Punkt. Andererseits gefiel den mündig gewordenen Bürgern der Freien Welt die Last ihrer Wachsamkeit gar nicht. Gewiß, man hätte mit dem Hitler nicht verhandeln dürfen, aber warum gleichermaßen jetzt auch den Stalin verdächtigen? War der beharrliche Anti-Kommunismus, der in den verschiedenen Parteien Westdeutschlands noch bestand, nicht ein Vorteil für die Partei des Adenauer, schwächte er nicht ein entschiedenes Linksdenken und Linksstehen, deren es bedurfte, um endlich den Adenauer und seine Partei von der Spitze zu drängen. Die Zeit wurde reif, den in den US aufgekommenen Anti-Antikommunismus der Ära des Präsidenten Truman zu übernehmen und damit den Angriff der SPD auf die Spitze in der Bonner Republik zu munitionieren.
Viele bemängelten die Verwicklungen, auf die sich Adenauer im Umgang mit dem Westen einließ. So die erste internationale Abmachung der Bundesrepublik, die Übernahme des Marshall-Plans. Dann, im selben Jahr, nach dem Überfall der Kommunisten auf Südkorea, ein Sicherheitsmemorandum Adenauers, welches das Risiko eines waffenlosen Deutschlands aufzeigte. Dann, als im Herbst 1950 die UN-Truppen in Korea eine beschämende Niederlage erlitten, Adenauers Angebot

eines Beitrags zur Verteidigung des Westens. Mochte darnach ein Herbstgewitter in der liberalistischen Presse der US wegen der Wiederbewaffnung der »Söhne Hitlers« niedergehen; es ließ sich nicht leugnen, daß, wenn die US sich in militärischer Hinsicht entlasten wollten, dann eben die Westdeutschen zur Wacht am Eisernen Vorhang kommandiert werden mußten. Schon konnte man aus Westdeutschland Geld herausholen, und man versäumte keine Gelegenheit dazu. Noch schuldete das Deutsche Reich aus der Zeit nach 1918 den Westmächten Geld; Geld, das, wenn schon jetzt zahlbar, der BRD und der DDR gleichermaßen zu Lasten fallen sollte. Die DDR dachte nicht an derlei Verpflichtungen, noch weniger an deren Begleichung. Was etwa die Schuldigkeit der Wiedergutmachung an Juden betraf, so hielt die DDR davon gar nichts. Es wäre eine Ungehörigkeit gewesen, dem arbeitenden Volk der DDR Verbindlichkeiten aufzulasten, die von den Vorfahren der westdeutschen Militaristen, Revanchisten und Faschisten verursacht wurden. War es nicht ein moralischer Vorteil, daß die Deutschen im Westen sich jahrzehntelang mit der Solidarschuld aller Deutschen für die Untaten des Naziregimes herumbalgten, Gewissensbisse machten, alte Wunden immer aufs neue aufrissen, während man in Ostdeutschland gar nicht daran dachte, sich in eine solche Solidarverpflichtung aller Deutschen, zu denen man im Osten auch die Ostmärker zählte, auch hineinzubegeben.
Im Osten horchte man allerdings auf, als Adenauer allen Ernstes damit anfing, eingealterte »Erbfeindschaften« abzubauen. Für den Rheinländer Adenauer war die Herauslösung der französisch-deutschen Gegnerschaften von früher aus den jetzigen Beziehungen beider Völker das, was er noch in seinen letzten Tagen als Hauptwerk seiner Tätigkeit als Kanzler ansah. Mochten auch in den sechziger Jahren im Westen die Uhren schon anders gehen. Für die Franzosen bedeuteten derlei Bemühungen nicht eben das, was Schumacher einmal Gegenstand einer Herzenswärme nannte. Das Schloß zu ihren Herzen war verrostet und es brauchte eines langfließenden Geldstroms, um den Schlüssel im Schloß drehen zu können.

Die Übernahme der bisherigen Refundierung der Besatzungskosten in Form eines Kostenbeitrags der BRD im Interesse seiner Sicherheit, zeitigte jenseits des Rheins natürlich keine moralische Wirkung und erst recht keine politische. Und so war es nicht verwunderlich, daß Frankreich dann dem einschlägigen Ersatz des bisherigen Besatzungsstatuts der Alliierten durch ein Truppenstationierungsstatut mit der BRD erst einmal gar nicht beitrat. Es blieb den interessierten US nichts anderes übrig, als fürs erste mit Westdeutschland allein eine Abmachung über dessen Beitrag zur Verteidigung abzuschließen; und außerdem einen speziellen Schutz Frankreichs gegen einen Überfall der Deutschen ausdrücklich auf sich zu nehmen. So blockierte Frankreich sowohl den fälligen Ersatz des Besatzungsregimes durch ein neues, den Sicherheitsnotwendigkeiten nach 1945 entsprechendes Abkommen, wie den Beitritt Westdeutschlands zur EWG, zur Europäischen Wirtschaftsgemeinschaft von 1957.

In den Bemühungen, die Beziehungen zu Frankreich auf die Basis einer neuen Verständigung von Nation zu Nation, von Staat zu Staat zu ordnen, ging der sonst nicht immer sehr geduldige Adenauer mit größter Geduld und unablässig zu Werke. Daß im Anfang die US intervenieren mußten, um alte Feindschaften am Rhein zu beseitigen, spricht nicht eben für eine wachsende Solidarität in einer Zeit, in der schon im französischen Straßburg ein Europarat amtierte. Aber noch war die Zeit, in welcher die US der Gendarm in der Freien Welt waren und sie sich diesen Dienst auch noch angelegen sein ließen, ehe sie dessen überdrüssig wurden, wie nach 1919. Noch stießen die Kommunisten, zumal die SU auf Widerstand, wenn sie bald in Europa, bald in Nahost, bald in Fernost, ein Land oder einen Landstrich, vor allem auch Rohstoffvorkommen unter ihre Kontrolle bringen wollten.

Nicht ohne starke Bremsversuche der Liberalen in Amerika verlief dieses Einstehen der US im Widerstand gegen die Ausbreitung des Kommunismus. Die Wiederbewaffnung der Deutschen betrachteten viele Amerikaner etwa so wie seinerzeit den Verkauf von Waffen an die Indianer Nordamerikas. Wer konnte garantieren, daß mit den jetzt an die Deutschen gelieferten Waffen eines Tages nicht ebenso auf Amerikaner geschossen wird, wie in Korea, wo die Kommunisten mit den seinerzeit an die SU gelieferten Waffen den Amerikanern ein blutiger Krieg bereiten? Dem amtierenden US-Präsidenten Harry Truman, der die Deutschen ebenso liebte wie etwa die Papisten, lagen solche Befürchtungen schwer auf der Seele. Eben bekam er es im Koreakrieg selbst mit dummen und präpotenten US-Militärs zu tun; das förderte nicht sein Verständnis für die Wiederbewaffnung Westdeutschlands unter Offizieren, die einmal auf den Hitler vereidigt waren.

Auch in Westdeutschland erzeugte die Wiederbewaffnung einen Riß in der Tiefe. Nicht einmal die eigene Partei Adenauers ging geschlossen hinter ihrem Kanzler her. Der Parteifreund des Kanzlers und amtierender Justizminister der BRD, Gustav Heinemann, trat wegen dieser Re-Militarisierung aus dem Kabinett und aus der CDU, deren Mitbegründer er war, aus. Das mußte jenen auffallen, die wußten, daß Heinemann in seinem Lebensberuf Syndikus und verläßliche Stütze großer Teile der Ruhrindustrie war, die schon 1919 und erst recht 1945 den Siegern und Besatzungsmächten in Deutschland als Teil der German war-mongers, also Kriegstreiber, verdächtig war. Herr Heinemann blieb nicht bei dieser seiner ersten Rochade in der Parteipolitik. Er faßte zunächst Fuß in einer von ihm mitgegründeten neuen Partei, deren Erfolg allerdings sehr bescheiden war. So machte er noch eine Rochade, diesmal auf den Boden der SPD, die ihn als Justizminister in das erste Kabinett Brandt berief; um ihn nachher als den Bundespräsidenten des liberalistisch-sozialistischen Kombinats, das sich 1969 zur Regierungskoalition in Bonn mauserte, ins höchste Amt im Staat zu hieven. Das war, als, gestartet von Linksintellektuellen aller Couleurs, schon dem »Unglück Adenauer« der totale Krieg angesagt wurde und man nach einer »echten Alternative in Bonn« suchte. Es gab um diese Zeit eben viel Kritik an Adenauers Politik, zumal an seiner Westpolitik. Auch in seiner eigenen Partei sagten einige, jeder Schritt auf dem unbeirrt eingehaltenen Westkurs bringe Deutschland weiter weg von dem, was es nicht aufhören sollte, im Osten zu sein. Wo sich dieser Riß zeigte, setzte Stalin mit großem Geschick seine Sprenghebel an. Einerseits, um sein Manöver auf die Westbeziehungen Adenauers zu richten, und andererseits, um dessen »einäugige« Politik zur Wiedervereinigung Deutschlands bloßzustellen. Dabei schickte er die Regierung der DDR auf Vorpatrouille. Und also schlugen die Kommunisten in der Ostzone, sonst keine Anhänger der Stimmzetteldemokratie, der Regierung in Bonn die Abhaltung gesamtdeutscher Wahlen vor. Allerdings solche ohne internationale Überwachung, was hieß: In der Ostzone Wahlen, wie sie in einem kommunistischen Staat üblich sind. Als Adenauer den Köder nicht biß, schlugen die in Ostdeutschland einen Friedensvertrag mit Deutschland vor. Auch in diesem Plan gab es diverse Fußangeln und Selbstschüsse, vor allem die Idee eines neutralisierten Gesamtdeutschland, also den Rückfall der westlichen Verteidigungslinie in Europa von der Elbe auf den Rhein, ja die Maas. Die Westmächte reagierten darauf mit einer gemeinsamen Note an Bonn:

»Wir werden in unseren Verhandlungen über die Europäische Verteidigungsgemeinschaft – EVG – und den Deutschlandvertrag so fortfahren, als ob es diese Note (aus der DDR) nicht gäbe.«

So eilfertig wollte nun der Bonner Minister für Gesamtdeutsche Angelegenheiten, der Christdemokrat Jakob Kaiser, denn auch nicht die Sache abgetan wissen. Kaiser ist nach 1945 als Christdemokrat in Berlin das geschehen, was dort zu gleicher Zeit Schumacher widerfuhr. Auch seine dortigen Parteifreunde ließen sich zuletzt mit den Kommunisten ein, und so stehen sie jetzt als Stallvieh im dortigen KP-Betrieb. Kaiser war nie zu bewegen, die umstrittene Oder-Neiße-Grenze zu Polen als endgültig und international geschützt hinzunehmen. Aber – reden konnte man ja. Aber schon war ein NEIN aus Bonn zu dieser Grenze mit gewissen Vorbehalten für Moskau Hinweis darauf, daß es auf diesem Weg nicht weiterging. Die Gesamtregierung Ade-

nauers ging in ihrem Beschluß noch viel unbedingter vor als der Süddeutsche Kaiser, der einmal in Berlin begraben sein wollte. Und der sagte: Preußen muß sein, gedacht als *die* historische Klammer eines Deutschland an Weichsel und Rhein. Adenauer faßte seine Ostpolitik noch immer primär als ideologisch bestimmt auf. Um diese Zeit erklärte er auf einer Tagung des Evangelischen Arbeitskreises der CDU:
»Seien wir uns klar darüber, daß dort (im Osten) der Feind des Christentums sitzt. Hier handelt es sich nicht um politische, sondern um geistige Gefahren. Es gibt drei Möglichkeiten für Deutschland: den Anschluß an den Westen, Anschluß an den Osten und Neutralisierung. Die Neutralisierung aber bedeutet Erklärung zum Niemandsland. Damit würden wir zum Objekt...«
Die Deutschland von Stalin zugemutete Selbstverteidigung, allein also und ohne den Rückhalt im Westen, war ein Risiko, auf das sich Adenauer nie eingelassen hätte. Um diese Zeit kamen Kundschafter aus den US, die dem Bundeskanzler inoffiziell auf den Zahn fühlen wollten:
»Wann wird denn überhaupt der Augenblick gekommen sein, in dem Bonn mit Moskau verhandeln wird?«
Wäre Adenauer ein Prophet gewesen, dann hätte er antworten müssen:
»Wenn mein Nachfolger in Bonn ein Sozialdemokrat sein wird.«
Aber Adenauer gefiel sich nicht in Prophezeiungen und deswegen sagte er zum Reporter von UNITED PRESS:
»Es wird nötig sein, die Hoffnung der SU, Deutschland neutralisieren zu können und damit unter den sowjetischen Machtbereich zu bringen, zu zerstören ... ich glaube, daß die Bevölkerung (Westdeutschlands) zu der (obigen) Erklärung der drei Westalliierten über die Einheit noch mehr Vertrauen hat; denn die Voraussetzung für die Einheit sind doch die freien Wahlen.«
Es sollte die Linksintellektuellen in Westdeutschland noch viel Mühe kosten, um mit ihrer Außerparlamentarischen Opposition

weiszumachen, daß auch in Westdeutschland Adenauers die parlamentarische Demokratie unfrei ist. Daß nur ein Rätesystem mit einer Demokratie an der sogenannten Basis, ausgerichtet scharf auf links, Freiheit bedeuten kann. Das zu erleben, blieb Adenauer erspart.

So das Frühjahr 1952. Im Juli dieses Jahres ging es mit Kurt Schumacher zu Ende. Mit dem Bonner Minister für Gesamtdeutsche Angelegenheiten Jakob Kaiser ist Schumacher nie gut ausgekommen. Allein der Bestand von dessen Ministerium war für Schuhmacher, wie erzählt, ein Unding, ein gefährliches Präjudiz gegen Deutsche Einheit. Wer weiß, wäre es am Sterbebett Schumachers zum Gespräch mit Kaiser gekommen, hätte sich nicht der Exkommunist Herbert Wehner an den todkranken Vorsitzenden der SPD herangemacht, um ihm in jeder Hinsicht dienlich zu sein. Wehner hat später ganz andere Dinge in Westdeutschland zuwege gebracht und also auch das Gespräch im Hochsommer 1952 zwischen dem amtierenden Minister Kaiser und dem sterbenden Schumacher über praktische Möglichkeiten zur Anbahnung einer Wiedervereinigung des zweigeteilten Deutschland.

Jahre lang haben sich die beiden politischen Widersacher im politischen Tageskampf nichts erspart. So entstand die tragische Situation, daß sie sich erst in einer Stunde wie dieser ohne vorgefaßte Feindseligkeit trafen. Kaiser mußte dazu viele böse Worte Schumachers, die dieser in den Jahren an ihn gerichtet hat, vergessen; und Schumacher wollte wenigstens für diesen Augenblick vergessen, daß er Kaiser einfach als einen Stümper ansah. Ob aber nach dem NEIN Adenauers zu den letzten Vorschlägen eine Kursänderung in der Ostpolitik überhaupt noch möglich war, sollte erst gar nicht besprochen werden. Es blieb bis zuletzt zu viel von alten Spannungen und grundsätzlichen Verschiedenheiten. Man trennte sich in einer menschlich anerkennenswerten Haltung. Schumacher starb bald, am 20. August 1953, und sein Kampf um die Aufrichtung der Deutschen zu einer eigenen Grundhaltung in der Frage der Wiedervereinigung war zu Ende.

Kaiser war ausersehen, beim Trauerakt für Schumacher im Bonner Bundestag zu sprechen. Aber die Feier unterblieb. Es verblieb aber auch das Konzept der von Kaiser nie gehaltenen Rede für den Anlaß: Über unerbittliche Schärfe früherer Auseinandersetzungen erhob sich im Redetext der Wunsch des christlichen Demokraten Kaiser, es hätten Schumachers Kraft und Fähigkeiten um Deutschlands willen neben anderen maßgeblichen Kräften des politischen Lebens Erfüllung gefunden. Das wäre kaum im Sinne Adenauers gesprochen gewesen.
1961 starb Kaiser. Den Bau der Berliner Mauer mußte er nicht mehr miterleben. Von ihm blieb das Konstruktionselement eines anderen Brückenbogens über den Abgrund, der sich zwischen den Deutschen aufgetan hat: eine Einheit auf Grund einer Übereinkunft der Siegermächte von 1945 anzubahnen. Längst aus dem Amt geschieden, blieb er bis zuletzt bei der Parole:
»Preußen muß sein. Vergeßt die Zone nicht.«
Das Preußen, das 1946 die Alliierten posthum noch einmal umgebracht haben, außer dem, was an Unvergänglichem blieb. Der Staat an beiden Ufern der Elbe mit seiner Hauptstadt Berlin. War es nur eine Utopie eines Süddeutschen, der sich einbildete, es ginge nichts ohne Preußen? Gegen solche Hoffnungslosigkeit erhob sich Kaisers Hoffen wider die Hoffnung. Und deswegen wollte er auf dem Grabstein seiner letzten Ruhestätte im Zehlendorfer Waldfriedhof ein Wort Christi haben:
»Was seid ihr verzagt, ihr Kleingläubigen.«
Und unverrückbar stand Adenauers Warnung: Keinen Versuch einer Wiedervereinigung Deutschlands als Beitrag zu einer West-Ost-Entspannung der Supermächte. Es würde Deutschland schlecht bekommen. Und jetzt, 1979, läuft die Probe auf dieses Exempel.

Sie kamen während eines Weekends im Juni 1950 über das freie Südkorea. Kümmerten sich einfach nicht darum, daß der streßgeplagte moderne Politiker und Staatsmann in der Freien Welt auch sein Weekend zur Erholung braucht. Natürlich kamen sie, die Kommunisten aus Nordkorea, nicht nach Washington und in die US. Sie schlugen auf den Sack – auf Südkorea –, weil sie den Esel, die Amerikaner treffen wollten.
An sich kam diese Nachricht nicht völlig überraschend in Washington an. Immerhin befanden sich die US und die SU in einem kalten Krieg. Und außerdem haben Militärs, besagte verdummte Generale, längst den US-Präsidenten Truman und seine Regierung vor einer solchen Möglichkeit gewarnt. Der SU, besser ihren koreanischen Partisanen, ist 1950 die anfängliche Eroberung von fast ganz Korea noch billiger in den Schoß gefallen als 1939 die Eroberung Ostpolens im Bündnis mit Adolf Hitler. An sich war Korea nach der Kapitulation Japans im Jahre 1945 US-Besatzungszone, denn die Japaner haben 1910 die Halbinsel nach den damals üblichen Formen und auf Grund des geltenden Völkerrechts abgenommen. Die SU hat zur »Befreiung« Koreas im Jahre 1945 nicht einen Mann verloren.
Aber, wie Amerikaner nun einmal sind, waren sie 1945 für die Aufteilung der Welt zwischen ihnen und der SU. Und so holten sich 1945 US-Präsident Roosevelt und nachher Harry Truman die SU zu Hilfe in den Endkampf gegen Japan. Obwohl man schon damit rechnen konnte, Japan mit der Atombombe binnen Stunden fertig zu machen, also ohne den Einsatz der Roten Armee. So eine Bitte gefiel Stalin sehr, denn bei deren Erfüllung konnte er sich noch kräftiger in die Verhältnisse Ost- und Südostasiens einmischen und den chinesischen Genossen, den besten Stalinisten die es je gab, bei ihren Aggressionsabsichten helfen.

Nach dem sogenannten »Vaterländischen Krieg« gegen die Nazifaschisten kamen die Sowjets auch in Ostasien als Rächer der 1905 im Krieg des zaristischen Rußlands gegen das kaiserliche Japan umsonst gefallenen russischen Soldaten. Im Grunde aber taten sie nicht mehr als Benito Mussolini, der sich 1940 über das von den Deutschen schon zu Boden geschlagene Frankreich hermachte, um sich ohne große Gefahr und ohne große Opfer eine billige Beute zu holen. Stalin wollte mit dabei sein, als 1945 das geschlachtete Japan tranchiert wurde.
Und so kam es, daß nach dem Ende Hitlers und im Anblick der unvermeidbaren Niederlage Japans 100 000 Mann Sowjettruppen in Korea einmarschierten, dorthin, wo sie nichts verloren hatten, weil sie in allen kolonialen Aggressionen in Ostasien nie dahin gelangt und nachher von dort etwa vertrieben worden waren.
Amerikaner und Russen entwaffneten die in Korea befindlichen japanischen Truppen, die ohnedies ihre Sache für verloren gaben. Die SU besorgte das im Norden der Halbinsel, die US im Süden. 1947 beschloß die UN, Korea zur gegebenen Zeit wiederzuvereinigen. Womit bestätigt wurde, daß das unglückliche Land 1945 von seinen Befreiern zerstückelt worden ist, nachdem diese das ganze Land den Japanern abgenommen hatten. Leider ist Korea die fragliche »gegebene Zeit« nie mehr vom Schicksal gegeben worden. Korea wurde vielmehr Stätte des ersten sogenannten »Stellvertreterkriegs« zwischen der SU und den US, wobei die SU, wie immer nachher, die Aggressoren waren. In einem Stellvertreterkrieg brauchen sich die verfeindeten Großmächte nicht unmittelbar zu bekriegen; sie schicken ihre Hetzhunde ins Feuer und versorgen diese mit allem, was sie brauchen, um sich gegenseitig umzubringen.
In Ostasien ist das Land weit und nicht so dicht bevölkert wie in Europa. Also kann man dort die Demarkationslinie zwischen einer US- und einer SU-Besatzungszone quasi mit dem Lineal auf der Landkarte ziehen, ohne auf sogenannte historische Grenzen Rücksicht zu nehmen. Und so entstand auf Korea besagte Demarkationslinie in der Längsrichtung des 38. Breitengrads. Im Norden davon richtete Moskau flugs einen seiner

kommunistischen Satellitenstaaten ein, dessen Armee man mit einiger Eile auf Kriegsstärke brachte. Im Süden begnügten sich die US mit einer schwächlichen militärischen Präsenz und der Aufstellung einer ebenso unbedeutenden Sicherheitstruppe der Einheimischen.
Damit, glaubte man in Washington, einiges für den Frieden in Korea getan zu haben. Umso störender waren die an jenem Sommertag des Jahres 1950 aus Korea kommenden Nachrichten. Das Leben im feucht-heißen Klima der US-Hauptstadt hat schon die Botschafter des alten Österreich nervös gemacht; also bekamen sie für ihren Dienst eine Tropenzulage und außerdem eine Sommerresidenz in den nahen Bergen, wo das Klima erträglicher ist. Niemand sollte also den Staatsmännern und Politikern der US der fünfziger Jahre oder den Diplomaten dieser Supermacht Vorwürfe dafür machen, daß am Tag, da der Koreakrieg ausbrach, in den Büros der Hauptstadt nur jeweils die Ersatzreservevizestellvertreter im Amt waren. Schon standen die kommunistischen Invasoren tief in Südkorea, da gelang es in Washington endlich einem gewissen Mr. Hickerson, der so etwas wie ein Vizesektionschef im Außenministerium war, die Maschinerie anzuwerfen und einigen Dampf zu machen.
Mr. Hickerson mußte zuerst einmal den politischen Leiter des Außenressorts suchen, der irgendwo in Virginia Weekend machte. Von diesem bekam er den Auftrag, den Ständigen Vertreter der US bei den UN zu alarmieren. Dies geschehen, sollte Hickerson den US-Präsidenten und Oberstkommandierenden der US-Armed Forces Truman auf dem laufenden halten. Harry war daheim im Mittelwesten, hörte sich die Meldung an und erklärte sich mit den getroffenen Veranlassungen einverstanden. Nach Washington aufzubrechen hielt er im Moment nicht für notwendig, nachdem man ihm dort davon abgeraten hatte, die Gefahren eines Nachtflugs zu riskieren. Also ging der US-Präsident an diesem historisch gewordenen Tag fernab von der Leitzentrale der Supermacht zu Bett.
Derweilen bemühte sich Mr. Hickerson vergeblich, besagten Ständigen Vertreter bei den UN zu erreichen. Es hieß, dieser

sei irgendwo im Staate Vermont. In seiner Not beschloß Mr. Hickerson, den ständigen Vertreter des Ständigen Vertreters stellig zu machen. Und diesen Mann konnte er erreichen. Aber nicht in dessen Residenz in New York, sondern auf Long Island, wo er an einem offiziellen Abendessen teilnahm. Der aufgestöberte ständige Vertreter des Ständigen Vertreters legte höchst unwillig Messer und Gabel beiseite und verfügte sich in seine Wohnung in New York, um dort neben dem Telefon in eine Art von Alarmbereitschaft zu gehen.

Schon war in Washington ein schwerer Fall von Telefonitis ausgebrochen. Der damalige Generalsekretär der UN, ein Norweger, war im Moment des Alarms hellwach und erklärte vom Fleck weg:

»Mein Gott, das ist Krieg gegen die Vereinten Nationen.«

Nicht daß der Norweger einer gewesen wäre, der im Notfall den lieben Gott angerufen hätte. Er rief verschiedene, nicht ganz einflußlose Menschen an und ging darauf los, daß die US nicht etwa allein den Krieg gegen die Aggressoren und Störer der Friedensordnung von 1945 führten. Denn dazu war fortan eher die UN da. Noch einmal kam das Schicksal oder der liebe Gott oder der beginnende Altersschwachsinn Stalins den US zuhilfe: Es ergab sich nämlich, daß Stalin just um diese Zeit den Ständigen Vertreter der SU im Weltsicherheitsrat abberufen hatte. Damit verscherzte er sich die Kraft seines absoluten Vetos, das jeden den Interessen der SU zuwiderlaufenden Beschluß zunichte hätte machen können. Und so geschah es, daß 1950 nicht allein die US in den Stellvertreterkrieg nach Korea gingen, sondern laut UN-Beschluß vom 27. Juni 1950 eine UN-Truppe.

Bis diese Truppe, vor allem die nicht-amerikanischen Kontingente, schwach wie sie ohnedies waren, an die Front nach Korea kamen, hätten es dort die kommunistischen Aggressoren fast geschafft, mit ihrem Sieg eine vollendete, nicht mehr umzukehrende Tatsache zu machen. Das reguläre Militär Südkoreas riß vor seinen landsmännischen Genossen nämlich aus wie schlechtes Schafleder. Zwar ist es den sowjetischen Instruktoren

der nordkoreanischen Truppen nicht gelungen, bis Kriegsausbruch eine Armee von der Qualität der Roten Armee des Jahres 1945 zu bilden; was ihnen aber zur Verfügung stand, reichte bei weitem aus, um die Nachkriegs-Soldaten der US und deren koreanische Verbündete vor sich herzujagen, bis an die Südspitze der Halbinsel. Die Stellvertreter Moskaus hatten in diesem Krieg das stärkste Bündnis, das auf dieser Welt denkbar ist, hinter sich: Jenes der stalinistischen SU und des stalinistischen Chinas unter Mao Tse-Tung. Nichts deutete noch darauf hin, daß in der Ära nach dem Großen Stalin Mao bei den Prinzipien des Verstorbenen bleiben wird, während in Moskau Nikita Chruščov den stalinistischen Personenkult mit einer auf einem Parteitag der KPdSU gehalteten wuchtigen Angriffsrede zerstören und den Bruch mit Mao anbahnen wird.
Um das entstehende Schlamassel in Korea unter Kontrolle zu bringen, war US-Präsident Truman auf den Sieger im Krieg gegen das kaiserliche Japan, den Fünf-Stern-General Douglas McArthur angewiesen. Es mochte einen wundern, daß der Oberstbefehlshaber der US-Armed Forces, Truman, diesen General, einen Nationalhelden im Nachkriegsamerika, bis zum Ausbruch des Koreakriegs nie zu Gesicht bekommen hatte. Das mochte daran liegen, daß Truman Generale an sich für Dummköpfe hielt, von Gesprächen mit ihnen sich keinen Gewinn erwartete und lieber mit Politikern fachsimpelte. Es gab auch ein Gerücht, wonach für Truman der Fünf-Stern-General ein rotes Tuch war, seit er dem amtierenden Präsidenten mit seiner viel größeren Popularität die Show in der Öffentlichkeit gestohlen hatte. Indessen blieb Truman jetzt nichts anderes übrig als sich dieses Mannes im Koreakrieg erst einmal zu bedienen, zumal McArthur auch die Besatzungstruppen im besiegten Japan kommandierte und dort dem Kaiser Unterricht in Demokratiebewußtsein gab.
Es dauerte einige Zeit, bis McArthur die Truppen versammelt hatte, die er nach Korea überschiffen mußte, um dort den Gegenangriff auf die kommunistischen Aggressoren zu beginnen. Während in höheren Stäben mit US-*Divisionen* in Korea ge-

rechnet wurde, mußten sich an Ort *Bataillone* mit der feindlichen Übermacht schlagen. Am letzten Tag des Juni 1950 konnten zwei Bataillone der 24. US-Infantry Division nach Korea eingeflogen werden. Eines davon wurde von den Kommunisten gleich im ersten Kampf zerschlagen. Das andere Bataillon erlebte, wie das ist, wenn sowjetische T 34-Panzer angreifen und nicht ein Rest der Panzerwaffe der früheren deutschen Wehrmacht.

Nachdem also diese beiden Bataillone nutzlos geopfert worden waren, gewöhnte man sich in Washington daran, die Sache in Korea nicht länger als eine bloße Polizei-Aktion gegen eingedrungene Banditen anzusehen, sondern als das, was es war: Der große Krieg nach dem Zweiten Weltkrieg, der heiße Krieg mit den Kommunisten. Dieser Krieg in Korea wird die US fast ein Drittel dessen kosten, was sie der ganze Zweite Weltkrieg gekostet hat, und es werden in Korea mehr Amerikaner bleiben, als im letzten Krieg auf deutschem Boden gefallen sind.

Mitte Juni konnten zwei US-Divisionen in Korea bereitgestellt werden. Sie sollten den Stoß der Kommunisten auf den wichtigen Nachschubhafen an der Südspitze der Halbinsel, die Stadt Pusan, aufhalten. Die beiden US-Divisionen hatten einen Kampfstreifen von nur 40 Kilometer unter Kontrolle zu kriegen. Aber die Kommunisten durchbrachen mit wuchtigen Schlägen die Front, fügten den Amerikanern große, nie gekannte Verluste bei. In den ersten 14 Tagen des Koreakriegs fielen 1 000 Amerikaner.

Für amerikanische Reporter und Fotoreporter kamen goldene Zeiten. Man schoß in Korea Bilder, die nachher auf internationalen Fotoausstellungen höchste Anerkennung und teure Anerkennungspreise erhielten. Es geschah nämlich, daß die Südkoreaner vor ihren kommunistischen Befreiern mit noch größerer Panik davonliefen als 1945 Ost-Europäer vor der ihnen als Befreier zugedachten Roten Armee. In dieser Katastrophe der Zivilbevölkerung gab es natürlich köstliche Bilder zu schießen. Nichts verkauft sich so gut wie die drastische Beschreibung oder Bebilderung menschlichen Elends. Wieder begann in der

Welt eine neue Ära mit dem Elend unzähliger Menschen auf der Flucht. In Palästina hat es angefangen, in Korea ging es weiter; dann wird der Krieg und der politische Terror die Vietnamesen auf die endlosen Straßen ihrer Heimat treiben, später Schwarze in Afrika und dann die Weißen, die den schwarzen Kontinent die Zivilisation, die ihre Vorväter den Menschen im Busch brachten, aus panischem Schrecken liegen und stehen lassen werden.

In Korea haben zum ersten Mal die US-Generale, McArthur und sein Team ausgenommen, oft arg ausgelassen. Dafür aber funktionierte das Management des Nachschubs ausgezeichnet. Mit der Zeit konnten 100 000 Mann über See – per Schiff oder im Lufttransport – auf den Kriegsschauplatz in Korea verbracht werden. Im Moment drängte sich alles im letzten Brückenkopf von Pusan zusammen. Dort amtierte auch die aus der Hauptstadt Seoul vertriebene legale Regierung Südkoreas, in der es nur mehr eine vage Hoffnung gab, einem ungewissen Schicksal im Exil zu entgehen. Denn die Hilfe der UN nahm sich eher bescheiden aus an Ort. Am 7. September 1950 kamen die ersten Truppen der Verbündeten: zwei Bataillone britische Infanterie. Schon berief man in den US Reservisten ein. Eine Teilmobilisierung, die im Interesse einer raschen und effektiven Kriegsführung am Platze gewesen wäre, vermied Harry Truman aus parteipolitischen Gründen. Nur keine neue Kriegs-Erklärung.

Da war es dem US-Präsidenten Truman schon lieber, wenn der Sturm der Entrüstung, der durch die US jagte, sein Opfer andernorts sich holte. Etwa im Verteidigungsministerium. Dem dortigen politischen Ressortleiter warf man jetzt in der Öffentlichkeit vor, er hätte alle Vorwarnungen, die auf eine kommunistische Aggression in Korea hindeuteten, in den Wind geschlagen. Es nutzte jetzt gar nichts, daß er dafür gewisse Vorstellungen der Linksintellektuellen betreffs einer Reform der Armed Forces in die Tat umgesetzt hatte, um dem Ideal, einem Zivilisten in Uniform nahezukommen. Doch davon wird später die Rede sein. Jetzt, 1950, warf man ihm vor, er hätte planlos abgerüstet, über Gebühr Präsenzdiener entlassen und dergleichen

mehr, was an sich den militärischen Plänen eines liberalistischen Establishment entspricht. Im Reformeifer war man so weit gegangen, die Minenräumboote aus dem Zweiten Weltkrieg an Schrotthändler zu verschachern, so daß man sich von den Japanern deren Boote ausleihen mußte, mit denen diese Verlierer die von Seeminen verseuchten Gewässer seit 1945 leerfischten.
McArthur bereitete allen Schwierigkeiten und Hindernissen zum Trotz einen vernichtenden Schlag gegen die Kommunisten vor: Aus dem Brückenkopf Pusan sollte ein Angriff sternförmig sich ausbreitend Südkorea vom Feind säubern; und hinter der Front der Kommunisten, auf der Höhe von Seoul, sollte die US-Navy mit einer großartigen Landungsoperation bei Inchon den Rest besorgen. Alles geriet bestens. Nach wenigen Tagen konnten sich beide Stoßgruppen vereinigen. Die Vernichtung der Aggressoren in einer Serie von Kesselschlachten gelang freilich nicht. Einerseits deswegen, weil die Kommunisten lieber alles liegen und stehen ließen und davonliefen; und andererseits machten das Wetter und die miserablen Wegverhältnisse vor allem den motorisierten Truppen der US arge, bisher kaum bekannte Schwierigkeiten. Die aufkommende Kälte und die Geographie des Landes ließen jetzt die Strategen in den US besser verstehen, warum die Winterschlacht der Deutschen im Osten 1941/42 so schlecht geriet.
Als die Kommunisten aus Südkorea geflohen waren, kam von der UN der Beschluß herab, die sogenannte Polizeiaktion auch jenseits des 38. Grads fortzusetzen. Also überschritt die (motorisierte) 1. US-Cavalry-Division zusammen mit südkoreanischen Verbänden die fatale Demarkationslinie aus 1945/46.
McArthur, nach späteren Ansichten Harry Trumans, ein dummer Hund, hatte inzwischen das bei Inchon erfolgreich gewesene Landungskorps wieder eingeschifft und über See an die Ostküste der Halbinsel instradiert. Bei Wonsan in Nordkorea, konnte er den Erfolg von Inchon wiederholen. Daheim wetterte schon die liberalistische Presse gegen den neuen Kriegsruhm des bei ihr ohnedies mäßig beliebten Fünf-Stern-Generals, warf ihm vor, er betriebe eine unergiebige Zersplitterung der

US-Truppen. Harry Truman mußte sich indessen angesichts der öffentlichen Meinung eine öffentliche Anerkennung des Generals abquälen:
»Wenige Operationen der Kriegsgeschichte können sich sowohl mit der Verzögerungstaktik zum Zwecke des Zeitgewinns, die sie zum Aufmarsch Ihrer Streitkräfte genutzt haben – als auch mit der hervorragenden Aktion messen, die zur Eroberung von Seoul geführt hat ... Gut gemacht, brillant gemacht.«
Die Wahlstrategen der Demokratischen Partei waren mit solchem Lob für McArthur gar nicht einverstanden. Hat es doch einmal in der Geschichte einen im Krieg siegreichen US-General gegeben, der nachher glatt zum Präsidenten gewählt wurde und eine lange Epoche eröffnete, in der kein Demokrat ins Weiße Haus gelangen konnte. Derlei sollte sich nicht wiederholen, standen doch die Aussichten Trumans für eine Wiederwahl ohnedies nicht günstig. Man mußte diesmal mit der Wahl des Kandidaten der Republikanischen Partei, also der Konservativen, der Reaktionäre et cetera, rechnen. Aber indessen gingen die Verfolgungskämpfe in Nordkorea ununterbrochen weiter, obwohl der Nachschub auf der Straße von Tag zu Tag schwieriger wurde. Je mehr sich die Truppen McArthurs dem Jalu-Fluß, der Grenze Koreas zu China, näherten, desto eifriger plante man in Washington schon eine neue Ära des Friedens in Korea. Immerhin sollten die Amerikaner an der Front für den Erntedanktag am dritten Donnerstag im November 1950 ihr traditionelles Truthahnfesttagsessen bekommen. Während dieser Leckerbissen in Konserven verpackt nachgeschoben wurde, blieben wichtige Nachschubgüter aus. So zum Beispiel schickte man keinen Stacheldraht nach Korea. Keine Winterausrüstung. Überhaupt sagte man den Generälen, die ja in einem Krieg nie genug bekommen können, sie sollten sich auf eine Drosselung des Nachschubs einstellen. Für die künftige Polizeitruppe in Korea brauche es nicht der kostspieligen Kampfausrüstung.
Um diese Zeit kamen aus Rot-China seltsame Warnungen. Leider hat man sich in Washington nicht um das gekümmert, was dort der tüchtige Außenminister Tschu En-Lai, Abkömmling

einer sehr vornehmen Familie, für Ansichten über den Koreakrieg äußerte:
»China könnte sich gezwungen sehen, in den Koreakrieg einzugreifen.«
Wer derlei Warnungen in den US aufgriff, wurde sofort als ein Parteigänger der Clique des Generals hingestellt; als ein »Falke«, so etwas wie ein wilder Draufgänger in der Politik, der am liebsten zahme liberale »Tauben« frißt; kurzum als ein warmonger, als ein Kriegstreiber. In der Umgebung McArthur wurde eine fatale Prophezeiung, bestimmt für das Erntedankfest und das Truthahnessen der Truppe an der Front verbreitet:
Zu Weihnachten sind wir wieder in Japan oder daheim in unseren Quartieren ...
Es kam anders. Am 20. November 1950 nahmen US-Marinefüsiliere, die als Vorpostentrupp marschierten, einige chinesische Soldaten gefangen. Die Gefangenen sagten ihren Wächtern voraus, sie würden bald überfallen und vernichtet werden. Von wem? Man brauchte nicht lange auf die Antwort zu warten. Bei einer Außentemperatur von minus 35 Grad griffen die Chinesen an. 2 500 Marinefüsiliere wurden außer Kampf gesetzt. Die Front der Amerikaner wurde an verschiedenen Stellen aufgerissen, kam nicht mehr zum Stehen und am Tag vor dem Heiligen Abend standen die Chinesen am 38. Breitengrad. Wie das so geschieht, Generallieutenant Walton A. Walker, der befähigteste Truppenführer im Stoß an den Jalu, fiel einem Unfall zum Opfer. Eiligst wurde der im Zweiten Weltkrieg auch in persönlicher Tapferkeit hervorgetretene General Matthew B. Ridgeway eingeflogen. In Washington beschloß Truman, McArthur an die Longe zu nehmen. So geht das Generalen, wenn ihnen zuweilen der Erfolg abgeht. Zu diesem Zweck hat sich Truman den Fünf-Stern-General Marshall – ehedem im Zweiten Weltkrieg Chef des Stabes, nachher Planer der Wirtschaftshilfe – als Verteidigungsminister geholt. Marshall und McArthur standen schlecht miteinander. Es ging zu, wie einmal in den Indianerkriegen: It takes an Indian, to kill an Indian. Und jetzt: Um

einen Fünf-Stern-General unterzukriegen holt sich ein Politiker am besten einen anderen Fünf-Stern-General.
Marshall ist einmal, ehe in China Mao an die Macht kam, bekanntlich für Arrangement mit den chinesischen Kommunisten eingetreten. Auch jetzt war er weniger für die Vertreibung der Chinesen aus Korea als für ein rasches Kriegsende – und wäre es nur ein Patt und kein Matt, wie die Schachspieler zu sagen pflegen. Mit General Marshall an der Seite, wollte Truman General McArthur stellen, der dafür war, die Basen der in Korea eingedrungenen Chinesen dort zu zerstören, wo sie waren: in China, nicht in Korea. Aber daraus sollte nichts werden. Schon beim Anflug der beiden, Truman und McArthur, auf den vereinbarten Treffpunkt, die Insel Wake, machte sich die Voreingenommenheit Trumans bemerkbar. Er wollte, daß bei seiner Landung ihm der Fünf-Stern-General die Honeurs macht, nachdem er diesem ohnedies gram war, weil McArthur sich nicht zu lange und zu weit vom Kriegsschauplatz entfernen und nach Washington hat kommen wollen. Die beiden auf Wake anfliegenden Flugzeuge standen in Funkverbindung, und also zog Truman seine Show ab, indem er erst einmal McArthur per Funk befahl:
»Sie gehen zuerst hinunter und landen zuerst. Wir haben jede Menge Treibstoff. Wir werden auf Sie warten.«
Also gab McArthur seinem Piloten Befehl zum Landen. Am Boden erwartete ihn bereits ein Offizier, der ihn bat, in eine Stabs-Baracke zu kommen, wo einige wichtige Funksprüche gekommen waren. Währenddessen landete das Flugzeug des Präsidenten, und dieser geriet maßlos in Zorn, als ihn nicht der Fünf-Stern-General respektvoll begrüßte. Endlich kam der Mistkerl, so Truman wörtlich in seinen Erinnerungen, aus der Baracke. Und dies war der Eindruck, den er auf den Präsidenten machte:
»Er trug wieder diese blöde Sonnenbrille, ein nicht zugeknöpftes Hemd und eine Mütze mit allerlei Krimskrams ... Ich habe nie begriffen, ... warum ein alter Mann wie er, noch dazu ein Fünf-Stern-General, herumlief wie ein Leutnant ... Wenn er Leutnant in meiner Einheit (im Ersten Weltkrieg) gewesen und

so angezogen herumgegangen wäre, dann hätte ich ihm so schnell eine gelangt, daß er nicht wußte, was ihm geschehen war . . .«

So die Ansichten des Obersten Befehlshabers der US-Armed Forces über den Umgang mit Soldaten, die im Einsatz sind. Nach derlei Voreingenommenheiten wundert es nicht, wenn Truman in einem solchen Moment, mitten im Krieg, folgendes zu McArthur bei Einleitung ihrer Gespräche gesagt hat, und zwar so laut, daß man es im Umkreis hörte:

»Nun passen Sie 'mal auf. Ich komme um die halbe Welt daher, um Sie zu treffen, aber um das geht es nicht. Sie sollen bloß wissen, daß es mir vollkommen egal ist, was Sie von Harry Truman halten oder wie Sie mit ihm verfahren. Aber lassen Sie ja nicht noch einmal Ihren Obersten Befehlshaber warten. Ist das klar?«

Vielleicht ging es damals auf Wake gar nicht so grob zu; vielleicht waren die erwähnten Zitate nur ein Treppenwitz des vergreisenden Truman, die dieser 1972 an Journalisten weitergab. In der ohnmächtigen Wut über den hohen Wahlsieg des von Truman gehaßten US-Präsidenten Richard Nixon. In den schon viel früher erschienenen offiziellen Memoiren Trumans schrieb dieser nämlich, er hätte die Unterredung, die er 1950 mit McArthur auf Wake führte, als überaus interessant und anregend empfunden. 1972 – damals war McArthur längst tot, konnte sich also nicht wehren – sagte Truman dem Verstorbenen nach, dieser hätte sich gar nicht über den angeblich ausgebliebenen Nachschub beschwert und sich zudem trotz der von China drohenden Gefahr optimistisch gezeigt:

»Herr Präsident«, hätte McArthur gemeint, »Weihnachten werden unsere Truppen schon in den Kasernen in Tokio feiern.«

Dem äußeren Anschein nach zufrieden, schieden die aus Washington gekommenen Staatsmänner und die Männer von der Front beim Abflug aus Wake. Was McArthur damals nicht wußte, war folgendes: Sein Kamerad, der Fünf-Stern-General und Verteidigungsminister Marshall, hatte trotz der vereinbarten Vertraulichkeit der mündlichen Stabsbesprechung in einem

Nebenraum hinter einem Paravent eine Stenotypistin, Miß Vernice Anderson, plaziert. Angeblich nur zum Mitschreiben gewisser für die Presse geeigneter Verlautbarungen. McArthur hat den Text dieser Aufzeichnungen nie zur Beglaubigung bekommen. Das wertvolle Dossier wanderte in die Geheimakten des Außenministeriums in Washington und wurde dort unter STRENG GEHEIM abgelegt.

In diesem Papier steht aber, McArthur hätte in dieser Krise des Koreakrieges seinem Präsidenten gesagt, er erwarte nur 60 000 Chinesen in Korea. Weil die Amerikaner doch die Luftüberlegenheit besäßen. Weiters war in dem Dossier kein Wort von den Vorhaltungen die Rede, die McArthur wegen des gedrosselten Nachschubs gemacht hat, machen mußte, sollte er nicht scheitern bei seinen weiteren Operationen. Dagegen heißt es in dem fraglichen Papier, McArthur habe mit überschwänglichen Worten die Transport- und Nachschubverhältnisse gelobt. Man sagt in Kreisen von Bürokraten und Historikern, Akten könnten lügen. Wer im Falle dieses von McArthur nie gegengezeichneten Papiers gelogen hat, ist wohl hinreichend klar. Für den Politiker Truman war jedenfalls die Version der Geheimakte von unendlichem Vorteil, als er nachher McArthur in die Wüste schickte.

In Korea nahmen nämlich die Dinge einen üblen Verlauf für die Amerikaner. Der Truthahn 1950 war noch nicht einmal verdaut, da zerfetzten die Chinesen mit einem wuchtigen Schlag das II. Südkoreanische Korps. Dann faßten sie die 25. und 2. US-Infantry-Division in den Flanken und trieben sie in die Flucht. Für motorisierte Truppen ist so eine Flucht, selbst auf schlechten Wegen, noch erträglich. Anders war es für die nichtmotorisierten Truppen der in Korea kämpfenden Türken oder Griechen. Sie mußten sich tagtäglich den Rückzug erkämpfen, sie deckten den Rückzug der Masse der Amerikaner und sie verhinderten an manchen Tagen eine Panik. McArthur aber erlebte, was auch ein Napoleon erleben mußte: Das Glück verließ seinen bisherigen Günstling und was diesem blieb, war das Verhängnis.

Da und dort brachen die Chinesen bis in die Stellungen der Divisions-Artillerie durch. Bei minus 35 Grad Außentemperatur kämpften die flinken Gelben weitaus beweglicher und leistungsfähiger als die Amerikaner in ihren kostspieligen, für diesen Winterfeldzug nur schlecht geeigneten Ausrüstungs- und Bekleidungsstücken. Die US-Front fiel unaufhaltsam zurück und Ende 1950 war Seoul zum zweiten Mal in den Händen der Kommunisten. Wer weiß, wie die Sache ausgegangen wäre, hätten fortan nicht auch die Chinesen die nämlichen Schwierigkeiten gehabt, deretwegen McArthur nach Wake geflogen ist. Auch ihr Nachschub stockte. Der Laufschritt, mit dem die Chinesen anfangs ihre Verfolgung betrieben, wurde ein gemessener Schritt und zuletzt latschten auch sie, wie eben alle Infanteristen der Welt mit letzter Kraft latschen. Erst im Frühjahr 1951 konnten sich die Amerikaner und die anderen UN-Truppen endlich in eine gefestigte Stellung festkrallen, um nachher langsam die Kommunisten wieder auf den 38. Breitengrad zurückzudrängen.
Jetzt hielt US-Präsident Truman den Koreakrieg für ausgestanden. Er ulkte über McArthur, wenn dieser das Hin und Her in Korea als einen Harmonika-Krieg hinstellte, bei dem bald er, bald der Feind mehr auf den Luftsack drückte. Die Chinesen konnten beim Hören der in Washington gespielten Friedensschalmeien getrost in die Zukunft sehen und warten, bis die Männer mit der Haut eines Schweines in die Falle laufen werden. In Korea, in Vietnam oder irgendwo in Ostasien.
Innenpolitisch bot der Krieg in Korea nur Risken für Truman. Eine sogenannte Meinungserforschung ergab, daß drei Viertel der Amerikaner hinter McArthur standen. Schlechter konnte für das liberalistische Establishment die Sache gar nicht stehen am Vorabend der gedachten Wiederwahl Trumans. Später, als der schon abgesetzte McArthur nach New York kam, standen sieben und eine halbe Million Menschen auf der Straße, um ihm zuzujubeln. Bei dieser Gelegenheit wurden 800 Tonnen Confetti und Papierschnitzel zur Begrüßung aus den Fenstern geworfen. Es war höchste Zeit, daß für Truman eine Entlastungs-

offensive der liberalistischen Presse einsetzte. Es war die THE NEW YORK TIMES, die seltsamerweise erfuhr, was für den Rest der Nation als STRENG GEHEIM im Archiv des Außenressorts unter Verschluß gehalten sein sollte. Mit anderen Worten: Das Hauptorgan des liberalistischen Establishment in den US bekam den Text der Niederschrift, die Miß Anderson nach der Geheimbesprechung auf Wake gemacht hat. Oft noch wird diese Zeitung in den Besitz solcher Geheimakten kommen. Niemand wird die Löcher in den Archiven und Aktenbergen dichten, durch die Redakteure der NEW YORK TIMES langen dürfen, um ungestraft Staatsgeheimnisse, die im Krieg zudem dem Feind dienen, zu mißbrauchen.
Truman konnte aufatmen bei diesem massiven Störfeuer der Presse auf seinen Feind Numero 1 McArthur. Er hat sich dann auch gestattet, den populären Fünf-Stern-General zu feuern. Nicht, wie in der Öffentlichkeit verlautet, wegen Mißhelligkeiten und Meinungsverschiedenheiten darüber, ob der Krieg gegen die Chinesen auch in China gewagt werden sollte.
Sondern aus dem Grund, den Truman längst seinen politischen Freunden mitgeteilt hatte:
»Weil er (McArthur) die Autorität des Präsidenten nicht respektiert hat. ... Ich habe ihn also nicht entlassen, weil er (als Soldat) ein dummer Hund war (in seinen Plänen).«
Der aus dem Dienst gefeuerte dumme Hund kämpfte, nachdem ihn Truman abgesetzt hatte, seinen letzten Kampf, einen vergeblichen Kampf. Obwohl die Säle, in denen er sprach, überfüllt waren, kam er gegen die Propagandamaschinerie des liberalistischen Establishments nicht an. Gegen die Zeitungen und gegen die Politiker, die landauf, landab den Leuten sagten, dieser McArthur sei ein Mistkerl und ein Dummkopf. Zuletzt schickten die Feinde des Generals Störtrupps in die Versammlungen, die dort so ein Theater inszenierten, daß der General es ablehnte, mit solchen üblen Typen zu diskutieren. Und so gelang, was Truman vorhersagte, als er den General feuerte:
»In spätestens sechs Wochen ist der ganze Wirbel vorbei.«
Aber McArthur gab nicht auf. Der alte General erlebte, wie das

ist, wenn man die gewerbsmäßigen Meinungs-Kneter einer ganzen Nation gegen sich hat. Die Zeit verstrich, und die Sache McArthurs ging schlecht aus: Er starb und Truman überlebte, fand noch viele Jahre später Gelegenheit, seinen Haß gegen den General in Erklärungen loszuwerden. Inzwischen hatte schon ein Krieg gegen die Kommunisten in Vietnam die Erinnerungen an den Koreakrieg überdeckt. Man vergaß in der Menge, daß Truman außerstande war, in Korea namens und im Auftrag der UN einen Erfolg zu erzielen. Und daß *er* es gewesen ist, der durch erste militärische Hilfen an die nichtkommunistische Regierung Südvietnams die US in einen endlosen Krieg hineinzerrte, den die US verlieren sollten.
Zuletzt erinnerte sich Truman des inzwischen zum Vier-Stern-General aufgerückten Clark, den er einmal wegen der feuersicheren Gesinnung eines Hochgradfreimaurers, Protestanten und Militärs, zum Papst nach Rom hatte abschieben wollen. Clark sollte nicht kämpfen in Vietnam. Er, der in Wien mit den Russen auskam oder, wie andere meinten, fertig wurde, sollte jetzt mit dem Krieg in Korea fertig werden.
Clark mußte in Korea erst einmal umlernen. Dort bekam er es in erster Linie nicht mit Kommunisten zu tun, sondern mit Asiaten, die ihre Chance im Kommunismus erblickten; so wie sie in vielen Jahrhunderten ihrer Geschichte ihre uralte und unvergängliche Kultur schon in verschiedenen Gefäßen zu wahren wußten gegen den Rest der Welt, die sie umgibt. Jahrelang dauerten die Verhandlungen für einen Waffenstillstand in Korea. Und während die Verhandler, durch Welten getrennt, an einem Tisch saßen, gingen im weiten Land die Massaker weiter. Clark lernte, daß ihm die Verhandlungspartner voraus waren, sie hatten den längeren Atem. Immer wieder brachen sie Verhandlungen ab, drängten auf neue Verhandlungen, höhnten die Feigheit der anderen, denunzierten die Kriegs- und Eroberungslust ihrer Feinde. Und dabei reflektierten sie geschickt auf eine in den US aufkommende aggressive Neue Linke, die, ausgehend von Universitäten, mit böswilliger Härte die öffentliche Meinung terrorisierte, den Krieg in Asien als einen üblen Exzeß

des Kapitalismus im eigenen Land hinstellten. Bis die großen Zeitungen des liberalistischen Establishments wahrnahmen, daß diese Neue Linke zwar eine Minorität bildete, zugleich aber bestens geeignet war, die Feinde der Liberalen zu erschüttern. Clark litt unter den Hinterlassenschaften seiner Vorgänger im Koreakrieg. Vor allem unter der Tatsache, daß die offizielle Politik Washingtons es vermied, die Regierung in Peking wegen der Entsendung von Truppen zum Kampf gegen die UN-Truppen in Korea zur Verantwortung zu ziehen. Man ließ Mao in der ganzen Welt das Image eines an sich humanen Friedensbringers, der darunter litt, daß seine Feinde ihm nicht glauben wollten, es führten in Korea nur Freiwillige namens einer unteilbaren Freiheit und nicht reguläre Verbände der Roten Armee Chinas Krieg.

Wie wird das erst im nächsten Krieg gegen die kommunistischen Aggressoren in Ostasien werden, dachte Clark bei sich. Er sah voraus, daß die Strategie des Kommunismus in Ostasien einen Krieg plante mit den Methoden des Klassen- wie des Rassenkampfes gegen die US und den Weißen Mann – und wohl gewinnen wird. Sollte nur in den US der Wille, einen internationalen Konflikt gegen einen unerbittlichen Feind durchzustehen, immer mehr degenerieren! Und die Bereitwilligkeit maß-gebend werden, sich mit diesem Feind in einer gefährlichen Friedensideologie zu einigen.

Da tauchte Eisenhower auf in Ostasien. Der legendär gewordene Besieger Hitlers war bestimmt, Kandidat der Republikanischen Partei für den nächsten Wahlkampf um den Posten des Präsidenten der US zu werden. Clark und Eisenhower sind schon im Zweiten Weltkrieg wegen ihrer Pläne zur Kriegsführung in Mitteleuropa verschiedener Meinung gewesen: Eisenhower hat um des guten Einvernehmens mit Stalin willen den unaufhaltsamen Stoß der Alliierten auf Berlin abgedreht und so die ehemalige Reichshauptstadt den Sowjets in die Hände gespielt. Clark wollte, anders als Eisenhower, aus Italien nach Südostmitteleuropa und dem nördlichen Balkan vorstoßen, um dort der Roten Armee zuvorzukommen.

Auch Eisenhower hat seine Erfahrungen als US-Hochkommissar in Europa gehabt, allerdings in jenem Westdeutschland, das zu seiner Zeit als eigener Staat in das neue Verteidigungssystem des US-Brückenkopfs Europa hineingewachsen ist. Ihn kümmerten die Deutschen in der Ostzone und die Opfer des Kommunismus in Osteuropa wenig. Clarks Ansichten über Gefahren, die der Kommunismus für den Rest der Welt, vor allem für Amerika bringen werde, hielt er für Übertreibungen, zu denen sich ein fortschrittlich denkender Mensch nicht hinreißen lassen sollte.
Und das Glück kam ihm zu Hilfe. Stalin starb und sein schwerfälliger Nachfolger Georgij M. Malenko – ihn wird Chruščov bald feuern – gab dem Waffenstillstand in Korea eine Chance. Am 27. Juli 1953 kamen die bisher endlosen Verhandlungen zu einem Schluß. Das war, als Eisenhower schon 34. Präsident der US war und er sich mehr dafür einsetzte, daß in den US der Anti-Kommunismus, wie ihn zuletzt der Senator aus Wisconsin, Joseph R. McCarthy, produzierte, unterdrückt wurde.
Und also oblag es Clark, seine Unterschrift unter ein Dokument zu setzen, mit dem weniger ein Waffenstillstand geschlossen als vielmehr ein neues Prinzip im Kriegsrecht seitens der US anerkannt wurde. Neben dem Namen des US-Generals stand nämlich der Peng The-Huais, ausgewiesen als Kommandant der sogenannten Freiwilligen des chinesischen Volks, und der Kim Il Sungs, Marschall der koreanischen Volksarmee. Die militärische Intervention Chinas in Korea war so unter der von der Regierung in Peking gewählten Tarnbezeichnung in aller Form anerkannt. In der Form, in der Rot-China und die SU fortan überall, wo es in ihrer Stoßrichtung liegt, ihre Stellvertreterkriege gegen die regulären Truppen der US sowie anderer Staaten führen werden, ohne formell als kriegführende Macht in Erscheinung zu treten. Junge Menschen in Europa werden daher vor allem Mao, sonst als Schwert des Marxismus gefeiert, als humanen Friedenspolitiker huldigen, die Gegner seiner und anderer kommunistischer Aggressionsakte aber als Kriegsverbrecher verdammen. Und das wird ein entscheidender Sieg des Anti-Antikommunismus werden, nachdem Truman schon zu

seiner Zeit in der Innenpolitik keinen Anti-Kommunismus hat haben wollen, und nachher insbesondere John F. Kennedy mit Spott und Hohn über unvernünftige Exzesse denkfauler Ideologen hergezogen ist.
Clark unterschrieb einen Vertrag, der nicht nur eine offene Verletzung der einmal zwischen US-Präsident Roosevelt und Generalissimus Stalin ausgehandelte Ordnung umgeworfen hat, sondern zugleich, ungeachtet der Selbstbehauptungsversuche eines kleinen Landes gegen kommunistische Aggressoren, sich mit einem Patt gegenüber Peking und Moskau begnügte. Mochten nachher Moskau und Peking in konfessionelle und nationale Streitigkeiten über das Erbe des Stalinismus geraten: Beide kommunistischen Supermächte werden in aller Zukunft damit rechnen können, daß die US nie mehr eine Verteidigung gegen einen kommunistischen Überfall auf ein nicht-kommunistisches Land werden durchstehen.
Die Roten werden wiederkommen. Immer aufs neue. Und sie werden das Amerika treffen, das im eigenen Land seine Neue Linke hat und eine öffentliche Meinung, der es nicht mehr dafürsteht, eigene Interessen aufs Spiel zu setzen, bloß um irgendwo auf der Welt dem Kommunismus zu wehren. Bis eines Tages die Versuchung offenkundig werden wird:
Laßt uns Amerikaner doch versuchen, unter allen Umständen mit den Sowjets und den Kommunisten zu einem Ausgleich zu kommen. Sind sie nicht letzten Endes Menschen, die doch alle gleich geschaffen sind? Mehr noch:
People like You and I.
Lenin hat vor langer Zeit, 1913, die drei Hauptquellen des Marxismus, seines Marxismus, bloßgelegt: den französischen Sozialismus, die englische politische Ökonomie und die deutsche Philosophie. Auf solcher ideologischen Schichtung, bloß eine Schichte tiefer, ruhen seit zweihundert Jahren die US: dem revolutionären Prinzip, der Aufklärung und dem Wirtschaftliberalismus.
Mag es diesmal ein Patt gewesen sein, resümierte Clark, wenn es nur nächstens ein Matt wird. Es wird kein Matt mehr geben.

Die Zuavenjacke war zu Urgroßmutters Zeiten ein schickes Ding. Man mußte es einfach haben, wenn man mit der Mode gehen wollte. Es brachte die Büste zur Geltung und junge Frauen sahen darin verwegen und begehrlich aus. Eben: exotisch, anders als hausbackene Schönheiten vom Land. So mit einer Modefrage beschäftigt, vergaßen die Frauen Europas und die meisten ihrer männlichen Verehrer die Massaker des Krimkriegs in Rußland. An sich kam das Zuavenjäckchen auch dort zur Geltung. Nur auf andere Art:

Es wurde von nordafrikanischen Rifkabylen getragen, die im Krimkrieg, Mitte der Fünfzigerjahre des vorigen Jahrhunderts, eine ausgezeichnete Verstärkung der französischen Armee bildeten. Wie so oft, ergab es sich, daß der Krieg der Vater aller Dinge ist; in diesem Fall einer Damenmode, und das nicht zum ersten Mal. Die Zuaven waren auch nicht die ersten Exoten auf europäischen Kriegsschauplätzen. Schon 1830 als die Franzosen noch einen König hatten, schickte dieser ein Expeditionskorps nach Algier, um endlich dieses Seeräubernest auszuheben und dabei das Land zu einer Kolonie zu machen. Aus Algerien holten sich die Franzosen die Turcos, deren Fes für Pariser Modistinnen Modell für eine phantastische Kopfbedeckung von Damen mit extravagantem Geschmack wurde. George Sand, Heinrich Heines ständige Begleiterin, trug dieses Dingsda eine Weile, bis andere Verspieltheiten junge Frauen verrückt machte, die absolut nicht verstehen wollten, daß die Mode wieder einmal mit den Neuerungen der Kriegsmassaker ging.

Die Österreicher, in allen Dingen immer zurück (soferne sie nicht ein neues Ding besser verschlafen), kamen überhaupt mit einiger Verspätung mit den Vorgängen des Krimkriegs in Berührung. Allerdings mehr in politischer als militärischer Hinsicht und dabei holte sich die Monarchie eine heimtückische Krankheit, nämlich die gleichzeitige Feindschaft beider kriegsführender Teile, der Westmächte wie des zaristischen Rußland. Wenige Jahre nach dem Krimkrieg übernahm es der Kleine Napoleon, nach Rußland auch Österreich für das, was diese Mächte seinem Oheim, dem Großen Napoleon, zugefügt hatten, in Strafe zu nehmen. Sowie der alte Radetzky endlich gestorben war, schlug er im Bündnis mit Italienern die Österreicher und nahm ihnen die Lombardei weg. Bei diesem Anlaß kamen die Verlierer unmittelbar mit dem Modell des Zuavenjäckchens in Berührung. In Feindberührung, wie man später sagte. Davon erfuhren die guten Wiener beim Heurigen nähere Details. So wie die Niederösterreicher vom Regiment Heß Numero 49 mit Afrikanern in der französischen Armee gekämpft haben:

Wir ha'm von dö Zuaven g'hört,
Daß jeder soll zehn Mann sei wert,
Da hat's gleich zuckt in Kopf und Hand ...
Hab'n s' mit dö Katzerln niederbog'n
Auf d'Erd. Ganz ohne viel Getös.
Wir, dö zwa Mann von Heß.

Natürlich hat man um die Heßer aus Sankt Pölten damals nicht soviel Getöse gemacht wie um die Zuaven, deren Jäckchen schon etwas aus der allerneuesten Mode war. Daß die Heßer aber die Zuaven genau so wie die Katzeln, also die Italiener, niedergebogen haben, das wunderte die guten Wiener; denn bekanntlich ging der Feldzug von 1859 ganz daneben, und nachher hat die Monarchie bis zu ihrem Untergang nur mehr 1864 einen Krieg, ausgerechnet gegen die Dänen, gewonnen.

Für Frankreich kamen gloriose Zeiten, und 1870 meinte der Kleine Napoleon, es wäre an der Zeit, nach Rußland und Österreich auch Preußen, den dritten Staat, der 1815 seinem großen Onkel den Gnadenstoß gab, einen Denkzettel zu geben. Diesmal konnte der Kaiser der Franzosen neben Turcos und Zuaven schon die prachtvolle afrikanische Reiterei, die soge-

nannten Spahis, gegen die Deutschen ins Feld schicken. Es nutzte ihm das aber gar nichts, weil die Preußen, anders als elf Jahre vorher die Österreicher, die Franzosen samt ihren Exoten, auf d'Erd gebogen und den Krieg gewonnen haben.
Mit der Zeit lernten die Franzosen, vor allem ihre Fremdenlegion, in Kolonialkriegen gegen die Eingeborenen in Tonkin und Annam die ausgezeichneten Kämpferqualitäten der dortigen kleinen flinken Asiaten bald kennen. Und so bekamen die Annamiten und Tonkinesen die auszeichnende Ehre, fortan Schützenregimenter in der französischen Armee zu stellen. Merk' es, oh Leser, es waren dies die Urgroßväter der Vietnamesen, die 1954, im Mai, ihren bisherigen Kolonialherrn bei Dien Bien Phu eine fürchterliche Niederlage bereiteten; und zwar nicht zuletzt auf Grund dessen, was einmal während einiger Generationen französische Offiziere und Unteroffiziere ins Land gebracht haben.
Und also sind wir beim Thema des Kapitels. Man lehrt nicht ungestraft primitive Völker das moderne Kriegführen. Diese sind meistens sehr gelehrig und versuchen zuletzt, ihre Lektion an ihren Lehrern zu erproben. Schon im Altertum lehrten die Römer die Germanen jene Technik, die zur persönlichen Tapferkeit hinzukommen muß, um Heere aufzustellen und mit ihnen zu siegen. Im Ersten Weltkrieg konnten die Franzosen noch nicht ahnen, daß ihnen die braven Mitkämpfer aus Übersee demnächst blutige Niederlagen beibringen werden. Und also rekrutierten sie in Marokko aufs neue Schützenregimenter, die sich auch im Materialkrieg der modernen Zeit als gute Soldaten bewährten. Dann brachten sie ganze Schiffsladungen chinesischer Kuli nach Europa, und diese mußten hinter der Front die Dreckarbeiten besorgen, zu denen sich Europäer, auch weniger reiche, immer unwilliger hergeben.
Um diese Zeit, seit 1815, gab es auch in der Britischen Armee Eliteregimenter, rekrutiert aus Eingeborenen britischer Kolonien. So die Gurkhas, die sie allerdings erst in der Krise des Ersten Weltkriegs an der Front in Frankreich einsetzten. Den Gurkhas ging der Ruf voraus, sie seien im Nahkampf unschlag-

bar und bei Überfällen seien sie fast nicht zu hören, ehe sie dem Feind die Gurgel abschneiden.
So nach und nach legten sich alle europäische Kolonialmächte Verstärkungen bei, die sie aus Übersee nach Europa brachten. Nur die Deutschen verzichteten darauf, ihre treuen Askaris heranzuziehen; denn erstens hätte diese Polizeitruppe im Großkampf des modernen Kriegs das Kraut nicht fett gemacht; und zweitens verwehrte die britische Flotte es den Deutschen, im Kampf gegen die Zivilisation auch noch Wilde einzusetzen. Österreich hätte beim besten Willen keine Kolonialtruppen heranziehen können, weil es in seiner Schlafmützigkeit und Ermüdung die herrliche Zeit der europäischen Kolonialherrschaft nicht mehr mitbekommen und also auch nicht mitgemacht hat.
Es konnte nicht ausbleiben, daß Kolonialtruppen, zumal französische, zuletzt Typen in ihren Reihen hatte, die dachten, es wäre nicht übel, einmal das Gelernte an den Kolonialherren zu versuchen. Diese aufs Haupt zu schlagen, aus dem Land zu verjagen und sich selbst in den Besitz dessen zu setzen, was den Kolonialherrn stets Freude gemacht hatte. Auch stellte sich mit der Zeit heraus, daß es mit der Mächtigkeit und Überlegenheit des Weißen Mannes gar nicht so weit her war. Hatte man nur dessen Waffen bei der Hand, dann war es ganz gut möglich, ihm mit den erlernten militärischen Fähigkeiten des Leben in den Kolonien verflucht unangenehm zu gestalten. Es war der Große Lenin, der es übernahm, versklavte Menschen in den Kolonien der Kapitalisten in solcher Gesinnung zu bestärken und ihnen unterschiedliche Mittel an die Hand zu geben, deren Handhabung den bisher eher verachteten Farbigen außerordentlich gut gelang. Niemand dachte daran, etwa die Asiaten unter der Fuchtel des Roten Zaren im Kreml in ähnlicher Weise zu belehren, und so blieben die Russen im eigenen Land vor der Rache der Asiaten gefeit. Im Gegenteil. Die Asiaten wurden die gelehrigsten Schüler Moskaus.
Eins kam zum anderen. Nach 1918 gab es in Deutschland viele Berufssoldaten, die in der von den Siegern in niedrigem Stand gehaltenen Reichswehr kein Verdienen fanden. Auch diese gin-

gen zuweilen nach Übersee und fanden dort gelehrige Schüler. Die Franzosen und Briten waren um diese Zeit auch schon wieder den Deutschen voraus: Sie holten sich die Begabtesten aus ihren Kolonien an ihre berühmten Offiziers- und Waffenschulen und sie machten mit diesen wißbegierigen Schülern glänzende Erfahrungen. So kam die Zeit nach 1945 heran, und es änderte sich vieles in den Kolonien europäischer Kolonialmächte. Zumal die Neo-Kolonialisten US-Präsident Roosevelt und der Generalissimus Stalin sich im geheimen einig geworden waren, der Schande des Kolonialismus ein Ende zu bereiten und selbst, jeweils auf ihre Weise, die reichen Rohstoffvorkommen dieser Gegenden zum eigenen Vorteil auszubeuten.
In China trat nach dem Abwurf der amerikanischen Atombomben auf Japan der vorher im Krieg gegen die Japaner eher zurückhaltende Mao Tse-Tung fortan stärker hervor. Von der Roten Armee zur Entwaffnung der zur Kapitulation gezwungenen japanischen Invasoren in China mit herangezogen, nahm er den Verlierern eine Menge Waffen ab, um damit seine Truppen zum bevorstehenden Klassenkampf im eigenen Land auszurüsten. Dazu überließen ihm die Sowjets noch Waffen, die sie im Krieg gegen die Nazifaschisten erprobt hatten und die, wie es sich zeigen wird, auch im Einsatz gegen Büttel und Schergen antikommunistischer Kapitalisten nicht versagen werden. Die US waren von den Erfolgen der chinesischen Kommunisten, die sich diese im Kampf gegen den Kriegsverbündeten der US, Generalissimus Tschiang Kai-Scheck holten, tief beeindruckt. Sie kamen zu der Ansicht, Tschiang müsse ja den Krieg verlieren, weil unter seinem Regime nur Korruption und Feigheit und Unfreiheit wüchsen. Daß Tschiang seit 1937 im Krieg gegen Japan stand und sohin um 1945 schon einen fast zwanzigjährigen Krieg gegen sich hatte, in dem ihm keine jener wirksamen Atombomben als Waffe gegen die Japaner zur Verfügung stand, wurde in der öffentlichen Meinung in den US selten erwähnt. Man war dort schon dabei, sich da und dort lieber mit den Kommunisten einig zu werden; dazu bedurfte es, das Image bisheriger Verbündeter beträchtlich abzuwerten. Und

das ist denn auch nach 1945 in den US geschehen. Mit anderen Worten, man ließ Tschiang in der Krise seiner Verteidigung gegen Mao im Stich, während Stalin alles tat, um Mao stärker und siegreicher zu machen, als es Tschiang war. China wurde rot, und Mao belohnte bei dieser Gelegenheit auch jene, die in der sowjetischen Ideologie die lojalnye kapitalisti genannt werden: Teile des Besitzbürgertums, die mit der KP rechtzeitig vor deren Sieg im Klassenkampf kollaborierten und dafür nach dem Sieg der KP eine gewisse Vorzugsbehandlung genießen, die sich in einem kommunistischen Staat lohnt, zumal sie die Lebenserwartungen der so Begünstigten erhält und dazu noch Teile ihres Wohlstands. Mit der Zeit werden auch im sogenannten Freien Europa loyale Kapitalisten in Erscheinung treten und die Entwicklung der KP in Italien und Frankreich nach Kräften fördern. Übrigens nicht nur in diesen Ländern.
Mao wurde nach seinem Sieg im chinesischen Bürgerkrieg von weißen Intellektuellen ungemein hochgeschätzt in seiner überquellenden humanen Art und in Westdeutschland von Jugendlichen als »Schwert des Marxismus« vorbehaltlos als der »Große« kindlich verehrt. Bald aber lief ihm ein anderer in Ostasien aufgehender Star des Kommunismus den Rang ab. Dieser hieß Ho Tschi-Minh, später Ho Chi-Minh in Agenturberichten aus den US geschrieben. Studenten in Westdeutschland und Österreich, auch katholische, fingen bald an, die erschreckten Spießbürger im Land mit dem Geschrei: Ho-Ho-Ho-Chi-Minh so zu erschrecken, wie man etwa einen im Lehnstuhl eingenickten alten Mann mit einem plötzlichen Niesen zu Tode erschrecken kann. Und sie trugen überlebensgroße Abbildungen des großen Mao, des Onkel Ho und anderer Massenmörder vor sich her, wenn sie die Revolution, gestützt auf staatliche Stipendien, probten.
Ho Chi-Minh war kein im Lande erzeugter Genosse. Er war guter Schüler einer Missionsschule französischer Pater in Tonkin. Im Ersten Weltkrieg begleitete er tonkinesische Regimenter in deren Kämpfe gegen die Deutschen. Nachher, 1920, war er beim Gründungskongreß der KP Frankreichs mit dabei. Noch

schätzte man in Frankreich nicht derlei Typen, und also ging Ho Chi-Minh nach Thailand, diesmal schon als berufsmäßiger KP-Agent. 1930 tat er sich bei der Gründung der KP in der britischen Kronkolonie Hongkong hervor. 1940, noch ehe die Vorausabteilungen der im Zweiten Weltkrieg vorerst siegreichen Japaner nach Tonkin kamen, also in eine Kolonie ihres französischen Kriegsfeinds Frankreich, organisierte Ho Chi-Minh dort die ersten Partisanenverbände für den Kampf gegen Kolonialherren und den Weißen Mann. Er wurde zum Klassiker des gleichzeitig geführten Klassenkampfs und Rassenkampfs.
Nach 1945 sorgte Moskau für eine ordentliche Aufteilung der KP-Tätigkeit in Südostasien: In Laos arbeiteten für sie die Khmer; sie werden nach ihrer Machtergreifung in den Siebzigerjahren mit ihren Massenmorden noch ihre großen Lehrer in Moskau bei weitem übertreffen. In Tonkin und Annam arbeiteten die Vietminh; sie hielten gar nichts davon, daß die Franzosen nach der Niederlage der Japaner mit einem von ihnen abgestützten Kaiser namens Bao Dai wieder ins Land kamen. Es machte keine große Mühe, im Land einen Aufstand gegen diesen Kaiser anzustiften, und dieser wartete erst keine riskanten Szenen ab, sondern flüchtete nach Frankreich, wo er an der Riviera herrliche Zeiten erlebte. In Tonkin, in der Stadt Hanoi, aber proklamierte der Führer der Vietminh Ho Chi-Minh die DEMOKRATISCHE REPUBLIK VIETNAM. Ehe er vor den Franzosen vorerst ausriß.
In Haiphong, der Seehafenstadt Hanois, versuchten es die dortigen Kommunisten mit einer gut vorbereiteten Provokation der bisherigen Kolonialherren. Diese gingen in die Falle, sie bombardierten die Stadt von See her und mußten leider erkennen, daß die Zeiten vorbei waren, in denen sich Eingeborene vor einem Kanonenboot des Weißen Mannes fürchteten. Vielmehr übernahm es ein ausgezeichneter Militärspezialist der Vietminh namens Vo Nguyen Giap, die Franzosen das Fürchten zu lehren. In kurzer Zeit wird es Giap seinen sehr gelehrigen Landsleuten beibringen, daß man den Feind nicht nur im Partisanen-

krieg belästigen soll, sondern am besten gleich mit ausgezeichnet organisierten militärischen Großverbänden bekämpft. Militärspezialisten aus Moskau machten dabei als Lehrer mit, sie brachten auch gleich die notwendige Ausrüstung ins Land. Die Franzosen aber holten den abgesetzten Kaiser Bao Dei zurück ins Land, was der Popularität der französischen Sache keinen Nutzen, wohl aber viel Ärger brachte.

Ho Chi-Minh gab seiner früher gegen die Japaner zusammengetrommelten kommunistischen »Einheitsfront« einen warmen Umschlag, der eine Verwesung dieses Kadavers verzögerte, so daß man diesen warmen Leichnam als Popanz in die Auslagscheiben des demokratischen und humanen Kommunismus stellen konnte; wo er sich nicht schlecht ausmachte in den Augen halbblinder Europäer. Im übrigen machte Onkelchen Ho aus seinem Herzen keine Mördergrube: Er ließ es alle Welt wissen, daß er sein Land erst dann als richtig frei ansehen könnte, wenn es ihm gelungen sein wird, die Nachbarländer Laos und Kambodscha unter seine Kontrolle zu bringen. Diese Zielansprache ist deswegen bemerkenswert, weil später die Linksintellektuellen in den US den zum US-Präsidenten hinaufgekommenen Fünf-Stern-General Eisenhower beschuldigten, seine sogenannte DOMINOTHEORIE sei weder in Theorie noch in der Praxis bewiesen, ja überhaupt nicht beweisbar.

Mit der Dominotheorie wollte Eisenhower etwa folgendes bildhaft und sinnfällig machen: Stellt man einige Dominosteine, sie müssen hochgestellt sein, in nahen Abständen hintereinander auf, dann braucht man, will man sie umwerfen, nicht jeden Stein einzeln umwerfen; vielmehr genügt es, einen Stein gegen den nächststehenden zu stoßen, dann fallen hintereinander alle Steine um. Mit diesen Steinen meinte der ältliche und verkalkte Eisenhower die Staaten Vietnam, Laos und Kambodscha. Ja, er wagte sogar zu Lebzeiten vorherzusagen, ein kommunistischer Sieg in Vietnam würde, Sturz auf Sturz, auch Laos und Kambodscha kommunistisch machen. Derlei stand natürlich im Widerspruch zu dem in den US aufkommenden Anti-Antikommunismus und wurde vom liberalistischen Establishment abgelehnt. Bis es zur Probe aufs Exempel kam, hatte man Eisenhower schon mit einer imposanten Militärleich' zu Grabe geführt, und in Vietnam waren unzählige Amerikaner im Kampf gegen die Humanität Ho Chi-Minhs gefallen. Weil schlecht geführt, umsonst gefallen.

Noch war es in Indochina nicht ganz so weit. Aber der 1946 andauernde Krieg zwischen den Vietminh und der legitimen französischen Kolonialherrschaft geriet zu Beginn der Fünfzigerjahre in Ausmaße, die die Franzosen veranlaßten, ein interessantes strategisches Experiment zu machen, das zudem der späteren Dominotheorie im Wege zu stehen schien. Das geschah so: In der von Partisanen am meisten gefährdeten Dreiländerecke Tonkins, also Nord-Vietnam, Laos und China, mitten in einer Kessellandschaft an der dortigen Provinzstraße 47, am Nam Yon-Fluß, organisierten und bauten sie einen für uneinnehmbar gehaltenen Stützpunkt. Benützt wurde dazu der Feldflughafen des Ortes – Dien Bien Phu. Mochte dieser schon weniger zum Landen von Flugzeugen taugen, im Erdkampf bot er für eine Einkesselung der französischen Besatzung die denkbar besten Voraussetzungen.

Aber irgendetwas mußte getan werden, um die dauernde Präsenz Frankreichs in Indochina glaubhaft zu machen. Denn schon fingen weise weiße Unternehmer an, zum Beispiel ihre Spinnereien, Zementfabriken usw. in andere, ruhigere Gegenden zu verlegen. Die Regierung in Paris aber mußte bis 1953 schon sechshundert Milliarden Francs, minderwertige Francs allerdings, nach Tonkin pumpen, um die eigene Sache am Leben zu erhalten. Im Partisanenkrieg waren immerhin schon drei Generale, acht Oberste, 18 Oberstleutnants, 69 Majore, dreihundertundeinundvierzig Hauptleute, eintausendeinhundertundvierzig Oberleutnants und Leutnants sowie zweitausendsechshundertunddreiundachtzig Unteroffiziere der französischen Armee gefallen. Dazu sechstausend Gemeine und zwölftausendundneunzehn Fremdenlegionäre. Lauter gute Soldaten, keine Typen, wie sie später in der Etappe der US-Armed Forces in Saigon auftauchten. Dazu kamen zwanzigtausend

Vermißte. Und Verwundete, deren Zahl nicht mehr mit Sicherheit für 1953 feststellbar wäre. Die US hielten sich in der Ära Eisenhower von diesem schmutzigen Krieg fern. Eisenhower hatte die Dominotheorie im Auge und war nicht sicher, ob es eine wirksame Gegentheorie überhaupt noch gab. Immerhin ließen die US Geld ab für den schmutzigen Krieg in Vietnam. Vielleicht gab es im Pentagon, im Kriegsministerium in Washington, Strategen, die meinten, es wäre besser, Franzosen und Kommunisten lieferten sich erst einmal einen sogenannten Stellvertreterkrieg im Interesse Moskaus und Washingtons – als daß man gleich selbst in die Sache einstieg. Immerhin schickte noch US-Präsident Truman die ersten US-Militärspezialisten nach Saigon, eine kleine Vorhut der später im Vietnamkrieg auftretenden Massen amerikanischer Soldaten.
Nicht nur in Washington hat Eisenhower sich mit seiner Dominotheorie gehalten, so wie er Truman ins Amt des Präsidenten folgte. Auch in Paris gabe es Militärs, die meinten, Laos wäre in einem Krieg gegen die Kommunisten ohnedies zuletzt unhaltbar. Und es sei daher besser, erst gar nicht, wörtlich, in die Mausefalle Dien Bien Phu einzurücken. Um diese Zeit schlug Staatsminister Corbignon-Molinier, ein General, mit der Faust auf den Beratungstisch, als er hörte, man wolle sich den Kommunisten in Dien Bien Phu stellen.
»Dien Bien Phu?« schrie er, »stellen Sie sich einen Flugplatz auf dem Pariser Mars-Feld zu Füßen des Eiffelturms vor, während der Feind den Hügel von Chaillot auf dem anderen Ufer der Seine besetzt hält, und Sie haben die Lage in Dien Bien Phu vor sich .... Außerdem liegt Dien Bien Phu so weit von (den Nachschubhäfen) Hanoi und Haiphong (damals noch in französischen Händen) entfernt, daß die meisten Flugzeuge nicht ohne Zwischenlandung hin und zurück fliegen können.«
Dem widersprach der Vier-Stern-General Henri Navarre ganz energisch. Ihn hat man nämlich, obwohl er noch nie in Ostasien gekämpft hatte, zum Oberkommandanten in Indochina ausersehen. Navarre, das hört sich schneidig an. Zwei Brüder des Generals waren im Ersten Weltkrieg erfolgreiche französische

Kampfflieger, er selbst hatte die Haltung eines Kavalleristen an sich, obwohl er Panzerfachmann war. Und am öftesten eine Einteilung bei Stäben. Aber die Navarre stammten aus der Normandie und waren immer gute Soldaten. Nach einem Kommando in der Besatzungszone Deutschlands stank ihm die Sache Vietnam in die Nase. Nachher parierte er Order, obwohl ihm nach seiner Landung in Saigon tatsächlich ein übler Geruch in die Nase stieg. Angekommen, setzte er sich erst einmal mit den dortigen Alten Hasen zu Tisch.

Ein gewisser Gonzales de Linares, der ungeniert mit einem chinesischen Mischlingsmädchen in einem notorischen Konkubinat lebte, war in der Kriegsschule Jahrgangskamerad Navarres gewesen.

»Na, guter Henri«, fragte er Navarre in einem etwas frechen Ton, dessen Inhalt nicht ganz zu Papier gebracht werden soll, »was willst du in unserem Scheißloch? Ich hau' nämlich lieber ab.«

»Das ist es ja«, ereiferte sich Navarre, »was mich ärgert: Daß du gehst. Wer soll dich dann ersetzen? Nun, ich habe Cogny angefordert.«

Der alte Kamerad legte mit der größten, fast schon ungehörigen Vertraulichkeit seine Hand auf den Unterarm des Vier-Stern-Generals und sagte dann mit obszönem Grinsen:

»Bloß den nicht. Das ist ein Schweinehund .... loch.«

Darauf der Oberkommandierende, indem er eine Augenbraue aufzog:

»Hast du einen besseren vorzuschlagen?«

Niemand kannte den Typ, der in dieses Loch gegangen wäre, ohne mit einem scharfen Befehl dahin kommandiert zu werden. Also richtete Navarre das Wort an einen General, der nach 1945 französische Truppen in Indochina geführt hatte. Und also an Ort Erfahrungen hatte, die Navarre im Moment noch fehlten. Dieser General führte nicht die obszöne Rede des Akademiekameraden, dafür bekam er bald den Ruf einer legendären Tapferkeit. In Algerien wird er sich dem General De Gaulle entgegenstellen, so wie dieser anfing, dieses Land, verfassungs-

mäßig keine Kolonie, sondern Teil der Republique Française, den Algeriern zu überlassen. Er wird die berüchtigte Kampfformation OAS (Organisation de l'Armée Secrète) aufziehen und dem Terror algerischer Untergrundkämpfer mit der gleichen Waffe begegnen. Man wird ihn in Paris deswegen zum Tode verurteilen, nachher zu lebenslanger Haft begnadigen und zuletzt nach sechs Jahren Haft auslassen. Der Mann hieß Raoul Salan. An jenem Tag in Saigon sagte er Navarre auf dessen Frage ausdrücklich:
»Nun, Cogny hat Qualitäten.«
In diesem Moment überreichte eine Ordonnanz Navarre ein Telegramm. Der las es aufmerksam und sagte dann zu Salan:
»Nun, ich werde gleich seine (Cognys) Beförderung zum Divisionsgeneral aussprechen.«
Dabei schwenkte der Oberkommandant das Telegrammformular wie eine weiße Fahne über den Häuptern der Tafelgenossen. Dann ergänzte er:
»Ich werde ihn zum Befehlshaber der Tonkin-Streitkräfte ernennen.«
Und da, just im rechten Augenblick, kam Cogny in den Raum. Groß, ein alter Troupier, der am liebsten im Kampfanzug und ohne Ordensspange Dienst machte, ein einfaches Koppel umgeschnallt. Cogny empfahl sich gewiß nicht als Stratege, seine Stärke war, daß er mit seinen Männern immer vorne mit dabei war. Dieser stiernackige Riese schien richtig gerührt zu sein, als ihm Navarre die Beförderung und die Diensteinteilung verlautete. Er war jetzt Drei-Stern-General. Salan schien zufrieden zu sein, er nahm sich bloß noch vor, Navarre vor diesem Land, den Einheimischen, ihren Lebensgewohnheiten und vor allem ihren Kampfmethoden zu warnen. Ho Chi-Minh war Salan von früheren Verhandlungen her bekannt. Die Franzosen hießen Salan seither wegen seiner Methoden den Chinesen. Einige sagten ihm nach, er nähme Opium, wie die Chinesen. Jedenfalls war er ein Militär, dem die Reporter nachrannten, weil er sich bei Interviews keine Diskretionen leistete und immer eine besonders gute Story auf Lager hatte.

Mit Giap konnte sich Salan ruhig einlassen. Dieser wollte ihm einmal die Stadt Na San streitig machen. Aber Salan griff an, schlug wuchtig zu und nahm den Platz. Seither und von anderen Gelegenheiten her wußte er etwas, was er Navarre im Moment nicht vorenthalten wollte:
»Mon Général, prenez garde. Die Vietminh sind schon dabei, größere Verbände zu versammeln und bereitzustellen. Ganz nach eruopäischem Vorbild und so manöverieren sie auch.«
Der Fünf-Stern-General sah den Warner mit ungläubigem Blick an. Ihm schien es ganz ausgeschlossen zu sein, daß die kleinen Kerle, die bisher bloß größere Haufen von Partisanen aufbrachten, jetzt auch schon zu operieren verstünden wie die Europäer. Er meinte nur knapp:
»Tja, dann sind sie verloren.«
Mochten Kommunisten im Partisanenkampf einige Achtung verdienen, mit Regimentern und Divisionen zu operieren, darin konnten die Schüler dem europäischen Meister doch nie überlegen sein. Nun, Salan verließ das Land und folgte seinem Schicksal, wie oben erwähnt. Andere aber kamen und sahen sich an, was in Dien Bien Phu los war. Viel schien nicht los zu sein. Schlecht gewartete Straßen, Landepisten des alten Feldflughafens, und über allem an heißen Sommertagen eine Staubwolke, die die LKW-Konvois unablässig aufwühlten und in die Luft jagten. In der Regenzeit wird sich die ganze Landschaft in ein Meer von Schlamm verwandeln. Furchtgebietend sah der Stützpunkt nicht aus, eher wie eine Barackenstadt, in der man den eingeflogenen Nachschub lagert und hofft, auch während einer Belagerung nicht auf den Nachschub per Luft verzichten zu müssen. Wie einmal die Boches in Stalingrad. Soldaten hackten Holz, andere legten Hindernisse an; die Feldköche gingen der gewohnten Arbeit nach, Trägerkolonnen machten sich fertig, um die Warmverpflegung in die Stellungen auf den Höhen um die Stadt zu bringen.
Um Dien Bien Phu gab es Wälder, in denen man aber keine Feinde ausmachen konnte. Ein Pariser sagte:
»Wie in einem Stadion, in dem die heimische Mannschaft den Gegner samt seinem berüchtigten Anhang erwartet.«

Im Februar 1954 kam Verteidigungsminister Pleven persönlich nach Dien Bien Phu. Die Waffenstillstandsverhandlungen in Korea näherten sich doch endlich ihrem Abschluß, und Kenner erwarteten, daß jetzt die Kommunisten in Vietnam richtig loslegen werden. Navarre erwartete den aus Paris gekommenen Vorgesetzten so wie ein Frontsoldat einen Zivilisten erwartet. Natürlich wird Navarre tun, was er für richtig hält, und nicht das, was dem Minister einfällt. Mit ausholenden Gesten zeigte er dem Gast die Stützpunkte der Rundumverteidigung: Isabelle, Anne Marie, Gabrielle und andere romantisch klingende Mädchennamen. Und die eines inneren Verteidigungsrings: Dominique, Eliane, Claudine und Huguette. Es ließ sich nicht vermeiden, daß Plevien auf die schwächlichen Abstützungen mancher Unterstände hinwies.
»Nur keine Sorge, M. le Ministre«, erwiderte Navarre, und dann, als der Minister sagte:
»Müssen wir nicht leider doch mit der Einwirkung der gegnerischen Artillerie rechnen, da die Vietminh, wie ich höre, schwere Geschütze heranbringen«,
um so nachhaltiger:
»Herr Minister, wir werden uns schlagen wie in Verdun!«
Verdun, das hörte sich schlecht an, denn der Verteidiger dieser Festung im Ersten Weltkrieg, Marschall Pétain, saß als ein von der Todesstrafe Begnadigter auf Festung und erwartete den nahen Tod. Nein, für Pétain war in der Republik von 1945 kein Platz. Nicht daheim, nicht an irgendeiner Front, sei es auch nur in der Erinnerung an seine großen Taten. Um das Thema zu wechseln sagte jetzt Navarre:
»M. le Ministre, es wäre ein Jammer, wenn es nicht hier zum Kampf käme. So eine gute Gelegenheit, die Vietminh zusammenzuhauen, kriegen wir nie mehr.«
Der Minister ging weiter und mußte mitanhören, wie einer dieser neugierigen Zeitungsreporter fragte:
»Und was ist, wenn die Vietminh wirklich Artillerie haben?«
Der Mann wurde belehrt, daß es eines ganzen Regiments bedürfte, um auch nur ein einziges 7,5-Geschütz auf einen der

umliegenden Berge hinaufzubringen. Und wieviel erst, um aus hunder Kilometer Entfernung schwerere Kaliber heranzuschaffen. In der Überlegenheit per Luftnachschub liege ja die Überlegenheit der Franzosen in Dien Bien Phu.
Der Minister stolperte weiter über das Gelände. Der Kot und Dreck des Herbstes, die Unebenheit des künftigen Kampfgeländes machten es ihm schwer, den Militärs in ihren amerikanischen Combat-boots zu folgen. Er, der Minister, trägt Schuhe, wie er sie in Paris zum Dienst in seinem Arbeitssalon trägt. Er schweigt jetzt, hört zu, was andere sagen. In der Unentschiedenheit einer anhängenden militärischen Entscheidung ist und bleibt Schweigen Goldes wert. Jedes Wort zur unrichtigen Zeit, gesprochen am unrechten Ort und ohne die spätere Bestätigung durch Tatsachen kann einem Politiker verdammt unangenehm werden. Als aber auch die Militärs schweigsam wurden, wandte sich M. Pleven an den mit ihm nach Tonkin gekommenen Generalstabschef der französischen Luftstreitkräfte um Rat.
»M. le Ministre, es tut mir leid, daß ich der allgemeinen Hochstimmung nicht beistimmen kann. Aber das, was ich heute hier gesehen habe, bestärkt mich in meiner Ansicht ... ich rate General Navarre, die Zeit, die ihm noch bleibt, und die beiden Rollbahnen, solange sie ihm noch zur Verfügung stehen, eiligst zu nutzen und alle Einheiten abzutransportieren, die er noch hinausbringen kann. Denn das hier«, der Luftwaffengeneral macht eine rundum reichende Geste, »ist alles verloren.«
Dann nach einer Pause:
»Das wäre alles.«
So hätte der Mann 1942, während der Krise in Stalingrad, dem Hitler nicht kommen dürfen. In einer Stunde, wie dieser hier in Tonkin, sind Typen wie Hermann Göring begehrt; Männer, die versprechen, eine Festung mit einer Besatzung in Stärke einer Feldarmee aus der Luft zu versorgen. Nun, Pleven war kein Hitler und so hörte er sich an, was Navarre dem Flieger stolz zurückgab:
»Dien Bien Phu ist in voller Kenntnis der Tatsachen gewählt

worden. Hier und nirgendwo anders sonst werden wir den Sieg erringen.«
Der Flieger wieder war kein Göring, und also erwiderte er auf die hitleritische Rede des Oberkommandierenden:
»Überleg Dir die Sache noch einmal ... Ich bin bereit, eine Woche länger hier zu bleiben und die Räumung auf meine Kappe zu nehmen ... Ich schwöre Dir, ich hole alles heraus.«
Pleven wartete auf ein angeblich arrangiertes Geheimtreffen mit kommunistischen Abgesandten. Aber es kam nicht zu dem Geheimtreffen. Der Minister flog zurück nach Paris, zurück an Ort blieb der Ordenstern eines Großoffiziers der Ehrenlegion für Navarre. Daheim, im Ministerium und in den Couloirs des Parlamentsgebäudes, sagte der Minister das und jenes. General Salan, alsbald Generalinspekteur der Landesverteidigung, wurde in einer internen Lagebesprechung gefragt:
»Was kann man tun, um Dien Bien Phu zu retten?«
Nichts kann mehr getan werden. Dieses Scheißloch, wie der alte Kamerad Navarres ganz Vietnam bezeichnet hat, wird ein Grabloch werden, ein Massengrab für unzählige französische und südvietnamesische Soldaten, nachher für Amerikaner. Und am Ende wird die große Niederlage des Weißen Mannes, seines Kolonialismus und Kapitalismus Tatsache sein.
Und eines Tages setzte der Beschuß der Kommunisten ein. In Europa aber setzten sich Verhandler beider kriegführender Parteien an einen jener Tische, wo verhandelt wird, kein lautes Wort fällt und Wörter wie Arsch und Scheiße nicht üblich sind. Die Kommunisten saßen mit großer Gelassenheit am Verhandlungstisch. Ihre Beurteilung der Lage um Dien Bien Phu deckte sich mit der des Generalstabschefs der französischen Luftstreitkräfte, nur setzten sie alles daran, auch nicht einen Franzosen lebendig aus der Mausefalle zu lassen. Und, um es gleich jetzt zu sagen: Der Luftnachschub nach Dien Bien Phu klappte nicht. Der Fluglärm aber, der nie aufhörte, machte die Verteidiger verrückt. Als es einmal gelang, über dem Stützpunkt Isabelle sechzig Fallschirmjäger abzusetzen, war das eine Sensation in den Blättern der Hauptstadt. An der Front aber entstan-

den Latrinengerüchte, etwa: Es stünde ein riesiges Landungsunternehmen eigener Fallschirmtruppen bevor. Fallschirmjäger, das bedeutete: Unschlagbar. Es gab vietnamesische Fallschirmjäger, Kolonialfallschirmjäger, die man aus anderen Kolonien einflog, Franzosen unter dem Roten Barett und – eine Elite, die von der Fremdenlegion.

Kampfgruppenkommandant wurde Oberstleutnant Langlais. Ein Mann ohne Durchhalte-Sprüche, aber davon überzeugt, daß man es den kleinen Gelben zeigen wird. Gefragt, was er von der Lage halte und was der Stützpunkt wert sei, antwortete er auf den zweiten Teil der Frage:

»Na klar, wozu sind wir denn sonst da!?«

Im Frühjahr 1954 setzte die Materialschlacht um Dien Bien Phu ein. Das Gelände sah aus, wie im Ersten Weltkrieg das unzähligemale umgepflügte kotige Kampfgelände in Flandern.

In Dien Bien Phu gab es nicht, wie einmal im Krimkrieg, eine Florence Nightingale, einen Engel der Schlacht. Dafür den Roman der Geneviève de Galard. Die Erinnerung an sie wird fortleben, wenn die Überlebenden von 1954 alte Männer sein werden, die sich angesichts der Übermacht der Kommunisten in Europa fragen, warum man nach Asien ging, um dort zu lernen, daß es die oben schon nicht mehr können – oder können wollen – den Kommunisten erfolgreich Widerstand zu leisten. Eines Tages wurde Geneviève auf den Hauptgefechtsstand geholt. Der war unten, am Fluß. Sie stand inmitten eines Haufens Männer, die keine Schlafzimmeraugen hatten, sondern gerührt waren. Einer gab sein Kreuz der Ehrenlegion her und der Oberstleutnant heftete es an die Brust der Frau. Keiner feixte, keiner machte dreckige Witze. Es fand sich die gehörige Dekoration des Croix de fer, das die de Galard längst erdient hatte. Das aber geschah schon im Mai.

Jetzt unterwusch der Regen die Unterstände, die noch nicht ganz vom Feindfeuer eingedrückt waren. Das Feuer der Kommunisten ließ nicht nach. Sie hatten keinen Munitionsmangel, sie konnten das Feuer verstärken. Nach und nach fiel ein Stützpunkt nach dem anderen, sowie ihn das zusammengefaßte

Feuer sturmreif gemacht hatte. In der Nacht auf den 7. Mai fielen auf Isabelle alle Geschütze bis auf eines aus. Im Hauptgefechtsstand türmen sich Verlustmeldungen und Anforderungen von Verstärkungen und Nachschub. Aus dem Vorgelände aber kommen die Überlebenden der dort gestandenen Feldwachen zurück. Noch immer halten sie den Totenkult der Kameraden. Man überläßt die Leichen der Gefallenen nicht den Gelben. Einer hat die Beine der Leiche über die Schultern, der andere hält die Hände, damit nicht das Gesicht im Dreck schleift. Hier ist Pietät etwas anderes als auf Heldenfriedhöfen mit ihren Gräberoffizieren und Feldgeistlichen et cetera.
In der Nacht auf den 9. Mai 1954 scheint das Feindfeuer abzuflauen. Die Männer im Stützpunkt Isabelle richten sich aus dem Kreuz heraus auf, atmen durch, rücken den Helm aus der Stirn und klemmen die Zigarette in den Mundwinkel.
»Sie haben genug«,
meint einer. Aber da geht ein unaufhörlicher Hagel aus Granatwerfern nieder auf die Stellung. Wie Blitz und Donner, der dem Regen folgt. Und aus dem Dunkel tauchen die flinken Gestalten der Angreifer auf. Die von Isabelle schießen stehend freihändig in die Masse der Stürmenden, legen ganze Rudel um mit ihren MGs. Bis sie selbst im Schwung der Sense dieses Angriffs reihenweise fallen. Nur das Geschütz des überschweren Panzers BAZEILLES feuert noch auf die Anstürmenden. Bazeilles. 1870. Letzter Ausfall der Urgroßväter vor der Kapitulation von Sedan. Die letzten Männer, die sich um den Panzer in Stellung begeben, kapitulieren nicht. Hier ist Stalingrad, nicht auf Führerbefehl hin, sondern so wie es dort wirklich war: Der Tod war schneller als jeder Meldegänger oder Funkspruch, er war überall in Dien Bien Phu.
Bei dem Fall von Dien Bien Phu überkam die Kommunisten in Vietnam das Gefühl, das eine junge Armee, die sich fühlen soll, haben muß, um weiter zu siegen. Wie Raben schwärmten die kleinen Gelben über das Kampfgelände. Holen sich das Ganze, so daß von der Herrschaft von gestern nichts anderes übrig bleibt als ein Haufen Toter und Gefangener, die man fertig ge-

macht hat mit dem ewigen Abspielen des Partisanenlieds in den frontnahen Sendern der Kommunisten:
Freund, hörst du den schwarzen Schwarm der Raben
Über der Ebene ...
Und dann wieder hörten die französischen Funker in ihren Geräten den Hohn des Gegners. Nachher wieder, was auch von anderen Stützpunkten zum Hauptgefechtsstand gefunkt wird:
»Munition geht aus ...«
Aber die Weißen in Dien Bien Phu sind nicht ein Haufen aus der Coca-Cola-Zivilisation; Typen, bei denen für einen Grabenkämpfer achtzehn Mann notwendig sind, um den Nachschub für einen Mann heranzuholen. In Dien Bien Phu kämpfen Europäer noch einmal so, wie vor vierhundert Jahren Griechen ihre Hauptstadt Konstantinopel gegen die Türken verteidigten. Und noch einmal kämpfen mit Auszeichnung die alten Kolonialregimenter der Franzosen: Annamiten unter der momentan weiß Gott wo befindlichen Fahne, die höchste Auszeichnungen aus zwei Weltkriegen tragen. Wie gelernt, machen sie ihre Gegenstöße. Bergen sie Verwundete und Tote. Gehen in Ordnung zurück. Fliehen nicht und desertieren nicht, trotz aller verlockenden Feindpropaganda durch Großlautsprecher, die im Gelände lärmen. So wie in Europa ist es auch hier: Es gibt Gelbe, für die ist der Kommunismus keine Alternative zum Kolonialismus. Es gibt auch andere, ihre Zahl wächst in den letzten Stunden des Kampfes: Sie verlassen den Weißen Mann, der es nicht mehr versteht, zu siegen.
Von ganz oben, aus dem französischen Hanoi, kommt kein Befehl, sich zu ergeben. Immer näher kommen die Kommunisten an den Hauptgefechtsstand heran. Sind sie auf Rufweite gekommen, dann zeigen sie denen in den Unterständen die Sprengladungen, mit denen man sie in die Luft jagen wird. Und dann geht an einer Stelle nach dem zuletzt abgesetzten Funkspruch, es sei keine Munition mehr da und das letzte MG zerschossen, eine Weiße Fahne hoch. Besser: Ein mit Blut und Dreck verschmierter Fetzen, der einmal weiß gewesen ist. Ein

anderer Kampfstand fällt, weil sich einer von den Vietminh mit seinem Leib vor die Schießscharte des MGs preßt und so die Feuerstöße der Franzosen mit dem zerfetzten Leib auffängt, bis die anderen über die Verteidiger kommen. Diese rufen dann:
»Hände hoch! Und herauskommen!«
In gutem Französisch. In korrektem Französisch kommt auch am 9. Mai 1954, 14,00 Uhr, ein Spruch aus Hanoi: Kampf kann eingestellt werden. Und: Bitte keine weißen Fahnen! Das Band, mit dem die letzten zwischen Hanoi und Dien Bien Phu gewechselten Funksprüche aufgezeichnet sind, ist offenbar zurechtgeschnitten worden für die spätere Auswertung des Dokuments. In der Kriegsgeschichte Frankreichs und in modernen Lesebuchgeschichten soll – so wie einmal nach Stalingrad – nichts zu lesen sein von wegen Kapitulation und Weißer Fahne. Man soll sich dem eindringenden Feind waffenlos entgegenstellen.
So hat man die waffenlos gebliebenen Überlebenden vergattert und dann in Marsch gesetzt in die berüchtigten Lager der Kommunisten. Noch immer wollte der oder jener nicht aufgeben. So überraschten die Kommunisten einen französischen Unteroffizier der Fremdenlegion, der dabei war, den Gefechtswimpel zu verbrennen. Ein Kommunist gab dem Capo einen Tritt in den Hintern. Der Franzose rollte ins Feuerchen. Ein Legionär aber wollte ihn rächen. Der Capo rief:
»Laß das – es ist schon zu spät.«
Andere verbrennen Briefe von daheim. Fotos, Tagebücher, Orden, Unerschütterliche packen solche Dinge in Nylonsäckchen, hoffend, sie würden das Vergrabene nach der Wiedereroberung von Dien Bien Phu schon finden. Langsam kommt Ordnung in die Gefangennahme. Die Kommunisten sammeln unter dem Schutz von MP-Schützen die Franzosen, rufen in Unterstände:
»Herauskommen. Und Hände hoch. Nur ruhig, es geschieht euch nichts in Gefangenschaft.«
Hat man die Gefangenen bei der Hand, gibt man ihnen einen Tritt und befördert sie in die Marschkolonne. Ehe abmarschiert

ist, geschieht die erste Aussortierung: Farbige aus kommunistisch gewordenen Ländern oder solchen, in denen schon der Umsturz der Kommunisten läuft, werden bevorzugt behandelt, früher entlassen. Deutsche aus der Ostzone wird man via Moskau den neuen Herren in der DDR ausliefern. Ebenso Polen, die seit dem Zweiten Krieg im Westen weitermachen, oder andere, die lieber in die Hölle gingen als zu den Kommunisten.
Und schon sind die Kameraleute da für die Filme, die man in Ost und West vorführen lassen wird. Auch werden ganze Kolonnen Franzosen zusammengestellt, die man immer rundum marschieren läßt in kommunistisch gewordenen Städten. Und dann kommen die Interviews, aufgenommen mit französischen Kommunisten, die als Gefangene der Kommunisten zu ihren Befreiern, wie man ihnen sagte, reden.
In Paris betritt am 9. Mai 1954 um 17,00 Uhr der Ministerpräsident das Rednerpodium im Parlament. Im Moment erheben sich die Abgeordneten zum Zeichen der Trauer. Nur die von der KP bleiben sitzen, sie gehören ja in dieser Stunde mit zu den Siegern. So wie 1939 ihre Genossen nicht mit Frankreich gingen, weil dieses mit dem Bundesgenossen des Großen Stalin, Adolf Hitler, gemeinsam Krieg führte gegen den Westen, hielten es auch die Genossen von 1954. Zuerst die KP, nachher die KPF, dann erst Frankreich.
Die in Dien Bien Phu Gefangenen mußten nicht jahrelang in Lagern schmachten. Ein Geistlicher, den die Kommunisten schließlich doch entließen, sagte über die Zeit hinter Gittern:
»Das Schlimmste ist nicht der Tod, sondern zu erleben, wie die eigene Seele verändert wird.«
Wenn Priester solche Veränderungen erfahren, wie wird einmal die Kirche dem Kommunismus widerstehen, wenn dieser seinen Atheismus nicht mehr mit Gewalt aufzwingt, sondern mit viel subtileren Methoden. Mit Methoden, denen vor allem Gebildete, die nicht gerne ihren Verstand ihrem Glauben zum Opfer bringen möchten, leichter zum Opfer fallen. Man wird es erleben, und es wird in diesem Buch erzählt werden.

Er war kein eingeschriebenes Mitglied der Kommunistischen Partei der SU, der KPdSU. Nur ein Poputčik, ein parteiloser Mitläufer, allerdings einer von Format, eines der besten Auslagestücke des Bolschewismus für den Westen, wo die Intelligenz für Parteimitglieder nur Verachtung übrig hat. Um dieser Verdienste als Popanz für das angebliche Image des Bolschewismus kam dem Poputčik die Auszeichnung zu, bei der Aufbahrung des verstorbenen Großen Stalin eine Ehrenwache am Sarg zu schieben. Eine Stunde stand er so, zusammen mit anderen anerkannten Schriftstellern der SU, im Säulensaal des Kreml. Im Sarg lag der Große Stalin, schöner als ihn zu Lebzeiten Maler gemalt haben und Schriftsteller beschreiben konnten. Man hat ihn einbalsamiert und mit einem Make up versehen, das mindestens so gut gelungen war, wie jenes, mit dem einmal die Zaren und Mächtigen vergangener Zeiten zu Grabe getragen oder Heilige der Orthodoxie in ihren Glassärgen hergerichtet wurden. Beim Anblick dieses Schaustückes weinten viele Weiber, weil das ihre Funktion bei Leichenfeiern ist. Die Männer schauten sich um und waren froh, wenn sie wieder draußen waren. Aus den Mächtigkeiten und Schönheiten längst vergangener Zeiten, von denen man ihnen sagte, diese seien das denkbar Übelste, was jemals Menschen in den Sinn kommen konnte, reinstes Produkt der Ausbeutung. Nur wenige waren mehr dabei, die nach der Großen Oktoberrevolution 1917 die Gräber der Zaren ausgeräumt und das, was noch verwertbar war, den Ratten zum Fraß vorgeworfen haben. Niemand dachte im Moment daran, daß dem Leichnam des Großen Stalin in naher Zukunft Ähnliches passieren wird. Man wird dieses Schaustück aus dem Mausoleum des Großen Lenin herausholen und in einem Reihengrab an der Kremlmauer unter die Erde bringen.

Morgen wird, so erinnerte sich besagter Poputčik, im Moskauer Theater der Filmfreunde eine Trauersitzung zum Gedenken des Toten stattfinden. Ob er jetzt wollte oder nicht, der brillante Popanz, obwohl nur Poputčik, wird dabei das Wort ergreifen müssen. Die Zeit der Ehrenwache diente ihm dazu, nachzudenken, was er wohl sagen wird.
Persönliche Beziehungen hat dieser Poputčik, sein Name war Ilja Ehrenburg, mit dem jetzt Verstorbenen nicht viele gehabt. Höhepunkt dieser Beziehungen war ein Telefonat. Ansonsten war ihm nur das von der kommunistischen Propaganda verbreitete Image bekannt. Ein Mann, der das bisherige Antlitz der Erde verändert hat, mußte es sich um dieser Propaganda willen gefallen lassen, immer in Pose, zuletzt in der Uniform eines Marschalls der Sowjetunion auf historisierenden Gemälden aufzuscheinen; andere Menschen seiner Umgebung immer um Haupteslänge zu überragen, so wie auf alten Ikonen Christus und die Heiligen alle anderen abgebildeten Figuren an Größe übertreffen mußten. Man hat sich unzählige Reden des Großen Stalin anhören und die von ihm verfaßten Bücher aneignen müssen. Lauter Nichtigkeiten, verglichen mit den Taten des Toten, die mehr Spuren in der Weltgeschichte hinterließen als etwa jene Alexanders des Großen oder des Großen Napoleon. Als diese Großen starben, drehte man die Uhren ein wenig zurück, und die Welt ging weiter, wie gehabt. Nach dem Großen Stalin aber wird die Welt nie mehr so sein können, wie sie vor seinem Kommen war.
Einmal hat Ehrenburg den Generalissimus Stalin tatsächlich auf kürzeste Distanz leibhaftig vor sich gehabt: Im Restaurant des Moskauer Hotels METROPOL, wo sich der Sieger im Vaterländischen Krieg der SU traf mit dem Sieger in der Revolution im Riesenreich China, Mao Tse-Tung. Und in diesem Fall konnte kein Image zwischen den Großen Stalin und seine Betrachter geschoben werden. Der Poputčik sah, was an diesem Großen der Weltgeschichte wirklich groß war: Nicht der Körper, denn dieser war eher klein geraten; nicht die legendäre Männlichkeit, die schon in die eines alten Mannes geraten war;

nicht das auf Bildern geschönte Antlitz, das in Wirklichkeit längst übersät war mit den Runzeln des Greises. Was aber Ehrenburg in einer Stunde wie dieser sah, das waren keine Teile eines gemachten Image, vielmehr die Verwundetenabzeichen eines Kämpfers, dessen wahre Persönlichkeit im Vaterland der Werktätigen vor der Masse verborgen wurde. Nun darf nicht länger verschwiegen werden, daß der ausgezeichnete Poputčik in letzter Zeit nicht mehr ein guter Mitläufer des Großen Stalin gewesen ist. Ihn, den Parteilosen, kümmerten zeitlebens nie die Verfolgungen, bei denen der Große Tote zwar keine kleinen Völker ausrottete, dafür aber Millionen von Klassenfeinden aus dem Rennen um die Macht und in die Massengräber warf. Solche Klassenfeinde, das war die ehrliche Ansicht Ehrenburgs, können gar nicht genug ins Jenseits befördert werden, sie stehen dem Fortschritt und der Humanität des Kommunismus im Weg. Was Ehrenburg, in der Zeit des Zarismus als Sohn einer wohlhabenden jüdischen Familie in Kiev geboren, schließlich störte, war, daß der Große Stalin Zeit seines Lebens immer wieder in jenen Antisemitismus zurückfiel, der nach der Großen Oktoberrevolution des Großen Lenin nur zu oft große Lücken in die Reihe der Bolschewisten der ersten Stunde, in den Kreis der engsten Mitarbeiter des Großen Lenin riß. Nicht daß Ehrenburg sich noch an den religiösen Glauben seiner Väter hielt. Er hat ihm in Jugendtagen ebenso abgeschworen, wie der Große Stalin seinen christlichen Glauben wegwarf, als er wegen eines peinlichen Vorfalls aus dem Priesterseminar hinausbefördert worden ist. Schon als Gymnasiast im zaristischen Rußland hat Ehrenburg trotzig besagt:

»Ich glaube nicht an den Glauben.«

Er meinte den religiösen Glauben, denn an den Großen Stalin hat er bis unlängst bedenkenlos und vorbehaltlos geglaubt. Im Elternhaus hat man derlei liberale Ansichten des studiosus Ehrenburg nicht mehr ernst genommen. Als Fünfzehnjähriger wurde Ehrenburg im Jahre 1905 Tatzeuge der Generalprobe der russischen Revolution. Nachher, als die Intelligenz aus bisher nie ganz geklärten Ursachen viel weniger vom revolutionä-

ren Prinzip und vom Marxismus gehalten hat, durfte der jetzige Poputčik nach Frankreich gehen. Auch Lenin war damals im Westen, allerdings im Exil, nicht wie Ehrenburg, der angenehme Zeiten im Paris vor 1914 erlebte. Lenin war damals in einem so miserablen Zustand, daß er fürchtete, den Sieg des Marxismus in Rußland vielleicht nie mehr erleben zu dürfen. Und weil der junge Ehrenburg in Paris mehr in Kreisen einer Intelligenz als in jenen der Berufsrevolutionäre lebte, hat er sich damals auch nicht in die Sozialdemokratische Arbeiterpartei Rußlands einschreiben lassen, in jene Partei, die nach der Großen Oktoberrevolution umbenannt wurde in KPdSU (B). B für Bolschwiki. Seltsamerweise hat letztere Partei den Umstand, daß Ehrenburg kein eingeschriebener Bolschewist war, nie beanstandet, wo doch jeder Künstler und Intellektuelle froh war, sein Parteibuch in der Tasche zu haben, so man es ihm gab. Nein, dieser Poputčik war eben *das* Auslagenstück, Beweis dafür, daß man in der Hierarchie des bolschewistischen Rußland einen hohen Rang innehaben kann, ohne gezwungen zu sein, für die Bolschewisten in der Partei zu arbeiten. Wie das die antikommunistische Propaganda immer wieder vorbringt. Nicht jeder kann und braucht, so wie Lenin oder Trotzkij oder Stalin, einige Millionen Menschen zu Tode zu befördern; es gibt auch andere Verdienste um den Fortschritt, den der Kommunismus bringt, und Ehrenburg hat sich solche Verdienste erworben.
In einer Zeit, in der man im Westen, zumal in Deutschland, in Kreisen der Linksintellektuellen schrie:
»Hände weg von Sowjetrußland«,
war es Ehrenburgs Aufgabe, diese Sympathisanten des Kommunismus im Westen mit bei der Stange zu halten. Also schickte man ihn nach Paris, nachher nach Italien und dann nach Spanien, wo man die Revolution der Kommunisten, Linkssozialisten und Anarchisten nicht bloß mit Waffenlieferungen aus der SU unterstützte, sondern durch die Anhäufung von Mitläufern, die aus aller Welt dahin kamen, weil endlich wieder etwas los war im Nachkriegseuropa der Dreißigerjahre. Ehrenburg entging, derweil er in Spanien mitmachte, vielleicht der größten

Säuberungswelle der Ära Stalins, jener der Enddreißigerjahre, als zusammen mit unzähligen Bolschewisten der ersten Stunde so viele Kämpfer jüdischer Herkunft und unverlierbarer Anschauung erbarmungslos liquidiert wurden. Das geschah, als die Nazi bei ihrem Kampf gegen das Judentum noch Augen und Ohren aufrissen, als sie zuschauten, wie man im kommunistischen Rußland mit Juden verfährt. Juden, die an sich die gleichen Eigenheiten hatten, deretwegen sie auch im Dritten Reich, zunächst allerdings viel weniger grausam, verfolgt wurden: Ein Internationalismus, den sie aus ihrem Zionismus, wie man sagte, und ihrem liberalistischen Kosmopolitismus bezogen, Dinge, die es ihnen oft unmöglich machten, sich so ganz in die Relikte des Nationalismus des 19. Jahrhunderts und dessen Überreste im 20. Jahrhundert zu fügen.
Von diesem Standpunkt aus betrachtet, war es gar nicht so widernatürlich, daß der Große Stalin 1939 ein Bündnis mit Adolf Hitler einging, sehr zum Verdruß der Liberalen und Konservativen im Westen, von den dortigen Kommunisten gar nicht zu reden. Als 1939 der Krieg ausbrach, war es zum Beispiel nur eine Selbstverständlichkeit, daß ein getreuer Stalinist, wie der Chef der französischen KP, lieber desertierte, als gegen den Verbündeten Stalins an der Front gegen die Deutschen zu kämpfen.
Endlich, 1941, brach jener Krieg aus, der als der Vaterländische Krieg in die russische Geschichte eingegangen ist. Ohne den Großen Stalin wäre die Sache schief gegangen, obwohl es auch diesen überrascht hat, als zwei Jahre nach Abschluß des Bündnisses mit Adolf Hitler letzterer gegen seinen Bundesgenossen im Osten herzog und dessen Untertanen zu Unter-Menschen degradierte. Nachher wurden Bolschewisten als Kriegsgefangene nicht besser behandelt als ehedem Juden in der SU unter Stalin oder – nach dem Vorbild in Rußland – im Dritten Reich. Sei's drum. Ehrenburg konnte jetzt endlich kämpfen, natürlich mit seiner schärfsten Waffe, mit der Feder. Nach den Herabwürdigungen und blutigen Opfern im Kampf gegen die Deutschen und der Schmach des Bündnisses mit Adolf Hitler konnte

Ehrenburg endlich gegen die Nazifaschisten loslegen. Es kam die große und schöne Zeit in seinem Leben. Er lehrte die Soldaten der Roten Armee, den Feind nicht nur zu töten, sondern Rache zu nehmen: Für die Schändung des Sowjetlandes und der Sowjetmenschen. Wie man aus Rache kämpft und siegt, schändet und sich das weite Land des Feindes als Beute nimmt, nachdem man die Nazideutschen daraus verjagt hat.
Nach dem Sieg kam aber die Stunde, in welcher der Große Stalin sagte, laßt uns nicht länger vom Krieg reden, wenn wir siegen wollen, sondern besser vom Frieden. Daher Schluß mit der Raserei gegen die Deutschen und ihre Verbrechen an Juden. Und:
»Überlaß das lieber den Amerikanern und ihren Freunden in der Welt!«
So ist aus dem Rache-Engel Ehrenburg plötzlich ein Friedens-Engel geworden. Der Große Stalin berief ihn an die Spitze der internationalen Friedensbewegung der Kommunisten und deren Mitläufer in aller Welt. Was in den frühen Dreißigerjahren die VOLKSFRONT leider vergebens versuchte im Westen, das mußte jetzt endlich auf der Basis der kommunistischen Friedensbewegung gelingen (niemand dachte damals an die ungleich bessere Wirkung des sogenannten Euro-Kommunismus der Siebzigerjahre): Die Kommunisten und ihre politischen Freunde sollten in der Freien Welt des Westens nicht länger dastehen als Volksverräter, deren Oberkommando nicht im Land arbeitet, sondern im Moskauer Kreml.
Und während Ehrenburg in aller Welt agitierte für die Erfolge der kommunistisch dirigierten Friedensbewegung und darüber seinen zweibändigen Roman DIE NEUNTE WOGE schrieb, geschah es in Moskau aufs neue: Der vergreisende Stalin machte noch einmal vor seinem Tod in Anti-Semitismus. Um diese Zeit trat eine jüngere Genossin namens Katherina Furzeva hervor. Als Kulturminister der SU in der Ära Chruščov und nachher wird sie offen bekennen:
»Als wir ein Volk von Analphabeten und von der Kirche verderbter Menschen waren, haben wir uns gerne der großen intel-

lektuellen Kapazitäten bedient, die im Judentum in den Jahrhunderten der Existenz im Ghetto aufgespeichert wurden und geradezu überquollen. Jetzt sind wir nicht mehr auf solche Anleihen bei einem fremden Volk angewiesen, längst sind wir der Intelligenz des Westens gleichwertig und oft überlegen.«

Über solche und andere Probleme hat Ehrenburg gesprochen, als zu den Leichenfeierlichkeiten für den Großen Stalin ein Gesinnungsfreund aus dem Westen, aus Frankreich kam. Ihm gegenüber suchte der Poputčik sein Schweigen angesichts des letzten Terrors Stalins zu rechtfertigen. Aber der Genosse aus dem Westen war bei weitem nicht so zimperlich in seinen Ansichten wie besagter Poputčik. Auch er, der Franzose, ist zutiefst erschüttert gewesen, als seine Genossen nach der Landung der Alliierten in Frankreich im Jahre 1944 vom Fleck weg 40 000 Franzosen als sogenannte Kollaborateure umbrachten. Darunter nicht wenige, deren Schuld weniger in einer Kollaboration mit den Nazis zu suchen war, als vielmehr in der grundsätzlichen Weigerung, mit den Kommunisten jemals gemeinsame Sache zu machen. Über letztere machten sich die kommunistischen Partisanen in Frankreich bei dieser Gelegenheit mit jener Rücksichtslosigkeit her, die ein Kommunist im Kampf mit dem Klassenfeind als eine große Tugend ansieht.

»Ich konnte keinem davon erzählen«, erklärte der aus Frankreich zur Leichenfeier gekommene Freund Ehrenburgs, »das hätte doch der ganzen Résistance einen Schlag versetzt und die (anti-kommunistischen) Anhänger des (Marschalls) Pétain hätten das für ihre schmutzige Propaganda benutzt.«

Pétainleute waren nach 1944 in Frankreich mäßig beliebt. Zumal sie nicht aufhörten, ein früher gegen den Papst gerichtetes Sprichwort auf aktuelle Zustände abzuwandeln, indem sie warnten:

»Qui mange du Communisme, en meurt.«

Als der Große Stalin 1953 starb, haben im Westen schon viele mitgenascht beim Kommunismus. Mehr als das: In den US verbat sich Harry Truman einen Anti-Kommunismus, der doch nur solchen Individuen dient, die es nicht mit dem amerikani-

schen Liberalismus halten. Und nicht zugeben möchten, daß in der Freien Welt der Feind nie links stehen kann, weil der Feind der Liberalen immer rechts steht und rechts denkt. Was aber wird wohl in der SU nach dem Tod des Großen Stalin geschehen, fragten sich Ehrenburg und sein französischer Freund auf dem Weg zum Hotel SOWJETSKAIA? Dies und jenes war denkbar. Und so einigten sich die beiden bisherigen Mitläufer des Großen Stalin:
»Auf jeden Fall wird sich etwas ändern.«
Das geschah an einem Tag im März 1953, im April dieses Jahres bekam Ehrenburg einen seltsamen Anruf:
»Nimm die PRAVDA, da steht etwas von den Ärzten drin!«
Die PRAVDA, seit 1912 Zentralorgan der Sozialdemokratischen Arbeiterpartei Rußlands, seit Lenin das der KPdSU, soll mit ihrem Namen: PRAVDA = WAHRHEIT ein Programm zum Ausdruck bringen. Was in der PRAVDA steht, ist für einen Bolschewisten die Wahrheit und deswegen erst recht auch für jeden anderen Sowjetbürger, der sich ja nicht bei einer anderen Wahrheit erwischen lassen darf. In der Ausgabe der PRAVDA vom 4. April 1953 stand, daß die sogenannten Mörderärzte, fünfzehn an der Zahl, die unlängst noch unter dem Großen Stalin wegen mörderischer Untaten abgeurteilt worden waren, in Wahrheit unschuldig sind. Ihnen seien, so die PRAVDA der Ära *nach* dem Großen Stalin, Geständnisse durch die Anwendung unzulässiger Methoden abgepreßt worden.
Mehr noch stand zu lesen: Eine Genossin Ärztin, die damals bei der Entlarvung der »Mörder im weißen Kittel« beteiligt war und deswegen den Lenin-Orden erhielt, hätte diese hohe Auszeichnung wieder zurückgeben müssen. Im Volksmund nannte man die seinerzeit verurteilten Ärzte der Prominenz des Kemls meistens einfach »jüdische Mörder«; manchmal hielt man sie auch für schuldig am plötzlichen Ende des Großen Stalin. Und jetzt, der Große Stalin war noch gleich –, wenn nicht überrangig im Vergleich zum Großen Lenin, hieß es, es geschähen in der SU Dinge, die ansonsten nur in der anti-kommunistischen Propaganda behauptet werden: Sowjetbürger werden demnach

mit unzulässigen Methoden zu falschen Geständnissen bewogen und darnach abgeurteilt. Auf einmal plagte die Intelligenz Ehrenburgs dessen ansonsten eher lässiges Gewissen:

»Ja, wer garantiert mir, daß diesmal (am 4. April 1953) die PRAVDA die Wahrheit schreibt? Bleibt nicht *das* Wahrheit, was zuerst in der PRAVDA über diese Kremlärzte geschrieben stand?«

Im Jänner 1953 hat es Ehrenburg tief erschüttert, in der PRAVDA lesen zu müssen, die Ärzte der ersten Prominenz der SU seien Mörder. Noch dazu, wo mindestens fünf von ihnen jüdischer Herkunft waren. Nachher hat man diese jüdische Herkunft in der Propaganda groß herausgemacht. Zum Beispiel, indem man nicht länger die russifizierten, sondern die früheren, die jüdischen Namen der Beschuldigten höhnisch aufzeigte. Man beschuldigte diese Juden eines liberalistischen Kosmopolitismus, ja sogar der Spionage zugunsten der US, mit denen sie durch Agenten der internationalen Hilfsorganisation für Juden, JOINT, in verräterischer Verbindung gestanden haben sollen. Und das zu einem Zeitpunkt, als in Korea die dortigen Genossen und die chinesischen Genossen unter dem Großen Mao im Kampf standen gegen Kapitalismus, Kolonialismus und US-Imperialismus.

Leider erfuhr das Sowjetvolk nicht, mit welchen Methoden man nach dem Ende des Großen Stalin den fraglichen ungesetzlichen Methoden aus der Stalinzeit auf die Spur gekommen ist. Es wäre peinlich gewesen zu sagen, daß die nämlichen Männer der Staatspolizei, die damals die Mörder im weißen Kittel aufspürten, nachher die damals angewandten ungesetzlichen Methode samt der lügnerischen Trägerin des Lenin-Ordens unter Kontrolle genommen haben. Kontrollmethoden, die weh tun.

Schon sprach die PRAVDA nicht mehr von der zu großen Vertrauensseligkeit, die man unter dem Großen Stalin angeblich Feinden des Kommunismus gegenüber angewendet hat; oder von der Notwendigkeit, gegen solche Feinde rücksichtslos vorzugehen. Der Apparat stalinistischer Geheimdienste ratterte nach dem Ende des Großen Stalin weiter, er suchte sich nur an-

dere Opfer. Zuerst keine Juden, nachher auch gewisse jüdische Dissidenten, also Abweichler von der Lehre des Sowjetdogmatismus.
1953 schien es Ehrenburg also fürs erste, daß sich tatsächlich etwas in der SU geändert hatte. Die mit dem Lenin-Orden geriet in große Schwierigkeiten, und die jüdischen Kremlärzte hatten für eine Weile Ruhe. Gebrannt, wie Ehrenburg nun einmal nach dem wackeligen Gebrauch der Wahrheit in der PRAVDA war, hielt er erst einmal den Mund, setzte sich an seinen Schreibtisch und schrieb einen Roman mit dem Titel TAUWETTER.
Rechtgläubige Kommunisten wollten zuerst dem Autor zugute halten, er hätte ein Tauwetter im Hochwinter beschrieben; eines, das nach einem Föhneinbruch jene ungesunde Wärme verbreitet, die Lebensmittel faulig macht und die Menschen nervös, unberechenbar. Aber Ehrenburg dachte nicht an ein bloß ganz kurzes Tauwetter im Jänner, sondern an jenes, dem endgültig der Frühling folgt, Kälte und Frost und Schnee und Eis ihre Macht verlieren und neues Leben aufkeimen kann. So, wie sich das im Jahre 1968 in Prag die Genossen mit ihrem Prager Frühling gedacht haben, ehe sie vom sowjetischen Panzerkommunismus überrollt wurden.
Der Roman TAUWETTER war ursprünglich als ein Werk in zwei Bänden gedacht. Den zweiten Band schrieb Ehrenburg tatsächlich, aber als er damit fertig war, schien es ihm, als wäre das Buch nur ein Irrtum gewesen. In der SU folgte nämlich dem »Tauwetter« ein strenger Winter und es bedurfte der ganzen schauspielerischen Fähigkeit eines Chruščov, des zweiten Nachfolgers des großen Stalin, um dem Rest der Welt glaubhaft vorzumachen, der Stalinismus sei nur ein bloßer Exzeß des Bolschewismus gewesen. Einmal Stalinismus und nie wieder, sollten die im Westen glauben.
Natürlich findet sich in dem ersten Band des Romans TAUWETTER nichts, was etwa dem brutalen Angriff gegen den Großen Stalin gleichen würde, den Chruščov nachher auf dem XX. Parteitag der KPdSU gegen den Stalinismus schleudern wird. Ein wenig transponiert in das Klima einer Provinzstadt

erscheint zum Beispiel die zu Unrecht beschuldigte jüdische Ärztin bloß am Rande, ihre Rechtfertigung in einem anscheinend leichthin gewordenen Satz:
»Es hat sich herausgestellt, daß sie (die abgeurteilte Ärztin) völlig unschuldig ist.«
Man ist in der Provinz unter allen Regimen immer länger linientreu als etwa in der Hauptstadt. Was in TAUWETTER wiegt, kommt in lapidaren Sätzen, ohne Verrat am zentralen System zum Ausdruck. Etwa in der Bemerkung über den Wert der Publizistik, wie sie die PRAVDA betreibt:
»Ich denk' oft: In einem *Buch* ist etwas gut, im *Leben* aber nicht . .«
Im Buch TAUWETTER erweckt der Autor Reue und Leid. Diesen Akt überläßt er einem Maler, der zugibt, früher zu viel geopfert zu haben für Ansehen und Ruhm. Der Poputčik Ehrenburg hat derlei ein ganzes Leben lang getan und eigentlich erst auf dem Totenbett bereut, was er in seinem berühmt gewordenen Roman den Maler sagen läßt. Eigentlich ist Ehrenburg erst dann zu sich gekommen, als in der SU nicht mehr die alten Feinde des Kommunismus verfolgt wurden, sondern die Juden, deren religiösen Glauben der Poputčik längst abgestreift hat, deren intellektuelles Erbe er aber ebensowenig in seinem Wesen auslöschen konnte wie die Juden in den US. Die Solidarität der Herkunft erwies sich einmal mehr als stärker denn die momentane Disziplin im Verband der kommunistischen Ersatzreligion. Und so kam Ehrenburg in seinem Roman »Tauwetter« nicht weiter in seinen Erkenntnissen als bis zu dem, was er beim Tode des Großen Stalin dem Freund aus Frankreich sagte. Etwas wird sich ändern. Kein Wort darüber: wann, wie und wozu. Es bleibt bei einem Helden des Romanes: Der schaut zum Fenster hinaus und sagt dann bloß in stiller Betrachtung: »Schau . . . es ist Tauwetter.«
Ob es Tauwetter im Jänner oder im April war, Ehrenburg hat es in diesem Romane, dessen Titel »Tauwetter« Chiffre für eine Epoche wurde, nicht gesagt. Wohl angedeutet, aber ohne den Glauben, den er annahm, als er seinen religiösen von sich warf.

TAUWETTER, das paßte so recht in die amerikanische Mentalität am Ende der Präsidentschaft Harry Trumans. Der Umschwung vom Anti-Kommunismus der ersten Zeit nach 1945 zum Anti-Antikommunismus, der sich in den US als Sündenbock just jenen Politiker aussuchte, den man sich einmal aus Wisconsin holte, um den Kommunismus in den US radikal, an der Wurzel, auszurotten; Joseph McCarthy, McCarthy–ismus wird die Chiffre für einen verdammenswerten Anti-Kommunismus werden.

In Westdeutschland, wichtigstes Importland des Amerikanismus in Europa, wurde bald jene Form eines politisch wirksamen Anti-Kommunismus als Anzeichen eines Neo-Faschismus hingestellt, dem es so gelingt, gleichlaufende Vorstellungen und Absichten von Linksintellektuellen und Kommunisten als »Gefahr für die Freie Welt« hinzustellen. Eine über den Atlantik gekommene New Left, eine Neue Linke, ging daher vor allem auf den nach 1945 enstandenen Anti-Kommunismus los, wozu gehörte, in den sozialdemokratischen Parteien die Vorstellung, der »gemeinsame Feind« stünde links, im Kommunismus, auszurotten.

Während aber die Neue Linke nur den äußersten linken Flügel des demokratischen Sozialismus in der Freien Welt durchstreifte, gelang es ihr, den Katholizismus, den europäischen Liberalismus, sowie jene Reste des Nationalismus, die sich seinerzeit dem Faschismus und Nazismus entzogen haben, auf breitester Front zu durchziehen. Junge Menschen, die im Einzugsbereich dieser drei Gruppen standen, fingen an, die traditionelle Linke in Europa womöglich links zu überholen. Dieser Jugend, ohne Erfahrung im Politischen und leicht zu gewinnen, wurde gelehrt, sie sei der Wohlstandsgesellschaft der Nachkriegszeit überdrüssig. Typen, die anfangs der dreißiger Jahre in der Hochschul-SA anzutreffen waren, probten den Aufstand gegen die Ordnung, die Konrad Adenauer, Julius Raab und andere christliche Demokraten nach 1945 im kriegszerstörten Westeuropa aufgerichtet haben. Ihnen ging jede Erfahrung im Umgang mit der Diktatur ab; also lehrten sie die Patriarchen und

Propheten der Neuen Linken, sie, die Jungen, seien die unschuldigen Opfer einer schleichenden »repressiven Toleranz«: Einer Toleranz, die in Wirklichkeit nur dazu dient, die unruhige Intelligenz an einer Longe zu halten, damit sie nicht nach vorne ausbrechen und Revolution machen kann.
Die Spielfilme der fünziger Jahre, die aus den US nach Europa kamen, haben viel dazu beigetragen den Abscheu junger Menschen vor der Schickeria der Luxus-Verwahrlosung, der in Amerika entstandenen Luxusverwahrlosung, die sich über bestehende Notverhältnisse in der Welt glatt hinwegsetzt, herauszufordern. Ausgestattet mit staatlichen Studienstipendien, fingen Vorhuten der studentischen Neuen Linken, zumal in Deutschland, damit an, eine äußerlich zur Schau getragene Askese zu zelebrieren und der modischen Geziertheit der Väter und Mütter mit einer Schlampigkeit zu begegnen. Noch war kein System in dem Ganzen. Das wird kommen und davon wird noch erzählt werden.
In Italien entstand für das ganze Linksgetue und einiges, das damit und daraus erwuchs, der bezeichnende Ausdruck SINISTRISMO. Linksanfälligkeit meinten die naiven Zeitgenossen, Rochade der Intelligenz nach Links, sagten andere. Im Westen glaubte man, dabei einige Hoffnung in die in der SU entstandene Tauwetterperiode setzen zu können. Nach dem Ende Stalins würde, so die Rede, kein Sowjet-Dogmatismus und kein Sowjet-Imperialismus die reine Idee eines humanen Kommunismus, besser eines gereinigten Marxismus, länger in einen schlechten Ruf bringen. Ein Vertreter der Neuen Linken in Europa meinte angesichts des Kommunismus in der SU, dieser sei in jedem Fall besser als jede im Anschluß an den Kapitalismus entstandene Denkweise; letztere bezeichnete er gerne als »Rülpser« des übersättigten Spätkapitalismus. Menschen, für die im letzten Krieg der Bolschewismus keine Alternative zum Nazismus sein konnte, hielten jetzt besser den Mund, da sie mit solchen Ansichten nur bestätigten, daß sie noch immer nicht ihrer faschistischen Vergangenheit Herr geworden waren.
Julius Raab, den die sowjetische Besatzungsmacht 1945 als

einen Faschisten aus der damaligen österreichischen Regierung gefeuert hat, konnte 1953 zu Beginn der Tauwetterperiode in der SU in die Regierung zurückkehren. Noch dazu als deren Bundeskanzler. Mit einer gekonnt ausgeführten Rochade hat er seinen Vorgänger Leopold Figl auf den Posten des Außenministers gebracht, um freie Hand zu haben bei der Verwirklichung der Erwartungen von Kreisen des Wirtschaftsliberalismus in Österreich. Raab, christlich-sozial der Herkunft nach, eher konservativ in den Methoden und Realpolitiker, spürte mit dem Riecher des erfahrenen Politikers die momentane Föhnlage in der Tauwetterperiode im Osten. Immer wieder betonte er, man dürfe diese wahrscheinlich kurz andauernde Chance ja nicht verstreichen lassen, vielmehr müsse man mit aller Energie trachten, mit der SU in solche Beziehungen zu kommen, die es dieser ermöglichen, dem längst fälligen Abschluß eines Staatsvertrags zwischen den Großen Vier aus 1945 mit dem vierfach besetzten und kontrollierten Österreich zuzustimmen. Hatte man in der Sozialdemokratie dem verstorbenen Staatskanzler und Genossen Karl Renner eher zugestimmt, als dieser ein »neutrales Österreich« als die mögliche Lösung des endlosen Streits der Sieger um den Staatsvertrag mit Österreich bezeichnete, so traf jezt Julius Raab gerade aus Reihen der demokratischen Linken seines Landes der Vorwurf, er brächte mit seiner Politik gegenüber der SU nicht bloß die Risken einer Neutralität für das Land, sondern einen politischen – weltanschaulichen Neutralismus, was im Zeitalter des schon verdünnten Anti-Kommunismus gleichbedeutend war mit Abgleiten in den Kontrollraum der SU.

Um diese Zeit reagierte Raab empfindlich, wenn in seiner Umgebung vom sinistrismo und dessen Folgen die Rede war. Noch war es angesichts der strammen Herrschaft der christlichen Demokraten in Italien und des anfänglichen Fiaskos der dortigen Kommunisten nach 1945 fast eine Lächerlichkeit, mit dem italienischen Ausdruck SINISTRISMO hausieren zu gehen und von einer Gefahr der radikalen Linken für den Freien Westen in Europa zu reden.

Es störte Julius Raab besonders, daß sein junger Minister für den öffentlichen Unterricht, zugleich für die staatliche Kulturpolitik im allgemeinen tätig, das Wort SINISTRISMO reichlich oft im Mund führte. Raab verdächtigte den parteilosen Unterrichtsminister, dieser könnte imstand sein, von sinistrismo zu reden und dabei an die Bemühungen zu denken, mit denen der Bundeskanzler während der Tauwetterperiode in Moskau das österreichische Staatsschiff zwischen den Blöcken in Ost und West in den Hafen eines neutralen Staates lenkte.

Es wäre ein Fehler gewesen, 1954 jene Avancen, also Entgegenkommen, zu übersehen, die das sowjetische Besatzungselement in Österreich nach dem Ende Stalins in seiner Zone zur Anwendung brachte: Die Aufhebung der von den Alliierten geübten Briefzensur, eine Maßnahme, in der die drei übrigen Besatzungselemente bald folgen mußten. Dann der Verzicht auf die Vergütung der Besatzungskosten, die den Österreichern bisher von der SU abverlangt wurde; diesmal oblag es der Londoner Regierung, mit den Sowjets gleichzuziehen, nachdem die US schon längst kein Geld mehr von Österreich forderten, sondern trachteten, mit den Möglichkeiten ihres Marshall-Plans beim wirtschaftlichen Wiederaufbau des Landes zu helfen, soweit das die Sowjets gestatteten; also nur im »Goldenen Westen« des Landes, der damit gleich am Start nach dem Krieg einen bedeutenden Vorsprung gegenüber dem ungleich mehr unter Kriegs- und Nachkriegsschäden darniederliegenden Osten gewinnen konnte.

Im übrigen aber bestand Moskau weiter darauf, daß die österreichische Frage in einem unlösbaren Zusammenhang mit der deutschen Frage – gemeint war natürlich vor allem Westdeutschland – stand. Nie mehr sollte Österreich einer Anschlußpsychose oder der Annexionslust eines mächtigen Staates der Deutschen zum Opfer fallen. Daher blockierte die SU auch die Verhandlungen der Außenminister der Großen Vier, die 1954 in Berlin wieder aufgenommen wurden, mit der Feststellung, daß erst *nach* einem Friedensschluß der Sieger mit Deutschland die Besatzungstruppen aus Österreich abziehen

sollten. Nun war aber das Besatzungsregime in Österreich der unübersehbare Geßlerhut, das Symbol der Unfreiheit Österreichs, das zu »befreien« schon während des Zweiten Weltkriegs die SU, die US und Großbritannien auf einer Konferenz in Moskau sich zum Ziel gesetzt hatten; um nachher 1945 die anfangs bejubelte Befreiung des Landes als ein oft sehr drükkendes Besatzungsregime zu handhaben.
Mit der Zeit sickerte durch, was der Preis für ein Ende des Besatzungsregimes in Österreich und Abschluß eines Staatsvertrags sein wird: Keinerlei militärische Bündnisse Österreichs nach Abschluß des Staatsvertrags und keine militärischen Stützpunkte fremder Staaten auf österreichischem Gebiet. Eine immerwährende Neutralität nach der Art, wie sie von der Schweiz geübt wird. Bei dem Umstand, daß im Zweiten Weltkrieg die Rote Armee in der Krise des sowjetischen Widerstands gegen die Deutschen Agentenberichte bekam, die ihr der Nachrichtendienst der Schweiz zukommen ließ, sicherlich ein Modell, das besser mit den Interessen der SU konform ging, als die Aufrüstung Westdeutschlands und der konsequente Westkurs der dortigen Regierung Adenauer.
Nachher, als der Staatsvertrag mit Österreich am 15. Mai 1955 unter Dach und Fach gebracht war, haben viele Politiker nach schwerer Geburt ihre Vaterschaft angemeldet. Man wird angesichts solchen Geredes nicht vergessen dürfen, was damals schon sichtbar wurde: Die erstarrte stalinistische Außenpolitik, deren Macher der Alt-Bolschewist Molotov wurde, war im Auslaufen. Ein Jahr nach dem Abschluß des Staatsvertrags mit Österreich verlor Molotov sein Amt, sein schließliches Einschwenken auf die nach dem Ende Stalins geübte Politik der »Entspannung« zwischen Ost und West hat ihm nichts genützt. Nachher hat man österreichischen Politikern und Staatsmännern bei Besuchen in Moskau gesagt, Molotov sei Gegner des Staatsvertrags geblieben. Der damalige einflußreiche stellvertretende Außenminister Anastas J. Mikoian hätte sich zusammen mit dem mächtig aufkommenden Chruščov in der Ansicht durchgesetzt, wonach der Staatsvertrag mit Österreich gemacht werden müsse.

Und so ließ denn Molotov im Februar 1955 endlich bald diese, bald jene Verknüpfung der österreichischen Frage mit anderen, willkürlich in den Zusammenhang gezogenen Fragen fallen. Etwa jene mit der Triest-Frage, die an sich nur Jugoslawien und Italien sowie deren kontrollierende Supermächte anging. Letztes Halteseil für die Politik Molotovs war und blieb immer noch die Forderung: Keine Lösung der Österreich-Frage ohne vorherige Einigung der Großen Vier in der Deutschland-Frage *und*, immer konkreter gefaßt, nur ein *neutrales* Österreich kann von den Besatzungstruppen geräumt werden.
Als Leopold Figl verlautete, Österreich denke nicht daran, sich fremden militärischen Einflüssen hinzugeben oder gar dafür Stützpunkte auf seinem Gebiet einzuräumen, gab Molotov nolens volens zu, das höre sich gut an. Vom Abzug der Besatzungstruppen aus Österreich, worauf Figl bei jeder Gelegenheit drang, wollte er offenbar noch nichts hören.
Das mit der immerwährenden Neutralität ging den Österreichern des Jahres 1955 nicht ohne weiteres unter die Nase. Für die Alten war es der unwiderrufbare Abschied des Landes von seiner geschichtlichen Gewordenheit. Zugleich auch die Erreichung des Hochziels alter Feinde. Hat nicht schon 1908 ein führender serbischer Politiker im Parlament in Belgrad unverblümt gesagt, Serbien werde keine Ruhe geben, bis sich der damalige Großstaat Österreich in die Rolle einer »westlichen Schweiz« gefügt hat. Es kostete Raab seine ganze Überzeugungskraft, dem Grundsatz Anerkennung bei vielen seiner Landsleute zu verschaffen, daß die umstrittene Neutralität im Sinne des Völkerrechts keine Verpflichtung zur ideologischen Neutralität sein dürfe und auch nicht sein wird.
Aber schon kam Hilfe aus Moskau: Auf einer Sitzung des Obersten Sowjets erklärte Molotov, ein Truppenabzug aus Österreich wäre unter Umständen auch vor dem Abschluß eines Friedensvertrages mit Deutschland möglich. Österreich müßte nur auf einen Anschluß an Deutschland verzichten und dürfe keine Militärbündnisse eingehen und keinen fremden Mächten militärische Stützpunkte auf seinem Gebiet gewähren. Und:

Alle vier Besatzungsmächte müßten auf dieses Prinzip eingehen. In den US, wo man dabei war, den Anti-Kommunismus des Senators McCarthy aufzugeben, und der frühere politische Anti-Kommunismus vielfach nur mehr Gegenstand akademisch geführter Analysen in Form einer Systemkritik war (und außerdem vor allem das auch in Moskau gängige Wort »Entspannung« gerade »in« wurde), fielen die letzten Bedenken gegen einen neutralisierten Riegel, der durch Mitteleuropa geht; vom Neusiedlersee im Osten zum Genfersee im Westen.

In Moskau besorgte einer der Diplomaten der alten Schule die Geschäfte Österreichs. Er stand in dem Ruf, eine äußerlich zur Schau getragene Mimikry zu beherrschen, die glaubhaft zu machen schien, daß es in Österreich keinen Anti-Kommunismus gibt, der womöglich in einen gefährlichen Anti-Sowjetismus umschlagen könnte. Oder daß gar die nicht einmal sieben Millionen Österreicher gegenüber mehr als 200 Millionen Sowjetbürgern, die mit einer Rüstung versehen waren, die bald die jeder anderen Großmacht übertreffen wird, Front machen könnten. Also lud man eine österreichische Regierungsdelegation nach Moskau ein, um den Österreichern auf den Zahn zu fühlen und einige Zähne zu ziehen. Kein Anschluß, keine Habsburger.

In der Woche nach Ostern flogen die Österreicher nach Moskau: Bundeskanzler Julius Raab, nicht ahnend, daß ihn eine heimtückische Krankheit schon nach zwei Jahren zu viele seiner Kräfte rauben wird; der sozialistische Vizekanzler Adolf Schärf, der um die nämliche Zeit, da es mit Raab bergab ging, in den Rang eines Bundespräsidenten aufrückte; Leopold Figl, dessen unversiegbarer Optimismus durchhielt, bis er die sprichwörtlich gewordene »Schlußpräambel« des Staatsvertrags geschafft hat; und Staatssekretär Bruno Kreisky, der als letzter führender Staatspolitiker im sozialistisch gewordenen Österreich der siebziger Jahre sein würde.

Moskau 1955. Tage zwischen dem Osterfest der Westkirche und jenem der Ostkirche. Zeit eines frühlinghaften Tauwetters,

in dem die Sache Österreichs endlich gedieh. Und dann, am 14. April 1955, kam aus Moskau das Radiogramm mit der Ankündigung des Bundeskanzlers:
»Österreich wird frei. Wir bekommen unseren Heimatboden zur Gänze wieder. Die Kriegsgefangenen und Inhaftierten werden die Heimat wiedersehen . . .«
Die Heimat. Nicht die Republik. Nicht der Staat. Es ging um die Heimat. Immer wieder wird Raab von dieser Heimat reden, obwohl die NEUE SPRACHE einer NEUEN Zeit nur mehr wenig von solchen eher für das Gemüt als für den Verstand brauchbaren Reden hielt.
Und: Nicht überall herrschte eitel Freude. Aus Salzburg kam ein Telegramm nach Wien, worin gefragt wurde, wer jetzt den guten Salzburgern die Einnahmen ersetzen wird, die sie bisher von den gut mit Geld ausgestatteten amerikanischen Besatzern bekommen haben. Auf Sturm stand das Barometer im Büro des Wirtschaftsdelegierten der BRD in Wien. Letzterem ging zuweilen im Gespräch die Kraft seines Gemüts durch, wenn er den Österreichern Vorhaltungen machte, diese würden sich jetzt auf Kosten Deutschlands und der Deutschen aneignen, was die Sowjets seit Potsdam 1945 als DEUTSCHES EIGENTUM, sohin als ihre rechtmäßige Kriegsbeute von den Westmächten zugestanden bekamen. Für ihn, den Herrn Wirtschaftsdelegierten, war es eine Genugtuung, daß ihn seine Regierung in Bonn vom Fleck weg zur sogenannten Berichterstattung berief.
In Westdeutschland fiel das Wort von einer Bereicherung der Österreicher auf Kosten der Deutschen. Es nutzte nichts, daß die Österreicher nachweisen konnten, nicht ihre Vertreter hätten die unangenehme Regelung in Sachen Deutsches Eigentum in das Vertragswerk gebracht; vielmehr seien sich in diesem Punkt die US mit der SU längst einig geworden. Auch würden sie, so die Österreicher, dieses Eigentum nicht einfach einstekken dürfen, sondern dessen Hauptwerte, die in der sowjetischen Besatzungszone lagen, zurückkaufen müssen. Darunter nicht wenig altösterreichisches Vermögen aller Art, das das Dritte

Reich nach 1938 an sich genommen hatte. Von den längst im Krieg vergeudeten wertvollen Beständen der Oesterreichischen Nationalbank aus 1938 nicht zu reden; oder von den wertlos gewordenen Reichs-Schuldschein-Verschreibungen, die man für das Geld österreichischer Fonds aus der Zeit vor 1938 hinterlegte et cetera.

Es ging zu, wie auf einem Bauernhof, wenn nach der Beerdigung des Bauerns die Erben unter sich streitig werden und vergessen, daß sie alle einmal aus demselben Hof hervorgegangen sind.

In Moskau konnte man sich über diese zwischen Westdeutschland und Österreich aufkeimenden Mißhelligkeiten nur freuen. Es mischten sich aber auch die Westmächte ein, etwa die US, die, offenbar gekränkt, in Bonn ihr Erstaunen darüber verlauteten, daß die BRD jetzt von Vermögenswerten rede, auf die sie schon in den Pariser Verträgen von 1954 ausdrücklich verzichtet hat.

Julius Raab versuchte bei der Ratifizierung des österreichischen Staatsvertrags, später bei der Verabschiedung des Gesetzes über die immmerwährende Neutralität Österreichs, schmerzende Wunden aus der Vergangenheit nicht zu berühren. Anders Konrad Adenauer in Bonn. Ihn hat im Bonner Bundestag der Sozialdemokrat Carlo Schmid herausgefordert: Wie die Regierung Adenauers zwar die Wegnahme deutschen Eigentums durch die US mit bloßem Bedauern hinnehmen konnte, während man dem Kleinstaat Österreich für die dortigen geringeren Vermögenswerte derartige Vorhalte mache. Adenauer wußte darauf einiges aus den Akten zu berichten und zu berichtigen. Dann aber zog er vom Leder:

Hat nicht Deutschland mit den US im Krieg gestanden, während Hitler nirgendwo so begeistert empfangen wurde wie 1938 in Wien? Die sozialdemokratischen Genossen in Wien und Bonn, erstere mit in der Regierung, letztere in Opposition zur Regierung Adenauer, versuchten dazwischenzugehen, um die Sache mit dem Deutschen Eigentum nicht weiter hochzuspielen. Aber Adenauer grollte. Es blieb seinem Vizekanzler Franz

Blücher, dem Koalitionspartner aus der Freiheitlichen Partei Westdeutschlands vorbehalten, die Sache von Staats wegen zu applanieren. Die Presse tat mit, als der Vizekanzler in Bonn sagte, es seien bei der Erörterung der Frage des Deutschen Eigentums in Österreich vor allem in der Presse Ausdrücke gefallen, die besser unterblieben wären. Trotz dieses Zwischenfalls hätten sich aber die Beziehungen des deutschen Volkes zum österreichischen Volk nicht geändert. Kein ernstzunehmender Politiker in Deutschland würde an irgendeinen Anschluß Österreichs an Deutschland denken. Im übrigen wird auch Adenauer nach Moskau gehen. Und mit den Österreichern wird man sich vertraglich einigen wegen des umstrittenen Deutschen Eigentums. Wann? 1957.

Sie waren alle verläßliche, kampferprobte Kommunisten: In Jugoslawien der Tito, in Polen der Gomulka, in Ungarn der Nagy, später in der ČSSR der Dubček und in Rumänien der Ceauşescu. Ihr Prinzip war es, daß die ganze Macht im Land der KP gehört – oder wie immer die KP dort hieß – und daß Anhänger einer anderen Partei oder Weltanschauung am besten im Gefängnis oder unter der Erde aufgehoben sind. An sich konnte sich der Große Stalin zu Lebzeiten darauf verlassen, daß solche Typen unter keinen Umständen irgendeinem Anti-Kommunismus im Land auch nur im geringsten Raum und Dasein gewähren würden; es störte diese kommunistischen Selbstherrscher in den kommunistischen Ländern hinter dem Eisernen Vorhang lediglich, daß ihre KP nach der Pfeife der KPdSU tanzen sollte. Und so fingen sie an, einen eigenen Weg zu gehen: In Jugoslawien den des Titoismus, in Polen den des Gomulkaismus und in Ungarn jenen des Nagy, der dem Großen Stalin als eine »weiche Linie« ebenso verdächtig war wie die Abweichungen des »Nationalkommunismus« in Jugoslawien und Polen. Kein Wunder, daß der Gomulka und der Nagy, so wie viele andere »Nationalkommunisten« und dergleichen Abweichler vom Stalinismus, unter dem Großen Stalin ihre Ämter in Partei und Staat verloren, dafür aber ins Gefängnis kamen. Das änderte sich, als der Große Stalin 1953 starb und der dickliche und wohl unfähige Georgij M. Malenkov sein Nachfolger wurde. Aber der Chruščov sorgte bald dafür, daß Malenkov rechtzeitig, ehe ein Unglück passierte, von den Spitzen in der Partei und im Staat der SU verschwand und er selbst Erster Sekretär des ZK der KPdSU, zuletzt auch Ministerpräsident der SU, wurde. Es erwies sich am besten, so wie zu Zeiten des Großen Stalin (auch der Hitler hat es so gehalten), das

Kommando in der Partei und im Staat in einer Hand zu haben.

Hier muß eingefügt werden, daß es dem Chruščov keineswegs ohne weiteres gelang, die Zügel gleich vom Fleck weg so in die Hand zu bekommen, wie sie der Große Stalin zur Zeit seines Todes hatte. Mit anderen Worten: Die oben genannten unruhigen Geister in den Volksdemokratien des Ostens fingen an, die gewissen »eigenen Wege« zu gehen, obwohl die Ideologen in Moskau sofort warnten, hier seien Vertreter eines Nationalkommunismus am Werk. Der Tito konnte schon zu Lebzeiten des Großen Stalin aufmucken. Er hat sein Land selbst von den Naziokkupanten befreit und er bekam nach 1945 keine Besatzung der Sowjetarmee ins Land. Schon 1948 hat er angefangen, eine »nationalkommunistische Staats- und Gesellschaftsordnung« in Jugoslawien aufzubauen, selbstverständlich unter seiner höchstpersönlich ausgeübten Diktatur; was hieß, daß Abweichler von der Politik des Tito sowie Anti-Kommunisten in die selben Gefängnisse kamen. Naive Politiker und Staatsmänner im Westen glaubten fortan, der Tito werde im Ernstfall kein verläßlicher Parteigänger der SU sein. Das aber war eine arge Täuschung.

1956 warf der Chruščov auf dem XX. Parteitag der KPdSU ein Bomberl in das mächtige Gebäude des internationalen Kommunismus. Im Februar dieses Jahres geschah es nämlich auf besagtem Parteitag, daß er den Stalinismus des vor drei Jahren verstorbenen Großen Stalin so herunterfetzte, daß sich nachher eigentlich kein wirklich bedeutender KP-Chef im Osten noch ausdrücklich auf die Methoden des Stalin vor der Öffentlichkeit berufen hat; vielmehr die Diktaturmethoden der eigenen terroristischen Regimeherrschaft unter anderem Namen und auf eigenen Wegen zu verwirklichen trachtete. Und das war hoch an der Zeit, denn in den Volksdemokratien begannen die Massen, also das Proletariat, mit den Erträgen der stalinistischen Kommandowirtschaft, zumal mit deren miesen Konsummöglichkeiten arg unzufrieden zu werden. Wo sich derlei Regungen zeigten, schrien die Ideologen in Moskau gleich Zeter und

Mordio, was heißt: Sie redeten davon, daß nicht die dem Kommunismus ergebenen Massen der Arbeiter am Werk seien, sondern Agenten und Provokateure und Terroristen aus dem Westen.
Da war es natürlich sehr peinlich, als in eben diesem Jahr 1956 die Arbeiter in Posen, seit 1945 wieder eine Stadt in Polen, einen jener Aufstände machten, die zwar keine Revolution sind (dazu fehlten die revolutionären Führer), dafür aber Anzeichen dafür, daß die Masse zu wenig zum Beißen, Anziehen und so weiter hat. Die alten Stalinisten in der Regierung des Landes taten in diesem Fall nichts anderes, als das, was in Polen und in ganz Rußland zu Zeiten der Zaren getan worden ist: Sie schickten das reguläre Militär gegen die Proletarier und schafften so, wie in alten Zeiten, wieder Ordnung. Die unruhigen Geister in der KP Polens sahen ein, daß es so nicht ging.
Auf einmal geschah in Polen etwas, was sowohl in der SU als auch in den US so etwas wie ein Rückfall ins finsterste Mittelalter aussah: Im August 1956 pilgerte eine Million Katholiken zum polnischen Nationalheiligtum, zur Schwarzen Muttergottes im Kloster Czenstochowa. Seit 1656 ist die Heilige Muttergottes erklärte Schutzpatronin Polens: Damals stellten die Polen ihr Land unter den Schutz der Mutter Gottes und diese half auch den Polen bei der Abwehr eines gleichzeitig infamen Überfalls preußischer Protestanten, russischer Orthodoxer und muselmanischer Türken; die drei waren nämlich einig darüber, daß es günstig wäre, den Polen einiges von ihrem weiten Land abzuzwicken.
Was damals nicht gelang, schafften hundert Jahre später die sehr aufgeklärten und ungemein fortschrittlich gesinnten Monarchen in Berlin und Sankt Petersburg und Wien. Nach drei Teilungen des polnischen Gebietes waren die Polen allesamt unter fremder Herrschaft, denn gegen die Aufklärung war natürlich die Muttergottes machtlos. Die Polen, Hinterwäldler, hielten gleichwohl fest an ihrer Treue zur Schwarzen Madonna. Je schlechter die Zeiten für die Polen wurden und je weniger Staatlichkeit sie für sich hatten, desto mehr wurde die Schwarze Madonna die heimliche Königin des Landes. So

auch, als 1939 der Hitlerfaschismus und der Stalinismus sich zusammentaten, um den 1919 erneuerten polnischen Staat zu beseitigen und sein Gebiet unter sich aufzuteilen. Das gefiel bekanntlich damals den Großen Demokratien im Westen, Großbritannien und Frankreich, gar nicht und sie erklärten dem Hitler – nicht etwa auch dem Stalin – den Krieg. Als dieser Krieg aus und der Hitler unter der Erde war – was manche bezweifelten –, wurden sie sich mit dem Großen Stalin im Jahre 1945 in Jalta und nachher in Potsdam bei Berlin einig, daß die SU ruhig die Gebiete behalten kann, die sie 1939 im Verein mit den Nazifaschisten den Polen entrissen hat. Winston Churchill, witzig wie er in solchen komplizierten Fällen war, erfand ein sinnfälliges Bild für das, was bei dem Anlaß als Entschädigung für die 1939 an die SU verlorenen Gebiete den Polen gegeben werden sollte. Es betraf natürlich die Deutschen, die alle miteinander und jeder für sich und ohne Ausnahme solidarisch und individuell für alle Zeiten für die Naziverbrechen haften sollten:
Den Deutschen also sollte es geschehen, wie einem Infanteristen, dessen Kompanie auf das Kommando:
»Nach hinten wegtreten«,
einem auf die Füße steigt. Man wird ihnen nicht bloß auf die Füße steigen, vielmehr wird man ihnen gleich einen ganzen Körperteil amputieren. Nämlich ganz Ostpreußen (ein Stück davon wird sich die SU nehmen), dann Westpreußen, Hinterpommern und von Schlesien das ganze Gebiet ostwärts der Oder und der westlichen Neiße. In Potsdam belehrte der Große Stalin die US und Großbritannien, es handle sich um unbevölkerte Gebiete, die der künftigen Besiedlung, nämlich durch Polen, bedürfen. Sollten sich in den fraglichen Gebieten noch Deutsche befinden, dann wird man diese in größter Ordnung zu ihren Landsleuten nach dem Westen verbringen. Der in Potsdam anwesende US-Präsident Harry Truman sowie Churchill und dessen sozialistischer Nachfolger im Amt des britischen Premierministers sahen die Notwendigkeit und Zweckmäßigkeit dieser Maßnahme ein. Als der konservative britische Außenminister Lord Eden die neue polnische Grenze gegen-

über der SU die »Ribbentrop-Grenze« (nach dem Reichsaußenminister des Jahres 1939 von Ribbentrop) nannte, sagte der Große Stalin ungerührt:
»Nennen Sie diese Grenze, wie Sie wollen. Sie ist unsere jetzige Ostgrenze gegen Polen!«
Basta! Besagten Ribbentrop, der 1939 diese Grenzverschiebung der SU mit verschafft hat, wird man nachher in Nürnberg aufknüpfen, den Kadaver verbrennen und die Asche in den Bach werfen. In diesem Falle waren die Sowjets mit denen aus dem Westen einig darin, daß man Tatzeugen früherer Abirrungen am besten stumm macht, indem man diese Individuen aus der Welt schafft. Es wäre nicht gut gewesen, wenn ein am Leben gebliebener Ribbentrop verlauten hätte können, wie intim man zum Beispiel mit Großbritannien im Jahre 1938 bei der Liquidierung des bis dahin selbständigen Österreich gewesen ist.
In den US waren die vielen Polen, die dort zum größten Teil die Partei des Volksmannes Harry Truman wählten, gar nicht mit dem Schicksal ihres früheren Heimatlandes und vor allem nicht damit zufrieden, daß man dieses Land 1945 einfach dem Kommunismus auslieferte. Wo doch die Kommunisten in Moskau den Zweiten Weltkrieg damit begonnen haben, daß sie sich die Gebiete unter den Nagel rissen, die ihnen in Jalta und Potsdam von den Westmächten noch einmal als rechtmäßig erworbener Landbesitz bestätigt wurden. Vor allem waren die Polen in den US Kerzelschlicker so wie ihre Landsleute in der Heimat, dagegen, daß ihr Land gegen den Willen der Bevölkerung – wenigstens ohne dessen Befragung – dem atheistischen Kommunismus überantwortet wurde. Sie wurden als beim US-Präsident Truman vorstellig, dieser möge sich Polens doch ebenso annehmen, wie er sich des Judenstaates in Palästina annehme. Derlei wurde indessen mit dem Einwand abgebogen, das mit den Juden sei eine ganz andere Sache und die Polen mögen betreffs der Juden nur ja den Mund halten; denn mit den Judenverfolgungen hätten sie angefangen, als es noch keinen Hitler gab.
Und so mußten die Polen nach 1945 unter der stalinistischen

Kommandowirtschaft weiterwerkeln. Ging es ihnen schlecht, dann wurde ihnen gesagt, das seien die Folgen der Naziokkupation. Die polnischen Bauern sahen bloß nicht ein, warum sie ihren Boden hergeben mußten, um jetzt zu erleben, wie dieser unter dem kommunistischen Agrarsystem verkam, im Agrarland Polen auf einmal die Nahrungsmittel knapp wurden und es auch zehn Jahre nach der Vertreibung der Nazifaschisten blieben. Die Stalinisten in Polen belehrten ihre Landsleute, es dauere eben eine Zeit lang, bis die kommunistische Agrarkultur und deren Bebauungsmethoden die zu erwartenden herrlichen Früchte tragen. Typen, wie der Gomulka eine war, und vor allem solche Polen, die in der Nazizeit in der SU waren, sagten insgeheim, mit der kommunistischen Agrarwirtschaft sei überhaupt nicht viel los. Die Bauern hätten jetzt weniger eigenes Land als unter dem Bauernbefreier Zar Alexander II. Und die von kommunistischen Agrarexperten geführten Kolchosen und Sowchosen seien nichts wert, so daß es in den Städten der SU in regelmäßigen Abständen schwere Versorgungsschwierigkeiten gäbe. Genau das haben in Posen die dortigen Proletarier gespürt und deswegen einen Hungeraufstand gemacht. Leider ohne Erfolg.

Die Zeiten, in denen man gegen die Reaktion mit einiger Aussicht auf Erfolg Revolution machen konnte, waren eben vorbei. Bis etwa 1848 konnten Revolutionäre mit Flinten und anderen Schußwaffen mit der regulären Infanterie des Ausbeutungsregimes fertig werden. Und vor der Kavallerie und Artillerie war man hinter Barrikaden sicher. Manchmal sind die regulären Soldaten des Königs von Frankreich zu den Aufständischen übergegangen, genau so wie in der Großen Oktoberrevolution des Genossen Lenin die Truppen der Hauptstadt. Früher konnten es sogenannte Volksmänner mit der Propaganda der Regierung ohne weiteres aufnehmen. Die Regierungszeitungen hatten auch bei weitem nicht die Wirkung, die in einer Revolution Flugblätter bekommen können. Alles vorbei.

Jetzt, in der zweiten Hälfte des 20. Jahrhunderts, ist das anders. Die mechanisierten Truppen einer Volksdemokratie waren in

jedem Fall aufrührerischen Arbeitern oder Bauern oder Soldaten – so 1921 in Kronstadt in der SU – überlegen. Gegen die staatlichen gelenkten Massenmedien, Zeitungen, Radio, nachher TV, kommt auch der beste Volksredner nicht auf. Und was dann noch nicht den Mund hielt, bringt eine Geheimpolizei zum Schweigen, deren Leistungsfähigkeit alles übertrifft, was einmal reaktionäre Herrscher oder Bourgeois zur Hand hatten. Die SU hat im Osten einen riesigen Sack, in den steckt sie alle, die sich erlauben, das KP-Regime nicht zu loben und zu preisen. Der Russe Alexander Solschenizyn ist gegen Ende des Zweiten Weltkriegs an der Front in Deutschland wegen seiner intellektuellen Unbotmäßigkeit arretiert und in eines jener Lager verschickt worden, deren Unzahl er einmal als den ARCHIPEL GULAG der SU eindringlich beschreiben wird.
Der Gomulka, um wieder auf ihn zu sprechen zu kommen, ist zuerst unter der Ära des Großen Stalin hoch hinaufgekommen: Er wurde, da unbedingt verläßlich, polnischer Minister für die den Deutschen weggenommenen Gebiete, nachher auch stellvertretender Ministerpräsident; zuletzt aber lästig. Also verlor er alle Ämter in Partei und Staat und bekam dafür einen Daueraufenthalt in einem kommunistischen Gefängnis Polens. Als der Große Stalin tot war, ließ man ihn frei. Doch Gomulka fing gleich wieder an, Dinge zu tun, die dem Ersten Sekretär der KP in Polen, einem gewissen Edward Ochab, gar nicht gefielen. Ochab war erst auf dem halben Weg seiner höchstpersönlichen Entstalinisierung. Wäre der Große Stalin noch am Leben gewesen, er hätte Ochab belehrt, daß solche Halbheiten überhaupt nichts taugen und es schlecht sei, von früheren Kommunisten wie Gomulka zu sagen, sie wären zwar zurecht aus der KP gefeuert worden, aber einsperren hätte man sie nicht müssen. Mit dem Ochab fing die Sache in Polen an und mit dem Gomulkaismus endete sie. In anderen Volksdemokratien wird es noch ärger zugehen. Denn:
Was hat der Ochab im Frühsommer 1956 in Peking zu suchen gehabt? Wo doch der dortige Diktator Mao Tse-Tung dem Chruščov bei der Abrechnung mit dem Großen Stalin nicht ge-

folgt ist, vielmehr weiter unter dem Image des Großen Stalin Politik machte; um bald, zusammen mit Genossen in Albanien zu den letzten Stalinisten zu gehören. Was junge Leute in Westdeutschland, die den humanen Kommunismus des Mao schätzten, den terroristischen des Stalin aber mißachteten, leider übersahen. Und also unter den Bildern der großen Massenmörder der Geschichte Lenin, Trotzkij und Mao gegen das üble Establishment der Freien Welt des Westens marschieren werden. Und aus den US wird man ihnen dazu die Mittel und Ideen liefern. Frankfurt am Main, Hamburg und Westberlin wurden die großen Importhäfen für diese neueste Welle des Amerikanismus. Dort werden um 1960 die Propheten der Neuen Linken, der NEW LEFT, an Land gehen und mit Studenten und anderen jungen Menschen den Aufstand gegen den Adenauer-Staat proben.

Für Spießbürger, die nach 1945 hofften, in einem entpolitisierten Dasein Erholung zu finden von den Strapazen der Hitler-Zeit, bot sich Seltsames. Sie konnten sich nicht erklären, wie es auf einmal geschah, daß auf beiden Seiten des Eisernen Vorhangs junge Menschen gegen den Staat und die Gesellschaft – im Westen hieß das Establishment – aufbegehrten. Sie verstanden nicht, die guten Wohlstandsbürger, daß im Osten Studenten und Jugendliche gegen Sowjet – Dogmatismus und Sowjetimperialismus demonstrierten, im Westen aber – mangels solcher Erscheinungen – gegen die Auswüchse des den Amerikanern nachgeahmten kulturlosen Wohlstandskomfort der Zeiten des Wirtschaftswunders. Letztere »Ersatz-Ziele« wurden von Einpaukern, oft Heimkehrer aus den US, den jungen Menschen so lange eingetrichtert, bis die Jungen mit Gewaltanwendungen verschiedener Art loslegten und so nicht nur die Spießbürger arg erschreckten.

In Polen sind auch Studenten Träger des Widerstandes gegen das SU-Kommando-System gewesen. Gomulka war klug genug, das aufgeregte Tun der Studenten, das ihm als alten Berufsrevolutionär der Zwanzigerjahre auch nicht gefiel, rasch genug einmünden zu lassen in das Meer der Unzufriedenheit, das sich unter den Proletariern verbreitete, und die Massenbewegung der polnischen Katholiken. An sich war der Gomulka nach seiner Haftentlassung anfangs 1956 bei den noch immer am Ruder befindlichen Stalinisten im Land mäßig beliebt. Man hatte ihm seine Abweichungen, mit denen er gleich nach 1945 begann, nicht vergessen. Unvergessen war allerdings auch, was der Gomulka in den Zwanziger- und Dreißigerjahren unter dem Terror des polnischen Diktators Marschall Pilsudski ausstehen mußte. Pilsudski war so wenig von Beruf Militär wie der Große Stalin. Er war einer jener bedeutendsten Diktatoren der Zeit zwischen den beiden Weltkriegen, die aus der sozialdemokratischen Partei ihres Landes hervorgingen: Pilsudski kam aus der polnischen Partei, Mussolini aus der italienischen und Lenin, der Große Lenin, aus der Sozialdemokratischen Partei Rußlands. Diese drei geschickten Diktatoren wußten, wie man Revolution macht und was man tun muß, um dann, wenn man einmal an der Macht ist, eine nachfolgende andere Diktatur rechtzeitig im Keim zu ersticken. Hätte 1956 der Große Stalin noch gelebt, dann hätte Gomulka mit seinem Come-back im Jahre 1956 keine Chance gehabt. So aber saß in Moskau der Chruščov nicht fest genug im Sattel, um gleichzeitig in Polen und in Ungarn, wie gewohnt und gelernt, die Abweichler zu überwältigen. Gelernt hat das ja der Chruščov, als er 1943/44 in der Ukraine angebliche und wirkliche Kollaborateure der Naziokkupanten liquidierte, so wie das bald nachher die KP in Frankreich tat. 1956 war Chruščov auch dabei, die Reste des Pfaffenaberglaubens in Rußland zu dezimieren, er sah also mit Mißfallen auf die Massenwallfahrten der Katholiken in Polen. Es war gut, daß der Ochab, an sich kein früher Parteigänger des Gomulkaismus, herumging in der Welt, um die Lage zu peilen. Aus Peking brachte er keine guten Nachrichten mit, denn der treue Stalinist Mao war dafür, daß Aufrührer gegen den Kommunismus mit den Methoden der Diktatur zu bearbeiten sind. Immerhin sah der Ochab den sich bald weitenden Riß in der Tiefe, der sich zwischen Moskau und Peking auftat und 1962 zum vollständigen Bruch führen mußte.

Zwischen diesen beiden Vormächten des Kommunismus einen »neuen Weg« zu suchen, war für Gomulka nicht leicht, zumal er einen Waffenkonflikt im Lande unter allen Umständen vermeiden wollte. Denn Gomulka rechnete damit, daß Polen die 1945 den Deutschen abgenommenen Gebiete auf die Dauer nur behalten wird können, wenn die Sowjetarmee dort auf Wache steht und den sogenannten Revanchismus der Westdeutschen abschreckt. Daher: Keinen Konflikt mit den Truppen Moskaus, sie stehen in Polen nicht als Besatzungstruppe im Land, sondern als Garant der polnischen Westgrenze an Oder und Neiße. Wieso Gomulka vergaß, daß es zum Prinzip jeder Revolution gehört, für sich den Vorteil zu behaupten, daß es nach ihr keine Revolutionen mehr geben kann und wird – man weiß es nicht. Als 1921 im sowjetischen Marinehafen Kronstadt die Matrosen eine Meuterei nach dem Vorbild der Meuterei der Schwarzmeerflotte des Zaren von 1905 anfingen, gab der humane Trotzkij Befehl:
»Die Rebellen sind abzuschießen wie Enten auf dem Teich!«
Mit dieser Entenjagd wurde der bisherige Kommandeur der 7. Armee der siegreichen Roten Armee des, zu Ende gehenden Bürgerkrieges betraut: Mihail Nikolaevic Tuchačevskij. Tuchačevskij, adeliger Herkunft, war im zaristischen Rußland Kadettenschüler, nachher Frequentant der Eliteschule in der Zarenarmee, des Moskauer Alexander-Instituts. Ausgemustert zu den Garde-Pionieren, machte er den Ersten Weltkrieg im Garde-Regiment Semionov mit. Nach einigen gewagten Aktionen geriet er in deutsche Gefangenschaft, aus der er öfters und erfolglos zu fliehen versuchte. Nach seiner Entlassung setzte er seine in der zaristischen Garde begonnene Karriere in der Roten Armee des Trotzkij fort. Er war der Mann, die Roten Matrosen von Kronstadt fertig zu machen, so wie sich das sein Oberkommandant Trotzkij vorstellte. Es war daher fast selbstverständlich, daß man den Sieger von Kronstadt ins frühere Gouvernement Tambov schickte, wo die Bauern nicht zur Kenntnis nehmen wollten, daß die Parole des Großen Lenin: Alles Land den Bauern, in Wirklichkeit bedeutete, daß besagten

Bauern alles Land weggenommen wurde, das sie einmal unter dem Zaren Alexander bekommen haben. Auch mit aufsässigen und mäßig bewaffneten Bauern wurde Tuchačevskij tadellos fertig.

Leider haben selbst prominente Genossen der KP und anderer marxistischer Parteien die Geschichte des Marxismus – Leninismus nur oberflächlich studiert. Diese Genossen erleben immer Überraschungen, wenn es ihnen zuletzt so ergeht wie dem tüchtigen Genossen Tuchačevskij, den später der Große Stalin ebenso umgelegt hat, wie es vorher der Tuchačevskij im Umgang mit Matrosen und Bauern getan hat. Mit anderen Worten, der Gomulka hat 1956 schon einiges riskiert. Immerhin hat er auf Mao gesetzt, denn für den Schwächeren ist es immer besser, einen Schutzherren zu haben, der tausende Kilometer entfernt seine Diktatur ausübt, als einen Diktator, der sozusagen mit dem Eisenhammer vor der Haustür lauert. Und wie gesagt: Gomulka hatte im Moment Verbündete: Die Bauern seines Landes, von denen fast alle auch zu den Pilgern zählten, die 1956 nach Czenstochowa unterwegs gewesen sind.

Erst einmal mußte aber der Gomulka wieder in das ZK hinein, aus dem man ihn vor Jahren entfernt hat. Er tat dabei keinen zweiten Schritt vor dem ersten, denn wenn er Sekretär des ZK werden wollte, mußte er besagten Ochab ablösen. Ochab war daher nicht schlecht erstaunt, als Gomulka wieder im ZK auftauchte, ohne hineingewählt zu werden. Das aber bemerkte auch der ostwärts in Lauerstellung befindliche Chruščov, und er fand es an der Zeit, in Alarmstellung zu gehen, um rechtzeitig aus seiner Bereitstellung herauszutreten. Letzteres tat er denn auch, als er sah, worauf der Gomulka hinauswollte und daß ihn die Stalinisten in Warschau nicht mehr bremsen konnten. Aber – jetzt war es zu spät, mit dem Gewehr Ordnung zu machen. Und außerdem meldeten sich in Polen Stimmen, die Chruščov während der Revolution in Rußland und nachher nie gehört hat. Katholiken, für die ein gewisser Bolselav Piasecki in ganz frecher Weise vor der Öffentlichkeit das Wort nahm und agitierte:

»Man möge nicht immer von Demokratisierung reden, sondern viel mehr von Verantwortung!«
Wen wollte der Piasecki zur Verantwortung gezogen wissen? Niemand anderen als die treuen Stalinisten, die mit Demokratisierung nichts anderes meinten, als jene mundtot zu machen, die andrer Meinung sind. Dieser Piasecki wies sich auch als Gründer und Vorsitzender der katholischen Pax-Bewegung aus, in der sich Leute befanden, die meinten, nicht alles sei am Marxismus – Leninismus falsch. Man müsse sich die Sache genauer ansehen und mit vernünftigen Kommunisten über das Ganze ohne wilde Emotionen reden. So wie man um diese Zeit in den US den »emotional gelenkten« Anti-Kommunismus als minderwertig abtat und es den Professoren und Intellektuellen überließ, erst einmal rein wissenschaftlich zu erforschen, was gut und was schlecht ist an den im Anschluß an Marx entstandenen Denkmethoden. Hat nicht schon vor hundert Jahren der große US-Präsident Abraham Lincoln gesagt:
»In der Politik ist keine Sache ganz gut und keine ganz schlecht...«
Wenn so der große Lehrmeister der freiheitlichen Demokratie des Westens redete, um wie viel eher durften sich auf diese Art zu politisieren Menschen im kommunistischen Osten einlassen, die wissen mußten, daß sie auf Menschengedenken den Kommunismus nicht mehr vom Hals bekommen werden und also meinten, man müsse sich darauf einrichten, unter diesem System wenigstens zu überleben.
Der Stalinismus ging in Polen genauso zugrunde, wie früher in anderen Ländern die dort am Ruder gewesene Reaktion: es versagte nämlich die Geheimpolizei. Ohne eine leistungsfähige Geheimpolizei kann sich keine Diktatur am Ruder halten. Nach der Lähmung der Geheimpolizei in Polen machte auch das reguläre Militär der Volksdemokratie nicht mehr unbedingt mit, wenn es galt, Arbeiter oder Bauern bei der Stange zu halten. Sowie das gute Volk spürte, daß der Druck von oben nachließ, wurde es aufsässig und hörte es auf Typen wie den Gomulka. Das letzte Stadium vor dem Sieg einer Revolution, also der Er-

satz der Führungselite, war da: Die Levée en masse, der Volksaufstand. In diesem Moment schlug der Chruščov rechtzeitig zu. Der Nachfolger Stalins, der gewisse Malenkov, war von ihm zwar nicht ins Jenseits, aber nach Kasachstan geschickt worden. Dort wird er, der Nachfolger Stalins, eine Fabrik leiten.
Chruščov war schlau genug, das gute Volk in Polen nicht zu lange dem föhnigen Tauwetter auszusetzen, das nach dem Ende Stalins das Klima im Osten verschlechterte. Wie die Ereignisse in Polen, bald auch in Ungarn, bewiesen. Er wartete erst nicht ab, daß die Polen nach Moskau kämen, um ihm ihren neuen Weg zu erklären. Vielmehr ging er mit einer ausgesuchten Mannschaft an Bord einer Passagiermaschine, um – ohne erst auf eine Einladung zu warten – in Warschau Besuch zu machen. Die dortigen Genossen waren nicht schlecht erstaunt darüber, als sie nach der Landung des Flugzeugs sahen, wen der Genosse Chruščov mitgenommen hat: Nicht nur den finsteren Molotov, von dem man hoffte, er stünde in Moskau schon auf der Abschußliste der Chruščov-Leute; es erschien ein richtiger Stalinist, der Kommandeur der stalinistischen Kommandowirtschaft in der SU, Kaganović, ehedem mit dem Großen Stalin sogar verschwägert. Hinter diesem kam der hochberühmte Marschall der Sowjetunion Konev, zufällig auch Oberkommandant der in einem »Warschauer Pakt« zusammengefaßten Truppen aller Oststaaten. Und nachher, die Genossen trauten ihren Augen nicht: Nicht weniger als acht SU-Generale. Kein Zweifel: Die Kameraden aus Moskau werden ihren Kameraden in Polen schon beibringen, was sie der Roten Armee übers Grab hinaus schuldig sind: absoluten Gehorsam.
Während die aus Moskau gekommenen Militärs sich in den Stabsquartieren der polnischen Armee nützlich machten, verpaßte Chruščov hinter geschlossenen Türen den polnischen Genossen einen seiner berühmten Theaterdonner, der einfache Gemüter immer geschockt hat. In einer anderen Volksdemokratie wäre diese Aufführung ein voller Erfolg gewesen. In Warschau aber ist es in der langen Nachtsitzung von 19. auf den 20. Oktober 1956 nicht gelungen, eine »Umbildung« der

dortigen Parteispitze zu verhindern. Vielmehr wurde unter kritischen Augen der aus Moskau gekommenen Genossen, der ersten Mannschaft des Weltkommunismus, ausgerechnet der Gomulka zum Ersten Sekretär dessen gewählt, was in Polen die KP ist. Mochte der Molotov noch so finster dreinblicken und im Kreise der russischen Genossen daran erinnern, was in einem solchen Fall Stalin getan hätte. Es nutzte derlei gar nichts, weil Chruščov im Moment nicht mit den Methoden des Stalin rechnete, sondern mit der Gefahr, daß sich womöglich in Ungarn wiederholte, was man in Polen nur mit Mühe unter Kontrolle gebracht hat: Das Einschwenken auf einen neuen Weg des Kommunismus, so wie es seit 1948 unseligerweise der Tito versuchte und unentwegt versuchen wird.
Der Gomulka gab jedenfalls nicht klein bei. Im übrigen rechnete Chruščov damit, daß ein guter Kommunist, wie der Gomulka bis zum Tode einer blieb, im Ernstfall nie das Vaterland aller Werktätigen, also die SU, im Stich lassen wird. Also ließ er die Leute reden. Etwa die Arbeiter der Warschauer Zeran-Werke, die dem Gomulka wörtlich versicherten:
»Wir sind dem Volkswillen auf Leben und Tod verbunden. Und wir bekämpfen alle, die glauben, unsere Demokratisierung sei eine erste Etappe auf dem Weg zur Rückkehr in eine bürgerliche Demokratie.«
Offenbar haben naive Politiker und Staatsmänner im Westen gemeint, das sei die Wende im Osten: Arbeiter verlassen den kommunistischen Arbeiterstaat, sehen ein, daß ihnen der Westen mehr bieten kann. Niemand dachte an Derartiges in Polen, nicht einmal Katholiken, die schon weit links Ausschau hielten, aber nicht daran dachten, ins warme Bett des westlichen Kapitalismus zu schlüpfen. Indem die Genossen in den Warschauer Zeran-Werken *allen* feind sein wollten, die an derlei reaktionäre Umtriebe in Richtung Rückkehr zum Kapitalismus dachten, erfüllten sie genau das, was Chruščov fürs erste brauchte: Keine Gefahr einer Reaktion in Polen, nur die Risken von Abweichungen, die später einmal die linientreuen Kommunisten schon berichtigen werden, so wie nur diese jetzige Unruhe in

Polen und wohl auch in Ungarn vorbei sein wird. Dann wird man in Moskau dafür sorgen, daß die wackeligen Typen im Kommunismus der Volksdemokratien verschwinden oder nur mehr als Auslagenstücke in den Straßenfenstern zum Westen verbleiben; stumm und bewegungslos. Für einen momentanen Ernstfall hatte Chruščov immerhin seine Generale an Ort, die ihm zudem versicherten, sie hätten die Lage – mit Unterstützung polnischer Kameraden – fest unter Kontrolle. Es blieb also beim Schlagwort der Reaktionäre in der Revolution von 1848 auch unter dem Marxismus:
»Gegen unerwünschte Demokraten helfen nur Soldaten.«
Aber in Warschau ging es ja gar nicht um eine wirkliche Alternative vom Marxismus – Leninismus und seinen Methoden. Nur um eine gewisse Unabhängigkeit von den Ideologen in Moskau und um die Erlaubnis, in der Wirtschaft etwas zu versuchen, um den Hunger der Proletarier zu stillen. Man glaube ja nicht, daß die polnischen Genossen nicht die hinterhältige Art gewisser Pfaffen und ihrer Mitläufer kennen.
Wie gesagt, wer weiß, wie die Sache in Polen anders verlaufen wäre, wenn die unzufriedenen Genossen in Warschau und jene in Budapest gleichzeitig losgegangen wären gegen die Stalinisten, wie man später sagte. So aber gingen die Polen und die Ungarn getrennte Wege, hoffend, zuletzt allesamt am unverrückbaren Ziel des Kommunismus sich wieder zu treffen und dort mit den Genossen in der SU die Erfüllung ihrer gemeinsamen Absicht zu erleben: eine Welt, in der nur mehr die Hausordnung des Kommunismus gilt.
So aber spielte der Gomulka nur eine Zeit lang mit dem Feuer, um nachher brav im Gespann zu ziehen, das die Genossen in Moskau vierspännig vom Bock lenkten. Immerhin schickte er aber den Ochab, der einmal beim Mao gewesen ist, nach Budapest. Er sollte sich dort umsehen, viel mehr nicht. Was der Ochab in Budapest hörte und zum Teil schon sah, das war mehr als eine Hungerrevolte von Arbeitern in den Betrieben. In Budapest ging nämlich der Aufstand nicht von den Arbeitern aus, sondern – wie sich das für eine richtige und erfolgverspre-

chende Revolution gehört – von den Intellektuellen, von Schriftstellern und Künstlern, also jenem unruhigen Volk, das meistens mit keinem Regime zurechtkommt, weil es überhaupt keine Autorität über sich verträgt.
Kurz gesagt: Die Ungarn schlugen Ende Oktober los. Dickschädelig, wie die Magyaren zumeist sind, haben dort die alten Stalinisten überhaupt kein Einsehen gehabt und nicht zur Kenntnis nehmen wollen, daß die Zeit des Stalinismus seit dessen Verurteilung durch Chruščov auf dem XX. Parteitag der KPdSU im Februar des laufenden Jahres vorbei war. Ein gewisser Matyas Rakosi, beileibe kein Namensvetter des berühmten ungarischen Rebellengeschlechts der Habsburgerzeit, der Rakoczy, war so etwas wie der Kleine Stalin für Ungarn. Er werkelte weiter, als wäre der Große Stalin noch am Leben und an der Macht. Der Rakosi, ein alter Kommunist, hat in seinem Leben schon so viele Wandlungen im Kommunismus und im Gehaben der Moskauer Genossen erlebt – von ihrem Bündnis mit dem Hitler garnicht zu reden –, daß er glaubte, man würde auf die Dauer ohne den Stalinismus, seiner Erschießungskommandos und Schauprozesse nicht auskommen. 1919 ist der Rakosi schon dabei gewesen, wie sein Genosse aus der gemeinsam verbrachten Zeit in russischer Kriegsgefangenschaft, der berühmte und berüchtigte Terrorist Bela Kun, sein Experiment mit einer Rätediktatur in Budapest versuchte. Als das zu Ende war, zog er mit einem Haufen Genossen ins Österreichische, wo man vor den Henkern des Weißen Terrors, wie die österreichischen Sozialdemokraten sagten, einigermaßen sicher war und gewiß nicht wegen der vorher in Ungarn begangenen Mordtaten ausgeliefert wurde. Als dann auch in Ungarn der Gegenterror ein wenig abflaute, versuchte es der Rakosi, dort im Untergrund für den Kommunismus zu arbeiten. Man schoß ihn deswegen nicht über den Haufen, wohl aber mußte er unter dem Weißen Terror Jahre in Haft verbringen. Als dann 1939 der Große Stalin sein Bündnis mit Hitler schloß, vergaß er nicht die Genossen in der Haft der Bundesgenossen des Hitler, und also ging der Rakosi frei und nach Moskau. 1944/45 kam er im Verpflegs-

troß der Roten Armee heim nach Ungarn und wurde, gegen die Absichten der Mehrheit im ungarischen Parlament, Ministerpräsident. Als Generalsekretär der KP, der es auch gelungen war, die sozialdemokratische Partei des Landes zu vereinnahmen, stand ihm das letzten Endes auch zu. Man wird verstehen, daß ein solcher Mann nicht davonläuft, wenn in Budapest einige Schriftsteller, meistens Journalisten, Lärm schlagen und sagen, das humanitäre Antlitz des Kommunismus sei geschändet, die Schweinerei müsse eine andere werden.
Nach dem XX. Parteikongreß der KPdSU gab der Rakosi sein Amt als Ministerpräsident an einen gewissen Imre Nagy ab. Der Nagy stand im Ruf, er verfolge einen Neuen Kurs im Kommunismus. Jedenfalls kam der Nagy im Moment bei seinen Landsleuten besser an als gewisse stalinistische Typen. Dann aber geschah es, wie der Rakosi seinen Genossen vorhergesagt hatte: Vielleicht war der Nagy ein guter Agrarpolitiker, in der Industriepolitik kannte er sich jedenfalls nicht aus und sein Versuch, die vorher überhastet betriebene Industrialisierung zu bremsen, schaffte Unordnung in der Wirtschaft. Im Frühjahr 1955 war es soweit, daß der Rakosi den Nagy – Rakosi war noch immer Chef in der KP – absetzen konnte, ohne daß es den intellektuellen Meckerern gelungen wäre, ihn, den Rakosi, beim Volk unmöglich zu machen. Es kommt im Kommunismus im Grunde überhaupt nicht darauf an, was das betroffene Volk denkt oder beabsichtigt, sondern darauf, was die Partei, deren ZK und letzten Endes der Sekretär des ZK will und macht. Kurz gesagt, der Rakosi enthob den Nagy vom Posten des Ministerpräsidenten und schloß ihn aus dem ZK der Partei aus, damit in letzterer Instanz für eine Weile Ruhe war. Eine Weile konnte so der Rakosi noch weiterwerkeln, aber in der letzten Oktoberwoche des Jahres 1956 fingen die Studenten der Hauptstadt mit ihren Demonstrationen an und hörten nicht auf, immer wieder zu fordern: Pressefreiheit, Reiseerlaubnis in den Westen (was hat dort schon ein Kommunist verloren oder zu suchen), Erhöhung des Lebensstandards und – nach einer Riesendemonstration am 23. Oktober, an der über 100 000 Menschen teilnahmen – Mei-

nungsfreiheit und Pressefreiheit (als ob nicht ein guter Kommunist ohnedies unter allen Unständen frei sagen kann, wie die Meinung im Sinne des Kommunismus zu lauten hat und was sich davon für den Abdruck im Parteiorgan eignet).

Es wurde immer ärger: Am Tag nach der Massenkundgebung fingen die Leute in Budapest an, die Monumente zur Erinnerung an den Großen Stalin zu zerstören und gegen das Militär der sowjetischen Besatzungsmacht eine feindselige Haltung einzunehmen. Der Rakosi wußte sich unter diesen Umständen keinen Rat mehr, er war froh seit dem Juli laufenden Jahres ohnedies nicht mehr KP-Chef des Landes zu sein; und im ZK konnte er nur das über sich ergehen lassen, was seine alten Genossen jetzt eiligst taten: den Nagy wieder an die Spitze der Regierung zu berufen. Alte Taktiker der Partei beruhigten die erschrockenen Stalinisten, sie mögen gewiß sein, der Nagy werde sich selbst ins Unglück stürzen, und Ungarn wird von der SU davor bewahrt werden, mit einer solchen Type zusammen ins Unglück der Reaktion zu geraten. Wie recht sollten diese Kenner bekommen.

Vorerst ging die Entwicklung allerdings in eine andere Richtung. Ernö Gerö, der jetzt an Stelle des Rakosi Chef der Partei war, mußte auch gehen, und an seine Stelle trat ein gewisser Janos Kadar, den man in der Öffentlichkeit für einen treuen Mitkämpfer des Ministerpräsidenten Nagy hielt. Man wird sich diesbezüglich arg täuschen. Kadar sah kaltblütig zu, was auf das Land zukam: eine Invasion sowjetischer Panzerdivisionen, die ungehindert über die Karpatenpässe in die ungarische Ebene und auf die Hauptstadt zukam. Bei der Marschgeschwindigkeit dieser Interventionstruppen konnte man rechnen, daß das Experiment des Nagy spätestens zu Allerheiligen, also anfangs November 1956, zu Ende sein wird. Wer klug war, hielt in Gewärtigung dessen den Mund oder stellte sich nicht bloß. Das jedenfalls tat der Kadar.

Es nutzte bei dieser Entwicklung der Lage gar nichts, daß um den 27. Oktober ganz Westungarn – schon immer ein Hort der Reaktion – nicht länger unter der Kontrolle der KP war. Daß der Eiserne Vorhang hochging und aus dem Westen gefährliche Agenten, Terroristen und Provokateure, wie man später sagen wird, ins Land kamen. Und insgesamt 300 000 Ungarn die günstige Gelegenheit benutzten, um außer Landes zu gehen, hinüber ins Österreichische; dies in der Hoffnung, daß ihnen Gott nicht zumuten wird, den Rest des Lebens unter den mäßig beliebten Österreichern zubringen zu müssen; daß sich ihnen vielmehr der Goldene Westen in den US oder in Kanada oder Australien, jedenfalls fern von Europa, eröffnen wird. So kam es denn auch.

In dieser Krise bewährte sich die Taktik des Chruščov bestens. Er ließ die SU ein Abkommen mit der Regierung Nagy schließen, nach dem Ungarn bis zum 31. Oktober des Jahres von sowjetischen Truppen geräumt werden sollte. Mehr noch: Es sollten diesmal wirklich freie Wahlen im Land stattfinden können, also ohne Wahlbeeinflussung durch die russischen Befreier; und außerdem sollten nicht-kommunistische Parteien im Land zugelassen werden. Kein echter Kommunist im Land und in der ganzen Welt glaubte, daß sich derlei auf die Dauer halten werde. Noch dazu, als am letzten Tag im Oktober plötzlich der 1949 wegen Hochverrats *zu lebenslanger* Haft verurteilte Erzbischof Mindszenty in Freiheit erschien und kräftig mit eingriff in das Geschehen, das jetzt schon in rascher Entwicklung war. Der Erzbischof war deutscher Herkunft und hieß eigentlich Josef Pehm, erst nach den Exzessen der Nazi in Ungarn nahm er an Stelle des Namens seiner Vorfahren jenen seines Geburtsortes Csehimindszenty an. Wer in der Umgebung des Erzbischofs Offiziere in der Uniform der vor 1945 bestandenen königlich ungarischen Honved sah, wußte, daß jetzt die Reaktion auf vollen Touren lief und daß den Ungarn kein König und kein Gott mehr helfen würde vor den Russen. Denn: Die US konnten nach der 1945 in Potsdam endgültig getroffenen Absprache nur mit ihren Medien, insbesondere mittels ihres Senders Free Europe, in die Entwicklung eingreifen. Machten die Sowjets aber Ernst, dann würde die ungarischen Aufständischen der Teufel holen. Trotzdem gingen die fraglichen Sendungen weiter, und andere Sender im Westen, hunderte Kilometer entfernt von den Spitzen der sowjetischen Panzerdivisionen in Ungarn, mischten kräftig mit. Für eine Weile tat man in emotionellem Anti-Kommunismus. Aber – Durchhalteparolen, die aus der Etappe kommen, nützen denen, die vorne am Feind sind, selten etwas, wenn nicht zugleich materielle Unterstützung kommt; und das sollten in diesem Fall die Ungarn zu spüren bekommen. Genau besehen, waren sie die ersten, die von der US und den anderen Mächten der Freien Welt kläglich im Stich gelassen wurden. Einige Typen im Westen sind nachher besonders vorsichtig geworden, wenn die US und ihre Verbündeten einen kleinen Staat ins Feuer schickten und mit irgendwelchem Nachschub aushalfen; um in der Krise den Kleinen den kommunistischen Aggressoren zu überlassen. Imre Nagy war weder feige noch übervorsichtig. Er ging seinen Weg zuende, mochte dabei auch wenig Realpolitik – im Westen besonders geschätzt – mit im Spiel sein.

Als am Allerheiligentag Waffenruhe in Ungarn herrschte, schien es, als würde die ungarische Frage nicht mit den Methoden, die man später »Panzer-Kommunismus« nennen wird, geordnet werden. Aber noch am selben Tag bekam die ungarische Regierung genaue Kenntnis von den Marsch-Dispositionen der im Lande befindlichen sowjetischen Truppen, und diese Nachrichten klangen bedrohlich. Nagy kündigte daraufhin den Austritt seines Landes aus dem Warschauer-Militärpakt der Ostblockstaaten an, verkündete eine künftige Neutralität Ungarns und erbat sich dazu die Hilfe der UN. Tatsächlich hörte man in New York in der UN die ungewohnte Sprache eines ungarischen Delegierten, der so redete, als stünde sein Land schon am Rande einer freieren Welt.

Vorne an der Front in Ungarn verliefen die Ereignisse anders. Nagys Verteidigungsminister wurde ein gewisser Pal Maleter, ein hünenhafter Oberst, dessen Tapferkeit im Land legendär war. Ihn schickte die Budapester Regierung mit einer Verhandlungsdelegation zu den Russen, um mit diesen einen Stillstand der Operationen auszuhandeln. Das war am 2. November 1956, am Allerseelentag. Am Tag darauf war Maleter schon Gefangener der Sowjetarmee, und ihm wird es ergehen, wie es Männern seines Schlages unter dem Großen Stalin erging: Man wird ihn erschießen. Aus Budapest wandte sich Nagy mit verzweifelten Aufrufen an das sogenannte Weltgewissen. Er bekam manches Echo, aber – leider – keine Hilfe. Sein Experiment war aus. Am 4. November flüchtete er in die jugoslawische Botschaft in Budapest, was für den Tito sehr kompromittierend war. Immerhin rollten sowjetische Panzer in Ungarn, und niemand wußte in einer Stunde wie dieser, wo und an welcher Grenze sie halt machen werden.

In Wien trat die Bundesregierung zusammen und beschloß, trotz der Angst der Bevölkerung vor den schon bei Preßburg stehenden sowjetischen Panzern, eine offizielle Bitte an die Regierung der SU, den Truppeneinmarsch in Ungarn zu stoppen. Nicht um der Ängste mancher Wiener willen, sondern aus der Verpflichtung eines neutralen Landes gegenüber seinen in Not geratenen Nachbarn. Da in Moskau niemand sich groß um Große Worte der Großen Demokratien des Westens kümmerte, kümmerte sich absolut niemand um die Intervention der Österreicher, außer daß der finstere Molotov erklärte, jetzt sähe man, wohin man mit der Räumung des 1945 eroberten Ostösterreich gelangt sei: Das Land voll mit Verrätern, Überläufern und Reaktionären aus Ungarn. Weil Pack sich eben mit Pack am besten verträgt und die Österreicher das ärgste Pack seien.

Noch bis zum 10. November 1956 kämpften, da und dort in Ungarn verstreut, verlorene Haufen gegen die Sowjets und ihre ungarischen Parteigänger: Soldaten und Studenten, Bergarbeiter in Fünfkirchen und Arbeiter der Betriebe der Csepel-Insel. Dann erlahmte der Widerstand. Sowjetisches Militär und die unter Nagy zeitweise verschwundene Geheimpolizei fingen mit den Arreturen an. Und der Genosse Kadar erschien an der Spitze einer der SU genehmen Gegenregierung im Land. Den Realitätssinn des Kadar und die Art, darnach Politik zu machen, wird man bald auch im Westen zu schätzen wissen, zumal

Kadar seinen Landsleuten weniger mit der Peitsche kam; sondern mit mehr Konsumgütern. Die Erinnerung an den Nagy und den Maleter wird man, nachdem diese von der SU außer Landes gebracht und umgelegt wurden, weniger hegen. Dafür genoß Erzbischof *Mindszenty*, der beim Zusammenbruch des Aufstands in Ungarn geflüchtet war, und zwar in die US Botschaft in Budapest, bei vielen einiges Ansehen. Andere meinten wieder, er hätte zuerst mit seinen Aufrufen viele ins Verderben gelockt, um zuletzt für seine Person auf das Martyrium zu verzichten. Im Vatikan konnte man Ende 1956 hören:
»Ein Mann wie Mindszenty, der acht Jahre von der Außenwelt abgeschnitten war, hätte erkennen müssen und wissen können, daß ihm alle Voraussetzungen für einen klaren Überblick der Lage fehlen.«
Woraus viele schlossen, daß sich seit der Aburteilung Mindszentys vom kommunistischen Regime in Ungarn die Ansichten im Vatikan über Zustände im Osten sehr geändert haben. Und Mindszenty diese Änderungen offenbar nicht mitgemacht, jedenfalls nicht mitgekriegt hat. Damit war man auf einer Linie mit den Kennern der Ostpolitik in Washington. Diese schätzten auch nicht mehr jenen Anti-Kommunismus, mit dem man einmal den Katholiken McCarthy ins Feuer schickte, als man Angst bekam vor dem Kommunismus in Amerika. Jetzt fürchtete man den Kommunismus nicht, man wird sich mit den kommunistischen Ländern arrangieren. Und über die Toten und das Blut und die Folgen des ungarischen Aufstands einen undurchsichtigen Film ziehen. Unzählige Amerikaner aber werden den flüchtenden Ungarn helfen, so wie diese Menschen nach 1945 selbst Menschen geholfen haben, deren Muttersprache deutsch war und ist.

Ging man anfangs der Sechzigerjahre in San Francisco, Kalifornien US, die Grantstraße hinunter, dann kam man in den Nebengassen dieses Viertels in eine andere, in eine verkehrte Welt. Hier galten offenbar nicht die Regeln und Vorteile des amerikanischen Way-of-life der ersten Nachkriegszeit, den nachzuahmen man in Westeuropa so bemüht war, daß man alle bisherigen Lebensweisen möglichst rasch zu vergessen trachtete. Um ja nicht Zeit und Mühe zu verschwenden, die es brauchte, um den Amerikanismus zu erfassen. Amerikanismus war so viel wie die Überzeugung, das Sendungsbewußtsein der Amerikaner, sie seien dank ihrer demokratischen Lebenweise befähigt, endlich ein besseres Mensch-Sein zu entwickeln; eines, das auch der Rest der Welt annehmen sollte, anstatt die 1945 so kläglich zu Schanden gewordenen Traditionen der Alten Welt weiterhin aufrechtzuerhalten.
Besagte Traditionen und daraus kommende Tendenzen wurden von den jungen Menschen im Umkreis der Grantstraße mit großer Freimütigkeit als Shit bezeichnet. Also als das, was man am besten auf einem Abort mittels einer kräftigen Wasserspülung in die Abflußkanäle befördert. Alte, meistens aus der Alten Welt eingewanderte Intellektuelle, lehrten diese jungen Menschen, sie möchten ja nicht daran irre werden, wenn sie inmitten der übergroßen Zahl der »anderen« Menschen als sogenannte Out-Group angesehen und verachtet werden. Ganz im Gegenteil. Je stärker sich die übrigen Menschen von denen in der Out-Group abschließen, sie absolut ablehnen und sogar verfolgen, desto stärker werde der innere Zusammenhalt innerhalb der Out-Group, im alten Europa hätte man einfach gesagt: der Außenseiter. Ein Zusammenhalt, der notwendig ist, nicht nur um zu überleben, sondern um eines Tages besagten Shit dahin zu befördern, wohin dieser gehört.

Kein Wunder, daß die jungen Menschen des besagten Viertels der kalifornischen Riesenstadt, meistens Studenten oder gewesene Studenten der größten und bedeutendsten Universität der US, von der efficiency ihrer Landsleute nichts hielten. Man lehrte sie, unter dem Stress, unter den verschiedenen Ansprüchen an die Leistungsfähigkeit des Menschen, arg zu leiden. Sich dafür mit Nichtstun zu rächen. Fremde, zumal Stipendiaten aus Europa, konnten das nicht verstehen. Sie waren ja in die Staaten gekommmen, um das bessere Mensch-sein des Amerikaners zu erlernen. Und jetzt bemerkten sie, wie die seltsamen jungen Menschen, ungewaschen, unrasiert und schlecht gekleidet, wie sie sich gaben, mit genau der gleichen Herablassung auf die Europäer herabsahen, wie nach 1945 ihre als Sieger nach Europa gekommenen Väter.

Im Kunstgalerien schauten sich diese jungen Menschen Dinge an, die in wenigen Jahren nicht einmal mehr Makulatur sein werden. Auch wenn ungebildete Reiche derlei Bilder in die Salons hängten, um nur ja zu beweisen, daß man »in« war und nicht etwa nachhinkte im unaufhaltsamen Fortschritt der Kunst. Denn ein Jahr ohne einen neuen Sound in der Musik, ohne eine neue Nichtigkeit in der bildenden Kunst, ohne mehr Obszönität in der Bühnensprache, war jetzt ein verlorenes Jahr. Nachts waren die Jazz-Lokale der Umgebung überfüllt. Dort klang das Nichtstun des Tages aus in Harmonie mit dem Sound des Cool-Jazz, wie der um 1940 aufgekommen ist: Musik ohne den abstrakten Ton, ohne erregendes Vibrato, ohne Gefühl. Wer mehr wollte, kaufte sich nicht eine der unzähligen Platten mit Werken Mozarts – der eben »in« war –, sondern Musik von Johann Sebastian Bach, die man aus der Konserve endlos ableierte, weil ihre Linearität ins Endlose zu gehen schien. Man wollte keine Musik unter Lachen und Weinen, der Teufel schlief noch in diesen jungen Menschen. Aber bald wird man ihn hervorkehren, und die »andere« Welt wird das Gruseln lernen. Fremde gingen schon mal in einen Co-existence-Shop. Co-existence, das war keine Zustimmung zur Koexistenz, wie sie zwischen den US und der SU mehr und mehr geübt wurde.

In einem solchen Laden bekam man, was man brauchte, um stilecht zu wirken. Und dazu lieferten die Uralten den Jungen die neue Lebensmaxime: MAKE LOVE NOT WAR.
Neugierige und dümmliche Europäer glaubten, es handle sich bei der Wortverbindung to make love um die alles umfassende Liebe, wie sie gewisse Religionen und Weltanschauungen den Menschen – oft leider vergebens – beizubringen versuchten. Mitnichten. To make love bedeutet das, was die Soldaten der US-Armed forces als to fuck bezeichnen, also: den Geschlechtsverkehr ungezügelt auszuüben, jede Unterdrückung dieses mächtigen Drangs zu vermeiden. Alte Männer, die auch redeten, als wären sie in einer Einheit der US-Army irgendwo over there in Europa oder Asien gewesen, begannen, die Lebensweisheit der Überlebenden des Krieges in das Chinesisch jener Philosophen, Soziologen und Psychologen zu übersetzen, dessen Chiffren bald alle Kultursprachen der Erde verschmutzten. Demnach war es notwendig, den Menschen von bisherigen sexuellen Zwängen zu befreien, ihn zur größtmöglichen erotischen Freiheit zu erziehen, weil nur so eine Abnahme der gefährlichen Aggressionen, also der unkontrollierten Triebhandlungen, die zum Krieg führen, gewährleistet sein kann.
Der aus Berlin gekommene Herbert Marcuse, Professor an der Universität von Kalifornien, lehrte solche Anschauungen. Aber nicht nur er. Fragte man die jungen Menschen im Viertel der Grant-Straße, wer die größten Menschen neuerer Zeit gewesen seien, bekam man zur Antwort: Karl Marx, Sigmund Freud, Albert Einstein. Wer dem widersprach und etwa behauptete, Marx hätte die Schießlehre für seine Strategie des Klassenkampfs erfunden, Freud, gründlich von den Freudianern mißverstanden, einen gefährlichen Pansexualismus und Einstein dem US-Präsidenten die Herstellung von Atombomben für den Einsatz im Zweiten Weltkrieg eingeredet, der verließ besser diese Umgebung, in der an sich von Gewalttäigkeiten noch wenig zu spüren war.
Der grenzenlose Individualismus der jungen Menschen führte

zu dem Paradoxon, daß sie allesamt mehr uniformiert waren, als jede andere junge Generation der Epoche mit den ständigen Kavalkaden junger Generationen, von denen jede für sich in Anspruch nahm, sie sei endlich jene Junge Generation, die eine ANDERE JUNGE GENERATION geworden ist als jede JUNGE GENERATION vorher. Nicht Produkt eines Generationsproblems schien diese Jugend zu sein, sondern Produkt eines neuen, nie dagewesenen Menschenbildes. Und trotzdem uniform:

Jeans wurden *das* Uniformstück, das die absolute Gleichheit aller Menschen am besten sinnfällig machte, weil sie den Weiberkittel ersetzten und schon in der Tracht Unterschiedlichkeiten, wie sie angeblich zwischen Geschlechtern bestehen sollten, aufheben. Verpönt war modernes, fabriksmäßig hergestelltes Schuhzeug. Wer nicht überhaupt barfuß ging wie asiatische Mönche, für viele junge Menschen absolut geltende Vorbilder, der trug verlatschte Sandalen. Für Männer war es eine Schande, clean-shaved zu gehen, wie es für an efficiant American eine Selbstverständlichkeit war; oder jene blütenweißen Hemden zu tragen, die dem Träger unter Bürokollegen das selbstverständliche Renommee verschafften, er wechsle täglich das Hemd. So wie in Italien die Faschisten der ersten Stunde sich gelobten, ihr Schwarzhemd erst nach dem Sieg zu wechseln, trugen die Männer im Viertel um die Grant-Straße Hemden, bis sie vom Leib fielen und Waschmittel entbehrlich wurden. Überhaupt war Seife noch weniger im Gebrauch als in jenem europäischen Land, wo später international anerkannte Statistiken erhoben, daß es das Land mit dem geringsten Seifenverbrauch sei, nämlich Österreich.

Man ernährte sich und *hielt sich über Wasser*, wie die Alten in völliger Verkennung der Dinge sagten. Immerhin versagte man sich nicht die Annahme von Geld, das besorgte Eltern, Mütter zumal, den Jungen zuschickten oder – bei enttäuschenden Besuchen – heimlich zusteckten. Und man bekam soziale Hilfen von der menschlichen Gesellschaft eines Staates, den man an sich total ablehnte, demnächst zu zerstören anfangen wird. Im

übrigen ernährte man sich zu billigsten Preisen und zelebrierte dabei außerdem den neuen, den anderen Lebensstil: Eine Zen-Suppe, zugleich Erinnerung an den Zen-Buddhismus, wie er jenseits des Pazifiks von den Verlierern des Zweiten Weltkriegs betrieben wird, um bloße 20 Cent die Schüssel. Später, dank steigender Nachfrage: 50 Cent. In Coffee-Galeries konnte man sitzen wie vor dem letzten Krieg in einem Wiener Kaffeehaus, wo man als Stammgast den ganzen Nachmittag bei einer Schale Gold und sechs – nacheinander servierten – Gläsern Wasser verbringen durfte, ohne auf den Vorteil eines gesteigerten Konsums aufmerksam gemacht zu werden. Man diskutierte in San Francisco, ähnlich wie ehedem in Wien, über Sigmund Freud und Alfred Adler, verachtete jene Wiener Banausen, die einmal wenig oder gar nichts vom Austromarxismus des Adler und den Unanständigkeiten des Freud hielten. Ging aber bald über zu den Lehren des Zen-Buddhismus, mit dem amerikanische GI als Besatzungssoldaten in Japan in engere Berührung kamen. Zudem wurde die Universität von Kalifornien ein hervorragendes Zentrum des Studiums ostasiatischer Kulturen. Derlei Vorlesungen und Diskussionen hörte man sich schon 'mal an.
Um es hier zu sagen: diese in einer heruntergekommenen und verdreckten Umwelt lebenden Typen in ihrer schmuddeligen Tracht, ihrer zur Schau getragenen Ärmlichkeit, Unansehnlichkeit und Fremdartigkeit waren nicht Söhne und Töchter bloßer Kindermacher; also jener Proletarier, die nach endlicher Überwindung der Schranken der Klassengesellschaft die Hochschulen überfluteten, sondern – in den allermeisten Fällen – junge Menschen aus besseren Häusern, die Mutters gesellschaftlich einwandfreie Formen und Vaters Bildungsniveau angeboten bekamen. Die alten Männer lehrten die jungen Frauen, ihre Mutter sei over-protective, also übermäßig besorgt gewesen, als sie der heranwachsenden Tochter Moralvorstellungen beibrachte, welche die unglückliche Jungfrau in sexuelle Zwänge und erotische Unfreiheit brachten.
Es war dies die Zeit, in der eine anfangs katholisierende Schriftstellerin namens McCarthy (sie reinigte den vom Senator

McCarthy verschmutzten Namen der Ahnen) Bestseller-Autorin wurde; nicht zuletzt deswegen, weil sie eine der ersten Verfasserinnen von Pornographien wurde, die eine Entjungferung mit jener Akkuratesse beschrieb, die ein neugieriges Mädchen reizt, das beim Umgang mit Männern nicht der Schmach preisgegeben sein möchte, noch nicht ent-jungfert zu sein. So wie jede Revolution, begann auch die Amerikanische Revolution der Ära nach 1945 mit dem ausgiebigen Gebrauch der Pornographie, mittels welcher man – ohne viel Theoretisieren – bisherige Begriffe von Moral und Anstand und dergleichen Shit über den Haufen rennen konnte.

Nach 1918 entstand in den US der Goldenen Zwanzigerjahre eine sogenannte VERLORENE GENERATION junger Intellektueller; Menschen, die außer Landes gingen, nach Paris, wo sie bei der berühmten Gertrude Stein gastliche Aufnahme und wegweisende intellektuelle und künstlerische Förderung fanden. Nach 1945 war es nicht notwendig, nach Übersee zu gehen, wo sich fortschrittliche Geister ohnedies noch mit Relikten des Faschismus und anderen Exkrementen der bürgerlichen Welt zu schaffen machen mußten. Diesmal nannten sich die jungen Ausbrecher eine ERSCHÖPFTE GENERATION, sie, die ersten Kader der Hippies und Beatniks in Kalifornien. Sofort stürzten sich berufsmäßige Psychiater auf solche Typen, um etwas herauszufinden, was nicht ganz in das Image paßte, das liberale Zeitungen gemacht und verbreitet hatten:

Erschöpft waren demnach diese Menschen vom Fortschritt, vom rasenden Tempo der Zeit, das den Menschen keine Zeit ließ, um herumzulungern und nachzudenken; erschöpft auch von der eigenen Lebensweise, denn es machte doch einige Mühe, zu vergammeln. Aber, einmal in einem solchen Vehikel des Fortschritts, stieg man bisweilen in ein anderes um, wo es interessante Dinge zu erleben gab. Etwa den Kult, Drogen zu gebrauchen. Die Alten lehrten die Jungen, es sei nichts daran, Rauschgift zu nehmen; hat nicht das chinesische Volk, bei rückständigen Europäern als das Volk der Opiumsüchtigen abgetan, gerade wegen seiner Rauschgewohnheiten eine Lebenskraft be-

halten, die den alten Kulturvölkern Europas fehlte. Andere junge Menschen machten in love und sie gerieten in sexuelle Ausschweifungen, Ausschweifungen, die ermüdeten. Ließen sich fallen in jene Untiefen des Lebens, aus denen keiner mehr empor kommt an eine Oberfläche.
Mehr noch: Einige amerikanische Psychiater fanden heraus, daß viele dieser Typen den berühmten Rohrschach-Test nicht bestehen konnten. Nur jeder achte Testkandidat war nach den Methoden solcher Tests das, was man normal nannte. Doppelt so viele standen in psycho-therapeutischer Behandlung, bevor sie sich vollends gehen ließen oder einfach kriminell wurden. So so, sagte man sich in den Redaktionen der Zeitungen, solche Ergebnisse wären ja gerade Wasser auf die Mühlen der Reaktionäre in den US: jener, die gegen die aufkommende und überquellende Pornographie, zumal ihre späteren Niederschläge im Film waren; jener, die nicht nur den Handel mit Rauschgiften, sondern auch Drogenmißbrauch unter Strafe stellen wollten, weil ein Rauschgiftsüchtiger erwiesenermaßen zwei andere ansteckt mit seiner Sucht; jener Nachtwächter des Establishments also, die in den Zielen und Absichten der Hippies und Beatniks Anzeichen eines gefährlichen Anarchismus sahen oder einer Linken, wie sie so radikal nie in den US bestanden hat. Solche abwertende Urteile, mögen sie von Psychiater, Politologen, Soziologen oder anderen Wissenschaftlern kommen, wird man in den Zeitungen mit Massenauflage und im Rundfunk, zumal im Fernsehen, nicht aufkommen lassen. Mag im Gehaben der Hippies, Beatniks und ihrer Abkömmlinge manches stecken, das eine echte Gefahr für den Wirtschaftsliberalismus der US und seine gesellschaftlichen Auswirkungen auf den Way-of-life darstellt; indem aber die Hippies und Beatniks traditionelle Lebensweisen mit dem klebrigen Film ihrer Lebensgewohnheiten überzogen und damit Furore machten, beförderten sie viele Tendenzen, die einem Liberalen noch nie gepaßt haben, dorthin, wovon mit dem Wort Shit die Rede war.
Natürlich suchte man in Zeitungen, wie WASHINGTON POST oder THE NEW YORK TIMES derlei obszöne Worte

vergebens. Um mittels dieser erlesenen Blüten amerikanischer Journalistik den Genuß des Neuen zu verspüren, mußte man sich mit den Buchbesprechungen, mit den Film- und Theaterkritiken und mit den Reportagen nach dem Besuch gewisser Galerien beschäftigen. Die Künstler, die in den Spalten dieser und ähnlich ausgerichteter Zeitungen gelobt wurden, waren erhaben über jeden Versuch einer Zensur, die ihnen etwa vorgeschrieben hätte, Ausdrücke zu vermeiden, die in Besseren Häusern noch nicht gerne gehört wurden von der Hausfrau. Aus geheuchelter Scham.

In fortschrittlich orientierten Zeitungen konnte man aber lesen, man sollte aufhören, über Hippies und Beatniks schlechte Witze zu machen; ihre Lebensgewohnheiten mit Maßstäben zu beurteilen, die der Bedeutung dieser Typen nie gerecht werden können, weil sie aus der Welt stammen, die durch den Abort der Weltgeschichte abgehen wird; und überhaupt: es wäre ein Fehler der In-Group, die Angehörigen der Out-Group zu beunruhigen oder gar zu verfolgen; täte man das, dann dürfe man sich nicht wundern, wenn die also molestierten Out-Groupler zu Methoden der Gewalt greifen, um noch vor der Zeit die In-Groupler für das zu bestrafen, was sie den Out-Grouplern im Elternhaus, in der Schule, an der Universität und in der Berufsausbildung angetan haben.

Geistige Väter der Hippies und Beatniks waren, wie in jeder Revolution, Dichter. Jede Revolution nimmt ihren Anfang in der Stube eines Dichters. Auch diejenige die im Meer der Hippies und Beatniks daherschwamm, ehe die verachteten Spießbürger noch gewahr wurden, daß es ihnen ja an den Kragen ging. Oder doch gehen sollte.

Die Bezeichnung BEATNIK kam im Amerikanischen aus den Wortteilen BEAT, soviel wie schlagen, und NIK, angeblich abgeleitet aus dem Wort SPUTNIK, das den Triumph sowjetischer Kosmonauten über amerikanische Astronauten ankündigte. Oder NIK wie in Worten aus dem Jiddischen, wie andere meinen. Der große Dichter des amerikanischen Beatnik war Jack Kerouac. Einer, der aus einer Welt kam, die er dann der Beat-Generation als die denkbar schlechteste Welt beschrieben hat und aus der er, mit dem Vorbild seines höchstpersönlichen Erlebens, die Jungen von 1960 in ein glückseliges Leben führen wollte. Kerouac war nach den Anschauungen derer, die 1941 in den Krieg gingen und, wie man sagte, ihre Pflicht taten, ein verbummelter Student. Für den der Krieg gerade zur rechten Zeit kam, um ihn vor dem Untergang in Verkommenheit zu bewahren. Kerouac kam nicht ins sogenannte Stahlbad des Krieges, er diente bei der Handelsmarine. Nachher fand er keinen Weg zurück, wie die einen sagen; andre behaupten, er sei der Welt, in der die Heimkehrer von 1945 untergingen, bewußt aus dem Weg gegangen. Ohne Phrase beschrieben, war er ein Stück Treibholz, das von der Ostküste der US immer weiter nach Westen abgetrieben wurde, bis Kerouac nach einem Aufenthalt in Mexiko an der Küste des Pazifiks landete. Dort, wo die amerikanische Welt zuende ist und das menschliche Treibgut sich entscheiden muß, ob der Einzelne zu arbeiten versucht oder zu rauben oder ob er einfach wartet, bis er krepiert. Man braucht kein Tramp zu sein, um bei der Beschreibung des Amerika von 1960 zu Anschauungen zu kommen, die für den Amerikanismus nicht schmeichelhaft sind. Mochten einige amerikamüde Europäer schon in den Fünfzigerjahren beim Abflug vom LaGuardia-Flughafen nach Europa über die unter ihnen liegende Stadt New York sagen:

»This city is a challenge to God«.

Kerouac redete in Kalifonien nicht von Gott. Vielmehr zauberte er jungen Menschen, verdammt, inmitten der schlechtesten aller Welten zu leben, das erwähnte glückselige Leben vor. Tempo, Jazz und Marihuana, Sex und ungezügelte Freiheit stellt der Dichter den Jungen Menschen als die modernen Motivationen – das Wort wird lange nicht aus dem Sprachgebrauch verschwinden – hin. In seinem World-Best-Seller ON THE ROAD, erschienen 1956, den deutschen Studenten in Übersetzung erst 1968 in einer Tendenzwelle der rororo-Reihe des Rowohlt-Verlags zugänglich gemacht, zeigt Kerouac die Dimensionen des von ihm vorgelebten Lebens auf:

»Im Jahr 1942 war ich Star in einem der schmutzigsten Dramen aller Zeiten.«
Er meint das, was für den damaligen US-Präsidenten und gewesenen Fünf-Stern-General Eisenhower der Kreuzzug des amerikanischen Volks nach Europa gewesen ist. Und fährt fort:
»Ich war Seemann und ging in das Imperial Café am Scollay Square zu Boston, um zu saufen. Ich trank sechzig Bier und zog mich auf die Toilette zurück, wo ich mich um das Klosettbecken wand und schlafen ging. Während der Nacht kamen mindestens hundert Seeleute und aussortierte Zivilisten herein und entleerten ihre stinkenden Exkremente auf mich, bis ich zur Unkenntlichkeit verkrustet war. Was macht es schließlich für einen Unterschied? Anonymität in der Welt des Menschen ist besser als Ruhm im Himmel. Denn: Was ist Himmel? Was ist Erde? Alles nur Gedankenkonstruktion.«
Die Menschen aus der anderen, der bisherigen Welt, zumal jene in Europa, wußten mit derlei Vor-Bildern nichts anzufangen. Einige riefen nach Gesetzen gegen Schmutz und Schund. Andere meinten, Jugend habe keine Tugend, laßt sie austoben, denn: Haben wir, unsere Generation, uns nicht auch ausgetobt? Andere schlossen die Augen vor derlei Dingen, sagten, ein anständiger Mensch dürfe sich mit Produkten dieser Art so wenig beschäftigen wie eine anständige Frau mit dem Da-sein der Huren und ihrer Welt. Genau genommen, taten die aus der alten Welt gekommenen Typen wenig angesichts der Wogen von Hippies und Beatniks und dergleichen, die, vom Westen kommend, die US und Westeuropa überfluteten. Schon waren aber Intellektuelle, Priester, Erzieher, Lehrer und Wissenschafter sowie einige, auf ein modernes Image bedachte Politiker darauf aus, sich ein Make-up zu machen, als gehörten sie zu diesen unerhört neuen Typen. Als könnten sie in dem neuen Unrat ihre Vergangenheit aus den Zeiten des Hitler und des Mussolini versenken. Manche dachten mehr politisch:
Diese Sache kommt zu rechten Zeit. Sie überzieht die ohnedies unausstehlich lange andauernde Adenauer-Zeit in Westdeutschland mit einem klebrigen Film; macht sie unansehnlich; gibt ihr

das Ansehen faschistoider Züge, erlöst die Marxisten in Europa endlich vollends von der Verunglimpfung, sie seien nur Zerstörer oder gar Lakaien jener Herren im Kreml, die zugegebenermaßen sicherster Schutz vor jeder Renaissance des Faschismus wären. Es war die Zeit, da man in Westeuropa die Schriften des Jungen Marx zu lesen anfing, jenes Marx, der noch nicht mit dem Vorwurf behaftet ist, daß er den Terror lobt, die Ehrabschneidung preist und den Klassenkampf als das vorläufig Alltägliche in der Welt von heute hinstellt.
Wenn gewisse Typen Alarm schlugen angesichts der Un-Tugenden der neuen Typen unter der Jugend, dann mußten sie sich anhören:
»Ruhig Philister! Immer haben junge Menschen gebummelt, tachiniert, sind vergammelt, anstatt ihre Examen zu machen. Schon nach dem ersten Krieg war Kokain, damals Koks genannt, ›in‹. Man redete bloß nicht in der Sprache der Zen-Philosophie von einem Kharma, also dem Außergewöhnlichen, sondern kokste eine Weile oder ging zugrunde. Warum derlei zu einer großen Sache machen und Anfängen eines angeblichen Drogenzeitalters, eines Pan-Sexualismus, einer ›echten‹ Revolution entgegentreten?«
Schon sprachen Theologen und Seelsorger zu ihren Studenten in den Hochschulgemeinden:
»Reden wir nicht immer vom Jungen Christus, reden wir vom Jungen Marx. Es war das historische Verbrechen einer Amtskirche, daß sie an der Erscheinung Karl Marx und Sigmund Freud vorbeigeggangen ist, ohne das Beste von den Erkenntnissen dieser Größten aus dem 19. Jahrhundert mit sich genommen zu haben.«
Nie erfuhren die aufhorchenden jungen Menschen, daß Marx den Gott der Kirche nicht als den Kreator des Menschen hingestellt hat, sondern als eine mißlungene Kreatur menschlicher Geistesverirrungen; und Freud in seinem System die Religiosität nicht anders einstufen konnte als unter die Geistesgebrechen. Es war eben der Fehler der Amtskirche, sich nicht dem Geist der Moderne zu fügen, um darnach Freud und Marx und andere in

die Zahl ihrer Lehrer aufzunehmen, sondern bei Lehren verblieb, die den Veränderungen der Geschichte nicht mehr standhalten. Nicht *glauben* sei Gebot der Stunde, sondern unentwegt *alles in Frage stellen.* Mögen auch die meisten Antworten auf solche Fragen nicht zutreffen, trifft eine unter zehn Antworten zu, dann mag das mit den Irrtümern, die in neuen Antworten stecken, hingehen. Als Risiko, das mit jeder Rendite verbunden ist, ein Risiko, dessentwegen man überhaupt erst Anspruch hat auf die Renditen des modernen Geistes.
Und dann stiegen die ersten Hippies und Beatniks um vom Vehikel, Typ MAKE LOVE NOT WAR, in eines, in dem von Love überhaupt nicht mehr die Rede war. Dafür von War, vom Kampf, genauer: vom Klassenkampf. Zugegeben, mit der Shit-House-Philosophie Kerouacs kann man keinen Krieg gewinnen. Was not tat, war, den Jungen eine neue, eine ganz andere Theorie von Gewalt und Gewaltanwendung beizubringen. Der große Lehrer der Terroristen, die aus den Kadern der Hippies und Beatniks hervorgingen, war ein gewisser Allen Ginsberg aus New Jersey, US. Er hatte in seiner Jugend genug Geld, um sich in Ostasien und in der SU umzusehen. Damals sah er Dinge, die er daheim nie zu sehen bekommen hat und die ihm fortan abgehen werden. Mit solchem Denken kam er zu der Ansicht, wonach die US, so wie sie in den Dreißiger- und Vierzigerjahren waren, überhaupt nichts taugten. Die von Kerouac beschriebenen untunlichen Zustände in den US übertrieb Ginsberg mit einer Maßlosigkeit, die bisher niemand zu drucken gewagt hätte. Natürlich lehnte Ginsberg den Amerikanismus ab; er wollte die Jungen aus jeder »Konvention« herausführen, aus dem Produkt dessen, was einmal die Klassiker der amerikanischen Theorie der Freiheit und Gleichheit und Brüderlichkeit aller Menschen herausgestellt haben. Um das zu erreichen, war Ginsberg kein Mittel zu schlecht. Er war Urtyp dessen, was man in der Kritik des Nationalsozialismus und anderer Terrorsysteme den Schreibtischmörder nennt: Der Mann, der selbst keiner Fliege etwas zuleide tun möchte, aber Dinge propagiert und mit der Mächtigkeit seiner Sprache unzähligen Menschen

einhämmert, bis der Terror rast. Und das Gebäude der Gesellschaft in den Fundamenten zu wanken anfängt, bis es über allem und allen zusammenbricht.
Derlei jüngste Produkte eines Amerikanismus kamen über die Importhäfen dieses Systems in Westdeutschland dort an Land, wo nach dem Ende des Hitlerismus und der zuende gehenden Ära Adenauer jenes Vakuum entstand, das Revolutionäre brauchen um es anzufüllen mit ihren Ideologien: Frankfurt am Main, Westberlin und Hamburg. Was gefiel, war erlaubt und es gefielen Dinge, die bisher in der Literatur der Deutschen dermaßen nicht gefallen konnten, weil davon nicht die Rede war. Umso mehr war es begrüßenswert, was punkto Sex in englischer Sprache oder neuerdings in amerikanischer geschrieben stand. Was Urgroßvater, so Besitzer ausgesuchter Fremdsprachenliteratur, noch zu dem Ausdruck hinriß:
»Donnerwetter, das ist stark . . . aber nicht schlecht«,
bekam eine ganz andere Bedeutung, als jene, die alternde Voyeure in Büchern suchten.
Fürs erste mußte sich die sexuelle Revolution in Europa damit behelfen, die erotische Literatur der Großväter und Urgroßväter noch einmal auf den Markt zu bringen, bis neue Produzenten der Jetztzeit diese Marktlücke ausfüllten. Die Tageszeitungen taten alles, um die alten Kalauer schmackhaft, zeitnah und sozialkritisch zu garnieren. So die gute alte LADY CHATTERLY.
THE NEW YORK TIMES, so etwas wie ein Zentralorgan des liberalistischen Etablishment in den US, las aus dem alten Schmöker weniger das, was einmal Opas erotische Gefühle beflügelte als vielmehr den flammenden Protest gegen industrielle Verschwendung und Profitgier. So ist das: Mal' werden in einer Revolution sexuelle Modernitäten umfunktoniert in klassenkämpferische Leidenschaften, mal' müssen sexuelle Leidenschaften herhalten, um mittels Pornographie das jeweile Establishment in seiner Verdorbenheit bloßzustellen. In Westdeutschland, wo der einschlägige Nachholbedarf an erotischer und pornographischer Literatur brennender gemacht wurde, raffte sich selbst die gute Alte Tante des Liberalismus, die

Frankfurter Allgemeine Zeitung, zu einer fulminanten Einbegleitung der Übersetzung von Lady Chatterly auf:
Dieses Buch formuliere genau die Probleme, die im – wörtlich – großen Befreiungsfieber der letzten Jahre außer Acht gelassen wurden und deswegen den Westdeutschen umso heißer unter den Nägeln brennen. In der artverwandten Süddeutschen Zeitung wird Lady Chatterly in einer Linie mit der Ultralinken in Westdeutschland gesehen: für letztere ist nicht die Abbildung eines Koitus obszön, sondern die eines ordensgeschmückten Generals. Und pornographisch sind nicht etruskische Darstellungen, von Voyeuren auf Kunstreisen nach Italien bevorzugt, sondern Richard Wagners TRISTAN und eher wenig beliebte christliche Choräle.
Sicher gelang und gelingt es so, das liberalistische Stammleserpublikum leichter nach links und weit nach links hinzuziehen mit seinen Sympathien als durch offenen Aufruf zur Unterstützung der sich langsam formierenden Terrorgruppen der Neuen Linken, wo die Söhne und Töchter aus besseren Häusern nicht mehr Lektüre pflegen, sondern sich einschießen auf jene, die in diesem Linksrutsch noch aufrecht stehen und sich nicht in einem linkischen Make-up versuchen.
In den US ist die Entwicklung längst über die jungen Intellektuellen der New Left hinweggeglitten. Nicht nur diese sollen als »Out-Group« selbstbewußt werden im Kampf gegen die »In-Group« und deren Mehrheit. Nach und nach wurden andere bisherige Minoritäten mobil gemacht und sich so dessen bewußt, daß sie zwar keine Mehrheit bilden könnten – nicht einmal in einer Sammelbewegung aller rivalisierender »Out-Groups« – daß sie aber mit ihren zwei oder drei Millionen Stimmen bei einer Wahl des US-Präsidenten jenen Kanditaten ins Amt, einen anderen aus dem Amt wählen könnten. So wurden von der Propaganda der Linken nach und nach ins Treffen geschickt: die Neger und überhaupt die Farbigen in den US, die Puertorikaner, die Ibero-Amerikaner, also Reste spanischer Ureinwanderer, und illegal eingewanderte Proletarier aus Mexiko, die Juden und zuletzt sogar Indianer, die man erinnert, das es

ihr Land ist, das jetzt von den modernen Ausbeutern ein zweites Mal ausgebeutet und jenen vorenthalten wird, denen es eigentlich gehören würde.
Die Indianer begnügten sich diesmal mit einem einmaligen Hit: Sie versuchten ein Sit-in in Wounded Knee, wo 1890 mit einem letzten Massaker die letzten aufsässigen Indianer mit Revolverkanonen der US-Army niedergemetzelt wurden. Damals, als Häuptling ROTE WOLKE resignierend sagte: Die Weißen hätten den Indianern viel versprochen, mehr als man aufzählen kann, aber gehalten haben sie nur ein Versprechen: Sie schworen, sich das Land der Indianer zu nehmen. Und sie haben es genommen. Derlei Reminiszenzen paßten natürlich schlecht in das sozialkritische Repertoire der New Left in den US.
Da waren die Juden schon besser dran. Zweieinhalb Millionen Juden allein in New York, bestimmen sie, wer in der Stadt Bürgermeister wird. Keiner kann es gegen ihren Willen werden, und überhaupt ist in neuerer Zeit kein Amerikaner gegen den in der öffentlichen Meinung zutagekommenden Willen der Juden in den US, US-Präsident geworden. Sie stellen in letzter Zeit den Chief Adviser oder den Sonderberater des amtierenden Präsidenten für nationale Sicherheit.
Lange, zu lange, waren die Ibero-Amerikaner in den US unbeliebt. Jene Nachkommen spanischer Einwanderer der Entdekkerzeit und, ehe die Engländer kamen, die Herren im Indianerland. Viele von ihnen sind im Melting-Pot, im Schmelztiegel vieler Nationen, denen nachher die eine Sprachkultur des Englischen gemeinsam wurde, eingeschmolzen worden. Einige blieben bei ihrer kulturellen Tradition. Zuletzt kamen Mexikaner – nicht durchwegs Weiße – illegal in die US. Die Präsenz der Ibero-Amerikaner wurde zum Problem, sie ließen sich nicht mehr einschmelzen. Seit in Nahost einige Pipe-Lines aus den Erdöl exportierenden Ländern nicht mehr unter der Kontrolle des Westens sind, und der Treibstoff spärlicher fließt, werden Ibero-Amerikaner in Mittel- und Südamerika interessante Typen, denen man Besuche macht. Um ins Geschäft zu kommen mit dortigen Erdölexporteuren.

Im Februar 1979 mußte US-Präsident Jimmy Carter einen richtigen Canossagang ins benachbarte Mexiko machen. Sich erst einmal eine saftige Bußpredigt vom dortigen – sonst nicht zum Beten geneigten – Staatspräsidenten anhören; um nachher heimzureisen. Nicht wissend, ob anstatt des Erdöls aus Nahost jetzt Öl aus Mexiko fließen wird. Öl, dessen Lieferungen man unlängst noch wegen eines Preises ablehnte, der längst überhöht worden ist.
Es gibt auch Amerikaner einer »Out-Group«, die sitzen nicht im Südwesten der US, sondern den New-Yorkern richtig am Hals. In dieser Weltstadt leben fast neunmalhunderttausend Puertorikaner. Puerto-Rico, einmal letzte Blüte des US-Imperialismus und Kolonialismus des 19. Jahrhunderts, ist ein kostspieliger Stützpunkt in der Karibik. Die Einwohner der Insel sind amerikanische Staatsbürger und vielen gefällt ihre Heimat lange nicht so gut wie das legendäre New-York. Also machen sie sich dahin auf und besetzen die Slums der Farbigen, mit denen sie die Miserabilität der Lage teilen. Immerhin sind sie der Kader für eine halbe Million Stimmen, Stimmen, die teuer umworben werden müssen.
Aber was bedeuteten und bedeuten alle diese »Out-Groups« der US-Zivilisation gegenüber den Negern. Jeder zehnte US-Bürger ist ein Neger. Vor zweihundert Jahren, als die Väter der Verfassung der US zum Nachteil der Neger wissentlich den Grundsatz, wonach alle Menschen von Natur aus gleich sind, durchbrachen, war jeder fünfte Mensch in den US ein Neger. Ein Negersklave. Im reaktionären Österreich legte man in den Sechzigerjahren des 19. Jahrhunderts die uneingeschränkten Grundrechte eines Verfassungsstaates, als in den US rechtlose Farbige immer noch in siebzehn US-Staaten als Sklaven gehalten werden konnten. Hundert Jahre nach Inkrafttreten des österreichischen Reichsvolksschulgesetzes vom Jahre 1869 gab es in den US noch rund dreißig Millionen Menschen über fünfundzwanzig Jahre, die entweder überhaupt nicht oder nur unzureichend schreiben und lesen konnten; das größte Kontingent darunter waren Schwarze.

Erst 1957 konnte unter US-Präsident Eisenhower der Kampf um die Bürgerrechte der Schwarzen entschieden werden; 1964 deren Wahlrecht gesichert erscheinen und 1968 eine gewisse Gleichheit bei der Wohnungsbeschaffung gesetzlich erzwungen werden. Die Durchbruchsschlacht in der amerikanischen Revolution der zweiten Hälfte des Zwanzigsten Jahrhunderts entschieden nicht die Schwarzen, sondern die eigens dafür geschaffene Mehrheit der Richter des Obersten Gerichtshofs der US:
Demnach ist seither Rassentrennung in den Schulen ein Verstoß gegen die Verfassung der US. Nicht das gleiche, *dasselbe* Recht sollten im Schulwesen die Schwarzen gegenüber den Weißen bekommen. Der liberalistische Lehrerverband in den US, von dem noch erzählt werden wird, schloß sich sofort der Regelung an. Ebenso die Regierung in Washington. Nicht aber Millionen von Amerikanern:
Jene, die ihren kleinen Töchtern auf dem Weg zur Schule Plakate um den Hals hängten, darauf geschrieben stand:
»I don't want to go to school with the Blacks.«
Aber nicht nur Erstklassler wollten nicht zwangsweise zusammen mit Farbigen in einer Klasse sitzen. Größer noch war der diesbezügliche Widerstand an den Hochschulen. Obwohl in Europa nur von den Protestaktionen der Neuen Linken an Hochschulen und Exzessen ihrer Gegner die Rede war, gaben die Weißen nicht nach. An der Central High-School in Little Rock mußte US-Präsident Eisenhower die National-Garde einsetzen, um die Rassentrennung, die der dortige Gouverneur des Staates unterstützte, mit Gewalt zu überwinden. Als an den Elementarschulen die Rassenvermischung nicht rasch und gründlich genug vor sich ging, fing man an, von amtswegen die Schulkinder in Autobussen quer durch die Stadt zu verschieben, um womöglich für jede Schule und jede Klasse eine Rassenmischung vollständig zu machen. Es war Richard Nixon, der, sehr zum Ärger seiner konservativen Wähler und der Liberalen, diesen Kampf gegen die Rassentrennung unterstützte. Der Lohn blieb nicht aus: Bei seiner Wiederwahl zum US-Präsidenten im Jahre 1972 bekam er doppelt so viele Stimmen von Farbigen.

Eine »Out-Group« hatte das Prinzip »Neger machen keinen Kandidaten der Republikanischen Partei zum Präsidenten« umgestürzt.
Neger brachten den aufsässigen Studenten die ersten, die noch unblutigen Methoden des Kampfes gegen das Establishment bei: Die Sit-ins, an sich nicht Neues, nur ein Sitzstreik, längst bekannt in der Alten Welt. Die Studenten von Westberlin fanden daran Spaß, und 1968 fand an der Freien Universität Berlin das erste deutsche Sit-in statt. Mehr Geist steckt im Teach-in, einem Hinein-reden zum Protest, zur Störung von Vorlesungen, Vorträgen, Filmen und Diskussionen; an sich ein Mißstand im Zeitalter des Dialogs, aber immerhin eine Sache, die die New Left prima hinkriegte. Nicht ganz ohne Gewaltanwendung verliefen die Go-ins, einfach: die Störung von Veranstaltungen, die einem nicht zusagen. In Westberlin richtete sich das erste Go-in gegen den Krieg in Vietnam.
Was immer die Neue Linke in den Sechzigerjahren, vor allem in den US, versucht oder erreicht hat, alles ging letzten Endes über das Mühlrad, das die Mühlsteine in Bewegung hielt, zwischen denen die US, stärkste Militärmacht der Welt nach 1945, zerrieben wurde. Es geschah nicht von ungefähr: So wie 1918 Deutsche die Parole ausgaben:
»Die deutsche Fahne wird niedergeholt und sie wird nie mehr am Siegesmast hochgehen«,
geschah es eine Generation und einige Jahre später in den US.
1979 wird die Welt erfahren, was die US angerichtet haben, als sie Vietnam den kommunistischen Aggressoren überließen. Die kommunistischen Machthaber im Land werden mit den kommunistischen Machthabern in China in einen Bruderkrieg geraten und ihn auf dem Rücken der Bewohner Vietnams austragen. Die Neuen Herrn in Vietnam werden die ihnen unbequemen Bevölkerungsteile zur Auswanderung zwingen. Die so terrorisierten Unglücklichen werden ihr Letztes hergeben, um an Bord eines halblecken Schiffes die alte Heimat verlassen zu können. Viele Zehntausende werden auf See ertrinken, noch

mehr werden in Schiffen ohne Häfen darauf warten, in Nachbarländern aufgenommen zu werden, wo die Angst vor der KP haust und genug Not herrscht. Es nutzt nichts, wenn man sich jetzt entschuldigt:
»Aber nein! So haben wir uns die Entwicklung in Indochina nicht vorgestellt...«
Mögen die US über jene Gericht halten, die es damals taten und damit die US auf einen Weg führten, auf dem die US Niederlage nach Niederlage erlitten und die schlimmsten Korruptionen der Watergate-Affaire weit übertroffen wurden durch Landesverrat, Bestechung und schändliche Preisgabe des Vertrauens jener, die einmal ihr Vertrauen in die US gesetzt haben.
Mögen sich die US wieder in jene Absonderung zurückziehen, die einmal die Sehnsucht ihrer Monroe-Doktrin gewesen ist. Sie werden auf dem Weg dahin überfallen und erschlagen werden. Die Weltgeschichte hat im Zeitalter von Over-kill, da man die ganze Welt mit den aufgetürmten Waffen gleich mehrmals zur Gänze zerstören könnte, kein Mauseloch, in das sich irgendwer verkriechen könnte. Und erst recht kein Mauseloch für eine Supermacht, die Angst hat vor der Größe ihrer weltgeschichtlichen Aufgabe.
Der Imperialismus der Franzosen und Briten ist tot. Aber der Sowjetimperialismus lebt und wuchert. Und er wird die US nicht auf den Trümmern eines Imperialismus von gestern träumen lassen von den Wohltaten eines Isolationismus, weitab von den Zonen der Entscheidungen der Weltpolitik. Die Neue Linke half jenen, die wollten, daß die US im Vietnamkrieg versagten. Wer wird angesichts neuer, größerer Bedrohungen dessen, was einmal die Freie Welt war, die US zu erneuter Selbstbehauptung empor führen?
Es gibt keine größere Versuchung für Aggressoren als eine Großmacht, die sich selbst preisgibt. Das bewies Großbritannien bei Ausbruch des Zweiten Weltkriegs: Dieses Weltreich im Untergang bestärkte Hitler hic et nunc zu tun, was er sich selbst nicht mehr zutrauen wollte. Das Wagnis eines großen Krieges.

Seit dem 23. November 1943 haben der Kolonialismus und Imperialismus der europäischen Mächte ihre letzte Chance für die Zukunft verloren. Darüber haben an eben diesem Tag der amtierende US-Präsident Roosevelt und der Große Stalin entschieden. Ort der Übereinkunft war die Botschaft der SU in Teheran, geschehen ist es zwischen 15.00 und 16.00 Uhr Ortszeit. Nur eine Stunde brauchte es dazu, daß die Führer der beiden aufkommenden Supermächte neben anderen Belangen auch darüber entschieden. Nichts fand davon Niederschlag in Kommuniqués und pathetischen Programmen für den Augenblick. Denn, so wie alle großen und nachhaltigen Entscheidungen in der Weltpolitik, brauchte es keines Vertragswerkes; die Männer an der Macht werden sich einig und unterwerfen mit großer Entschiedenheit ihr Einigungswerk der unwiderstehlichen Gewalt der Tatsachen.

Eigentlich hätte an der fraglichen Besprechung auch der dritte Mann der damaligen Großen Drei, der britische Premierminister Winston Churchill, teilnehmen sollen. Man wird aber verstehen, daß man im kleinsten Komitee, also zu zweit, bleiben wollte, um etwas zu beschließen, was der alten Vormacht des Imperialismus und Kolonialismus der Europäer, Großbritannien, den Todesstoß versetzte. Es genügte, wenn der Russe Berežkov übersetzte und sich dabei wunderte, wie der Präsident des von ihm verachteten und gehaßten US-Kapitalismus, Franklin Delano Roosevelt, dem Genossen Stalin in die Hand arbeitete.

An jenem Tag im November 1943 war der Zweite Weltkrieg wohl bereits entschieden, aber noch nicht aus. Nach Stalingrad hätte den Deutschen wohl nur mehr das helfen können, was Hitler die Vorsehung nannte; diese aber blieb unsichtbar. Of-

fenbar auch in Teheran. Umso wichtiger und richtiger war es um diese Zeit, daß sich die künftigen Gendarmen der Weltpolitik, die SU und die US, schon jetzt über gewisse Notwendigkeiten für eine Ordnung in der Zweigeteilten Welt einig wurden. Ehe es darüber, wie oft unter Verbündeten nach einem Krieg, zum Streit kam. Nein, so dumm waren Roosevelt und Stalin nicht. Sie sind sich über die Verteilung der gemeinsamen Beute prächtig eins geworden. Betreffs Deutschland wird man sich auch in Anwesenheit des dritten Mannes, Churchills, nicht zerstreiten. So wie schon 1919 wird man den Deutschen die alleinige und immerwährende Schuld am Ausbruch des Zweiten Weltkriegs an den Hals hängen; ihnen alles wegnehmen, was man zur Befriedigung der Ansprüche der Großen Drei sowie ihrer Parteigänger braucht; im übrigen aber dieses kriegslüsterne Volk, das im letzten Krieg neben anderen grausamen Neigungen auch jene zum Völkermord, begangen an Juden, bewiesen hat, fest an die Kandare nehmen.
Aber nicht nur nach dem sterbenden Deutschen Reich gab es wertvolle Erbstücke. Noch reicher vielleicht wird das sein, was nach dem Ende des britischen Empire und dem Imperialismus und Kolonialismus der Franzosen übrig bleiben wird. Selbstverständlich wird man die betroffenen Kolonialländer erst einmal befreien, wie das im Wortgebrauch momentan ausgedrückt wurde, wenn man ein Land unter die Kontrolle einer der beiden Supermächte nahm. Denn wer noch nicht dieses bessere Menschsein an sich hat, das eine Demokratie wie die US verschaffen kann, tut gut, sich erst einmal dem Nachholunterricht zu stellen. Russen und Amerikaner werden gerne diesen Unterricht organisieren, Lehrpläne aufstellen und Lehrer abstellen. Man wird auch darauf sehen, daß weder die Deutschen noch die befreiten Kolonialvölker in Übersee in schlechte Gewohnheiten zurückfallen.
Zuerst bekam in dem Gespräch zu zweit Frankreich eine Rüge. Es fing an, als Stalin scheinheilig fragte, was denn im Libanon los sei. Sagte Roosevelt:
»... Engländer und Franzosen haben die Unabhängigkeit des

Libanons garantiert. Die Libanesen haben so ihre Verfassung und ihren Präsidenten bekommen, jedoch diese Verfassung etwas abändern wollen.«
Roosevelt verschwendete kein Wort darüber, daß es eigentlich ein Grundsatz des demokratischen Zeitalters ist, jedem Volk die Freiheit zu lassen, selbst über seine Verfassung zu befinden und darnach zu wählen. Statt dessen fuhr der Präsident der größten Demokratie des Westens fort: »Die Franzosen haben ihnen (gemeint waren die Libanesen) das (also die Änderung) untersagt und den Präsidenten und das Ministerkomitee des Landes verhaftet. Jetzt ist im Libanon alles in Ordnung.«
Stalin konnte es sich nicht verkneifen zu fragen:
»Ist die Ruhe im Libanon nicht nach einem englischen Ultimatum eingetreten?«
Roosevelt konnte nicht leugnen, daß die Briten ein wenig oberflächlich ihr gewohntes to kopenhague betrieben haben, meinte aber dann, quasi zur Erklärung der im Libanon stattgefundenen Verhaftungen:
»Ihnen würde General de Gaulle auch nicht gefallen, wenn Sie mit ihm zusammenträfen.«
Der Georgier erwiderte, er genieße noch nicht den Vorzug dieser persönlichen Bekanntschaft. Hingegen meinte er, die Franzosen seien dran und drauf, die Alliierten zu betrügen. Sie nähmen Kurs auf eine Zusammenarbeit mit Deutschland, ohne das Volk in Frankreich, Stalin hatte wohl die dortige KP im Sinn, viel zu fragen. Darauf Roosevelt:
»Churchill glaubt, daß Frankreich sich völlig erneuern und bald eine Großmacht werden wird. Ich teile diese Meinung nicht ... Sollten die Franzosen glauben, daß ihnen die Alliierten diese (Großmacht) auf dem Tablett servieren, dann irren sie sich ...«
»Ich stelle es mir nicht so vor, daß die Alliierten für die Befreiung Indochinas Blut vergießen«, erklärte Stalin (immer noch in besten Beziehungen zur momentanen Besatzungsmacht in Indochina – nämlich Japan) und fuhr fort »und daß dann Frankreich Indochina bekommt, um dort wieder ein Kolonialregime

zu errichten. Ich glaube, nach dem, was die Japaner in Burma und Thailand geleistet haben mit der Unabhängigkeitsidee, müßte man darüber nachdenken, wie das alte Kolonialregime durch ein freieres Regime zu ersetzen wäre. Ich glaube, daß die Vorgänge im Libanon der erste Schritt auf dem Weg der Ablösung des alten Kolonialregimes durch ein neues Regime ist . . .«

Roosevelt freute sich. Man ging ja nicht bloß auf den französischen Kolonialismus los, sondern auch auf den britischen in Burma. Es wird aber noch viel besser kommen, und der Russe Berežkov kam in der Freude über die Erfolge seines Chefs oft gar nicht nach mit dem Übersetzen. Die Folge waren verschiedene Textierungen dessen, was geschichtliche Tatsache wurde. Roosevelt wurde überschwenglich:

»Ich bin hundertperzentig einverstanden. Und ich bin froh, daß Tschiang Kai-Schek Indochina nicht haben will. Indochina sei nicht reif für eine Selbstverwaltung, hat mir Tschiang Kai-Schek erklärt. Ich aber habe auf unser Beispiel der Philippinen hingewiesen . . . Gegenwärtig wird dort mit amerikanischer Hilfe eine Selbstverwaltung eingerichtet, und das indonesische Volk wird in 30 oder 40 Jahren auf die Selbstverwaltung vorbereitet. Und ich nehme an, daß in anderen Kolonien sicher die gleichen Verhältnisse herrschen . . .«

Ob im Moment dem abwesenden Churchill die Ohren klangen? Immerhin wurden sich momentan die beiden Supermächte einig darüber, den Briten ihre Kolonien aus der Hand zu nehmen. Stalin war an sich nicht froh, daß Tschiang nicht gleich vom Fleck weg Indochina übernommen hat; wer weiß, wieviel es kosten wird, nachher, wenn China unter Mao Tse-Tung kommunistisch geworden sein wird, Indochina unter die Hausordnung des internationalen Kommunismus Moskauer Prägung zu bringen. Indessen mußte der sowjetische Generalissimus verteufelt acht geben, denn Roosevelt schlug vor, eine internationale Kommission für die Verwaltung der bisherigen Kolonien zu schaffen:

»Diese Kommission soll die Kolonialländer inspizieren und die

Situation in diesen Ländern sowie mögliche Verbesserungen prüfen. Die gesamte Tätigkeit dieser Kommission wird man veröffentlichen.«
Stalin erinnert sich, daß der US-Außenminister Cordell Hull ihm schon bei einem Besuch in Moskau ein diesbezügliches Papier, wie die Amerikaner sagen, übergeben hat. Laut sagte er:
»Man könnte sich mit Beschwerden und so weiter an diese Kommission wenden.«
Roosevelt fand es richtig, Churchill als das Hindernis für seinen Plan hinzustellen:
»Ich weiß, daß Churchill keine Vorstellungen bezüglich (der britischen Kolonie) Indien hat. Churchill möchte diese Frage und ihre Lösung bis zum Kriegsende zurückstellen.«
Da nickte der Große Stalin und konnte es als Generalissimus gut verstehen, daß man die wackeren Inder, die sich im Verband britischer Truppen wacker gegen die Nazifaschisten schlugen, nicht vorzeitig vor den Kopf stoßen dürfte. Leicht konnte es nämlich geschehen, daß sich noch viel mehr Inder an den verfluchten Subhas Chandra Bose halten, bei Kriegsausbruch Vorsitzender der indischen Kongreßpartei. Bose ging seit 1941 mit Deutschland und erwartete sich von Berlin eine bessere und raschere Lösung der Frage der Unabhängigkeit seines Landes als von den Alliierten. In dem von den Japanern besetzten Singapur hat er eben in diesem Jahr 1943 eine indische Nationalregierung errichtet und Großbritannien und den US den Krieg erklärt. Bose blieb auch für den Großen Stalin ein Eisen im Feuer, zumal der Generalissimus noch immer nicht entschlossen war, diesen Krieg an der Seite der Alliierten zu beenden; sondern zusammen mit den Deutschen, die 1939 zusammen mit ihm den Zweiten Weltkrieg begonnen haben. Kein Wort davon an jenem Tag im November 1943 in Teheran. Stalin, das Schwert des internationalen Kommunismus, wäre ja beinahe vom Stuhl gefallen, als Roosevelt fortfuhr:
»Ich möchte gerne einmal mit Ihnen allein über die indische Frage reden. Ich finde, daß eine Reform von Grund auf, ungefähr nach sowjetischem Muster, die beste Lösung wäre.«

Der gute Berežkov erbat sich eine Pause, um diese Ungeheuerlichkeit zu übersetzen. Stalin aber bewahrte seine starre Miene, hieß den Übersetzer schweigen, denn er erwartete sich von Roosevelt noch weitere großartige Aussichten für die Zeit nach dem Krieg. Er irrte sich nicht. Roosevelt schloß nämlich:
»Ich glaube, daß sich das parlamentarische System für Indien nicht eignet. Leute, die in der indischen Frage unbeteiligt sind, könnten sie besser entscheiden als Leute, die eine unmittelbare Beziehung zu dieser Frage haben.«
An sich wunderte sich Stalin, daß man im Mutterland der parlamentarischen Demokratie so wenig aktuelle Gestaltungskraft im Grundprinzip Demokratie des Westens vermutete. Wo doch der Amerikanismus die Überzeugung vertritt, die Demokratie in Amerika sei imstande gewesen, ein besseres Menschentum hervorzubringen als die Traditionen der Alten Welt in Europa. Aber der Große Stalin war ein großer Schweiger, wo er sah, daß Dinge im Reifen waren, deren Früchte einmal dem Kommunismus in den Schoß fallen werden. Denn der Kommunismus war bereit, sofort in Indochina oder andernorts in bisherigen Kolonialländern als Ordnungsmacht in Erscheinung zu treten und jede Dritte Macht energisch zurückzuweisen, wenn diese etwa gar ihre Hausordnung anstatt der kommunistischen angewendet wissen wollte. Laut sagte er:
»Selbstverständlich können Leute, die in Indien unbeteiligt sind, die Angelegenheit objektiver betrachten.«
Der Große Stalin mußte sich mit aller Kraft zurückhalten, um nicht mit der Selbstverständlichkeit zu kommen, daß das von Roosevelt ins Auge gefaßte sowjetische Muster doch wohl nur von Sowjetbürgern, letzten Endes also von ihm, vom Stalin, in Indien montiert werden konnte. Mit bolschewistischen Methoden, ohne die ja der Bolschewismus nicht gerät. Vielmehr zog er sich mit nobler Diskretion zurück, um nicht Zeuge zu sein, wie man den lahmen US-Präsidenten aus dem Raum holte. Das mit den Kolonien gefiel ihm sehr. Zuerst Deutschland, nachher die Briten, Franzosen, Portugiesen und so weiter in ihren Kolonien.

Im Oktober 1956 war der Große Stalin schon mehr als drei Jahre tot. In den US dachte niemand daran, daß es der unvergessene Präsident Roosevelt gewesen ist, der den jetzt bereits weniger geschätzten Stalin auf den sowjetischen Weg zur Ent-Kolonialisierung gestoßen hat. In Moskau hat man dieses Testament des Großen Stalin ebensowenig vergessen wie etwa das Testament des Zaren Peters des Großen, das auf den Ausgang ins Mittelmeer abzielte; oder andere Zarentestamente, in denen aufgezeigt wird, daß der Weg Rußlands zum Indischen Ozean über Persien, jetzt sagte man Iran, führt.
Nur in London und Paris hat man um 1956, was Imperialismus und Kolonialismus betraf, auch nach dem Zweiten Weltkrieg nichts gelernt und nichts vergessen. Die Franzosen nagten am Ärger über ihre Niederlage bei Dien Bien Phu, und die Engländer trugen Trauer wegen des Verlustes des größten Juwels ihres Kolonialbesitzes – nämlich Indiens. In Ägypten, auch bis kurz nach dem Zweiten Weltkrieg noch immer unter britischer Oberherrschaft, hat der dortige Staatschef Nasser nicht nur den dicken Faruk verjagt und einen quasi-sozialistischen Kurs eingeschlagen, sondern die Suez-Kanal-Aktiengesellschaft, vorwiegend ausländischer Besitz, verstaatlicht. Ein Staatschef wie Nasser ist nach westlichem Sprachgebrauch ein Diktator, den man zweckmäßigkeitshalber nicht so in der Öffentlichkeit nennt, solange man glaubt, sich seiner bedienen zu können.
1948 hat Nasser im ersten jüdisch-arabischen Krieg als ein noch nicht dreißigjähriger ägyptischer Stabsoffizier die schmähliche Niederlage seiner Soldaten gegen die Truppen des erst einjährigen Staates Israel erleben müssen. Nachher war ihm klar, daß man diesen Krieg nicht deswegen verloren hat, weil man dem Gegner es überließ, der Stärkere zu sein; sondern deswegen, weil die Ägypter den Israelis gegenüber inferior waren. Nasser sah nicht ein, warum nicht eines Tages die Ägypter die Israelis schlagen können. Aus diesem ersten Krieg heimgekehrt, wandte Nasser seine Aufmerksamkeit weniger der Armeereform zu, als vielmehr dem Umsturz der Zustände unter König Faruk. Dieser König, eine Schande für das Land, überließ sein Regime einer

Clique von Reichen, Korrupten und vom Ausland bestochenen Typen, um Zeit zu haben, ein Vermögen mit Huren in Römischen Bars und andernorts zu vertun. Man wird ihn stürzen. Aber Nasser dachte nicht an einen Militärputsch, er wollte die Revolution in Ägypten.

Nasser und seine Kameraden verjagten Faruk und seine Clique, entledigten sich gewisser religiöser Schwärmer, die zurück ins Mittelalter wollten, und kämpfte sich, nicht immer rücksichtsvoll, an die Staatsspitze.

Als Nasser im Sommer 1956 die Suez-Kanal-Aktiengesellschaft verstaatlichte, mußte er sich eines anderen Obersten der ägyptischen Armee erinnern, der es auch mit der Selbstreinigung des ägyptischen Volkes versuchte und zuletzt im Konflikt mit Großbritannien und Frankreich scheiterte. Dieser sein Vorläufer hieß Arabi Pascha, war Oberst und sonst nichts. Er selbst war kein Prophet, nur der Popanz von religiösen Schwärmern, die sich prophetisch gaben und dabei dachten, wie gut es ist, zuweilen einige Gewehre bei der Hand zu haben. Arabi Pascha war keiner jener Träger dieses Titels, die für ein schlechtes Regieren den Ausdruck Paschawirtschaft aufkommen ließen. Im Gegenteil: Er schämte sich seines Herrschers – damals nur ein Vizekönig unter dem Sultan – und der Korruptionswirtschaft, aus der die Nützlinge des Systems das Geld zogen, um dümmlichen Europäern mit dem Glanz ihres Hauses zu imponieren. Ihnen reiche Geschenke zu machen.

Arabi Pascha war, so wie später Nasser, ein Mann aus dem Volk, wie man am Beginn des demokratischen Zeitalters in Europa sagte; nur ein Troupier, kein bedeutender Militär, kein Politiker und am wenigsten ein Prophet. Immer blieb er in den Händen jener geheimen Verführer, die in korrupten Verhältnissen ihre Geschäfte im Politischen machten. Noch war nicht die Zeit, den Herrscher zu verjagen, so wie einmal Nasser Faruk verjagen wird. Immerhin zwang Arabi Pascha den Vizekönig, seine reichlich korrumpierte Regierung zu entlassen und ihm, Arabi Pascha, das Heft zu überlassen. Sofort schlugen die in Kairo tätigen Reporter der Londoner und Pariser Zeitungen

Alarm. Sie verloren nämlich durch den Regimewechsel ihre Informanten in der Regierung und jene, die ihnen für ein gutes Image in der Zeitung einen Beutel Piaster in die Hand drückten. Die Londoner Agentur REUTER und die Pariser HAVAS erschreckten mit ihren Informationen den Rest des bürgerlichen Europa. Niemand glaubte sich seines Aktienportefeuilles sicher, wenn nicht einmal ein dahergelaufener Fellachen-Abkömmling mehr zur Ordnung gerufen wird.

So wie am Nil schwärmerische Eiferer und Reformer am Werk waren, um einige Bewegung ins träge politische Leben zu bringen und dabei handfeste Politik zum eigenen Vorteil zu machen, geschah es auch in England. Neue, weltbewegende Ideen steigen nicht empor in den Massen wie Hochnebel aus den Schluchten. Alles was zu einer Revolution, zu einem Neuen gehört, muß gemacht werden. Erst wenn die am Schreibtisch den Ton gefunden haben, der den Massen ins Ohr geht und ihre Gemütskräfte anspornt, wird es Zeit, daß sich die Trommler nach einem Hauptmann umsehen.

Nichts Neues gibt es je unter der Sonne. So wie die Revolution der sechziger Jahre daherschwamm auf jener Welle amerikanisierter Negermusik, die das Auditorium eines Jazz-Festivals in hysterische Exzesse versetzen kann, so gab es um 1881 in London ein Singspiel, das der dortigen Singspielhalle volle Häuser brachte. Immer wenn eine bestimmte Strophe eines Textliedes von der Bühne her erklang, schien im Auditorium eine kollektive Neurose auszubrechen. Die erste Verszeile war harmlos genug:

We don't want to fight.

Wenn sie gesungen wurde im Ensemble, rührte sich nichts. Denn die Menschen waren ja entschlossen zu kämpfen. Um so wilder wurde das Tohuwabohu im Zuschauerraum, wenn es so weiterging im Text einer anfeuernden, ins Ohr gehenden Melodie:

But, by Jingo, if we do,
We've got the men,
We've got the ships,
We've got the money too.

Dann brüllten die Männer, die Weiber hängten sich an ihre Männer und kreischten hysterisch, denn auch ihnen gefiel es, daß es einen Mann gab, viele Männer. Und Schiffe, mit denen man ans andere Ende der Erde fährt und dort ein Ding dreht. Und vor allem Geld. Geld gab es. By Jingo, verschwur man es sich. Der Götze aus Übersee stand schon richtig. Nicht mehr der gute alte Gott mit dem langen weißen Bart. Nein, ein Exote war Zeuge des Schwurs, denn es sollte ja in Übersee etwas geschehen. Ein neuer »ismus« war ausgerufen, der Jingo-ismus.
Anders als 1956 stand 1882 der britischen Regierung keine Luftwaffe für eine rasche Intervention in Ägypten zur Verfügung. Vom Hafen Malta lief eine Eskader aus. Kurs auf Alexandrien an der Mündung des Nils ins Mittelmeer. Zur Normalausstattung eines damaligen imperialistischen Experiments gehörte ein Landungsdetachement, damals Marine-Infanterie, heute Luftlandetruppen. Ohne die Landnahme nutzen alle Erfolge der Flotten, ob zur See oder aus der Luft, nichts.
Es war lange das Problem der sowjetischen Expansionspolitik in Afrika, daß – anders als zu Zeiten des Imperialismus der Briten und Franzosen – keine Landtruppen zur Verfügung standen, um die Machtergreifung einer militanten kommunistischen Minderheit in einem früheren Kolonialland mit infanteristischen Kräften abzustützen und auf Dauer einzurichten. In solchem Zusammenhang bekam die Unterstützung der Ausbreitung des Kommunismus auf dem Schwarzen Erdteil durch Truppen des kubanischen Militärdiktators Fidel Castro welthistorische Bedeutung.
Wie simpel war im Vergleich zu diesem getarnten Sowjetimperialismus der zweiten Hälfte des 20. Jahrhunderts die Methode des Imperialismus im vergangenen Jahrhundert. Die britischen Kriegsschiffe lagen 1882 auf Reede vor Alexandrien; nahe dort, wo einmal Nelson die französische Flotte, die Napoleons Zug nach Ägypten begleitet hatte, bei Aboukir vernichtet hat. 1882 fing das Spiel damit an, daß die Regierung in London von der Regierung in Kairo verlangte, sie möge verschwinden. Das geschah natürlich nicht in dieser unmittelbaren Weise, sondern in

ultimativer Form, gerichtet an den Vizekönig. Derlei Methoden lösen in Ländern mit unterentwickelter Zivilisation immer Aufruhr unter der Bevölkerung aus. 1882 richtete sich der Zorn der Moslems der Seestadt Alexandrien gegen ihre christlichen Landsleute, mit denen sie sonst in guter Nachbarschaft lebten. Die Blätter in Europa schrieben dann von einem Blutbad. Und doch war es eine Kleinigkeit, verglichen mit dem, was 1979 der Volkszorn in Persien anrichtete. Das Weitere verlief 1882 so, wie es im Buche stand. Es folgte das, was damals das Zeitwort to kopenhague bedeutete. Ein Wort, das abgeleitet ist vom Namen der Hauptstadt des Königreichs Dänemark. Besagte Tätigkeit besteht darin, daß die Flotte Seiner Britischen Majestät die Flotte eines nicht im Kriege befindlichen Landes überfällt, sie auf Grund befördert oder kapert, die Werfte plündert und, was oft unvermeidlich ist, einen Haufen Menschen umbringt. Zur Zeit des Großen Napoleons geschah das gleich zweimal der Stadt Kopenhagen, die darnach den Vorzug genießt, eine Zeitlang auch unter dem entsprechenden Zeitwort im Wörterbuch der englischen Sprache aufzuscheinen beziehungsweise im Wortschatz der britischen Admiralität und ihrer Seeoffiziere. 1850 traf das nämliche Mißgeschick die griechische Hafenstadt Piräus, auch mitten im Frieden und nur deswegen, weil Griechenland seine Politik nicht vollends mit der britischen Mittelmeerpolitik gleichschaltete. 1882 war Alexandrien dran. Aber noch 1940 wurde von der britischen Flotte so verfahren, als sie, nachdem Frankreich mit dem Deutschen Reich einen Waffenstillstand abgeschlossen hatte, die Flotte des an sich verbündeten Frankreich in Oran bombardierte, außer Gefecht setzte und dabei nicht wenigen französischen Marineuren den Tod durch Freundeshand – zur Zeit eines Waffenstillstands – ganz unerwartet bereitete.

Hier muß zugegeben werden, daß die Ägypter von 1882 nicht wie stumme Hunde hinnahmen, was ihnen aufgezwungen werden sollte. Mit anderen Worten, die Kanonen der Forts von Alexandrien eröffneten das Feuer auf die vor Reede liegenden Schiffe; und bekamen prompt eine Menge Feuer aufs Dach. Ein

Viertel der Hafenstadt ging in Flammen auf. Die Briten sagten, wegen der Fehlschüsse der Ägypter, letztere sagten, was wohl die Wahrheit war, daß nämlich die armseligen Häuser der Hafenstadt wie Zunder brannten, als die britischen Granaten auf sie fielen wie Feuer vom Himmel. Jetzt war die Stunde für das britische Landungsdetachement gekommen, denn die malträtierten Alexandriner fingen schon an, alle Fremden in der Stadt zu jagen, zu terrorisieren und einige zu töten. Davon war in Zeitungsberichten viel die Rede, und die Wiener wunderten sich über solche Vorfälle, wo man doch vor einigen Jahrzehnten ihren Kaiser Franz Joseph bei der Eröffnung des Suezkanals in der gentilsten Weise willkommen geheißen und bejubelt hat. Da nun aber in Ägypten Christenblut sowie Blut von Europäern geflossen war, wandelte sich das gesunde Volksempfinden und man begrüßte es, als die englischen und französischen Zeitungen und Presseagenturen berichteten, der Kommandeur der in Ägypten an Land gegangenen britischen Truppen hätte dem Vizekönig des Landes folgendes angeraten:

»Der einzige Zweck der englischen Regierung ist, Eure Hoheit und das Volk Ägyptens vor den Rebellen (des Arabi Pascha) zu schützen.«

Es ist nicht genau bekannt, wie groß der Dank des Vizekönigs für den so erwiesenen Schutz war, sicher ist, daß er froh war, einen so unruhigen Geist wie den Arabi Pascha und seine religiösen Schwärmer vom Leib zu haben. Also so ziemlich alles, wie gehabt. Und dann gingen die britischen und die inzwischen aufgerückten französischen Verbände auf die ägyptische Armee los und brachten ihr bei Tel-el-Kabir eine vernichtende, jedenfalls entscheidende Niederlage bei. Später wird sich Oberst Nasser den Namen dieses Kampfortes merken, zumal nach der dort stattgefundenen Schlacht es aus gewesen ist mit dem Arabi Pascha. In Paris hat sich der Große Georges Clemenceau, damals, 18882, noch ein kleiner Linksliberaler, gegen das Abenteuer in Ägypten gewendet; nicht aus Verständnis für die gute Sache der Ägypter; sondern deswegen, weil er französisches Militär nicht am Nil sehen wollte, sondern am Rhein, direkt ge-

genüber den Boches, die noch die Revanche für ihren Sieg von 1870/71 ausständig hatten.
1882 also fing das Zeitalter des Imperialismus der europäischen Kolonialmächte an. Imperialismus, zusammen mit Kolonialismus, war etwas ganz anderes als der veraltete Kolonialismus der Portugiesen und Spanier im 15. und 16. Jahrhundert. Und daher war auch der Fall dieses Imperialismus in den fünfziger Jahren des 20. Jahrhunderts von ganz anderen Folgen begleitet als der Abfall früherer Kolonien vom Mutterland. Davon kann sich der Europäer überzeugen, wenn er jetzt die befreiten Länder Afrikas besucht: Zu hunderttausenden flohen seither die Europäer aus dem Schwarzen Kontinent, der vom Rassismus und Nationalismus der Schwarzen durchflutet wird. Von den Kathedralen in Oran und Constantine hat man die Kreuze herabgeholt, so wie vor vielen Jahrhunderten, als die Araber die christlichen Diözesen und Gemeinden in Nordafrika zerstörten und Platz suchten für das Regime der Seeräuberstaaten derer in Tunis und Algerien. Zum zweiten Mal siegte der Halbmond über das Kreuz. In Zentralafrika wurden Europäer en masse abgeschlachtet, aber das waren für die meisten Zeitungen in Europa nur mehr Anlässe für die ewige Wiederholung des bebilderten Witzes vom Weißen Mann im Kochtopf der Kannibalen. Die Kadaver ermordeter Priesterstudenten sollten abschreckend wirken auf jene, die sich noch mit der Absicht trugen, Diener des Gottes des Weißen Mannes zu werden. Und – wie in allen Revolutionen – wurde die Frau, die Weiße Frau, Beute des Stärkeren, diesmal des Schwarzen Mannes.
In der Welt des Weißen Mannes nahmen sich gewiegte Soziologen und Politologen sowie Psychologen und Theologen solcher Phänomene an. Sie wurden sich in den meisten Fällen einig, daß in Afrika nicht die Mörder von heute anzuklagen wären, sondern die Vorfahren der Ermordeten, in vielen Fällen die nunmehr massakrierten Weißen, deren Schuld niemand abwaschen kann. Mehr noch: Christliche Kirchen sammelten in Europa Geld, um es den Partisanen im afrikanischen Busch zu geben, die doch Missionsgelder für Waffenkäufe brauchten; für Waf-

fen, deren Mündungen man auf den Weißen Mann in Afrika richten wird. Aus den US kam die Aufforderung, doch den Truppen des kubanischen Militärdiktators keine Vorwürfe zu machen, wenn diese im Auftrag der SU den Dienst der Gendarmen des internationalen Kommunismus ausüben. Diese Kubaner hätten sogar die materiellen Interessen von Unternehmen geschützt, deren Zentrale in den US ist. Wären sie nicht da und dort gewesen – wer weiß, wie sich der gerechte Zorn und der Rassismus und junge Nationalismus der Schwarzen ausgetobt hätten. Da freute sich Fidel Castro über solches Lob.

Im übrigen ist kein Platz mehr für den Weißen Mann in Afrika. Er möge packen, was in eine Handtasche geht und heimreisen ins Land seiner Väter und Vorväter. Und er möge es sich ja nicht einfallen lassen, etwa die Zivilisation, die er ins Land brachte, vorher zu zerstören und unbrauchbar zu machen; vielmehr sei diese den Männern überlassen, die jetzt freien Blicks und erhobenen Hauptes aus dem Busch kommen. Um sich zu beschweren, daß sie noch nicht das Know-how der Weißen besäßen, also die Kenntnis dessen, was in vielen Jahrhunderten aus der europäischen Kultur erwuchs. Vom lächerlichen »Christlichen Abendland« war nicht mehr die Rede in Europa. Man registrierte, daß in den vom Weißen Mann geräumten Gebieten eine enorme Erneuerungsbewegung des Islams im Zuge sei und ganze Dörfer geschlossen dem christlichen Glauben entsagen, um zur Welt des im unaufhaltsamen Wachsen befindlichen Islam zu gehören.

Dem Weißen Mann, immer noch im ungerechtfertigten Alleinbesitz des Know-how sowie seines Zivilisationskomforts – auch in Ländern, die keinen Nutzen aus dem Kolonialismus zogen, weil sie nie Kolonien hatten und keinem Imperialismus der Angel-Sachsen nachhingen – schärfte man ein, ein Büßergewand anzuziehen. Sonst der Anerziehung von Schuldkomplexen sowie dem Vergeltungscharakter im Strafrecht eher abgeneigt, war man in diesem Fall in gewissen Kreisen der US dafür, die Europäer zunächst einmal eine Weile auf der Bank der Sünder sitzen zu lassen. Und nicht nur die Deutschen.

Die Amerikaner, die einmal die Urbevölkerung eines ganzen Subkontinents, die Indianer, durch Völkermord beseitigt haben, um Platz zu haben für die Produktion ihres besseren Menschentums, klagten nunmehr die Nachkommen jener Kolonisten an, die nicht nach Nordamerika auswanderten, sondern nach Afrika; allerdings ohne Holocaust, geübt an dortigen Ureinwohnern. Und die Nachkommen der einmal aus Afrika in die US importierten Negersklaven überschütteten die Nachkommen jener Weißen mit Haß und Rachsucht, die in Afrika die dortigen Neger weder exportiert noch massakriert haben.
Wie gut, daß 1979 die Nachkommen der Techniker des Holocaust in den US sich schon selbst entkolonialisiert und quasi zu Ureinwohnern Nordamerikas machen konnten. So durften sie, ohne Reuegefühle, es den Sowjets überlassen, zum Beispiel im Iran jenes Chaos zu erzeugen, das üblicherweise geschaffen wird, wenn ein Land, das bisher Objekt des Kolonialismus oder des Imperialismus der Engländer und Russen war (wie Persien seit jeher), fortan der Welt des internationalen Kommunismus einverleibt werden soll.
Heuchelei ist vererblich. So wie 1882 die Briten dem Vizekönig von Ägypten nicht etwa sagten, sie kämen ins Land, um dort fortan die Oberherrschaft auszuüben, sondern diesem Schutz vor dem Rebellen Arabi Pascha anboten, geschah es 1956 gleichmaßen. Nasser in die Wüste zu jagen, wie ehedem Arabi Pascha, dazu reichte es in der Spätkrise des Imperialismus nicht mehr. Aber in Kairo zu verlauten, man brächte den Frieden und die geordnete Internationalisierung des Suez-Kanals, was ohne Truppen nicht geht, dazu war immerhin noch genug altertümliche Heuchelei vorhanden.
Die US, den alten Kolonialmächten in Europa um Längen voraus, mahnten in London, man möge die Sache in Ägypten nicht auf die Spitze treiben. Sei dieser Nasser doch ohnedies empört, weil die US und die Kapitalisten im Westen ihm zuletzt doch nicht das Geld versprochen haben, das er zum Bau des Assuan-Staudammes brauchte. Wenn jetzt die SU für diesen Dammbau besorgt sein wird, so wird das Nasser in das Kräftefeld Mos-

kaus einbeziehen. Wozu noch dahin stoßen, da Nasser, dieser Verräter am Westen, ohnedies von selbst dahin falle.

Jede Ordnungsmacht sinkt zusammen, so wie die Elite, die sie trug, absinkt in jene amorphe Masse, aus der neue Eliten emporsteigen und alte sich auflösen in Anonymität und Minderwertigkeit. Der britische Premierminister Eden erlebte diesen Verfall des Empires zugleich mit dem Schwinden seiner seelischen und körperlichen Kräfte in der Krise der britischen Intervention am Suez-Kanal 1956. Alles ging zunächst wie 1882: Ein aufsässiger Oberst in Ägypten, der die Macht an sich gerissen hat. Diesmal Nasser. Eine Bedrohung der freien Schiffahrt im Suezkanal, ein Überhandnehmen nationaler Interessen Ägyptens. Keine Bereitschaft zur Einigung im Sachlichen in Kairo. Bereitstellung von Militär, diesmal keine Flotte, sondern Luftgeschwader für das routinemäßige Bombardement vor Landung der Truppen für die Besetzung der Kanalzone bei Port Said am Mittelmeer.

Niemand hat verraten, wer den Israelis, die doch nach 1945 im Kampf um die Unabhängigkeit ihres Staates in Palästina so üble Erfahrungen im Umgang mit der damaligen Mandatsmacht Großbritannien gemacht haben, 1956 dazu bewog, bei der anglo-französischen Invasion in Ägypten den Knüppel-aus-dem-Sack der Invasoren zu spielen; und die ägyptische Armee vorerst durch einen Einmarsch in Ägypten so zu binden, daß Nasser – zumal nach der rasch erfolgten Niederlage gegen die Israelis – nur mehr ein geschlagenes Heer am Suez-Kanal zur Verfügung hatte. Dieser dritte jüdisch-arabische Krieg hat den gefährlichen Haß, der in der ganzen arabischen Welt nach der Vertreibung der Palästinenser aus ihrer Heimat schwelt, nur noch vergrößert. Je öfter die Israelis im Krieg siegten, desto mehr Straßensperren errichteten sie auf dem Weg zu einem Kompromiß mit den Arabern und der ganzen arabischen Welt.

Es gehört zu den Tragödien der Geschichte, daß Sieger immer wieder in die fatalen Fehlhaltungen der Verlierer verfallen. So wie nach 1918 die *Entente* mit vorwiegend militärischen Mitteln den von ihnen angeblich bekämpften Militarismus der Deut-

schen unterdrücken und beseitigen wollte; die *Deutschen* 1939 dem Waffenglück das Schicksal ihrer Nation anvertrauten; so hat *Israel* die ganze, in Jahrhunderten jüdischer Existenz gehäufte seelische Kraft geschwächt, als es Dinge tat, die vorher schon Deutschen nicht gut bekommen sind:
Die Übernahme jener völkischen Idee, die Doktor Herzl einmal in burschenschaftlichen Kreisen in sich aufgenommen und unverlierbar seiner zionistischen Idee einverleibte; den Hang, das Schicksal der Nation einer starken – in diesem Fall von den US abgestützten – Militärmacht anzuvertrauen; eine Unduldsamkeit, da doch die Israelis in Palästina nicht auf das Kuschen der Judenmörder in Europa angewiesen waren, sondern auf eine erträgliche Nachbarschaft inmitten des riesigen Meers des Islams in Asien und Afrika. Nasser durfte man so nicht kommen.
Am 5. November vollführten bei Port Said britische und französische Fallschirmjäger eine gekonnt ausgeführte Landung, am 8. wollte man in Ismaila sein, am 12. in Suez. Nie haben die Invasoren von 1956 dieses Ziel erreicht. Der Kolonialismus und Imperialismus der Europäer in Afrika verreckte halbwegs zwischen Port Said am Mittelländischen Meer und Suez am Roten Meer. Wie gesagt, an traditionsreicher Stätte und in einer bis zuletzt aufrechterhaltenen Tradition der Methoden. Und er mußte verrecken, wei ihm ein neuer, ein anderer Imperialismus in den Weg trat, jener der Sowjets.
Der Rauch, der im November 1956 über Ungarn aufstieg, die Arbeit der dortigen Rächer des von den Magyaren verratenen Kommunismus, konnten im Kreml der Wachsamkeit und Scharfsicht dortiger Beobachter der internationalen Lage keinen Abbruch tun. Die SU trat einfach auf die Seite Ägyptens und im Umkreis von Moskau war vom Einsatz der Raketenwaffe und dergleichen die Rede. Immer werden fortan die im Westen klein beigeben, wenn die Sowjets rasseln, nicht länger mit Säbeln, sondern mit den modernsten Waffen des modernen Industriezeitalters, mit deren Hilfe sie sich anstelle der US zur bisher stärksten Militärmacht der Weltgeschichte aufschwingen werden. Der Militarismus der SU wurde ein Gigant – vergli-

chen mit dem noch immer als gefährlich hingestellten Militarismus der Deutschen, dem die US in Westdeutschland nach 1945 das Kreuz gebrochen haben.
Als 1918 die Reiche der Hohenzollern, der Habsburger und der Osmanen von den Siegern zerbrochen wurden, feierte der Rest der Welt diese Tat als einen ungeheuren Sieg auf dem Weg des Fortschritts der Menschheit. Erst nach dem Zweiten Weltkrieg hat Churchill, der 1918/19 wacker mitfeierte, etwa im Falle des Untergangs der Habsburger Monarchie gesagt, ihr Ende hätte den Völkern dieses bestandenen Vielvölkerstaates jene Qualen der Hölle bereitet, die Dante in seiner Göttlichen Komödie so trefflich beschreibt. Im Politischen zählt aber Reue angesichts von Kadavern nichts.
Was das nach 1945 eingetretene Ende des britischen Weltreichs betrifft, so haben in Teheran, 1943, Roosevelt und Stalin diesen Fall des Empires geplant. Metternich, zu seiner Zeit mäßig beliebt im Westen, hat 1848 angesichts der Revolution in Wien gewarnt:
»Ein System zu stürzen ist ein unschuldiges Unternehmen, während ein Reich zu stürzen in allen Fällen etwas Bedenkliches ist.«
In London war man damals und noch lange nachher, was Österreich betraf, ganz anderer Ansicht. Der Große Alte Mann des englischen Liberalismus Gladstone hat einmal – just in der Zeit, als seine Regierung 1882 Ägypten überfiel und dort seine Oberhoheit aufrichtete – mit erhobenem Zeigefinger auf Österreich gewiesen und im wilden Zorn gesagt:
»Auf der ganzen Welt gibt es keinen Fleck, auf den ihr euren Finger legen und sagen könnt: hier hat Österreich Gutes getan.«
Wer hat Großbritannien Gutes nachgesagt, als dessen Empire zerbrach? Die Israelis weinten diesem Reich kaum eine Träne nach, sie litten ja darunter, daß man in London das Land in Palästina gleich zweimal verkaufte, um sich im Ersten Weltkrieg unerläßliche Verbündete zu sichern: Zuerst an die Araber, denen man für ihren Aufstand gegen den Beherrscher aller Gläu-

bigen, den Sultan in Konstantinopel, versprach, sie würden einmal ihre unabhängigen Staaten auf dem Gebiet errichten können, das sie als Helfer der Briten der alten Türkei abnehmen. Und nachher ein zweites Mal den Juden, als man diese nach dem Fall des zaristischen Rußlands endgültig und in aller Form ins Lager der damaligen Entente ziehen konnte, indem man ihnen die »Heimstatt« in Palästina versprach.

Man könnte diese Serie von Verrätereien fortsetzen. 1919 verrieten die arabischen Scheichs, die im Krieg mit den Engländern gemeinsame Sache gegen die damalige Vormacht im Islam, die Türkei, gemacht hatten, ihre Sache: Sie fragten nicht erst die Menschen daheim und erklärten sich insgeheim damit einverstanden, daß es eine Ausnahme vom jüngsten Versprechen an die Araber geben sollte. Nämlich zugunsten der Juden, die auf arabischem Boden ihren Staat errichten wollten. Zu oft wurde die Sache der Menschen in Palästina verraten, als daß über diese getürmte Verräterei eine haltbare Ordnung gegründet werden könnte, ohne daß nicht neuerdings Blut vergossen und alte Unfreiheit in moderner Ordnung weiterexistierte.

Nicht nur die Israelis weinten dem untergehenden Empire keine Träne nach. Auch unter Nasser trug dessen Armee noch immer die Uniform nach dem Zuschnitt der britischen, und man mußte englisch sprechen, um sich in der internationalen Politik verständlich zu machen. Ägypten war übersät mit Relikten des britischen Imperialismus und seiner Zivilisation. Aber das uralte Land spie fünfundsiebzig Jahre britischen Imperialismus aus, wie es in Jahrtausenden so viele fremde Herrschaften und deren Kulturen ausgespien oder im Sand begraben hat, in Gräbern, die meistens niemand mehr beachtet. Nasser verlor 1956 den Krieg, aber er gewann nachher im Politischen viel, vieles auch zurück.

Zwar war der umkämpfte Suez-Kanal nach dem Versenken von Sperrschiffen während des Kampfes im Herbst 1956 lange unpassierbar. Er mußte freigemacht werden. Und diese Arbeit übernahm die altösterreichische Bergungsreederei Tripcović in Triest. Die Arbeit geschah unter der Aufsicht eines Baron Banfield, dessen Vorfahren einmal von den britischen Inseln nach Österreich geflohen sind. Banfield ist einer der letzten Überlebenden aus dem Ersten Weltkrieg, denen damals der Maria-Theresien-Orden wegen ihrer Courage als k. u. k. Marinekampfflieger verliehen wurde. Es schien fast, als wollte die Geschichte doch noch einmal bestätigen, daß einer aus Altösterreich, der Italiener Alois Negrelli, um 1847 die Pläne für den späteren Bau des Suezkanals gemacht hat.

Wie es so geschieht um das Österreichische – Negrellis Tat geriet bald außer Evidenz. Der französische, man könnte sagen: Manager und Financier Lesseps bediente sich der Pläne und des von ihm aufgebrachten Kapitals sowie des Einflusses auf den ägyptischen Vizekönig, den seine Regierung unter dem Kleinen Napoleon ausübte, um den Bau des Kanals zu beginnen und fertigzustellen. Zur feierlichen Eröffnung des Kanals schrieb Giuseppe Verdi, zu seinem Bedauern so lange Untertan des Kaisers von Österreich, eine Oper zum Anlaß. Viele Namen waren laut in aller Munde, bloß nicht der Name Negrelli; den Kaiser Franz Joseph mit einem kleinwenig Zuviel an Diskretion und Noblesse in einer durchaus veränderten Lage verschwieg, als er zur Eröffnung der Kanaldurchfahrt kam. Aber man brauchte offenbar die Österreicher und daher Baron Banfield 1957 bei der Arbeit.

Nasser löste sich vollends von allen historischen Verknüpfungen. Nach der Haltung der Westmächte im Jahre 1956 hielt er es lieber mit einem ARABISCHEN SOZIALISMUS seines angeblich »blockfreien Staates«, den die SU abstützte. 1958 schon bekam es den Anschein, als würde die Vereinigung von Syrien und Ägypten zur »Vereinigten Arabischen Republik« dem Panarabismus den Kern eines politischen Zusammenhalts geben, der bei militärischen Aktionen bisher stets ohne Erfolg geblieben war. Diese tödliche Bedrohung Israels vom Norden *und* aus dem Süden zerbrach indessen. Die »nördliche Region« der VAR wurde wieder jener selbständige Staat Syrien, der in Ost und West genehmer war, als der Kern eines arabischen Großreiches in Nahost.

Und dann mißlang der Griff Nassers nach dem Jemen. Auch in diesem Fall war er unklug genug, einen Plan zu verfolgen, mit dem er schon fertige Absichten der SU durchkreuzt hätte: Denn die SU wollte und erreichte, daß sie am Ausgang des Roten Meeres zum Indischen Ozean jene Kontrolle übernahm, die Großbritannien durch den Rückzug aus seinem Stützpunkt Aden preisgegeben hat. Und im Norden trat Nasser bei dem Versuch, sich die Unruhen im Libanon zunutze zu machen, der Regierung in Washington entgegen; dort konnte man keine Zangengriffe Nassers auf Israel zulassen. Es genügte, daß die VI. US-Flotte in Richtung Libanon Fahrt aufnahm, um die dortigen Unruhen zu dämpfen und die Parteigänger Nassers zu verscheuchen.
Für Nasser folgte eine böse Zeit. Vorbei waren die Tage, da man im Radio – von Marokko bis an den Persischen Golf – die »Stimme der Araber« aus Kairo hörte; Nassers Bild in den Slums der Araberviertel verehrt wurde. Mehr und mehr bekam er zu spüren, welche Kräfte dabei waren, die panarabischen Kräfte zu zerspalten. Nicht nur Israel und seine Freunde meinten, Nassers Sozialismus sei nur ein Surrogat für den Kommunismus, der in Etappen in Nahost Fuß fassen wollte. Schon verglichen kommunistische Ideologen die Lage des Islams in der Gegenwart mit jener der russischen Orthodoxie am Vorabend der Machtergreifung des Großen Lenin in Rußland.
Der Sieg der Israelis im Sechs-Tage-Krieg, drei Jahre vor dem Tod Nassers, schien 1967 die Katastrophe der Nasser-Ära zu sein. Im kurzen Aufflammen des Krieges – nur Stunden brauchten die Israelis, um mit ihrer weit überlegenen Luftwaffe den Effekt dieses Angriffs zu erzielen – verschwanden für den zeitgenössischen Beschauer die unvergängliche Hinterlassenschaft Nassers: Der Bau des Assuandammes, eine Leistung, die eingefluchtet werden muß in Perspektiven zu den Höchstleistungen des Landes am Nil. Die endgültige Abschüttlung des Imperialismus und Kolonialismus der Europäer. Die »positive Neutralität« Nassers zwischen Ostblock und dem Westen, mag sie auch den Vorwurf eines Krypte-Kommunismus eingetragen haben.

Es blieb die charismatische Persönlichkeit, die nach ihm kein arabischer Führer mehr erringen konnte, der Ruhm des Erwekkers nach Jahrhunderten träger Untätigkeit und drohenden Untergangs in einer europäischen Modernität.
1969, im Mai, erschreckte er die arabische Welt durch etwas, was nur mehr Resignation eines von der Todeskrankheit gezeichneten Propheten zu sein schien:
»I accept the reality of Israel«, erklärte er in einem in TIME abgedruckten Interview, »and so will my people – if there is a HUMANITARIAN SOLUTION . . .«
»Humanität« für die vertriebenen Palästinenser blieb also für ihn unabdingbar. Aber noch sagte Moshe Dajan vom Standpunkt Israels:
»Wir wollen einen jüdischen Staat.«
Und das bedeutete, es blieb bei dem israelischen Gesetz, wonach den 1,2 Millionen aus dem Territorium Israel geflüchteten Arabern jede Heimkehr für immer verboten ist. Das blieb die Blockade, als Nasser 1970 in Kairo verstarb.
Umsonst haben sich in der SU Ärzte bemüht, den Riesen am Leben zu erhalten. Von seinem letzten Aufenthalt auf der Krim kehrte er rasch noch heim an den Nil um dort – unerwartet für die Zeitungen im Westen – zu versterben. Sein Begräbnis war kein Staatsbegräbnis. Nur Orientalen haben noch das Gespür, zu wissen, wann ein Prophet stirbt. Nasser sah das von ihm, seinem Volk und den Arabern gelobte Land nicht. Nach ihm kam der heimtückische Anwar el Sadat. Er wird nach Jerusalem gehen, Juden und Araber, Amerikaner und Kremlleute küssen. Und er wird alle, nicht aus Treulosigkeit, sondern, weil er um seines Volkes willen alles ertragen wird, was er persönlich dem Schicksal seines Landes abnehmen kann, wenigstens einmal verraten.
Nur eines wird Sadat nicht dulden: Daß auch nur ein Schatten seines alten Kameraden und Vorgängers auf ihn, auf Sadat, fällt. Nie kann ein Diktator zulassen, daß über ihm noch etwas Höheres wirkt (und in diesem Sinne nicht einmal Gott). Sadat wird Nassers Bild mit lässiger Kritik herabholen wollen. Dort-

hin, wo der Prophet in dieser Welt scheitern mußte und gescheitert ist. Die Toten haben immer unrecht, und also wird man Nasser auch die Rückschläge anrechnen, die Sadat erlitt und in denen sich dieser als Leidtragender politischer, wirtschaftlicher und militärischer Mißerfolge des toten Nasser hinstellen wird lassen.

In der schönen Stadt Genf am gleichnamigen See der schönen Schweiz tagten soigniert gekleidete Diplomaten und berieten mit eher mäßigem Erfolg über das künftige Schicksal des unglücklichen Landes Vietnam in Indochina. Mit einigem Mißvergnügen stellten sie im Laufe der Zeit fest, daß die nach dem Fall von Dien Bien Phu versuchte Ordnung der dortigen Verhältnisse so garnicht geraten wollte. Was geriet und zustandekam war eine Zweiteilung des Landes nach dem Schema der 1945 von den US und der SU erreichten Zweiteilung der ganzen Erde. Auch in Vietnam wurde quer durch das Gebiet der ehemaligen französischen Kolonie die berühmte Demarkationslinie gezogen, und zwar entlang des 17. Breitegrads. Und wie durch Zauberschlag entwickelte sich nördlich dieser Linie unter Kontrolle der SU ein mörderisches kommunistisches Regime unter Ho Chi-Minh. Während im Süden versucht wurde, den Eingeborenen den amerikanischen Way-of-life samt dem aus dem Amerikanismus kommenden besseren Menschsein beizubringen. Hanoi im Norden, Saigon im Süden, wurden Sitz zweier Regierungen, die sich feindseliger begegneten als jemals in der Geschichte irgendwelche sogenannte Erzfeinde.
Eines Tages wollten die Diplomaten in Genf in aller Form feststellen, es entstünde entlang des 17. Breitegrads eine – wörtlich – rapide Verschlechterung der Zustände. Beide Parteien, die im Norden und die im Süden, seien daran schuld.
Der in Genf am Beratungstisch sitzende Kommunist aus Polen weigerte sich, diese Feststellung zu akzeptieren. Nach seiner Meinung würde eine derartige Erklärung das einseitige Verschulden derer im Süden verschleiern und die friedliebenden Bewohner Nordvietnams mit einer Verantwortung beladen, die diesen nicht zukam. Denn alle im Anschluß an Marx entstande-

nen Parteien sind immer die Angegriffenen, haben selbst nie eine Schuld an entstehenden blutigen Folgen der von ihnen angezettelten Klassenkämpfe und Revolutionen. Die Kommission in Genf versuchte nach dem Einwand des Genossen in Polen den Süden auf andere Weise zu verdächtigen:
In Südvietnam befänden sich Militärexperten aus US, und zwar in weit größerer Stärke, als das in irgendeinem Artikel einer früheren Abmachung zugelassen wurde; außerdem seien die US keine militärischen Verbündeten Vietnams. Daß in Nordvietnam Militärexperten der SU und Chinas dabei waren, den dortigen kommunistischen Machthabern eine erstklassige reguläre Armee zu schaffen und außerdem die bewährten kommunistischen Partisanen für den Kampf gegen das nicht – kommunistisch regierte Südvietnam schulten, wollten die westlichen Diplomaten in Genf nicht beanstanden. Der Genosse aus Polen wäre in diesem Fall womöglich noch mehr verärgert gewesen. Mit keinem Wort gingen die Diplomaten aber auf die feststehende Tatsache ein, daß im Süden kommunistische Partisanen, unterstützt aus dem Norden und überhaupt aus der ganzen Welt des Kommunismus, einen regelrechten Partisanenkrieg gegen die Saigoner Regierung und die von dieser aufgebaute Ordnung im Land führten. Genosse Ho Chi-Minh im Norden und sein Regime wurden keineswegs von anti-kommunistischen Partisanen oder Rebellen behelligt. Als sich die zahlreichen Katholiken in Nordvietnam gegen das Regime des Ho erhoben und ihre religiösen Freiheiten verteidigen wollten, bekamen sie eines aufs Haupt. Und Rebellen gebührt nach Ansicht des humanen Mao Tse-Tung die Diktatur. Selbstverständlich die kommunistische Art derselben, deren Methode, Lenin sei Dank, bekannt ist.
Wen die Götter schlagen wollen, den schlagen sie erst einmal mit Blindheit. In Vietnam werden die US die größte Niederlage ihrer bisherigen Geschichte erleiden und nie mehr werden sie nach dieser Niederlage im Rest der Welt jenes Ansehen genießen, das ihnen vorher, nach 1945, zugekommen ist. Scharfsichtige Beobachter kamen also aus den US nach Südvietnam und

stellten fest, daß die kommunistischen Partisanen, die Vietminh, keine Gefahr mehr für die Regierung in Saigon darstellten. Auch beließen es die im Süden tätigen Militärberater aus den US bei der Aufstellung einer regulären Armee, die eher für Polizeiaktionen, bestenfalls für den traditionellen Infanteriekampf gedrillt wurde. Nichts tat man, um anti-kommunistischen Partisanen auf die Beine zu helfen, um diese gegen die im Lande sehr rührigen kommunistischen Partisanen einzusetzen.
Um diese Zeit erschien in amerikanischen Zeitungen ein Foto, das eine südvietnamesische Einheit, Girls in Uniform, beim Exerzieren zeigte. Na also, nicht nur die Kommunisten schienen demnach auch weibliche Kämpfer für die Freiheit zu haben, sagte man in Washington aufatmend und bewunderte den Chic der Damen in US-Uniformen. Nicht-uniformierte Einheiten, die bereit gewesen wären, sich gegen die Kommunisten zu verteidigen, organisierten die US nicht, weil das eine Einmischung in innere Angelegenheiten bedeutet hätte. Im Lande verbliebene Franzosen versuchten es, den Kameraden aus den US einiges von ihren Kampferfahrungen näherzubringen. Aber wer hörte schon auf Leute, die bei Dien Bien Phu eine schmähliche Niederlage erlitten und damit die Amerikaner quasi gezwungen haben, jetzt selbst in Indochina die Kommunisten abzuwehren.
Je mehr die von US-Militärexperten gedrillte Armee des Südens im Schema von Divisionen und Korps geordnet wurde, desto mehr Planstellen gab es für einheimische Stabsoffiziere und Generale, welch letztere mit affenartiger Behendigkeit den Komfort nachahmten, den im Lande befindliche US-Generale und Stabsoffiziere kultivierten. Daß man sich eigentlich schon im Krieg befand und gewisse Etappen-Allüren nicht länger am Platz waren, wollte niemand im Süden wahrhaben, der schon als Zivilist oder Militär am amerikanischen Konsumwohlstand genascht hatte. Generale und Stabsoffiziere, die wenig oder nichts zu tun haben und zudem von Eingeborenen bedient werden, hassen das Gerede vom Krieg. Man wird es dem Staatspräsidenten in Saigon Ngo Dinh Diem sehr verübeln, daß sein Anti-Kommunismus ihn zu einer Wachsamkeit und Abwehrbe-

reitschaft gegenüber den Kommunisten verleitete, die lächerlich war und die in den US das liberalistische Establishment gar nicht mochte, weil sie nach Kriegslüsternheit roch.
Es ärgerte die US-Militärexperten, daß man im Süden wenig auf das nach amerikanischen Vorbildern gedrillte reguläre Militär des Landes gab, sondern stattdessen begann, die Bauerndörfer im Land leicht zu befestigen und die anti-kommunistisch eingestellten Bauern dazu zu bringen, bei kommunistischen Überfällen nicht auf die staatliche Exekutive zu warten, sondern selbst an Ort und Stelle zurückzuschlagen. Auf dem Gebiet der psychologischen Kriegsführung war dieser Bauernkrieg gegen Kommunisten viel wirksamer als irgendein militärischer Erfolg der US-gedrillten Regulären des Südens. Wie es sich herausstellte, wurde der Krieg tatsächlich nicht in Stabsquartieren entschieden, sondern im weiten Land, das sich für geschulte kommunistische Partisanen noch besser eignete als Rußland oder Jugoslawien im Zweiten Weltkrieg. In Washington liebte man diese Wehrdörfer im Süden trotzdem nicht, weil sie keine allseits offene und freiheitliche Demokratisierung im Land förderten, sondern einen Vietnamkrieg ohne Aussicht auf ein Ende. War einmal ein Wehrdorf gefallen, dann konnten die Kommunisten damit rechnen, daß die am Leben gelassenen Dorfbewohner fortan in einer heilsamen Angst vor dem Kommunismus lebten und sich ein für allemal scheuten, denen in Saigon zu Diensten zu sein.
Onkel Ho, wie man den grausamen und verschlagenen Ho Chi-Minh zuweilen in Erinnerung an Uncle Joe, also Stalin, nannte, sah diese Vorgänge im Süden mit Vergnügen. Er gab sich US-Journalisten gegenüber so liberal, daß das liberalistische News-Management zu der Ansicht kam, der Kommunist Ho sei doch ein viel angenehmerer Zeitgenosse als sein Gegenüber im Süden. Letzterer – Diem – hatte einiges an sich, was in den Redaktionen der großen und einflußreichen Tageszeitungen der US, WASHINGTON POST und THE NEW YORK TIMES, mäßig geschätzt wurde: Er war Katholik, wollte anfangs sogar Pfaffe werden; zudem hat er seine Bildung nicht in

den US bezogen, sondern in Frankreich; außerdem ließ er sich nicht einreden, es sei doch möglich, mit den Kommunisten zusammenzugehen. Er redete nicht nach:
»Il n'y a pas d'ennemie à gauche«,
vielmehr wollte er stets den Feind von links kommend ausnehmen und vom Kommunismus sagte er:
»Qui mange du Communisme en meurt«,
was einfach lächerlich war, weil viele dieser nach Saigon kommenden Journalisten in ihrer Studentenzeit am Kommunismus genascht haben, ohne daran zu sterben.
Um 1960 fühlten sich die Kommunisten auf beiden Seiten des 17. Breitegrads stark genug, um einmal ein sichtbares Zeichen ihrer Schlagkraft und militärischen Stärke zu geben. Sie griffen mit ausgesuchten Partisanenverbänden ein Bataillon der regulären Armee Südvietnams an und vernichteten es trotz der Waffenüberlegenheit der wenig gelehrigen Schüler der US-Army. Diese Tat sollte vergolten und die Übeltäter bestraft werden. Mit lautem Getöse rückte eine motorisierte Einheit über Land; LKW-Motoren dröhnten, Panzer lärmten. Aber die kommunistischen Übeltäter stellten sich den Verfolgern nicht; sie verschwanden. Später gaben sie den Kameraden und Landsleuten im Süden, vor allem den dortigen US-Militärexperten eine Probe von dem, was sich fortan unzählige Male im Krieg wiederholen wird, bis die Anti-Kommunisten im Süden weich geklopft sein und die Amerikaner genug haben werden vom Krieg in Vietnam. Zumal in den US die Liberalen und die Linke mit diesem Krieg genug Schindluder betreiben konnten, um sich aus dem Süden einen Jimmy Carter zu holen und fortan im Weißen Haus einen Präsidenten zu haben, der sich abohrfeigen ließ von den Gegnern der US und deren Verbündeten. Und dabei lächelt und ein tadelloses Gebiß zeigt.
1960. Damals gab es in Südvietnam noch Männer, die sich dessen schämten, was an der Front gegen die Kommunisten vertan wurde und was sich in der total verschmutzten Etappe tat.
Einmal marschierten zum Beispiel drei Bataillone südvietname-

sischer Fallschirmjäger in Saigon vor dem Palais des Staatspräsidenten Diem auf, um sich zu beschweren. Nicht über schlechte Verpflegung oder zu geringe Löhnung oder den Preis der zumal von Amerikanern so geschätzten eingeborenen Huren; einfach – es schien in Washington unglaublich und also bloß eine inszenierte Komödie zu sein – weil der Krieg gegen die Kommunisten nach Ansicht dieser Männer zu lax geführt wurde. Panzerverbände umstellten die drei Bataillone, und man brachte die Männer und ihre Subalternoffiziere zur Räson. Oh, es geschah schon einiges im Süden, um nicht den Kampf gegen die Kommunisten zu eskalieren.

Um diese Zeit konnte man in den US in gewissen Zeitungen schon lesen, daß im kommunistischen Norden Vietnams eigentlich mehr Freiheit und Fortschrittlichkeit bestand als im Süden unter dem reaktionären Diem, der sich so garnicht darauf verstand, die Parteien – Demokratie und den Parlamentarismus, vor allem die Pressefreiheit in Schwung zu bringen. Statt dessen tat er, als lebte er in einer Farm im Wilden Westen der US von anno dazumal, um die eine heulende Horde von Indianern das nahe blutige Ende der Verteidiger mit geschwungenen Tomahawks androht.

Pfäffisch wie Diem war, wollte er offenbar die Buddhisten zu Christen machen, sie wenigstens zwingen, ihre Pagoden zu schließen, und die buddhistischen Mönche als Mitläufer der Kommunisten verfolgen. Wo doch auch der Buddhismus jeder im Anschluß an Marx entstandenen Ideologie nicht weniger verhaßt ist als etwa das Christentum. Aber in Vietnam war der Buddhismus, so wie in Europa einige christliche Kirchen, ein Durchhaus für jene, die das westliche Establishment haßten und sich mehr versprachen von den Partisanen und von Onkelchen Ho in Hanoi. Nahm Diem dieses Durchhaus, durch das auch Agenten des Kommunisten eingeschleust wurden, unter Kontrolle, dann schrieben die Zeitungen in den US von religiöser Unduldsamkeit eines Jesuitenzöglings in Saigon. Daß sich Diem, anders als in Europa, noch auf die Katholiken seines Landes verlassen durfte, sah man in den US als ungebührliche

Bevorzugung dieser landfremden Religion gegenüber dem angestammten Buddhismus an.
Die US wollten natürlich Südvietnam frei halten vom Kommunismus, vieles wurde versucht, alles war vergebens. Viele Intellektuelle in den Staaten ließen sich als Mitglieder einer Expertenkommission nach Vietnam schicken. Experten bilden sich manchmal auf diese Weise eine Meinung, sie haben jedoch den Vorteil, daß sie selbst nichts zu tun brauchen, um gemäß dieser Meinung auch eine Tat zu setzen; gelingt eine darnach gesetzte Tat einer dafür angeheuerten dritten Person nicht, dann trifft die Schuld dafür nie die intellektuellen Experten. Vielmehr hat letzterer Gelegenheit zu wettern, wie sehr doch Geist und Geisteskräfte mißachtet werden in einer Gesellschaft, der alles abgeht, um ihre Intellektuellen zu dem werden zu lassen, was sie sein möchten: mehr als das Salz der Erde, nämlich die Herren der Macht.
In Washington häuften sich solche aus Vietnam kommende Expertenberichte. Man vervielfältige ihre Ausfertigung, verteilte sie laut Schema und archivierte dann das Original; so wie auch die meisten der vervielfältigten Exemplare von wenigen gelesen, von noch wenigern studiert und von fast niemandem richtig ausgenutzt wurden. Mit der Zeit erkannten indessen die Intellektuellen in den US, angeführt von den Linksintellektuellen, daß der Krieg in Vietnam, und jeder Krieg, eine viel zu ernste Sache sei, als daß man seine Führung den geschulten Militärs überlassen könnte. Noch dazu, wo der greise Alt-Präsident der US, Harry Truman, von Generalen gesagt hat, diese säßen zu zwei Dritteln ein im Gefängnis, wenn Dummheit ein strafbarer Tatbestand wäre. Daher wird man den Krieg in Vietnam zum Anlaß nehmen, um der Gefahr eines Militarismus in den US zu begegnen, diesem das Kreuz zu brechen. Denn beim Militär wird der mündige Bürger dazu gebracht, auf die Bildung einer absoluten Mehrheit in der Einheit zu verzichten und dafür dem Befehl eines einzigen Individuums zu gehorchen.
Längst war man in den US, seit 1945 auch in Westeuropa, gewöhnt, daß die Medien dann, wenn sie ein Problem in einem bestimmten Sinn hochspielten, dazu auch ein Schlagwort krei-

erten in der öffentlichen Meinung. Hörte oder las der Medienteilnehmer, der einfache Bürger, dieses Wort, dann sollte er vorweg wissen, woran er war und sich nicht etwa herausnehmen, die Dinge anders zu sehen. Eskalation bedeutete um 1960 soviel wie: Gefahr des Militarismus, des Kriegs in Vietnam. Und zwar keine Gefahr, die etwa vom Kommunismus kam, sondern eine, die man selbst im Westen heraufbeschwor, indem man glaubte, kommunistischen Aggressoren Widerstand leisten zu müssen. Einen Krieg in Ostasien wollten die Liberalen in den US nicht. Sie haben es unter US-Präsident Harry Truman dazu gebracht, daß man China dem Kommunismus Mao Tse-Tungs überließ; sie hatten US-Präsidenten Truman dazu gedrängt, daß er im Koreakrieg den Oberkommandierenden in Fernost, General McArthur, entließ und damit die Konfrontation mit China, das die Kommunisten in Korea mit seinen Truppen unterstützte, vermied. Und das liberale News Management wird es auch dazu bringen, daß in Vietnam der amerikanische Widerstand gegen den Kommunismus abgebrochen wird. Denn es schien unmöglich, zur gleichen Zeit in Fernost die Aggression der Kommunisten abzuwehren und in Nahost die Existenz des jungen Staates Israel inmitten der arabischen Welt abzustützen, zumal auch dort immer mehr die SU hinter dem Pan-Arabismus oder dem Nationalismus einzelner arabischer Länder, wie Ägypten, sichtbar wurde.
An sich waren es die von den Liberalen gestellten US-Präsidenten, die nolens volens die Eskalation der militärischen Auseinandersetzungen in Indochina förderten. 1952 schon schickte US-Präsident Truman die ersten amerikanischen Militärexperten in das noch französische Indochina. Sein übernächster Nachfolger John F. Kennedy wurde Tatzeuge, wie 1963 der Staatspräsident Südvietnams, Diem, vor den Augen der dortigen Amerikaner ermordet wurde und so dem Selbstbehauptungswillen der Saigoner Regierung das Genick gebrochen wurde. Denn fortan mußten die US selbst immer gewaltigere Kriegsanstrengungen machen, wollten sie nicht die weitere Ausdehnung der Oberherrschaft Moskaus und Pekings in Südost-

asien zulassen. Unter dem Nachfolger des in Texas ermordeten US-Präsidenten Kennedy, dem Texaner Johnson, nahm die sogenannte Eskaltion in Fernost immer größere Dimensionen an: dazu kamen Rückwirkungen auf die Heimatfront in den US. In Vietnam entwickelte sich aus dem Kampf gegen die kommunistischen Partisanen der richtige Krieg zwischen den US und dem Regime in Nordvietnam, ohne daß es einer Kriegserklärung bedurfte; in den US wurde der Kampf der Linksradikalen und Linksintellektuellen gegen die Regierung Johnson, der man vorwarf, sie führe willkürlich und ohne Auftrag des Senats einen Krieg in Indochina, zügelloser und rücksichtsloser als je zuvor. Die liberalistische Presse unterstützte den Aufruhr der Intellektuellen, hoffend, diese würden über dem Streit um den Vietnamkrieg eine Weile auf den Klassenkampf in den US vergessen. Der US-Bürger las in den Zeitungen, der Krieg in Vietnam könnte morgen aus sein, wenn sich die Regierung in Washington nur entschließen würde, die Auseinandersetzung in diesem Land den Einheimischen zu überlassen. Viele glaubten sogar der Version, daß nach einer solchen Friedensgeste nicht bloß die angeblich fried- und freiheitsliebenden Kommunisten Vietnams das Kämpfen aufgeben würden, sondern auch Moskau und Peking; die gewiß besser daran täten, ihre Wirtschaft auszubauen anstatt Kriege in fernen Ländern zu unterstützen. Ganz besonders nahm sich die Presse in den US des sogenannten neutralen Kambodscha an. Von dort aus unternahmen kommunistische Partisanen ihre Raids in Südvietnam, um bei einer Verfolgung sofort wieder hinter der kambodschanischen Grenze zu verschwinden. Dem Druck der Medien nachgebend, verbat die Regierung in Washington jede Verfolgung kommunistischer Aggressoren über die Grenze des »neutralen« Nachbarstaates. Auf vieles mußte die Regierung Johnson verzichten, was an sich im Krieg unvermeidlich ist. Zuletzt zwang man Johnson, auf seine nochmalige Kandidatur zu verzichten. Er sollte als der Buhman der Ära des Vietnamkriegs abgehen. Aber nicht nur sein Amt wollte man, man wollte auch seinen Skalp haben und man bekam ihn. Keinen blutigen Skalp, immerhin einen Skalp, den man herzeigen konnte in der Politik. Die Agenturen verbreiteten eilfertig das Foto des totkranken Expräsidenten, der sich nach seinem Weggang aus dem Weißen Haus die Haare nach Art der Hippies bis zu den Schultern wachsen ließ. Wie eine Weiße Fahne der Kapitulation wehte die weiße Haarmähne des Mannes, der nicht einmal mehr ein Buhman war.

Noch immer wollten die Massenmedien nicht die Vorhersage des jetzt schon toten Eisenhower anerkennen. Jeder, der sagte, dem Fall Südvietnams werde eine KP-Diktatur in Laos und zuletzt eine in Kambodscha folgen, wurde sofort in der Öffentlichkeit als Kriegstreiber, als Schrittmacher eines Militarismus, als Feind der Demokratie hingestellt. Umso ärger waren die Mißmutsäußerungen in der liberalen Presse, als im Land bekannt wurde, daß das Pentagon eine Studie über die Behandlung von Kriegsgefangenen in kommunistischen Lagern verbreiten ließ. Dies schon deswegen, weil in dieser Untersuchung bestätigt wurde, was bisher in den US niemals in der Öffentlichkeit gesagt werden durfte: daß nicht nur die Nazi, sondern auch die Sowjets ungeheure Grausamkeiten, Terror und Liquidierungen ihren kriegsgefangenen Deutschen angetan haben. Mehr noch: daß dieses Prinzip nicht bloß für Hitlerleute galt, sondern für alle Feinde des Kommunismus, die bei Kampfhandlungen ihren Gegnern lebendig in die Hände fallen. Da war vor allem die Direktive der Roten Armee vom Beginn des sogenannten Vaterländischen Kriegs gegen die Deutschen, vom Oktober 1941:

»Sogleich nach der Gefangennahme durch die Rote Armee und während der ganzen Gefangenschaft sind das Mannschaftspersonal und die Offiziere des Feindes einer ständigen ideologischen Behandlung durch unsere politischen Funktionäre und Verhörer zu unterwerfen.«

Auch in Nordvietnam wurde diese Umschulung konzentriert und mit allen Mitteln des körperlichen und seelischen Terrors betrieben. Körperlicher Druck erwies sich als besonders wirkungsvoll: Einzelhaft unter unerträglichen Bedingungen. Qual-

volles Aufhängen und Strecken der Opfer. Endlose Verhöre, vor allem zur Verhinderung einer Nachtruhe des Gefangenen. Verbot, die Latrine zu benutzen. Demütigungen. Und vor allem: die Chance derer, die sich von ihren Peinigern ködern ließen, um zu überleben und nicht im Lager zu verhungern oder zu krepieren, sondern um nachher, wenn der Hitler tot sein wird, in ein anderes Deutschland heimzukommen.
Das waren Nazimethoden, hieß es bisher in den US. Nie hätten sich Verbündete im Osten zu solchen Grausamkeiten hergegeben. Zwar haben US-Soldaten, die in Korea in die Hände der Kommunisten und zum Schluß in eines der Lager des ungemein humanen Mao Tse-Tung gerieten, unglaubliche Erlebnisse zum besten gegeben. Daß sie nicht bloß gequält, sondern Landesverrat betreiben mußten, um davonzukommen: Diese unglücklichen Amerikaner mußten aussagen, ihr Land betreibe eine mörderische Aggressionspolitik, kämpfe zum Schutze eines verbrecherischen Staates, zwinge freiheitliebende Koreaner, sich von seinen Feinden und Okkupanten ausbeuten zu lassen. Immer waren Reporter, Fotografen oder Filmleute da, damit diese sogenannten freiwillig gemachten Aussagen dem Rest der Welt die Augen öffnen konnte und beweisen, wie Amerikaner wirklich denken, wenn sie von Kommunisten aus dem traurigen Los eines Büttel des Kapitalismus befreit werden.
In der Studie des Pentagon hieß es wörtlich:
»They (die Kommunisten) beat and even murdered exhausted, sick and wounded Americans who could not defend themselves . . .«
Und da war die Rede von sogenannten Todesmärschen, die man bisher nur den Soldaten des Hitler und des japanischen Kaisers zugeschrieben hat: Im November 1950 wurden 700 amerikanische Kriegsgefangene von ihrer koreanischen Begleitmannschaft zu Fuß, bei Eiseskälte hunderte Kilometer weit über Land eskortiert. Nach einem Monat waren von diesen Unglücklichen nur mehr 250 am Leben. Im Dezember desselben Jahres widerfuhr das gleiche Schicksal einem Gefangenentransport von 400 Amerikanern. In diesem Fall gingen mehr als die

Hälfte der Gefangenen zugrunde. Von 2 000 Mann UN-Truppen in Korea starben im Lager 30 Mann pro Tag. Nun, im Koreakrieg waren keine Millionenheere im Einsatz, wie nach 1941 in Rußland. Merkwürdigerweise war aber die Todesrate auch bei geringeren Zahlen von Gefangenen, die an sich eher zu betreuen waren als hunderttausend Mann nach einer Kesselschlacht, gleich hoch wie vor zwanzig Jahren in der SU. Was Nordkoreaner improvisierten, machten Chinesen, in der Quälerei von Menschen immer schon erfindungsbegabt, zum System: Unter der Abbildung der berühmten Friedenstaube des spanischen Malers Picasso mußten sich jene amerikanischen Gefangenen versammeln, die man mit der Ausgabe warmer Winterkleidung gefügig gemacht hatte. Man filmte sie, wie sie vor einer Wand, geschmückt mit der Friedenstaube und einem Spruchband:

»Großversammlung zur Unterstützung des Weltfriedens«

ihre Unterschriften unter eine Resolution für den Frieden setzten. Bald konnte man bessere Fortschritte zeigen: Ein Amerikaner steht auf einer Rednertribüne und haspelt die Phrasen der kommunistischen »Friedenspropaganda« herunter; seine Kameraden hören ihm, scheinbar zustimmend, zu. Im Jahr der Olympischen Spiele 1952 konnte man schon sogenannte »willige« Amerikaner in einem Lager zu örtlichen »Olympischen Spielen« zusammentreiben.

Wenig davon kam damals in die Zeitungen mit Massenauflage in den US. Solche Dinge nützten ja dem Feind, und der Feind war für besagte Blätter nicht der kommunistische Gegner im Krieg, sondern der politische Gegner der Liberalen innerhalb der US.

Solange in Vietnam der Krieg einer der von den US ausgerüsteten Truppen Südvietnams gegen ihre feindseligen Landsleute war und die Verluste an amerikanischen Soldaten gering blieben, wirkten solche Erinnerungen an die erste kriegerische Begegnung mit den Kommunisten in Korea weniger unter der Bevölkerung. Das änderte sich, als 1962 die Vorbereitungen der Kommunisten fertig waren, um, gestützt auf die unangreifbare

Nachschublinie in Kambodscha, den sogenannten Ho Chi-Minh-Pfad, den organisierten allgemeinen Angriff auf die Regierung in Saigon zu beginnen. Um diese Zeit war es auch so weit, daß sich im Süden willige bürgerliche Kollaborateure der Kommunisten fanden. Diesen war von gewissen Amerikanern eingeredet worden, ihr Feind sei nicht der Kommunismus, sondern die »Militärjunta« des klerikalen, reaktionären, von Vorstellungen des französischen Kolonialismus beherrschten Staatspräsidenten Diem und seiner wenigen Nutznießer.

Dieses durch und durch korrupte System, aufrechterhalten mit den Methoden polizeistaatlichen Terrors, müßte beseitigt werden. Was das Land jetzt brauche, sei: Meinungsfreiheit, Pressefreiheit, eine Bodenreform und vor allem und zuletzt einen vollwirksamen demokratischen Parlamentarismus zur Kontrolle der Regierungstätigkeit. Viele Amerikaner sympathisierten bereits mit dem Vietkong, also mit der von kommunistischen Partisanen und ihren Mitläufern aufgerichteten FRONT NATIONAL DE LIBÉRATION, FNL, und deren Regierung im Untergrund. Der Tag wird nicht mehr ferne sein, an dem in Wien katholische Studenten zusammen mit Kommunisten und Linksradikalen für den Sieg der FNL demonstrieren werden.

Wenn also nur der verfluchte Diem und seine Junta all dem und einer friedlichen Demokratie im Weg stand, was hinderte daran, diese wenigen zu beseitigen und das Leben vieler zu retten? Schon galt es in den US als unfair, Ho Chi-Minh und seinem Regime in Hanoi jene bolschewistischen Methoden vorzuwerfen, nach denen eine bewaffnete Minderheit eine Mehrheit mit den Methoden der Diktatur beherrscht; und keine Diskussion über das Ende kommunistischer Aggressionen in Vietnam oder an irgendeinem Punkt der Erde zuläßt. Für Linksintellektuelle in den US und in Europa war das Regime des Kommunisten Ho bei weitem sympathischer als jenes Diems.

Was viele übersahen, zumal in Europa, war der Umstand, daß die Kommunisten Südvietnams nicht etwa am 17. Breitegrad angriffen; vielmehr im Süden, wo die riesigen Reisfelder Versorgungszentrum des ganzen Landes, vor allem der Hauptstadt

Saigon waren, in die immer mehr Menschen vor dem Terror der kommunistischen Partisanen flohen. Dann las man in amerikanischen Zeitungen etwa:
Vorstädte Saigons bereits unter Artilleriefeuer. Oder: Die Militärjunta Diems ratlos. Oder: Ho Chi-Minh für einen baldigen Frieden. Damals kämpften die südvietnamesischen Kommunisten in drei Formationen gegen ihre Feinde: Da waren örtlich rekrutierte Einheiten, die sich nach einem Überfall sofort auflösten, damit ihre Kombattanten als friedliche Bauern vor Verfolgung sicher waren. Später kam zum Schutz dieser Aufgebots da und dort eine ständig unter Waffen befindliche Partisaneneinheit dazu, vor allem für Blitzangriffe auf die Wehrdörfer, deren Verteidiger auf ähnliche Unterstützungen angewiesen gewesen wären, diese aber nie bekamen, weil die US-Berater das ganze System der Wehrdörfer, das der momentanen Bodenreform im Kampfgebiet entgegenstand, nicht haben wollten und es mit »regulärem« Militär hielten. Schließlich stellte der Vietcong in Südvietnam reguläre Verbände in Bataillonsstärke auf, die er, beginnend mit der Nummer 502, numerierte; die höchste Nummer einer solchen Einheit lautete zum Schluß 602. In diesen Bataillonen kämpften schon Unterführer und Führer der regulären Armee Ho Chi-Minhs, natürlich als sogenannte »Freiwillige«.
Es kämpften auch andere Formationen an anderen Fronten gegen Diem. Man sprach von einem Rechtsanwalt, der einmal in Saigon einen guten Ruf hatte und von dem Reporter berichteten, er sei gegen Diems Militärjunta und ein befähigter Mann, jeder Form der Korruption unzugänglich. Vietnamesen, die in die Gefangenschaft der Partisanen gerieten, wurden unter sanftem Druck umgeschult, am Tag der Arbeit in die Freiheit entlassen, damit sie in ihrem Dorf für den Vietcong so oder so tätig wurden. Solche in Freiheit dressierte Parteigänger filmte man vor ihrer Entlassung und die Wochenschauen im Westen der Freien Welt brachten derlei interessante »Tatsachenberichte« gerne. Immer mehr Reporter aus den US fanden Zugang zu den Partisanen. Und die selben Zeitungen, die täglich das Regime Diems herunterfetzten, brachten laufend Reports

über die humane Art der kommunistischen Vietcongs und ihren Widerstand gegen Militaristen und Kapitalisten.
Es war nicht die Schuld der US-Reporter, daß in ihren Berichten immer jene Unrecht bekamen, die ihnen nichts erzählten; weil eben letztere in der Gefangenschaft allem Terror des Vietcongs widerstanden und daher bald unter die Erde kamen, wo die Medien bekanntlich weniger wirksam sind bei der Herstellung der heute sehr geschätzten Durchsichtigkeit, man sagt: Transparenz der politischen Vorgänge.
Bei allem Verständnis für friedfertige Vietcongs, konnten die US-Zeitungen doch nicht umhin, deren kämpferische Qualitäten herauszustreichen. Etwa wie sie eine gegen die Partisanen ausgerückte motorisierte Kolonne vernichteten: Man brachte die Spitze der Kolonne vor einer Straßensperre zum Stehen. Zugleich wurde die Nachhut der Kolonne von den Partisanen gestellt und zum Absitzen gezwungen, um den Kampf aufnehmen zu können. In diesem Moment ging das Feuer der seitwärts in Stellung gegangenen Granatwerfer der Kommunisten an. MGs feuerten in die ungeordneten Truppen des Konvois, wer von der Straße weg wollte, wurde mit gezieltem MP-Feuer getötet. Später hatten in solchen Fällen die Partisanen auch Artillerie und Flieger zur Stelle. Ein gewisser David Halberstamm schrieb in THE NEW YORK TIMES, die US-Generäle in Vietnam hätten keinen Grund mehr, auf die bei Dien Bien Phu geschlagenen französischen Kameraden herabzuschauen. Besser wäre es, sie würden auf die im Lande verbliebenen französischen Militärexperten hören, die zum Beispiel Reportern aus den US frank und frei sagten, die US täten am besten, rechtzeitig aus Vietnam zu verschwinden. Was auch französische Generale den bekannten »Eisenfressern« in der US-Army geraten haben; aber letztere blieben stur. Immer mehr konzentrierte sich die amerikanische Friedenspolitik in Vietnam auf die Beseitigung des gewählten Staatspräsidenten Diem. Dessen Image in US-Zeitungen war miserabel. Sein Onkel war Erzbischof von Saigon und von Papst Johannes XXIII. zum Kardinal gemacht worden. Manchmal konnte man auch diesen wohlmeinenden

Papst nicht verstehen. Es war gut, als der Kardinal aus Vietnam verschwand, um in Rom am Zweiten Vatikanischen Konzil teilzunehmen. Leider blieb aber der Bruder des Staatspräsidenten, Ngo Dinh Nhu, im Land. Gegen diesen starren Antikommunisten halfen keine demokratischen Bekehrungsversuche, er sagte amerikanischen Besuchern ins Gesicht – auf amerikanisch – die Kommunisten täten auf derlei Belehrungen nur ihren Shit ablagern. Und die Schwägerin des Präsidenten, Madame Ngo Dinh Nhu, leider gebildeter, als es ein US-Reporter vertrug, fragte in den US die Mütter, was sie wohl dazu sagen würden, wenn ihre Söhne in den Lagern des Uncle Ho so behandelt würden, wie junge Männer in Vietnam, die den Fehler haben, vom Kommunismus unter keinen Umständen etwas wissen zu wollen. Aber besagte Mütter sagten Madame, sie möge still sein, man könnte sich nicht anhören, was sie an Grausamkeiten erzählte. Und ob es nicht vielleicht so wäre, daß das, was Madame den Kommunisten vorwarf, der Gemahl von Madame armen Kommunisten, die nur die Freiheit wollten, antun ließ. Denn so stünde es in den Zeitungen und so hörten sich auch die TV-Kommentare tagtäglich an. Wenn daraufhin Madame schilderte, welche Verlustierungen sich die Amerikaner in Südvietnam gestatteten, zumal mit jungen Frauen, dann wurden die Mütter erbost. Nie haben ihre Söhne daheim derlei getan, aller Unfug käme vom Krieg. Und dann schlug in Washington ein Statement der Madame wie eine Bombe ein:
»Wir brauchen nur das (US) Militärpersonal, weil wir in militärischer Hinsicht nicht genug geschult sind. Aber diese Zivilisten (aus den US) brauchen wir ganz und gar nicht, um unser Land zu verwalten.«
Madame hatte auch Ansichten, die man bei der Qualität ihrer Erziehung nach französischen Grundsätzen garnicht vermutete. Sie liebte es zum Beispiel nicht, daß die Amerikaner in der Etappe des Kriegs in Vietnam eher nach der Annehmlichkeit: MAKE LOVE NOT WAR lebten. Mehr noch: Auf Betreiben der Madame geschah etwas zur Verbesserung des Loses der Frauen in Vietnam. Noch immer konnten dort, so wie in Israel,

Männer ihre angealterten Ehefrauen stehen lassen. Den dafür notwendigen Erleichterungen puncto Moral und Gesetz schob Madame einen Riegel vor. Sie tat auch etwas für jene jungen Frauen, die unter den damaligen Verhältnissen zu Huren der Männerwelt im Kommiß gemacht wurden. Ganz scharf äußerte sich Madame über die Glückspielautomaten, die in großer Zahl aus den US importiert wurden und an denen sich die Männer lieber betätigten als im verfluchten Kriegsdienst gegen die Kommunisten. Kurz gesagt: Madame tat vieles, was sich in den US nur eine eher unattraktive Frau leisten konnte. Madame aber war ausgesprochen hübsch, sie war eine gebildete Frau, leider keine Linksintellektuelle. Und sie bekam daher im liberalistischen Establishment der US keine Chance. Obwohl sie wenig für die Bigotterie ihres angetrauten Gemahls an sich hatte, der zuerst, wie gesagt, Geistlicher und Zölibatär hatte werden wollen.
Madame war – und das nahm man ihr ganz besonders übel – stolz auf ihren Mann. Sie ging in die US, wo sie für ihn Propaganda machte und dabei einige Verwirrung in die Gegenpropaganda der dortigen liberalen Blätter brachte. Sie beschrieb ihren Mann so wie er war: Ein Mann, der Ho Chi-Minh und dessen Kommunismus zu gut kannte, um sich das anzufangen, was die Amerikaner schon in China Tschiang Kai-Schek vergebens beizubringen getrachtet haben: sich in eine Koalition mit den Kommunisten einzulassen und Schluß zu machen mit dem Bürgerkrieg. Diem warnte seine Landsleute vor jenem Neutralismus, der das benachbarte Laos und Kambodscha zu einem Aufmarschgebiet des Kommunismus gemacht hat. Und Diem stieß Reporter des liberalistischen News Management vor den Kopf, die nach Saigon kamen, um dem Staatspräsidenten den Kopf zu waschen und zurechtzusetzen:
Etwa Malcolm Brown von der Agentur ASSOCIATED PRESS; oder Cornelius Sheehenn von UNITED PRESS INTERNATIONAL, UPI; oder David Halberstamm von THE NEW YORK TIMES; oder Francois Sully vom Magazin NEWSWEEK; oder Charles More von TIME-Magazin und andre Typen dieser Herkunft und Anschauung.

Zum Dank für ihre Abfuhr stellten diese angeblichen Kenner asiatischer Verhältnisse Diem als einen Despoten hin. Als einen Mann wie Hitler, der sich an Monologen berauscht und die westliche Demokratie gering achtet. Das Wehrdorfprogramm Diems bezeichneten diese Intellektuellen als ein Hindernis für die anstehende Bodenreform, die auch Diem als unerläßlich erachtete, aber undurchführbar von einem durch Krieg und Bürgerkrieg erschütterten Land. Den soignierten Herren aus den gut eingerichteten Redaktionen gefiel es nicht, daß es in den Wehrdörfern nur ein Plumpsklo gab, oft nicht einmal das, weil der Busch nahe war. Was immer Diem sagte, war für diese Intellektuellen Lüge und Heuchelei. Ein Klerikaler ist immer ein Heuchler.

Zudem belieferte Diem sie nicht mit guten Geschichten, Stories, die sich gegen gutes Entgelt ihren Redaktionen verkaufen hätten können. Er redete immer nur von den Notwendigkeiten des Kriegs. Vergebens suchten die Zeitungsleute Rückhalt bei der US-Botschaft in Saigon. Aber der dortige Botschafter war offenbar fehl am Platz, und deswegen schrieb Mr. Halberstamm in THE NEW YORK TIMES:

»Die Botschaft der US (in Saigon) wurde zum Anhängsel einer Diktatur. Indem der dortige Botschafter Diem vor Kritik zu schützen versucht, wurde er Diems ausführendes Organ.«

Als sich Diem auch noch in die Streitigkeiten der Buddhisten einmischte, unter denen es, wie in allen Religionsgemeinschaften, einige Gruppen gab, die sich sehr mit dem Kommunismus einließen, machte man diesen Mann vollends fertig. Ein buddhistischer Mönch tat, was seither immer häufiger von Protestbewegungen ausgenützt wird: Er übergoß sich mit Benzin, das aus Amerika kam, setzte seine Kleider in Brand und harrte aus, als er wie ein Fanal abbrannte. Als ein Protest gegen die von den US geduldete, ja geförderte Regierung Diem. Das war neu, und es paßte als das Bild eines politischen Martyriums unter der orientalischen Despotie Diems. Der News – Wert dieser Verbrennung machte in aller Welt Aufsehen, zumal in religiös

orientierten Kreisen, mocht dort auch die Neigung zum eigenen Martyrium eher schon gering sein.
Nach der Sache mit den Buddhisten schien es in Washington an der Zeit zu sein, einen anderen Botschafter nach Saigon zu schicken. Die Wahl fiel auf Cabot Lodge, von dem Eisenhower später sagte, man sollte ihn nicht als Kandidaten bei einer Präsidentenwahl aufstellen, bevor die Rolle, die Lodge anläßlich der Ermordung Diems spielte, geklärt sei. Nie wurde sie geklärt. Und Richard Nixon trat auf Minen, als er während seiner Präsidentschaft dahinter kommen wollte, wie hoch hinauf eigentlich 1963 die Fäden liefen in Washington, an denen die Hampelmänner des US-Geheimdienstes in Vietnam hingen. Manche meinten im Falle Diem: bis ins Weiße Haus. Botschafter Lodge berichtete nach Washington so, wie man es dort angesichts der Junta Diems erwartete:
»Meiner Ansicht nach hat die Regierung (Diems) in den letzten zwei Monaten den Kontakt mit dem Volk verloren ... Die Zwangsmaßnahmen gegen die Buddhisten waren ein Unglück ... Durch Änderungen in der Politik und vielleicht auch im personellen Bereich könnte es eigentlich möglich sein, ... die Unterstützung von der Bevölkerung Südvietnams wiederzugewinnen). Falls diese Änderungen nicht durchgeführt werden, scheinen mir die Aussichten auf einen Sieg nicht gerade gut.«
Diem machte die Bekanntschaft Lodges. Und Lodge sagte nachher zu jedermann einigermaßen enttäuscht und verärgert über Diem und dessen Regime: »Sie wissen, was ich will. Warum soll ich sie dauernd bitten? Sollen sie doch herkommen und mich bitten.«
In Washington verlangte Lodge mehr Druck auf Diem. Lodge aber fing an, sich mehr mit Generalen zu unterhalten, die eine schlechte Meinung von Diem hatten, seit dieser mit den militärischen Leistungen der Herrn im Kampf gegen die Kommunisten eher unzufrieden war und ihr Politisieren nicht gutheißen konnte. Besser ins Gespräch kamen die Herren offenbar mit amerikanischen Freunden, denen sie Reformpläne vorschwafel-

ten, die sich in Washington besser anhörten als die harte Sprache Diems. Etwa: Bodenreform oder Pressefreiheit, wovon schon ersteres in einem Kampfgebiet Unsinn war.
Nun fiel damals in Saigon keinem Prominenten ein Haar vom Haupt, ohne daß einer der US-Geheimdienste davon erfuhr und auch heimwärts berichtete, wenn die Sache von Belang war. Der gegen Diem geplante Putsch kam also nicht – wie später behauptet – als bloßes Gerücht in Washington an. Vielmehr wurde dort der Nationale Sicherheitsrat am 29. Oktober 1963, drei Tage vor dem Mord an Diem, einberufen, weil man sich in der Umgebung des US-Präsidenten beraten wollte, was zu tun wäre, wenn in Saigon geputscht würde. Von dem Ergebnis dieser Beratung ist hier festzuhalten, daß keine Weisung von Washington nach Saigon erging. Da Generalsputsche meistens unter Verwendung von Schußmunition verlaufen und Ziel des Putsches der Staatspräsident der südvietnamischen Republik, Diem, war, wäre denkbar gewesen, daß US-Präsident Kennedy dem Staatsoberhaupt und quasi Kollegen eines im Kampf verbündeten Staats wenigstens eine Warnung oder ein Zeichen der Sympathie hätte zukommen lassen können. Nichts geschah dergleichen. Und so ist es geschehen:
Am Allerheiligentag 1963 schlugen in Saigon die Generale los gegen Diem. Noch einmal entkam er seinen Häschern. Die Nacht auf den folgenden Tag, den Tag Allerseelen, verbrachte der gestürzte Staatspräsident im Haus eines angesehenen Chinesen. Am Morgen des 2. November 1963 besuchte er die Heilige Messe in der Kirche der Chinesenstadt, die dem Heiligen Franz Xaverius geweiht war. Die Killer ließen ihm Zeit, die Kommunion zu empfangen, dann holten sie Diem aus der Kirche und verschleppten ihn in einem Kampfwagen der Armee. Kurze Zeit darnach verlautete der staatliche Rundfunk, Diem und sein verhaßter Bruder hätten Selbstmord begangen. Man ließ nachher einen Arzt bis auf einen Meter an die Leiche Diems heran und verschaffte sich so eine amtliche Todeserklärung, die natürlich die Version des neuen Regimes vom Selbstmord bestätigte. Wie es geschehen konnte, daß in den beengten

Verhältnissen des Kampfwagens ein Gefangener, der unter schärfster Bewachung steht, sich selbst umbrachte, wurde nie erklärt.

In Washington nahm US-Präsident Kennedy die Nachricht vom Umsturz auf, ohne auch nur zu zögern, mit der jetzigen General-Junta, die der »asiatischen Diktatur« des Zvilisten Diem folgte, sofort die Zusammenarbeit aufzunehmen. Jetzt ging es zügig weiter. Als John F. Kennedy ins Weiße Haus kam, standen 2 000 US-Soldaten in Vietnam, als Diem ermordet wurde, waren es 16 000. Bald wird ein unabsehbarer Strom von Truppentransporten und Materialnachschub aus den US nach Südvietnam fließen, um einen zehnjährigen, nutzlos vergeudeten Krieg zu füttern. Denn weder die US-Generale in Vietnam noch deren eingeborene Kameraden waren imstande, die Kommunisten aufzuhalten oder gar endgültig nach dem Norden zurückzuschlagen.

Es wird erzählt, US-Präsident Kennedy hätte die Nachricht der Generale, Diem hätte sich selbst umgebracht, nicht recht glauben wollen. Welche Gründe er für seinen Zweifel hatte, konnte bisher nicht erhoben werden. Kennedy, der selbst schon alsbald einem Attentat zum Opfer fiel, das auch nie aufgedeckt werden konnte, soll zum Fall Diem abschließend gesagt haben:

»Ich bezweifle, daß Diem als Katholik wirklich diesen Ausweg gewählt hat. Diem hat 20 Jahre lang für sein Land gekämpft . . so hätte es nie enden dürfen.«

Wie es wirklich endete, hat die Regierung Kennedy nie mit notwendiger Entschiedenheit erhoben. Denn dieser Mord kam denen in Washington äußerst gelegen, wie man sehen wird.

Man hatte den Vortragenden in Kreisen seiner alten Freunde gewarnt. Er würde in seiner Studentenverbindung, der er seit seiner eigenen Hochschulzeit angehörte, nicht bloß herbe Enttäuschungen bei seinem Vortrag erleben, sondern entschiedene Ablehnung seiner Ansichten. Aber er hat nicht auf diese Warner gehört. Er hatte immerhin so viel von der Demokratisierung mitbekommen, daß er sich sagte, Diskussion sei die Voraussetzung für das geistige Klima in einer freiheitlichen, modernen Gesellschaft. Mochten Polemiken noch so scharf geführt werden, das NEIN und das JA halfen sich gegenseitig zur Findung der Wahrheit, bestand nur Ordnung in der Diskussion und Bereitschaft zur Einigung im Sachlichen.

Davon, daß bei den Jungen derlei Ansichten nicht mehr waren als Teil einer heuchlerischen repressiven Toleranz, wußte er nichts; er bejahte ja Toleranz und was sollte in diesem Zusammenhang repressiv bedeuten? Er wird es diesmal erfahren.

»Ihr seid stur und verknöchert«, sagte er vor dem Vortrag zu den unerwünschten Warnern. Und: es sei notwendig, daß der Arzt zum Kranken geht und nicht warten darf, bis eine Krankheit zur Seuche wird. Wenn alle so warnen und niemand mit den Jungen redet, dürfe man sich nicht wundern, daß auch eine katholische Studentenverbindung mitmacht bei der gegenwärtigen Marxrenaissance, die Jungen in der Neuen Linken engagiert sind und fast schon die Hälfte der Jungen durchaus bereit sind, die Linkspartei auch zu wählen und zusammen mit Kommunisten und Linksradikalen für den Sieg der FLN über die Amerikaner in Vietnam zu demonstrieren.

Was der gutwillige Alte nicht ahnte, war, daß die Jungen längst nach der Warnung lebten, die einer von ihnen aus den US herübergebracht hat: »Never trust a man, who is older than thirty years.«

Nun, er war älter als dreißig Jahre, fast doppelt so alt und mußte daher mit doppeltem Mißtrauen der Jungen rechnen. Andererseits wußte der Vortragende, daß die Jungen zu Füßen von Patriarchen saßen, um ihre neue Weltanschauung zu erlernen. Daß sie sich mit diesen Resten der Generation der Großväter bestens verstanden, weil diese hofften, zusammen mit denen aus der Generation der Enkel jene verderbte Vätergeneration und deren mörderische Anschauungen zu überwinden, die 1918 die Revolution von damals erdrückt hatten und mit dem Hitler in den Faschismus gezogen sind.

Der Vortragende hatte nur ein Lächeln für jene Besserwisser übrig, die zu wissen glaubten, die Jungen in der Verbindung seien drauf und dran, die Sozialisten in der Politik links zu überholen und ihnen das Wasser abzugraben. Jugendtorheiten schienen ihm die Vorwürfe der Jungen an ihre »Alten Herren«, wonach letztere reaktionär, kapitalistisch und sogar imperialistisch eingestellt sein sollen. Er wird die Jungen lehren, daß Österreich im Zeitalter von Imperialismus und Kolonialismus des Westens nicht mitgemacht hat und dafür mit jenen wirtschaftlichen Rückständigkeiten zu kämpfen hatte, die sich der Westen dank der Kontrolle über billigste Rohstoffquellen in Übersee vom Hals hielt, solange das ging. Und hat nicht der Vortragende in seiner Jugendzeit den Kapitalismus des Wirtschaftsliberalismus ebenso abgelehnt wie die Methoden des marxistischen Klassenkampfprinzips und dessen Ausgliederung im Austromarxismus der zwanziger Jahre? Er wird den Jungen ganz anders kommen. Wird davon reden, daß das konservative Prinzip den Zweifrontenkampf gegen das reaktionäre wie das revolutionäre Prinzip zu führen hat, zwei Fehlhaltungen, die dazu führen, daß die Menschen vor der Gegenwart in eine Vergangenheit oder in eine Zukunft flüchten, von der sie meinen, sie habe schon begonnen und werde sich um das Jahr 2000 prächtig erfüllen.

Mochten vorderhand die Jungen auf ihre Farben eher verzichten und nicht einsehen, daß Farben-tragen zugleich Farbebekennen heißt. Oder, daß sie die Mütze, die der Alte so gerne getragen hat, als einen Fetzen Tuchs abwerteten. Das waren Äußerlichkeiten. Wenn nur nicht die Jungen weitertaten in der Ansicht eines Jugendfreundes des Vortragenden, der in jene politische Schizophrenie verfiel, in der er »rechts stehen« und »links denken« wollte; ein Irrtum, mit dem ja das ganze Linksgerutsche der Gegenwart angefangen hat, ehe der Hitler kam. Der Vortragende ging also gar nicht auf das Schema Rechts/Links ein. Er selbst stand ja nicht links und dachte noch weniger linkisch. Er wollte von einem gesicherten Standpunkt aus Irrtümern des herrschenden Zeitgeistes entgegentreten. Die Marx-Renaissance wird er damit quittieren, daß er darauf hinweisen wollte: Marxismus und Marx seien nicht deswegen mit ihren vielen Irrtümern glaubhafter und richtiger gewesen, daß man sie mittels eines neuen Service anbot. Vom Jungen Marx und seiner gegenwärtig besonders hoch eingeschätzten Bedeutung wußte er nichts. Und noch weniger wußte er von der Neuen Linken, von der New Left, wie die Jungen in ihrem Hang zum Amerikanismus sagten.

So begann er also seinen Vortrag. Und ehe er sich versah, war er mitten drin in der rechts/links Schematik, der er doch aus dem Weg gehen wollte. Zumal er gehört hatte, es gäbe junge Menschen, die von dieser rechts / links-Unterscheidung garnichts hielten und sogar der Meinung waren, die Neue Linke sei in ihrem raschen Fortschreiten über derlei Positionsbestimmungen im Politischen der Vergangenheit längst hinweggekommen. Ob rechts / links zur Unterscheidung oder konservativ / revolutionär – die Jungen sprangen offenbar nicht ein auf das Gesagte. Woher sie wohl jene Abwehr-Organismen hatten, die sie derartig immun gegen das Reden und Glauben ihrer Alten machten?

Wo also ansetzen? Der Vortragende hatte gehört, daß die revolutionären Ansätze der Jungen weniger von theoretischen Erwägungen ausgingen, als vielmehr von der Praxis in der Gesellschaft von heute; und ihrer eigenen Praxis zur Überwindung dieser Zustände. Gut. Die heutigen Zustände im liberalen und sozialistischen Establishment sagten dem Vortragenden auch nicht zu. In dem gemeinsamen NEIN zur herrschenden Praxis mußte sich doch ein Ansatz für ein gemeinsames JA finden lassen.

Und so begann das Fiasko des Abends mit einem vehementen Vorgehen des Alten gegen das revolutionäre Prinzip, von dem so viel die Rede war unter der Intelligenz, zumal unter den Jungen, und mittels dessen die Jungen offenbar eine Art Anarchismus betrieben, wenn sie – wie man leichthin sagte – ihren Aufstand probten. Wenn es erst gelang, die schleichende Revolution, die fragwürdige Revolution der Wohlhabenden, unter Kontrolle zu kriegen, dann würde dieses gefährliche Vehikel aus dem Straßenverkehr der Wohlstandsgesellschaft ohnedies verschwinden. Und was den herrschenden Wohlstand betraf, so war der Vortragende überzeugt, daß es ein theoretischer Irrtum war, zu glauben, dieser würde in jedem Jahr um 3 oder 4 Perzent ansteigen mit seinem Bruttosozialprodukt und darnach immer weiter hinauf die Löhne und Gehälter und überhaupt alle Annehmlichkeiten eines Konsums hinaufziehen auf den Kurven, entlang derer die Zukunftsforscher mit ihren Fingern so leichtsinnig gleiten.

War es die Hitze im Saal, waren es die steinernen Gesichter der Jungen, kurz gesagt: Der Alte kam ins Schwitzen. Nur das nicht, hatte er sich vorgenommen. Kühl bleiben im Vortrag und ja nicht in die Hitzen des Polemisierens oder Rechthabens kommen. Es nutzte nichts, er spürte den fatalen Schweiß an der Stirne, und wollten nicht die Schweißtropfen seine Brillengläser trüben, dann mußte er jetzt – ob er wollte oder nicht – sein Taschentuch hervorholen und sich den Stirnschweiß abtrocknen.

Es war nicht zu übersehen, daß die Jungen diese Notwendigkeit mit einem Feixen quittierten, das ahnen ließ, wie sehr sie ihm schon auf der Fährte waren, um ihn in ihren Netzen einer ungezügelten Polemik zu fangen. Mit ihrem NEIN, das nicht seinem JA zugute kam; sondern die endgültige und unwiderrufliche Absage bedeuten wird. Wäre er doch nicht gekommen, hätte er doch auf die Warner seiner Generation gehört.

Die Stunde der Wahrheit war da. Und für die Jungen war das Wahrheit, was der jungenhafte US-Präsident Kennedy von der Seßhaftigkeit der Alten und ihren Vorstellungen gesagt hat: »Der Große Feind der Wahrheit ist ... der hartnäckige, bequeme und unrealistische Mythos. Zu oft halten wir an den Klischees unserer Vorfahren fest. Für alle Tatsachen haben wir eine Kollektion vor-fabrizierter Erklärungen bereit ... Wir genießen die Bequemlichkeit einer Meinung ohne die Unbequemlichkeit des Denkens.«

Diesen Einwand vor Augen, hastete der Vortragende über Unebenheiten und unvollkommen ausgesprochene Vorwürfe dem Ende seiner Ausführungen entgegen. Er erwartete längst keinen Applaus mehr, nur ein geduldiges Zuhören, die Diskussion wird dann alles klären. Schon war er beim Finale.

»Reaktion und Revolution gehen mit gleicher Schonungslosigkeit gegen alles vor, was ihnen im Wege steht. Das von ihnen angestrebte Ziel wird durch die Radikalität, die Härte und die Unnatur ihres Verfahrens, selbst wenn es an sich momentan eine Verbesserung bringt, entwertet; und zuletzt so verhaßt, daß erneut ein allgemeiner Widerstand losbricht und Ursachen und Urheber des aufgekommenen Un-heils hinwegräumt. Daher folgt auf Revolution so oft Reaktion, auf Reaktion Revolution.«

So, das war es. Und jetzt mochte die Polemik über ihn, den Vortragenden, hereinbrechen. Die ersten Diskussionsredner überschütteten den Alten mit einem Schwall von Sätzen und Formeln und Chiffren einer fremden, ihrer neuen Sprache, die der Vortragende garnicht verstand und denen er damit begegnen wollte, nachsichtig zu versuchen, extreme Ansichten zu umgehen, sich auf eine mittlere Linie, die alle wollten (wie er meinte), zu verlegen, um dann ohne Voreingenommenheit die Streitpunkte in einem geordneten Gespräch nacheinander, systematisch, anzugehen. Der Alte wußte natürlich nichts von den Methoden eines Sit-ins, eines Teach-Ins und eines Go-ins. Er lief einfach in das Teach-in, das ihm zu verabreichen die Jungen sich vorgenommen hatten: Den Protest gegen alles, was er sagen wollte, die Umkehrung der vom Vortragenden gedachten Richtung der Diskussion, die Berichtigung eines unbelehrbaren, erstarrten Alten, der neuer Ideen, Möglichkeiten und Vorstellungen nicht fähig war. Weil er nicht mehr imstande sein konnte, umzudenken und neuzudenken. Nachdem der Alte da und dort eine Position seiner Darlegungen abgeschwächt hatte, um nicht überhaupt die Gesprächsgrundlage mit den Jungen zu verlieren, stand ein älteres Semester, wohl längst über die Studienzeit hinaus, in der man auch bei lässigem Studium seinen akademischen Grad holt, auf und und sagte unter angespanntester Aufmerksamkeit der Jungen:

»Hier liegt ein Irrtum vor. Wir reden nicht etwa aneinander vorbei, wie der Vortragende meint.«

Der Diskussionsredner vermied die direkte Ansprache des Vortragenden mit dem vertraulichen Du. Der Vortragende war für ihn nur die Verkörperung des Irrtums und des Irrglaubens der Alten. Mochte der Vortragende bei seinem Irrtum sterben und damit begraben werden. Seine Irrtümer, die Irrtümer seiner Generation durften nicht überleben und womöglich einmal neue Triebe ansetzen. Deswegen die Radikalität des Denkens und Handelns: Radikal, im Sinne des lateinischen Wortes radex = die Wurzel, an der Wurzel mußte man den verrotteten Baum des bisherigen Da-seins angehen. Dann fuhr er fort:

»Das, wovon in dem Vortrag die Rede war, geht uns überhaupt nichts an. Wir lassen gar keine Polemik gegen das revolutionäre Prinzip zu. Weil wir wissen, daß es Faschisten und Kapitalisten und Reaktionäre sind, die dieses Prinzip verächtlich machen wollen, um sich umso sicherer im Genuß ihrer Vorteile, ihrer vorgefaßten Meinung und ihrer materiellen Vorteile, vor allem aber ihrer Macht zu erfreuen.«

Der Alte meinte, er wäre nicht verstanden worden. Er war doch nicht gekommen, um diese oder jene Mächtigkeit im Politischen den Jungen gegenüber zu verteidigen, er wollte sie warnen vor ihrem ständigen Experimentieren mit dem revolutionären Prinzip. Um einzulenken, sagte er rasch:

»Aber – die Tatsache, daß wir nicht die gleiche Sprache reden, kann doch nicht bedeuten, daß wir uns auch im Prinzip, im unveränderlichen Prinzip unserer Verbindung nicht mehr einig sind.«

Mit den letzten Worten stieß er in den Wirbel eines allgemeinen Widerspruchs, dem er entnahm, daß er nicht bloß die Neue Sprache der Jungen nicht verstand, sondern auch die Begriffe, die ganz neuen Begriffe, für die die Worte dieser Sprache standen. Um sich das Wort zu verschaffen, bat er um ein wenig Geduld und um Duldsamkeit. Toleranz war doch das Wort gewesen, das einmal die Jungen für sich beanspruchten, als sie zu Wort kommen wollten, um nachher das Wort nicht mehr abzugeben. Laut sagte der Alte:

»Wie sollen wir ohne Toleranz in einem gemeinsamen geistigen Klima leben und miteinander ins Gespräch kommen?«

Die Jungen lachten. Jetzt hatte sich der Alte mit seiner Vorstellung von Toleranz selbst einen Strick um den Hals geworfen. Einer der Jungen, ein aufgewecktes Bürscherl, wie der Alte harmlos meinte, haspelte wie ein Vorzugsschüler in der Klasse die eingelernte Replik ohne Pause und fehlerlos herunter:

»Man lasse uns in Ruhe mit der Toleranz der Alten und des Alten. Diese sogenannte Duldsamkeit des Establishment ist doch nur ein Trick, mit dem die repressive Gesellschaft einer fortschrittlichen Minderheit gerade soviel Spielraum in der bestehenden Ordnung einräumt, daß diese Ordnung bestehen bleibt. Wir lehnen diese Ordnung ab. Mit der von ihr gewährten sogenannten Toleranz wollen wir uns erst gar nicht herumschlagen.«

Der Alte hatte sein Latein nicht vergessen, aber er verstand nicht, was eine repressive Toleranz nach Meinung der Jungen war, und mit Amerikanismen wie Establishment konnte er nichts anfangen.

»Bitte, nur eine Frage zur Information«, schaltete er sich in das Gespräche ein: »Was versteht man unter ›Establishment‹?«

Der Wortführer im höheren Semester gebot Ruhe und sagte dem Alten jetzt unter Verwendung des unvermeidlichen »Du« ins Gesicht:

»*Du* gehörst zum Establishment, wir nicht. Du bist und bleibst ein Subjekt des Establishments. Alle Mitverantwortlichen und Mitläufer in den staatlichen Gremien, Parteien und Interessentengenossenschaften, die Manager des Erfolgs und die in den Kirchen gehören dazu. Alle, die es machen oder dulden, daß dieses Establishment fortbesteht, obwohl es die schlechteste Gesellschaft betrifft, die es je auf Erden gegeben hat.«
Ach so, dachte der Alte. Ich gehöre gar nicht hieher und zu den Jungen. Man zahlt seinen Beitrag zur Verbindung, damit die Jungen ihren Betrieb haben und man zahlt Steuern, um den Jungen eine Daseinsmöglichkeit zu verschaffen, die doch gar nicht zu vergleichen ist mit den armseligen Umständen, durch die wir uns einmal in unserer Studentenzeit schlecht und recht schlagen mußten. Ein wenig trotzig sagte der Alte:
»Nach meiner Einschätzung ist dieses Establishment gar nicht so schlecht. Hat nicht die Gesellschaft, die ihr nicht mögt, bewiesen, daß sie recht gut funktioniert und auch für die Jungen einige Annehmlichkeiten bereit hält?«
Ein wilder Aufschrei der Jungen begegnete diesem Un-sinn des Alten, bis man einem der Jungen das Wort zur Widerlegung ließ:
»Das Establishment ist das Gefängnis der Freiheit des Menschen. Wenn man anstatt dieses Gefängnisses ein Wohnhaus bauen will, dann muß man zuerst das bestehende Gefängnis bis auf den Grund zerstören, um den Bauplatz für das Wohnhaus freizubekommen . . .«
Sie sind Anarchisten geworden, dachte der Alte bei sich, laut aber fragte er die Jungen, ob sie auch schon einen Bauplan und ein Raumfunktionsprogramm für das künftige wohnliche Haus hätten, das an die Stelle des Establishments treten sollte. Mit mildem Lächeln erwiderte der Junge, den der Alte mit dieser Zwischenfrage unterbrochen hatte:
»Wir denken in dieser Beziehung so wie Daniel Cohn-Bendit . . . Für uns ist die PRAXIS und nicht die THEORIE die große Möglichkeit unserer Stunde. Es führt zu nichts, wenn wir eine noch so richtige Analyse theoretischer Absichten vorlegen;

man wird derlei vielleicht lesen, aber nichts hervorbringen ... Wenn es uns aber gelingt, eine Aktion erst einmal ins Rollen zu bringen, dann reißen wir so viele mit, daß wir schließlich genug sind, um das Gefängnis einzureißen, so wie man 1789 in Paris die Bastille zerstört hat ... Symbol eines Systems.«

Der Alte dachte krampfhaft nach, wer denn dieser Cohn-Bendit wohl sein könnte. Ihm fiel nichts ein. Er fragte also die Jungen nach diesem ihren neuen Vorbild und Führer im revolutionären Kampf. Einer sagte:

»Cohn-Bendit ist ein junger Mensch wie wir. Zu Deiner Zeit, verehrter Alter Herr – hätte er allerdings nicht unserer Verbindung angehören können, denn er ist zur Hälfte ein Jude aus Deutschland, zur Hälfte Franzose. Dafür ist er ein Schüler Alain Touraines, der Professor der Universität in Nanterre ist. Und Nanterre war der Geburtsort unserer Studentenrevolution im heutigen Europa.«

Der Alte konnte mit dem Namen des französischen Universitätsprofessors nichts anfangen.

»Touraine ist nach Herkunft und Anschauung Marxist. Soziologe. Er schrieb die beste Analyse des Generalstreiks. Bei uns haben die Journalisten, obwohl größtenteils Linksintellektuelle, gar nicht erfaßt, daß es damals in Nanterre und in Paris um einen Generalstreik von 10 Millionen ging. Was fehlte, war im Moment der Krise des Establishments nur der Umstand, daß es zwischen Studenten und Proletariern zu wenig Kontakte für die gemeinsame Aktion gab. Wäre nicht der alte de Gaulle aus seinem Fuchsbau gekommen, die Bourgeois in Frankreich hätten das ganze unterschätzt. So werden wir fürs nächste Mal warten müssen, bis die kapitalistische Wirtschaft in die große Krise gerät.«

Was für eine verkehrte Welt. Die modernen Manager zittern vor Rezessionen in der Wirtschaft, und die Intelligenz im Industriestaat, sofern sie überhaupt etwas Konkretes tut, hastet der nächsten Rezession, womöglich dem nächsten Zusammenbruch, wie es 1929 einen gab, entgegen. Der Alte versuchte es mit einer Distanzierung vom Kapitalismus der Wirtschaftsliberalen:

»Ich verstehe. Übrigens waren auch wir zu unserer Zeit, so um 1930, gegen die traditionelle Art der Ausbeutung der Arbeiter durch den Wirtschaftsliberalismus. Wirtschaftsliberalismus und Marxismus waren für uns eins: Ausbeutung der Arbeiter für politische Ziele gewisser Führungseliten und Nutznießer im Politischen.«
Aber der Alte kam nicht an.
»Die Klasse der Arbeiter stellt nicht mehr die Klasse mit der echten und absoluten Verneinung bestehender Verhältnisse dar«, warf einer ein. »Leider kämpfen frühere Arbeiterparteien für die Erhaltung des Systems, das ihnen dauernde Beschäftigung und steigende Löhne gibt und damit Lebenskomfort, ohne den niemand mehr leben zu können glaubt.«
»Wie recht habt ihr«, pflichtete der Alte bei, »das aber ist kein Grund, das bestehende Gebäude, ihr nennt es Gefängnis, bis auf den Grund zu zerstören und noch einmal bei Null anzufangen. Muß es eine Re-volution sein, wäre es nicht mit e-volutionären Absichten möglich, Mißstände zu beseitigen, Gutes zu verbessern . . .«
Der Alte kam nicht zuende. Viele Einwände prasselten auf ihn nieder, einer überschrie alle:
»Aus einem Gefängnis wird kein Wohnhaus, wenn man es umbaut, oder einen Wohntrakt anbaut für jene, die es sich mit den Gefängnisherren richten und die dafür eine mehr wohnliche Bleibe in diesem herrschenden Zuchthaussystem der Zwänge und Unfreiheiten zugewiesen bekommen.«
Also Zerstörung. Wie aber, wenn die Exekutive diese Zerstörung nicht erlaubt, und das Volk ein Parlament wählt, in dem man Gesetze macht, die diese Zerstörung unter Strafandrohung stellen, wollte der Alte erfahren; hoffend, damit die Jungen in eine Sackgasse zu führen. Sofort kam die Belehrung:
»Georg Lukács sagt, daß die gleichzeitige und abwechselnde Anwendung der legalen wie der illegalen Waffen notwendig ist. Weil nur so die Brutalität des Machtapparates der bestehenden sogenannten Rechtsordnung enthüllt werden kann.«

Georg Lukács. Der Alte sann nach. Georg von Lukács. Sohn einer reichen jüdischen Familie in Budapest vor 1914. 1919 mit bei der Rätediktatur des Kommunisten Bela Kun. Volkskommissar für den Unterricht, aber auch Divisionspolitruk in der nachher legendär gewordenen Ersten Division der ungarischen Roten Armee des Bela Kun. Damals, als alle Ungarn gegen die ins Land einrückenden Tschechen kämpften und diese nationale Geschlossenheit der Sache der Kommunisten zugute kam. 1956 war von Lukács wieder dabei, als Imre Nagy es mit einem gereinigten Kommunismus in Ungarn versuchte und dabei scheiterte. Lukács teilte nicht das Los vieler Intellektueller in Ungarn von 1956. Er wurde in der Reaktion des dortigen Kommunismus wohl diffamiert, blieb aber Kommunist und wurde so einer der im Westen hochgelobten Kommunisten, von denen man annahm, ihr Kommunismus führe zu einem anderen als dem traditionellen Ziel des Kommunismus. Der Alte vermied es, den Jungen mit derlei Wissen und Erfahrung zu kommen, da diese ohnedies die Besserwisserei der Alten und deren Erfahrungen nicht sehr schätzten. Weil man damit versuchte sie mundtot zu machen. Das aber konnte nicht das Ziel ihres Teach-in sein.

Noch lebte ja der 1979 uralt verstorbene *Herbert Marcuse*. Gebürtiger Berliner, ist er nach 1933 in die US geflüchtet, nachdem die Heimkehrer aus dem ersten Weltkrieg die Revolution von 1918 verraten hatten. Von ihm konnten die Jungen erzählen, wie er an der Freien Universität in Westberlin seine Revolution ausgerufen hat:

»Die Opposition in den US ist nicht an eine der bisher üblichen Ideologien gebunden. Vor allem hat sie nichts zu tun mit dem, was man hier Sozialismus nennt... Sie ist eine sexuelle, moralische, intellektuelle und politische Revolution. In diesem Sinn ist sie total; also gegen das System als Ganzes gerichtet.«

Der so redete, bekam leuchtende Augen, er schien befreit zu sein von jenen Zwängen, die offenbar den Alten gefangen hielten:

»Diese Opposition ist gegen das Establishment gerichtet. Im Bündnis mit Kräften, die dem heutigen System von außen her widerstehen, wird sie der Gefahr entgehen, isoliert und von der sogenannten Mehrheit abgewürgt zu werden.«
Ja, so ist und bleibt das mit dem revolutionären System. Es siegt, indem es einen Krieg umfunktioniert in einem Kampf gegen die alte Herrschaft im Inland. Umfunktioniert. Das Wort war jetzt dem Alten schon so geläufig, daß er sich schämte, wenn er es zuweilen nachplapperte. Der Alte aber blieb mit seinen Gedanken bei der Vorstellung einer sexuellen Revolution hängen.
»Schon immer hat eine Revolution damit angefangen«, sagte er, »den Prominenten der bisherigen Elite die schändlichsten Dinge zu Unrecht nachzusagen. In Paris fing einmal die Revolution gegen den König damit an, daß man seiner Frau, Marie Antoinette, in schmutzigen Pamphleten andichtete, was die Phantasie den Pornographen eingibt. Nachher, in der russischen Revolution, hat man der Zarin nachgesagt, sie und ihre Tochter hätten es mit dem sibirischen Trunkenbold und Mädchenschänder Rasputin getrieben. Und jetzt bringen die Bühnenautoren Stücke heraus, die dem dekadenten Bürgertum und dem früheren Faschismus das darstellen lassen, was sie sich als Schmutz und Schund ausdenken, um das Publikum in die Häuser zu bringen.«
Die momentan nicht widerlegbaren historischen Beispiele erweckten Mißmut im Auditorium und sofort kam die Replik:
»Wenn wir von einer sexuellen Revolution sprechen, dann denken wir nicht an die Geheimdrucke der Großväterzeit, an Bordellerlebnisse der Bourgeois und nicht an die Mätressen des Adels. Wir schauen nicht durch Schlüssellöcher in Schlafzimmer.«
Beifall klang auf. Das betonte »wir« des Diskussionsredners stand spürbar im Gegensatz zu jenem brüderlichen »Du«, das früher einmal die Alten und die Jungen unter einen Hut gebracht hat. Unter einen Alten Hut, wie jetzt die Jungen sagten. Und also mußte sich der Alte anhören:

»Unsere sexuelle Revolution will die Befreiung der Menschen von sexuellen Tabus. Wir wollen die Freiheit von uralten Zwängen. Mehr Libido anerkannt wissen und darnach tun.«
Jetzt mußte der Alte irgendetwas sagen, sollte nicht hic et nunc jener Frontalzusammenstoß unvereinbarer Ansichten stattfinden, nach dem alles Bemühen des Abends, vielleicht noch viel mehr, das Ende finden würde. Also sagte der Alte:
»Ist es also demnach so, daß die Wahlfreiheit in den sexuellen Beziehungen Vorrang hat – zum Beispiel – vor dem Bestand einer Ehe, einer sakramentalen Ehe . . .?«
Jetzt war es Zeit für den Hochsemestrigen, die Diskussion in den Griff zu nehmen und zu verhindern, daß der Alte die Jungen damit verschreckte, daß er zur Unzeit Konsequenzen aufzeigte, denen viele Junge wohl noch nicht gewachsen waren:
»Wir wollen die Wahlfreiheit der geschlechtlichen Beziehungen, wenigstens für Erwachsene. Wir lehnen das Sexualmonopol, mit dem die Kirche die Ehe unter einen Glassturz stellt, ab. Die Leibfeindlichkeit der Kirche muß schließlich ihre Grenzen haben und diese Grenzen hat sie in der modernen Zeit weitaus überschritten. Die Folge der unverständlichen kirchlichen Verbote, wie sie puncto Sex bestehen, ist der Stau der Aggressionen, der sich momentan in Exzessen, für die man nicht uns verantwortlich machen soll, Luft macht.«
Der Rest des Diskussionsbeitrags ging unter im Beifall der Jungen. Auch die Jungen verfielen immer wieder und immer noch in Gefühlausbrüche, mochten ihre neuen Vorbilder sie noch so sehr dazu anhalten, in Auseinandersetzungen mit den Alten cool, clever und smart zu bleiben. Also war die Empfindungskraft momentan bei Jung und Alt überfordert, denn der Alte kam jetzt so:
»Demnach werden wir in Zukunft notorische Konkubinarier und Ehebrecher und wiederverheiratete Geschiedene unter uns haben und wir Alten werden derlei nach eurer Ansicht hinnehmen müssen?«
»Selbstverständlich«, antwortete ihm vom Fleck weg der Hochsemestrige, »denn wo bliebe das legendäre Freundschaftsprin-

zip, wenn wir gerade in solchen unvermeidbaren Krisen des Mensch-seins den Betroffenen die einfachste Art der Freundschaftsbezeigung versagen würden. Wir sind darin der Amtskirche ohnedies nur um einen Schritt voraus, denn wir wissen, daß fortschrittlich eingestellte Theologen und Priester damit rechnen, daß auch die Kirche nicht mehr lange bei dem Grundsatz bleiben wird, daß eine Ehe dauern muß, bis der Tod die unglücklichen Ehegatten voneinander erlöst. Haben sie sich um dieses Unglücks willen einmal das Sakrament gespendet?«
fragte ein wenig höhnisch der erfahrene und gewandte Student.
Und jetzt durchlief die Diskussion alle Phasen der Revolution, so wie sie an der Freien Universität der Ur-Berliner Marcuse ausgerufen hat: Nach der sexuellen Revolution kam die moralische zur Sprache, nachher die intellektuelle und letzthin die politische. Um die Niederlage des Alten endgültig und offenbar zu machen, überließ man seiner Schwatzhaftigkeit das sogenannte Schlußwort des Abends.
»Eure sexuelle Revolution wird nicht zur Abnahme gefährlicher Aggressionen führen. Ihr wollt zwar nicht den Krieg, wohl aber euren revolutionären Kampf und wißt doch, daß jeder Krieg in eine Revolution umschlagen kann, jeder revolutionäre Kampf in einen auswärtigen Krieg. Was mich anlangt, so glaube ich nicht an einen ewigen Frieden auf Erden, er ist dem Christen ohnedies erst in einer anderen Welt versprochen. Und am ärmsten wäre wohl der Mensch oder das Volk dran, das eurem falschen Pazifismus und eurer kriegsgegnerischen Gesinnung zum Opfer fallen würde. Kampf ist ein Motiv des Lebens, wer ihm in jedem Fall ausweicht, macht es denen leicht, für die Kampf und Krieg *das* Prinzip ihrer Aktion sind und bleiben.«
Der Alte verhielt. Es gab aber nicht das geringste Zeichen des Verstehens oder gar der Zustimmung. Einige lächelten, als der Alte, wie man in Kreisen der Jungen sagte, in Zusammenhang mit der moralischen Revolution alte Bestände minderwertigen Moralins verspritzte. Den erklärten Widerspruch erntete der Vortragende erst, als er, wie er meinte, mit der intellektuellen Revolution abrechnete:

»Diese intellektuelle Revolution ist eine alte Sache, die nie vollends zog. In der Großen Französischen Revolution kam das Prinzip: EDUKATION STATT REVOLUTION politisch zum Tragen. Man sagte damals schon, ein religiöser Mensch, ein Christ zumal, könnte gar kein Intellektueller sein. Zu meiner Zeit klagte man uns an, wir seien keiner voraussetzungslosen Wissenschaftlichkeit fähig. Hingen an der Nabelschnur zu einer Metaphysik. Nun, Christus war kein Intellektueller und ebensowenig waren es die Apostel und Jünger, die großen Kirchenlehrer, denen wir im eigentlichen Sinne die Verbindung der Antike mit dem Christentum in der Kultur des Abendlandes verdanken.«

»Christliches Abendland«, höhnte einer der Jungen.Der Alte aber war in Schwung.

»Die Werte der christlichen Metaphysik und jene der Antike – die Werte des Wahren, Guten und Schönen – haben zu einem menschenwürdigen Bild vom Menschen geführt, das eure gegenstandlose Kunst bis zur Unkenntlichkeit zerfasert hat.«

Schweigen als absoluter Widerspruch der Zuhörer. Und der Alte:

»Das revolutionäre Prinzip fängt an und fing in der Geschichte an mit dem Abfall der Menschen von Gott und seiner göttlichen Autorität. Deswegen der Haß der Revolutionäre gegen das Gottesgnadentum des Mittelalters. Als ob wirklich alles Recht vom Volk käme und es keinen Ursprung dieses Rechtes in Werten gäbe, die unabhängig bestehen von Mehrheitsbeschlüssen eines Parlaments.«

»Außerparlamentarische Opposition der Reaktionäre«, rief ein Junge dazwischen. Aber der Alte war nicht mehr im Kreis der Veranstaltung mit seiner ferneren Rede, nichts störte ihn mehr:

»Mit der Abschaffung der Autorität fällt nicht nur jede Religion, es folgt jener anti-autoritäre Zug, der zuletzt jede bestehende sachliche, persönliche und institutionelle Autorität in Frage stellt, solange sie nicht täglich in Frage gestellt und wenigstens in einer Antwort da und dort bestätigt wird.«

»Aber, aber . . .«,

stotterte der Alte aufgeregt und als er zum dritten Mal aber sagte, hatte er verspielt. Niemanden kümmerte es, daß die A-religiosität des modernen Menschen ein Vakuum schafft, für das weder die Betriebsamkeit der Freizeitkultur noch die Ersatzreligionen der politischen Parteien ein Füllsel schaffen können. Die Jungen ließen sich auch nicht dadurch abschrecken in ihrem Willen, Praxis über alle, namentlich metaphysisch begründete Theorie, zu stellen, daß der Alte von Maxim Gorki und den kommunistischen Gottsuchern und Gotterbauern unter den russischen Bolschewisten redete. Von Typen aus neuerer Zeit, wie den polnischen Kommunisten Leszek Kolakowski, der, als er noch Kommunist in der KP war, davor warnte, wie leicht die definierte Sinnlosigkeit des menschlichen Daseins dazu führen kann, daß der Betroffene unversehens zurücksinkt in die Dummheiten pfäffischen Aberglaubens. Nur langsam kam der Alte zu seinem Schluß.

»Was uns sicher trennt, ist die Tatsache, daß euch jede Erfahrung im Umgang mit der Diktatur fehlt. Ihr malt die braunen Teufel an die Wand, um so eine Erfahrung aus der Geschichte vorzutäuschen, aber ihr seht lieber weg, wenn der Kommunismus seine Orgien in einer Diktatur feiert, die ärger ist als jene des Hitler, weil Hitler tot, Stalin aber lebt, weil es ohne den Terror des Stalinismus auf die Dauer kein KP-Regime geben kann.«

Nur mit Mühe bändigte der Alte den Tumult, der dem üblen Vergleich des Hitlerismus mit jenen Wahrheiten, die in jeder Form des Marxismus stecken, folgte. Der Alte schloß mit einem lento vorgetragenen Finale:

»Wir Älteren wissen, was ihr Jungen einfach nicht wissen könnt. Daß nämlich der Staat, den uns in Österreich ein Figl und ein Raab hinterlassen haben, und den ihr wegen gewisser Spießbürgerlichkeiten nicht liebt, seine Oasen der Freiheit hat, vor allem mitten im Klassenkampf und im Bürgerkrieg und Kriegen: den Frieden. Und die Sicherheit, daß wir, auf uns selbst gestellt, sicher nicht in die Radikalismen des Marxismus und Faschismus zurückfallen werden.«

Schon wieder Marxismus und Faschismus in einem Atem, so wie früher Revolution und Reaktion. Noch redete der Alte von Kompromissen, die man nicht mit Feigheit verwechseln sollte; von Anpassung, die nicht unbedingt Verrat sein müßte; von der, wohl späten, Einsicht, daß die radikale Linke und die radikale Rechte eines werden, wo es um die Motive ihrer Praktiken geht: Die Gewalt der Tatsachen gegen die Macht von Ideen mobilisieren, wenn Ideen allein nicht ausreichen, um sie zu verwirklichen.

Aus. Der Alte erhob sich. Die Jungen standen auf und reckten sich, es war für sie sehr ermüdend und ohne Gewinn gewesen. Und der Alte verließ eilends den Raum, indem er bei sich dachte:

»Nie wieder. Sie werden mich auch nicht mehr holen. Wir werden es ausstehen müssen, was uns offenbar schon aufgetragen ist vom Schicksal.«

Was für ein Schicksal? Prophet wollte der Alte keiner sein. Lieber flüchtete er sich in den Kreis seiner Con-Philister und deren Frauen, wo eine sexuelle Revolution nicht stattfand. Wo man sich moralisch gegen Zustände in Familien, Ehen, Schulen und Staat entrüstete. Wo keine Intellektuelle saßen, bestenfalls Menschen mit gediegener Bildung. Und wo man angesichts des scheinbar unaufhaltsamen Durchbruchs der Linken in politischer Hinsicht Trauer trug. Man redete über das Zweite Vatikanische Konzil und darüber, daß der gute Papst Johannes XXIII. in seiner Amtskirche, wie die Jungen redeten, mit dem AGGIORNAMENTO mißverstanden worden ist. Daß die unablässigen Reformen, die insgesamt schon eine Zweite Reformation ausmachten, den Aufenthalt in der Kirche, wenigstens im Gebäude der Gottesdienste, unausstehlich gemacht haben, weil alle Fenster und Türen in Erwartung von Neuzugängen offen waren; indessen mehr durch diese Öffnungen die Kirche verließen, als je aufs neue hinzukamen, auch wenn das von Bischöfen und Reformern eilfertig verkündet wurde.

Einmal kam noch die Sensation des Neuen mit aller Macht in dieser Runde der »ewig gestrigen Typen«. Eine der Verbindungen an Ort hatte ein sogenanntes Happening veranstaltet und das Zentralorgan der KP hatte höhnend festgestellt, daß es den katholischen Intellektuellen vorbehalten blieb, dieses seltsame Ereignis des Amerikanismus in der alten Stadt Wien vorzustellen und aufzuzeigen. Die allgemeine Ansicht ging zuerst dahin, es handle sich um eine ungeheure Sauerei, für die ein anständiger Mensch nichts übrig haben kann. Wer geht schon zu so einem Happening? Einer der Con-Philister verschwand dahin. Er wurde nachher eifrig ausgefragt. Soviel hatte er davon verstanden:

Was die Jungen damit wollten, war eine besonders ausgefallene, eigens arrangierte Sache. Ein Ereignis in einer Zeit, in der vor lauter Spießerigkeit sich nichts ereignet. Ein Happening mußte her, laut Langenscheidts Handwörterbuch Englisch–Deutsch, Schulausgabe, einfach ein Ereignis. In den veralteten Lexika der Alten fand sich kein Hinweis auf ein Happening, Modell endsechziger Jahre des 20. Jahrhunderts. Gemeint ist das *europäische* Modell, denn *in den US* war die Sache eigentlich schon »out«. Warum so etwas? Ach, alles was man von den Alten Männern zu sehen und hören bekam, war langweilig, offenbar schon längst dagewesen und von den Jungen mit zwanzig Jahren konsumiert, was die Alten erst in späteren Lebensjahrzehnten als Lustgewinn sich erwarten konnten. Ein Happening der sechziger Jahre soll den Menschen nicht abstoßen, wie manche Alte nachher meinten, sondern hinausstoßen aus bisheriger Spießerigkeit und Banausentum und hineinstoßen in eine nie gekannte Welt des Absurden. Wenn nicht die Droge als Quelle solcher Erlebnisse, dann das Happening, das keinen Kater hinterläßt. Und auch nicht von Bullen unterbunden werden darf, so wie man den Handel mit Drogen unter Strafe stellt oder in Kreisen der Drogenabhängigen schnüffelt und mit dem Gestank der Obrigkeit Übelsein verursacht.

Der Spion der Con-Philister hatte volle Aufmerksamkeit im gewohnten Kreis für sich, als er anfing:

»Der Vorhang geht also auf.«

Auf einem Tisch liegt ein aufgebrochener Tierkadaver, aus dem

schon Ströme von Blut rinnen. Das genügt den Akteuren des Happenings nicht. Sie greifen tief ins Gekröse und holen die Kaldaunen heraus, daß es eine Pracht ist, diese Verschlungenheiten einmal zu sehen. Sozusagen das Innerste im Dasein, die Stätten der Verdauung. Und dann reißt man Stücke von dem Kadaver, bis das Blut aus den zerrissenen Adern und Venen quillt und eine aufreizende Röte die Szene absurd macht. Nie dagewesen. Die Akteure wickeln die Kaldaunen auf, so wie Mutter einmal Wolle abwickelte. Schon mischt sich mit verspritzendem Blut auch Mehl – oder war es Staub? – Und das reine Rot gerät in die Farben der urtümlichen menschlichen Nahrungsmittel: Brot und Brotmehl.
Die Damen verwahrten sich an dieser Stelle der halbfertigen Erzählung des Spions der Con-Philister. Einer der Con-Philister beschwerte sich, daß man für solche Sauereien einen erhöhten Mitgliedsbeitrag der Alten Herren verlangte. Andere sagten bloß: Bei uns in der Verbindung dürften sie sich so etwas nicht erlauben oder das kommt davon, das wir noch das Geld für solche Dinge hergeben. Einige taten, was die Natur verlangte. Sie verließen das Lokal und benützten die moderne Spei-Schüssel in der Herrentoilette. So verging das Nachspiel des Happenings in diesem Kreis. Man war ehrlich entrüstet, geschockt und hatte allerlei Zustände, die von den Jungen den Alten herzlichst gerne gewünscht wurden. In der Hoffnung, daß sich diese auch zu einer echten Konfrontation stellen würden. Weit gefehlt. Die Alten kamen einfach nicht mehr in ihre Verbindung. Zumal die nächste Station ein Weihnachtskommers war, auf dem der jungenhafte Redner sagte, Vaterland und dergleichen sei nichts mehr, als ein momentaner Ort der körperlichen Existenz. Auch am Nordpol hätte der moderne Mensch das, was man letzen Endes im Vaterland hat, nämlich die Möglichkeit des Da-Seins. Sowie nur am Nordpol dafür die Voraussetzungen für eine animalische Existenz in einiger Wohnlichkeit und Komfort.
Was blieb also noch? Was die Religion betraf, so zwitscherten die Jungen, wie angealterte Kardinäle und Bischöfe nach der

Heimkehr vom Zweiten Vatikanischen Konzil von sich gaben; um nur ja nicht in den Ansichten und Absichten zurückzubleiben hinter sehr jungen Intellektuellen geistlichen Standes, die ihnen in Rom als Hirnprothesen und Mut-macher beigegeben worden waren. Konservative wollte man opfern, um Ungläubige, sie hießen offiziell: Fernerstehende, zu gewinnen. Die liberalistischen Zeitungen und Magazine brauchten nur mehr die Reports solcher Progressiven zu bringen; um das Absterben des Klerikalismus und des Pfaffentums brauchte man sich keine Mühe mehr zu geben. Die Betroffenen waren offensichtlich daran, aus Angst vor dem Ende ihrer Sache diese selbst abzuwürgen.
Langsam gedieh das Neue in Höhen, auf denen den Staat zu feiern bisher der Staatsoffizialität vorbehalten war. Den Staatsfeiertag mit einem Happening in den Räumen der Universität zu feiern, schien ganz dem Satz des Staatsgrundgesetzes zu entsprechen, wonach die Wissenschaft und ihre Lehre frei sein sollen. Auch jene Wissenschaft, die außerhalb der Lehrveranstaltungen, wie sie im Vorlesungsverzeichnis stehen, unter Ausnützung eines vom Eindringen der Bullen freien Raums, die Alma Mater, die Universität, sowie die blanken Brüste der Alma Mater gestatten:
Diesmal war kein Tierkadaver am Ort. Keine Kaldaunen erschreckten Anfänger und kein Blut spritzte, kein Mehl wurde verstaubt. Weihemusik erklang aus Kassetten, Musik der Wiener Klassiker. Keine ultra-modernen Weisen, man wußte, was zur Einstimmung auf diese Feier des Staatsfeiertages gehörte. Jetzt hörte man eine Melodie Mozarts. Oder war es die der Bundeshymne, die doch auch eines der Werke Mozarts, fast das letzte, war? Im Saal wurde es plötzlich still. Nicht wegen der Weihe des Augenblicks, die vom Musikalischen kam. Der Hohe Priester des Happenings schwang sich empor zur Höhe des Augenblicks. Es sah aus, als würde er einen der animalischen Triebe des Menschen zu befriedigen anfangen.
Sei 's drum. Der fortschrittliche Mensch macht keinen Unterschied in den Bewertungen der Ausscheidungen des menschli-

chen Körpers. Wer nicht mehr an das An-sich-Gute oder das An-sich-Böse im Menschen glaubt, der kann auch nicht sagen: Das am Menschen ist schmutzig und jenes rein. Zu lange hat die Dümmlichkeit der Theologen gedauert, die junge Priesterstudenten die partes honestes und die partes in-honestes hersagen ließen. Also das, was vom menschlichen Leib unkeusch, unschamhaft und unwürdig war, verglichen mit anderen Teilen denen besagte positive Wertung zukam. Genug. Der Staatsfeiertag ist ja nur ein einziger Tag im Jahr. Und also blieb besagtes Happening nur einem Tag, nicht dem Alltag geschenkt. Die Aufregung legte sich.

Um diese Zeit brachte sich in einem Nobelhotel der Stadt Barcelona, noch unter der Diktatur des Generals Franco, einer um. Er soll ein bekannter Künstler gewesen sein. Wenigstens drüben in den US. Aber, er hat es dort, im Mutterland der Demokratie, nicht länger ausgehalten. Ausgerechnet unter dem Franco wollte er suchen, was er drüben nicht fand. Aber Franco-Spanien war auch nicht mehr, was es war; seine herrlichen Meeresstrände waren übersät mit Hochbauten für den internationalen Tourismus; und seine Proletarier waren in Westdeutschland im dortigen Wohlstand heimisch geworden. Aus diesem Gegenverkehr entwickelte sich an Ort, in Spanien, ein neues Klima, in dem das Franco-Regime langsam abstarb. Wenn einmal der Franco tot sein wird, werden die westlichen Schutzstaaten der Demokratie dafür sorgen, daß auch Spanien, wenn nicht in die EWG und die NATO, so doch in den Kontrollbereich der US eingegliedert wird.

Kein Wunder, daß besagter amerikamüder Tourist in Franco-Spanien nicht mehr fand, was er drüben in den Staaten längst verloren hatte. Das erstklassige Nobel-Hotel REY DON JAIME in Barcelona war am wenigsten geeignet, einem zeitmüden Menschen eine Fluchtburg vor der Moderne zu sein.

Eines Tages nahm der Amerikamüde ein Geschäftspapier des Hotels zur Hand und schrieb einen Abschiedsbrief vor seinem Selbstmord. Nicht an Verwandte oder Bekannte, sondern an die ganze Welt:

»Liebe Welt – im Falle es irgend jemand interessieren sollte: ich habe genug gelebt, noch länger zu leben wäre langweilig. Ich überlasse dich (also: die liebe Welt) deiner Verschmutzung, deinem Müll und deiner wiederverwendeten Abwässern.«
Das wars und dann machte er Schluß. Die Jungen aber wollten nicht Schluß machen mit ihrem Anarchismus und Nihilismus. Sie wollten noch einmal in einer Stunde Null der Menschheitsgeschichte neu beginnen. Recommencer à zero nannten dieses nicht ganz neue Vorhaben einmal die Franzosen, denen um zwei Generationen früher das gekommen ist, das gewisse Junge das Große Kotzen nannten.

Die Herren, die aus der Tschechoslowakei nach Österreich gekommen waren, machten einen unterschiedlichen Eindruck. Die einen waren jene Typen mit eisernen, abweisenden Mienen, die zuweilen unter dem Eisernen Vorhang hervorkamen, um mit Kapitalisten Verhandlungen zu führen, die – meistens aus wirtschaftlichen Gründen – nicht zu vermeiden waren. Die anderen hatten keineswegs diesen uni-formen Gesichtsausdruck eines Kommunisten aus dem Osten; sie sahen aus, wie Männer im besten Alter in der ČSSR aussehen würden, wenn es dort keine KP-Diktatur gäbe. Sie waren gut gekleidet, mit dem gewissen Chic, den einmal in der Monarchie ein böhmischer Schneider am besten hinbekam. Ansonsten waren die einen wie die anderen keine Herren, sondern Genossen, eingeschriebene Mitglieder jener KPČ, die 1948 mit einem vom Militär abgestützten Putsch aus der ČSR des Jahres 1918 die jetzige ČSSR gemacht hat.
Jene anderen Herren waren nicht etwa nach Österreich gekommen, weil es jahrhundertelang so war, daß man gerne von Wien nach Prag reiste oder von Prag nach Wien. Die kleingewordene Ostalpen-Republik Österreich interessierte diese Herren wenig. Sie legten geringeren Wert auf die Begegnung mit Österreichern, vielmehr wollten sie mit Herren zusammenkommen, die aus Paris eigens zum Zweck eines solchen Gesprächs angereist waren. Die letzteren Herren waren keine Genossen, also keine eingeschriebenen Mitglieder der KPF, damals noch die zahlenmäßig stärkste KP diesseits des Eisernen Vorhangs; sie waren Planer, Wirtschaftsplaner, und sie hießen daher auch in Frankreich Planifikateure. Die französischen Planifikateure hatten nämlich ein für fortschrittlich orientierte Kommunisten interessantes Planungssystem erfunden: sozusagen einen Dritten Weg

zwischen der Kommandowirtschaft des kommunistischen Staatskapitalismus und dem freien Unternehmertum nach dem Prinzip der Privatwirtschaft.
Hier sei nur kurz erwähnt, daß jeder, der einen Dritten Weg zwischen dem Kommunismus und einem ihm entgegengesetzten Prinzip gehen möchte, meistens in Teufels Küche landet.
Die aus Prag gekommenen jungen Herren trugen natürlich nicht derlei düstere Ahnungen mit sich. Ganz im Gegenteil, sie glaubten eine sonnigere Zukunft ihres Landes zu sehen. Als gute und treue Mitglieder der KP mußten sie fürchten, daß das gute tschechische Volk eines Tages genug haben könnte von der miesen Konsumwirtschaft, die ihnen die Kommandowirtschaft des KP-Regimes bot. Dies umso mehr, als noch nicht ganz die Erinnerung an Zeiten entschwunden war, in denen das Gebiet der ČSSR das reichste im ganzen Wirtschaftsraum der Donaumonarchie gewesen ist und mit seinen Industrie- und Agrarprodukten obenanstand in den Wirtschaftsstatistiken dieses reaktionären Staates. Mehr noch: Gab es doch Kommunisten in der ČSSR, die wünschten sich – man höre – wenigstens so viele politische Freiheiten, wie es das 1945 befreite tschechische Volk in der Knechtschaft unter den Habsburgern gehabt hat. Und das, nachdem der versoffene Jaroslav Hašek, eingeschriebenes Mitglied der KP, im ersten Krieg Soldat der Roten Armee der SU und im Grunde Anarchist, mit seinem Bestseller DIE ABENTEUER DES BRAVEN SOLDATEN SCHWEIJK die Habsburgermonarchie, die Pfaffen, das Militär und halt alle Österreicher heruntergefetzt hat, daß von diesem Österreich, wäre es noch am Leben, kein Hund mehr ein Stück Brot genommen hätte.
Der junge US-Präsident John Fitzgerald Kennedy war es, der mit seiner Friedenspolitik offenbar eine Brücke zwischen der Welt der US und jener der SU geschlagen hat. Diese Brücke war nach dem Industriesystem erbaut. Die dementsprechende Industriegesellschaft soll nämlich nach der Ansicht ihrer Ideologen und Konstrukteure keinen weltanschaulichen Charakter haben. So wie 2×2 immer $= 4$ ist, soll auch das Industriesystem auf dem Boden des Kommunismus ebenso und zum gleichen

Ergebnis gedeihen wie jenes auf dem Fundament des Kapitalismus. Für die aus Prag gekommenen Männer mit den versteinerten Mienen war derlei nichts anderes als blanker Unsinn oder Propaganda des zum Absterben verurteilten Kapitalismus des Westens. Wo doch jeder Elementarschüler in der ČSSR lernt, daß unter dem Kommunismus nur solche Produktionsverhältnisse möglich sein können, die der unerschütterlichen Basis des Marxismus-Leninismus entsprechen. Für einen Kommunisten sind also Produktionsverhältnisse, die nicht kommunistisch gedachten Voraussetzungen entsprechen, nur eine Abweichung von der Lehre Marxens und des Großen Lenin, also ein Durchhaus ins Gefängnis des Kapitalismus. Die nach Österreich gekommenen Franzosen sahen die Dinge anders. Für sie war der sogenannte Freie Westen nicht der sogenannte Hort der Freiheit. Im Grunde kümmerten sie die verschiedenen weltanschaulichen und religiösen Vorstellungen, die den Westen angeblich abstützten und gegen den kommunistischen Osten immun machen sollen, wenig. Dafür bot besagter Westen die Möglichkeit, ein Mischsystem in der Wirtschaft ihres Landes aufzuziehen, mittels welchem sie dem Osten bis auf den kurzen Abstand eines Brückenschlags näher zu kommen glaubten:
Im System der Planifikateure war die Wirtschaftsordnung ihres Landes sozusagen ein Kompromiß zwischen den staatlichen Planungen und den Planvorstellungen der einzelnen Unternehmen und deren Interessenvertretungen. Der Staat wird demnach auf eine Kommandowirtschaft verzichten, wenn sich das private Unternehmertum bereit erklärt, sein Planungssystem mit dem des Staates auf einer gewissen Ebene abzustimmen.
Man muß an dieser Stelle einfügen, daß das System der Planifikateure leider auch nicht ganz ent-ideologisiert war, sondern einer Fortentwicklung des Wirtschaftsliberalismus entsprach. Liberalistische Integralisten, also Unbedingte, verbreiteten um diese Zeit die neue Formel für die Welt von morgen:
»Ni Marx – ni Jésus.«
Was die Tschechen betraf, so gefiel ihnen das Bekenntnis »Ni Jésus« insoferne, als sie keine atheistisch orientierten Kommuni-

sten waren. Nicht etwa, weil sie den Atheismus, der den Kern jeder im Anschluß an Marx entstandenen politischen Richtung ausmacht, aufgegeben hätten; sie hielten die Religion an sich für bereits krepiert, und einem toten Hund gibt man bekanntlich nicht einmal einen Tritt. Wienerisch gesagt: Sie ignorierten Jesus nicht einmal mehr, kamen auch ohne erklärten Atheismus sehr gut mit Marx aus. Und was Marx betraf, so unterlag auch die im Anschluß an ihn entstandene Lehre den Gesetzen des dialektischen Materialismus sowie des historischen Materialismus, was zu der Hoffnung berechtigte, der Kommunismus werde alsbald jenen Sprung machen, in dem Quantität in Qualität umschlägt – einen Sprung, mit dem man aus dem Wasser zu sein hoffte. Bei aller Treue der jungen Herren aus Prag, war deren Kommunismus längst nicht mehr derartig durchtränkt von der ehrwürdigen Ideologie des Marxismus-Leninismus; einige von ihnen hatten sich mit Anschauungen vertraut gemacht, wie sie im benachbarten Westdeutschland kursierten, einige sogar im riesigen Horizont des Amerikanismus Umschau gehalten. Alte Sympathien der Tschechen zum Westen wurden so geweckt, und die mitgekommenen Genossen mit den erstarrten Gesichtszügen konnten mit einiger Berechtigung auf eine mißliche Tatsache hinweisen:

Es tat und tut jungen Genossen nicht gut, sie – bevor sie die volle Reife ihrer kommunistischen Gesinnung und Überzeugung gewonnen haben – ins Ausland reisen und dort Dinge kennen lernen zu lassen, die gefährlich sind wie böhmische Mehlspeisen für einen Zuckerkranken. Aber – man hat auf die Eisernen nicht gehört, und jetzt saß man da im verfluchten Österreich und fand das bestätigt, was im Achtzehnerjahr ein guter Tscheche ahnungsvoll gesagt hat:

»An dem verfluchten Kadaver Österreich werden wir uns noch den Tod holen...«

Genau genommen, war im Österreich der Sechzigerjahre diese Infektionsgefahr wirklich nicht gegeben. Die Republik Österreich war seit 1955 dank der Hilfe des Genossen Chruščov ein neutraler Staat, der jedenfalls keine militaristischen Infektionsherde in sich barg. Die sozialistischen Genossen in Osterreich, an sich in den Augen eines Kommunisten erbärmliche Abweichler vom echten Sozialismus, sorgten zudem dafür, daß das an sich schwächliche Bundesheer durch eine Reform desselben in einen Zustand geriet, bei dem man nicht wissen konnte, ob die Sozialisten in Österreich dem Heer ein sogenanntes Marschierpulverl fürs Verrecken eingegeben hatten oder jenes Stärkungsmittel, von dem die Naiven im Land redeten. In politischer Hinsicht war die Tatsache bemerkenswert, daß jener kleine Kapitalist, wie einmal Chruščov den österreichischen Bundeskanzler Raab bei Abschluß des Staatsvertrages genannt hat, schon tot war. Seine Epigonen wollten eine reine parlamentarische Demokratie, also die Auflösung der verderbten Regierungskoalition zwischen der Partei des toten Raab und den Sozialisten; und sei es um den Preis eines Stahlbads, dem angeblich keine Partei entsagen sollte, die sich zu lange auf den Sesseln der Regierungspartei gesuhlt hat. Mit anderen Worten: ein sozialistisches Österreich war im Kommen. Und wenn es in Österreich so kommen sollte, wie es in Westdeutschland nach dem Tod Adenauers von der Linken geplant war, dann durfte man hoffen, daß eines Tages die rosaroten Brüder heimkehren würden ins altehrwürdige Vaterhaus Marxens im Osten. In Westdeutschland war der Genosse Herbert Wehner mit Erfolg dabei, in Bonn die Alternative einer sozialistischen Regierung aufzuziehen; erst einmal die Genossen in Bonn im Sattel, werden sie eines Tages, Wehner sei Dank, genug weit nach Osten reisen, um eine Versöhnung mit der DDR, der deutschen Republik der Genossen in Berlin, anzubahnen. Denn die Welt der kommenden Siebzigerjahre wird einige weite Sprünge nach links hin machen. Je weiter sich aber der Westen nach links hin begibt, desto sicherer wird er dorthin kommen, wohin ihn 1945 der damalige Vorsitzende der britische Arbeiterpartei Harald J. Laski haben wollte:

»Die Macht jeder über-natürlichen Religion... ist geschwunden... Es ist daher schwer zu ersehen, auf welcher anderen Grundlage die zivilisierte Tradition wieder aufgebaut werden

könnte als auf jener, auf welche sich die Idee der russischen Revolution gründet.«
Wenn man bedenkt, daß Genosse Laski kein Marxist von der Art war, wie sie auf dem Kontinent in Deutschland oder Österreich herangewachsen sind, sondern ein Linksintellektueller, der seine geistigen Wurzeln in England und in den USA fand, konnten solche Anschauungen nur jene Genossen in der KP bestärken, die sich sagten, daß die Reise besagter junger Herren nach Österreich ein Dreck war, den man eines Tages zum Fenster hinausschmeißen wird; dorthin, woher die jungen Herren ihren Irrglauben bezogen haben.
Aber zurück nach Prag: Ende der Sechzigerjahre redeten in Prag viele Menschen, zu viele Menschen und zu oft, von Reform. Nur wenige wußten, *wie* diese Reform ausgehen sollte, aber fast alle Tschechen waren sich einig, *was* reformiert werden sollte: nämlich die miserablen Zustände, in die man nach 1945 geraten ist. Natürlich war die Befreiung von den Deutschen anno 1945 eine feine Sache; aber unter sich mußte man sich sagen, daß es vor 1945 nur wenige Gebiete in Europa gegeben hat, wo so wenige Bomben fielen, wie auf das damalige Protektorat Böhmen und Mähren, und daß dieses Protektorat neben der Butterfront in Dänemark das Ziel geheimer Wünsche deutscher Frontsoldaten war. Für die jungen Herren im Protektorat ergab sich die weitere Annehmlichkeit, daß sie die einzigen in Europa waren, die nicht einrücken mußten; denn damals machten selbst die neutralen Länder mobil, um für einen Überraschungsfall gesichert zu sein. Und wer seinen Schweijk gelesen hatte, den kriegte nicht einmal die GESTAPO, wenn er den Hitlerismus auf Schweijkisch insgeheim ruinierte.
Nun zur Reform: Die alten Genossen in der KP haben gelernt, daß jedes System am schwächsten ist, wenn es sich selbst »reformiert« oder unter dem Druck der Verhältnisse reformiert werden muß. Mit anderen Worten: Die ČSSR im Reformfieber der Endsechzigerjahre war im Krankenstand. Oder wie es nachher ein treuer Genosse ausdrückte:
»Wir haben mit der Reform solange herum-onaniert, bis wir

schwach genug waren für die verfluchten Dubčeks, die auf ihre Weise unsere Bedürfnisse befriedigen wollten.«
Es war indessen reine Willkür, wenn später die loyalen Genossen in der ČSSR behaupten werden, ihre jungen Genossen hätten sich in Österreich mit den französischen Planifikateuren getroffen, um politischen Unfug, angerichtet an der ČSSR, auszuhecken. Davon konnte keine Rede sein. Die jungen Herren aus Prag wußten aus der Geschichte, daß die Tschechen zu den unglücklichen kleinen Völkern in Europa gehören, die immer einen großen Herren über sich haben, der nicht ihr Landsmann ist. Zuerst waren es Kaiser des Heiligen Römischen Reiches, die natürlich keine Römer waren, sondern verfluchte Deutsche. Und selbst als im 14. Jahrhundert die Luxemburger von Prag aus dieses Heilige Reich regierten, waren die Kaiser des Hauses Luxemburg keine Tschechen, mochten sie auch mit tschechischen Vorfahren verschwägert sein. Am Ende waren die Tschechen so böse auf die Luxemburger, daß sie vom Römischen Glauben des Heiligen Römischen Reiches abfielen und nach der Verbrennung ihres Propheten Jan Hus ganz Mitteleuropa mit blutigen Befreiungskriegen überzogen, nach denen es im benachbarten Österreich hieß:
»Der Behm is' a Viech...«
Nachher kam es noch schlimmer: Die Habsburger, auch deutscher Herkunft, regierten jahrhundertelang über die Länder der Böhmischen Krone, und nur zeitweilig konnten sich, wenn die Habsburger gerade schwindsüchtig wurden, die Tschechen ihrer Herrschaft entledigen. Um nachher erst recht an Wien gefesselt zu sein. 1918 ist das Habsburgerreich krepiert. Endlich hatte man den eigenen Staat, der nur ein Risiko an sich hatte: Der große Protektor in Paris sah die ČSR von 1918 als das Flugzeugmutterschiff im Verband des gegen die Deutschen aufgestellten Wachverbands an und, auf dieser See eingesetzt, ist denn auch die ČSR 1938/39 untergegangen. Umso größer der Triumph des Jahres 1945, bei dem der aus dem Exil zurückgekehrte, in der ČSSR vergessene Staatspräsident Eduard Beneš den dreieinhalb Millionen Deutschen, die aus ihrer Heimat in

der ČSR vertrieben werden sollten, nur ein ganz leichtes Marschgepäck zubilligte:
»Ein Sacktuch, in dem sie ihre Tränen trocknen können...«
Beneš war ein alter Freund Stalins, sein bester Informator in der nichtkommunistischen Welt. Lieber Hitler als Habsburg, hat Beneš vor 1938 gesagt und nach 1945: lieber Stalin als Hitler (welch letzterer ohnedies tot und seine Überreste in sowjetischer Verwahrung waren). Aber dem Stalin waren natürlich seine Freunde, die Stalinisten in der ČSR, lieber als der windige Beneš, und also trieben die Stalinisten in Prag anno 1948 den Beneš aus, um als die getreuesten Stalinisten ihren weiteren Weg hinein ins Arbeiterparadies zu gehen. Summa summarum: Die jungen Herren, die nach Österreich gekommen waren, dachten nicht im Traum daran, die Basis des Kommunismus zu verlassen. Auf dieser zementierten Ideologie wollten sie ihr Reformprogramm ausführen.
Nun war es um diese Zeit nicht zu übersehen, daß in Prag seltsame Vögel aufgeflogen waren; anscheinend keine sehr guten Kommunisten, weil sie – so wie Tauben auf Kirchen ihren Kot ablagern – dergleichen über dem Kommunismus besorgten.
Es war da ein gewisser Ota Šik. Als guter Tscheche mit einem gewissen Anteil nicht-tschechischer Herkunft, was aber in Böhmen nie etwas ausgemacht hat, weil dort deutsche Politiker den Familiennamen Cech trugen, während zum Beispiel der Gründer der ČSR von 1938, Thomas Masaryk, einen Vater hatte, der ein deutsch-sprechender Jude war, und Masaryk selbst, als er schon Universitätsprofessor in Prag war, nur schlecht seinen Vortrag auf Tschechisch halten konnte. Dieser Kosmopolitismus in Böhmen hatte etwas an sich; natürlich nichts, was die radikalen Ultra-Tschechen haben wollten oder Deutsche wie der Hitler. Der Šik war jedenfalls ein Element der Unruhe: In den Sechzigerjahren fing er insgeheim an, darüber nachzudenken, ob es nicht einen DRITTEN WEG zwischen den – wie er es später formulieren wird – feindlichen Blöcken in Europa geben kann. Er hat derlei Denken nicht gleich an die Große Glocke gehängt, denn die Zeiten, in denen man in Prag derlei Abweich-

ler am Geruch erkannte, hießen warten. Als die Wachsamkeit der dortigen Genossen erschlaffte, wie der Stalin später feststellen wird, tat der Šik den Mund auf. Der Ota Šik hat alle Säuberungen in der ČSR wacker mitgemacht. Die Säuberung von den Deutschen. Die Säuberung von den politischen Parteien, die nicht in der von den Kommunisten kommandierten Nationalen Front exerzieren wollten. Und die letzte Säuberung des großen Genossen Stalin: die Säuberung von verräterischen Zionisten, einfacher gesagt Juden, die von altersher in Prag und Böhmen eine große Rolle gespielt haben, selbst im Habsburgerreich vor 1918. In der ČSR nahm der Stalinismus mit Mißvergnügen einen gewissen Rudolf Slánský aus. Dieser war Erster Zentralsekretär der tschechischen KP. Slánský war ein Jude aus der Gegend von Pilsen und hieß ursprünglich Salzmann. Immerhin gehörte er seit 1921 der KP an, seit 1929 dem ZK der KP und im Krieg war er in Moskau; nicht bloß auf der Flucht vor dem Hitler, sondern zur Komplettierung dessen, was ein treuer Stalinist braucht. 1948 hat Slánský, und nicht der schwerfällige Gottwald, den Kommunistenputsch in der ČSR gemacht. Leider hat er damit mehr geprahlt, als es dem Gottwald gefallen konnte, und letzterer hat es daher begrüßt, als um 1950 der Stalinismus über die Juden, man sagte über die verräterischen Zionisten, herzog. Damals fand der Ota Šik nichts dabei, daß der Slánský – eh' nur ein deutschsprechender Jud' – entmachtet wurde, daß man ihm einen Schauprozeß machte, um ihn schließlich nach entsprechender Präparierung in den Dunkelkammern der kommunistischen STAPO in Prag in Freiheit dressiert, der Öffentlichkeit als einen niederträchtigen Schuft hinzustellen.
»Ich, Rudolf Slánský, Jude...«
fing Slánský das Geständnis seiner Untaten an und damit hatte er eigentlich schon alles gesagt, was damals todeswürdig war.
Es hat dem armen Salzmann aus Pilsen gar nichts genutzt, daß man seine Leiche dann, als der Große Stalin schon eine Leiche war, exhumiert und nach posthumer Rechtfertigung des alten Kämpfers in einem pompösen Begräbnis neuerlich beerdigt hat.

Derlei Details waren um 1967 nicht eben die größten Taten der erwähnten Reformer, dafür aber machte so ein Theater großen Eindruck auf das einfache Volk, das bekanntlich jedes politische Theater in der Öffentlichkeit mitmacht, wenn nur seine früheren Herren dabei schlecht wegkommen. Und Ende der Sechzigerjahre kam der Stalinismus in der ČSSR wirklich nicht gut weg.

Die Reformer waren eigentlich keine bloßen Reformer, sondern Revolutionäre. Die Geschichte der Revolutionen lehrt nämlich, daß jede Revolution an einem Schreibtisch ihren Anfang nimmt; soferne es einem Schriftsteller gelingt, die zündende Idee der Revolution publikumswirksam für das Große Theater in der Politik zu machen. Schriftsteller von der Art, wie die tschechischen Reformer die Dichtkunst werteten, also Schriftsteller mit sozialkritischen Darstellungen, gab es bald mehr als der KPČ lieb sein konnte. Mehr als das: Diese Typen beherrschten bald den Kongreß der nicht mundtoten Schriftsteller (es gab auch andere) und mißbrauchten den Anlaß eines ihrer Kongresse, um in der unverschämtesten Weise Politik zu machen, die miesen Zustände in der ČSSR anzuprangern und Dinge zu verlangen, die bisher niemand verlangen durfte, ohne sein Leben zu riskieren.

Ein gewisser Pavel Kohut, offenbar schon von den Amerikanern und den Juden bestochen, verglich die Lage der Juden in Palästina mit jener in der ČSR nach dem verfluchten Abkommen, das im September 1938 die Westler mit dem Hitler geschlossen hatten und das immer noch nicht getilgt war in den Staatskanzleien diverser Staaten. Der Hinweis auf Israel brachte Kohut viel Lob ein im Westen, und es entstand damals in Wien bei den Machern gewisser Medien der Eindruck, ihre Freunde in Prag seien auf dem besten Weg, die dortigen Zustände im Sinne von:

»Ni Marx – ni Jésus«

zu liberalisieren. Was waren aber schon die Auslassungen des Kohut, verglichen mit dem, was der Ladislav Mňačko tat! Er ging ins Land seiner Väter nach Israel, von wo aus er die Juden-

frage in der ČSSR derartig scharf angriff, daß die Macher in der KP schon meinten, es ginge dem Mňačko wirklich um die Juden und nicht um die Leut' in der ČSSR. Mňačko bezeichnete das KP-Regime in Prag als reaktionär, und das bedeutete in den Sechzigerjahren nicht weniger, als wenn in der katholischen Kirche ein Geistlicher als Gegner der Reformen des Zweiten Vatikanischen Konzils hingestellt würde. Reaktionär waren ja um diese Zeit alle Konservativen. Molotow, der Alt-Bolschewik, wurde in liberalistischen Medien als ein Konservativer hingestellt, weil er immer noch festhielt an dem, was unter dem Großen Stalin guter Kommunismus war; obwohl seither Chruščov derlei auf dem XX. Parteikongreß der KPdSU klargestellt hat. Und konservativ waren laut liberalistischen Medien auch gewisse Kardinäle und Bischöfe, die bei den Reformen des Zweiten Vatikanischen Konzils nicht mitmachten. In den Sechzigerjahren wurde »konservativ« so herabgewürdigt, daß man in der Freien Welt Konservative und Kommunisten in einer Linie sah; als Feinde des Fortschritts, der Freiheit und der Menschlichkeit.
Um aber auf den Schriftstellerkongreß zurückzukommen. Was sich dort ein gewisser Ivan Klima – ohne den die Literatur der Tschechen gewiß ausgekommen wäre – leistete, das ging, wie die Deutschen sagen, über die Hutschnur. Wie erwähnt, haben die Habsburger in Kreisen echten Tschechentums seit langer Zeit einen schlechten Ruf. Und nun sagte dieser Klima in aller Offenheit, das in der ČSSR geltende Pressegesetz sei bei weitem nicht so liberal wie jenes aus dem vorigen Jahrhundert stammende des Habsburgerregimes in Böhmen.
Das mit dem angeblich so guten Pressegesetz unter den Habsburgern haben natürlich die liberalistischen Medien im Westen nicht herausgestrichen. Weil sie auf diese Weise ja nachträglich zugegeben hätten, daß ihre Propaganda gegen den Völkerkäfig der Habsburger nicht ganz zutreffend, besser: wahrheitswidrig war. Was die Kirche, die Monarchie und die sogenannte bürgerliche Moral betraf, so waren die Liberalen in den US – und nicht nur dort – stets eher der Meinung, wie sie der geniale, lei-

der versoffene kommunistische Dichter Hašek vertreten hat; oder nachher der Staatspräsident Beneš; und wohl auch jener, die in diesen genannten drei Fällen die Kommunisten mit großer Entschiedenheit verfechten; und natürlich auch die im Westen hochgejubelten Reformer im Prag der Sechzigerjahre.
Ganz Übles hat der Martin Vaculík auf dem erwähnten Kongreß gesagt. Der Vaculík erdreistete sich, das KP-Regime in der ČSSR als eines hinzustellen, das aus der Nation ein Heer ausdrucksloser und verängstigter Untertanen macht. Man müsse die Verfassung der ČSSR aus 1960 ändern. Nicht den Staat gelte es zu schützen, sondern verängstigte Staatsbürger vor besagtem Staat. Es nützte nichts, daß befreundete Genossen dem Klima und dem Vaculík sagten, die beiden müßten besoffen gewesen sein, als ihnen derlei einfiel zu sagen. Man schoß sie nicht über den Haufen, wie es der Molotow zu seiner Zeit angemessen gefunden hat; man warf sie nur aus der KP hinaus. Zeiten sind das, sagten die alten Stalinisten im Land und meinten, sie würden sich gar nicht wundern, wenn es noch ärger käme. Damit es wenigstens unter den Schriftstellern nicht noch ärger zuging, tat der Staat etwas zugunsten der Schriftstellervereinigung: er nahm ihr die Obsorge über den Bestand der Zeitschrift des Verbandes ab, verstaatlichte die LITERARNI NOVINY und brachte es fertig, daß das störende Organ schließlich einging.
Wenn es in Böhmen weiß Gott wie zugeht, dann geht es im benachbarten Gebiet der Slowakei noch ärger zu. Die Slowaken waren ohnedies den Tschechen seit dem Ersten Krieg bös', weil im Namen der Republik zwischen den Eigenschaftswörtern tschecho/slowakisch kein Bindestrich stand und so der Eindruck erweckt wurde, als gäbe es kein eigenständiges slowakisches Volk. Auch im Namen ČSSR blieb es beim zusammengesetzten Eigenschaftswort tschechoslowakisch, ohne Bindestrich. In der Slowakei war Ende der Sechzigerjahre ein gewisser Alexander Dubček hoch hinauf gekommen. Der Dubček verstand wahrscheinlich nicht ganz, was die Reformer in Prag eigentlich wollten, aber er war als Slowake aufgewachsen im Widerstand

gegen den Zentralismus in Prag, und wenn jetzt Genossen gegen dieses Kommandosystem vorgingen, dann wollte der Dubček mitmachen. Dabei war der Dubček ein fanatischer Gegner aller, die keine Kommunisten oder gar Gegner des Kommunismus waren.

So hielten auch die angealterten Stalinisten in der ČSSR den Dubček anfänglich für einen guten Mann. Als in der Slowakei wieder die alten Autonomieforderungen auftauchten – wie 1938/39, nur nannte man sie jetzt anders als damals –, ließ sich der Dubček hinreißen, den Ersten Sekretär der KP, Antonin Novotny, zugleich auch Staatschef der ČSSR, zu kritisieren. Das gefiel den Reformern in Prag sehr und sie glaubten, der Dubček sei ihr Mann. Der Novotny hätte früher dem Dubček einfach irgendeinen gefährlichen Vorwurf und einen Schauprozeß angehängt, so wie das einmal in Falle Slánský recte Salzmann möglich gewesen ist. Aber, wie in der SU selbst der Molotow eingesehen hat, hatten sich die Zeiten seit dem seltsamen Tod des Ex-Genossen Slánský stark geändert, zum Nachteil des Novotny. Und deswegen hielt er es eher mit der Theorie als mit der früheren gefürchteten kommunistischen Praxis. Der Dubček mußte sich anhören, er betreibe in der Slowakei einen bürgerlichen Nationalismus. (Das hatten übrigens auch einige der intellektuellen Reformer in Verdacht, als sie sich, sehr zu ihrem Nachteil, mit Dubček einließen.)

Der Dubček, ein gestandener Kommunist und treuer Parteigänger Moskaus und Stalins, ließ den Vorwurf des Novotny nicht auf sich lasten. Vielmehr geriet er in eine Rage, in der er sich zu Äußerungen hinreissen ließ, die er später einmal bitter bereuen sollte.

Die Reform-Kommunisten in Prag waren, so wie zehn Jahre später die sogenannten Euro-Kommunisten in Italien, Frankreich und Spanien, geschulte Kommunisten. Ihnen war klar, daß mit dem Wortgeklingel der Intellektuellen und den Schimpfereien des Dubček nichts weiter geht; und daß derlei matte Sachen das Volk, ohnedies oft genug gebrannt seit 1918, nicht für die Reformer auf die Barrikaden bringen werden. Was es dazu bedurfte, waren Kader ihrer Parteigänger, die an Ort die Bevölkerung gegen das bisherige KP-Regime aufstacheln konnten; diese Kader brauchten ein Zentrum, wollte man nicht gleich eine andere Partei bilden, was denn doch zu gefährlich gewesen wäre und nicht im Sinne guter Kommunisten liegen konnte.

Die Zentrale der Organisation der Reformer zu bilden, bot sich ein gewisser Goldstücker an. Anfänglich ein Linksliberaler, war er während des letzten Krieges in London Minister in der Exil-Regierung Beneš gewesen; 1945 kehrte er mit Beneš zurück, wurde Kommunist, ging nachher als Gesandter der ČSR nach Israel, wo er viele alte Freunde aus dem Prager Judentum hatte.

Stalin war schon im letzten Lebensjahr, aber Goldstücker war den Stalinisten in Prag als ein zionistischer Verräter suspekt. Man griff sich ihn und verurteilte ihn zu lebenslänglicher Haft. Nach Chruščovs historischer Abrechnung mit dem Stalinismus ging Goldstücker frei, 1956 wurde er Dozent und 1963 Professor für Deutsche Literatur (war doch Deutsch die Sprache, in der er von Jugend auf seine Gedanken faßte). 1968 war Goldstücker Vorsitzender besagten Schriftstellerverbandes in Prag. Die KP machte den Fehler und übertrug diesem spät berufenen Genossen ausgerechnet die Leitung des Instituts für Parteigeschichte. Goldstücker revanchierte sich für diese Abschubierung in ein Gebiet der Geschichte des Politischen und versammelte in seinem KP-Institut die besten Köpfe der Reformer. Jene, die den berühmten Dritten Weg suchten und nie fanden.

Bald schien im Goldstücker-Institut ein gewisser Josef Smrkovský auf. Auch dieser verfolgte einen einäugigen Kommunismus, was nicht etwa bedeutete, daß er seinerzeit gegen die Ausrottung des Parteienstaates in der ČSR gewesen wäre oder 1948 sich etwa gedrückt hätte, als man in Prag mit einem KP-Putsch der Demokratie das Grab schaufelte. Ihm gefielen aber die Blüten des Sowjet-Dogmatismus gar nicht und er suchte nach anderen Formeln, um einen besseren Kommunismus in die Tat umzusetzen; einen, der dem guten tschechischen Volk mehr Freude bereitet hätte. Mit Smrkovský zusammen kam ein gewisser Kriegl, auch kein Ultra-Tscheche der Herkunft nach, sowie ein linientreuer Kommunist namens Josef Pavel. Natürlich trafen sich nicht nur diese später im Verlauf der Geschichte in den Vordergrund tretenden Persönlichkeiten. Wie immer am Vorabend einer Revolution war es eine selbstausgewählte Elite, eher Intellektuelle als sogenannte Männer aus dem Volke. Die Fittings, die Paßstücke zu einer Volksbewegung, konnten von den Intellektuellen auch nicht gefunden werden; das Volk erhob sich erst später unter dem Druck sowjetischer Drohungen. In der Krise haben sich die Tschechen auch vor Panzern nicht gefürchtet, als aus dem Osten der »Panzerkommunismus« anrollte, um das Reformerexperiment in Prag niederzuwalzen.

Jedes Regime steht und fällt mit der Antwort auf die ewige Frage: Wer bewacht die Wächter? Ist überhaupt niemand mehr da, um die vom Staat besoldeten Wächter aus der Exekutive zu überwachen, dann steht es schlecht um das Regime. Denn in diesem Fall werden die besoldeten Wächter nicht zögern, in der Krise eines Umsturzes rechtzeitig ins Lager der Stärkeren überzugehen.

In Moskau schliefen weder die Wächter noch deren Bewachungsorgane im Kreml und am wenigsten der Diktator, Bresniev persönlich. Am 8. Dezember 1967 erschien etwas plötzlich der Nachfolger Chruščovs, Leonid Brešniev, in Prag. Der Gast aus Moskau sah sich die Situation in Prag an, redete mit diesem und jenem Genossen und blieb bei alldem eher schweigsam. Dann empfahl er sich, ohne irgendwelche Drohungen wegen der aufkeimenden Illoyalitäten in der tschechischen KP auszustoßen. Kaum war Brešniev abgeflogen, trat in Prag das ZK der KP zusammen. Ein gewisser Stárý, Rektor der ältesten Universität Mitteleuropas, der seit 1945 völlig tschechisierten Karls-Universität, nahm das Wort, ohne sich ein Blatt vor den Mund zu nehmen. Er kritisierte das herrschende System und dessen Regime, besonders aber die Verkörperung von System und Regime, Antonin Novotný. So beiläufig sagte Seine Magnifizenz (wie auch der Prager Rektor bis 1945 hieß), es müsse sich ein jeder Genosse selbst prüfen und er werde betreffs seiner Person keine Ausnahme machen. Der Rektor hatte nicht gerade einen unstillbaren Hang zur Selbstkritik, vielmehr zielte er auf den Staatspräsidenten und ersten Mann in der KP, Novotný, ab. Und dann platzte die Bombe: Der Rektor forderte den Ersten Sekretär der KP, also den mächtigsten Mann des Regimes, zum Rücktritt auf.

Dieser Eklat ereignete sich kurz vor Weihnachten. Der Rektor überlebte nicht nur das Weihnachtsfest 1967, er erfuhr von Gewährsleuten, daß Novotný in sich gegangen war und sich mit alten Parteifreunden besprach. So insbesonders mit jenen, die jene Volksmilizen kommandierten, die 1948 den KP-Putsch zum Erfolg gebracht hatten. Nun, auf die Volksmilizen konnte sich Novotný zu Neujahr 1968 verlassen.

Anders lagen die Dinge in der Armee, wo immer noch der gediegene Überdauerer von 1938, 1939, 1945 und 1948 Ludwik Svoboda einen wichtigen Posten bekleidete. Er war zwar nicht Verteidigungsminister, wie 1948 beim Putsch gegen den Beneš, aber immerhin Kommandant der Militärakademie; und mit den intellektuellen Reformern im Bandel. Ihn hatte es im Laufe seiner bewegten Karriere trotz aller Beweglichkeit 1951 erwischt; er verlor den Posten des Landesverteidigungsministers, war also ein Geschädigter aus der Stalin-Ära und damit für eine Rehabilitierung reif. So wie 1948 beim KP-Putsch in Prag wird auch im Prager Frühling 1968 der ehemalige Kadett in der k. u. k. Armee eine entscheidende Rolle spielen.

Das Neue Jahr 1968 fing in der ČSSR mit jener Phase vor der Krise an, in der sich die Gegner noch einmal überlegen, wann, wo, wie und mit wem sie die Krise durchmachen werden, um am Ende nicht nur lebend, sondern auch glänzender als zuvor herauskommen. Der Dubček war gegen alle Schießereien, am meisten gegen Schießereien zwischen Genossen. Um die unruhigen Geister zu beruhigen, sagte er, der Rücktritt Novotnýs sei tagtäglich zu erwarten. Warum also einem Hinfallenden auch noch einen Tritt geben? Dem Novotný redete der Dubček zu, wie man ein krankes Pferd bespricht, hoffend, daß es versteht.

Auf einmal war der Erste Zentralsekretär der KP nicht mehr Kapo der KP, sondern nur mehr Staatspräsident und als solcher einsam und von den meisten schon verlassen in der Prager Burg. Der Dubček hatte jetzt seine große Zeit. Er sah dem Volk auf den Mund, und das Volk sah ihm eine Weile auf den Mund.

»Die Partei – also die KP – ist für das Volk da und nicht das Volk für die KP«,

sagte er einmal. Und der Vorstand des Instituts für die Geschichte der KP, Genosse Goldstücker, belehrte den Dubček nicht, daß diese Ansicht im Gegensatz zur Geschichte des Kommunismus stünde, weil in allen Ländern das Volk vor der KP zu kuschen hat. Einige Freunde des Dubček erschraken bei dessen frechen Reden und einige meinten, der Dubček sei sich gar nicht bewußt, was er rede und tue. Die Genossen in Moskau wußten das ganz genau und sie meinten, es wäre an der Zeit, den bewußtem Genossen in Prag den Mund zu stopfen, wenn auch nicht gleich mit Erde, wie das einmal der Große Stalin und seine Jünger in den Volksdemokratien getan haben. Fürs erste ermunterten die Männer im Kreml ihre alten Freunde in Prag. Diese sollten sich derlei Frechheiten nicht gefallen lassen, wie sie zum Beispiel Goldstücker von sich gab. Man sagte dem Goldstücker also – als wäre man noch zur Zeit des raschen Todes des Slánský recte Salzmann –, dieser freche Jude Goldstükker möge jetzt still sein, und man werde sich seine Frechheiten nicht länger mehr anhören. Goldstücker hielt nicht den Mund, kehrte nicht in die Tiefen seines Archivs zum Studium der Geschichte zurück, sondern drängte sich resolut nach vorne und hinein ins politische Tagesgeschehen. So ging, wenn schon nicht die Reform, so doch der Aufstieg der Reformer gut voran, als die Zeit des PRAGER FRÜHLINGS des Jahres 1968 nahte.

Der PRAGER FRÜHLING, die jährlich stattfindenden internationalen Festwochen der Musikstadt Prag, waren dem Gedenken des tschechischen Komponisten Friedrich Smetana gewidmet. Diesmal, 1968, geriet der Prager Frühling aber weit

über den hohen musikalischen Rang der tschechischen Hauptstadt hinaus in einen weltweiten Horizont erregender politischer Ereignisse. Um diese Zeit waren die Vorhuten der Reformer schon nach und nach in hohe und höchste staatliche Stellungen eingerückt. Mit dem Herzog fiel der Mantel: So wie der Novotný als Kapo der KP verschwunden war, wurden immer mehr Stellen in Staat und Partei leer, weil bisherige Inhaber der nicht ganz falschen Ansicht waren, es sei bei Nahen eines Sturmes besser, rechtzeitig zu verschwinden, bevor die politische Unwetterkatastrophe die dürren Äste von den hohen Bäumen fegt.
Die Männer mit den eisernen oder erstarrten Gesichtzügen verschwanden. Ota Šik wurde stellvertretender Ministerpräsident, Smrkovský Präsident der Nationalversammlung, und der wendige General Sovoboda rückte bald wieder in den Rang eines Verteidigungsministers auf. Ohne Svoboda kein Putsch und kein Gegenputsch in der ČSR und nachher in der ČSSR. Im Westen, vor allem aber im benachbarten Österreich, ereiferten sich die Medien in der gleichen unwürdigen Weise, wie 1956 beim Aufstand in Ungarn: Je weiter vom Schuß, je sicherer in Deckung, je geschützter durch den Paß, desto knalliger gerieten die Leitartikel, die Kommentare, die vernichtenden Urteile über den »alten« Kommunismus, gegen den die Publizisten einen »neuen«, einen »besseren«, einen »humaneren« Kommunismus aus der Ferne, aber auf dem Rücken des tschechischen Volkes, das all das im Feuerofen aushalten mußte, mit heranzwingen wollten.
In Moskau wurde es unheimlich still um die dortigen Vorbereitungen. Erst einmal mußte der Kreml die Militärverbündeten der SU im Umkreis des WARSCHAUER PAKTES vergattern. Moskau rief und alle, alle kuschten, fast alle kamen. Diesmal – 1968 – werden wie 1939 auch die Deutschen wieder dabei sein bei der eventuellen Besetzung tschechischen Gebiets zur Wahrung des Friedens und der Freiheit. Natürlich nicht die revanchistischen, militaristischen und kapitalistischen Westdeutschen, sondern die Genossen aus der Ostzone, wo man inzwischen mit

einem Militarismus kommunistischer Prägung recht gut vorangekommen war und den guten alten Barras mit allem Kling-Klang-Glorie eifrig pflegte.
Die Militärs der Oststaaten aber machten sich daran, in aller Heimlichkeit die Pläne für die Versammlung und Bereitstellung jener Truppenverbände zu sorgen, die, so wie in Prag der Frühling vorbei und die Zeit des Schnitts gekommen sein wird, mit *einem* Schlag die Ernte dieses Jahres zertreten werden. In Budapest wurde ein sowjetischer Armeestab für zwei sowjetische, eine ungarische und eine bulgarische Division gebildet. Für zwei bis drei weitere Divisionen der SU trat in Lemberg der Armeestab zusammen. Im ehemaligen Breslau waren die Polen unter sich im Armeestab für vier oder fünf Divisionen ihrer eigenen Armee und eine Luftlandedivision. In Ostdeutschland standen für den nämlichen Zweck zwei sowjetische Gardedivisionen und zwei ostdeutsche Divisionen bereit. Die Deutschen und die Polen waren also, wie 1938, mit dabei, als es galt, den Tschechen mit militärischen Mitteln aufzuzwingen, was ihre Schutzmächte für gut und richtig befanden. Und ebenso die Ungarn.
Der Dubček aber kam hoch hinaus, wahrscheinlich, wie später die Reformer im Exil beteuern werden, höher als sein Horizont reichte und sein Verstand mögliche Gefahren seines Unternehmens erfassen konnte. Denn: Scheiterten die Tschechen diesmal, dann wird es ihnen noch schlechter gehen als 1956 den Ungarn, wenngleich der Dubček überleben dürfte. Überleben, als Symbol der Schmach jener, die es wagen, gegen die SU aufzubegehren. Welcher Aufbegehrung der Dubček sich gar nicht im rechten Sinne bewußt war, denn er glaubte sein ganzes Leben lang, dieses sein Leben ausschließlich der Sache des Kommunismus zu opfern.
Der Monat Juni, die Zeit der Äquinoktial-Gewitter, der schweren Unwetterkatastrophen zur Zeit der Sonnenwende, ist und bleibt in Mittel-Osteuropa eine schlechte Zeit für gewagte Unternehmen. Darüber ließe sich viel schreiben. Am 27. Juni 1968 veröffentlichten die Reformer den AUFRUF DER 2000

WORTE. Immer noch in der Annahme, daß in der kommunistischen Welt Worte mehr durchschlagende Wirkung haben als Panzergranaten oder das bloße Erscheinen von Panzern im Bereich politischer Entscheidungen – soferne nicht Generäle mit Aufrührern packeln. Im Westen ließen sich die 2 000 mutigen Worte der Tschechen auskochen zu einem Brei, der sich täglich in die Medien ergoß und im Geschwätz von Kommentaren die Tatsache vergessen ließ, daß Worte nichts mehr waren, da es sich erwies, daß die Tschechen, so wie 1956 die Ungarn, allein einem Feind gegenüberstanden, von dem sie bald das Weiße in den Augen sehen werden können. In den US bekamen die Ereignisse in der ČSSR besonderen News-Wert, weil die ausführlichen Berichte darüber einen Antikommunismus vortäuschten, der längst nicht mehr bestand; und welcher der Liquidierung des Widerstands gegen die kommunistische Aggression im Weg gestanden wäre.

Der Dubček war kein Schweijk, sondern ein Slowake, einer aus einem Volk, das nach 1945 seinen kurzen Traum von der endlichen Unabhängigkeit von Prag blutig bezahlen mußte. Vielleicht dachte er, daß das, was die Nazi nicht geschafft haben, er, der Kommunist Dubček, schaffen könnte: eine weitestgehende Autonomie der Slowakei für den Anfang.

Im ZK der KP in Prag saßen Männer, die mehr Mut und mehr Verstand hatten als der Dubček. Trotzdem beschlossen sie in Verkennung der Lage, mit 7 gegen 4 Stimmen einen Protest gegen die drohende Einmischung der SU in die inneren – wie man meinte – Belange der ČSSR. 7 Männer, gegen 17 bereitgestellte Divisionen. Und schon kamen sie. Nicht die Truppen der 17 Divisionen, sondern die Genossen aus Moskau. In Bratislava mußte sie der Dubček begrüßen, man küßte sich nach gutem slawischem Brauch, während der Marschall der SU, Grečko, schon unterwegs war bei den aufgestellten Armeestäben, um die Stabsbesprechungen abzuschließen und dafür zu sorgen, daß die Interventions-Truppen pünktlichst aus der Bereitschaft treten werden.

Am 17. August 1968, die Medien des Westens entfachten einen

wahren Wirbelsturm um Prag, schickte das Politbüro der KPdSU eine eindringliche Warnung an die Genossen in Prag. Der Dubček erfaßte offenbar nicht den Ernst der Lage, jedenfalls unterließ er es, die Massen im Land sofort zu alarmieren. Und das wird man ihm zeitlebens vorwerfen. In der Nacht zum 19. August tagte in Moskau das dortige ZK, prüfte die Risken einer militärischen Intervention in der ČSSR, und gab grünes Licht.

So wie 1938 und vorher in allen Kriegen der Preußen gegen die Österreicher kamen diesmal die Ostdeutschen die Elbe entlang nach Böhmen. In Teplitz standen die Leut' auf der Straße, und die alten Tschechen sagten, es hätte sich nichts geändert bei den Deutschen, sie hätten noch immer den alten Zwirn, wie man bei den Kaiserlichen sagte. Die 24. SU-Luftlandedivision landete im Umkreis von Prag, nahm den Luftraum unter Kontrolle und bereitete die Kontrolle auf der Erde für die rasch nachrückenden Panzerverbände vor. So wie 1939 standen in Prag die Jungen mit wilder Verzweiflung auf den Straßen. Versuchten mit ihren Leibern die Panzer bewegungsunfähig, die Besatzungen durch Diskussionen friedfertig zu machen. Die Soldaten der sowjetischen Armee hielten tadellose Disziplin, es wurde niemand niedergewalzt, wie das nachher in Wien der alte Stalinist Ernst Fischer mit seinem Schlagwort vom Panzerkommunismus der SU andeuten wollte; es ließ sich aber auch kein Russe verleiten, etwa seinem Befehl nicht zu gehorchen. In einer Stunde wie dieser zeigten die Tschechen, welchen Mutes sie fähig sind: der für den Herbst vorgesehene KP-Parteitag wurde ad hoc einberufen. Tausend Delegierte fanden tausend Wege, um quer durch ein besetztes Land in die zernierte Hauptstadt zu kommen. Man trat zusammen und wählte angesichts der Panzer in den Straßen den Dubček zum Ersten Sekretär der KP der ČSSR!

Aber schon gingen die Uhren anders. Die SU brachte in Prag eine Regierung, bestehend aus verläßlichen Genossen, zustande und der Svoboda war wieder einmal bei den stärkeren Bataillonen, führte eine Delegation nach Moskau, wo der Kurs des PRAGER FRÜHLINGS 1968 entsprechend korrigiert wurde.

Kern des Neuen war ein Prinzip:
Die Truppen des Warschauer Paktes – die Rumänen waren zuletzt doch lieber daheim geblieben – bleiben bis zum Ende der Verhandlungen über 14 Punkte, in denen sich die ČSSR der SU zu fügen haben wird, im Land. Man hätte auch sagen können, daß diese Truppen bis zum Sankt Nimmerleinstag im Land bleiben werden oder bis zur nächsten Weltkatastrophe. Die Beschlüsse des letzten, des Rumpfparteitags vom August, wurden annulliert. Die Medien in der ČSSR an die Leine genommen. Der UN wurde mitgeteilt, sie sei irrtümlich von der Prager Regierung wegen der Krise in Prag angegangen worden. Und so entstand, Stein für Stein, ein München II, wohl nicht in der Hauptstadt des nunmehrigen Freistaates Bayern, dafür noch drückender als 1938. Denn anstatt der Ketten von damals hing man den Tschechen ein Narrengewand der Freiheit um und zwang sie, dafür noch den Oberherren in Moskau zu danken. Im Oktober 1968 war es keine Mühe mehr, daß die SU mit der neuen Regierung in Prag einen Vertrag über die Besetzung des Landes durch Truppen der SU durchsetzte. Eine Besetzung ohne Angabe eines Endtermins derselben.
Sonst machten die Genossen aus Moskau die Sache viel gekonnter als 1956 in Ungarn. Der Dubček wurde nicht vor den Augen seines Nachfolgers erschossen, wie das dem ungarischen Ministerpräsidenten in Beisein seines Nachfolgers Kadar geschah. Man versetzte den armen Dubček nach Bratislava zur dortigen staatlichen Forstverwaltung, offenbar um ihm sinnfällig zu machen, daß Bäume nie in den Himmel wachsen. Und der Svoboda kam so hoch hinaus, wie halt ein Tscheche hinaufkommen kann: Er wurde Staatspräsident. Der tschechische Kadar, also der Vollstrecker der von der SU der ČSSR aufgezwungenen Kapitulation von 1968, der Slowake Gustav Husák, wurde der Nachfolger des Svoboda. An einem Tag im Jahre 1975 wird er in der Prager Burg ein Ehrenbataillon der Armee der ČSSR abschreiten. Und die Ehrenbezeigung für seine gekonnt ausgeführte Flanke – links vom Jahre 1968 – empfangen. Ein Leben lang.

»So wie ihr gehört habt, daß der Antichrist kommt, so sind schon jetzt viele Antichristen aufgetreten ... Sie sind aus unserer Mitte hervorgegangen, aber sie gehörten nicht zu uns. Hätten sie zu uns gehört, so wären sie doch bei uns geblieben ... Jeder Geist, der Jesus nicht bekennt, ist nicht aus Gott. Dies ist der Geist des Antichristen, von dem ihr gehört habt, daß er komme (am Ende der Zeiten) – er ist bereits auf der Welt....«
Von allen Aposteln und Evangelisten spricht nur der Lieblingsjünger Christi, Johannes, ausdrücklich vom Antichrist; andere umgehen bei Andeutungen die Wortbezeichnung. Kirchenväter haben sich noch ausgiebig mit dieser Theologie aus der Vorstellung eines Freund-Feind-Verhältnisses beschäftigt, später sind gelehrte Theologen dem Thema meistens aus dem Weg gegangen. Dies, obwohl schon die Juden das Motiv des Kampfes Gottes mit der Schlange, von der auch Johannes spricht, kannten und die Erinnerung an den gottlosen König von Dn bewahrten. Der gottlose König begegnete den ersten Christen in der Person des römischen Kaisers, in Typen wie Caligula und Nero, deren blutige Verfolgungen ein wenig außer Evidenz gerieten, seit Kaiser Konstantin es für besser fand, sich mit den Mächtigkeiten des Christentums zu verbünden, um dem Reich der Römer letzten Halt zu geben, ehe es ganz zerbrach.
Wer vom Antichrist spricht und darnach weiter denkt, kommt zu einer Konsequenz, der moderne Theologen eher aus dem Weg gehen: Dem persönlichen Gott steht die Verkörperung des Satanischen gegenüber. Es gibt wahre Verkörperungen des Bösen an sich, den Satan in Menschengestalt. Ansichten, die in den Lehren vieler katholischer Theologen, die, zumal seit dem Zweiten Vatikanischen Konzil, diese Verpersönlichung des Bösen an sich abstreiten, keinen Platz haben können.

Und doch haben Theologen und Priester, die dem Papst und der Kirche zugeschworen hatten, nach ihrem Abfall sich in ihren Polemiken gegen den Papst des Bildes vom Antichrist bedient. In der Reformationszeit taten das die Engländer John Wyclif, der Tscheche Jan Hus und mit ungeheurer Wucht Martin Luther, indem er den Spieß umkehrte und den gegen ihn ausgesprochenen Kirchenbann mit dem Vorwurf quittierte, der Papst selbst sei der Antichrist. Lucas Cranach der Ältere hat diese Vorstellung in einer Serie von Holzschnitten eindringlich genug dargestellt: der Papst als Antichrist, das Satanische im Papsttum.

Es dauerte einige Zeit, bis im Christentum, zumal in den Ostkirchen, die Reformer es sich gefallen lassen mußten, von den Anhängern am alten Glauben als Antichristen hingestellt zu werden. In Rußland ist diese Umkehrung der Anklagen aus der Reformationszeit im 17. Jahrhundert furchtbare Wirklichkeit geworden. Bis in die Gegenwart machten die dortigen Altgläubigen eher mit dem satanischen Bolschewisten ihren Frieden als mit dem Antischrist, dem wahren und wirklichen Antichrist, dem Patriarchen der russisch-orthodoxen Kirche; der sie in den Bann tat und den sie ihrerseits mit dem Bann belegten. Eher schienen der Papst in Rom und der Patriarch in Konstantinopel, die sich vor tausend Jahren gegenseitig mit dem Bannfluch belegten, geneigt, diese Verfluchungen aufzuheben, als daß im bolschewistisch gewordenen Rußland die Altgläubigen dies raschest auf sich nahmen. Erst in jüngster Zeit, da Christen sich nicht länger gegenseitig verfluchen, sondern miteinander sprechen und beten, werden solche uralten Haßäußerungen beseitigt.

Und doch – die Vorstellung vom Antichrist lebt. In der katholischen Kirche wurde sie nach dem Zweiten Vatikanischen Konzil wieder lebendig und im geheimen gegen niemanden anders gerichtet als gegen den Papst in Rom. Nicht von jenen, die Johannes anzeigt als Antichristen, weil sie vorher nicht zur Kirche gehörten, sondern von jenen, die meinen, sie folgten dem alten Glauben, indem sie den Beschlüssen des Konzils widersagen, das Konzil an sich verneinen und damit den Papst, der die Beschlüsse des Konzils verkündete und die Christen auf die neuen Vorschriften verpflichtet.

Aber – wie drastisch war die Sprache der Altgläubigen im Alten Rußland vor dreihundert Jahren, als sie die Gestalt des Satanischen und des Satans hervortreten sehen.

»Alles Erhabene ist gestürzt. Wie Nikon, der Höllenköter, gesagt hat, so hat er es auch getan: ›Drucke die Heiligen Bücher irgendwie, nur nicht nach der Tradition!‹ So tat er es auch ... Dafür sollen verflucht sein, die Ruchlosen, mit ihren teuflischen Plänen. Denen aber, die vor ihnen auf der Hut sind, dreimal ewiges Gedenken!«

Nikon, also der Höllenhund und Sohn des Satans, war vor dreihundert Jahren niemand anderer als der Patriarch von Moskau, vertrautester Ratgeber und zuweilen Stellvertreter des Zaren, mit dem zusammen er eine wunderbare »Harmonie« in der gemeinsamen Herrschaft über Kirche und Staat ausübte. Bis er jenem Rationalismus verfiel, in dem ihm die Altgläubigen nicht folgen wollten und konnten:

»Mögen sie alle verflucht sein mit ihren Klügeleien. Der eine will das, der andere jenes, sie stimmen unter sich nicht überein, diese Feinde des Kreuzes Christi. Wir aber werden die Überlieferung der Heiligen Bücher unverändert bewahren.«

Halten wir fest: Mit dem Wort, mit einer Neuen Sprache in der russischen Orthodoxie fing es an, ehe mit der Neuen Sprache eine angebliche Wahrheit kam, die für die Altgläubigen eine neue, eine andere Wahrheit war, der sie nicht folgen wollten. Auch nicht, als Patriarch und Zar mit gnadenloser Härte an ihnen die Strafe für Ketzer und Feinde des Zaren vollzogen. Davon gibt es neuerer Zeit das Bild eines russischen Tendenzmalers des 19. Jahrhunderts. Ihm ging es nicht mehr um das Motiv des religiösen Glaubens, sondern um die Ver-bildlichung des bösen Terrors der Autokratie des Zarentums in den letzten Jahren des Bestandes der Monarchie, beim Kampf gegen Anarchisten und Sozialisten und Liberalisten. Es ist das unvergängliche Bild dessen, wie man im Rußland aller Zeiten Probleme, die unerwünscht und untunlich sind, löst: Man schafft sie weg aus der Mitte des Volkes, stopft sie in einen riesigen Sack, in ein ödes Land, in den Hohen Norden oder nach Sibirien. 1881 zeigt der Sibirier Subirov auf, wie man bei Ausbruch des Kampfes der Altgläubigen gegen Orthodoxie und Autokratie die Bojarin Morosova in die Verbannung und den frühen Tod beförderte.

Das Gemälde ist in der hochberühmten Tretjakov-Galerie in Moskau aufbewahrt. Es gibt aber von den Studien, die Subirov zuvor anfertigte, Abbildungen, die im Detail faßbarer sind als die großangelegte Gesamtdarstellung der historischen Szene:

Da ist die Skizze von einer alten Frau mit dem gestickten Kopftuch, die, eingemummt in alle Kleider, die sie im Haus hat, am Straßenrand steht, während man die Morosova wegschafft. Welcher Kontrast zwischen dieser dicklichen Vermummten, die in warmen Überzeug der eisigen Kälte eines russischen Wintertags widersteht, zu der inneren Kraft und dem inneren Feuer der vorbeifahrenden Morosova: Die Bojarin ist auf dem Gemälde in einem Kleid, das sie halb als Nonne, halb als Popen erscheinen läßt. Halb aufgerichtet aus dem dünnen Belag der Strohschütte, die man über den offenen Schlitten gebreitet hat, wirkt der fragile Körper der Adeligen nach Peinigungen und Tortur noch fragiler, als die Frau, deren Vorfahren halfen, die Romanovs zu Zaren zu machen, je gewesen sein mochte. Beschwörend hebt die Bojarin die Schwurfinger der rechten Hand, denn sie will nicht Trauer und Angst zurücklassen, sondern unversöhnliche Absage an jene, die den alten Glauben zertreten möchten. Keine Träne ist in den Augen der aristokratischen Dame, nicht eine Spur jener Trauer und Verlassenheit, die aus den Mienen der Vermummten sprechen. Und aller anderen, die zusehen und sich fragen: Wer wird uns jetzt stützen im rechten Glauben? Wer wird uns Menschen, die wir nicht lesen, nicht schreiben und nicht gelehrt denken können, schützen, gegen die Klügeleien der Verfluchten?

Es gibt eine andere Studie zum Gemälde: Ein gedankenverlorener Junge schaut starren, tumben Blicks auf das ihm unverständliche Geschehen. Er versteht nicht, daß man eine Bojarin auf einem offenen Schlitten, mitten im eisigen Winter, in den Hohen Norden Rußlands verbringt, in ein Kloster, von dem die Altgläubigen nur mit Schaudern unter sich reden. Weil man an dieser geheiligten Stätte die hektischen Sektierer und Feinde der Orthodoxie in jene furchtbaren Erdgefängnisse steckt, aus denen keiner mehr lebend hervorgeht. Man kennt den Ort unter den Alten: Es ist das Kloster Borovsk.

Dazu ein anderes Bild aus naher Gegenwart. In Moskau steht inmitten eines Gräberfelds ein uraltes Symbol des unerschütterlichen Glaubens der Altgläubigen: die Kathedrale vom Schutz unserer Lieben Frau. Ein britischer Admiral hat in diplomatischen Diensten Gelegenheit gehabt, im bolschewistischen Rußland nach dem Urgrund der, wie er es sah, Erstarrung zu suchen, mit der immer noch Altgläubige in ihrem Schisma gegenüber der von Stalin von Fall zu Fall ausgenützten Russisch-orthodoxen Kirche verharren. Inmitten des Gräberfeldes des Rogoškoie-Friedhofs hoffte er seine spekulative Analyse im Gespräch mit Priestern und Gemeindeangehörigen der Altgläubigen zu einem Ende zu bringen. Aber der Verstand des Westlers konnte nur eines erfassen und bemerken:

»... einen Anflug von Verfall ... Fetzen, Ruinen und Gebrechlichkeit ...«

Leer war die Kathedrale, in der leicht tausende Gläubige Platz finden können. Eindrucksvoll nur die uralten Ikonen, die meisten aus der Zeit vor der Glaubensspaltung, Votivgaben von Familien, deren letzte Angehörige die heiligen Bilder in dieser Kirche geborgen wissen wollten, nicht im Ausverkauf anderer Ikonen, die man im Westen schätzt; nicht wegen des Aufblickes zu Gott, in dem sie einmal entstanden, sondern als Ertrag russischer Kultur, die neuerdings der Westen in einem Anfall nostalgischer Erkrankungen zuweilen schätzt. Der Brite sah nicht, was ihm hätte klar machen können, wie Menschen selbst in einer solchen Miserabilität am Rand des Alltags im bolschewistischen Rußland, angesichts neuer Verfolgungen der Kirchen unter Chruščov, eine unverwesliche Wesenheit bergen können.

Die Kirche der Altgläubigen schien in der Tat so zu sein, wie der Antichrist jede Kirche vor sich haben möchte: dem Tod und dem endgültigen Untergang rettungslos verfallen. Monument des Gewesenen.

Dem Westler scheint die Kirchengeschichte nichts mehr zu bringen, was solche Erstarrung in Vergänglichem und Vergangenem erklären könnte. Und doch fing es vor dreihundert Jahren in Rußland so an, als würde eine Harmonie im Erleben des Glaubens die Anhänger des Reformers Nikon und jene des später mit dem Tod bestraften Priesters Avvakum, erster großer Märtyrer der Altgläubigen, einen. Ging es doch um eine Verinnerlichung des Lebens aus dem Glauben. Was den Altgläubigen alte, unverlierbare Tradition im Glaubensleben zu sein schien, erkannten die verfluchten Klügler als nachträgliche Fassade, die aus dem griechischen Konstantinopel nach Rußland kam und dort vieles vom ursprünglichen Glaubensleben überdeckte. Immer schon waren es Griechen, die Russen lehrten, wie man Gott dienen soll. Als 977 der Fürst Vladimir und die Bojaren namens ihres Volkes das Christentum annahmen, sagte der Herrscher einfach:

»Der Gottesdienst der Griechen ist besser als der anderer Völker . . .«

Seit die Türken im 15. Jahrhundert Konstantinopel, das Ost-Rom, eroberten, das Kreuz von der Hagia Sophia herunterholten und dafür ihren Halbmond aufpflanzten, blieb die Befreiung dieser Stadt vom Islam der Traum der Zaren aller Jahrhunderte. Noch über das Schisma der Altgläubigen erhob sich die Prophezeiung des Mönches Filofei, der ein halbes Jahrtausend nach der Annahme des Christentums mit apodiktischer Sicherheit bestätigte und voraussagte:

»Unser Herrscher . . . ist auf der ganzen Erde der einzige Zar über die Christen, der Lenker der heiligen, göttlichen Throne der Heiligen Ökumenischen Apostolischen Kirche, die, anstelle der Römischen und der Konstantinopler Kirche, in der von Gott geretteten Stadt Moskau ist . . .«

Moskau, nach Rom und Byzanz das ewige Dritte Rom. Denn:

»... zwei Rom sind gefallen, aber das dritte steht und ein viertes wird es nicht geben.«
Und dann, hundert Jahre nach dieser Weissagung, das Schisma im Heiligen Moskau. Nikon, der Höllenköter, bekämpft die Vieltönigkeit, den längst erklärten Mißbrauch, aus Zeitersparnisgründen Teile der sehr langen griechisch-orthodoxen Liturgie gleichzeitig abzusingen. Vorbei waren Zeiten, in denen der Zar sich fast zweihundertmal während der Liturgie zu Boden werfen mußte, das Leben in der Kirche der Mittelpunkt des Alltags war. Die »Eintönigkeit« in der Liturgie mußte aber Änderungen in der Textgestaltung nach sich ziehen. So wie nach dem Entstehen des Drucker-Hofs in Moskau um erste Versuche, die Heiligen Bücher nicht länger handschriftlich zu verfassen, sondern sie zu drucken, der Streit entstand, welcher der vielen, voneinander abweichenden Texte dem Druck zugrunde gelegt werden sollte, und ob etwa gar die alten Bücher selbst, Symbol der Tradition, beiseite gelegt werden sollten. Wie Nikon, der Höllenköter, und die anderen mit ihren Klügeleien dachten:
»Drucke die Bücher irgendwie, nur nicht nach der Tradition ...«
Kultausübung war und blieb für die Altgläubigen Gewähr für die Einheit der Kirche in Rußland, für den wahren Glauben, für die Wahrheit von Gott her, die sich nicht im Verlauf der Geschichte der Menschheit ändern kann; die niemand in der Ausdeutung ändern darf; deren veränderte Auslegung und das Leben darnach Sünde ist.
Und da war das Kreuzeszeichen. Wie oft es geschlagen wurde im Gebet, wer ahnt es noch unter späten Nachfahren? Und wer kümmert sich, wie es geschlagen wird?
»Diese Jämmerlinge klügeln«, klagten die Altgläubigen die Reformer an, »mit drei Fingern sich zu bekreuzigen – mit dem Daumen und dem Zeigefinger und dem Mittelfinger – indem sie diese Drei-einigkeit zusammenlegen. Aber das ist nicht sichtbar, zu was für einer (Einheit) sie führt, zu der, von der in der Apokalypse Johannes der Theologe schreibt – Schlange, Tier, falscher Prophet.«

So klar sahen die Altgläubigen den Antichrist ihrer Zeit, die falschen Propheten, vor denen Christus selbst gewarnt hat zu seinen Lebzeiten auf Erden. Und sie sahen das Tier, das Chaos-Ungeheuer, das aufsteht zum Kampf gegen die Kirche. Zuerst und zuletzt aber die Schlange, das Unheiltier der Juden. Einmal dieses Unheilige, solche Un-heiligkeiten vor Augen, war es mehr als Streit um Gepflogenheiten, wenn man stritt, ob man bei bestimmten Stellen der Liturgie zweimal oder dreimal das Halleluja singen muß, ob man bei Prozessionen in der Richtung des Gangs der Sonne um die Kirche geht oder in entgegengesetzter Richtung. Hier stand immer historische Echtheit, von der Andacht und Hingabe der Gläubigen abhing, gegen Spitzfindigkeiten, in denen die Altgläubigen den immer aufs neue unternommenen Versuch sahen, mit neuen Worten neue Wahrheiten, mit neuen Kulthandlungen neuen Kult und mit dem neuen Kult eine andere Gläubigkeit, eine andere Kirchlichkeit einzuführen. Also: Ein Schisma derer, die Wahrer der Orthodoxie sein wollten. Antichristen in den Reihen derer, die Hüter der Traditionen des heiligen Glaubens und der dazu gehörenden Kirche waren. So begann die große Tragödie des Nichtverstehens und des Mißverstehens bei der Konfrontation zweier tief religiöser Menschen: Nikon und Avvakum. Beide stammten aus dem russischen Bauerntum, ja aus der gleichen Gegend um Nižnij-Novgorod. Ihr Konflikt brachte statt Verinnerlichung des Glaubenslebens jene Glaubensstreitigkeiten, die von Kindern der Welt benutzt werden, um ihrer Macht ein übriges hinzuzufügen. Und es verfeindeten sich nicht bloß der Patriarch und Avvakum, der erste große Märtyrer der Altgläubigen; es zerfiel zuerst die persönliche Harmonie zwischen dem Zaren und Nikon, zuletzt die Harmonie zwischen Staat und Kirche. Und Nikon selbst wurde vom Zaren aus Moskau verbannt, wozu der Synod das Urteil aussprach. Nie mehr kehrte Nikon zurück ins Heilige Moskau. Denn als er begnadigt und zurückberufen heimreiste, verstarb er auf der Fahrt, halb in Verbannung, halb in endlicher Anerkennung.
Die Katastrophe des Schismas, sie traf weniger die Altgläubi-

gen, die allen Verfolgungen und Diffamierungen im russischen Reich bis zuletzt aus ihrem Glauben widerstanden, sondern die Russisch-orthodoxe Kirche. Diese verlor, am Vorabend der Reformen des Zaren Peters des Großen, ihre glaubensstärksten Angehörigen. Und das just, als zusammen mit Peters umstürzenden Reformen – auch er wurde als Antichrist angesehen – auch noch die ungleich tiefer gehenden Klügeleien des Westens ins Land kamen: die Vorstellung von einem Glauben ohne Dogma. Eine Rechtsordnung, die vom Volk und nicht letzten Endes von Gott abhängt. Von einer Moral, die immer mehr Konvention ohne Überzeugungskraft wurde. Nach Nikon besaß Rußland nicht länger die Kirche, die das alte Reich mit zusammenfügte, die widerstand, als die Tataren Herren waren über die Russen. Von der Reform bis zur Staatsreligion war nur mehr ein einziger Schritt, und den tat Peter der Große. Er ließ das Amt des Patriarchen so lange unbesetzt, bis es in der Staatsreligion klar wurde, daß es auch ohne dieses Oberhaupt der Kirche geht. Dann war es ein leichtes, an die Stelle der Patriarchen ein Kollegium zu setzen, über das ein staatlicher Ober-Prokurater die Obermacht besaß.

Im Westen verlor man bald die Altgläubigen aus dem Blick. Gesandtschaften bekamen im Heiligen Moskau nur die Herrlichkeiten der Kremlkirchen zu sehen und jene Staatsoffizialität im Religiösen, der auch der Westen verfiel, ehe sich der Staat vollends von der Kirche trennte.

Nicht daß sich im Westen nicht auch Klügler und Reformer und Aufklärer und Ideologen breitgemacht hätten im kirchlichen Leben. Aber im Westen mündeten derlei Experimente mit dem Glauben nicht in vertieften Alt-Glauben oder in Mystik, sondern in den immer mehr anschwellenden Mahlstrom des Politischen, in den Unglauben, in den Abfall von Gott. In der gleichen Zeit, während der in Rußland die verfluchten Klügler am Werk waren, klügelten im Westen gelehrte Männer darüber nach, ob das mit dem religiösen Glauben so weitergehen dürfe, wie man es tradiert erhalten hatte. Ein aus Frankreich stammender Jesuitenschüler namens René Descartes, auch Cartesius ge-

nannt, wußte zu seiner Zeit vieles auszusagen über die Existenz des Menschen, zumal über seine Seele. An Hand neuartiger Unterscheidungen demonstrierte er, was später als das Ende aller vernünftigen Grundlagen des Religiösen gepriesen wurde. Descartes stand dabei nicht auf eigenen Füßen, seine Lehre hatte in den Aphorismen des Engländers Bacon einen Wurzelboden, aus dem der schriftgewaltige Franzose viel herausholte. Auf Bacon konnten sich jene berufen, die in der Zeit der Aufklärung im 18. Jahrhundert zwischen einem Offenbarungsglauben aufgrund göttlichen Geistes und einem anderen Glauben unterscheiden wollten, der fortan nur mehr als Aber-Glauben, Priesterbetrug und dergleichen bloßgestellt wurde von Gegnern der Kirche. Anfangs beriefen sich derlei Unterscheidungen noch auf eine menschliche Vernunft, die Teil des göttlichen Schöpfungswerkes sein sollte. Darüber entstand bald die Frage, ob es überhaupt einen Gott gibt. Wieder stritten die Deisten, die irgendein höchstes Wesen voraussetzten, und die Atheisten, die erklärten: Es ist kein Gott. Deisten, die mit dem vehementen Angriff auf Kirche und Dogmen zugleich auch politisch und radikal die Herrschaft der Adeligen und ihrer Könige angriffen, *und* Atheisten, die, indem sie quasi Gott abschafften, sich nicht nur gegen das Gottesgnadentum der – nicht vom Volk abhängigen – Könige wandten, sondern einfach jede Autorität bestritten, die nicht aus ihren selbstausgewählten neuen Eliten kam. Mit der feudalen Herrschaftsordnung sollte zugleich die Eigentumsordnung der neuen Besitzbürger zu Fall kommen.
Später, so um die Mitte des 20. Jahrhunderts, werden sich viele Linksintellektuelle darüber beklagen, daß es der Französischen Revolution von 1789 nicht gelungen ist, für ihre atheistischen und kommunistischen Parolen auch genug Gewalt der Tatsachen zustande zu bringen. Wäre das damals gelungen, dann hätten man sich, so die Linksintellektuellen um 1950, viele Umwege des 19. Jahrhunderts, wohl auch viel Blut ersparen können. An sich ist in einer Revolution nie genug Feindesblut vergossen worden, meinen Berufsrevolutionäre, die andere Metho-

den der politischen Willensbildung nicht kennen, jedenfalls nicht anerkennen möchten.
Es bleibt der Ruhm nicht weniger Linksintellektueller in der katholischen Kirche der Mitte des 20. Jahrhunderts, daß sie noch einmal die unfertigen Versuche des Aufklärungszeitalters, der Revolution und des Marxismus innerhalb ihrer Kirche aufgegriffen haben. Einige dieser Gewährsmänner kamen als Berater ihrer Bischöfe mit nach Rom, als 1962 Papst Johannes XXIII. das Vaticanum II eröffnete, dessen Beratungen nicht zu überleben, Gott ihm die Gnade schenkte.
Nicht daß etwa solche und andere Klügler in der Kirche bloß bald jenes, bald dieses gewollt hätten; in einem blieben sie sich und die Claque ihrer Clique in der Öffentlichkeit einig:
»So wie es bisher in der Kirche gediehen ist, kann und darf es nicht weitergehen . . .«
Es entstanden viele, wie manche meinten, fruchtbare Dialoge und Diskussionen unter Theologen, Priestern und Laienpfaffen. Das Kirchenvolk hörte davon wenig, und die es hörten, verstanden nicht recht, was die neuen Parolen bedeuten sollten. Denn die Klügler der neuesten Zeit sahen nicht, wie Luther, dem Volk aufs Maul, sie schauten auf ihr intellektuelles Renomee. An sich oft anti-autoritär, hatten sie für den Papst in Rom eine neue Aufgabe parat: Der Papst in Rom sollte als Nachfolger Christi mit der ihm zukommenden Gewalt auch die Konservativen katholisch machen. So wie man in Frankreich in der Zeit der Gegenreformation einem widerhaarigen protestantischen Hausvater ein Picket Dragoner ins Haus legte, um seinem Bekehrungsdrang auf die Sprünge zu helfen, sollte quasi mit einer päpstlichen, also geistlichen, Dragonade den sturen Konservativen (wie der große deutsche Theologe Karl Rahner die Rückständigen und Unbelehrbaren nannte) das letzte Stück Weges in eine neue Kirche, die für viele Neuerer eine andere war, quasi erleichtert werden. Denn wenn die »Alte Autorität« in Rom dazu drängte, welcher Konservative konnte sich solchem väterlichen Drängen widersetzen?
Gott fügte es, wie schon gesagt, daß das gläubige Volk die un-

heimlichen Programme gewisser Reformer nicht hörte, nicht verstand, nicht zur Kenntnis nahm. Die Betende Kirche und die Klügelnde Kirche wurden so zweierlei. Was sagte es einem frommen Menschen, wenn einer sagte: GOTT IST TOT, wo doch das Gebet die fromme Erhebung der Seele zu Gott ist, nichts anderes sein kann? Oder wenn einer gar von einer Kirche NACH DEM TODE GOTTES daherredete. Im rückständigen Österreich, immerhin Restbestand eines der katholischen Länder der Erde, konnten die Leut' mit einem CHRISTENTUM OHNE RELIGION nichts anfangen und erst recht nicht mit einem ATHEISTISCHEN CHRISTENTUM, einem, in dem Christus nicht länger die Zweite Göttliche Person ist, sondern einer der weisen und humanen Gestalten der Geistesgeschichte? Für alle Marxisten in den im Anschluß an Marx entstandenen sozialistischen Konfessionen kamen herrliche Zeiten. Sie ließen die Kirche beiseite und gingen direkt auf das Kirchenvolk los, um dieses für ihr Wählervolk herauszureklamieren. Haben nicht selbst Kommunisten gesagt, der Atheismus, die Gottlosigkeit, sei nicht mehr wesentliche Voraussetzung eines Sozialismus nach Marx; weil ja in einem wissenschaftlich fundierten Sozialismus mit einen Gott, der mit wissenschaftlichen Methoden weder bewiesen noch geleugnet werden kann, nicht länger gerechnet werden muß, ja *kann* im Politischen. Alte Freidenker und geschulte Marxisten, die ihren christlichen oder jüdischen Glauben längst abgestreift hatten, näherten sich mit der ausgesuchtesten Höflichkeit Bischöfen, Theologen und Intellektuellen in der Kirche, um ihnen mit dem Augurenlächeln der Intellektuellen zu sagen: Wir verstehen uns. Sie, Herr Bischof oder Herr Professor oder Herr Kollege, werden auch mich verstehen, dem nicht die Gnade gegeben ist, zu glauben. Sind wir nicht alle Menschen, geeinigt in der Anerkennung der Würde des Menschen? Bei solchen Begegnungen ließ man die Formel der Liberalen:

Ni Marx – ni Jésus

in ihrem zweiten Teil beiseite. Und was Marx anlangte, so hörten die erstaunten Klerikalen, es sei nicht mehr wichtig, ob Marx recht oder unrecht gehabt hat, die Hauptsache sei der

Fortschritt seines Jahrhunderts gewesen. Und die so Angesprochenen vergaßen die Millionen Menschen in aller Welt, die erst ins Jenseits von den Marxisten befördert werden mußten, damit das marxistische Paradies und seine Weiterentwicklung Raum und Entwicklungsmöglichkeiten bekam.

Langsam sickerte in den Pfarren und Pfarrgemeinden der Ertrag des Vaticanum II und das, was die Anhänger einer ununterbrochenen und fortdauernden Reform daraus machten, durch in den Alltag des kirchlichen Lebens. Die Kirchgänger, in den Augen Wissender eh' nur alte Weiber, suchten bald vergebens nach ihren Fürbittern bei Gott, nach den Bildern und Statuen der Heiligen. Eine gründliche, längst fällige Renovierung des Innenraums der Kirche schaffte Gelegenheit, diese unzähligen Bilder und Statuen und »dergleichen« entweder in den hintersten Winkel der Kirche zu befördern, wo sozusagen ein KZ der Heiligen geduldet wurde; oder man brachte sie überhaupt außer Evidenz. Noch besser war es, wenn bei dem Mangel an Kirchengebäuden in den Neusiedlungen eine neue Kirche erbaut werden mußte. Etwa jene des hochberühmten Bildhauers Wotruba in Wien, deren Äußeres in Vollendung das Bild eines Trümmerhaufens jener Kirche darstellt, deren Dome einmal himmelwärts aufgetürmt wurden. Dagegen konnte aber auch ein sturer Konservativer nichts einwenden, denn über Kunst läßt sich streiten. Und haben nicht einmal die frommen Salzburger einen ihrer Erzbischöfe verdächtigt, er hätte den alten Dom ruhig abbrennen lassen, um nachher das Wunder des Barocken Doms, immerhin Hintergrund der jährlichen Jedermann-Aufführungen, über Trümmern eines zugrunde gegangenen christlichen Mittelalters, jetzt das von Kabarettisten und Kolumnisten geschmähte »Christliche Abendland«, erstehen zu lassen? Immer gab es sture Menschen und aufgeschlossene Menschen. Man darf bloß nicht den einfältigen Traditionalismus der Sturen gelten lassen – und flugs entsteht für den Fortschritt eine ungeahnte Möglichkeit. Denn: Fortschritt an sich, ohne Rücksicht darauf, ob es auch Fortschritt zum Besseren ist, bedeutet Qualität, mehr Qualität, qualitativ wertvolles Erleben. Die kol-

lektive Neurose einer Zeit erfaßte auch die Kirche, in der die sogenannten tätigen Menschen unruhig wurden, wenn sie am Morgen aufwachten und betrübt feststellen mußten, daß in so vielem noch immer die Welt von vorgestern um sie war.
Wo war eine Chance für das konservative Prinzip in einer Zeit, da die einflußreichen Massenmedien vielfach den Alt-Bolschewisten Molotow und den alternden Kurien-Kardinal Ottaviani in einer Linie sahen, sie beide als »konservativ« hinstellten. Und bald viele Katholiken im konservativen Prinzip nur mehr eine verderbte, der Reaktion zuneigende Methode sehen sollten. Nicht aber: eine Existenz auf Grund einer Wertordnung, in der das GÖTTLICHE obenansteht und nicht einer der Werte des Intellektualismus und Materialismus; konservativ nicht Wegweiser für Ziele gemäß dieser Wert-Grundlage bedeutet, sondern Irrweg ins Nichts, auf Brücken zu, die es nicht mehr gibt; und man den Typ des Konservativen gerne den im Anschluß an Marx entstandenen Ideologen und Politikern überließ, zur Ausschlachtung und als Popanz allen Übels.
Der Alarm des Papstes Johannes XXIII.: AGGIORNAMENTO wurde von Reformern dem Heiligen Vater vom Mund gerissen und jenen als Schock vorgehalten, die offenbar in lähmender Rückständigkeit und überlebten Gewohnheiten die Strapazen des Neu-denkens und Umdenkens scheuten. Und doch sagte Johannes XXIII. nichts, was nicht schon Auftrag des Apostels Paulus an die Thessaloniker wurde und blieb:
»Prüfet alles! Das Gute behaltet!«
Was war schon gut an der »alten Kirche«? Was konnte die sogenannte Dimension des Geschichtlichen überhaupt noch einem modernen Menschen abliefern? Wo doch in hunderten vorweg zu Bestsellern erklärten Bucherscheinungen die Chronique scandaleuse der Kirchen, ihrer Päpste, ihrer Lehrveranstaltungen, ihrer Zwänge, ihrer Verfolgungs- und Knebelungsmethoden, ihrer Inquisition vor Augen geführt wurde?
Wie jede Revolution fing die in der Kirche mit der revolutionären Veränderung der Sprache an. Die lateinische Sprache, die Muttersprache der Kirche, wie es naiven Gemütern gelehrt

worden ist, verschwand klammheimlich aus der Meßfeier. Nicht daß das Konzil sie abgeschafft hätte, das Konzil reformierte nicht mit den Methoden der Polemik: JA oder NEIN; die Ordnung nach dem Konzil ließ Türen und Fenster einfach offen und so geschah es, daß so oft die Ausnahme zur neuen Regel wurde. Die Neue Sprache aber war nicht so sehr die Landessprache der Kirchgänger, es war eine Neue Sprache, wie sie im holländischen NIEUWE KATECHISMUS zu lesen war, den die Bischöfe des Landes herausgaben und das Höhere Institut für Katechetik in Nijmegen, ein hervorragendes Zentrum der Reform in der Kirche, getextet hat; dies im Verein mit anderen Fachleuten, deren Namen man nicht erfuhr im Text des Katechismus.

Der Neue Katechismus für das gläubige Volk in Holland, vor allem aber für Fernerstehende, verschob alte, an sich unwandelbare Wahrheiten des Glaubens mit rascher Geste in den Hintergrund der Betrachtung; angeblich, weil derlei ohnedies in der Kirche eine Selbstverständlichkeit geworden war und dem modernen Leser erst einmal das geboten wurde, was *ihn* ansprach. So brachte die Neue Sprache die Neuen Wahrheiten in Gebrauch, wobei Gläubige, die nicht an Diskussionen teilnahmen oder gelehrte Zeitschriften lasen, zuerst gar nicht wahrnahmen, was sich über sie ergoß.

Um diese Zeit war ohnedies der Innenraum der Kirchen so nach und nach, unter Vermeidung von Schockwirkungen, ein anderer geworden. Der Altar wurde leer und leerer, bald nur mehr ein Hintergrund für die Meßfeier, bei der das Opfer auf einem möglichst weit ins Publikum gerückten Tisch stattfindet. Auf so einem Tisch ist kein Platz für den Tabernakel, Aufbewahrungsort für das Allerheiligste. Der Tisch bleibt am besten leer, denn jetzt muß auch im sakralen Raum Platz geschaffen werden für die moderne Technik. Man wird den stillen Betern, die mit ihrem Gebet den Weg zu Gott suchen, austreiben, derlei in der Stille zu tun. Lautsprecher, mit dem ganzen Raffinement der modernen Technik ausgestattet, ahmen den Höllenlärm einer Diskothek nach und hinter dem Speisgitter, der eventuell noch vorhandenen Kommunionbank, recken mindestens zwei oder drei Mikrophone ihre Arme empor. Bis dann eines Tages die Kommunionbank verschwunden ist, denn man kniet nicht mehr beim Empfang der Kommunion, man steht, und wenn man will, gibt der Priester dem Kommunikanten die Hostie einfach in die Hand. Langsam wandelt sich die Kirche in den Versammlungsraum der Gemeinde und in einem Versammlungsraum kann man allerhand aufführen, was ehedem im sakralen Raum nicht möglich sein durfte: Filmaufnahmen, auch wenn die atheistische Tendenz des Films offenkundig ist; Musikdarbietungen, weil zur Neuen Sprache die Neue Musik kommen soll, um die Neuen Menschen anzulocken, wenn schon nicht zum Gottesdienst, so doch zum Musizieren in der Kirche; auch Tanzvorführungen, die den Aufblick zum nackten Körper des Gekreuzigten herabholen auf den entblößten Körper des Operntänzers.

Vieles verschwindet, ohne daß die Beter, die in der Heiligen Messe immer mehr den Übungen der Sänger und Turner im Auf und Nieder zu folgen haben, genug Zeit haben, es zu bemerken. Einmal machte man während einer Heiligen Messe dreiunddreißigmal das Kreuzzeichen am Altar. Man bedenke: 33mal. Ist nicht ein einziges Kreuzzeichen gemäß der Neuen Liturgie genug für den ohnedies überlasteten Zelebranten, dem Meßleser, wie man einmal in der frugalen Sprache sagte? Na also. Basta. In kirchlichen Neubauten gibt es keinen hochaufragenden Altar mehr und also keinen Tabernakel daselbst.

Überhaupt wird die überlieferte Feier der Heiligen Messe verboten. Nicht vom Konzil, auch nicht von Amts wegen – das neue kirchliche Establishment wird nicht länger von dem Reformer als »Amtskirche« gering geschätzt – sondern: die Praxis schafft es. Das dicke Missale ist nicht mehr. Ein ordentlicher Zelebrant hat gleich einige Büchel und einige Zettel bei der Hand, bei deren unterschiedlichem Gebrauch er sich auskennen muß, soll er sich nicht verhaspeln beim Meßlesen.

Und dann rühren sich die sturen Konservativen. Hören aber, die Neue Liturgie sei liberal, was heißen soll: gewandelt im ökumenischen Sinn, so daß viele Christen, die keine Katholiken sind, nicht mehr so arg daran Anstoß nehmen wie bisher. Zum großartigen Liedgut des deutschen Protestantismus, das nunmehr wenigstens inmitten eines Reformkatholizismus einiges von der alten Gläubigkeit mitbrachte, sofern nicht alte Texte umgetextet wurden, kommt das Entrée jener Evangelischen Theologie, die von großen Lehrmeistern der Reform in ihrer Studienzeit an Katholischen Fakultäten als so überragend und geistvoll und modern empfunden wurde, daß sie sich des Lehrgutes ihrer alten Professoren oft schämen mußten. Vergessen ist das Wort des Patriarchen der Ostkirche Athenagoras an die Katholiken Frankreichs:

»Mit Freude erwarten Wir Euch an neuen Stätten unserer Begegnung. Aber Wir beschwören Euch: Kommt nicht in Haufen, kommt unter der Führung Eurer Bischöfe und Oberhirten!«

Nachdenkliche Reaktionäre sagen unter sich:

»Die neue Liturgie ist schismatisch«,

führt wohl zur Spaltung der Kirche. Ein Bischof soll da gesagt haben, besser das Schisma, als eine in Häresie versinkende Kirche. Nein, nein, nicht solche Reden, sagen Gutgläubige. Und: Stoßt euch doch nicht an der Neuen Liturgie, an der Neuen im Ritus. Waren nicht so lange die verschiedenen in der Kirche zugelassenen Liturgien und Riten ständige Mahnung, nicht auf jene Nahtstellen zu getrennten Kirchen zu vergessen, in denen sich Gleiches aus urtümlich christlicher Tradition befindet?

Aber, erwidern die Konservativen, würdigt man nicht unsere Bitte – unsere Bitte, nicht einen störenden Eifer – herab als Ausdruck jenes sturen Konservativismus, der es dem Neuen, dem Lebendigen, dem Zukunftszugewandten schon immer schwer gemacht hat in der Kirche?

Nein, nein, die Kirche soll nicht überall mit daran sein, wo der blaue Rauch der Moderne aufgeht. Und man sollte nicht vergessen, wie unchristlich es ist, Menschen um Formen zu bringen, in denen sie noch immer ihren Glauben bergen können, jenen Glauben, den so viele schon aufgegeben haben, die jetzt als abgefallene Priester herziehen über das, was sie einmal als Aufgabe ihres priesterlichen Amtes beschworen haben. Was ihnen Rückgrat ihrer priesterlichen Existenz wurde. Nicht bloß die klerikale Tracht, deren Reste im Alltag der Moderne.

Da und dort tauchen Laien, auch Priester auf, die jene Neue Liturgie als häretisch hinstellen, sich davor hüten wollen. Weil sie Produkt von Irrlehren ist. Solche Laien suchen beharrlich nach Priestern, die ihnen den Alten Glauben abnehmen, die Beichte wie ehedem und eine Messe lesen, in der sie die alte Mutter Kirche unter sich wissen und sich beruhigen können gegen die Vorwürfe ihres Gewissens. Schon drängen junge Männer, die die Berufung zum Priesteramt haben und dieser ernsthaft folgen wollen, in ein neuerrichtetes Priesterseminar, das ein französischer Erzbischof namens Lefèbvre in einem verlassenen Kloster in der Schweiz eingerichtet hat. Während die den staatlichen Theologischen Fakultäten beigeordneten Priesterseminare sich leeren, in Österreich anfangs der siebziger Jahre kaum mehr eine Handvoll Neupriester nach Schluß ihres Studiums sich ausweihen lassen, ist der Andrang zu dem legendären Seminar größer als das alte Kloster Raum hat.

Die Stunde ist da, in der die intellektuellen Hirnprothesen des Vaticanums II das Wort nehmen. Sie, deren Name man bisher wenig kannte in der Öffentlichkeit, die aber inzwischen von Verlagen und Zeitschriften des politischen liberalistischen Establishments, zumal in Westdeutschland, hochgejubelt wurden. Nun stehen sie in der Öffentlichkeit da, als sogenannte hervorragende theologische Autoritäten für den Problemkreis Kirche und die moderne Entwicklung im Katholizismus. Sie rufen, während an ihnen vorbei sich zehntausende aus der reformierten Kirche hinausdrängen in den Abfall von der Kirche, dem Erzbischof Lefèbvre zu, er wolle die Kirche in den Irrweg führen, von Christus loslösen. Das grausame Spiel in der Kirche Rußlands des 17. Jahrhunderts wiederholt sich: Die Autorität, die im Amt befindliche Autorität, in der vor-konzilaren Kirche mäßig geschätzt und befolgt, erhebt die Stimme, legt jenen Ratlosigkeit und Verwirrung zur Last, die so viele Reformen jüng-

ster Zeit nicht verstehen, nur zum geringsten Teil aber nicht beharrlich »nicht verstehen« wollen.
Schon treffen sich in abgelegenen Magazinen, in Scheunen und verlassenen Klöstern die Katholiken, die mit dem Franzosen gehen und nicht mit französischen Dominikanern und deutschen Jesuiten, die im Vaticanum II mit ihrer intellektuellen Sachkenntnis bei weitem überzogen, was der inzwischen verstorbene Papst Johannes XXIII. im Sinn hatte, als er die Konzilsväter nach Rom einberief. Das Schisma in der katholischen Kirche, die große Tragik im Zeitalter der Ökumene, der Wiederbegegnung der getrennten Christen, wird manifest: Lefèbvre gerät in den Zusammenstoß mit dem Heiligen Vater, muß dessen Zensuren hinnehmen, kann fortan nur im Widerspruch zu Rom seine bischöflichen Funktionen ausüben. Es ist dies die dunkle Stunde im Katholizismus. Nicht wegen des Ausmaßes der Bewegung, die Lefèbvre entließ und unterhält, sondern angesichts jener Haufen hektischer Sektierer, die sich um den altgläubigen Erzbischof drängen; denen es geradezu um das Opfer ihres alten Glaubens geht, das ihnen eine Kirche abverlangt, in der nach ihrer Vorstellung der Antichrist schon wütet. Und dann kam die Stunde, in der in diesen Kreisen das Wort Antichrist ausgesprochen wurde und der uralte Vorwurf gegen Rom, ja gegen den Papst geschleudert wurde.
Mit höhnendem Spott nahmen sich jetzt jene in der Kirche der Altgläubigen an, die früher selbst von Rom zur Ordnung gerufen wurden, sich als Opfer römischer Unduldsamkeit fühlten und denen es wahre Genugtuung war, die Konservativen in der nämlichen Lage zu sehen. Denn immer ist es so mit den gewissen Klüglern:
»... der eine will das, der andere jenes ...«
und wenige stimmen unter sich überein, außer in dem Willen, daß die Kirche morgen nicht mehr so sein darf, wie sie gestern war. Die kollektive Neurose der Progressiven der Moderne hat auch die Kirche erreicht.
Gleichzeitig durchflutete der Neo-Marxismus und die aus England und den US gekommene Neue Linke auf breiter Front den

Katholizismus. Schon haben Katholiken die Medien, auch die kirchlichen, nur mehr dann für sich, wenn sie nicht im Verdacht stehen, Konservative zu sein, die etwa gar erklärtermaßen den Exzessen der Progressiven, wie sie nach dem Vaticanum II sich ereignen, entgegenstehen. Für diese Konservativen ist im Zeitalter des Pluralismus, der sich in der Kirche in einer falschen Ausgliederung zeigt, kein Platz mehr.
Unter der Autorität von Karl Rahner erscheint ab Beginn der siebziger Jahre ein Katholisches Lexikon, 8 Bände in wohlfeiler Taschenbuchausgabe. Ohne die übliche kirchlicherseits notwendige Approbation will es im Meinungsstreit um die und in der Kirche die fachlich fundierte Information bringen, die ein kritisches, diffenziertes Urteil verlangt, und man differenziert in der Tat, etwa unter dem Stichwort Marxismus. Das Lexikon differenziert Einwände gegen den Marxismus, um Differenzen zwischen Christentum und Marxismus auf einen Grad zu reduzieren, den die verschiedenen Abkömmlinge Marxens nicht für möglich gehalten hätten:
»Eine Vermittlung der bleibenden Differenz erscheint gegenwärtig eher praktisch als theoretisch möglich.«
Dabei wird vorsichtshalber vorausgesetzt, es gäbe einen Marxismus, der für sich nicht die Totalität von Geschichte und Gesellschaft beansprucht; ein Umstand, der nicht einmal für Parteien des demokratischen Sozialismus der bisherigen Freien Welt zutrifft, der rücksichtslos dabei ist, den anderen, der Minorität, das Nessushemd seines Altvaters überzuwerfen. Praktische Solidarisierung mit Abkömmlingen des Marxismus wird die Sensation im Linkskatholizismus. In Südamerika verlassen Geistliche die Kirche, gehen in den Untergrund, und um sie verbreitet sich die Ansicht des sogenannten Priesters mit dem Gewehr, Camilo Torres:
»Was nützt ein Streit über die Unsterblichkeit der Seele, wenn man täglich erleben muß, daß der Hunger tödlich ist.«
Der religiöse Glaube degeneriert so zu einer sozial-revolutionären Bewegung. Camilo Torres schoß und wurde in einem Kampf mit staatlichen Milizen erschossen. Die Linksintellektu-

ellen in der Kirche hatten endlichen ihren Ché Guevara, den Kleriker, der nicht nur, wie seine Standesgenossen, die priesterliche Soutane ablegt für den Alltag, sondern dafür sich ein Gewehr und einige Magazine Munition beschafft.
In den kirchlichen Medien taucht der Stehsatz auf, die Kirche stehe ohnedies laut gegenwärtigem Schema links, und dieser Stehsatz wird von hervorragenden Klerikern betont. So bekommen alle Abkömmlinge Marxens endlich eine quasi-amtliche Bestätigung, daß rechts nur Typen im Politischen existieren können, die mitmachen bei der Orgie des sterbenden Kapitalismus und seiner Bastarde Faschismus und Reaktion.
Mehr noch: In Kreisen der nachkonzilaren Kirche wird das Schema des Marxismus übernommen. Die erwähnte differenzierte Betrachtung des Marxismus geht erst gar nicht auf die Tatsache ein, daß in Marxens Denken nicht die Sozialkritik voranging, sondern der erklärte Atheismus, den er im Verein mit Ludwig Feuerbach zu der Höhe trieb, die Lenin in Fortführung des Marxismus nur mehr zu übernehmen braucht. Undifferenziert. Indem in der Theologie diese geistesgeschichtliche Entwicklung vom Jungen Marx zum marxistischen Terrorsystem übergangen wird, erklären sich Progressive schuldig dafür, daß die Kirche einmal die »Arbeiter« verraten hat. Jene Arbeiter, die der Marxismus mit seinen geistigen Knüppeln aus allen Regionen des Gottesglaubens vertrieben hat.
Es entsteht nach dieser sogenannten differenzierenden Methode ein Katholizismus, der sich ausnimmt wie ein barocker Tabernakelschrank. Da gibt es viele Laden und Fächer und Geheimverstecke, und es bleibt dem mündigen Christen überlassen, was er in die Fächer stopft und was er wegwirft, da für ihn ohne Belang. Im Tabernakel dieses Schranks aber ist Raum für das Sanctissimum des fortschrittlichen Katholizismus. Irgendeine politische Überzeugung oder ein Politisieren nach der Formel: SOWOHL ALS AUCH oder der anderen: WEDER NOCH. Manche stopfen in diesen Tabernakel auch einen modernen Gott: Das Automobil, den Wohlstand, die Unverbindlichkeit der Mündigkeit, das Streben zu Macht, eine Trägheit

und wohl eine der sieben Hauptsünden, wobei die alte »Unkeuschheit« für viele schon größtenteils die Sündhaftigkeit verliert.
So wird es nach dieser Tabernakelwirtschaft möglich, daß auch Katholiken in ihrer einzigen und unwiederholbaren Persönlichkeit ganz verschiedene und ursprünglich unvereinbare Lebenspraktiken erfüllen. Wie man etwa in einem Sportverein die Sektion Leichtathletik vernachlässigt und in der Tennissektion umso emsiger mitmacht. Schon lauert vor dem Tor der unheimliche Steinerne Gast, der Kommunismus in seinen verschiedenen Konfessionen, nach der einzigen Hausordnung, der kommunistischen.
Im Nieuwe Katechismus der holländischen Bischöfe ist einleitend von dem Ereignis die Rede, bei dem anno domini 626 der Mönch Paulinus den König Eduard und sein Volk in Nordengland bekehrt hat. Einer der Vasallen des Königs steht auf und sagt:
»Eure Majestät, wenn Sie mit Ihren Herren und Vasallen im Winter am Feuer sitzen, das hell und wärmend brennt, während draußen der Sturm heult, Regen und Schnee hereintreibt, kann es geschehen, daß plötzlich ein kleiner Vogel durch die Halle fliegt. Er kommt durch eine Tür und fliegt bei der anderen hinaus. In den wenigen Augenblicken, während er herinnen ist, spürt er nicht die Kälte, aber so wie er außer Sicht ist, kehrt er in den dunklen Winter zurück. Es ist, als ob das Leben des Menschen dem in vielem gleicht: Wir wissen nicht, woher wir ehedem kamen, und wir wissen nicht, was kommt. Wenn die neue Lehre (des Mönchs) uns Gewißheit in diesen Dingen bringen kann, ist es gut ihr zu folgen.«
Unsere Welt ist eine andere geworden im Fortschritt der Zeiten. Wir leben nicht mehr am trauten Herd, während draußen der Winter tobt. Diesen Herd, die verächtlich genannte »heile Welt«, das miese Christliche Abendland, ist bis auf den Grund zerstört. Unsere Existenz findet statt an einer der windigsten Ecke der Weltgeschichte. In einer Welt, die brennt an allen Ec-ken und Enden, wie nie zuvor. Seit 1945 ist in dieser Welt der

Tempel des Mars nicht mehr geschlossen worden. Krieg, Bürgerkrieg, Klassenkampf toben. Da gibt es keine Wärmestube und kein Mauseloch, in dem der Einzelne solche Zeiten überdauern könnte. Es kann jeden Tag geschehen, daß in einer Sturmnacht uns der Teufel holt. Nicht der Teufel, der im Klassenkampf an die Wände gemalt wird, und nicht jener, der auf alten Tafelgemälden so drastisch dargestellt ist. Sondern der Antichrist, wie ihn der Märtyrer Avvakum und die Morosova sahen, ehe ihr Leib verrottete in einem der Erdgefängnisse im Norden Rußlands.

Der US-Flugzeugträger KITTY HAWK, 4 483 Mann an Bord, lag im Golf von Tonkin, vor der Küste Nordvietnams. Der Tag war der 12. Oktober 1972, das folgend erzählte Geschehen ereignete sich um 7 Uhr p. m. – also nachmittags und dauerte siebeneinhalb Stunden. Bis in die erste Stunde des 13. Oktober. Seit 1965 beantworteten die US Angriffe der Kommunisten gegen Südvietnam mit der Bombardierung von Zielen in Nordvietnam. So wie man gegen Ende des Zweiten Weltkriegs Deutschland auszubombardieren versuchte, um dem Krieg auf der Erde ein rascheres Ende zu bereiten. Dabei gab es – anders als 1943/45 in Europa – immer wieder Pausen im Bombardement aus der Luft, obwohl die Kommunisten nicht eine Stunde mit ihren Angriffen aufhörten. Mal intervenierte Indien für die armen Menschen in Nordvietnam, dann wieder Papst Paul VI., bald irgendeine Dritte Macht, ein sogenannter Blockfreier Staat. Onkel Ho war schon 1969 verstorben, aber sein Regime funktionierte weiter und es hätte gar nicht des Testaments bedurft, in dem der große Ho seine Partei, die kommunistische, beauftragte, die Einheit Vietnams, also die kommunistische Diktatur über ganz Vietnam, aufzurichten.
Im Süden des Landes ging es wacker weiter im Gebrauch der Annehmlichkeiten des amerikanischen Way-of-life, so wie ihn die GI aus der Heimat mitbrachten und ihn jungen Mädchen und jungen Männern beibrachten: MAKE LOVE NOT WAR. GI nannten sich noch immer die Landsoldaten der US Army, obwohl sie wenig mehr gemein hatten mit der Armee jenes Landes, das bisher keinen einzigen Krieg verloren hatte. Die Abkürzung GI steht für GOVERNMENT ISSUE, also für die von der US-Regierung ausgegebene Ausrüstung und für GENERAL ISSUE, was heißt: allgemeine Ausgabe. Noch immer gab

die US-Regierung ihren GIs die beste Ausrüstung mit ins Feld, mußten in Vietnam achtzehn (also 18) Mann in den rückwertigen Diensten der US-Army tätig werden, damit vorne ein einziger GI schoß. Bei den Kommunisten genügten im ganzen nicht etwa 18 und nicht zehn und nicht 2 Mann, sondern ein einziger, der werkte, damit die Kampftätigkeit eines Kommunisten weiterging.

Man muß Verständnis dafür haben, daß ein Land, in dem die Propaganda MAKE LOVE NOT WAR immer mächtiger wurde und Deserteure als die wahren Helden der Nation herausgestrichen wurden vom liberalistischen News Management, die Regierung der US nicht viel ideelle Marschverpflegung mitgeben konnte für den verhaßten Krieg in Indochina. Langsam ebbte in Südvietnam auch jener un-demokratische und klerikale Geist ab, den der ermordete Diem aufrechterhalten hat und mit dem er dem Kommunismus bei dessen Aggressionen entgegentreten wollte. Wenn aber in Washington schon Entspannung mit der ersten Vormacht im Kommunismus, der SU gemacht wurde und man sich vorbereitete, sich auch mit dem kommunistischen China zu arrangieren, konnte man dementgegen dem GI nicht zumuten, gegen die Roten in Vietnam, die dank der Hilfe der Genossen in Moskau und Peking ihren Krieg führten, so zurückzuschlagen, wie die Kommunisten erbarmungslos auf sie einhieben. Und da ein solcher Widerstand nicht mehr im Erdkampf möglich war, übernahm es die US Air-Force, durch den Kampf aus der Luft, wo weniger Mannschaft (wenngleich wertvolleres Material) verschlungen wurde, wenigstens das moralische Image zu erzeugen, wonach die US einen Verbündeten, den Kommunisten angreifen, nicht im Stich lassen. In Saigon also, um mit der Erzählung der dortigen Entwicklung fortzufahren, kam kein kämpferischer Typ, wie Diem einer war, nach. Der zweite Nachfolger Diems, Nguyen Van Thieu, war zwar auch Katholik, hatte aber nicht jenen penetranten Geruch des Klerikalen an sich, der von dem früheren Priesterstudenten Diem ausgegangen ist. In Saigon hätten die neuen Machthaber liebend gerne getan, was man in Washington von ihnen verlangte, wenn es bloß möglich gewesen wäre:

Demokratisierung, Meinungsfreiheit, Pressefreiheit, Bodenreform und die Trockenlegung des Sumpfes der Korruption und der allgemeinen Demoralisierung. Aber es ging einfach nicht. Wie hätte man in einem Land, in dem die von Moskau und Peking unterstützten und von Nordvietnam eingeschulten kommunistischen Partisanen die Weiler umschwärmten, wie Indianer einstens eine Ansiedlung im Wilden Westen, in Demokratie machen sollen? Das haben nicht einmal die amerikanischen Pioniere im Wilden Westen zuwege gebracht, vielmehr mit ihren Handfeuerwaffen, später mit Unterstützung der Artillerie der regulären US-Army, die Roten niedergekämpft, ihr Land sich genommen. Meinungsfreiheit in Südvietnam, das wäre Schutz der KP-Propaganda gewesen, eine höchst einseitig wirkende Waffe der Demokratie und dieser nicht bekömmlich. Und was die Zeitungen anging, so gerieten im Süden ohnedies die Redakteure immer mehr nach dem Vorbild ihrer Einpauker aus den Staaten; auch wenn sie nicht eben Vorkämpfer einer Liberalisierung waren, so erzeugten sie jedenfalls jene Erkrankung des Rückenmarks des Landes, die von den Kommunisten mit Genuß beobachtet wurde.

Es ist leicht zu verstehen, daß bei dem Einsatz von 18, sage und schreibe: achtzehn, Mann in den rückwertigen Diensten der Amerikaner in den Base-Units, in den Versorgungs- und Etappeneinheiten, ein Etappenbetrieb anwuchs, welcher der Hure jeder Armee, der Etappe, alle Möglichkeiten eines heimischen Way-of-life eröffnete. Die Hurerei in Vietnam wurde beliebtes Thema jener Magazine, die sich nachher große Verdienste beim Abdruck gewisser Sex-Reports erwarben, die in den Fällen der Schulmädchen- und Nonnenreports wahre Höhepunkte in der Literatur und Filmkunst erreichten. Wer daheim getrimmt war gemäß MAKE LOVE NOT WAR, wollte in Übersee eben Love. Love bekam man nicht kostenlos in Südvietnam. Also nahm der Diebstahl an Armeegütern und der Schwarzhandel damit in einem Maße zu, das den materiellen Ansprüchen der Prostitution entsprach. Jahre nach dem Abzug der Amerikaner wird man noch auf dem Schwarzen Markt im kommunistischen

Vietnam alles, einfach alles, zu hohen Preisen kaufen können, was ein Amerikaner, und sei es nur ein einfacher GI und kein Zahlmeister, brauchte, um in Übersee so zu leben, daß es sich dafürstand, die verdammte Uniform zu tragen und im Krieg zu sein.

Die siebziger Jahre wurden eine große Zeit für den von der SU (mit ungleich mehr Erfolg als seitens der US) unterhaltenen Stellvertreterkrieg. Jeder größere Staat der bisherigen Freien Welt hatte schon ein eitriges Geschwür am Hals, das ihn zwar nicht umbrachte, immerhin aber große Anstrengungen kostete, es unter Kontrolle zu bringen: in Nordirland die irischen Terroristen, die mit Geld aus den US und Waffen aus dem Osten die Regierung ihrer Britischen Majestät wacker bekämpften. Im Spanien nach Franco Söhne jener, die einmal im Bürgerkrieg nach 1936 zusammen mit den Roten gekämpft hatten, junge Kämpfer, die schon anfingen, die Polizisten und Generale mit Blattschuß umzulegen. In Italien u. a. die von der KP regierten sogenannten »freien« Gewerkschaften dafür, daß die Regierung der Klerikalen kaum einen Tag erlebte, an dem nicht gestreikt wurde und sei es in Form eines Sympathiestreiks für irgendwelche Kollegen und Genossen; und hier schossen die Maoisten, die Chaoten und Roten Banditen unterschiedslos, merkwürderweise zuerst nicht auf Kommunisten. In Deutschland aber, selbstverständlich nicht im Osten, in der Provinz des östlichen Arbeiterparadieses, schossen sich kleine Banden erst mit der Polizei, den allgemein verachteten Bullen, herum, um alsbald einige Männer des kapitalistischen Establishments, keine Persönlichkeiten der sozialistisch-liberalistischen Regime in Bonn, umzulegen. Und überhaupt geschah es wirklich so, wie es das ZK der KPdSU 1970 zur Feier des 100. Geburtstag Lenins laut Bekanntmachung sich vorgenommen hat:

»... es gab und gibt keine revolutionäre Bewegung, die die Partei Lenins und das Land des Oktobers (der Oktoberrevolution der Bolschewisten von 1917) nicht unterstützen. Die Kommunisten bewerten den Auftrieb der Jugendbewegung, darunter auch der Studentenbewegung, hoch. Sie sehen in ihr einen der wichtigsten Faktoren des gemeinsamen anti-monopolistischen Kampfes. Sie nehmen aktiv an dieser Bewegung teil. «

So die Moskauer PRAVDA in ihrer Ausgabe vom 23. Dezember 1969. Das hinderte in der Freien Welt des Westens die jungen Menschen, die an sich nicht von links her kamen oder dort standen, so katholische Intellektuelle, keineswegs bei Kommunisten und Linksradikalen wacker mitzumachen, wenn diese vorgaben, gegen den Krieg in Vietnam zu demonstrieren, während sie in Wirklichkeit auf internationaler Ebene für den Sieg der Kommunisten kämpften. In den US nahm die von der NEW LEFT und ihren Ablegern geführte revolutionäre Bewegung ihrerseits den Kampf mit dem Ziel auf, das die PRAVDA mit seltener Offenheit aufgezeigt hat. Dies kam dem News Management des liberalistischen Establishment sehr zupaß. Es sah mit Sorge auf die in Nahost aufkommende Krise im Umkreis von Israel; und es mußte damit rechnen, daß im Ernstfall der Vietnamkrieg den US zu viel Kräfte abverlangte, als daß gleichzeitig auch in einer großen Krise in Nahost die US mit der ihr zukommenden Stärke die Existenz des Staates Israel und dessen weitere Ansprüche inmitten des Riesenmeers der Mohammedaner, zumal der Araber verteidigen könnten. Also mußte der Krieg in Südostasien und das seit dreißig Jahren bestehende Engagement der US rasch zu einem Ende gebracht werden, sollte die Front der US in Nahost nicht unter dem ständigen Kräfteverschleiß in Fernost zu leiden haben – wenn nicht mehr. Besser also eine Kapitulation in Vietnam, als ein Anzeichen ungenügender Entschiedenheit in Nahost.

Dies umso mehr, als es in Vietnam nicht das zu holen gab, ohne dem die Amerikaner und ihr Auto nicht auskommen können: Erdöl. Erdöl, das man den Israelis beim besten Willen nicht liefern konnte, weil man selbst knapp daran war damit; Erdöl, für dessen Beschaffung mit erheblichen Kosten wenigstens ein erdölexportierendes Land der mohammedanischen Welt gewonnen werden mußte. Iran und sein Kaiser tappten in die Falle. Der Schah glaubte an eine Utopie, man könne heute noch zu-

sammen mit unverläßlichen Militärs über brodelnden Massen die Herrschaft ausüben; Massen, in denen längst die Agenten Moskaus unterwegs waren und gemeinsame Sache machten mit unzufriedenen mohammedanischen Geistlichen. Zugleich aber auch eine der stärksten Militärmächte kommandieren zu können, die es als unmittelbaren Nachbarn der SU gab. Er wird erleben, daß die US die SU darin gewähren lassen, den Schah zum Sturz zu bringen und die Unruhe im Land so lange zu schüren, bis mehr als die Hälfte der bestausgerüsteten Armee desertierte, einfach nach Hause ging und die SU eine Sorge weniger hatte. In einem Krieg gegen Kommunisten gab und gibt es nur verbrecherische Feinde des Kommunismus; und Kommunisten, die namens der Menschlichkeit, des Fortschritts und anderer Stehsätze, die auch die liberalistische Presse nicht anders drucken kann, gegen die Reaktion kämpfen. Bald ging von Vietnam ein Leichengeruch aus. In den Medien der bisherigen Freien Welt wurde der Ursprung dieses Gestanks immer seltener bei den Opfern kommunistischer Massaker im Land festgestellt; dafür umso häufiger und mit umso mehr Nachdruck im Gefolge der US-Intervention in Südostasien. Wie mit Zauberschlag erschienen an den Mauern in der Freien Welt Chiffren, die alle den gleichen Inhalt hatten, mochte auch die jeweilige Landessprache einen anderen Wortgebrauch verlangen:
Ami go home!
Ami 'raus aus Vietnam!
US = SS,
oder in Wien auf einem Poster:
»Du siehst es genau – Nixon die Nazi-Sau!«
Das x im Worte Nixon war in Form eines Hakenkreuzes gezeichnet. Immer häufiger trat eine Propaganda der Linken und der Linksliberalen hervor, die BRAUNE GESPENSTER der Vergangenheit beschwor, um ROTE TEUFEL, die in der Gegenwart unterwegs sind, vergessen zu machen. Die Theorie des Anti-Anti-Kommunismus begann, ausgehend von den US, in erfolgreiche Praxis umzuschlagen.
Da die Dinge nun einmal so weit gediehen waren, konnte es

selbstverständlich nicht ausbleiben, daß die Besatzung der KITTY HAWK an jenem Tag im Dezember 1972 keine andere Zusammensetzung haben konnte, als jene der öffentlichen Meinung und ihrer Bilder daheim in den US. Es wäre ein Fehler, diese Tatsache allein dem Wirken der NEW LEFT, dem Rassismus der Neger oder anderen Kampfgruppen der Linken in den US zuzuschreiben. Denn die Demoralisierung der Streitkräfte der US fing an, bevor gegen Ende des Zweiten Weltkriegs die Demobilisierung der damaligen Streitmacht der US, immerhin die größte der bisherigen Kriegsgeschichte, begonnen hatte, geschweige denn zu Ende war.

Während des Zweiten Weltkriegs ließ sich der damalige Generalstabschef aller US-Armed Forces, George C. Marshall von einer Gruppe engagierter Linksintellektueller die Studie THE AMERICAN SOLDIER andrehen. Mehr: es war ihm recht, diese Belehrung von Zivilisten zu bekommen. Besagte Zivilisten genossen die materielle Unterstützung der kapitalistischen Giganten wie John D. Rockefeller, Andrew Carnegie und Henry Ford. In diesen gigantischen und schwer überschaubaren Unternehmungen waren Männer am Werk, die für das besorgt blieben, was Lenin einmal höhnisch in Erwartung stellt:

Die Kapitalisten werden uns nicht bloß jene Stricke liefern, mit denen wir sie aufknüpfen werden, sie werden sich zuletzt auch noch über den günstigen Verkaufserlös bei Lieferung der Stricke freuen.

Um die Zeit, da für das Militär der US das Programm der dortigen Lingsintellektuellen für THE AMERICAN SOLDIER entstand, gab es schon ein ähnlich ausgerichtetes Programm einer PROGRESSIVE EDUCATION für eine andere Schule. Die von den Machthabern eines Super-Kapitalismus unterhaltenen Stiftungen in den US lieferten nämlich dem internationalen Sozialismus im bisher Freien Westen die Programme für seinen Umsturz in der Gesellschaft. Aus gutem Grund konnte der damalige Vorsitzende der Britischen Labour-Partei erklären:

»Im Grund und von allen vorsichtig gefaßten neutralen Phrasen

gereinigt, ist dieses Programm (für Progressive Education) eines für A SOCIALIST AMERICA.«
Wo so viele Experten aus Kreisen der Linksintellektuellen in den US am Steuerungsapparat der diversen Stiftungen der Superkapitalisten saßen, war es natürlich wichtig, auch eine zentrale Leitstelle für den so geplanten Umsturz der Verhältnisse in den US zu haben. Diese Leitstelle schuf man sich im SOCIAL SCIENCE RESEARCH CENTER. Namens und im Auftrag dieses Zentrums arbeitete eine Studiengruppe, gegen die Gefahr des MILITARISMUS in den US, eine Studiengruppe, welche die besondere Förderung General Marshalls genoß. Der Soziologe Frederick Osburne, Exponent der Carnegie-Gruppe, wurde als Konteradmiral eingekleidet, um in dieser Verkleidung innerhalb der Streitkräfte umso wirkungsvoller tätig sein zu können. Und dann war es soweit, daß sich sogenannte Meinungsforscher auf die kriegsmüden GIs des letzten Kriegsjahres 1944/45 stürzen konnten. Um mit ihrer »Statistik« jene angeblich wissenschaftlich fundierten Unterlagen zu beschaffen, die man als Fassade des politischen Programms einer Umorientierung der US und eines Umsturzes im Stab des seltsamen verkleideten Admirals brauchte. General Marshall überließ dazu eine halbe Million GIs den sorgfältig ausgewählten Fragern, den sorgfältig ausgewählten Fragen und der noch sorgfältiger ausgewählten Ausnutzung der Fragebeantwortung. Denn: wer bei der Meinungsforschung die Frager entlohnt, dem gehört auch ein Ergebnis der Befragung, das seinen Zwecken dienlich ist.
Das, was sich an jenem Tag im Dezember 1972 an Bord der KITTY HAWK ereignete, war mit ein Ertrag dessen, was mit der Studie THE AMERICAN SOLDIER begonnen, nach 1945 aber in einer erfolgreichen Praxis umgeschlagen hat. Die US-Navy, Nachfolgerin der legendären Marine der Britischen Majestät, degenerierte in einer zuerst unerklärlichen Weise: Im Zeitalter der Mechanisierung und Automatisierung, die zumal in der Marine mit ihren hochspezialisierten Maschinerien für den Krieg eine so wichtige Rolle spielen, rückte alsbald ein Per-

sonal ein, das immer weniger den Ansprüchen dieses Dienstes entsprach.

Ehe es in den US den Liberalen gelungen ist, 1973 die seit 30Jahren bestandene Wehrpflicht abzuschaffen, machte sich *in* den Streitkräften die Folge von Progressive Education spürbar. Noch während des Vietnamkrieges untergruben die US die Moral der Soldaten eines Staates, der im Krieg stand (ohne daß dieser gemäß der Verfassung erklärt worden wäre), indem sie dem Druck der Massenmedien nachgaben und den Soldaten durch den Bürger in Uniform zu ersetzen versuchten. Da nutzte es gar nichts mehr, mit ungeheuren Kosten Giganten wie die KITTY HAWK oder die CONSTELLATION in Dienst zu stellen. Oder gar die ENTERPRISE: 75 000 Tonnen Wasserverdrängung, 90 Kampfflugzeuge für den Luftkampf. Baukosten 451,3Millionen Dollar. Das Ende in Vietnam machte die noch mächtigere NIMITZ obsolet: 594 Millionen Dollar Baukosten, zum Teil bereits mit nuklearem Antrieb versehen.

Für diese hochkomplizierten Maschinerien hatte man eine Mannschaft an Bord, die nicht länger 11 Wochen, sondern bloß 7 Wochen Ausbildungszeit hinter sich hatte. Das war die Folge der Propaganda der Linken, die nur mehr von der Rekrutenschinderei in den US redete, nie ein Wort darüber verschwendete, daß ein Gutteil dieses militärischen Aufwands der US entbehrlich wäre, gäbe es im Vaterland aller Werktätigen, in der SU, nicht eine Ideologie, die stärkste Triebkraft für den Angriff des Kommunismus wurde, ist und bleibt. In der hintersten Provinz des Amerikanismus hat in Österreich die dortige Neue Linke durchgesetzt, daß die Präsenzdienstzeit von neun auf sechs Monate herabgesetzt wurde. Vorbehalte zugunsten technischer Truppen wurden anfangs leichthin berücksichtigt, nie befriedigt und ausgeführt. Die Demontage, die einseitig ausgeführte Demontage der bisherigen Rüstung der Freien Welt und ihres Schildes in Europa wurde erklärtes Ziel der Neuen Linken in Europa; sie entsprach damit vollauf den Erwartungen und dem Kampfauftrag, den die KPdSU in dem oben zitierten Aufruf zum 100. Geburtstag Lenins in aller Form ausgesprochen hat.

In den US wurde die sogenannte Bändigung der Generale zum beliebten Kriegsspiel des dortigen liberalistischen Establishments. Der große Mann in diesem Establishment John Kenneth Galbraith (in Europa gerne begrüßter Star-Redner auf Kongressen sozialistischer Parteien und ihrer Veranstaltungen) faßte seine Lagebeurteilung im Kampf gegen Militarismus in den US im Jahre 1969 folgendermaßen zusammen:

»In aller Welt hat das Pentagon (= Sitz des US-Kriegsministeriums) längst die Wall-Street (= Zentrum des US Superkapitalismus und dessen Symbol) als häßliches Symbol des amerikanischen Imperialismus verdrängt. ... Die militärisch-industriellen Verflechtungen in den US entwickeln sich zu einer Belastung für Staat und Gesellschaft.«

Vorbei waren die Zeiten während des Zweiten Weltkriegs und nachher, als Größen des liberalistischen Establishments der Rooseveltzeit solchen Verflechtungen große Bedeutung beimaßen; nicht nur im Zweiten Weltkrieg, sondern auch in der Zeit des Kalten Kriegs, der beginnenden Ausdehnung des Sowjetimperialismus. Jetzt stand Gabraith mit an der Spitze der Initiatoren der Anti-Vietnamkriegs-Bewegung (die an die Stelle des bisherigen Anti-Kommunismus in den US trat) und die Enteignung der dortigen Rüstungsfirma durch den Staat verlangte.

Es ging aber auch ohne den von Galbraith geforderten Staatskapitalismus gut bergab mit dem Militär der US. Bei Ende des Vietnamkriegs, 1972, verfügte die US-Navy, zuletzt immer mehr Träger der Kampfaktionen gegen den Kommunismus in Vietnam, nur mehr über 83% ihres Soll-Stands. Wer aber Dienst tat, der bekam schöne Erleichterungen, bekam er sie nicht, gewährte er sich diese selbst:

»Die härteste Arbeit, die ich auf dem Großen Teich zu verrichten hatte, war, meine Wäsche schön geschlichtet in den Spind zu stapeln.«

So las man es eben: Wetterte die Presse an den geraden Tagen gegen die Schinderei beim Militär, dann setzte es an den ungeraden Tagen Vorwürfe gegen den »Leerlauf«, für den man sündteure Schiffe baue, auf denen dann die Jungs nichts ande-

res zu tun haben als Wäsche zu stapeln. Da schien es doch manchen Leuten gleich besser zu sein, die Einberufungen zum Militär zu unterbinden. Dazu gab es verschiedene Unternehmen, zum Beispiel folgende:
Man legte während einer Tagung des Kongresses in Washington Bomben ins Parlamentsgebäude, um den Volksvertretern begreiflich zu machen, daß es nicht ganz ungefährlich ist, Soldaten zum Dienst einzuziehen, sie nach Vietnam und womöglich gar in den Tod zu schicken. Anders ging es auch: Man drang in die Ersatzkommanden ein und verbrannte die fertigen Einberufungsbefehle. Oder: Ein Geistlicher machte ganze Arbeit, indem er nicht die papierenen Befehle für den Einberufungstermin, sondern gleich das ganze Bürogebäude, aus dem solche Befehle ergingen, in Brand setzte. Das machte selbst bei gewissen reaktionären Typen Eindruck, für die immer noch maßgebend war, was irgendein Pfaffe tat oder nicht tat.
Mit der Zeit vermischten sich die Aktionen gegen den Vietnamkrieg und jene gegen den Rassismus, wobei nicht immer ganz klar war, ob der Kampf für die Gleichstellung der Farbigen um deretwillen finanziert wurde oder wegen der Abwehr eines langsam in den Staaten aufkommenden Antisemitismus derer, die als Spießbürger immer schon derlei Gesinnungen verdächtig waren.
Brandstiftung im Kampf gegen den Staat war gut. Sprengstoffattentate waren besser, wirksamer und leichter zu organisieren, war man erst an die Lager diverser Sprengstoffe herangekommen. Erst stahl man bei Baufirmen große Mengen Sprengstoff, dann kam man dahinter, daß die Angestellten und Arbeiter solcher Firmen mit dem Sprengstoffhandel gute Geschäfte machten. Zuerst schleusten die Terrororganisationen ihre Vertrauensleute in die Betriebe und damit lief die Beschaffung von Sprengstoff um vieles leichter. So kam der Tag, an dem US-Präsident Nixon jenes Wort sprach, das man ihm später vorgeworfen hat:
»Es herrscht eine gräßliche Stimmung, ein Verlangen, einfach alles in die Luft zu sprengen.«

Später, in der Watergate-Affäre, werden die Liberalen höhnen: Nixon hätte sich vor lauter Angst im Weißen Haus betragen, wie ehedem ein Farmer im Wilden Westen, um dessen Haus eine Horde Indianer ihre Runden reitet, hoffend den Farmer und dessen Familie samt deren Skalps zu kriegen. Wo es doch gefährliche Horden im politischen Leben der US nicht gibt, abgesehen davon, daß die dezimierten und degenerierten Indianer nicht mehr reiten.

Doch nun zurück, an Bord der KITTY HAWK, an jenem 12. Oktober 1972. Die Sache in Vietnam ging damals ins zehnte Jahr und weder die Politiker noch die Militärs der US waren imstande, trotz des ungeheuren Materialaufwands die Dinge in Indochina unter Kontrolle zu bekommen. Oder wenigstens einen Waffenstillstand herauszuschlagen, wie damals in Korea, der für einige Zeit den Süden des Landes vor der Einverleibung in die kommunistische Ordnungsmacht bewahrte. Immer deutlicher wurde es, daß es den Kommunisten in Vietnam nicht um ein Patt ging, sondern um ein Matt, wenigstens aber um eine von den Amerikanern aufgegebe Partie.

Mit der Bombardierung Vietnams, also des kommunistischen Nordens, haben sich die US zwei Todfeinde an den Hals geschafft: die ganze Kommunistische Welt und deren mächtige Sympathisanten in Kreisen, in denen sonst der Kommunismus keinen Zugang gefunden hätte. Und die Résistance derer in der Heimat, samt ihren vorgeschobenen Détachements in den bewaffneten Streitkräften.

Kurz gesagt, an jenem Tag im Oktober 1972 übernahmen es die auf der KITTY HAWK eingeschifften Neger-Seeleute, denen oben eine Lektion zu erteilen und deren Hang zum Kriegführen zu drosseln. Sie standen nicht allein in diesem Kampf. Auf der CONSTELLATION wird man nachher eine ähnliche Aktion abziehen. Das war ausgemacht.

Um 7 Uhr nachmittags an besagtem Tag rüsteten sich die farbigen Kämpfer für Freiheit und Frieden mit allerlei Gerät aus, das sie auf der KITTY HAWK zur Hand hatten: Eisenröhren, Ketten, Metallmuffen der Feuerlöschgeräte und dergleichen. Es

sollte nicht geschossen werden, man wird den anderen nur einiges Blut abzapfen. Zuerst überfielen die Meuterer jene Männer, die in den Kojen pennten; nachher jagten sie die Verwundeten, die zu den Verbandstationen an Deck flüchteten, zuletzt schlugen sie jeden nieder, der ihnen in die Quere kam. Sieben Stunden dauerte das Bordfest der Farbigen. Endlich konnte man die Schwerverletzten mit Flugzeugen in Lazarette schaffen und die Ausschreitungen unter Kontrolle bringen. Der Zweck der Aktion war erreicht: die KITTY HAWK war erst einmal nicht mehr einsatzfähig. Und weil es auf der KITTY HAWK so gut gegangen war, wiederholte man die Aufführung noch einmal auf der CONSTELLATION. Beide Flugzeugträger, deren Bau mehr als eine Milliarde Dollar gekostet hatte, waren dank der Hilfe der Farbigen fürs erste keine Gefahr für die Kommunisten in Indochina.
Immer wenn es Stunk gibt in den US, wird ein parlamentarischer Untersuchungsausschuß mobil gemacht. Damit wird dreierlei erreicht: einer hitzigen Sache wird der Dampf genommen; in einem parlamentarischen Hearing können die Adabeis ihren Senf dazu geben und die Medien einige saftige Details für Kommentare ihrer Star-Kolumnisten herausholen; und nicht zuletzt bekommen die streitenden Fraktionen Gelegenheit, sich unter dem Vorwand der Sachlichkeit unangenehme Histörchen anzuhängen – gegenseitig natürlich.
Im Kongreß, im US-Parlament gibt es einen Armed Service Ausschuß. Dort kann jeder, der etwa von militärischen Dingen soviel versteht als wie ein Korporal oder ein Zahlmeister, gehörig dreinreden. Diesmal, nach den Vorfällen auf der KITTY HAWK und der CONSTELLATION förderte der oppositionelle Abgeordnete Hicks mit einem Report Dinge zutage, die in den Medien des liberalistischen News Management sofort als Overstatement abgetan wurden. Denn es war von Lässigkeiten die Rede, von der Vertuschung schwerer Verstöße gegen die Disziplin (wo Disziplin ohnedies ein Reizwort war) und vom Gewährenlassen. Man erfuhr, daß es nicht nur Unzufriedene gab, sondern Agitatoren und Unruhestifter aus Profession. Und

zuletzt zeigte Hicks das Gesamt-Risiko auf, dem sich nicht bloß die Navy gegenüber befand, sondern auch die anderen Teile der Streitkräfte der US: »Die Flotte«, so der Hicks-Report zum speziellen Fall, »hat es mit Angriffen zu tun, die sowohl von innen (der US) als von außen (von den Kommunisten) kommen. Und wenn wir diese Pressionen nicht im Zaum halten können, wird damit sicher die einstens beneidenswerte Tradition der Disziplin (schon wieder!) zerstört sein.«
Damit spielte Hicks auf die Tatsache an, daß sich die unguten Dinge nicht bloß vor der Küste Indochinas ereigneten, sondern auch in der einstens berühmten Sechsten Flotte im Mittelmeer, die seit eh und je der SU ein Dorn im Auge war.
War die US-Flotte im letzten Weltkrieg eine unvergleichliche Waffe der US, so ist schon damals klar geworden, daß zum Beispiel die US Army einen Vergleich mit dem Heer der SU oder dem Deutschen Heer nicht halten konnte. Umso ärger wurden die Zustände während des Vietnamkriegs. Auf dem Höhepunkt des Vietnamkriegs standen 540 000 US-Soldaten im Einsatz. Aber in der Zeit der Kämpfe wurde eine Viertelmillion Soldaten »unehrenhaft« aus dem Heer entlassen. Deserteure, Unruhestifter, Bummelanten und alles Volk, das in der Heimat dafür getrimmt wurde, damit der Krieg in Vietnam nur ja nicht zu einem Erfolg gegen die Kommunisten wurde. Umso tragischer ist die Tatsache, daß in Vietnam 56 000 amerikanische Soldaten gefallen sind. Opfer politischer Verhältnisse in der Heimat, nach denen es gar nicht mehr möglich wurde, einen Krieg mit seinen Kampfhandlungen durchzustehen; Opfer einer Generalität, der man im Koreakrieg, dank der Einstellung des damaligen US-Präsidenten (zwei Drittel der Generale sind Dummköpfe), das Rückgrat gebrochen hatte, dank der Unfähigkeit, sodaß mit einer Armee, in welcher der Geist des AMERICAN SOLDIER präsent war, auch ein militärisches Genie und ein Spezialist in der Partisanenbekämpfung keinen Erfolg hätte erzielen können. Die einstmalige Hoffnung des Vier-Stern-Generals Clark, dessen Name unter dem Waffenstillstands-Vertrag für Korea steht, dieses Patt könnte eventuell hingenommen

werden, wenn die nächste Auseinandersetzung zu einem Erfolg würde, hat sich im Vietnamkrieg nicht mehr erfüllen können. Umso seltsamer mußte es zuletzt erscheinen, daß dieses Unvermögen der US, eine militärische Auseinandersetzung überhaupt noch durchstehen zu können, ohne gleich die Gefahr eines Atomkriegs heraufzubeschwören, den späteren US-Präsidenten Jimmy Carter nicht hindern wird, Israel militärische Garantien anzubieten. Ja, diese Garantie auch Ägypten gegenüber spielen zu lassen.

Im Vietnamkrieg erwies es sich, daß die Psychologische Kriegsführung, zumal jene der Feinde im eigenen Land, kriegsentscheidend geblieben ist. Ungeachtet der kommunistischen Aggressionen in Indochina gefielen sich einflußreiche Teile der Medien in den US, den Kommunisten ein Image zu verschaffen, das, wäre es Wahrheit gewesen, tatsächlich jeden Kampf gegen den Kommunismus als verbrecherische Aggression erscheinen hätte lassen müssen. Nur im Süden in Saigon herrschte demnach ein un-demokratisches Regime, aus Hanoi brachten US-Reporter und Politiker das Bild ehrenwerter Patrioten und wahrer Freunde des Friedens mit. Im Norden gab es keinen Drill, keine Kampfschulen, in welchen GIs, ehe sie an den Feind kamen, in den Tod getrieben wurden, sondern nur Freiwillige, die ohne Uniformen, Rang- und Dienstgradabzeichen und dem ganzen Unsinn des Militärs Kämpfer ihrer Sache sind. Und im Norden gab es nicht die verfluchten Wehrdörfer, in denen Bauern gezwungen werden, zu sein, was sie nicht sein wollen, nämlich Kämpfer. Dort kultivierte Anbauflächen, in denen nur die Bombenkrater der US Air-Force ihre verbrecherischen Spuren hinterlassen haben, im Süden totaler Krieg.

Auch zerstörten nur die Bomben der Amerikaner christliche Kirchen in Vietnam, nicht etwa Kommunisten, die quasi als Befreier der wahren Christen ins Land im Süden kämen. Wie waren Reporter aus den US ergriffen, als sie die Propaganda-Offiziere der Kommunisten in katholische Kirchen im Norden führten, die, nach kommunistischen Wortgebrauch, arbeiteten. Und erst die moralischen Zustände im Süden:

20 000 Mischlingskinder blieben schließlich zurück in Vietnam. Produkte des Lustgewinns der GIs, den sich diese leicht verschaffen konnten dank ihrer Löhnung in Übersee und ihres reichlichen Angebots an verführerischen Konsumgütern, denen auch viele decent women nicht widerstehen konnten. Und da gab es Weibchen und Männchen, die mit unwiederholbarer Dienstwilligkeit in den Behausungen der Etappenhengste der Amerikaner alles taten, was dem Herrn genehm war; so wie das auch in alten Zeiten des europäischen Kolonialismus der Europäer einmal die große Annehmlichkeit war. Und da waren die Drogen, leicht zu haben und bald unersetzlich jenen, die anders über die Zeit in Vietnam nicht hinwegkamen. Daheim brachten die Magazine in ihrer Propaganda gegen den Vietnamkrieg gutgeschossene Bilder: GIs, die im Drogenrausch auf den Straßen der Städte Vietnams liegen, bis sie die MP wegschafft. Das schockte zumal die Mütter, die ihre Söhne drüben wußten und die die Politiker angingen, sie mögen doch diesem verfluchten Krieg ein Ende machen. So gewann man auch die sonst mäßig geschätzten Konservativen für die Propaganda gegen den Vietnamkrieg. Und doch wäre alles Tun der Agitatoren und Propagandisten gegen diesen verfluchten Krieg umsonst gewesen, hätte nicht Johnson, der US-Präsident aus Texas schließlich aufgegeben und auf eine nochmalige Kandidatur verzichtet. So eröffnete sich für Richard Nixon die Chance, getragen von der Stimmung der Parole, dem Krieg ein Ende zu machen, ins Weiße Haus zu kommen. Nixon, seit Jahren bei den Journalisten unten durch; seine Wahl als

»the greatest comeback since Lazarus«

hingestellt. Lazarus, den Christus aus dem Grab holte, obwohl der tote Lazarus bereits roch, wie seine Familie warnte. Nie wird Nixon diesen üblen Geruch loskriegen in den Redaktionen, wie man sehen wird.

Was noch fehlte war die Sache mit den Kriegsverbrechen von Amerikanern in Vietnam. Damit hat man auch die Deutschen im letzten Krieg nicht nur verhaßt, sondern nach dem Krieg auf einige Generationen hinaus fertiggemacht. Auch war es not-

wendig, die Leute abzulenken von den Schilderungen jener Massaker, die siegreiche Kommunisten an ihren Feinden in Vietnam verübten. Nach einigem Suchen fischte man den Fall des US-Oberleutnants Calley heraus. Calley war 1968 Führer eines US-Kampftrupps, der gegen den Ort My Lai, 100 Meilen nordwestlich von Saigon, eingesetzt wurde. Das war in der Zeit, als die Kommunisten noch vorwiegend mit Partisanenverbänden kämpften, die sich nach erfolgtem Anschlag auflösten, wobei die einzelnen als harmlose Bauern im weiten Land untertauchten. My Lai war Sammelpunkt einer dieser Banden. Öfters angegriffen, hatten die Amerikaner bei der Bekämpfung dieses Hinterhaltes immer nur Verluste erlitten, ohne das Nest ausheben zu können. Calley vernichtete das Nest so, wie Kommunisten gegen Partisanen kämpfen oder gegen Vietnamesen, die nicht mitmachen mit Väterchen Ho, oder Amerikaner, die diesen Widerstand der Nicht-Kommunisten gegen kommunistische Aggressionen unterstützen.
Aber solchen Taten wie jenen des Calley mußte rechtzeitig das Kreuz gebrochen werden, sollte sich nicht ihre Radikalität zwischen die aufkeimenden Waffenstillstandsverhandlungen klemmen, die anzubahnen Ziel der sogenannten NEUEN FRIEDENSSTRATEGIE war, die auch Nixon in sein Programm übernommen hatte. Nixon wird schließlich den zu lebenslänglicher Haft abgeurteilten Calley begnadigen. Wenn es einmal so weit sein wird, werden die Menschen schon das Schlagwort von der VIETNAMISIERUNG des Vietnamkonflikts nachplappern, was heißen wird: Die von den Kommunisten angegriffenen Menschen in Vietnam ihrem Schicksal und der Unterwerfung unter den Kommunismus zu überlassen. Fürs erste wurden Soldaten wie Calley als eine Schande für die Nation hingestellt; und das zur gleichen Zeit, als kommunistische Partisanen und ihre Führer mit ihren grausamen Methoden sich höchste Anerkennung in der kommunistischen Welt und nachherige Auszeichnung für die Tötung von soundso vielen Feinden erworben haben. Denn der Kommunist hat nicht den Feind kampfunfähig zu machen, etwa durch bloße Verletzung. Ein Verwunde-

ter kann genesen in die Kampffront zurückkehren. Besser ist es also, den Feind zu töten. Mochten die Kommunisten töten, die US werden den Frieden in Vietnam bringen.
Das Konzept dieser Friedensaktion war einfach. Man überlasse es den Menschen in Vietnam, es unter sich auszumachen, ob sie unter dem Kommunismus leben möchten oder nicht. Was ging das die Amerikaner an? Hat nicht das angesehene US-Magazin NEWSWEEK sich in Hanoi die Nachricht geholt, man dächte in Nordvietnam gar nicht daran, die »stärkste Macht der Welt etwa zu demütigen ...« Allerdings erwarteten sich die Kommunisten, so wie 1918 die Entente von den Deutschen, daß die US allen Schaden, den sie mit ihrer Kriegsführung in Vietnam angerichtet haben wieder gut machen, reichlichst wieder gut machen. Zu diesem System gehörte, daß zwar die US von der Unterstützung ihrer Verbündeten in Südvietnam abstehen sollten, nicht aber Moskau und Peking, die zusammen die Kommunisten Vietnams in diesen Krieg trieben, sie dazu ausrüsteten und natürlich nicht daran dachten, diese Hilfen einzustellen oder die von ihren Waffen verursachten Zerstörungen ihrerseits instandzusetzen.1972 war das Wahljahr in den US. Anständige Staaten behelligen in einem Wahljahr nicht die Demokratie in den US, so wie man eine Schwangere im Wochenbett in Ruhe läßt. Anders die Kommunisten in Vietnam. Sie gaben nämlich kurz vor dem Wahltag die bereits in Paris abgesprochenen Bedingungen für den Fall eines Waffenstillstandes in Vietnam formell bekannt. Dagegen war in Washington nichts vorzubringen, was diese Indiskretion beeinträchtigt hätte. Denn schon im Jänner des Wahljahres konnte der vom Sonderberater des US-Präsidenten für »nationale Sicherheit« langsam zur Leitung des offiziellen Außenressorts aufrückende frühere deutsche Staatsbürger Henry Kissinger seinem obersten Chef Nixon melden:
»Wir sind fertig mit dem ganzen Text des Abkommens und haben alles zur Unterfertigung vorbereitet.«
Warum dann diese Verzögerung der Unterfertigung vom Jänner 1962 bis zum Herbst dieses Jahres, als die Wahl des US-Präsidenten fällig wurde? Unter anderem trug dafür die

Schuld der Staatspräsident Südvietnams Thieu, der mit der Frechheit, die zuweilen Klerikale an sich haben, über das Friedenswerk Kissingers sagte:
»Dieser Professor (nämlich Kissinger) ist zu mir gekommen, um sich bei uns (in Südvietnam) den Friedens-Nobelpreis zu verdienen.«
Das empörte Nixon, der sich die Chance seiner Wiederwahl nicht durch diesen wildgewordenen Asiaten stören lassen wollte. Er nannte Thieu einen Selbstmörder; nicht einer, der sein eigenes Leben in Gefahr bringt, sondern einer, der sein ganzes Land gefährdet. Und im Umkreis Nixons wird man bald hören:
»Zum Teufel, die (Waffenstillstands-) Bedingungen sind besser, als Thieu es verdient hat.«
Es kam die Stunde, in der an der Front in Vietnam nur mehr Vietnamesen fielen, die unter keinen Preis unter ein KP-Regime kommen wollten. 300 Mann im Durchschnitt pro Tag. Wer nicht fallen wollte, desertierte einfach oder lief über zu den Kommunisten. Wer fiel, hatte nichts anderes verdient, wie man sich in den US angewöhnte, zu sagen. Nachersatz kam keiner mehr nach vorne, besser nach allen Richtungen, denn die Kommunisten waren schon ringsum und überall im Land. Und dann kam der Tag, an dem Nixon einen Wahlsieg erringen konnte, wie er nie erwartet worden war und er, getragen von einer großen Mehrheit, sein Amt an der Spitze der erwähnten mächtigsten Großmacht der Erde fortsetzen durfte. Jetzt rasch, rasch und nichts wie 'raus aus Vietnam. Noch einmal, Ende 1972, ließen sich die in Washington doch einmal dazu hinreißen, militärische Repressalien gegen Hanoi zu ergreifen, um deren Generalangriff gegen den Süden zu stoppen. Das hätten sie nicht tun sollen. Bei Gott. Denn jetzt hatten es die US mit einer Einheitsfront in der bisherigen Freien Welt zu tun, wie sie etwa in der Abwehr des Kommunismus längst nicht mehr bestand. Wie mit einem Schlag demonstrierten unter Führung der Neuen Linken vor allem die jungen Menschen gegen den Bombenterror der US in Norvietnam. In Wien gingen Angehörige katholischer

Verbindungen zusammen mit den sozialistischen Gewerkschaftsführern und den Kampfgruppen der Neuen Linken auf die Straße. Viele dieser Menschen glaubten, für das Ende der Massaker und den Frieden zu demonstrieren, während sie in Wirklichkeit hinter Spruchbändern marschierten, auf denen der FLN, dem KP Regime im Untergrund Südvietnams, der Sieg und die Macht gewünscht wurde.
Es war aber schon alles vorbei. Am 23. Jänner 1973 unterzeichneten in Paris die vier am Krieg beteiligten Parteien den Waffenstillstand: Die Kommunisten in Hanoi und die KP-Regierung im Süden, die Regierung in Saigon und jene in Washington. Alle, die schon zu Beginn des Vietnamkrieges und nach Dien Bien Phu die Hand mit im Spiel gehabt hatten, waren mit dabei; nicht nur Großbritannien und Frankreich, machtlos wie die Staaten schon waren, sondern die SU und zum ersten Mal China.
Jetzt sah die Landkarte Südvietnams aus wie ein geflecktes Pantherfell. So zahlreich waren schon die Punkte, an denen die Kommunisten die Kontrolle übernommen und ihr Regime im Untergrund aufgerichtet hatten. Wegen dieser un-entwirrbaren Verflechtung der Machtgrenzen sollte eine international beschickte Militärkommission für die Einhaltung eines Waffenstillstands in Vietnam sorgen. Eine gut proportionierte Kommission: zwei Rote aus Polen und Ungarn, zwei Nicht-Kommunisten aus Indonesien (das selbst die Kommunisten am Hals hat) und Kanada.
Für die Kommunisten waren die Aussichten nicht schlecht, wenn sie nur die Amerikaner bald aus Vietnam brächten. Dafür aber sorgte US-Präsident Nixon mit seiner NEUEN FRIEDENSSTRATEGIE. Er drängte die Regierung in Saigon, doch nicht stur zu sein und bei einer Regierung für ganz Vietnam mitzumachen, in der die aus Hanoi, aber auch die Kommunisten im Untergrund Südvietnams vertreten sein sollten. Das war nichts anderes, als denen in Südvietnam das Krepierhalfter und die KP-Herrschaft zuzumuten. Diese Ansicht ärgerte Nixon, zumal er, so wie Roosevelt gegen Ende des Zweiten Weltkriegs,

die Amerikaner glauben machte, daß es eine demokratischgewählte Regierung für Vietnam geben wird, so wie man nur allgemeine freie Wahlen im Land durchführen wird. Wie man das in einem von Krieg und Bürgerkrieg befallenem Land, in dem von Bewaffneten überfüllten Land im Süden und im KP-kontrollierten Norden bewerkstelligen sollte, sagte niemand. Man schämte sich in den US nicht, trotz aller seit 1945 gemachten Erfahrungen, das Wort »freie Wahlen« in einem von der KP kontrollierten Land auszusprechen.
So ging der Vorhang auf und es spielte sich die Vietnamisierung nach der von Henry Kissinger und seinen Gewährsleuten in den US inszenierten Version des Dramas ab. Waren bisher schon auf beiden Seiten in den Kämpfen fast eine Million Vietnamesen umgekommen, so kamen jetzt, als Kissinger sich anschickte, den ihm tatsächlich verliehenen Friedensnobelpreis anzunehmen, nach und nach weitere 125 000 Menschen unter der Sonne der neuen Ära des Friedens, wie Nixon es sah (so ihm die Affäre Watergate überhaupt Zeit ließ, sich um das zu kümmern, was er in Vietnam angerichtet hat), vom Leben zu Tod. Mehr als zwei Jahre wurde nach dem Inkrafttreten des Waffenstillstandsvertrags vom Jänner 1973 noch gekämpft, bis endlich der letzte Widerstand gegen die Kommunisten in Vietnam zusammenbrach und deren Partisanen, gefolgt von Machthabern aus Hanoi, in die Hauptstadt Südvietnams einziehen konnten.
Man hat später fast 2 000 Verletzungen des Pariser Abkommens von 1972 festgestellt. Die Militärs der Kontrollkommission verdufteten aus diesem unheimlichen Land, in dem sie beschossen wurden, wenn sie sich einem Ort näherten, um zu untersuchen, wer wann, wo und wie den Waffenstillstand gebrochen hat. Die Kommunisten aus Ungarn und Polen scheuten sich, etwa gar mittun zu müssen, wenn immer mehr die Tatsache zutage kam, daß es ihren Genossen nicht auf einen Waffenstillstand ankam, sondern auf die ganze und ungeteilte Macht in Vietnam: womöglich auch in Laos und Kambodscha, wo der Partisanenkrieg weiterging.
Es war die Zeit, in der allerorts und in allen möglichen Sachge-

bieten REPORTS nachgefertigt wurden, wie es im Amerikanischen heißt. Um 1975 war es schon Jahre her, seit die amerikanische Bestsellerautorin Mary McCarthy ihren Hanoi-Report herausgebracht hatte. Einleitend setzte sie sich darin mit amerikanischen Frauen auseinander, die gar nicht mit dem übereinstimmten, was die McCarthy über die Fragwürdigkeit des Widerstands gegen die Kommunisten in Vietnam meinte. In gewissen Zeitungen wurde gesagt, die McCarthy hätte sich deswegen den Unmut besagter Damen zugezogen, weil sie, die einmal katholisierende Bücher schrieb, in ihrem Roman DIE CLIQUE als erste weibliche Autorin von Rang eine komplette Entjungferung beschrieben hat. Aber nachher ist die McCarthy mitten ins Gebiet der Politik gezogen und als die Zeit kam, daß man überall Reports schrieb, hat sie ihren HANOI-REPORT geschrieben und es im Vorwort dazu den prüden Damen in den US gehörig gegeben: Diese und andere mögen sich ja nichts darauf einbilden, gegen die Kommunisten loszugehen. Lieber sollten sie vorher gegen gewisse Dinge losgehen, gegen die man in den US losgehen darf (ohne, so wie unter dem Kommunismus, in ein Lager oder an sonstige unheimliche Orte zu kommen). Und was sie selbst, also die McCarthy anging, so hätte sie gar nichts dagegen, unter dem Kommunismus so wirken zu können, wie (in der SU) die berühmten Schriftsteller Pasternak und Solschenizyn. Das hat gesessen und die ewig gestrigen hielten den Mund.

Überhaupt befand sich in den US die Pressefreiheit damals in einem Zustand, den die McCarthy arg gescholten hätte, wäre er ihr nicht zupaß gekommen. Gab es doch ein obskures Magazin mit dem Titel SCALAN'S, das just jene Dinge herausstellte, die nach der Ansicht derer, die wie die McCarthy waren, nichts gegen den Sieg der Kommunisten in Vietnam waren, die eben geschehen müssen, damit die Freiheit, die Menschlichkeit und dergleichen siegen, das Kriegführen aber aufhört. Kurz, besagtes obskures Magazin hatte sich die Mühe gemacht, die wichtigsten seit 1965 in den US unternommenen Terroranschläge chronologisch zu sammeln. Leider fanden sich keine Drucker, die willens gewesen wären, dieses Manus zu setzen. Selbst jene, denen täglich beim Satz der »harten Pornographie« der Dreck durch die Finger quoll, wollten mit solchen heißen Sachen nichts zu tun haben. Und die liberale Zeitung WASHINGTON POST stellte ausdrücklich das Manus als »heiße Ware« hin. Da wichen die Verfasser mit dem Druckauftrag aus und nach einigen Mühen konnten sie ihn im Ausland zu Papier bringen. Ein Besserwisser in den US meinte dann, in den US, im Land unbegrenzter Möglichkeiten, besäße eben nur der die Pressefreiheit, der eine Druckpresse besitzt. Das war naiv, wo doch die Chronologie des Linksterrors in den US zuletzt womöglich jene Spießbürger verunsichert hätte, die das News Management mit Mühe gegen den Vietnamkrieg mobilisiert hatte. Und die, seufzend, zugaben, wenn es nicht anders ginge, müsse man eben den Terror hinnehmen, den die Leute des SCALAN'S-Magazins an die Öffentlichkeit zerrten. Wo man doch Dinge, die Jahre zurückliegen, vergißt, weil sie keinen News-Wert haben. Und dann fielen in Indochina die Dominosteine, von denen Eisenhower gesprochen hat, wirklich um. Im Jahr, in dem die Kommunisten ihr Regime auf ganz Vietnam ausdehnen konnten, entstand auch im benachbarten Kambodscha eine von den Roten Khmer kommandierte Volksrepublik. Was aber dort geschah, darüber schrieb das News Management in den US nur ungern, weil sich darin nicht nur die Dominosteine-Theorie des toten Eisenhowers bestätigte, sondern Dinge zutage kamen, die für eine Weile das in den Schatten stellten, was täglich aufs neue vor Augen geführt wurde: der Holocaust unter dem Hitler. Die Roten Khmer trieben die Menschen in Kambodscha übers weite Land, ließen sie krepieren oder halfen mit ihren Maschinenwaffen nach. Und auf einmal war ein kompletter Holocaust in Rot da. Noch dazu einer, den die Schützlinge des größten und humansten und gebildetsten Linken, des Großen Vorsitzenden der KP Chinas Mao Tse-Tung verübten. Da platzte einem gewissen George McGovern, Gegenkandidat des Nixons, und Gegner des Vietnamkriegs der Kragen. Er, ehedem mehr der Ansicht der McCarthy, rief auf einmal laut, es

müsse Militär her, um diesem Holocaust ein Ende zu bereiten. Aber – wer läßt sich schon im Kampf gegen Kommunisten erschießen und sei es im Auftrag der US und der UN? Noch dazu, wo der große Geist des Mao auch nach dem Tod dieses Genossen über den Weiten Indochinas weht und die reguläre Armee Rotchinas es übernahm, die Vietnamesen dafür zu züchtigen, daß diese die Schüler des Großen Maos in Kambodscha züchtigten.
Und so fingen die Konfessions der Roten an. Kriege unter den Nachkommen Marxens. Und sie werden System werden, so wie im Christlichen Abendland die Kriege derer System wurden, die das Abendland in den Kriegsschauplatz verwandelten, auf dem fortan die US und die SU, die Kommandeure in den Brückenköpfen West und Ost in Europa, andere ihre Kämpfe austragen lassen. Damit sie selbst nicht aneinandergeraten und die Bombe, eine Wasserstoffbombe oder eine Neutronenbombe, platzt und alles hin wird.

Der 4. September 1970 war für die Linksintellektuellen in den Redaktionen der Massenmedien des Westens, aber auch im Osten, ein Tag, dessen hervorstechendstes Ereignis man als einen sensationellen Aufhänger bringen wollte und auch gebracht hat. In Chile hatten knapp 34 Perzent des Wählervolks einen Umsturz im Land herbeigeführt; indem sie jenen Kandidaten für das Amt des Staatspräsidenten, der ausdrücklich als Marxist herausgestrichen wurde, in den Besitz der, wie man sagte, höchsten Macht im Staat brachten. Der Staatspräsident von Chile war nach der Verfassung des Landes kein bloßer Repräsentant des Staates, einer der viel reden muß, nix zu reden hat und seine Macht nicht ausüben sollte, sondern mit ähnlichen Rechten ausgestattet, wie der Präsident der US. Bald darnach wird das Parlament der US befinden, daß die ausübende Gewalt des Präsidenten einige Verkürzungen vertragen könnte, soll der Präsident nicht Dinge tun, die offenbar der Demokratie in Amerika nicht gut tun. Diese Aktion hat die Chiffre WATERGATE.

Anders in Chile. Dort war es nur gut und richtig, daß der Präsident mit so vielen Rechten ausgestattet war. Mittels dieser Rechte sowie der Macht, die ihm eine Revolution illegalerweise hinzugeben wird, könnte nach den Erwartungen aller Sozialisten und Linksliberalen im Westen gelingen, was noch nie gelungen ist: Ein marxistisch gelenkter Umsturz, dessen Machthaber auf einwandfrei demokratische Weise in den Besitz der Macht gelangt. Etwa wie der Führer und Reichskanzler Adolf Hitler anno 1933 nach der herrschenden Staatslehre des Positivismus. 1970 gab es in Chile einen Umsturz ohne Pronunciamento, Militärputsch oder Aufstand der Masssen in den Straßen. Es wurde fortan einfach Revolution von oben gemacht, mit

Dekreten, die auf die Bevölkerung herabregneten, nachdem die Sieger im Wahlkampf eben diesem Volk gesagt hatten, das Volk habe jetzt die Macht in seine eigenen Hände genommen. Nur naive Gemüter wunderten sich, daß der neue Staatspräsident, Exponent einer sozial-demokratischen Partei weder als Sozialist noch als Demokrat, sondern als Marxist gepriesen wurde. Dieser Mann, er hieß Allende, war zudem Mitbegründer der SP in Chile. Auch deren Vorsitzender und langjähriger Führer in der Opposition gegen die Klerikalen und deren verhaßtes Regime im Lande. 1952, 1958 und 1964 hat Allende sich eifrig, aber erfolglos um dieses höchste Amt beworben, aber nie eine Mehrheit für seine Kandidatur sammeln können. Warum jetzt das Getue mit einem Marxisten in einer Zeit, in der es schon sozialdemokratische Parteien in Europa gab, denen die Macht im Land wichtiger war als Antworten auf Fragen, ob Marx in dem und jenem recht gehabt hat oder nicht.
Nun, der Jubel erklärt sich aus einem Grund, der in den Lobpreisungen für Allende eher verschwiegen wurde. Da war zunächst die Tatsache, daß dieser bloß von einem Drittel des Wählervolkes gewählt worden ist. Es gab nichts an der Tatsache zu tippen, daß er Machthaber namens einer Minorität war und es besser war, nicht zu viel davon zu reden. Hat man nicht auch dem Großen Lenin vorgeworfen, daß er, gestützt auf eine Minorität, Diktator in Rußland geworden ist? Schon einmal hat in Chile ein Sozialist in der Zeit zwischen den Kriegen versucht, unter Verzicht auf die Unterstützung durch die Mehrheit im Lande an die Spitze des Staates zu kommen. Einige Militärs, jetzt würde man im Fall eines Rechts-Putsches sagen: eine Militär-Junta, half ihm dabei, aber der »Rest« des Volkes und des Militärs verjagten den Mann. Das waren die Hundert Tage des ersten marxistischen Staatschefs in Chile. Nachher kam wieder einige Ruhe ins politische Leben des Landes und der reparierte Apparat der parlamentarischen Demokratie brachte Chile den Ruf, jenes Land in Südamerika zu sein, in dem Militärs nicht putschen, Demokraten keine Diktatur versuchen und der Klassenkampf nicht recht voran kommt unter der

Bevölkerung. Und das inmitten eines Halb-Kontinents, in welchem oft kein Jahr vergeht, in dem nicht bald in diesem, bald in jenem Land entweder ein Linksputsch oder ein Rechtsputsch stattfindet. Weil schließlich alle 'mal an jene Pfründen kommen möchten, die nach den Methoden der Jackson-Demokratie dem Sieger im Wahlkampf zur freien Vergabe an seine Anhänger zur Verfügung stehen.

Chile hatte nicht nur alte Familien von Großgrundbesitzern und neureiche Industrielle, es gab einen gewissen Mittelstand, der für Marxisten des Teufels ist. Jene Kleinbürger, wie sie Marx verächtlich klassifiziert, die sich nie und unter keinen Umständen für eine der im Anschluß an Marx entstehenden Ideen begeistern. Jeder im marxistischen Sinne durchgeführte Umsturz muß daher diese Kreise der Bevölkerung wirtschaftlich ruinieren, ihre Bedeutung als staatstragende Kraft zerstören, um den einzelnen zuletzt hinabzustoßen in die formlose Masse im sogenannten Wohlfahrtsstaat. In Chile gab es genug solche mittelständische Typen, um der dortigen christlich-demokratischen Partei in den Städten eine kompakte Mehrheit zu verschaffen. Aufs Land waren bis dahin die Marxisten noch nicht gezogen. Das nahmen sie sich für den Fall der Machtergreifung in Chile vor.

Wer weiß, ob Allende in Chile der legendäre erste Marxist geworden wäre, der durch eine Wahl Staatschef wurde, wäre es den Gegnern der christlichen Demokraten nicht gelungen, die christlich-soziale Partei zu zersplittern. Daran waren die US nolens volens mitschuldig. Nachdem in Kuba Fidel Castro den dortigen Diktator, der als letzter für die US gewährbietend war, gestürzt und er selbst eine Militärdiktatur nach kommunistischem Zuschnitt aufgerichtet hatte, war es die ständige Sorge der US, daß andere Staaten in Mittel- und Südamerika diesem Beispiel folgen könnten. Wieso dabei gerade Chile zum Gegenstand ernsterer Sorge wurde und Washington dessen Regierung mit Reformvorschlägen geradezu bombardierte, wird niemand in späteren Zeiten, wenn alles vorbei sein wird, verstehen oder erklären können. War doch Chile in den Sechzigerjahren der

Staat in Lateinamerika, wie man immer häufiger es ausdrückte, der geradezu das Gegenteil jenes Kuba aus der Zeit vor Castro war: Keine bourgeoise Diktatur, sondern eine funktionierende parlamentarische Demokratie; ein Heer, das in Ordnung war, ohne sich in die innere Politik des Landes einzumischen; und ein Land mit reichen Rohstoffvorkommen, wobei Kupfer für Chile die Bedeutung bekam, die Erdöl im Falle eines arabischen Staates hat. Nach 1945 flossen viele US-Dollar als Investitionen nach Chile. Die Industrie entfaltete sich. Und im gleichen Tempo trat, so wie vorher in den US, eine Verbreitung des Massenelends in den Städten ein, wie es vorher derartiges nie gegeben hat.

Für die Liberalen in den US waren die Klerikalen in Chile und deren Macht im Staat so wenig beliebt, wie etwa Adenauer und seine CDU in Westdeutschland. Leider war der Vorsitzende der christlichen Demokraten in Chile kein Mann wie Adenauer. Er erfreute sich in Europa des Rufes, ein mehr versativer Typ als Adenauer zu sein, was leider auch bedeutete, daß er sich in Experimente einließ, die schlecht ausgingen. Indem dieser Mann, sein Name ist Eduardo Frei, eine sogenannte sozialkritische Note in die Politik seinr Partei brachte, rückte diese nach links hin ab in die Position einer PROGRESSIVEN MITTE, wie man das gleichzeitig in Europa im Kreis der Gesinnungsfreunde nannte.

Damit gewann Frei keineswegs die Sympathie der Liberalen in den US. Dies umso weniger, als er seine Sozial- und Wirtschaftsreform mit der Verstaatlichung der Kupferindustrie anfing. Das sah in Washington aus, als würde er das Pferd vom Schwanz aus anschirren. Ganz umgekehrt hätte er es demnach anfangen sollen: Mit der Enteignung der Großgrundbesitzer, jener Typen, die in den US längst nicht mehr beliebt waren und deren Enteignung – im Gegensatz zur Verstaatlichung von Teilen der Industrie – die Amerikaner, die ihr Geld in Chile investiert hatten, nicht traf. In Kreisen des Wirtschaftsliberalismus Chiles, aber auch des Auslands, bekam Frei den Ruf eines ROTEN KLERIKALEN. Manche meinten, wollte man das, was

Frei plante, dann könnte man ebensogut die Partei Allendes wählen. Noch dazu, wo dieser den Vorteil genoß, als ein in der Loge gut erzogener Liberaler, als Antiklerikaler und fortschrittlich denkender Mensch den Amerikaner nicht eben sympathisch, dennoch sympathischer zu sein als Frei mit seiner Wackelpolitik und deren unabsehbaren Risken.

Frei erweckte Reue und Leid und holte zuletzt doch noch nach, was er zuerst hätte tun sollen. Als Allende Staatspräsident wurde, waren schon 1 200 der größten Latifundien Chiles enteignet, die Entschädigung an die Besitzer in den Rauchfang geschrieben, das Land auf Kleinstbauern und Landarbeiter verteilt. Diese Tat trug Frei große Sympathien bei den Männern der Progressiven Mitte der Christdemokraten in Westdeutschland und Österreich, weniger in Italien (wo die Christdemokraten an ihrer reaktionären Agrarpolitik schon scheiterten) ein.

Um diese Zeit fingen auch Geistliche in Chile an, die NEUE SPRACHE zu reden, so wie sie das von Theologen und Bischöfen Westeuropas, oft bei ihren Studien in diesen Ländern, erlernt hatten. In Chile hat es keinen Priestertyp wie Camilo Torres gegeben, jenes Geistlichen, der die Soutane an den Nagel hängte, um sich ein Gewehr zu beschaffen und zur Linken Linken in den Untergrund zu gehen. Es genügte, daß die Kirche sich schämte, als »konservativ« zu gelten, daß konservative Typen im Klerus nur mehr den Hohn der jungen Intellektuellen fanden und mit der Zeit die Auffassung entstand, konservativ und progressiv seien nicht zeitlos gültige Alternativen im menschlichen Dasein und Handeln, vielmehr seien die Progressiven dazu da, die Konservativen dahin zu befördern, wohin sie gehören: auf die Friedhöfe der Vergangenheit. Natürlich in Form eines christlichen Begräbnisses, nicht so, wie in sozialistischen Ländern es geschieht.

Wie überall gab und gibt es in Chile reaktionäre Typen, die vorgeben, die wahren Konservativen und sichersten Garanten gegen das Revolutionäre Prinzip zu sein. Ihre Sprecher fingen an, den »Roten Klerikalismus« im Lande zu verdächtigen und ihm zuzumuten, er sei der natürliche Verbündete der Marxisten aller politischen Konfessionen. Damit tat man Allende etwas Gutes, denn dieser alte Atheist und Marxist hielt zwar wenig vom religiösen Glauben, gleichviel ob er von Roten oder Schwarzen praktiziert wurde, dafür aber umsomehr von einem Stimmenzuwachs aus jenen Einzugsgebieten des Wählervolkes, das bisher die Partei Freis kontrollieren konnte. Je krasser sich die »Linkskatholiken« (ohnedies nicht viele der Zahl nach) hervortaten und je mehr sie von Allende hofiert wurden, desto mehr fürchteten jene »Konservative«, die zuerst und zuletzt auf die Konservierung ihres überkommenen Besitzstands aus waren, um den Fortbestand ihrer Sache. Es kam die Zeit der Wahl eines Präsidenten im Jahre 1970 näher, und da geschah es unter den bisherigen Parteigängern Freis:

Ein gewisser Tomić, Radomiro Tomić (ein vom Balkan gekommener Einwanderer hat diese Familie in Chile heimisch gemacht), hatte in den US während der Sechzigerjahre den Aufstand der dortigen Neuen Linken mitgemacht. Mehr noch: einflußreiche Leute in Washington hatten ihm gesagt, er müsse dahin wirken, daß es in Chile um keinen Preis zu solchen revolutionären Akten kommt. Dies geschähe am besten, wenn die Klerikalen in Chile ihr Vorurteil gegen die Marxisten im Lande fallen ließen und versuchten, sich mit ihnen zu koalieren, bevor die Linke Linke sich in dieses Geschäft mischt. Mehr noch: Angesichts des Anarchismus, den in den US die dortige NEW LEFT verbreitete, gab es in Washington Kreise, die es für besser hielten, mit den Kommunisten zu gehen, als jene Neue Linke an den Wagen zu lassen, welch' letztere sich offenbar nicht scheute, selbst die KP eines Landes der mangelnden Radikalität zu bezichtigen.

Ob Tomić das, was er in den US als Botschafter erlebte, überhaupt verstanden hat und ob er wirklich daheim so redete, wie man ihm in Washington die Dinge einredete, war im Moment schwer zu eruieren. Mit der Zeit ging Tomić jenen Leuten in Chile auf die Nerven, die im Falle eines politischen Umsturzes nicht bloß ein politisches Amt, sondern auch einigen Besitz zu verlieren hatten. Viele dieser Typen waren keine Konservative, sondern ihrem Wesen nach reaktionär. Andere, für die das Konservative Prinzip eine echte Alternative zum revolutionären Prinzip der Marxisten war, mußten einsehen, daß ein Mann wie Tomić in stürmischen Zeiten eine Gefahr für das Land werden konnte. Tomić als künftiger Staatspräsident – das wollte man in diesen Kreisen denn doch nicht riskieren. Wer so dachte, suchte nach einer integren, gewährbietenden Persönlichkeit. Man suchte und fand schließlich einen Veteranen: jenen Jorge Alessandri, der einmal am schwersten unter den amerikanischen sozialkritischen Pressionen zu leiden hatte. Und der die Latinität des Landes nicht einmal einem Amerikanismus preisgeben wollte. Alessandri war natürlich bei Politikern wie Tomić »out«. Sie sagten dem alten Mann nicht bloß, er sei vergreist; vielmehr beschuldigten sie ihn, er sei eines Umdenkens und Neudenkens, wovon viel die Rede war in Chile, gar nicht fähig. Und er vertrete noch immer das Prinzip ET RESPICE FINEM in der Politik, wo doch jeder weiß, daß eine fortschrittliche Politik mit Risken in vorher unbekannten Regionen des Fortschritts zu rechnen hat. Und man wegen dieser Gefahren nicht einfach stehen bleiben oder gar zurückgehen dürfe.

Die KP Chiles war ihrer Zahl nach eine verschwindende Minorität im Land: nur 40 000 der insgesamt 9 Millionen Chilenen trugen das Mitgliedsbuch der KP in ihrer Rocktasche. Die es trugen, waren allerdings keine bloßen Karteimitglieder, sondern Kämpfer für die Verwirklichung der Ideen Marxens und Lenins. Menschen, für die Kampf ein Motiv des Lebens und nicht die lästige Unterbrechung bürgerlicher Behaglichkeit war. Die KP hatte die Aufgabe, wie sie Trotzkij für eine marxistische Partei angesichts des Aufruhrs der Massen formuliert hatte: Jene Zange zu sein, die eine glühende Volksmasse in die bereitgehaltenen Formen gießen kann, damit dort ein für die KP zweckmäßig geformtes Volk entsteht und abkühlt.

Allende war in der Präsidentenwahl 1970 der Kandidat der Linken aller Konfessionen. Die kompakte Mehrheit, die bisher hinter Frei gestanden und ihn zum Staats- und Regierungschef gewählt hatte, war dank dem Auftreten Tomić zerfallen. Gegen

Allende kandidierten der greise Alessandri und Tomić als offizieller Kandidat für die Nachfolge Freis. Es kam damit jene Dreiteilung des Wählervolkes heraus, bei der Allende mit bloß 34 Perzent der Stimmen durchs Ziel ging, gefolgt von Alessandri und – an letzter Stelle abgeschlagen – Tomić. Tomić Strategie, der Linken durch ein rechtzeitiges Überholmanöver in der Zielgeraden zuvor zu kommen, war gescheitert.
Allende hatte allerdings eine gefährliche Besatzung in seinem Vehikel. Hinter ihm waren vor allem die unangenehmen Typen, die man in Amerika Back-seat-driver nennt, Mitfahrer, die nicht das Steuer in der Hand haben, mit ihrem ständigen Dazwischenreden den Mann am Steuer nervös machen und leicht einen Umschmiß des Vehikels herbeiführen können. Allende wurde mit solchen Typen schlecht fertig. Der Herkunft nach Arzt, meinte er bis zuletzt, Radikalismus sei bloß eine Krankheit, während es in Wirklichkeit ein Prinzip ist, das an die Wurzel der Dinge, lateinisch radex, geht. Immer mehr ließ er Kommunisten und Typen der Linken Linken gewähren; hoffend, deren Exzesse seien Symptome einer Jugendkrankheit, die man Radikalismus nennt.
Immerhin überließ Allende im Innenministerium die Polizeiangelegenheiten einem gewissen Daniel Vergera. Der war seit 1946 Kommunist und jetzt verfügte er über 26 000 Polizisten, die gewohnt waren, erhaltene Befehle auszuführen. So war die Zielansprache Vergeras:
»Diese unsere Regierung kam auf gesetzlichem Weg zur Macht und sie wird fortfahren in der Rechtsanwendung. Gewalt zu gebrauchen haben wir also keinen Grund.«
Und dann nach einer Pause:
»Der Kapitalismus hat alle Probleme geschaffen, denen wir uns jetzt gegenübersehen. Wir haben keinen Grund zu überlegen, was dem Kapitalismus in Chile geschehen wird.«
Da jubelten die in den Slums, die Roten Katholiken, die Intellektuellen aller Richtungen und nicht zuletzt auch die auf dem flachen Land, die überzeugt waren, daß Allende in dem fortfahren wird, womit Frei begonnen hat: Enteignung der Groß-

grundbesitzer, Landverteilung oder die Verstaatlichung gewisser landwirtschaftlicher Großbetriebe, in denen dann – wie die Agitatoren der Linken versprachen – die Landarbeiter das Sagen haben werden. Die Kommunisten waren trotz ihrer numerischen Schwäche durchaus in der Lage, ernst zu machen mit diesem Versprechen. Denn sie hatten in den Gewerkschaften das Heft in der Hand, konnten mit diesem einzigen noch kompakten Großverband im Land jenen außerparlamentarischen Druck ausüben, der Allende zu ermächtigen schien, Dinge zu tun oder Dinge geschehen zu lassen, die mit illegalen Methoden illegale Zustände im Land herbeiführten.
Nach der Wahl hatte Allende nur mehr eine Hürde zu nehmen, um nachher im freien Gelände der Politik im Galopp weiterzutun. Seiner Regierung mußte erst einmal im Parlament das Vertrauen ausgesprochen werden. Noch immer waren Allende und die Linke in der Minorität. Aber Frei glaubte dem Willen des Volkes zu entsprechen, wenn er der offenbaren Erneuerung des sozialen Gefüges die Unterstützung seiner Partei lieh; und Typen wie Tomić, obwohl jetzt ernüchtert, waren ohnedies nicht auf einen Kollisionskurs mit dem neuen Regime zu bringen. Kurz: Allende nahm die Hürde im Parlament, um sich nachher wenig um Proteste Frei's zu kümmern, als dieser versuchte, hinter dem Vehikel Allendes herzulaufen, um es wegen Verstößen gegen alle Regeln der Demokratie aufzuhalten. Im übrigen tat Allende dort weiter, wo Frei angefangen hatte. Mit der Verstaatlichung in Form jenes erstarrenden Staatskapitalismus, in einer Landreform, nach der Landarbeiter und Kleinbauern aus dem ihnen überlassenen Grund und Boden bei weitem nicht mehr so viel Erträge herausholen konnten, als es vorher die Agrarfachleute auf den Latifundien verstanden haben. So stiegen die Preise der verknappten landwirtschaftlichen Produkte an, was die Regierung sofort als Erbe des früheren kapitalistischen Systems hinstellte. Als viele Güter auf den Märkten verschwanden, wurde das Saboteuren der Revolution zugeschrieben, die man sich greifen wird, um sie abzuurteilen. Immer aber sind hungernde Kinder in den Städten, neuerdings in Slums,

und Kindermacher dortselbst jene Reservearmee, die verläßlich letzthin unters Kommando der Revolutionäre kommt. Und dazu die enttäuschten Landarbeiter auf dem flachen Land.
Wie das aber jenen Bauern erging, deren Besitz zu klein war, um von der Bodenreform erfaßt und enteignet zu werden, das bekam im Dezember 1970 ein gewisser Carlos Taladriz zu spüren. Eben war dieser daran, in diesen Tagen, es ist das die Sommerzeit auf der südlichen Hemisphäre unserer Erde, mit seinem Tagewerk zu beginnen, da sah er sich von einem Haufen umringt. Die Frauen und Männer trugen Armbinden und Gewehre, angeführt wurden sie von jungen Männern aus der Stadt, deren Rangabzeichen die Brille und die langen Haare der Intelligenz der Sechzigerjahre waren. Einige des Kommandos fingen gleich an, die Wände des Anwesens Taladriz' mit Plakaten zu verkleben, auf denen der kubanische Terrorist Ché Guevara abgebildet war. Zugleich bekam der Bauer zu hören, daß es sich auf seinem Betrieb aus-gebauert hat, weil dieser Stützpunkt für die weiteren Aktionen der Bodenreform werden sollte. Der Hinweis, der Besitz falle nicht unter die Bodenreform, wurde erst gar nicht zur Kenntnis genommen. Als Taladriz drängender wurde, drängte ihn einer mit dem Lauf seiner MP zur Seite und deutete an, der Bauer möge gefälligst von fremdem Grund verschwinden.
Das Weib des Bauern kam aus dem Haus. Hinter ihr die Kinder. Als die Frau die Gewehre sah, rief sie ihrem Mann zu, er möge es um Gottes Willen nicht auf Gewalttätigkeiten ankommen lassen. Vielmehr an seine Familie denken. Dann zogen die Taladriz weg.
Der Bauer gab nicht auf. Er wurde beim Provinzgouverneur vorstellig und wies diesem an Hand von Dokumenten nach, daß sein Besitz knapp über der Hälfte jener Größe eines Landbesitzes lag, der nach dem Gesetz enteignet werden sollte. So wie schon zu Frei's Zeiten. Der Provinzgouverneur hieß Fernando Teilier und war Kommunist. Er machte dem frechen Bauern und Kulaken einen Strich durch die Rechnung und sagte kurz: »Ich kann die Reform nicht aufhalten.«

Um diese Zeit wurden auch schon Intellektuelle aus ihren Posten gefeuert, die zwar die Revolution begrüßt hatten, jetzt aber über den Terror der Linken Linken erbost waren. Einer von ihnen war ein gewisser Raul Gonzales, ein altgewordener Journalist, der jetzt Reporter-Chef der privaten Rundfunkstation RADIOMINERIA war. Er sah, wie die private Rundfunkstation immer weniger Werbeaufträge bekam, weil die Hörer ahnten, wohin dieser dürrgewordene Ast in den Hochwässern der Revolution trieb. Am 27. Dezember 1970, am ersten Tag nach den Weihnachtsfeiertagen, war es dann so weit für Gonzales. Der Eigentümer der bald nachher verstaatlichten Radio-Station RADIO MINERIA hatte wegen der Kommentare, die Gonzales zur Entwicklung der Lage in Chile gab, Schwierigkeiten bekommen. Zwar hatte der angealterte Kommentator nichts anderes gesagt, als das, was den Interessen des Eigentümers entsprach und wozu dieser die Station errichtet und bisher unterhalten hatte. Aber – der Eigentümer wollte seine Haut und womöglich sein Eigentum behalten. Also feuerte er Gonzales und sagte schamlos:
»Ich habe eine Lösung gefunden, die es mir erlauben wird, die Station weiter zu betreiben.«
Die Lösung war einfach: Die privatkapitalistische Station brachte fortan ungeschmälerte sozialistische Regierungspropaganda und konnte so noch eine Weile als ein solcher Farb-Verkehrer bestehen und ihre alten Hörer täuschen, wenn nicht mehr. Gonzales hatte nicht bloß seinen Posten verloren, er bekam auch keinen mehr. Nicht bloß deswegen, weil er immerhin schon ein alter Mann in der Journalistik war, ein Mann aus der Welt von gestern. Überall wo Gonzales anklopfte, war man froh, noch nicht die Läuse im Pelz zu haben. Unter den gegebenen Verhältnissen war Gonzales, man muß das zugeben, absolut kein Läusepulver mehr. Die Zeit war nämlich seit der von den Mannen Frei hingenommenen Regierungserklärung nicht stillgestanden. Ende 1970 konnte der schon erwähnte Polizei-Chef des Landes, der Kommunist Vergera, stolz im Radio erklären:

»Die Chilenen sind jetzt glücklicher. Es gibt mehr Wohlstand im Land und mehr Freiheit.«
Damit hatte der Kommunist insoferne recht, als seine Genossen, vor allem aber die noch weiter links operierenden Männer des MOVIMIENTO IZQUIERDE REVOLUTIONARIO, kurz MIR, sich verschiedene Freiheiten gestatteten, die zwar illegal waren, von dem Regime Allendes aber hingenommen werden mußten, weil dieses ohne die Kommunisten und Typen wie jene im MIR sich nicht im Amt hätte halten können. Was die Christdemokraten Europas nie erfahren haben, war nämlich die Tatsache, daß Allende bei der Wahl seinen Gegenkandidaten Alessandro mit einer Mehrheit von nur 39 000 Stimmen geschlagen hat, sich aber dennoch herausnahm, nicht nur der erste marxistische Staatschef nach freier Wahl zu sein, sondern ein Diktator, der sich und seinen Partisanen selbst die Macht gab, die man für einen marxistischen Umsturz im Lande braucht.
Kurz gesagt: Allende ließ es zu, ja förderte, daß zu den unter Frei verstaatlichten 1 200 Farmen noch unzählige weitere hinzukamen, darunter viele von der Art, wie der oben erwähnte Bauer Taladriz eine verloren hat. Der MIR verstaatlichte nicht, er raubte, weil jede revolutionäre Bewegung zuerst einmal Geld braucht, um sich bewegen zu können: Man raubte Banken und Supermärkte aus und tat, was Marx die Enteignung der früheren Enteigner nennt. Der politische Stratege der KP Chiles, der Senator Valodia Teitelboim, überredete die Christdemokraten, es sei doch unchristlich, Kuba, inzwischen die Militärdiktatur Fidel Castros, mit einem Handels-Embargo weiter zu belegen. Dann flog Teitelboim nach Kuba und versuchte mit Castro ein Geschäft, das in Chile der dortigen KP das Konkurrenzunternehmen des MIR vom Hals geschafft hätte:
Castro sollte die Leute von MIR im Zaum halten, dann würde Teitelboim dafür sorgen, daß das fragliche Handels-Embargo gegen Kuba aufgehoben wird. Castro war das recht und so fing ein Zwist unter den roten Brüdern an, der den Gegnern Allendes einige Hoffnungen machte, wobei sie nur übersahen, daß

Allende sich schon damit beschäftigte, den besten Verbündeten zu beschaffen, den man in einer Revolution braucht:
Um den noch nicht zum Marxismus bekehrten Bauern auf dem flachen Land zu imponieren, kam Allende bei seinen Propagandareisen und staatlichen Präsentationen immer in Begleitung eines aufgemascherlten Militärs. Die Bauern meinten noch immer, das wäre der Erzengel Michael selbst, obwohl er nur ein Marxist in der Uniform eines Adjutanten war. Und bald brauchte er dieses Theater nicht mehr. Allende fand Generale des Heeres, der Luftwaffe und der Marine, die zwar keine Kommunisten oder Sozialisten ihrer Herkunft nach waren; immerhin aber eingefleischte Antiklerikale, denen die Christdemokraten längst auf die Nerven gegangen und die jetzt froh waren, diesen einmal den Herrn zu zeigen. Zudem dienten sie ja einem legal gewählten Staatspräsidenten, wie sie Kameraden in anderen Ländern im Brustton der Überzeugung erklärten. Es versteht sich, daß fortan nicht bloß die vom Kommunisten Vergera kommandierte Polizei, sondern, alter Traditionen eingedenk, auch die bewaffneten Streitkräfte nicht zur Aufrechterhaltung der Ordnung im Land zur Verfügung standen, wenn es zu den Exzessen der Linken Linken kam. Hitlergeneralen hat man zwar nachher ihre Ausreden auf einen »Befehlsnotstand« bei gewissen Aktionen nicht gelten lassen; Militärs Chiles, die Allende dienten, brauchten bald nicht mehr die Ausrede auf einen »Befehlsnotstand«, sie deckten mit Überzeugung die illegalen Exzesse unter dem ersten marxistischen freigewählten Staatschef der Freien Welt. Derlei trug manche Spannungen ins Militär, zumal in Offizierskreise; Spannungen, die ihre Folgen haben werden, wenn erst die militärischen Mitarbeiter und Fachminister Allendes anfangen werden, die »anderen« zu piesacken.
Allende kümmerte sich in dieser glücklichen Phase seines Regimes nicht um derlei »Stimmungen«. Obwohl mit einer hauchdünnen Mehrheit ins Amt gewählt, scheute er große Worte nicht:
»Eine Opposition nur um des Opponierens willen, kann es nicht

geben«, rief er den Journalisten zu, unter denen sich einige befanden, welche die Gelegenheit benützten, um oppositionelle Ansichten zu bekunden und darnach dem Regierungschef unangenehme Fragen zu stellen. Eine »richtige« Opposition zum Regime hat Allende nie definiert, die beste Opposition schien ihm jene zu sein, die entweder »unauffindbar« oder wenigstens »mundtot« war. Dem »Rest« der Bevölkerung aber rief er zu:
»Nur 2 Perzent der Bevölkerung haben uns zu fürchten.«
Was einerseits die Opposition der Schwäche zeihen sollte, andererseits die anderen 98 Perzent als Anhänger des Regimes für dieses reklamierte. Täuschte sich Allende dabei oder wollte er das Volk täuschen? Derlei Übertreibungen sind noch keinem Regime auf die Dauer gut bekommen.
Besser schien es um die Beziehung des antiklerikalen Atheisten Allendes zu Kreisen des Katholizismus in Chile zu stehen. Schon gab es in den Reihen der Linken eine IGLESIE NUOVA, eine neue, eine andere Kirche. Eine Kirche, die sich als sozialkritisch, letztenendes als sozialrevolutionär ansah. Aber: Eben nur ein Teil der Kirche, des Katholizismus, zumal des Klerus, wobei der höhere Klerus eher geneigt schien, mit Allende sich zu arrangieren. Aus dieser Zeit gibt es die Korrespondenz, die ein junger Priester aus Wien, der in Chile begeistert das Experiment Allendes mitmachte, seinen Freunden in der Heimat schrieb, die ihn um seine Einstellung zum Kommunismus fragten:
»Gerechtigkeit um den Preis des Kommunismus? Wenn Gerechtigkeit wahre Gerechtigkeit ist, dann ist es völlig gleichgültig, unter welchem Namen sie historische Wirklichkeit wird. Aber – um diese Schlußfassung annehmen zu können, müssen wir den Inhalt unserer abstrakten Begriffe neu bestimmen und durchstehen. Unter Aufgabe unseres westlichen Dogmatismus.«
Nicht nur die NEUE KIRCHE, auch die US halfen Allende bis zum tragischen Ende seines Experiments einer Diktatur der marxistischen Minderheit über die anti- oder jedenfalls nichtmarxistische Mehrheit im Lande. An sich war natürlich vom

Anfang an Allende viel lieber gesehen unter den Liberalen und Antiklerikalen und Freimaurern in den US als der klerikale Frei mit seinem penetranten Katholizismus. Zwar störten die Linksradikalen, die in der Umgebung Allendes auftauchten; aber, indem man Allende hielt, hielt man die Linke Linke in Chile davon ab, den völligen Linksrutsch in Chile herbeizuführen. Es dauerte einige Zeit, bis in den US die Geschäftemacher einsahen, daß mit Chile unter dem Regime Allende kein gutes Geschäft mehr zu machen war. In den ersten Monaten des Jahres 1973 sank die Industrieproduktion um 7,1 Perzent, von einer Produktivitätssteigerung konnte auf absehbare Zeit keine Rede sein. Die Inflationsrate ging über 300 Perzent hinaus. Wenn Arbeiter angesichts der Teuerung um Lohnerhöhungen kämpften, verlangten sie gleich eine Valorisierung, die einer 40–45perzentigen Lohnerhöhung gleichkam.
Schon wurde es unruhig in Kreisen der Armee. Ein Oberst einer Panzer-Einheit schlug los, aber die Kameraden vom Establishments Allendes schlugen den Putsch nieder. Die Männer vom MIR warfen Allende vor, er hätte es eben versäumt, die Armee von gewissen Elementen zu säubern und sich auf eine von früheren Unteroffizieren neu gebildete Miliz zu stützen. So hat es einmal auch Ernst Röhm seinem Führer Adolf Hitler geraten und dafür haben sich nachher einige der Generale Hitlers gerächt, als Röhm putschte, um eine Zweite Revolution zum Sieg zu führen. Immer wird nach den gleichen Modellen gearbeitet. Und immer gibt es »Reste«, die nicht dabei sind in der Neuen Ordnung und die weitermachen wollen mit der Revolution oder mit Reaktionären gemeinsame Sache machen. In Österreich freilich sah um diese Zeit der Vorsitzende der SPÖ und Bundeskanzler das Experiment mit anderen Augen. In einem der berühmten »SPIEGEL-Interviews«, zu denen sich Politiker aller Couleurs drängen, machte Bruno Kreisky eine bemerkenswerte Feststellung:
»Möglicherweise wird für viele südamerikanische Staaten eine militärisch verbrämte Mischform zwischen der Castros und der Allendes zum Modell werden.«

Militärisch verbrämt, das ist zweifellos eine gekonnt hingelegt und im sozial-demokratischen Gebrauch gut verwendbare Umschreibung dessen, was 1972 Mitwirkende und Sympathisanten der westdeutschen Terrorszene als die »Militärdiktatur« Fidel Castros bezeichneten. Allerdings eine Militärdiktatur der Linken und deswegen im Rotlicht Europas annehmbar. Von Allende, der schon, daran war, sich der Abstützung durch die antiklerikalen Militärs der Armee Chiles zu bedienen, gar nicht zu reden. Man dachte eben wie Ernst Bloch, der Kampf, der einer im Anschluß an Marx entstandenen Philosophie dienlich ist, als jene Gewaltanwendung hinstellt, die »aktiv und ohne Ausrede zu führen« ist. Im tiefsten Fundament des Marxismus gibt es eben keine Unterscheidung zwischen dem demokratischen Sozialismus und dem gewalttätigen Marxismus. Oder: Wie man der schwarzen Terroristin Angela Davis, Teilnehmerin an einem Gefängnisausbruch, bei dem vier Menschen getötet wurden, vom Alt-Vater des Neo-Marxismus Herbert Marcuse zuschrieb:

»Angel (also der Engel) weiß, wann sie Gewalt anwenden muß und wann nicht.«

Wenn aber dieser schwarze Engel Gewalt anwendet, dann haben die Feinde des Engels das eben hinzunehmen. Denn ein solcher Engel weiß um die Moral und die Notwendigkeit der Gewaltanwendung.

Allende war keine Kämpfernatur in dem Sinn, wie Angela Davis oder Herbert Marcuse oder Ernst Bloch Gewaltanwendung im marxistischen Sinne verstanden haben wollen. Er besaß die Zivilcourage eines Politikers, der auch schon 'mal illegale Handlungen seiner marxistischen Handlanger durchgehen ließ, wenn es im Interesse der Sache geschah. In diesem Sinn ließ er den MIR nach dessen Maxime:

»Die Legalität ist der schlimmste Feind der Arbeiter«,

sich austoben. Darüber schrieb der oben erwähnte Geistliche aus Wien natürlich nichts seinen jungen Freunden in der österreichischen Hauptstadt; die begierig darauf warteten, zu wissen, wie sie es daheim im Umgang mit der Linken Linken und

den Kommunisten (mit denen sie bald in den Straßen der Stadt für den Sieg der Kommunisten in Vietnam demonstrieren werden) zu halten haben.
Schon geisterte in Chile unter denen auf der Linken Linken der Plan, es überhaupt bolschewistisch zu versuchen: Im ganzen Land »Sowjets«, in Chile »Volksversammlungen« an der »Basis« genannt, zu schaffen, die mit der Zeit die Funktionen der Gesetzgebung an Ort, jedenfalls die Exekutive, die bewaffnete Exekutive der marxistischen Revolution in die Hand nehmen. Denn von den Streitkräften erwarteten die Männer des MIR nichts Gutes, mochten auch Admirale und Generale die Verbrämung, um es österreichisch auszudrücken, der Regimes und der Regierung Allendes übernehmen.
In Westeuropa sah man derlei »Unregelmäßigkeiten« der Demokratie in Chile in den Redaktionen der sozialistischen und liberalen Zeitungen, man schrieb aber nicht darüber. Oder, wie es ein Linksintellektueller ausdrückte: Ein kluger Weinbauer geht nicht in den Weinkeller, solange der junge Wein in den Fässern gärt. Es kann ihn ja das Leben kosten. Später, ja später genießt man gerne den ehedem gefährlichen Sturm und Wein. Das mochte in Gesprächen beim Heurigen hingehen, von der Nähe sahen die Freunde Allendes bereits mit einiger Sorge auf den Zerfall seines Experiments. Aus dem benachbarten Argentinien rief ein Freund und Bruder Allendes in der chilenischen Hauptstadt an und teilte dem dortigen Staatschef mit, dessen Kollege in Buenos Aires, ein hinaufgeputschter Generalleutnant, sei bereit, Allende im Land jenseits der Anden sicheres Asyl zu gewähren. Aber Allende erwiderte am Telefon:
»Die Lage ist außerordentlich ernst. Ich werde bis zum Ende bleiben. Ich grüße dich, einen Kuß für deine Frau.«
Der Tag an dem es geschah, war der 9. September 1973. Er fing für Allende an, wie jeder Arbeitstag seiner Präsidentschaft. Auf der Fahrt von seiner Villa in einem Badeort der Hauptstadt zum Präsidentenpalais sah er keine Unruhe in den Straßen. Erst gegen Mittag begann der Aufmarsch der Armee gegen den Präsidenten und Oberstkommandierenden. Die Beamten des Präsi-

dentenpalais gingen nach Hause, nur die alten Freunde Allendes blieben bei ihm. Es gab da noch eine Präsidentenwache in schmucken Uniformen, aber von der hieß es, daß sie – wie alle Garden im Ernstfall – unverläßlich sei. Um 12 Uhr 31 überflog ein Verband der Luftwaffe, aus England gelieferte Hawker-Maschinen, das Präsidentenpalais. Die geworfenen Bomben waren solche kleinsten Kalibers. Es ging dabei um die moralische Wirkung, nicht um die Sprengwirkung. Alles wie gehabt: 1917 zogen die Bolschewisten den Kreuzer AURORA so nahe an den Sitz der liberalistischen Regierung in der russischen Hauptstadt heran, daß den Zivilisten dieses Regimes das Herz in die Hose fiel und die Bolschewisten ohne große Anstrengungen ihren Putsch, den sie die Große Oktoberrevolution nannten, zuende führen konnten; während in den benachbarten Straßen die Straßenbahnen klingelnd durch die Stadt fuhren. Die großen Lehrmeister des revolutionären Prinzips haben eben dankbare und lerneifrige Schüler gefunden und es dürfen sich Lehrer nicht wundern, wenn ihnen dann und wann die Schüler über sind.

In der chilenischen Hauptstadt klingelten zwar nicht Straßenbahnen in der Umgebung der Putschereignisse. Es ging aber auch, so wie 1917, eher in bescheidenen Ausmaßen zu. Die Gäste des benachbarten SHERATON-Hotels sahen mit Spannung dem Geschehen zu, einige riskierten lieber einen Streifschuß, als die Neugierde zu unterdrücken. Denn jede Tragödie ist für neugierige Typen eine Sache, die man sich nicht entgehen lassen darf. Die Ausländer sahen hinauf zum Himmel, wo jetzt Hubschrauber über dem Palais kreisten und die Vorgänge aus der Luft unter Kontrolle nahmen. Vor dem verschlossenen Tor fuhren Panzer auf, schossen die Tore ein und ermöglichten den Männern eines Stoßtrupps das Eindringen ins Innere. Um 13 Uhr 30 kam über den Rundfunk die Nachricht, Allende hätte kapituliert.

Das war eine Lüge, besser: ein Fehler. Denn die Soldaten des Militärputsches fanden die Leiche des Präsidenten und jene seines Pressechefs auf einem Sofa liegend. Daneben eine der Maschinenwaffen, wie sie die Präsidentenwache besaß. Niemand wird je erfahren, wie es zuletzt zuging. Die Freunde Allendes sagen selbstverständlich, dieser wäre im Kampf gefallen oder ermordet worden. Andere wußten zu erzählen, einer aus der Präsidentenwache hätte den Präsidenten umgelegt, die Waffe hingeworfen und das Weite gesucht. Niemand mochte recht an Selbstmord glauben. THE NEW YORK TIMES hielt es mit der Version, der Mörder sei einer aus der Palastwache gewesen. Damit schnitt man gewisse Gerüchte ab, wonach der Putsch von Amerikanern angestiftet und bis zum Ende kontrolliert gewesen sein soll.

Allendes Frau bekam den Leichnam ihres Mannes zur Beisetzung auf dem Santa Fé Friedhof des Ortes Vina del Mar. Der Sarg war verschlossen. Die Verwesung sei vorgeschritten, sagten die einen, die Mordwunden wollte man nicht herzeigen, die anderen.

Nach einigen Tagen faßte sich das News Management des Westens und verbreitete über seine einflußreichen Agenturen die Story, mit der sie das neue Militär-Regime in Chile, dieses war nicht militärisch verbrämt, sondern eine Junta, herunterfetzten. Mörder waren demnach die Kameraden des neuen Diktators General Pinochet. In Europa blieb von dieser Version ein Stehsatz, den fortan in regelmäßigen Abständen sozialistische, liberalistische und linkskatholische Zeitungen und Zeitschriften abdrucken, wenn es um die Demokratie in der Dritten Welt geht. In Chile kehrten 200 000 Menschen heim, die unter Allende das Weite gesucht hatten. Mordakte, wie sie unter der militärisch verbrämten Regierung Allendes vorgekommen sind, wurden aufgedeckt und mit den üblichen Propagandamethoden der Sieger in die Welt hinausgetrommelt. Derlei fand keinen Glauben, denn jetzt ging es darum, die Todesopfer der neuen Militär-Junta aufzuzeigen. Die Zahl der 200 000 Flüchtlinge vor Allende deckten die Freunde Allendes zu mit dem Hinweis auf 10 000 Verhaftungen unter dem jetzigen Regime Pinochet. Nachher sickerten andere Nachrichten durch. Schon befanden sich Mitglieder der Regierung Allendes in ungeschmälerter

Freiheit. Dann wieder wurde in den US ein früheres Mitglied der Regierung Pinochets beschuldigt, dieses hätte auf dem Boden der US einen Minister Allendes umbringen lassen. Ganz schlecht kam in der Propaganda der Linken ein internationaler Konzern weg, der beschuldigt wurde, er hätte mit den aus den US gebrachten technischen Einrichtungen sowie mit Geld und anderen Unterstützungen den Putsch der Generale gegen Allende unterstützt. Man muß bedenken, daß derlei Beschuldigungen in den US erhoben wurden, als das liberale Establishment den Kampf gegen Nixon betrieb und dabei einige Konzerne, die den *liberalen* Präsidentschaftskandidaten in den US nicht so dienlich mit Wahlspenden waren, in der öffentlichen Meinung arg beschuldigte, und in den Parlamentausschüssen als Miturheber am Aufkommen des schmutzigen Nixon Regimes bloßstellte. Allende wurde in den Rang eines Märtyrers für die Sache des Marxismus erhoben. In Wien benannte die sozialistische Alleinregierung der Stadt eine städtische Wohnanlage Allende-Hof. So ist das: Menschen, die links stehen und links denken, bekennen sich zu den Märtyrern ihrer Sache, Menschen die rechts irgendwo herumlungern und sich fürchten, vermeiden es lieber, von Toten zu reden, die Opfer marxistischer Mörder wurden.

Im übrigen war das News-Management der Freien Welt eifrig damit beschäftigt, das schlechte Image des Nachfolgers Allendes, des Staatschefs Pinochet anzufertigen. Es fand sich ein Foto, auf dem Pinochet noch in einer Uniform abgebildet ist, wie sie in Chile ausgetragen wurde, ehe die modernere Uniform nach amerikanischem Zuschnitt eingeführt wurde. Der General tritt auf diesem Bild so entgegen, wie es im Image dargestellt wird: Ein Hitlergeneral, umstrahlt von Preußens Gloria. Auf dem Kopf ein Stahlhelm, Modell 1935 des Deutschen Heeres. Die Uniform ganz im Schnitt der Blusen der damaligen Generale im Dritten Reich. Am Kragen reiche Stickereien, die eine verdammte Ähnlichkeit haben mit dem, was Hitlergenerale, alter preußischer Tradition eingedenk, am Kragen trugen. Das silberne Offizierskoppel, wie bei Preußens gehabt. Nur die

Schulterstücke Pinochets stören ein wenig den allgemeinen Eindruck, sind sie doch von der Art, wie sie seit jeher in der US-Army üblich sind. Und: Das Symbol des fünfzackigen Sterns an Ordensdekorationen, allgemeines Symbol der Freimaurerei und daher in allen Staaten im Wappen geführt, die in der liberalen Ära des 19. Jahrhunderts ihre neue Staatlichkeit, zumal in Lateinamerika, fanden. Nachher auch als ROTER STERN Symbol des Kommunismus. Ansonsten sieht man Pinochet dekoriert, wie ehedem Hitlers Generale: Die Halsdekoration, die Brustdekorationen und die knapp über dem Offizierskoppel getragene Auszeichnung. Kein Zweifel, in dieser Person hat alles fröhliche Urständ' gefeiert, was mit dem Ende des Hitlerismus begraben sein sollte.
Allendes Nachruhm war nicht in allen Kreisen der Linken gleich vorbehaltlos verfaßt. Der Chef des MIR Enriquez war klug genug, es nicht so wie Allende aufs letzte ankommen zu lassen, sondern sich nach dorthin abzusetzen, wo man nur ungern Linksextremisten weniger gut behandelt. In Frankreich bekam Enriquez die Zeitung eines Großen Alten Mannes der Linken, Jean Paul Sartre, als Sprachrohr. Die Zeitung heißt LIBERATION und ist dem Namen nach weniger ein Nachhall der Befreiung Frankreichs von den Deutschen anno 1944/45, sondern ein Kampfblatt für die Befreiung der Freien Welt von dem dort noch aufrechten nicht-marxistischen Establishment. Demnach auch der Nachruf Enriquez auf Allende:
Enriquez rügt, daß Allende seinen Kampf nicht als Klassenkampf aufgezogen hat, also zwecks Ausschaltung und Ausrottung des Klassenfeinds.Vielmehr hätte Allende sich mit dem marxistischen ÜBERBAU begnügt, während im UNTERBAU die ehedem herrschenden Klassen ihr Unwesen weitertreiben konnten. Mit bitterem Vorwurf zitiert Enriquez, was in der Großen französischen Revolution nach 1789 der jungenhafte Blutsäufer Saint Just gesagt hat:
»Wer eine Revolution halb macht, schaufelt sich sein Grab.«
Und Allende macht im Sinne des MIR seine Revolution halb, nämlich in der Art eines bloß reformistischen Experiments. Mit-

tels solcher Methoden kann man natürlich nicht in angemessener Zeit erreichen, was Lenin und Trotzkij zu ihrer Zeit in Rußland erreichten und deren Epigonen nach 1945 in Osteuropa. Wenn schon das ZK der KPdSU zum 100. Geburtstag Lenins allen Revolutionen die Unterstützung zusagte, warum hat man nicht in Chile diese Hilfe angenommen? Nun, man ließ dort ja den MIR gewähren. Enriquez rügte also, daß man das Regime bloß mit den gewissen Generalen verbrämte, statt aus dieser Armee eine von revolutionär gesinnten Unteroffizieren geführte Miliz unter dem Roten Banner zu machen. Nächstes Mal, in Portugal, wird man klüger verfahren und erst einmal die Militärs loslassen.

In Chile machte Herr Frei wieder von sich reden. Nachdem er zuerst das Regime Allende im Parlament abgestützt, nachher als freiheitsgefährdend denunziert hat, ließ er jetzt, da ohne Gefahr, seinem Unmut über das Regime Pinochet freie Bahn. Sein Parteifreund Renan Fuentealb, Senator ehedem, unter Allende eher schweigsam angesichts der damaligen Exzesse, redete jetzt freiweg: Er verlangte von der Junta Pinochets die Wiederherstellung der Menschenrechte. Kein Wort über die drastische Kürzung der in Chile verfassungsmäßigen Grundrechte unter Allende.

Man muß das verstehen. In Lateinamerika hatten längst die Parteien der christlichen Demokraten begonnen, die Öffnung nach links nach Kräften zu betreiben. Nach rechts hin verbarrikadierte man sich, denn rechts stehen nur Faschisten, Diktatoren und Feinde der Demokratie. Ist nicht die heutige Rechte, überhaupt das konservative Lager, wie man in sozialistischen Kreisen sagt, vollends verkörpert in der Person Pinochet? Und im Sprachgebrauch der Sozialisten gibt es nur eine »radikale« Rechte. Ganz anders links, wo man diesbezüglich zu Zeiten scharf unterscheidet, zu anderen Zeiten sich mit Kommunisten koaliert. So ist das nun einmal in den Siebzigerjahren des 20. Jahrhunderts. Und nicht bloß jenseits des Atlantiks.

WATERGATE ist die Chiffre für drei verschiedene Dinge: Erstens der Name eines jener Monster modernen Städtebaues, eines Komplexes von Hotel-, Büro- und Wohnräumen, das in Washington steht und wegen gewisser äußerlicher Ähnlichkeiten von den Leuten WATERGATE, das heißt Schleuse oder Flut-Tor, genannt wird. WATERGATE gehört weiters zum Stehsatz jener Anschuldigungen, die seit der Wiederwahl Richard Nixons zum US-Präsidenten von der Presse des liberalen Establishments gegen den außergewöhnlich erfolgreichen Nixon erhoben werden. Schließlich bezeichnet WATERGATE den Konflikt, der bei dieser Wahl zwischen Nixon und seinem erfolglosen Gegenkandidaten McGovern entstand; nicht wegen unüberbrückbarer Gegensätzlichkeiten in den Wahlprogrammen beider Politiker, eher paradoxerweise deswegen, weil beide Kandidaten gleiche Ziele zu erreichen versprachen: Beendigung des Kriegs in Vietnam, Abschaffung der allgemeinen Wehrpflicht in den US, Abbau der US-Truppen in Europa und ein neues Image vom Staat, in dem vor allem den bisherigen »unterprivilegierten« Schichten mehr versprochen wurde. In allem erwies es sich, daß der amtierende Präsident Nixon diese Ziele viel erfolgreicher angehen konnte als sein Gegenkandidat, bei dem es mit Versprechungen sein Bewenden hatte, nachdem er am Wahltag eine saftige Niederlage erlitt.
Schon vor dem Wahltag konnte Nixon mit seinem sensationellen Besuch bei Mao Tse-Tung in Peking beweisen, daß es ihm ernst war mit der Beendigung einer Präsenz der US auf dem ostasiatischen Kontinent; Nixon ließ die Kommunisten beim Vietnamisieren des Vietnamproblems anstandslos gewähren. Im nächsten Jahr, 1973, kam es tatsächlich nach fast 30 Jahren zum Abbau der allgemeinen Wehrpflicht in den US. In Europa hörte

man immer häufiger, die US würden in Hinkunft den Staaten Westeuropas mehr Lasten für ihren Beitrag zur Verteidigung dessen, was man einmal die Freie Welt nannte, zumuten. Ganz besonders ärgerte es die Liberalen, daß bei der Wahl des Jahres 1972 die Farbigen in den US ihr wahlentscheidendes Stimmenpotential nicht traditionsgemäß dem Kandidaten der Demokratischen Partei gaben, sondern Nixon, der doch – so die liberale Presse – mit LAW AND ORDER gegen Terror im Rassenkonflikt vorgehen und die sogenannte GROSSE SCHWEIGENDE MASSE gegen aufrührerische Intellektuelle aufbieten wollte. Ganz zu schweigen davon, daß es Nixon gelang, Israel im vierten jüdisch-arabischen Krieg, im Jom-Kippur-Krieg 1973, mittels gewaltiger Waffenlieferungen aus dem Schlamassel zu reißen, in das die Israelis bei Kriegsausbruch durch ihre Schlafmützigkeit geraten waren. Mit anderen Worten: Nixon bekam ein Image in der Politik, das ihm die Liberalen nicht überlassen konnten, sollte es nicht, wie hundert Jahre zuvor in der Ära des Präsidenten Abraham Lincoln, zu einer Besetzung des Weißen Hauses durch die Republikaner auf unabsehbare Zeit kommen.
Nixon hatte bei all seinen Erfolgen ein Handikap am Hals, das er Zeit seiner politischen Tätigkeit nicht vom Hals bekam: Er war mit der Presse des liberalen Establishments und den dazu gehörigen Medien des Rundfunks hoffnungslos verfeindet. Das fing an, als er, damals noch ein Anfänger in der Politik, den Anti-Antikommunismus des Präsidenten Harry Truman durchkreuzte, als er bei einer parlamentarischen Untersuchung die Spionagetätigkeit jenes Alger Hiß aufdeckte, der einmal engster Ratgeber Roosevelts in Jalta gewesen ist. Es nützte Nixon gar nichts, daß er in der Serie der Fernsehdiskussionen vor der Wahl John F. Kennedys diesem in sachlicher Hinsicht überlegen war; Kennedy bekam von der liberalen Presse das Image des Besseren und Nixon war dermaßen abqualifiziert, daß seine spätere Wahl zum US-Präsidenten von den Liberalen als das größte Comeback seit der Auferstehung des biblischen Lazarus von den Toten hingestellt wurde. Wobei darauf angespielt wurde, daß man bei diesem Wunder Christus vorher gewarnt

hat, der Leichnam des Lazarus stinke schon. Und zuletzt dieses Meer von Zustimmung bei den Massen anläßlich der Wahlen zum Präsidenten. Nicht nur in Kreisen der großen schweigsamen Masse, also der von den Liberalen abgewerteten Spießbürger, die auf Law and Order aus waren. Auch bei jungen Menschen, die nicht länger für den Terror an den Universitäten und in den Slums waren und – paradoxerweise gleichzeitig – bei den Negern.

Die berüchtigte WATERGATE-Affaire fing für Nixon am Vatertag 1972 an. Kaum hatte er zu diesem Anlaß die telefonischen Glückwünsche seiner Tochter bekommen, da las er – Nixon weilte eben in Florida – im MIAMI HERALD eine kurze Notiz, die besagte, einige Exilkubaner hätten in WATERGATE, Sitz des Wahlkommitees seines Gegenkandidaten McGovern, einen Einbruch versucht. In Miami interessierte im Moment diese Story mehr als in Washington, denn Florida war das bevorzugte Exil jener Kubaner, die in den US warteten, daß in ihrer Heimat die Militärdiktatur des Kommunisten Fidel Castro umschmiß. Nach Washington zurückgekehrt, erfuhr der Präsident die ihm bis dahin unbekannte Vorgeschichte dieses Einbruchs. Es handelte sich um einen der Versuche, bei denen man trachtet, in den Büros der gegnerischen Partei belastendes Material für den Wahlkampf zu finden. Derlei war nicht etwa eine Novität der Ära Nixon, sondern gewissermaßen Tradition der Demokratie in Amerika. Hier braucht nur festgehalten zu werden, daß der fragliche Einbruch weder auf eine Initiative Nixons zurückging noch diesem vor der Tat bekannt war.

Es versteht sich, daß die liberale Presse sofort einhakte, sei es, um Nixon eine Mit- oder Nachtäterschaft anzuhängen, sei es, um die Polemiken des Wahlkampfes von der Erfolglosigkeit ihres Kandidaten McGovern abzulenken. Besondere Initiative bewies dabei die WASHINGTON POST, die zwei ihrer besten Rechercheure, nämlich Mr. Bernstein und Mr. Woodward, zur Verfolgung der Spur ansetzte. Bernstein gelang es sofort, bei der Polizei das Notizbuch eines der Einbrecher zu bekommen und dort auf die Telefonnummer eines gewissen Mr. Hunt ju-

nior zu stoßen. Hunt, früher CIA-Agent, also in der Spionageabwehr der US tätig, wechselte später ins Weiße Haus, wo er in die Dienste des Küchen-Kabinetts Nixons trat. Im übrigen stellte es sich bei der Verfolgung der Einbrecher in Watergate heraus, daß diese nicht bloß auf belastendes Material aus waren, sondern sich, wie man schon sagte, als ELECTRONIC CRIMINALS versuchten. Längst war die geheiligte Intimsphäre des US-Bürgers, seine Wohnung und sein Büro, den gewissen Einrichtungen modernster Technik preisgegeben; man zapft die Telefonleitungen an, um Gespräche des politischen oder wirtschaftlichen Konkurrenten abzuhören oder montiert, was noch besser ist, sogenannte Wanzen in dessen Räume: Abhörgeräte in Miniaturbauweise. Darum ist es im Juni 1972 auch beim Einbruch in WATERGATE gegangen.
Der Europäer, nach 1945 gewohnt, mit größter Hochachtung auf die Demokratie in Amerika zu schauen und rückständig in Dingen des technischen Fortschritts, mochte um 1972 noch verwundert darüber sein, daß die Parteigänger Nixons, der seinem Gegner McGovern so weit voraus war in der Wahlpropaganda, zu derlei Mittel griffen. Drüben in den Staaten war das anders. Mr. Hunt brachte von seiner Tätigkeit bei der CIA die Praxis mit, Persönlichkeiten des öffentlichen Lebens ohne viel Federlesens oder gerichtlichem Auftrag zu bespitzeln und dergleichen mehr, ja sogar Pläne zur Ermordung ausländischer Staatsoberhäupter auszuarbeiten. Um diese Zeit tauchte das Gespenst des 1963 ermordeten Präsidenten Südvietnams, Diem, auf und das erneute Gerücht, die damalige Regierung Kennedys hätte die Hand im Spiel gehabt. Nixon wird, allerdings ergebnislos, versuchen, diesbezügliche amtliche Unterlagen zu bekommen. Seine politischen Gegner wußten davon, es konnte für sie nicht gleichgültig sein, ob dieser Verdacht bestand oder ob er sogar in dem Maße zurecht bestand, daß die Spur aus Saigon ins Weiße Haus von 1963 führte.
Mehr noch: Bei dem Terror im Rassenkampf, dem Terror in den Negerslums und den Proben für den Aufstand der Studenten war es dazu gekommen, daß sich das liberale Establishment

entschieden auf die Seite der Untergrundkämpfer und ihre Medien – auch in Europa – in den Dienst dieser seltsamen Kämpfer für die Freiheit stellte. Selbst vor der Person des Vorgängers Nixons, des Demokraten und Liberalen Johnson, machte diese Presse nicht halt und so mußte Johnson als Präsident der sechziger Jahre alle Spätkrisen des Rassenkampfes in der Negerfrage und den Aufstand der Linksintellektuellen gegen den Krieg in Vietnam – unbedankt – auf sich nehmen. Schon damals hat es sich ergeben, daß es im Apparat des Staates Löcher gab, die von Spionen und Informanten der liberalen Presse benutzt wurden, um aus Geheimpapieren das zu schöpfen, was das liberale Establishment im Kampf gegen die Politik des Staates brauchte. Nixon erfuhr bald, daß der Staat im Kampf gegen die Anschläge aus dem Untergrund keine verläßliche Hilfe von seinen Geheimdiensten CIA, FBI und dergleichen erwarten durfte. Die Zeitungen zahlten erhebliche Summen für Geheimdokumente, deren Veröffentlichung einigen NEWS-WERT hatte und nicht wenige Agenten im Staat brachten ihnen zugängliches Material auf den Markt, um es an die meistbietende Redaktion zu verkaufen. Dort schützte das Redaktionsgeheimnis den Dokumentendieb und dessen Mittäter, kurz, dieses Geschäft gesinnungsloser Geschäftemacher blühte.
Die Zeit war gekommen, in welcher der Staat bei der Bekämpfung der Anschläge, die aus dem Untergrund gegen den Staat fortlaufend gerichtet wurden, mit bisherigen Abwehrmechanismen nicht länger auskam. Um in diesem Kampf im Untergrund nicht zu verlieren, blieb es dem Staat nicht erspart, selbst mit den Methoden des Kampfes im Untergrund zurückzuschlagen. Dies nach der alten Taktik in den Indianer-Kriegen längst vergangener Zeiten: IT TAKES AN INDIAN TO KILL AN INDIAN. Um einen Indianer zu erschlagen braucht man selbst einen Indianer. Solche Indianer sammelten sich in der sogenannten PLUMBER UNIT des Weißen Hauses. Diese PLUMBER, also Spengler, sollten die Löcher stopfen, durch die auf illegale Weise wichtige Nachrichten aus dem Staatsapparat abtropften in den aufständischen Untergrund. Die Männer der

PLUMBER UNIT kämpften also nicht von Amts wegen ihren Krieg im Untergrund, sie gehörten als Truppe zum sogenannten KITCHEN-CABINET des US-Präsidenten. Ein solches Küchen-Kabinett des amtierenden Präsidenten gab es seit der Ära des berüchtigten US-Präsidenten Andrew Jackson, der vor 150 Jahren schon darauf kam, daß ein Präsident, der nicht privat über nur ihm verpflichtete Ratgeber und Agenten verfügte, ein armer Mann im Fuchsbau der Demokratie in Amerika ist. Henry Kissinger ist anfangs einer im Kitchen-Cabinet Nixons gewesen, ehe er von Amts wegen die Außenpolitik der US leitete.

Zu diesem ganzen System gehört es, daß der jeweilige Sieger im Wahlkampf um ein staatliches Amt quasi völlig legitim das Recht hat, nach Antritt dieses Amtes die ihm zur Vergabe zustehenden Posten und Einkunftsmöglichkeiten an jene Leute zu vergeben, die ihm vor der Wahl das Geld gaben sowie die Propaganda machten, die es in den US braucht, um eine Wahl zu gewinnen. Money makes it, Geld macht es, und to the victor belong the spoils, dem Sieger gehören die staatlichen Pfründen zur Vergabe, sind zwei Grundsätze, ohne die es die heutige Demokratie in Amerika nicht gäbe. Dazu muß man in neuester Zeit außerdem noch in Rechnung stellen, daß schon lange vor der Wahl Nixons ein Präsidentschaftskandidat, der für seinen Wahlkampf nicht wenigstens eine halbe Milliarde Dollar aufzubringen versteht, ohne Aussicht auf Erfolg in die Wahl geht. Wieviel hunderte Millionen es brauchte, um Nixon gleich zweimal zum Präsidenten der US zu machen, kann man abschätzen. Genau wußte das nur ein Mr. Mitchell. Er betrieb vor der Präsidentenwahl 1972 mit großem Erfolg das wichtige Fundraising, das Einsammeln von Wahlspenden. Er präsidierte das Komitee für die Wiederwahl Nixons. Und man geht nicht fehl in der Annahme, daß er im vorhinein wußte, was Nixon erst nachträglich über den Einbruch in Watergate erfahren hat. Mr. Mitchell bezahlte die Ranger, die Männer mit den harten Tricks im Wahlkampf. Und ihn machte der 1972 siegreiche Nixon ausgerechnet zum Justizminister und General-Staatsanwalt.

Um noch einmal auf jenen Mr. Hunt zurückzukommen, dessen Telefonnummer Mr. Bernstein von WASHINGTON POST gleich nach der Aufdeckung des Einbruchs in Watergate – dank eines Entgegenkommens der Polizei der Hauptstadt Washingtons – eruieren konnte. Kurz nach Festnahme der Einbrecher fand die Polizei in den Taschen und in den Hotelräumen der Einbrecher höhere Geldbeträge, Beträge, wie sie Exilkubaner nicht bei sich trugen, weil diese Typen meistens pleite waren. Eine heiße Spur führte zu einer Bank in Mexiko-City. In der Hauptstadt dieses Nachbarstaates der US hatte es ein Rechtsanwalt übernommen, eine illegale Wahlspende, die von einem reichen Texaner stammte, zu »waschen« und sie so unverdächtig für die Auszahlung an den Wahlfonds Nixons zu machen. Das FBI war schon auf der Spur, als zwei Männer aus dem Weißen Haus – nicht unbedingt Gentlemen – namens Haldemann und Ehrlichman die Spurenverfolgung des FBI mit dem Vorwand stoppten, es sei schon die CIA hinter der Sache her. Darüber gab es Bandaufnahmen von Telefonaten, die aber erst in der Spätkrise von WATERGATE im August 1974 den Verfolgern Nixons bekannt wurden. Die ursprüngliche Annahme der Rechercheure von WASHINGTON POST und THE NEW YORK TIMES, Nixon sei von allem Anfang in die Einbruchsaffaire verwickelt gewesen, stimmte nicht. Diesen prachtvollen Verdacht zu überprüfen kostete die Rechercheure der Presse viel Zeit, Zeit genug, daß die WATERGATE-Affaire im Wahlkampf 1972 nicht mehr entschieden wurde zugunsten des Gegenkandidaten Nixons und Nixon im Laufe des Jahres 1973 jene außenpolitischen Erfolge einheimsen konnte, die sein Ansehen unter den Massen, insbesondere in der SCHWEIGENDEN MASSE, noch mehr verfestigten. Da es dann so weit war, mußte das liberale Establishment mit einer Serie von Angriffen die außergewöhnlich starke Position Nixons erschüttern, um so, und das war das erklärte Ziel, diesen lästigen politischen Gegner aus dem Weißen Haus hinauszubefördern und ihn auf Lebenszeit politisch unmöglich zu machen.

Besagte Angriffe von links hatten also gleich drei hintereinander befindliche Verteidigungspositionen Nixons zu durchstoßen: Erstens die Behauptung, er, Nixon, hätte auch nach dem Einbruch in Watergate nichts von diesem illegalen Vorgehen seiner Wahlhelfer erfahren. Nachher eine getarnte Stellung, in der sich Nixon gegen den Verdacht halten konnte, er hätte nach Kenntnisnahme der Umstände des Einbruchs und der daran beteiligten Typen nichts von Amts wegen getan, um die Spuren des Verbrechens, die ins Weiße Haus führten, zu verwischen, die Verfolger zu täuschen. Und drittens Nixon dazu zu zwingen, daß er jene Telefonats-Aufzeichnungen herausgab, auf denen sich gewisse Passagen befanden, die einwandfrei nachzuweisen schienen, daß Nixon spätestens im März 1973 die näheren Umstände des Einbruchs von Mittätern erfahren und darnach seine Amtsbefugnisse als US-Präsident mißbraucht hat, um die Verfolgung des Verbrechens und der Verbrecher aufzuhalten.

Hier muß festgestellt werden, daß derlei Methoden nicht die Ausnahme und einmaliger Schandfleck der Nixon-Ära waren. Die Vergebung von Vorteilen an jene, die einiges Geld für die Wahl ihres Gewährsmannes zum Präsidenten der US riskierten, muß immer dazu führen, daß diese Wahlhelfer üble Typen in die Umgebung des Präsidenten bugsieren. Immer schon war der US-Präsident gezwungen, allerhand übles Volk um sich zu haben, derlei Typen vor der Polizei und dem Richter zu schützen und die Tätigkeiten dieser Typen womöglich zu belohnen. Der Krimi: »Das Weiße Haus und seine Verbrecher« ist noch nicht geschrieben. Hätte Nixon aber zum Beispiel jene Deserteure vor Strafe bewahrt, die sich während seiner Präsidentschaft vor dem Krieg in Vietnam drückten; er wäre als Held der Demokratie in Amerika in die politische Geschichte des Landes eingegangen. So aber jagte man ihn cum infamia aus dem Weißen Haus. Die Affaire WATERGATE wurde für die Liberalen in den US der dreckige und besudelte Stecken, den zuweilen auch ein sogenannter Gentleman in die Hand nimmt, um jemanden zu erschlagen.

Der Winter auf 1973 verging, ohne daß die Liberalen in ihrem

Stellungskrieg rund um das Weiße Haus vorankamen. Zwar fingen diverse Mitarbeiter des Kitchen-Cabinets Nixons bei Einvernahmen und Verhören zu »singen« an und einige faßten schon saftige Rahmenstrafen – Haft bis zu 30 oder 40 Jahren – um sie singfreudiger zu machen. Wer nicht sang, den bissen die Hunde. Wer sang, machte nachher zum Beispiel bei der Verfilmung der WATERGATE-Affaire das große Geschäft, indem er dem Drehbuch die Story lieferte, mit der man den schon gefeuerten Nixon fertig machen wollte für alle Ewigkeit.
Vor allem den älteren Herren in der Umgebung Nixons ging das Schnüffeln der Presse auf die Nerven. Mr. Mitchell war immerhin schon sechzig Jahre alt. Und wenn er auch im Verbrauch schicker Vorzimmerdamen, die weniger gut als Stenotypistinnen denn als Huren waren, noch immer konsumfreudig war, die Nervenbelastung der Verfolgungen, denen er sich wegen seiner Praktiken im Sammeln von Wahlspenden sowie der Verfolgung der Einbrecher in Watergate ausgesetzt sah, hielt er nicht aus. Immerhin konnte man ihm als Generalanwalt vorwerfen, er müßte doch mehr tun, um zur Aufklärung dieser Affaire zu gelangen. Man spricht aber im Haus des Gehenkten nicht gerne über den Strick. Und den Strick hatte Mr. Mitchell schon um den Hals. Das bestätigte seine Frau, Mrs. Mitchell.
Man wird verstehen, daß Mrs. Mitchell, 55, erbost war, als man im Verlauf der Watergate-Affaire ihren Gemahl in Begleitung einer sehr schicken Dame ertappte, die auch im Vorzimmer ihres ständigen Begleiters arbeitete, im Moment des Ertappens aber – da immerhin innerhalb des Fonds eines Autos – angeblich mäßig bekleidet war. Mrs. Mitchell mußte sich von ihrem Mann anhören, er wüßte nicht mehr – um einen Witz des Wiener Kabarettisten Fritz Grünbaum zu mißbrauchen – wo er in seinem Schmerz hingreife: indessen vergriff sich Mr. Mitchell nach Ansicht seiner Gemahlin zu sehr. Mrs. Mitchell wollte nicht, daß ihr Mann und ihre Ehe ein Opfer politischer Verfolgungen werde und den armen Mann zu Ablenkungsversuchen verleiteten, die Mrs. Mitchell einfach nicht passen konnten. Sie rief also ganz resolut die Redaktion von THE NEW YORK

TIMES an und schrie voller Hysterie ins Mikrofon, sie lasse nicht zu, daß man ausgerechnet ihren Mann zum Sündenbock in der Sache WATERGATE mache. Da wußte man – nicht nur in THE NEW YORK TIMES – daß man dem Wild auf der Spur war und es nicht mehr lange dauern wird, bis man den Fuchs in seinem Bau aufgespürt, erlegt haben wird: Mr. Nixon im Weißen Haus.

Mrs. Mitchell hörte nicht auf mit ihrer Herumtelefoniererei: Sie erklärte per Telefon, Politik sei an sich eine schmutzige Sache, wie jedermann wisse, ihr Mann dürfte sich nicht damit die Hände dreckig machen und sie werde nicht zulassen, daß Mr. Mitchell zum Gefangenen der Politik werde. Letzteres war eine eher euphemistische Äußerung, denn bald sollte Nixons politischer Leiter des Justizressorts und Generalanwalt John Mitchell wegen Konspiration gegen den Staat, Behinderung der Gerichte bei der Verfolgung von Gesetzesübertretungen, falscher Zeugenaussage und Meineids in Teufels Küche kommen.

Mrs. Mitchell war nicht die einzige Frau, die in der WATERGATE-Affaire eine schicksalsvolle Rolle spielte. Es geschah nämlich, daß die Gattin des oben erwähnten Mr. Hunt einem Flugzeugunfall zum Opfer fiel. Bei der Toten fand man Geld, das man ihr während der Verfolgung ihres Mannes gab und andere Hinweise auf die illegale Tätigkeit ihres Gatten. Neue Spuren in die Umgebung Nixons.

Einmal war es dann so weit, daß die Affaire Watergate derartig stark zum Himmel stank, daß selbst die engeren Parteifreunde Nixons im Parlament sich nicht gegen eine parlamentarische Untersuchung stemmen konnten. So entstand ein Senatsausschuß unter dem Italo-Amerikaner Rodino und im Repräsentantenhaus beschäftigte sich der Ausschuß in Rechtsangelegenheiten und Justiz mit der Sache. Auf einmal regte sich das liberale News Management kolossal über den altehrwürdigen Brauch und die Sitten bei der Einsammlung von Wahlspenden auf und schmiß allen diesbezüglichen Dreck Nixon aufs Haupt, daß es nur so klatschte.

Ununterbrochen ging der Stellungskrieg an der Front gegen das

Weiße Haus weiter. WASHINGTON POST und NEW YORK TIMES und die gewissen Magazine schickten ihre besten Rechercheure in die Laufgräben der Belagerung des Präsidentenpalais und in die Abflußröhren desselben, wo der Kampf im Untergrund nicht aufhörte. Je vernehmlicher die von Strafverfolgung bedrohten Mitglieder des Küchen-Kabinetts Nixon »sangen«, desto besser wurden die einschlägigen Stories in den Zeitungen. Washington war nicht in den Händen einer von der Partei Nixons geteilten Stadtverwaltung und die Polizei der Hauptstadt wollte sich ihr Geld in Sachen WATERGATE nicht bloß bei der Wahrung von Recht und Gesetz verdienen. Sie belieferte das liberale Establishment reichlich mit der Chronique Scandaleuse eines Falles, den sie unter anderen Umständen unter den Teppich gefegt hätte.

Jeder, der einmal Westernfilme gesehen hat, weiß, daß der Sheriff oft weniger das tut, wozu er im Ort ist, sondern meistens etwas anderes, nämlich das, was der Mehrheit am Ort und vor allem dem politischen Boß zusagt. So auch im Falle Watergate. Die einfachen Leute, wie man sagt, fingen an zu glauben, es ginge den liberalen Zeitungen tatsächlich nur um die Trockenlegung des Sumpfes der Nixon-Verwaltung und nicht etwa um einen Bürgerkrieg, in dem sich *beide* Teile illegalerweise der Einrichtungen des Staates bedienten. Nicht um Recht und Moral ging es letzten Endes im Falle Watergate, sondern immer mehr um die Person Nixons, der aus dem Weißen Haus gefeuert werden sollte, um endlich Platz zu machen für einen willensschwachen Gewährmann der Liberalen. Einen Typ, wie Jimmy Carter einer wurde.

Das ergab sich aus der ganz anders gearteten Erledigung des Falles Doktor Daniel Ellsberg. Schon lobte ihn die Presse über den grünen Klee, stellte sie ihn in der öffentlichen Meinung als den »letzten großen Kämpfer der sechziger Jahre gegen Vietnam und Rassismus« hin. Ellsberg war an sich ein mäßig verdienender Zahnarzt. Von seiner Hand haben THE NEW YORK TIMES die in dieser Zeitung illegalerweise veröffentlichten PENTAGON PAPERS bekommen. Geheimakten des Kriegs-

ministeriums, aus der Zeit des Vorgängers Nixons, in denen die damalige Lage in Vietnam analysiert ist. Die Zeit, in der es in den US eine Einheitsfront in der Außenpolitik gab, war vorbei. Die Linksintellektuellen in den Medien feuerten aus allen Rohren gegen derlei Relikte aus der Zeit des Kalten Krieges, vor allem gegen den sogenannten »unkritischen Antikommunismus«, dessen sich, so die Meinung in den Medien, jeder gebildete Mensch schämen sollte. Bei diesem Zustand war der Aktendieb oder Akten-Hehler Ellsberg des Schutzes der öffentlichen Meinung gewiß. Wer würde es wagen, diesen wackeren Käufer scharf ins Verhör zu nehmen, um zu erfahren, wie der Zahnarzt die fraglichen Akten des Kriegsministeriums, die als STRENG GEHEIM deklariert waren, sich beschafft hat. Wieso er wagen konnte, diesen Diebstahl preiszugeben, indem er das gestohlene Gut der Redaktion einer Zeitung anbot? Aber – wie stand es demnach mit einer Zeitung, die aus Aktendiebstählen die guten Stories für den Massenabsatz schöpft? Letzteres war nicht gefragt.
Nixon hat, als Löcher im Staatsapparat bekannt wurden, durch die Geheimdokumente in den Untergrund abflossen, seine Spengler-Einheit aufgestellt und eingesetzt. Aber die Feinde waren smart genug, im Falle Ellsberg einen Mann einzusetzen, der im Falle einer gerichtlichen Verfolgung ein Schutzmittel an sich hatte. Ein angeborenes Schutzmittel, wie man sagte. Demnach stand Ellsberg in psychiatrischer Behandlung, gäbe es eine umfangreiche Krankengeschichte, die ausreichen müßte, um im Falle Ellsberg einen Schuldausschließungsgrund oder wenigstens eine Haftunfähigkeit ins Treffen zu führen. Mit anderen Worten: Wer diese Krankengeschichte und deren Machart kannte, war Sieger im Falle Ellsberg gegen den US-Staat. Nachdem ein Einbruch von Leuten der PLUMBER UNIT mißlungen war und die in diesem Falle unermüdliche Verfolgung der Behörden die Täter im Umkreis des Weißen Hauses, ja innerhalb desselben aufgespürt hatten, war der Kampf entschieden. Der Untergrund und sein mächtiger Bundesgenosse, das liberale Establishment, hatten einen Großkampf gegen Nixon ge-

wonnen. Doktor Ellsberg stand da, wie Jesus nach der Austreibung der Händler aus dem Tempel zu Jerusalem, Nixon aber, ohnedies ein stinkender Kadaver wie der biblische Lazarus, wurde in den Augen vieler »braver Bürger« in den US ein Schandmal, dessen sich die Demokratie in den US baldigst entledigen sollte.

Hätten die Verfolger Nixons schon im Frühjahr 1973 die Bandaufzeichnungen der Telefongespräche des Präsidenten in Händen gehabt, sie wären spätestens am 21. März 1973 in der Lage gewesen, in den Untersuchungen im Zusammenhang mit Watergate einen hinreichend begründeten Verdacht aufzuzeigen: Daß nämlich an eben diesem Tag ein gewisser John A. Dean – einer aus dem Betrieb des Kitchen-Cabinets – dem Präsidenten mehr oder weniger deutlich bekanntgab, was dieser jetzt zu tun hatte, um die Behörden von der Verfolgung des Falles abzulenken oder die Verfolgung aufzuhalten. Jedenfalls: Was immer nach diesem Termin aus der Umgebung Nixons kam, um seinen nunmehr verfolgten Mitarbeitern zu helfen, mußte Nixon selbst in den Verdacht bringen, daß er es war, der sein hohes Amt mißbrauchte, um Gesetzesbrecher ihrem Richter zu entziehen oder ihnen irgendwie im Verfahren auf ungesetzliche Art beizustehen. Damit aber geriet die zweite Linie im Verteidigungssystem Nixons – wie oben erwähnt – in die Feuerlinie.

Schon kämpfte man um die dritte Verteidigungslinie Nixons. Nixon hatte für sich, seine Männer des Kitchen-Cabinets und deren Handlanger den Vorzug beansprucht, in Sachen Watergate vor dem Parlament nicht aussagen zu müssen. Dabei berief er sich auf eine bestehende und noch bestehende Praxis, deren sich vor ihm auch Präsidenten aus dem Lager der Liberalen in gewissen Fällen bedienten. Man schützte das »Interesse des Staates und dessen Sicherheit« vor, um sich den Schnüffeleien politischer Gegner zu entziehen. Als Nixon gleiches versuchte, war Feuer am Dach. Ein Nixon, der sich solchen Befragungen widersetzte, war einmal mehr verdächtig, just das getan zu haben, dessen ihn das liberale Establishment vorweg für schuldig

hielt, wofür man nur mehr den formellen Nachweis haben wollte, um sich dann den Skalp des Hausherren im Weißen Haus holen zu können. Für den Gebrauch der Bearbeitung der öffentlichen Meinung. Jetzt erinnerte man sich, daß auch Nixons Vorgänger, der US-Präsident Johnson von seinen im Weißen Haus geführten Telefonaten Bandaufnahmen machen ließ. Es lag klar auf der Hand, daß Nixon es nicht anders gehalten hat. Diese Bänder mußte man kriegen, um Nixon fertig zu machen. Darüber wogte der Kampf zwischen dem Parlament und dem Weißen Haus hin und her, ein ganzes Jahr 1973/74. Nixon sollte, Nixon mußte diese Materialien herausgeben. Wenn nicht willig, dann nach der Gewalt des Staates. Als es soweit war, war man schon bei der Datierung des Kriegstagebuches dieses Bürgerkriegs ohne Waffen im Frühjahr 1974 angelangt.
Die Rechtspraxis in den US kennt eine Möglichkeit, die es in Europa längst nicht mehr gibt: Der Betroffene kann mit Strafandrohung – sub poene – dazu gebracht werden, der Untersuchung dienliche Angaben zu machen, auch wenn er sich damit selbst der Verfolgung aussetzt. Dieser fragwürdigen Methode bediente sich der Parlamentarismus, um Nixon zu erpressen, alle Bandaufnahmen seiner im Weißen Haus geführten Telefonate auszuliefern, die man beim Vorgehen gegen den Präsidenten brauchte, um eventuell ein Verfahren zur Absetzung Nixons einzuleiten. Nixon weigerte sich anfangs, dem nachzukommen. Dann lieferte er die Reinschriften gewisser Texte der Bandaufnahmen. Der Ausschuß des Repräsentantenhauses für Rechtsangelegenheiten lieferte sofort diese Texte den Herausgebern von THE NEW YORK TIMES, die noch während anhängiger Untersuchungen im Parlament davon eine verbilligte Taschenbuchausgabe zur Verbreitung unter den Massen herstellte.
Mr. Appel junior schrieb eine Einleitung dazu. Er fing mit einer Vorstellung der Hauptpersonen des WHITE HOUSE HORRORS an. Der Titel stammt von jenem Mr. Mitchell, ehedem Nixons General-Staatsanwalt und Justizminister, der als Wahlhelfer Numero 1 und Geldgeber für Untergrundaktivitäten ge-

gen die Feinde Nixons im Untergrund die Ursachen der Watergate-Affaire geliefert hat. Jetzt suchte er seinen Skalp zu retten, mit seinen Worten über den Horror im Weißen Haus wollte er glauben machen, daß ihm erst nach Anhören der Bänder dieser Horror unglaublich erschien. Nie hätte er derlei für möglich gehalten. Mr. Appel aber stellte Mr. Mitchell als jenen früheren Machthaber hin, der mit LAW AND ORDER auf die wackeren Kämpfer, gegen den Vietnamkrieg und diese Unruhen der Neger losgehen wollte. Und dann kam quasi ein Psychogramm Nixons, die Schilderung der ab-normen Ansicht des Präsidenten, »that the White House was encircled by enemies... that the Apaches were waiting just beyond the next mesa, that any concession was foolish admission for weakness in face of adversaries of the *›liberal Establishment‹*...«
Das war es: Das liberale Establishment, nicht Apachenkrieger, war der Feind. Nixon hatte es versäumt, rechtzeitig Konzessionen an dieses Establishment zu machen. Und jetzt war das Weiße Haus wirklich umzingelt, abgeschnitten von der öffentlichen Meinung, die bereits in den Händen der Meinungskneter aus dem liberalen Establishment war. Mr. Appel lieferte der Nation nicht bloß den Beleg dafür, *was* Nixon am Telefon gesagt hat, er verfertigte auch ein schmutziges Image des Präsidenten, indem er herausstrich, *wie* Nixon dabei geredet hat:
»the tapes... which were full of the kind of coarse language many men like to use themselves (shit was the mildest)...«
Wer waren jene »vielen Männer«, die jene von Appel verurteilten »obszönen Redensarten« im Mund führten? Man kann einfach darauf antworten: Millionen Männer, die diese Sprache zum Entsetzen ihrer Mütter aus dem Krieg heimbrachten. Mr. Appel servierte derlei mit Genuß den davon erschreckten Spießbürgern, die man im übrigen in Kreisen der linksintellektuellen Journalisten nur verhöhnte (weil sie nicht imstande waren, den Sinn von Bestsellern amerikanischer Pornoliteratur, wie sie Norman Mailer, auch Jack Kerouac und andere produzierten, zu verstehen). Reservisten gefallen sich in der rauhen Seemannssprache. So auch Nixon. Dazu gehört eine andere

Tatsache: Zur gleichen Zeit, als die Herausgeber von THE NEW YORK TIMES die Reinschriften der fraglichen Bandaufnahmen unter die Massen brachten, fand es der Great Old Man der Liberalen, der frühere Präsident Harry Truman, für gut, noch einmal seinen Senf zu den Ereignissen der Zeit seiner öffentlichen Tätigkeit zu geben. Nachdem seine »offiziellen« und gereinigten Memoiren längst erschienen waren. Für die Liberalen war die verschmutzte Sprache des vergreisten Expräsidenten kein Anlaß zur Entrüstung – wie im Falle Nixon – sondern Grund für helles Entzücken. Denn Harry liebte PLAIN SPEAKING, eine Rede frei von der Leber weg, OFFEN GESAGT, wie der Titel im Deutschen heißt. Und auch Harry liebt die Füllsel einer markigen Männersprache.:
Den Vater des verewigten Präsidenten Kennedy nennt er einen »großen Gauner« und er sagt auch warum: Der alte Kennedy hat seinem Sohn die Nominierung zum Kandidaten der Liberalen für den Posten des Präsidenten »gekauft«. Als ob dieser Posten anders als mit jenen enormen Mitteln beschaffbar wäre, deren Einsammeln Mr. Mitchell den Haß der Saubermänner im liberalen Establishment zugezogen hat. Nixon selbst nennt Harry einen Mistfinken, besser übersetzt ein Miststück, letzthin »a son of a bitch«, den Sohn einer Hündin. Die Generäle der US Armed Forces sind in den Augen des früheren Ober-Kommandanten Truman zu zwei Drittel Trottel, die nur deswegen nicht eingesperrt werden können, weil Dummheit kein strafbarer Tatbestand ist. Sonst säßen diese »dummen Hunde«. Besser übersetzt: Blöden Hunde. Und was die Politik anlangt, so ist der diesbezügliche Horizont dem der Mrs. Mitchell ähnlich: Niemand kann in der Politik reich werden, es sei denn, er ist ein Gauner. Damit gießt Harry seinen Dreck über unzählige Politiker und Staatsmänner aus, die nach einem im politischen Leben verbrachten Dasein mit einigem mehr ins Altersausgedinge gingen, als sie mitbrachten in die Politik. Diesem Horizont entspricht, was Harry über sich selbst sagt: Wenn ein Mann erst einmal darüber nachzudenken beginnt, ob es klug ist, etwas zu sagen oder nicht zu sagen, dann kann er sich genauso gut hinle-

gen und sterben. Schließlich: Nur zwei Männer hat Harry in der Politik hassen gelernt: Adolf Hitler und Richard Nixon. Auf diesem Niveau lancierten die Liberalen ihren Vernichtungsangriff gegen Nixon. Viele von ihnen waren klüger, sie redeten kein Wort in der Öffentlichkeit, sie handelten, so wie man schon immer in den US gehandelt hat, um den Gegner abzuwürgen. Sie schnitten Nixon ab von der Unterstützung durch seine Parteifreunde, indem die gewissen Saubermänner in der Öffentlichkeit die Meinung verbreiteten, wer nicht gegen Nixon und WATERGATE ist, muß ein Helfershelfer der darin betretenen Gauner sein. Am Allerseelentag 1973 war es so weit, daß im Verband des Justizressorts das Amt eines Spezial-Untersuchungsführers in Sachen Watergate geschaffen und mit einem verläßlichen Parteigänger des liberalen Establishments besetzt wurde. Jetzt gingen die Dinge rascher voran. Im April und Mai 1974 konnte dieser Verfolger Nixon sup poena hintereinander am 11. April, am 15. Mai, am 30. Mai und am 24. Juni ultimativ auffordern, die gewissen Materialien, alle jene Bänder, die man brauchte, um den Präsidenten zu überführen, herauszugeben. Es genügte, daß Nixon dieses Verlangen mehrmals ablehnte, denn damit hatten seine Verfolger einen Tatbestand mehr für sich, auf den sie ihr Absetzungsverfahren stützen konnten. Im übrigen beschlossen schon unterm 24. Juli 1974 die Gewährsmänner besagten Establishments im Obersten Gerichtshof der US, daß das von Nixon beanspruchte Privilegium, für sich und seine Mitarbeiter die Lieferung von Materialien an das Parlament zu verweigern, wenn derlei »die Interessenten des Staates und dessen Sicherheit gefährde«, zweitrangig sei gegenüber dem Verlangen des Spezialverfolgers in Sachen Watergate, die von ihm benötigten Bänder und sonstigen Materialien vom Verfolgten selbst abzuverlangen. Jetzt waren die Hunde der Verfolger mitten im Fuchsbau, sie hatten den Fuchs gefaßt und triumphierend werden sie dessen geheime Ausbeute der Nation zeigen. Und die Nation wird bereuen, einem Typ wie Nixon einmal mit überwältigender Mehrheit das Vertrauen geschenkt zu haben, ihn zu ihrem Staatsoberhaupt gemacht zu haben. Am

Tage des Beschlusses des Obersten Gerichtshofes konnte der Vorsitzende des Rechtsausschusses des Repräsentantenhauses endlich verkünden, man sei so weit, die Anklagen für die Amtsenthebung Nixons zu formulieren und darüber zu beschließen. Es gab deren drei:

Zunächst den Mißbrauch des Amtes Nixons, die gegen ihn und seine Mitarbeiter geführten Untersuchungen verzögert, verhindert und überhaupt mit illegalen Mitteln sich selbst und seine Mitarbeiter vor Verfolgung geschützt zu haben. Für die Anklageerhebung in diesem Punkt stimmten die 21 demokratischen Abgeordneten des Ausschusses und 11 der insgesamt 17 Parteifreunde Nixons. Ergebnis 28 gegen 11. Zwei Tage später, am 29. Juli 1974, stimmten die 21 Demokraten und 7 Parteifreunde Nixons – gegen 10 Republikaner – dafür, Nixon anzuklagen wegen Verletzung der Verfassung dadurch, daß er die Gesetze, die Einrichtungen und verschiedenen Zweige der Verwaltung in ungesetzlicher Weise gegeneinander ausgespielt und Rechte der Staatsbürger verletzt habe. Am 30. Juli schließlich stimmten 19 Demokraten und zwei Republikaner dafür, Nixon habe durch die ungehörige Nicht-Erfüllung der ihm sub poena erteilten Aufträge verhindern wollen, daß das Repräsentantenhaus in die Lage kommt, gegen den Präsidenten das Absetzungsverfahren zu beantragen. Der zu Verurteilende sollte also selbst dem Gericht den Strick liefern, mit dem man ihn hängen würde. Tut er das nicht, so verdient er schon mit seiner Weigerung den Tod. In diesem Fall stimmten selbst zwei Demokraten gegen die Absicht des liberalen Establishments und außerdem alle Parteifreunde Nixons bis auf zwei. Es ergab sich die knappe Mehrheit von 19 gegen 17 Stimmen. Das mit dem Strick war doch unheimlich.

Um diese Zeit war das Image Nixons ohnedies schon hin. Noch am 30. April 1974 hat er in einer Pressekonferenz den Journalisten zugerufen:

»Give me hell every time you think I'm wrong ...«

Damals war er in vielen Dingen übel dran. Denn schon hat ihm das liberale Establishment einen Schuß verpassen können, der eine beschämende Praxis im US-Steuerwesen ausgerechnet im Falle Nixon aufdeckte. In den US gibt es eine Elite, die sich selbst phantastische Steuer-Privilegien – bis zur totalen Steuerfreiheit – verschafft hat. Oft zahlt dort der »Kleine Mann« mit lumpigen 2 000 Dollar mehr Steuern, während sich die Besitzenden mittels eines manipulierbaren Parlaments Steuervorteile aller Art gegenseitig zuschanzen. Nicht bloß, daß alle Steuern, die das Unternehmen belasten, auf Preise von Gütern und Dienstleistungen abgewälzt werden, es kommen dazu fette Abschreibungen, zum Beispiel infolge jener Zuwendungen an gewisse Stiftungen, von denen schon die Rede war. Und wenn schon der Kapitalismus in den US in diesen Stiftungen jene Linksintelligenz züchtet, die ihn ausrotten wird, so dauerte es immerhin schon lange genug, um das Privilegium zu genießen, andere Steuern zahlen zu lassen und selbst ohne nennenswerte Steuerbelastung das Leben des JET SET genießen zu können. Wie viele Prominente, zahlte Nixon die längste Zeit auch nur Steuern, die er besser der Höhe nach nicht nannte. Sein Konflikt mit dem liberalen Establishment brachte ihn um diesen Vorteil: Dieses setzte seine Manipulanten auf die Fährte Nixons, und bald hatte er Steuerschulden in Höhe von einer halben Million Dollar. Sein Kriegsschatz war damit ausgeräumt, niemand spendete mehr für die Sache Nixons und der Präsident erlebte die Stunde der Wahrheit: Daß es nämlich keine in der Politik zustande gekommene Freundschaft gibt, die der Krise in der politischen Laufbahn eines der beiden Freunde standhielte. Als das Schicksal des Präsidenten Nixon entschieden war, stieg der am Dokumentenraub beteiligte Zahnarzt Doktor Ellsberg empor zur Höhe seines Ruhms. Nicht zuletzt war es ein Einbruch der PLUMBER UNIT des Weißen Hauses, der die Häscher auf die Spur Nixons brachte: Die Spengler sind ja in die Ordination des Psychiaters Ellsberg, des Doktor Lewis Fielding eingebrochen, nachdem letzterer sich geweigert hatte, im Prozeß gegen Ellsberg dessen Krankheitsgeschichte zur Verfügung zu stellen. Weil es, ja weil es eine stichhaltige Krankheitsgeschichte des Doktor Ellsberg gar nicht gab. Denn die Verteidi-

gung Ellsbergs hätte niemals eine psychische Krankheit nachweisen können, die für Ellsberg einen Schuld-Ausschließungsgrund oder eine Haft-Unfähigkeitserklärung zur Folge gehabt hätte. Diese Barrieren brauchte es aber im Falle Ellsberg und gegen diesen richtete sich auch nicht eine Androhung sub poena. Denn nur ein nicht-abgeurteilter Stehler oder Hehler von Akten namens Doktor Ellsberg schützte dessen Hintermänner, die den Zahnarzt bloß als Popanz für ihre Aktion benutzten, damit sie ungefährdet die als STRENG GEHEIM klassifizierten gestohlenen PENTAGON PAPERS der NEW YORK TIMES zuspielen können. Daher: Der Staatspräsident, der sich mit illegalen Mitteln gegen Staatsverbrecher wehrt, in den Gully, die Staatsverbrecher auf die Würde der Altäre des amerikanischen Liberalismus. Wo dessen Heroen stehen.
Seinen politischen Herzinfarkt erlebte Nixon im August 1974, als er eben von einer Nahostreise heimkehrte in die US. Nixon folgte der Ansicht der Konservativen, so wie sein Berater und späterer Leiter des Außenressorts Henry Kissinger ihm es eingab: Die Außenpolitik rangiert in ihrer Bedeutung *vor* der Innenpolitik. Eisern hielt Nixon an dem Prinzip fest, hoffend, die außergewöhnlichen Erfolge in der auswärtigen Politik der US würden seine Feinde in der öffentlichen Meinung des Landes mundtot machen. Er gab Vietnam preis, überließ es der Vietnamisierung durch die Kommunisten, zielte schon auf die spätere Preisgabe des nationalchinesischen Taiwan ab – und brachte so die weltpolitische Wende zustande: Er besuchte Mao Tse-Tung in Peking und leitete so eine andere Phase in der Ostasienpolitik der US ein. Das war die Wendung, die den Nachfolgern Nixons zugute kommen wird. Und es war höchste Zeit, die bisherige kostspielige Präsenz der US auf dem ostasiatischen Festland abzubauen. Vor allem in Indochina. Dort war man jetzt fertig mit dem teuren und unergiebigen Engagement der US, mochten die Gegner des Kommunismus in Südvietnam selbst dazusehen, wie man unter dem Kommunismus lebt.
1973 war es hoch an der Zeit, daß die US ihre ganze Kraft der Lage in Nahost zuwandten. Nicht nur deswegen, weil es die jü-

dische Lobby in den US einfach nicht duldete, daß wegen des Krieges in Vietnam etwa gar die Lage Israels, inmitten des Meeres der arabischen Welt, in Gefahr geriete. Seit dem vierten jüdisch-arabischen Krieg von 1973, dem Jom Kippur-Krieg, gab es für die Israelis nicht länger einen Grund dafür, auf ihre militärische Überlegenheit und die Kampferfahrung der jungen Generation zu pochen. Hätte Nixon nicht im Oktober 1973 Israel mit aller Kraft aus dem Schlamassel gerissen, in das sie der Überfall der Ägypter brachte, wer weiß, wie die Entwicklung in Nahost weitergegangen wäre. Immerhin – nach diesem Krieg war das Image der Israelis ein anderes als bisher: Die Welt sah die Filmaufnahmen von Israelis, die sich, die weiße Fahne voran, Ägyptern ergaben. In Israel selbst entstand der Vorwurf, die legendäre Golda Meir und ihre Regierung wären zu schlafmützig gewesen, hätten Warnungen vor arabischen Kampfhandlungen in den Wind geschlagen. Wie immer: Israel wird mehr denn je die unmittelbare Hilfe der US brauchen, am besten einen Frieden mit den Nachbarn, den die eigene Waffengewalt Israels nicht mehr heranzwingen kann. *Nixon* half; aber die *jüdische Lobby* in den US konnte ihm nicht helfen, seine Medien waren zu sehr in den Kampf gegen Nixon verstrickt. 1974 noch glaubte Nixon mit außenpolitischen Erfolgen seine Schwierigkeiten im Innern zu meistern: 1972 war der Vertrag mit der SU zur mengenmäßigen Begrenzung der Ausrüstung beider Staaten mit Raketen – SALT I – zustande gekommen. 1974 wäre die Erweiterung – SALT II – fällig gewesen. Die Rüstungsindustrie lief der Diplomatie davon. Aber noch war SALT II weitab, da tauchte die Gefahr des Ölkriegs auf. Die US holten 85% ihrer notwendigen Ölimporte aus arabischen Ländern in Nahost. Der Ölkrieg konnte unter Kontrolle gebracht werden. Aber hat nicht das an sich bestehende Problem der Begrenztheit aller Energievorkommen auf Erden selbst die dümmsten Verehrer des Automobilismus zu der Ansicht gebracht, es könnte sein, daß eines Tages dieser GOTT DER AMERIKANER nicht mehr da sein wird?

Mehr noch: Ständige Verknappung der Energiereserven und

-vorkommen müßte eines Tages auch das perpetuum mobile des Industriesystems – immer mehr investieren, produzieren, konsumieren – zum Stillstand bringen. Massenarbeitslosigkeit, mehr noch: Ende der Konsumgesellschaft würde aber jene unruhigen Elemente in der SCHWEIGENDEN MASSE alarmieren, die immer noch überzeugt sind, ihr höchstpersönlicher Konsum könnte erhalten und gesteigert werden, wenn man den »Reichen und Superreichen« entweder ihren Reichtum wegnimmt oder es dem Staat überläßt, den Privatkapitalismus mit den Möglichkeiten des Staatskapitalismus zu erschlagen.
Nixon ging freiwillig aus dem Weißen Haus und sein Nachfolger Gerald Ford sah ihm gnadenhalber alle Verfolgungen nach, die von den Liberalen dem TRICKSY NIXON zugedacht waren. Der laute Theaterdonner der Medien des amerikanischen Liberalismus konnte nicht darüber hinwegtäuschen, daß denen, welche die Medien bezahlen, dieser Schlußstrich – der ja die Schuld Nixons in der Öffentlichkeit bestehen ließ, und nur die Strafe ausschloß – genügte. Auch sie hatten Dreck vor der Haustüre und ihre Medien hatten zulange vor anderer Leute Haustüren gefegt, als daß man Muße fand, den Dreck vor der eigenen Türe zu beseitigen. Denn alles, was die Saubermänner zusammen mit Nixon in den Gully gefegt zu haben behaupteten, blieb als Verschmutzung in der Demokratie der US. Schon bei der nächsten Parlamentswahl kamen einige der am meisten verdreckten Saubermänner der Liberalen wieder ins Parlament. Abgeordnete, die aus Saigon viel Geld genommen hatten, um dafür im Parlament *für* Südvietnam und überhaupt in der Politik gegen die Vietnamisierung zu sein. Diese Ehrenmänner hatten nichts getan, um eventuell die Kommunisten in Indochina aufzuhalten, sie haben sogar Nixon noch unterstützt, wenn dieser seine Vietnamisierung betrieb. Die politische Korruption blühte weiter in den US, auch wenn zusammen mit Nixon einige der Superreichen und Multis vor der Öffentlichkeit verurteilt wurden:
American Airlines, Goodyear Ties and Rubber Company, Gulf Oil Corporation, Phillips Petroleum Company, Diamond Inter-

national Corporation, Greyhound Corporation und andere mehr. Sie haben für den Wahlfonds Nixons gespendet, sie spendeten aber gleichzeitig für das liberale Establishment. Und sie manipulieren weiter die Demokratie in Amerika. Sie sind jene GEHEIMEN VERFÜHRER, die der Exkommunist und Universitätslehrer Kenneth Boulding anklagt:
»Eine Welt der *unsichtbaren* Diktatur ist denkbar, die sich noch der *demokratischen* Regierungsform bedient.«
Watergate hat eine ganze Welt auf einen üblen Sumpf aufmerksam gemacht. Trocken gelegt haben ihn die betulichen Saubermänner in den US nicht. Ganz im Gegenteil. Die Korrumpierung des Staates griff, aus den US kommend, auf Westeuropa über. In Italien mußte der von den Christdemokraten gestellte Staatspräsident gehen, weil er von einem amerikanischen Konzern vorher als Minister bestochen worden war. Hohe und höchste Persönlichkeiten der Streitkräfte der NATO-STAATEN erwiesen sich als bestechlich, wenn es darum ging, bei Waffenlieferungen aus den US die eigene Rendite einzustreichen. Und die ganze NATO bekam das Nessushemd der Ost-Spionage übergeworfen. Warum sollten sich weibliche Angestellte der NATO nicht auch in den Dienst einer »anderen« Macht begeben und etwa für einen kommunistischen Staat spionieren? Wenn doch Staatsmänner, Politiker und Militärs die Hand, die die Waffe bereitstellen oder führen sollte, diesesmal einer jener Hände zuwendet, von denen gesagt wird: Eine Hand wäscht die andere? Wo überall gespendet wird, ist es ungerecht, Mr. Mitchell so arg zerzaust zu haben, der übrigens nicht nur für sich die Hand aufgehalten hat. Der aber dafür war, daß NIXON eine PLUMBER UNIT einsetzen sollte, um der Zerstörer im Röhrensystem der US Herr zu werden.

Der Exilrusse stand im Moment, nachdem er die höchste Auszeichnung der traditionsreichsten und berühmtesten Universität der US, der Harvard University, in Empfang genommen hatte, ein wenig hilflos und verlassen da. Vor ihm tummelte sich ein Haufen von TV- und Film- und Rundfunkreportern, Fotoreportern und sonstigen Reportern aller denkbaren modernen Medien. Immer wieder drängte sich einer so nahe an den Dichter heran, daß er ihm sein Mikrofon unter die Nase halten konnte, damit der berühmte Mann doch ausgerechnet in seine Tüte einige Worte hineinsagen konnte. Aber der Russe schwieg. Er kannte alle diese Leute nicht, die ihrerseits ihn nicht kannten, noch weniger verstanden und er kannte auch nicht die Munifizenzen und Magnifizenzen und Spektabilitäten, wie man in Deutschland sagt, die hinter ihm die Tribüne besetzt hielten und die ihrerseits trachteten, möglichst zusammen mit dem Russen ins Bild zu kommen. Man lebte ja im Zeitalter der Telekratie, was hieß, daß von allen Medien insbesondere die Television, das Fernsehen, die Macht besaß, das Image eines Menschen zu machen oder zu vernichten.
Der Russe schätzte die eben erhaltene Würde mit dem Maß an Genugtuung und Freude, die ein Mensch noch in dieser Welt empfinden kann, den man aus seiner Heimat ausgetrieben hat, den man es von amtswegen abgesprochen hat, Bürger des Staates zu sein, dem seine Vorfahren seit urdenklichen Zeiten angehört haben. Denn er war mit seinen Dichtungen dem Paradies aller Werktätigen, der SU, gefährlich geworden. Umso mehr schätzten ihn die Intellektuellen der Neuen Linken im Westen, für die er Kommunist war, ohne etwas von dem scheußlichen Stalinismus an sich zu haben, der eine Zeit lang die humane Lehre des Marxismus-Leninismus beschmutzt hat. In West-

deutschland hat sich ein Standardverlag der Linken Linken das Recht erkämpft und mit Zähnen und Klauen verteidigt, allein die deutsche Ausgabe der Bücher dieses Russen auf den Markt zu bringen. Alles Welt-Bestseller, ein Verlagsgeschäft, mit dessen Ertrag man die Verluste aus dem Vertrieb unanbringlicher Tendenzschriften der Linken Linken ausgleichen konnte.
Aber – 1977 schon sind die Lektoren dieses Verlags stutzig geworden. Der hochgerühmte Dichter Alexander Solschenizyn fing nämlich in seinem Buch AUGUST 1914 an, Tendenzen zu verbreiten, die absolut nicht in das Denkschema der Linken, insbesondere der Linken Linken paßten. So schrieb er zum Beispiel über die von beiden Massenmördern Lenin und Trotzkij gemachte sogenannte Große Oktoberrevolution 1917 in Rußland folgendes:
»Jede Revolution verjüngt das Land zunächst nicht, sondern verwüstet es für lange Zeit ... je blutiger die Revolution, je länger sie dauert, desto mehr muß das Volk dafür bezahlen und desto näher kommt diese Revolution der Bezeichnung ›große‹ (Revolution) ...«
Das schreibt der Russe im ersten Buch einer großangelegten Romantrilogie, die mit der entscheidenden Niederlage der Armee des Zaren im August 1914 in Ostpreußen, bei Tannenburg, beginnt, mit einem Buch OKTOBER 1917 ihre Fortsetzung finden soll, um schließlich ins unendliche Meer der Revolution in Rußland zu münden. Wie aber sollte dem Dichter die Darstellung der Großen Oktoberrevolution, die 1917 die Bolschewisten Lenin und Trotzkij mit bolschewistischen Methoden herangezwungen haben, gelingen, wenn das Leitmotiv des Ganzen, das REVOLUTIONÄRE PRINZIP, schon im ersten Buch dermaßen heruntergefetzt wird, daß es ihm wohl nie mehr gelingen wird, dieses Prinzip und seine Verwirklichung in Rußland in den hohen Rang zu erheben, den sie in der Geschichte der Menschheit verdienen? Was werden die Leser denken, wenn sie aus den späteren Büchern dieses Russen erfahren werden, daß der Holocaust der Bolschewisten ungleich großartiger geraten ist, als der spätere, an den Juden Deutschlands und Europas

verübte? Solschenizyn stellte, daran war kein Zweifel, die neueste Geschichte in seinen Betrachtungen auf den Kopf.
Wie gut hatte man ihn doch anfangs als Musterstück in der Auslage eines sogenannten humanen Kommunismus verwenden können. 1945 hat man nämlich den Oberleutnant der Roten Armee Solschenizyn arretiert, degradiert und deportiert. Verschickt in eines der großen KZ der SU, die der Dichter später insgesamt das ARCHIPEL GULAG nennen wird. Erst 20 Jahre später hat man den jetzigen Ehrendoktor der Harvard University in der SU rehabilitiert. Offenbar, so schien es nur zu bald den maßgebenden Zensoren und Inspektoren des Regimes in Moskau, immer noch zu früh. Denn dieser Solschenizyn brachte jetzt Bücher heraus, für die sich im verfaulten Westen Verleger fanden, die aus den Manuskripten Welt-Bestseller verfertigten. Erstens deswegen, weil Solschenizyn ein so großer Dichter war, daß man ihm nachher den Nobelpreis für sein Dichten und Denken verlieh; und zweitens aus dem Grund, weil man dem Hang der Jungen der Sechzigerjahre, die sich mit schwärmerischer Liebe einem Neo-Marxismus hingaben, mit dem Image dieses Kommunisten, der Opfer des verderbten Marxismus unter Stalin wurde, ein leuchtendes Vorbild ewiger Ideale eines humanen Kommunismus hinstellen konnte. Das war die Zeit, in der die katholische Jugend des Westens lieber vom Jungen Marx sprach, als vom Jungen Christus, dessen Lehre in den Händen der Pfaffen und der Amtskirche ja noch mehr heruntergekommen ist als der Marxismus unter Stalin.
Solschenizyn genoß das Privilegium, das die SU nach dem Ende des Stalinismus immer häufiger Sowjetbürgern erwies, die man unter dem Großen Stalin glatt erschossen hätte. Man zwiderte ihm das Leben in der SU dermaßen an, daß er schließlich von dem ihm angebotenen Privilegium Gebrauch machte und er sich angeblich bereit erklärte, Rußland zu verlassen. 1974 haben ihn die Sowjets jedenfalls ausgebürgert und aus dem Vaterland aller Werktätigen ausgewiesen. Seine Bereitwilligkeit, den Wurzelboden der Existenz seines Russentums, seiner Kunst und sei-

nes Mensch-seins zu verlassen, muß also etwas von der moderneren Art der Freiwilligkeit an sich gehabt haben.
In Deutschland, wohin der Exilierte zuerst kam, geriet er in die Hände des Dichters Heinrich Böll. Dieser verbrachte den Ankömmling erst einmal weg aus dem Meer der Begeisterung, das den Russen zu verschlingen drohte. So klammheimlich prüfte Böll auch die Gesinnung seines russischen Kollegen und fand heraus, daß dieser an einer unheilbaren anti-sowjetischen Haltung litt, also einem Restbestand des Anti-Kommunismus, für den man in Westdeutschland um 1974 nichts mehr übrig hatte. Die Begeisterung von Böll und Genossen für Solschenizyn blieb in Grenzen und als der Russe im Westen ein Land zu suchen anfing, das ihm einigermaßen Ersatz für Wurzelboden in der Heimat bot, ließ das sozialistisch-liberalistische Establishment Westdeutschlands den Exulanten gerne ziehen. Zuerst ging dieser, so wie einmal Lenin, in die Schweiz, um 1976 holte man ihn in die US. Dort blieb nichts anderes übrig, als Solschenizyn vor den Häschern des Kremls zu schützen:
Im Staate Vermont steckte man ihn in einen wunderschönen Käfig, ihn und seine Familie. Zu seinem Schutz errichtete man meterhohe Zäune; elektronisch gesicherte Türen, Sprechanlagen und Monitoren sowie Bandaufnahmegeräte boten das Optimum des Schutzes, den in der Freien Welt ein Exulant aus dem Vaterland der Werktätigen genießen kann. Mit der Zeit war das liberalistische Establishment in den US, namentlich dessen Sektion Publizistik und Dichtkunst, froh darüber, Solschenizyn hinter Gittern zu wissen. Denn dieser Russe war gefährlich. Endlich war man mit diesem Nixon fertig geworden, der Anti-Antikommunismus des Zeitalters der sogenannten Entspannung im Ost-West-Konflikt gedieh in allen Medien prachtvoll. Da war es unerwünscht, immer aus dem Munde Solschenizyn Dinge zu hören, die nicht in die momentan abgespielte Symphonie der öffentlichen Meinung paßten.
An sich war die Enttäuschung – auch Solschenizyn war enttäuscht – nichts neues. 1956 schon sind die aus Ungarn in den Westen gekommenen Menschen, die Konsumgüterjäger ausge-

nommen, enttäuscht gewesen vom Zustand der Westlichen Gesellschaft und ihrer Kultur. Solschenizyn ging es nicht anders. Bald fing dieser Russe an, die westliche Kultur der Siebzigerjahre arg zu kritisieren. Er sagte, sie befände sich im Verfall. Nun, so war das nun auch nicht, erwiderten die jetzt schon arrivierten Linksintellektuellen der unruhigen Sechzigerjahre, von denen viele als Meinungskneter der Massenmedien die öffentliche Meinung in den US machten. Der Krieg in Vietnam war immerhin vorbei, Nixon, diesen son-of-a-bitch, hatte man in den Gully der Politik befördert, man war stolz auf die so gelungene Selbstreinigung der Demokratie in Amerika. Und jetzt kam dieser Russe daher und behauptete, es gäbe im Westen keine Ideale mehr, für die zu kämpfen es sich lohne. Abgesehen davon, daß es immer eine Frage sein muß, ob man für Ideale kämpfen soll oder nicht, meinten besagte Meinungskneter, deren Ideale der Sechzigerjahre dahin waren, müsse man jedenfalls den Leuten, vor allem den Leuten in den US sagen, daß jene Ideale, die man den GIs in Vietnam einbläute, einen Dreck wert waren. Denn es besteht ein gewaltiger Unterschied zwischen dem mörderischen Krieg und dem Kampf, der, wie der Klassenkampf, dem Fortschritt dient. Ernst Bloch, der uralte Patriarch der Neuen Linken in Deutschland will, daß letzterer Kampf »aktiv und ohne Ausnahme« geführt wird. So hat er es wenigstens den Deutschen bei Übernahme des Friedenspreises des deutschen Buchhandels schon 1967 erklärt. Krieg = Waffe der Reaktion, Kampf = Instrument des Fortschritts.
Solschenizyn ging mit seiner Kritik an dem für ihn unausstehlichen Westen so weit, daß er jenes russische Sendungsbewußtsein aus der untersten Lade zog, das mit einem modernen Amerikanismus unvereinbar ist: Er, so sagte er heraus, ziehe die östliche Welt der westlichen vor. Und es wurde immer mehr klar, daß er dabei nicht nur an seine Meinung dachte, sondern an den noch intakten gesunden Menschenverstand im Osten, den die Bolschewisten weder ausrotten noch ihrem Sendungsbewußtsein dienlich machen können.
Angetan mit der Tracht eines Ehrendoktors von Harvard Uni-

versität stand Solschenizyn da und dachte nach, was er in seiner Dankansprache wohl sagen wird. Diese aufgeputzte, klinisch saubere Gesellschaft der Festesfeier war ein übles Auditorium für den Russen, der aus dem Feuerofen das Bolschewismus kam. Wie er wußte, war es ja gerade die Universität, zu deren Ehrendoktor er soeben gemacht worden war, die einmal Mittelpunkt jener PSYCHODELISCHEN LINKEN wurde, mit der die Linke Linke den schärfsten Kampf gegen das Establishment der Väter und Mütter in den Sechzigerjahren geführt hat. Professor Thimoty Leary, ein Pastorensohn, hat damals das Verhalten seiner Schüler im Drogenrausch getestet und etwas herausgefunden, was an sich nicht neu war, seit unglückliche Menschen Kokain und dergleichen benützen. Es waren bloß die Medien, die dem Pastorensohn bestätigten, daß im Drogenrausch der Mensch in eine nie gekannte INNERE FREIHEIT emporwüchse. Dichter, wie der Anarchist Allen Ginsberg und Musiker, wie die Beatles und ihre Nachahmer, teilten diese Ansicht. Die Droge wurde neben einer hemmungslosen Sexualität die schärfste Waffe im Kampf gegen das westliche Establishment.
Über diese Themen sprach der Russe in seiner Dankansprache natürlich nicht, auch nicht so sehr über die ihm erwiesene Ehre. Denn schon benutzte er jede Gelegenheit, die man ihm in der Fremde ließ, um vor der Mächtigkeit des Bösen in der SU zu warnen. Viele prominente Zuhörer aus Politik und Wirtschaft, zumal aus Kreisen der Kunst fanden solche Warnungen zu hart formuliert, verstanden sie bloß als Ausbruch eines Enttäuschten, der eigentlich nicht ins politische Klima der US der Siebzigerjahre paßte, den man nur recht gut unter Verschluß halten sollte. In seiner Behausung, hinter Zäunen, abgeschirmt von technischen Einrichtungen, die nicht bloß schützten, sondern den Beschützern Daten lieferten über das Denken des ehedem berühmten Dichters Alexander Solschenizyn.
Als der Neodoktor mit seiner Rede fertig war, erhob sich ein Sprachchor, letzte Nachhut der Neuen Linken der Sechzigerjahre auf dem Campus der Universität:
»Solschenizyn go home«,

schrieen die schon angealterten Jungen. Mit dieser Formel, seit 1945 von Kommunisten, nachher von allen Partisanen der Neuen Linken gegen jede Präsenz früherer Ideen der Freien Welt des Westens gebracht, schlug dem Russen ans Ohr, wie der Kampfruf des Feindes. Nicht diese unerfahrenen jungen Menschen, die man mit jeder radikalen Parole leicht verführen kann, waren der Feind. Nicht einmal der fremde Geist des fremden Landes. Er dachte an daheim, an das Weite Land, an den Russischen Wald, an das Volk, das – und das war die Hoffnung des Exulanten – den Bolschewismus ebenso überstehen wird wie die Ahnen die Tartarenherrschaft in Rußland. Der Feind, das war die blanke äußere Macht, die sich zwischen den Dichter und den Wurzelboden seiner menschlichen Existenz und seines künstlerischen Schaffens gedrängt hat. Und dann nahm er nach dem Zwischenruf das Wort und sagte ohne Haß oder Erregtheit:

»In zehn Jahren werde ich heimgehen ... dann wird die Zeit reif sein dazu.«

Ein Lachen schlug ihm entgegen. Hatte nicht der SU-Außenminister Henry Kissinger gesagt, in zehn Jahren wird ganz Europa marxistisch sein? Und während die Jungen weiter lachten, applaudierten die Alten, so wie man einem alten Clown applaudiert, der einem einmal mit seinen Darbietungen Freude gemacht hat bei einem Zirkusbesuch. Der neu-doktorierte russische Ehrendoktor aber spannte den Regenschirm des Duldens auf, den jeder Russe mit sich bekommt, ließ den Rest der Feier über sich ergehen und fuhr dann heim zu seinem Käfig im Staate Vermont. Jetzt wäre es schon an der Zeit gewesen, in Fortsetzung von AUGUST 1914 den, wie er sagte, ZWEITEN KNOTEN seiner Trilogie abzufassen. Vor Jahren, als er noch daheim in Rußland lebte, haben die amerikanischen Zeitungen WASHINGTON POST und THE NEW YORK TIMES gewiegte Reporter nach der SU geschickt, um dort das Schicksal der sogenannten Dissidenten, zumal jenes der jüdischen, zu erkunden. Dissidenten waren und sind keine Feinde des Marxismus – Leninismus, eher Besserwisser, die glauben, daß ihre Vor-

stellung von einem angeblich humanen und liberalen Kommunismus die richtige Form des Kommunismus sei. Als ob man aus Fischfleisch einen Rindsbraten machen könnte.
Die Reporter aus den US haben Solschenizyn gefragt, ob es stimme, daß der Dichter zu Teil jüdischer Abstammung sei, wie es im Westen hieß und wozu sein Vatersname Isaak Anlaß zur Annahme zu bieten schien. Und der Russe hat von der Herkunft seines Vaters erzählt, den man neuerdings in der SU als einen Großbauern, einen Kulaken hinstellte, obwohl die Lehmhütte im Kosakenland so erbärmlich war, daß die an große Hygiene gewöhnten Amerikaner gar nicht hineingegangen wären (hätte die Hütte noch existiert). Und dann sprach er von der Mutter, so wie ein Russe von seiner Gebärerin spricht. Auch von einer Tante, die zuweilen großtat, sie hätte den jungen Solschenizyn nach dem Tod der Eltern durchgebracht, was eine Lüge war. Und von seinem Großvater erzählte er. Den hat, nachdem ihm die Große Revolution von 1917 alles genommen hatte und er ein armer Hund geworden war, einer seiner früheren Arbeiter bis ans Lebensende durchgefüttert. Dazu Solschenizyn sarkastisch:
»Lassen Sie einmal einen abgesetzten Direktor (in der SU) versuchen, einen Arbeiter darum (nämlich um Gnadenbrot) zu bitten . . .«
Aber derlei war nicht mehr so sehr erwünscht als Story für die Leser besagter Zeitungen. Denn wo käme man hin, wenn man Zeiten unter dem Zaren als erträglicher hinstellte als solche im Paradies der Werktätigen?
Vorher haben die Amerikaner den Solschenizyn gefragt, woran er momentan arbeite. Und der hat jenen ZWEITEN KNOTEN seiner Trilogie erwähnt. Er sprach von einem Knoten nicht bloß wegen der Schwierigkeiten, die er als Dichter bei einem solchen Vorhaben zu lösen hatte; eher wohl von den im Osten noch – trotz Atheismus, Bolschewismus und Industrialismus-üblichen Gebetschnüren. Deren Knoten der Betende durch die Finger gleiten läßt, um den Duktus seines Gebets zu Gott nicht zu verlieren. Ob das Buch bald fertig sein werde, fragten sie ihn.

»Nein« hat Solschenizyn erwidert, »im Laufe der Arbeit hat es sich herausgestellt, daß dieser (zweite) Knoten komplizierter ist als angenommen. Ich muß die Geschichte der gesellschaftlichen und geistigen Strömungen vom Ende des neunzehnten Jahrhunderts an erfassen. Denn diese finden ihren Ausdruck in den Personen (des zweiten Knotens). Ohne diese vorangegangenen Ereignisse kann man auch die Menschen nicht verstehen.«
In diesem Punkt waren die Reporter aus den US ganz anderer Ansicht. Sie fragten daher, ob der Dichter keine Sorge hätte, sich bei Vertiefung in Einzelheiten der Geschichte Rußlands von, wie sie meinten, allgemein menschlichen und zeitlosen Themen zu entfernen. Aber der Russe enttäuschte sie:
»Ich glaube das Gegenteil: Mir wird dabei viel Allgemeines und sogar Zeitloses klar.«
Sie fragten ihn, ob er für den gedachten Roman viel Stoff durcharbeiten müßte, ob er nicht andere Personen, Helfer, etwa einen Sekretär, heranziehen müßte. Und ob er dazu Geld aus dem Westen bräuchte und erhalten könnte.
»Ich lebe in meiner Heimat, schreibe einen Roman über Rußland ... ich muß dorthin fahren, wo die Handlung spielt. Und alte Leute fragen, die letzten, die noch nicht gestorben sind ...«
Und dann schilderte er denen aus dem Westen, die schon unzählige Zeilen über Rußland geschrieben hatten, ohne das Problem zu kennen, daß er all diese persönlichen Erinnerungen, sowie jene in Archiven und Bibliotheken ohne Genehmigung der Behörde nicht bekäme. Auch der Geldbezug habe Schwierigkeiten, allein darum gehe es nicht. Und dann ging Solschenizyn über auf sein Schicksal. Jenes Schicksal eines Dichters in der SU, das die amerikanischen Bestseller – Autorin McCarthy einmal so anziehend fand, daß sie in ihrem HANOI REPORT über das dortige KP-Regime frank und frei bekannte, sie für ihren Teil würde lieber das Schicksal von Dichtern wie Pasternak und Solschenizyn in der SU teilen; als das von ihr arg heruntergefetzte Regime jener US zu ertragen, das in Vietnam Krieg machte und dort Dinge tat, deren sich ein humaner Mensch

schämen müßte. Die Autorin schrieb in diesem Zusammenhang eigentlich wenig darüber, daß es die Kommunisten waren, die mit ihrem Angriff in Südvietnam diesen Krieg angezettelt haben; und daß diese kommunistischen Vietnamesen namens und im Auftrag der Vororte des internationalen Kommunismus, Moskau und Peking, handelten. Auch konnte die stets in guten Verhältnissen lebende Dichterin nicht ahnen, in welche Not Vietnamesen nach Ausdehnung des KP-Regimes über ganz Vietnam kommen werden. Nicht bloß die schäbigen Mitarbeiter und Kollaborateure der Amerikaner, sondern alle dortigen Menschen, für die der Kommunismus unter keinen Umständen eine erlebenswerte Alternative zur Not in ihrem seit einer Generation vom Kriegführen der Landfremden zerfetzten Land war.

Ach, und jetzt mußte der ausgebürgerte und deportierte Russe Solschenizyn auch in den US leben. So wie die Amerikaner und der Westen beschaffen waren, mußte er annehmen, daß seine Replik, er hoffe in zehn Jahren wieder daheim in Rußland zu sein, vielleicht zeitlich zu kurz bemessen war. Offensichtlich wollte man im Westen, vor allem in den US, gar nicht jene Zustände, die sich Solschenizyn bei einer eventuellen Rückkehr nach Rußland erwartete. Wenn der Russe mit jungen Amerikanern über die Bedeutung des revolutionären Prinzips redete und er aufzeigte, was und wie die Revolution in Rußland so vieles schon zerstört hat, dann nickten die Jungen und sagten:

»Alles muß zerstört werden und verschwinden, soll anstelle des jetzigen Gefängnisses, das überall die Gesellschaft im Staat ist, ein Haus gebaut werden, in dem es sich gut und sinnvoll leben läßt.«

Solche Sätze waren nicht brandneu, sie stammten nicht aus der Redeweise der Revolutionäre aus der Zeit um 1978. Aber es ließ sich so eine Ansicht mit dem Solschenizyn erschütternden Satz schließen:

»The Revolution must go on.«

Das war ein billiger Abklatsch eines Satzes aus dem Show-Geschäft, wonach eine Schau unter allen Umständen weitergehen

muß und keine Unterbrechung durch unvorhergesehene Ereignisse duldet. Nun, der Russe wußte wenig vom Showgeschäft in den US, außer daß er es nicht mochte und sich die Mühe ersparte, dahin zu gelangen, wo sein Volk längst war. Hat nicht erst unlängst der amerikanische Dirigent Bernstein gesagt, die Musik, zumal die Oper, sei in den US noch weit zurück in der Entwicklung. Gerne hat ihm Solschenizyn zugestimmt, als Bernstein das europäische Continuum Volksmusik – Volksoperette – Oper aufzeigte. Nicht wissend, daß in den amerikanischen Provinzen des Amerikanismus die Operette schon als »out« angesehen wurde, weil man eher das aus den US gekommene Musical schätzte. Und daß die Oper sich ein Experimentieren mit den Werken der Meister gefallen lassen mußte, die kein Kulturbarbar vergangener Epochen gewagt hätte. Die Quellen des Volksliedes aber versiegten im Zeitalter der Jazz-Musik allmählich. Gott sei Dank nicht in Rußland, dachte der Exilrusse, wenn er in solchen Zusammenhängen an seine Heimat dachte.
Den Zwischenfall: Doktorhut aus Harvard, vergaß der Russe bald. Weniger rasch ging sein Erinnern über einen anderen Zwischenfall hinweg. Amerikanische Gewerkschaftsfunktionäre, keine Kommunisten wie die Genossen in Italien, hatten Solschenizyn nach seinem Kommen in die Staaten eingeladen, vor den Teilnehmern einer ihrer Tagungen zu sprechen. Der Russe mußte sich erst erkundigen, was die dabei gebrauchten Chiffren AFL und CIO bedeuteten. Erstere Chiffre stand für *A*merican *F*ederation of *L*abour und CIO bedeutete so viel wie *C*ongress of *I*ndustrial *O*rganisations. Zum Entsetzen der liberalen Presse sprach Solschenizyn über die Verbrechen, die im System des sowjetischen GULAG, in den KZ der dortigen GULAG (= Hauptverwaltung dieser Lager) stattfinden. So als wären sie noch größer als jene unter dem Hitler, zumal sie auch nach 1945 und im Zeitalter der UNO fortbestehen. Als wären sie eine Herausforderung des Weltgewissens, das sich im Zeitalter der Entspannung längst mit dem Terror im Osten abgefunden hat. Um jene Änderung in der Schreibweise und der Ten-

denz Solschenizyns zu verstehen, die ihm in Harvard den Zuruf: SOLSCHENIZYN GO HOME eingetragen hat, muß ein ganz neues Arbeitsvorhaben des bisherigen bloßen Dichters in Erinnerung gebracht werden. Statt sich an die Lösung besagten ZWEITEN KNOTENS seines Romanwerkes zu machen, fing er an, den Terrorismus, der im Anschluß an Marx in der SU entstanden ist, zu analysieren, den unwissenden Westlern die Fakten beizubringen, kurz, Wohlstandsbürger damit zu belasten, anstatt für gutgeschriebene Romane geschichtliche Tatsachen zu studieren. Geschichte aber lieben nur wenige Menschen im Unterricht. Und die meisten Erwachsenen glauben auf einen Nachholunterricht, zumal in russischer Geschichte, verzichten zu können. Außerdem hämmerten die Medien in den US der siebziger Jahre immer deutlicher den Amerikanern ein:
»Links kann es für uns keinen Feind geben, unser Feind kommt immer von rechts her . . .«
So hatte man sich längst mit der terroristischen Diktatur des Kommunisten Tito in Jugoslawien abgefunden, während man die Rechtsdiktatur Francos in Spanien zu hassen lernte wie die Pest. Und jetzt kam dieser seltsame Russe daher, beschrieb ein KZ-System in der SU, als wäre es ein ganzes Archipel von in der Weite des Landes verstreuten Inseln. Alle unter der Verwaltung einer Zentrale, genannt GULAG. Mit einiger Mühe war man dazu gekommen, daß in Deutschland zum Beispiel die jungen Intellektuellen, so wie in der Weimarer Republik, wieder:
»Hände weg von Sowjetrußland«
schrien und jeden, der dawider schrie, als Faschisten, Reaktionär und Kapitalisten abtaten.
In Diskussionen wurden diese jungen Menschen belehrt, die Ausrottung der Bauern in der SU, der Kulaken zumal, sei moralisch gerechtfertigt. Hatten nicht gerade diese Bauern einmal im Dorf jene brutalen Pogrome veranstaltet, mit denen sie sich die Juden und die diesen schuldigen Beträge vom Hals schafften? Und da kommt dieser Solschenizyn und sagt etwa auf Seite 290 seines Werkes DER ARCHIPEL GULAG, in der SU wären 1918/19 allein in den alten Zentralgouvernements 8 389 Men-

schen ohne Gerichtsverfahren von der TSCHEKA liquidiert worden. Wo doch vorher in der Zeit des Zarenregimes zwischen 1826 und 1905, also in einer zehnmal so langen Periode, nicht einmal ein Zehntel jener Zahl derer, die schon im ersten Jahre der SU liquidiert wurden, abgeurteilt und als Attentäter und Mörder hingerichtet worden sind.

Solche und ähnliche Zahlen und Beispiele waren an sich geeignet, den Menschen im Westen klarzumachen, daß der Terrorismus unter Stalin nicht die unselige Ausnahme unter der Herrschaft des Kommunismus ist, vielmehr schon in der ersten Stunde der KP-Regimes in Rußland systembedingt war. Jener Terror und die damit verbundenen Massenermordungen, ohne die nun einmal die bewaffnete kommunistische Minorität in einem Lande auf die Dauer nicht imstande wäre, die unbewaffnete und in jeder Hinsicht fast wehrlose Majorität unter der Knute zu halten. Dieser Hinweis konnte freilich jenen Meinungsknetern in den US nicht passen, die seit 1945 ununterbrochen nur das an Juden geübte Massaker hinstellten und den Deutschen für immer das Nessushemd der Büßer umwerfen wollten. Neben dem Image des bösen Deutschen durften keine Züge jenes Holocaust in der US auftauchen, die Solschenizyn in seinem dreibändigen Werk DAS ARCHIPEL GULAG sorgfältig und mit größter Präzision nachzeichnet. Solange dieser Russe in seinen Bestsellern »nur« gegen den Terrorismus der Stalinära Kritik übte, etwa in seinem Buch: EIN TAG IM LEBEN DES (Häftlings in einem SU-KZ) IWAN DENISSOWITSCH, mochte eine solche Schreibweise angehen im Westen. Gänzlich unerwünscht aber war dort, und natürlich erst recht in der SU, die spätere Tendenz des bisherigen Romandichters, der sich aufmachte, zu schildern, daß das, was man später als Stalinismus bloßstellte, schon in der ersten Stunde der Diktatur des GROSSEN LENIN und seiner Mitarbeiter bei der Liquidierung des Klassenfeindes im Großen geübt wurde. Damals, als der später 1940 von Mördern Stalins liquidierte GROSSE TROTZKIJ mit großer Genugtuung sagte:

»Eine Einschüchterung stellt ein mächtiges Mittel in der Politik

dar. Man müßte ein Heuchler sein, um das nicht zu verstehen.«
Und so auch Sinoviev, recte Apfelbaum:
»Die Buchstaben TSCHEKA erfreuen sich im Weltmaßstab der größten Popularität . . .«
Sinoviev, den Stalin schon 1936 liquidieren ließ.
Niemanden sollte es überraschen, daß Solschenizyns ARCHIPEL GULAG nicht mehr in jenem Standardverlag der Linken Linken Deutschlands erschien, der deutsche Übersetzungen von Dichtungen Solschenizyns mit Zähnen und Klauen verteidigte. Man verdrängte dieses gute Erinnern an Solschenizyn in die Farblosigkeit einer Zeitgeschichte, der man, unfertig wie dieser Wissenschaftszweig nun einmal ausgegliedert ist, schon mal zumuten kann, Dinge zu publizieren, an die man besser nicht rühren sollte. Solschenizyn selbst hat im Prolog des dreibändigen Werkes am Gewissen des Russen gerührt, dessen Herz durch solche Selbstbekenntnisse bedrückt wird. Er rechtfertigte sich immerhin mit dem Sprichwort:
»An Vergangenem rühren – ein Auge verlieren! Vergangenes vergessen – beide Augen verlieren.«
Im Westen waren um diese Zeit allerdings die Dinge schon so weit gediehen, daß man nicht einmal ein Auge riskieren wollte und das selbst auf die Gefahr hin, beide Augen einzubüßen.
Wie erwähnt, wollten die Gewerkschafter des Landes denn doch einiges hören, was dieser seltsame Emigrant aus der SU zu sagen hatte; und dessentwegen ihnen die Genossen aus der KP im Internationalen Verband Freier Gewerkschaften Vorwürfe machen werden, weil man derlei konter-revolutionäres Tun überhaupt zuließ in den US. Als ob Gewerkschaften keine Mittel besäßen, derlei einfach zu unterbinden. Im Juni 1975 bekam Solschenizyn in dem also gescholtenen Gewerkschaften das Wort.
Es war anfangs, als würde Solschenizyn seine Schelte nicht gegen die SU richten, sondern gegen kapitalistische Unternehmer des Westens: Etwa wenn diese auf ihren Ausstellungen in der SU modernste Apparaturen zur Schau stellen, mittels derer man

sich unsichtbarerweise, also auch ohne die gefürchtete »Hirnwäsche«, an den sogenannten Intimbereich der menschlichen Existenz heranmachen kann. Für den Geheimdienst in der SU waren die Mittel der ELECTRONICS CRIMINALS der US von größter Bedeutung, war man doch nicht mehr allein auf Terror, Gehirnwaschungen und dergleichen angewiesen. Man kopierte die in den US entwickelten Wanzen und sonstigen Abhörgeräte in Miniaturbauweise und schon war man Tatzeuge jener geheimen Konventikel, bei denen sich zu allen Zeiten Verschwörer gefielen und gefallen. Weil man aus seinem Herzen keine Mördergrube zu machen braucht, weil man Phantasien nachhängt, in denen der politische Feind zermalmt wird und die Freiheit, die Humanität und die Glückseligkeit anstatt dessen obenan gelangt.
An jenem Tag, da Solschenizyn in Washington vor Gewerkschaftsfunktionären sprach, war in den US noch nicht vollends bekannt, welche Erfolge die Geheimpolizei und die Spionage in der SU mit jenen Abhöreinrichtungen erzielen konnte, die sie in der Botschaft der US in Moskau montiert hatten. Es sollte sich nämlich später herausstellen, daß es im Botschaftsgebäude von Wanzen wimmelte und daß auf diese Weise die Zentralen der SU Nachrichten aufspüren konnten, an die ihre in den SU eingesetzen Spione oft nur schwer herankamen; oder ungleich mehr Geld und Geduld brauchten, um sich einen Amerikaner als Spion anzuheuern. Und wie einfach war doch diese Montage erfolgt:
In einem US-Botschaftsgebäude in Moskau brach ein Brand aus. Aus ungeklärten Ursachen. Sofort rückte die Feuerwehr der Stadt aus, im Brandfall wäre es ja unsinnig, die Immunität des gefährdeten Hauses den wackeren Feuerwehrleuten entgegenzuhalten, sie abzuwehren. Das Feuer konnte in diesem Fall mit großer Mühe unter Kontrolle gebracht werden. Nachher, als das Botschaftspersonal den von den Helfern in Feuersnot hinterlassenen Wanzen auf die Spur kam, wußte die Presse in der SU bewegte Klage darüber zu führen, wie schändlich die Kapitalisten die Feuerwehrleute verdächtigten: Indem letztere

beschuldigt wurden, unter ihnen wären Spezialisten gewesen, die die Brandbekämpfung benutzten, um ihre Wanzen im Gebäude der Vormacht des Kapitalismus anzubringen. Wegen der Détente, also der Entspannung in den Ost-West-Beziehungen, verbannten die Medien in den US derlei Zwischenfälle dahin, wo Spionage-Thrillerfilme ohne Beleidigung der SU derlei Vorfälle dem erstaunten Zuschauer liefern, natürlich ent-politisiert, zur bloßen Entspannung nach einem in der Langweile des Überfluß-Komforts verbrachten Tag.
Solschenizyn erinnerte die Gewerkschafter daran, daß die Lieferung von Abhörapparaten aus den US in die SU erst aufhörte, als einige scharfe Beobachter darauf hinwiesen, daß als Folge dieses Freihandels die Freiheit, zumal deren bescheidene Bestände in der SU, einige harte Schläge abbekommen habe. Das alarmierte die älteren Gewerkschafter gar nicht so sehr. Denn sie erinnerten sich jener Jahre nach dem Krieg, da es in Kreisen der gewissen Linksinteressenten als humane Tat galt, den Sowjets alle Fortschritte zugänglich zu machen, in denen damals die US der SU voraus waren in der Herstellung von Atomwaffen. Und was war schon eine Wanze, verglichen mit einer Atombombe. Oder mit jener russischen Wasserstoffbombe, die der neuerdings in der SU verfolgte Wissenschaftler und Abweichler Sacharov in ihrer Erfindung so maßgebend gefördert hat: Sacharov, der später auch den Nobelpreis bekam, zumal er nicht die Enttäuschung Einsteins mitmachen mußte, der bekannlich die von ihm für Kriegszwecke geforderte Atombombe im Einsatz über japanischen Städten erlebte.
Solschenizyn konnte sich nicht verkneifen, den Gewerkschaftern jene Äußerung Lenins zu erzählen, von der schon die Rede war und bei der es anläßlich einer der schweren Krisen des Leninismus darum ging, daß die Genossen Angst bekamen vor der wirtschaftlichen Überlegenheit des Kapitalismus über das rostige, so Solschenizyn, System der sowjetischen Kommandowirtschaft. Und wie Lenin die Genossen beruhigte:
»Genossen, nur keine Panik. Wenn für uns die Lage ernst wird,

werden wir den Kapitalisten einen Strick liefern, damit sie sich daran aufhängen . . .«

Einer der Genossen unterbrach:

»Woher jetzt einen Strick nehmen?«

Und Lenin:

»Sie werden uns den Strick liefern, weil sie selbst mit solchen Lieferungen Geschäfte machen.«

Schon glaubte man in den US, diesen Vorfall zu den Anekdoten der Anti-Kommunisten rechnen zu können, zu den Treppenwitzen der Weltgeschichte. Wie sie Tatzeugen erst einfallen, wenn sie schon die Treppe hinuntergehen und sie einschlägige Argumente hätten vorbringen sollen, solange sie oben waren. Nun, Stalins Nachfolger Chruščov hat noch Jahre nach Lenin gesagt: »Wir werden euch begraben.«

Und indem Solschenizyn den amerikanischen Gewerkschaftsfunktionären das Sowjetsystem zu erläutern versuchte, kam er immer wieder auf das momentane Risiko zu sprechen: Der Westen redet von Détente und meint Entspannung, um Ruhe zu haben, zum Verdienen und Konsumieren. Die Sowjets aber reden von Détente und meinen Zeit-gewinnen, um einmal den Kapitalismus auf jenen Schindanger zu befördern, auf den sie 1917 den Feudalismus in Rußland befördert hatten. Solschenizyn ahnte gar nicht, was er sich mit solchem Reden bei seinen offiziellen Gastgebern in den US verdarb. Détente herabzusetzen, war soviel wie Anti-Kommunismus und sohin Rückkehr zum Risiko eines Kalten Kriegs. Noch dazu, wo man die SU in den Krisen der Nahostpolitik brauchte. Hätte Solschenizyn nicht so offen vor den Gewerkschaftern gesprochen, er hätte vielleicht später wieder Gelegenheit gefunden, con sordino sich bemerkbar zu machen. So aber war es einfach unmöglich, Solschenizyn im Zeitalter von Détente in der Auslage stehen zu lassen. Mehr als das: in Washington vor Gewerkschaftern zu sprechen. Derlei Reden waren ja Wasser auf die Mühlen der Reaktion, eine Herausforderung der Gesprächspartner in Moskau. So wenig man deren Anschuldigungen gegen die US ernst nahm, so ernst nahm man Solschenizyns Beschuldigungen des

Sowjetsystems in den Medien der US. Es war, wie gesagt, ein falscher Ton in der mehrsätzigen Détente-Symphonie.
Was kümmerten die Amerikaner schon längstvergessene Vorfälle, etwa jene aus dem Jahr 1930. Die Ent-kulakisierung Stalins hatte damals zunächst dazu geführt, daß im Dorf nicht länger die Bauern am Werk waren, die bisher den Boden bearbeiten durften, ein Stück von dem, was sie unter dem Zaren Alexander II. ins freie Eigentum bekamen. Da fielen die Ernteerträge, auch in der alten Kornkammer Rußlands, in der Ukraine, und in den Städten starben Menschen auf den Straßen vor Hunger. Die US halfen mit Lieferungen aus; das freute die Farmer der US, die ihr Getreide ohnedies nicht losbekamen in den US; und das ärgerte Moskau, weil es eine Blamage der roten Wirtschaft war. Also sprach man im Osten davon, die US hätten die Hilfeleistungen benützt, um in der SU Spionageeinrichtungen aufzuziehen.
Solschenizyn ließ aber auch wirklich alle Diskretion beiseite. Erzählte er nicht gar den im Sowjetsystem unbewanderten Gewerkschaftern aus den US, Willy Brandt, der es immerhin zum Vorsitzenden der SPD, Regierungschef in Bonn und Nobelpreisträger um der Détente willen gebracht hat, dieser hätte einmal bekannt:
»Ich wäre für Détente. Und selbst mit Stalin.«
Stalin, der immerhin Träger des Rekords war, bei Säuberungen etwa 40 000 Menschen in einer Woche liquidiert zu haben. Freilich, Solschenizyn war nicht für Détente, so wie alle Emigranten gegen eine Versöhnung des Restes der Welt mit dem Regime in ihrer Heimat sind, das ihnen persönlich die Heimkehr aus dem Exil verwehrt. Aber wußte Brandt, als er obige Rede führte, von den gleichzeitigen Erfahrungen, die Solschenizyn in der SU machte? Der Dichter erzählte davon den Gewerkschaftern: Ein Russe, der mit einem Amerikaner bekannt war, war damit der Spionage zugunsten der US verdächtig. Nicht zu reden von einem Unglücklichen, der sich dazu hinreißen hat lassen, mit einem Amerikaner in Rußland ein Kaffeehaus zu besuchen oder ein Restaurant. Alles, aber auch wirklich

alles, was in der späteren Vorstellung eines Sowjetbürgers einen Westler herabsetzt, wird Kindern in der Elementarschule eingepaukt, später immer aufs neue durch die Medien wachgerüttelt in der Erinnerung und in Schlagzeilen plakatiert:
»Amerikanische Imperialisten möchten die Weltkontrolle an sich reißen . . .«
Mit der Zeit schien es Zuhörern im Auditorium der Gewerkschafter, als würde Solschenizyn zu dick auftragen. Mißtrauen mischte sich in ihre Neugierde. Aber es war ihnen unverständlich und also bis zu einem gewissen Grad unglaublich, wenn der Dichter etwa erklärte:
»Das Sowjetsystem ist nach außen dermaßen abgedichtet, daß es für Sie (also für einen amerikanischen Durchschnittsgebildeten) nahezu unmöglich ist, es von außen her zu verstehen.«
Das hätte Solschenizyn nicht sagen dürfen. Hat man es von Amerikanischen Wissenschaftern nicht ganz anders gehört, von Männern, die die Inside Story des Sowjetsystems kennen und erproben lernten? Wer in den US der siebziger Jahre vom Fortschritt in der Welt sprach, rechnete die in der SU erzielten Fortschritte, nicht nur die technologischen, dazu. Auch im Politischen schien es so geworden zu sein, daß die Dinge jetzt anders lagen als unter dem im Anfang der SU bestandenen Terror. Niemand würde es in den US wagen, jetzige Wahlen in der SU etwa mit jenen zu vergleichen, die nach 1933 in Deutschland stattgefunden haben. Derlei würde ja Hitlerdeutschland in eine Linie stellen mit dem östlichen Partner in der momentanen Entspannung. Und an jenen Mr. Chamberlain erinnern, der 1938 unter dem Codewort: APPEASEMENT das betrieb im Umgang mit Hitler, was in den siebziger Jahren die US mit den Epigonen Stalins betrieb. DÉTENTE, Entspannung. War also Solschenizyn gegen Détente? Fast glaubten es an jenem Tag im Juni 1975 die Gewerkschafter, die sich diesen merkwürdigen Russen eingeladen hatten.
Aber dann kam Solschenizyn zu einem Schluß, mit dem er die Frage: DÉTENTE JA ODER NEIN auf seine Weise beantwortete:

»(Détente) ist nicht bloß notwendig. Sie ist unersetzlich, wie die Luft, die wir atmen. Sie ist der einzige Weg, die Welt zu retten. Statt eines Weltkriegs bräuchten wie Détente, Entspannung. Bloß: Es müßte eine wahre, eine wirkliche Entspannung sein, eine, an der folgende Kennzeichen dran sind:
Zuerst: Abrüstung. Wir müssen nicht bloß jene Art von Waffen vernichten, die dazu dienen, den Nachbarn zu vernichten; sondern ebenso Waffen und Mittel der Gewalttätigkeit, die unseren Landsmann vernichten. In meinem Vaterland gibt es – so wie es Fachleute in England errechneten – zehntausende politische Gefangene und 7 000 Personen, die gewaltsam einer psychiatrischen ›Behandlung‹ unterzogen werden. Es gibt keine Détente, wenn drüben (in der SU) Menschen stöhnen und sterben und in psychiatrischen Spitälern dreimal im Tag Injektionen bekommen, die zerstörend auf die Zellen ihres Gehirns wirken.
Zweitens: Détente darf nicht im Lächeln bestehen oder in wortreichen Zugeständnissen, sondern muß auf festen Grundlagen beruhen. So wie die Bibel es ausdrückt: Baut nicht auf Sand, sondern auf Fels. Wenn nicht die Handlungen des Partners der öffentlichen Meinung, der Presse und dem freigewählten Parlament unterworfen sind, gibt es absolut keine Garantie, daß nicht jedes Übereinkommen über Nacht gebrochen wird.
Drittens: Laßt uns Schluß machen mit jener Art un-menschlicher Propaganda, die man in der SU mit Stolz IDEOLOGISCHE KRIEGSFÜHRUNG nennt, soferne wir Freunde werden und eine Entspannung haben wollen.
Aus unserem eigenen Leben in der SU haben wir die Erfahrung gewonnen, daß Gewalttätigkeit nur mit Festigkeit begegnet werden kann. Die wahre Ideologie des Kommunismus ist jene Lenins: ›Wenn du eine Sache greifen kannst, nimm sie dir; greif an, wenn der Feind schwach ist; wenn du auf einen Wall stößt, gehe zurück.‹ Nur Festigkeit wird es möglich machen, den Angriffen des kommunistischen Totalitarismus zu widerstehen.«
Der Russe kam noch ärger. Er brachte Beispiele aus der Zeit des Zweiten Weltkriegs und jener des Kalten Kriegs nach 1945:

Die Amerikaner sollten auf das Finnland des Jahres 1939 schauen, das, allein auf sich gestellt, dem Angriff der SU widerstand. Dann wandte er sich an seine amerikanischen Zuhörer des Jahres 1975:
»Sie haben 1948 Berlin nur durch die Festigkeit Ihrer Gesinnung verteidigt. 1950, in Korea, haben Sie sich gegen die Kommunisten erhoben und es hat keinen Weltkonflikt gegeben. Im Jahre 1962 haben Sie den Abzug der schon auf Kuba verbrachten Raketen erzwungen; erneut deswegen, weil Sie beständig und fest auf Ihrer Seite waren – und es gab keinen Weltkonflikt.«
Ach, wie lange war es her seit den von Solschenizyn zitierten Ereignissen! Schon war Finnland in seiner auswärtigen Politik gleichgeschaltet mit Moskau und bei Wahlen kam aus der Hauptstadt der SU die Warnung an jene Finnen, die es wagen sollten, außer Linksparteien und Parteien der Mitte auch Rechtsparteien zu wählen. Ja, in diesem Fall würde Finnland zu spüren bekommen, wie das ist, wenn man in den siebziger Jahren einen Rat der SU nicht befolgt. Und von der Luftbrücke ins Berlin von 1950 sollte man ein Vierteljahrhundert später besser nicht reden. Kennedy hat gesagt, er selbst sei ein Berliner. Das aber hat die Kommunisten nicht einen Moment lang beim Bau ihrer quer durch die Stadt verlaufenden Mauer aufgehalten. Und was Kuba betraf, so wird der dortige kommunistische Militärdiktator Fidel Castro demnächst seine Truppen als die Gendarmen Moskaus in jene Länder Afrikas schicken, die den Segen genießen, Dependancen der SU zu sein und kommunistisch dazu. Viele Gewerkschafter hörten gar nicht mehr auf das, was dieser Russe, dem offensichtlich jeder Sinn für Realpolitik abging, sagte. Da hätte man ja gleich auf die Reaktionäre und ähnliche Typen hören können, die es in den US gibt und die für einen Gewerkschafter Dreck bedeuten. So war der seltsame Einwanderer im geistigen Sinne schon ziemlich verlassen, als er schloß:
»Heute ereignen sich zwei hauptsächliche Entwicklungsreihen in dieser Welt. Da sind einmal jene kurzsichtig begangenen

Zugeständnisse, eine Vorgangsweise, die darin besteht, nachzugeben und nochmals nachzugeben, hoffend, daß an einem gewissen Punkt der russische Wolf genug gefressen haben wird.«

O je! War es nicht schändlich, wenn ein Russe von einem gefährlichen russischen Wolf sprach? Und hat man nicht gehört, daß die angebliche Freßsucht und Gefährlichkeit des Wolfs eine Fabel aus alter Zeit ist, welche die heutige Wissenschaft längst widerlegen konnte? Aber der Vortragende war schon bei der zweiten von ihm kritisierten Entwicklungsreihe:

»Den zweiten Entwicklungsprozeß sehe ich als den Schlüssel für alles an. Unter dem Stahlpanzer, den die SU über bekam, hat sich dennoch eine Befreiung des menschlichen Geistes vollzogen. Neue Generationen sind herangewachsen, die nicht willens sind, grundsatzlose Kompromisse einzugehen. Menschen, die bereit sind, eher alles zu verlieren – Einkommen, Lebensbedingungen, ja selbst das Leben – als das Gewissen zu opfern, um ein Geschäft mit dem Teufel zu machen.«

Da war er wieder: Der Teufel, der Teufel, den es nach Ansichten westlicher Theologen nicht gibt, nicht geben kann, nicht geben darf.

»Hören wir doch auf mit diesen sinnlosen und unmoralischen Konzessionen an den Angreifer! ... Wenn wir wenigstens den Fortgang der Konzessionen verlangsamen können ... und wenn wir den Befreiungsprozeß in den kommunistischen Ländern möglich machen, dann werden die beiden (eben erwähnten) Anstrengungen uns eine Zukunft einbringen.«

Offenbar sah der Russe keinen anderen Weg in die Zukunft, als jenen, den er in den maßlosen Utopien seines Vortrags aufgezeigt hatte. Unrealistisch gedacht schien das Ganze, was der Russe aus halben Wahrheiten und nicht bewiesenen eigenen Erfahrungen als Resultat den Berufspolitikern anbot. Haben also nicht doch die letztenNachzügler der Linken Linken recht gehabt, als diese in Harvard dem Neo-Ehrendoktor zuriefen:

»Solschenizyn, geh' heim!«

Wenn ein Wiener einem Landsmann rät: Geh ham, also geh'

heim, dann meint er nicht, der Angesprochene möge seine Behausung aufsuchen. Vielmehr soll damit eindeutig gesagt sein, der so Beratene sollte aufhören mit seinem Gerede oder Getue, derlei sei ohnedies unglaubwürdig. In Vermont oben, hinter Gittern, Stromfallen und dergleichen, mochte Solschnizyn das Geld, das viele Geld, das er für seine Bücher bekam, aufbrauchen. Seine unrealistischen Vorstellungen mag sich seine Familie anhören oder irgendein Dummkopf, der sich noch die Mühe macht, die Ansichten dieses gewesenen Dichters über Politik anzuhören und sich deswegen in dessen geistige Hinterwälder begibt. Aufgeklärte Amerikaner der Endsiebzigerjahre, schon im Begriffe, in der Détante-Rallye ein neues Kurvenmanöver zu erleben, soll er lieber verschonen mit dem Anblick seines veralteten Vehikels eines angeblichen Fortschritts zum Guten.

Schon glaubte der eingangs erwähnte Standardverlag der Linken Linken in Westdeutschland (nun nicht mehr so weit links, da es dort schon wieder eine KP gibt), ein Buch Solschenizyns herausbringen zu können; ohne der immensen Gefahr, einer radikalen Rechten Schützenhilfe zu leisten. (Was die Angst vieler Realpolitiker im Westen ausmacht.) Aber im Südosten, wo man sich besser auskennt mit Russen und Diktatoren, wird der Montenegriner Milovan Djilas schreiben, Solschenizyn stoße mit diesem letzteren Buch nur mehr aufs neue durch Löcher, die er mit seinem Werk EIN TAG IM LEBEN DES IWAN DENISSOVIĆ bereits geschlagen hat. Djilas, zuweilen im Kerker Titos, zuweilen in Freiheit dressiert dem Rest der Welt vorgeführt, kennt sich aus im Umgang mit Kommunisten. Er ist ja selbst einer und ein besserer als Solschenizyn.

»Der General ist ein Scheißer«,
sagte der junge Capitan, der Hauptmann in der Portugiesischen Armee zu dem neben ihm sitzenden Major, der in der maßgeschneiderten Uniform eines NATO-Verbands dieser Armee sehr gut aussah. Der offenbar vorzeitig beförderte Stabsoffizier in der Armee des faschistischen Portugal grinste vergnügt über das ganze Gesicht und gab das Gehörte weiter an den neben ihm sitzenden Fregattenkapitän der Marine besagten minderwertigen Staates. Der Marineur, der eigentlich schon an Bord sein sollte, um bei dem vor der Küste Portugals geplanten NATO-Marinemanöver mit der Tarnbezeichnung DAWN PATROL, Patrouille in der Dämmerung, teilzunehmen, verzog keine Miene. Der Faschismus in Portugal hatte die dortigen Freimaurer dazu erzogen, eher schweigsam zu sein, auch war es nicht üblich, in der Loge in der kommissigen Art zu reden, die sich ein junger Infanterieoffizier erlauben konnte, ohne daß Zuhörer die Augenbrauen hochzogen.
Überhaupt traute der Marineur den bummelwitzigen jungen Offizieren in der Capitans-Bewegung nicht ganz. Man wird sich ihrer und ihrer Kompanien im Ernstfall bedienen, um nach einem halben Jahrhundert klerikaler Diktatur in Portugal die miesen Epigonen des Hitler dieses Landes, Antonio Salazar, zum Teufel zu jagen. Zu lange hatten die US, deren Streitkräfte die gewissen Stützpunkte auf portugiesischem Gebiet im Kriegsfall, vor allem bei der Verteidigung Israels brauchten, gezögert, den alten Bock, den portugiesischen Faschismus, zum Abschuß freizugeben.
Für das Militär hat der 1970 verstorbene Diktator Salazar nie viel übrig gehabt. Denn dieser Professor für Nationalökonomie hat zu oft in seinem Land erlebt, wie dort das Militär alle Dau-

men lang putschte, bald diesen, bald jenen Figuranten anstatt des bisherigen Königs für eine Zeit lang Staatsoberhaupt oder Ministerpräsidenten hat spielen lassen. So hat es seit 1910 mehr als zwei Dutzend verschiedene Regierungen und Regime gegeben, bis 1928 Salazar hinaufkam und es mit seinem verfluchten System zu versuchen begann. Großbritannien, nicht nur Mutterland der Demokratie, sondern schon längst Kontrolleur der Verhältnisse in dem klein gewordenen Staat, ließ den Mann gewähren, weil es die ständigen Unruhen und Umstürze und Putsche im Staat seines Portwein-Lieferanten leid war. Im letzten Weltkrieg wurde Portugal Fluchtburg jener europäischen Juden, die dort – oft sehr lange – warten mußten, bis ihnen irgendein Land der Freien Welt ein Entree-Billet und damit die Chance zum Weiterleben schenkte. In Portugal gab es also wohl eine Diktatur, aber keinen Holocaust. Nach diesem Krieg rückten die US in die bisher von Großbritannien geübte Vormachtstellung in Portugal ein. Es ließ sich nicht verhindern, daß das Militär des Diktators Salazar Teil der NATO wurde, was die Nachkommen des Salazar eines Tages bereuen werden.

In der NATO und in Westdeutschland hat sich die Diktatur in Portugal die Keime ihrer Todeskrankheit geholt. Die Lehrkurse der NATO-Staaten dienten nicht nur der Fortbildung des Offizierskorps angeschlossener Staaten; in solchen Kursen lernten die jungen portugiesischen Offiziere die bedauerliche Einschätzung ihrer Rolle kennen, daß sie eigentlich keine Offiziere waren, sondern Schergen und Büttel des Faschismus. Und es nicht schlecht wäre, sich von diesem Makel zu befreien.

Der zweite Kader des Umsturzes wurde in Westdeutschland ausgebildet. In dieses Paradies des Wohlstands gingen auch Portugiesen, um zu erfahren, daß die erneuerte Demokratie in Westdeutschland etwas viel besseres ist als das miese, unergiebige System in ihrer Heimat. An ihren Arbeitsstätten lehrten sie Betriebsräte und Gewerkschaftsfunktionäre, sie seien wohl auch selbst mitschuldig an den Zuständen in der Heimat, und es dürfte doch nicht schwer sein, diesen Restbestand des Faschismus in Europa zu beseitigen. Willy Brandt, damals Vorsitzen-

der der SPD und Bundeskanzler in Bonn erwies sich, wie später bekannt wurde, als früher Förderer der Demokratisierung Portugals. Aber auch jüngere Christdemokraten in Westdeutschland ließen hören, es sei doch besser, auch in Portugal es wieder mit der Demokratie und dem Parlament zu versuchen, müsse man sich doch schämen, daß in Portugal die katholische Kirche und deren Söhne noch immer einem solchen System anhängen. Hätte es also nicht die NATO und die Gastarbeiter aus dem von kleriko-faschistischen Tyrannen beherrschten Land gegeben, wer weiß, wie lange es noch gedauert hätte, bis dieser Schandfleck auf der Karte Eropas – vom mäßig entwickelten Zustand der Freiheit im Osten soll hier nicht die Rede sein – ausgerottet worden wäre. Hat es nach der Abschaffung der dortigen Monarchie im Jahre 1910 bis zum Auftreten Salazars (der nicht mit Hilfe des Militärs putschte) immerhin 20 putschartige Umstürze gegeben, dann kam es jetzt, nach dem Tode Salazars, nicht auf einen 21. Putsch an. Der zudem Portugal nicht bloß portugalisieren, sondern auch demokratisieren wird. Denn: Nur jene Offiziere, die keinen Linksputsch machen, bilden nach Gelingen ihres Putsches eine bösartige Militär-Junta, eine Säbelherrschaft, wie man sagte, als der Säbel noch eine Kriegswaffe war. Hingegen ist ein Offiziersputsch, der zu einem beträchtlichen Linksrutsch im Lande führt, stets zu begrüßen. Und man sollte die Offiziere nicht schelten, wenn es diese nicht gleich mit der parlamentarischen Demokratie, sondern als modern ausgerüstete Soldaten mit eine Militärdiktatur ohne den Gebrauch von Säbeln versuchen. Auch soll man solchen wackeren Kriegern im Falle Portugals keinen Vorwurf machen, wenn nach diesem Putsch die Wirtschaft des Landes verfiel, die Währung miserabel wurde und der aufblühende Fremdenverkehr erlahmte, weil es ungesund ist, sich in ein Land zu begeben, in dem Revolution gemacht wird.
Und da war die Sache mit den Kolonien Portugals. Diese Kolonien konnten als solche, nach dem was Roosevelt und Stalin schon 1943 in Teheran abgesprochen haben, befreit und in den Status unabhängiger Staaten versetzt werden. Daß diese Unab-

hängigkeit im Falle der portugiesischen Kolonien Angola und Mozambique eine unter der Oberherrschaft des Kommunismus werden sollte, war das kalkulierte Risiko für den Fall, in dem ein bisher faschistisches Land demokratisiert und seine Kolonien ent-kolonialisiert werden. Denn in der freien Welt des Westens ist eine Demokratie, Modell Moskau 1917, immer noch besser als das neueste Modell einer nicht-marxistischen Diktatur.

Auch muß man berücksichtigen, daß der Neo-Kolonialismus der SU und der US nicht von der Art ist, wie er einmal, anno 1882, dem alten Ägypten gegenüber angewendet wurde. Man kann auch auf andere Weise die Kontrolle über Rohstofflager und dergleichen gewinnen, an denen es in den Kolonien Portugals nicht mangelte. Der Amerikanismus hat dafür subtile Methoden, wie sie der wirtschaftliche Internationalismus der dortigen Superreichen in West und Ost praktiziert, also unter Verzicht auf irgendwelche ideologische Engagements oder gar Militär. Und die SU werden, wenn es sich ergeben sollte, daß die Schwarzen in Afrika nicht allesamt in diesem oder jenem Staat rot werden möchten, einfach die Gendarmen des Genossen Fidel Castro holen, also quasi mit einer Ab-art des Amerikanismus in Schwarzafrika auf kommunistisch Ordnung machen.

Im übrigen haben Moskau und Peking in den afrikanischen Kolonien Portugals, des faschistischen Portugals, längst Freiheits- und Unabhängigkeitsbewegungen organisiert, bewaffnet und in den Partisanenkrieg geschickt. Die Anführer dieser relativ kleinen Eliteverbände des Fortschritts werden dann die Kontrolle in der betreffenden Kolonie übernehmen, wenn man in Portugal geputscht haben wird und die neuen Herren, dem Rat der US folgend, die Kolonien sich selbst und den Kommunisten überlassen werden. Bedauerlich war nur, daß es in diesen Kolonien rückständige, alten Stammesverbänden zugehörige Schwarze gab, die ihrerseits die Macht im Land und die hinterlassenen Güter der Weißen haben wollten. Man wird diese belehren, und zwar mit automatischen Waffen, die längst heimlich ins Land geschafft wurden, als im Busch der Kampf der schwarzen Guerilleros gegen das reguläre Militär der portugiesischen Faschisten tobte. Übrigens hat auch der Weltkirchenrat in Genf für solche Freiheitsbewegungen Geld hergegeben, wobei die Empfänger nicht gegen den Widmungszweck verstießen, wenn sie die Spende christlicher Brüder etwa zum Ankauf von Waffen verwendeten, mit denen sie auf papistische Portugiesen schossen. In diesen Kämpfen hat sich der eingangs erwähnte General (das obszöne Wort ist nicht geeignet, in den Text dieses Buches aufgenommen zu werden) große und im Faschismus nie vergessene Verdienste erworben.

Dieser Held der letzten Stunde des Faschismus in Portugal war der Herkunft und Anschauung nach weder Sohn armer, aber anständiger und politisch einwandfreier Eltern; noch Liberaler und schon gar kein Freimaurer. So sah er auch nicht aus. Man hätte ihn eher für den Typ der alt gewordenen und genießerischen Generale des verstorbenen Mussolini halten können, mochte er auch noch so kühn mit dem einen Auge hinter dem Glas seines Monokels hervorblicken, das er sich vors rechte Auge zu pressen pflegte. Ja, so sah er aus, der kühne Spinola, der die Faschisten in Portugal stürzen wird.

Die Spinolas waren eines jener Geschlechter des (bestandenen) christlichen Abendlandes, die nicht dem später üblichen Nationalismus frönten, sondern in vieler Herren Länder Dienst taten. Ein Träger dieses Namens war unter dem Kaiser in Wien, es war das Leopold I., Bischof von Wiener Neustadt und in dessen Auftrag im geheimen dafür tätig, im Deutschen Reich die seit Martin Luthers Zeiten uneinigen Christen Deutschlands wieder zusammenzubringen; es war also Strategie der ökumenischen Bewegung, wie man diese Bewegung nannte, als in den Siebzigerjahren des 20. Jahrhunderts ein Spinola in Lissabon putschte. Ein anderer Spinola hat in Diensten der Spanischen Majestät mitgekämpft in den langen, aber sieglos geführten Kriegen gegen die protestantischen, reichsdeutschen, aber aufsässigen Niederländer und dabei die Festung Breda in Holland erobert. Die Kapitulation von Breda war für den großen Maler Velasquez Vorwurf eines Kolossalgemäldes. Auf diesem sieht

man im Hintergrund einen Wald von Lanzen, welche die spanischen Pikeniere gegen Himmel emporhalten und deren Anblick dem Gemälde den Namen: LAS LANZAS, Die Lanzen, gab. General Antonio Sebastiano Ribeiro de Spinola, also der eingangs mit einem obszönen Schimpfwort belegte General, war, als er putschte, vierundsechzig Jahre alt. Dem Kleriko-Faschismus hatte er stets treu und wacker gedient. In den Kolonialkriegen dieses Systems hat er sich den Ruf eines bedeutenden Militärs erworben, zumal das ruchlose Regime in Lissabon erhebliche materielle Mittel aufbrachte, um seine wirtschaftlich nicht ganz bedeutungslosen Kolonien in Afrika nicht in die Hände anderer Ausbeuter fallen lassen zu müssen. Für seine Leistungen im Kolonialkrieg bekam Spinola die höchste Tapferkeitsauszeichnung seines Landes um den Hals gehängt. Nach Rückkehr aus den nach wie vor von Aufständen gefährdeten Kolonien griff der General zur Feder und schrieb unter dem Titel PORTUGAL UND DIE ZUKUNFT ein Buch, in dem er das von ihm mit der Waffe verteidigte Kolonialsystem seines Landes sehr abschätzig beurteilte und ihm ein mäßig gutes FUTURO vorhersagte. Diese seltsame Obstinanz gegen das Regime, dem Spinola so lange wacker gedient hatte, hielten die jungen Offiziere der NATO-Ära für ein Anzeichen dafür, daß der General entweder verblödet oder anderen Sinnes geworden war. In beiden Fällen war Spinola als dekoratives Auslagenstück für das zu verwenden, was die Capitansbewegung wollte: Putschen und selbst einmal versuchen, wie das ist, wenn man Herr im Land ist.
In den US las man das Buch Spinolas auch, und man erkannte, daß der seltsame portugiesische General genau das wollte, was Roosevelt und Stalin schon 1943 in Teheran gewollt hatten: Das Ende des Kolonialismus der Portugiesen, der eigentlich die längste Tradition aller einschlägigen Traditionen europäischer Kolonialstaaten hatte. Mußten doch die Portugiesen vor vierhundert Jahren, von Amerika wußte damals niemand in Europa, die fernen Länder in Übersee erst entdecken, die nachher die angel-sächsischen Staaten unter ihre Kontrolle genommen ha-

ben. Daß Spinola nach dem Muster des britischen COMMONWEALTH an ein portugiesisches COMMONWEALTH dachte (also an eine machtlose Tischrunde, zu der die Britische Majestät und ihr Premierminister die Regierungschefs der unabhängig gewordenen Kolonialländer des untergegangenen British Empire einzuladen pflegten) wurde in Washington richtigerweise nicht als Ansatz eines Neo-Kolonialismus in Portugal angesehen. Um 1964 war das Britische Commonwealth bedeutungslos, ein portugiesisches wird niemals zustande kommen. Also klopfte man Spinola auf die Schulter und sagte ihm mit dem gewissen Augenzwinkern etwa:

»Wacker, wacker. Und nur so weiter.«

Ein Typ wie Spinola macht keinen Putsch. Nicht weil er dafür zu loyal ist gegenüber der Regierung, der er den Treueid leistete, sondern weil er dazu unfähig, wohl auch zu feig ist. So wie in Ägypten die Nasser-Leute einen General vorschoben, der ihnen mit einem Offiziersputsch den dicken König Faruk vom Leib schaffte, benützten die Offiziere im kleriko-faschistischen Portugal Spinola, um sich der Epigonen des Salazar zu entledigen. Und wie im Umkreis Nassers gab es auch in Portugal Männer in Uniform, die sich in die Politik drängen wollten:

Da war ein Oberst namens Gonzales, ehedem ein Held im afrikanischen Busch, mit dem, was die Schwarzen anging, nicht gut Kirschen essen war. Er sollte von der Capitansbewegung in den Rang eines künftigen Ministerpräsidenten, also ans Steuer des Vehikels zur Demokratisierung Portugals, gesetzt werden. Dann gab es den eingangs erwähnten Marineur, nach dem Sturz der Klerikalen schon Admiral; ein entschiedener Anhänger jenes Linksliberalismus, der links nie einen Feind zu sehen glaubt, ein Intellektueller, der lieber mit Kommunisten als mit Klerikalen gemeinsame Sache machte. Und viele Offiziere, die nach der Rückkehr aus NATO-Kursen oder im Umgang mit Kameraden anderer NATO-Staaten zur Ansicht kamen, es sei nicht einzusehen, daß diese Kameraden es so gut haben, während ein Soldat im faschistischen Portugal es ungleich schlech-

ter hat als der eines Staates, dessen Regierung anti-militaristisch, aber demokratisch eingestellt ist.
Im April 1974, die NATO-Eskader machte gerade die Übung unter der Tarnbezeichnung PATROUILLE IN DER DÄMMERUNG und schützte den Putsch vor einem Eingreifen von unberufener Seite, schlugen die jungen Herren los. Das 5. Schützenregiment, ein NATO-Verband, wurde aus seiner Garnison Richtung Hauptstadt in Marsch gesetzt. Die Fünfer erreichten Lissabon noch rechtzeitig genug, um den diversen Nachrichtensprechern der zum Teil privaten Rundfunkstationen eine sensationelle Nachricht einzugeben: Dem guten Volk Portugals hätte wieder einmal der Herr das Ihrige im Schlaf gegeben. Nämlich die Freiheit, von der es in den überarbeiteten Frühnachrichten hieß, das Volk halte sie nunmehr in Händen. Die Kameraden leisteten der Fünfer keinen Widerstand, denn Militär schießt ungern auf Militär im Bürgerkrieg.
Gott sei Dank hatten nicht die Kommunisten, wie in den Dreißigerjahren in Spanien, die Macht und auch nicht die Sozialisten, sondern Soldaten. Und man erfuhr aus dem Radio, daß eine BEWEGUNG DER STREITKRÄFTE der aufkeimenden Demokratie eine Stütze sein wollte. Alte Männer, die, wie gesagt, 20 derlei Umstürze erlebt hatten, sagten sich, es wird schon nicht so arg werden. Haben wir diese 20 Putsche überlebt und eine Generation das Salazar-Regime, dann werden wir auch diesen ersten Putsch der Neuen Serie überstehen.
Aber die Freiheit war nicht aufzuhalten. Bald wurde bekannt, daß das abgesetzte totalitäre Regime in ganz Portugal nicht weniger als 123, in Worten einhundertundzwanzig und drei, politische Häftlinge in Verwahrung gehalten hat. Das war insoferne enttäuschend, weil man gerne eine vier- oder fünfstellige Zahl zum Zeichen dieser totalen Gewaltherrschaft bekanntgegeben hätte. Im Osten waren die Genossen über diese niedrige Zahl enttäuscht, und sie fragten sich, wo den die AGITROP-Offiziere der Befreier gewesen wären, als man diese Minimalzahl verlautete; es hätte doch nur eines Schreibfehlers im Konzept des Sprechers bedurft und schon wären aus den 123 poli-

tisch Verfolgten 1 233 oder gar 12 333 geworden. Wozu bei der Wahrheit bleiben, wenn man es doch mit Faschisten zu tun hat?

Zudem, wo es sich als notwendig erwies, nach der Befreiung Portugals gleich 12 000 (sage und schreibe zwölftausend) Helfershelfer des Faschismus zu arretieren und hinter Gitter zu bringen. Alte Faschisten, wie sie immer noch in Haufen herumsitzen in Europa, fragten sich, wie es kommen konnte, daß der (natürlich verratene) Marsch derer von den Fünfern auf Lissabon nicht aufgehalten worden ist von besagten 12 000 Mann, also immerhin ein Haufen von Divisionsstärke. Ach, sagte der Infanteriehauptmann, der Spinola mit dem obszönen Schimpfwort belegt hatte und der binnen kurzem auf Spinola als Staatsoberhaupt vereidigt werden wird, diese 12 000 waren ja nur Sesselreiter, das, was der Spinola in den Augen des jungen Capitan war. Also Staatsbeamte ohne Waffen.

In der freien Welt des Westens bejubelten die Medien des News-Managements den Sieg der Freiheit und ihrer Befreier in Portugal. Die im Vergleich zu den organisierten internationalen Gemeinschaften der Marxisten eher schwächlich geratene Internationale der Klerikalen beeilte sich, in die allgemeine laudatio einzustimmen: wollte man doch nicht dastehen, wie der Apostelfürst Petrus, der in der Nacht zum Karfreitag schwor, er wäre nie bei diesem Christus gewesen. Das muß man verstehen:

Im Westen ist man als Ex-Kommunist, wie der Deutsche Herbert Wehner, selbstverständlich o. k. Ein früherer Faschist oder dergleichen kann nie o. k. in einer Demokratie werden, denn nur Kommunisten bieten auch nach einem langen Kampf gegen die Demokratie die Gewähr, als Exkommunisten *für* diese zu sein. Und damit basta.

In den früheren portugiesischen Kolonien in Schwarzafrika herrschten bald die Freude und die Parteigänger einer kommunistischen Konfession des Marxismus. Leider hatten die Kommunisten chinesischer Observanz trotz unbestreitbarer Verdienste für den bisherigen Krieg der Linken im Untergrund einen Fehlstart, und Moskau hatte bald die Finger in diesen leckeren

Omeletten, wie sie die portugiesischen Kolonien doch waren. Jetzt wäre auch der Tag gekommen gewesen, an dem der Große Mao die Schmach hätte tilgen können, die darin bestand, daß seit 1557 im riesigen China die winzige Kolonie Macao bestand. Aber Mao war dieses Fenster zum Westen auch als Kolonie Portugals lieber als ein China, das überhaupt keine Fenster und Türen zur verfluchten Welt des Kapitalismus hätte, dessen Produkte manchmal unentbehrlich waren. Und so blieb den Portugiesen von ihrem Kolonialreich, das älteste und einmal größte aller europäischen Kolonialländer, zuletzt nur mehr dieses Macao im China Mao Tse-Tungs.

In Schwarzafrika kamen schlechte Zeiten für die Weißen, in diesem Fall für die Portugiesen, deren Vorfahren zumeist länger an Ort waren als später zugewanderte Negerstämme, deren Häuptlinge jetzt anstatt der Weißen in deren Häuser wohnen, in deren Betrieben anschaffen und deren Luxus genießen wollten. Mit anderen Worten, diese Kolonisten, deren Familien manchmal seit 400 Jahre im Land waren, mußten alles liegen und stehen lassen, was ihre Vorfahren aufbauten, um das Leben und die Heimkehr nach Portugal zu erleben, das ihnen nicht weniger fremd war, als den Häuptlingen der siegreichen Schwarzen die von den Kolonisten hinterlassene Kultur in Afrika. In den US, die die indianischen Ureinwohner des Landes ausrotten oder in Reservationen verkommen ließen, sah man mit Genugtuung auf die Verschickung der portugiesischen Kolonisten in eine Welt, die diesen so fremd war wie Europa den Nachkommen der ersten aus England geflüchteten Kolonisten Nordamerikas. Indessen war mit dieser Vertreibung von Weißen aus Afrika auch den Nachkommen jener Negersklaven in den US Genugtuung geleistet, die einmal importiert, ausgebeutet oder im Handel verhökert wurden.

Im Putsch des Spinola bewegten sich die Streitkräfte des Landes natürlich auf den harten Straßen des portugiesischen Mutterlandes viel gesicherter als etwa früher im afrikanischen Busch, wo sie stets Gefahr liefen, mit einem Gewehr erschossen zu werden, das die schwarzen Untergrundkämpfer mit dem Geld des Weltkirchenrates gekauft hatten. Die politisierenden militärischen Vorgesetzten führten beim Putsch in der Heimat dahin, wohin man kommen muß, wenn das Volk wieder einmal die Macht in seine eigenen Hände genommen hat. Die Streitkräfte besetzten also die Redaktionen der Zeitungen, so ihnen nicht kommunistische Stoßtrupps zuvorgekommen waren; die Rundfunkstationen und andere Einrichtungen des News Managements, so daß von Stund an die Bevölkerung des Landes nur mehr die Wahrheit, die reine Wahrheit und nichts als die Wahrheit aus den Medien hörte oder sah. Einem Trotzkij hätte gegraust: Es gab keine Nacht der Langen Messer in Lissabon und so werden es sich die Genossen der KP Portugals, treue Anhänger Moskaus, selbst zuzuschreiben haben, wenn sie nach dem Sturz des Faschismus nicht an die Macht kamen. Auch der Staatspräsident Spinola war mit dem Kind seiner Laune unzufrieden. Das war nicht jenes Portugal, wie es in seinem Büchel stand. Die Farbigen in den Kolonien hatten überhaupt kein Interesse an seinem Traum vom LUSITANISCHEN COMMONWEALTH. Sie schickten die Weißen schiffladungsweise nach Europa, legten einige Unbelehrbare um. Auch sonst bekam Spinola üble Nachrede. Weniger von Seiten alter Faschisten und Klerikalen, die er betrogen hat, als vielmehr von altgedienten Demokraten, die sich plötzlich einer Säbelherrschaft von der Art unterworfen sahen, die es unter dem Faschismus nicht gegeben hat. Die Offiziere der sogenannten Bewegung der Streitkräfte dachten nämlich nicht daran, die Macht jenen zivilistischen Typen zu überlassen, die ihnen in jedem Fall nicht zusagten. Die MFA, also besagte Bewegung der Streitkräfte, ließ sich als Siegerin über den Faschismus feiern, dachte aber nicht daran, jetzt das Spiel der Demokratie zuzulassen. Ihr Lotse war jener Marineur, der es gleich zum Admiral brachte. Er empfing neugierige Journalisten aus dem Westen nicht in Uniform, sondern in Zivil, über dem kräftigen Oberkörper einen Rollkragenpullover. Die Glatze ließ er sich kahl rasieren, um den Eierkopf des Intellektuellen voll zur Geltung zu bringen.

Dieser Admiral hatte nichts gegen die Zusammenarbeit seiner Kameraden mit der neugegründeten KP im Land. Hingegen unterdrückte er namens der MFA eine im Entstehen begriffene Partei der christlichen Demokraten, weil Christen in allen Fällen störend sind. Den ausländischen Journalisten aber sagte er unverblümt, Spinola gäbe sich nur in seinen Schriften demokratisch, nie aber in der Praxis. Und überdies sei es ein Fehler gewesen, ihn an die Spitze zu lassen, nachdem er gar nicht den Putsch angeführt hat. Ausländische Journalisten hörten das und an sich waren sie der Meinung, in Portugal wäre eine echte Militär-Junta am Werk, so wie ehedem in Griechenland. Sie bemerkten, daß die Kämpfer der radikalen Linken, ungeachtet der Parteiunterschiede samt dem Militär sich einig waren, bei der Besetzung von Druckereien, Redaktionen und Rundfunkstationen; wobei man jene bei der Arbeit ließ, die entweder gewährbietend für die Linke waren oder arme Schlucker, die gegen Entgelt alles schreiben, was man ihnen anbefiehlt zu schreiben. Daß in Portugal auch die Pfaffen eine eigene Rundfunkstation besessen haben, kam den Auslandsreportern seltsam vor, daß sie in ihren Reports an sich nichts dagegen hatten, daß man diese Station den Klerikalen wegnahm.
Mit der Zeit glaubte Spinola sagen zu müssen, im Lande wüchse nicht jene Zukunft heran, die er in seinem Buch in hellen Farben beschrieben hat. Die Kameraden von der MFA wieder, mehr geschulte Revolutionäre, behielten den Spinola im Fadenkreuz ihrer Beobachtungsgeräte, wußten sie doch, daß jeder Revolution nach der Gesetzmäßigkeit des revolutionären Prinzips eine Kontra-Revolution folgt. Diese gilt es dann zu liquidieren, um bis an ein seliges Ende allein regieren zu können. Vieles ärgerte Spinola. Zum Beispiel die Soldaten und Seeleute, die unrasiert, in verschlampten Uniformen, aber stets bewaffnet, durch die Straßen streunten, bald da, bald dort der Revolution Geltung verschafften und viele anständige Leute belästigten, arretierten und jenen 12 000 Menschen zugesellten, die von der Revolution anstelle der 123 Opfer des Faschismus in die Gefängnisse gesperrt wurden. Fürs erste.

Auch hörte Spinola, daß Moskau mit den Genossen in Portugal sehr zufrieden sei, obwohl diese doch nur eine kleine Minderheit im Lande ausmachten. Eine straff organisierte Minderheit, die sich ihre Aufträge in Moskau erbat und zudem der Meinung war, das Portugal des Spinola sei genau so wenig wert und haltbar wie jenes liberale Regime in Rußland, das nach dem Sturz des Zarismus sich inmitten von Krieg und Bürgerkrieg in einem von den Bolschewisten verachteten Demokratismus versuchte. Nun, man wird in Portugal den Spinola ebenso zum Teufel jagen, wie 1917 in Rußland den liberalistischen Führer der Revolution der Bürgerlichen, den später steinalt gewordenen Kerensky, der in die US flüchtete, um dort auf den Sieg der Demokratie in der SU zu warten – bis er 1970 starb.
In Peking sah man mit einigem Mißvergnügen, daß mißgeleitete Genossen Moskauer Observanz den Maoisten die Gründung einer eigenen KP versagten. So als wären die letzteren Genossen genau so schlechte Demokraten wie jene Klerikalen Portugals, die eine Partei christlicher Demokraten bilden wollten. Wo man doch weiß, daß Klerikalismus und Demokratie sich nie vertragen können.
Was die Kommunisten aber freute, war der Umstand, daß rechts von links nach dem Sturz des Faschismus nicht weniger als 60 Parteien entstanden. Je mehr das Bürgertum zersplittert ist, desto leichter kann eine marxistische Minderheit ihre Regime aufrichten und aufrechterhalten. Auch den Militärs gefiel diese Zerrissenheit im entstehenden Parteienstaat, weil es leichter ist, einen Pinkel Flöhe im Sack zu behalten als eine politische Bewegung, die sich weder vor Kommunisten, noch vor politisierenden Militärs und selbst vor dem Teufel nicht fürchtet, dauernd zu unterdrücken.
Spinola fuhr fort mit seinen pathetischen Auslassungen in der Öffentlichkeit. Einmal hat er gehört, daß man in den US von einer Silent Majority sprach, also von einer stummen Mehrheit, die nicht redet und daher auch in einer Demokratie nichts zu reden hat. Spinola kam angesichts der Stummen eine Idee. Eine glänzende Idee, wie ihm dünkte. Denn er wollte einfach die

Stummen in Portugal einspannen für seine Idee vom Fortschritt. Ungeschult wie er war, ahnte er nicht, daß derlei ebenso schief gehen mußte, wie es schiefgegangen wäre, wenn in Österreich ein verrückt gewordener Generaldirektor der staatlichen Tabak-Regie auf die Idee gekommen wäre, die Nicht-Raucher in einer Organisation zur Förderung des Absatzes an Rauchwaren zusammenzufassen und sie, wie man sagt, zu motivieren und zu aktivieren.

Eines Tages geschah es: Die Schweigsamen im Lande wurden angesichts des Terrors, den sich die Roten verschiedener Richtungen gestatteten, immer schweigsamer. Und also erschien eine kleine Masse schweigsamer Leut' vor dem Palast des Spinola, die dieser für den Ausbruch der Silent Majority hielt. Diese Menschen, in den Augen der Linken das letzte Aufgebot des bestandenen Faschismus, redete der Spinola an, wie er ehedem Offizierskameraden in einer Ansprache im Casino pathetisch anzufeuern beliebte:

»Die zunehmende Verschlechterung des gesellschaftlichen, wirtschaftlichen und politischen Klimas ... bietet mir Anlaß zu schwerer Sorge ... Mein Gefühl verbietet mir, das Volk zu betrügen ... für das (das Volk) unter der Flagge einer falschen Freiheit neue Formen der Sklaverei vorbereitet werden.«

Die liberalistische und sozialistische, auch Reste der christdemokratischen Presse des Westens kommentierten derlei Auslassungen Spinolas mit giftigen Kommentaren. Besagter kahlköpfiger Admiral gab zu, man hätte sich anfänglich einer politischen Null wie Spinola bedient, um hinter diesem Popanz an die Macht zu kommen. Aber – man werde nicht zulassen, daß sich dieser Null andere beigesellen und womöglich dann eine Eins auftaucht und aus einer Serie von Nullen eine Millionenzahl macht. Also mußte Spinola gehen, nicht nur aus dem Präsidentenpalais, sondern auch ins Ausland, und man holte sich aus dem Kulissendepot der Militärs eine andere Null, den letzten Chef des Generalstabs unter dem verwichenen kleriko-faschistischen System, einen gewissen Francesco de Costa Gomes. Dieser handelte nach Befehl, konkret nach den Befehlen der »BE-

WEGUNG DER STREITKRÄFTE«. Diesem schien auch ein Brigadegeneral namens Vasco Gonzales als Ministerpräsiden genehm, weil dieser, so wie in Griechenland der nach Verhaftung der dortigen Militärjunta ins Amt gekommene Ministerpräsident, seine Demokratie erst dann komplett fand, als die KP des Landes mitmischen durfte. Der eher pro-kommunistische General nahm keinen Anstand, den Anführer der Sozialisten im Land, einen gewissen Soares, auf den man in Westdeutschland große Stücke hielt, in die Regierung zu nehmen. Soares macht aus seinen Herzen keine Mördergrube:

»Mein Ziel ist und bleibt die Zerstörung des Kapitalismus und nicht etwa die bloße Korrektur schreiendster Ungerechtigkeiten dieses Systems.«

Natürlich meinte der demokratische Sozialist nur den »anderen« Kapitalismus, nicht etwa den Staatskapitalismus unter einem sozialistischen Regime, das mit seiner allgemeinen Verstaatlichungspolitik dem privaten Kapitalismus im Lande ein Ende bereitet und dem Sozialismus dient.

Und dann schritt man zu den Wahlvorbereitungen. Die Lage war nach der Vertreibung der Kleriko-Faschisten mieser geworden: Preise stiegen um 30% und Westdeutschland war beim besten Willen nicht in der Lage, die freigesetzten Arbeiter als Fremdarbeiter aufzunehmen und sie für die unter dem Faschismus geleistete Arbeitslast zu entschädigen. Alle Parteien aber stimmten in einem überein:

Alles was mies war und von Tag zu Tag mieser wurde, war Hinterlassenschaft der Faschisten. Alles, das in einer schöneren Zukunft dem Volk beschieden sein wird, soll Geschenk der Parteiendemokratie sein, meistenteils ein Geschenk der Linksparteien. Und damit nicht etwa die scheinheiligen Christdemokraten bei der Wahl den Vogel abschossen, zerstreute man deren Kongreß in der Stadt Oporto, was die aus 16 Ländern gekommenen Christdemokraten, welche die erneuerte Demokratie in Portugal so freudig begrüßt hatten, wunderte.

Immerhin wählten 37,87% der Wähler die Sozialistische, 12,53% die Kommunistische Partei. Bedenkt man, wie viele aus der Silent Majorita nicht zu den Wahlen gegangen sind, dann macht dieser damalige Erfolgsausweis der Linken unter keinen Umständen eine Majorität der Linken im Land aus. In Moskau, wo den Genossen schon vor der Wahl Übles schwante, hat man vorweg erklärt, das Wahlergebnis werde keinen Einfluß auf den revolutionären Prozeß in Portugal haben. So war es auch 1917/18 in Rußland, wo die Partei Lenins nach ihrem Oktober-Putsch vom Jahre 1917 im neugewälten russischen Parlament sich mit der Rolle einer bescheidenen Minorität begnügen mußte; und sie es lieber Trotzkij, dem damaligen SCHWERT DES MARXISMUS, überließ, die Klassenfeinde auszurotten, die der KP mit ihrer Stimmabgabe eine derartig miese Rolle in der Diktatur Lenins zumuteten.

In Westeuropa und in den US tat man sich schwer, weiter von der Freiheit in den früheren Kolonien Portugals zu schreiben, wo doch immer neue Namen für neue Freiheitsbewegungen dort auftauchten, wo unlängst der Faschismus der Weißen gewütet hat. Fürs erste merkte man nicht, daß sich hinter allen sogenannten »Fronten« in diesen Ländern eines verbarg, mochten sie sich FRELIMOS oder COREMU nennen, eine radikale Konfession des Marxismus. Gespalten in sich in einen Marxismus Pekinger Observanz und eine Hausordnung Moskauer Art. Die Hausordnung war in beiden Fällen dieselbe: Die Macht den Kommunisten.

In der Ära des Kolonialismus hatten sich die FRELIMOS durch große Grausamkeit bei ihrem Terror gegen den Weißen Mann ausgezeichnet. Jetzt blieb den gewissen Zeitungen in der Freien Welt nichts anderes übrig, als den fortdauernden Terrorismus der Schwarzen der nämlichen Ursache zuzuschreiben, die man für die rasche Verschlechterung der Lage im Mutterland, in Portugal, gefunden hat: Schuld waren die Faschisten. Andererseits herrschte die Ansicht, Neger seien von Natur aus immer gutmütig, nicht etwa kriegerisch, selbstsüchtig oder herrschsüchtig. Derlei schlechte Eigenschaften brachten die Weißen nach Afrika. So fiel nachträglich ein tiefschwarzer Schatten auf jene Portugiesen, die vor 400 Jahren ins Land gekommen waren

und es versäumt hatten, die Ureinwohner auszurotten, und so eine spätere Diskussion darüber, wem nun eigentlich das Land gehöre, verursacht haben. Was immer die Weißen ins Land brachten, es war Teufelswerk. So zum Beispiel zuletzt der Kraftwerkbau bei Cabira Bassa in Mozambique, den schwarze Untergrundkämpfer wegen der Wachsamkeit der Portugiesen nicht zerstören konnten. Nach Vertreibung der Weißen wurde der nämliche Bau als die Tat rühriger Neger und ihrer Initiativen gefeiert. Der Geßlerhut wurde Freiheitssymbol.
Vorsichtig verschwieg man im Westen, daß die Neger Mozambiques weiter als Gastarbeiter in die Republik Südafrika gingen. In jenes Land, dem bald die Weisen der Weißen es absprechen werden, eine legale Regierung zu haben, weil diese auf dem Prinzip der APARTHEIT der Rassen steht und von der Rassenvermischung nichts Gutes erwartet. Solcher RASSENKAMPF wurde und wird in der UN verurteilt, niemand darf aber den KLASSENKAMPF unter dem Kommunismus angreifen, mochte der auch ungleich mehr Menschen in seinen Serien von Holocausts umgebracht haben als jeder Exzeß des Rassismus in Europa. Wer aber in den US weiter vom mörderischen Klassenkampf sprach oder schrieb, der mußte es sich gefallen lassen, in gewissen Zeitungen und von gewissen Kommentatoren als Faschist und dergleichen hingestellt zu werden; als einer, der den Farbigen ihre ohnedies erst im Aufblühen befindliche Freiheit neidet und ihnen kein Geld gab oder gibt, um Waffen für den RASSENKAMPF gegen den WEISSEN MANN zu führen.
Und dann kam der Tag, an dem ein neuartiger Amerikanismus in Afrika sich Bahn brach. Moskau sah ein, daß es Gendarmen braucht, die in Afrika Schwarze, die keine Roten sein wollten, zur Ordnung riefen. Der Militärdiktator des befreiten Kubas, Fidel Castro, lieferte schiffsladungsweise die notwendigen Gendarmen zur Herstellung der kommunistischen Ordnung in Angola, Mozambique und an anderen Orten Afrikas.
Noch immer war der Kolonialismus der Weißen in Afrika nicht ausgerottet. Da war Rhodesien, einmal stolzer Sproß am mäch-

tigen Baum des britischen Kolonialismus, benannt nach jenem Cecil Rhodes; jetzt bestimmt, mit allem, wie es liegt und steht, dem Regime der schwarzen Rassisten übergeben zu werden. Oder ganz Südafrika, dessen Weiße sich unverständlicherweise noch immer dagegen sträuben, das Werk einer vierhundertjährigen Zivilisationsarbeit in Busch, Savanna und Wüste jenen zu übergeben, die von sich aus nie die gewohnten Herkunftsstätten ihres Stammesdaseins verlassen hätten. Und, noch immer seit 1918 unter dem Mandat Südafrikas, die frühere Kolonie des Deutschen Reiches: Deutsch-Südwest-Afrika. Dort wird sich die UN, sonst nicht immer erfolgreich auf Dauer bei der Abwicklung des Kolonialismus in Afrika, versuchen. Unter ihrer Aufsicht sollen dort in Savanne und Busch, auch in den von Weißen angelegten Städten, sogenannte Freie Wahlen stattfinden. Dazu verstand sich in der UN auch die SU, weil man in Moskau weiß, daß so ein Befreiungsexperiment mit einiger Sicherheit in einem System endet, das Kommunisten steuern können. Auch war es recht, wenn die UN einen Finnen als ihren Kommissar in die ehemalige deutsche Kolonie schickte. Weil in den siebziger Jahren die Finnen dermaßen unter den Schutz der SU geraten sind, daß sie im eigentlichen Sinn eine ganz freie Auswärtige Politik garnicht mehr betreiben können. Leider, wollten sich die Südafrikaner, stur wie sie schon immer waren, dieser Abwicklung ihrer Mandatsmacht in Südwestafrika nicht fügen. Erzogen unter der Vormundschaft des Mutterlandes der neuzeitlichen Demokratie, Großbritannien, traute es sich selbst zu, unter seiner Autorität Neger zum ersten Mal zur Wahlurne zu führen. Die UN murrte dagegen und intervenierte, sie wollte die freien Farbigen an der Hand nehmen. Der Wahltermin wurde umstritten, bald verschoben, bald terminisiert und meistens für den Sankt Nimmerleinstag vorgesehen.

Im Mutterland Portugal aber gerieten die Dinge ganz so, wie sich das in Westdeutschland Willy Brandt und andernorts andere Sozialisten vorgestellt hatten. Zwar gab es keine Mehrheit für den demokratischen Sozialismus in Portugal, aber es gelang, den Sozialisten Suares an die Spitze der aus der Wahl hervorgegangenen Regierungskoalition zu stellen. Und damit kam, zum ersten Mal seit langer Zeit, in Südeuropa wieder einmal ein Sozialist an die Spitze der Regierung. Grund genug, daß in Westdeutschland die Regierung Willy Brandt dieses Experiment weiter förderte, ohne dabei nur auf Hilfen aus der SPD angewiesen zu sein.

Endlich kamen auch die anfangs von der Linken ausgeschlossenen Christdemokraten zu ihrer Eischlüpfung. Einige von ihnen schämten sich, weil sie ja unter dem Salazar dabei gewesen waren und mochten nicht recht mit nach vorne hin, wo es Macht und Pfründen gibt. Andere dachten daran, daß der junge Kennedy für katholische Länder des Südens Europas ein Zusammengehen von Sozialisten und Christen als die beste Lösung hingestellt hat. Dem trug auch jetzt die Kirche in Portugal angesichts des herrschenden Linksregimes Rechnung. Und modernere Typen im Sozialismus sagten schon, man sei in ihrer Partei als Katholik nicht trotz des Sozialismus zuhause, sondern *wegen* des Sozialismus. Das nun wollten die Berufschristen, wie man in Westdeutschland Christdemokraten nennt, nicht hinnehmen. Nein, sie wollten ihre eigene Partei, obwohl man dieser, wie etwa in Westdeutschland, nachsagte, ihre Funktionäre hätten eine faschistische Vergangenheit.

Im übrigen hatte der Atheismus der Liberalen in Portugal schon eine genügend lange Tradition, als der christ-katholische Salazar mit seinen totalitären Methoden anfing. Diese Tradition ging bis in das 18. Jahrhundert zurück, als ein Minister Seiner Katholischen Majestät in Portugal mit Dekret den Jesuitenorden aufhob. Lange bevor das formell und von Rom aus geschah und von anderen katholischen Mächten, wie man damals sagte, nachgeahmt wurde. Seither hat man in diesen Kreisen immer weniger vom Pfaffentrug, wie er im Buche steht, oder Pfaffenherrschaft, wie man es dem Volk bei Umstürzen sagte, gehalten. Immer wenn es in Portugal einen Umsturz gab, wurde die Kirche zur Kasse gebeten. Entweder von Revolutionären, die sich meistens selbst holten, was sie der Kirche wegnehmen wollten. Oder von siegreichen Gegen-Revolutionären, die der

Kirche dringendst nahelegten, einiges zur Bekämpfung der Feinde der Kirche beizusteuern, wollte man nicht, daß diese wiederkommen und sich alles nehmen.

Auch 1974 gab es im Image der Revolution in Portugal einen dunklen Fleck, einen Überrest des oben erwähnten Pfaffentrugs. Die Revolution wird nicht jene falsche Toleranz üben, die den Fortbestand dieses Flecks hinnimmt. Die Chiffre des Falles hieß FATIMA. Im Ersten Krieg, als Portugal an der Seite der Entente gegen die Deutschen kämpfte (was dieser Salazar im Zweiten Krieg zu tun bezeichnenderweise unterließ, angeblich auf Anraten der Alliierten) ist es geschehen. Nahe dem Ort Fatima soll einigen kleinen Mädchen die Heilige Maria erschienen sein. Angeblich soll die Muttergottes trübe Zukunftsaussichten eröffnet und den Menschen Buße angeraten haben und die Erneuerung des Rosenkranzgebetes. 1974 wäre es fatal gewesen, wenn sich regimefeindliche Bauern und andere Anhänger des veralteten Köhlerglaubens versucht hätten, sich um dieses religiöse Symbol zu sammeln. Wie sich in der Großen französischen Revolution deren Gegner in der Vendée um das Symbol des Heiligsten Herzens Jesu sammelten. Wie das übrigens 1809 auch die bigottischen Tiroler getan hatten. 1974 lebte, als alte Frau und Nonne, noch eine der- wie man unter sich sagte – hysterischen Mädchen des Jahres 1917. Also schickte man aus Lissabon einige soigniert gekleidete, gut erzogene Herren in jenes Kloster, wo, wie man hörte, die Nonne versteckt gehalten wurde. Wer muß sich vor einer Revolution verstecken? Es sei denn, er ist nicht mit ihr einverstanden.

Niemand konnte über die Einstellung der fraglichen Nonne zur Revolution in Portugal von anno 1974 Verläßliches aussagen. Als die Herren mit der ausgesuchtesten Höflichkeit in dem Kloster nach dem Schicksal der Nonne fragten, bekamen sie zur Antwort, die ehrwürdige Mutter sei nicht da. Wo sie denn sei, wollten die Geschickten wissen.

»In Spanien«,

sagte die ehrwürdige Mutter-Oberin und schaute den Herren starr in die Augen. Diese sind dann nicht mehr lange geblieben.

Sie verließen aber das Kloster in der festen Überzeugung, daß man sich demnächst auch in Spanien die Nonne wird greifen können. Erforderlichenfalls. Denn Spanien war für den Tag nach dem Tode Francos vom Westen zum Abschuß freigegeben.

Jedenfalls haben die Bauern in Portugal nicht unter dem Bild der Muttergottes von Fatima eine Konterrevolution gemacht. Ihnen blieb ja der Boden, soferne sie Kleinst- und Kleinbauern waren, wie das im Norden des Landes die Regel war. Mochten im Süden die Latifundien der Herren von gestern diesen weggenommen werden. So wie ehedem in Chile und noch früher in Rußland verkam die landwirtschaftliche Produktion nach der Verjagung der Grundbesitzer und Großbauern von ihren Besitztümern. Es kamen die Herren aus der Stadt, und die Landarbeiter und neuen Herren des Landes bekamen viel Zeit, um miteinander zu diskutieren. Denn die Arbeit ging nicht recht vonstatten und niemand war mehr da, der zur Arbeit mahnte. Und so wie in Chile bekamen das die Städter zu spüren, wenn sie Brot kauften oder Milch oder Fleisch oder Eier und alles ständig teurer wurde. Und erst recht die aus den Kolonien vertriebenen Portugiesen, von denen viele nichts zum Beissen hatten.

Im Norden bleiben die Bauern auf ihren Anwesen. Ihnen blieb der Boden. Bauernland vergeht nicht unter dem Asphalt der Neuzeit, wenn die Bauern nur Bauern bleiben wollen und nicht landwirtschafliche Produzenten, wie es die Sozialisten gerne sehen würden. Immer muß es Menschen geben, die nicht in totaler Absicherung gegen die Risken des Lebens existieren möchten. Weil sie die Natur erleben wollen, wie sie wurde, nicht aber so, wie sie von den Technokraten geschändet wird. Solange es Bauernland geben wird auf dieser Erde, wird das Leben erhalten bleiben.

Sie hieß Ulrike und war die Tochter eines evangelischen Pfarrers in Westdeutschland. Daheim war freilich nur mehr wenig von jener Aura zu spüren, die der Dichter Eduard Mörike verspürte, wenn seine Gedanken zurückgingen zu jenen »alten, unnennbaren Tagen«, die er auch so kurze Zeit nur verspürte, da er Pfarrer in Clevensulzbach war. Der Vater Ulrikens erlebte zu seiner Zeit die Herausforderung, die der Sozialismus schon sehr früh an das evangelische Christentum stellte, er antwortete positiv darauf und blieb bei dieser Haltung bis zu dem Tag, an dem er am offenen Grabe Ulrikens stand. Mit dem Elternhaus innerlich verbunden, bestand in Ulrikens Jugend die Gemeinschaft in der evangelischen Jugend, in der das Mädchen Ulrike erlebte, auf Ideale zu schauen und zu versuchen, sie in Gemeinschaft mit anderen jungen Menschen zu vollziehen.
Es geschah dies in einem Bund, in dem man wenig übrig hatte für die Idole der deutschen Jugend im beginnenden Wirtschaftswunder nach 1945. Einer Jugend, die versuchte, das von ihren Eltern hinterlassene Image Deutschlands zu verdrängen und sich dem hinzugeben, was der Westen, in dem offenbar ein besseres Menschsein gedeiht, reichlich anbot: Die Erfindung des Teenagers und die industrielle Verwertung und kommerzielle Ausbeutung dieses Idols der Jugend. Die Roboterherrschaft des beginnenden Industriezeitalters, das von den Erfindern desselben in den US schon halb überwunden war im Hinblick auf ein nach-industrielles Zeitalter mit neuen Produktionsaufgaben. Das reine Prestige- und Leistungsdenken. Die übersteigerten Erfolgs- und Konsumansprüche. Der Lebensgenuß, der gehabt sein wollte, noch ehe die Jugendzeit das erfährt, was man einmal ihre Blüte nannte. Und in allem eine Abhängigkeit von fremden Dingen, von Nichtigkeiten, die sich

rasch verflüchtigten und wenig für den »Rest« des Lebens hinterließen.
Die schon aufkommende Hippiebewegung hat Ulrike nicht fasziniert. Vielleicht spürte sie aber, daß diese Bewegung das Meer wurde, auf dessen Wellen die Marx-Renaissance in Deutschland daherkam und eine Neue Linke, die ganz verschieden war vom Sozialismus des Vaters. Ulrikens Jugend war die Zeit zwischen dem Ende der Welt ihrer Vorväter und einer ganz anderen, die man heranzwingen wollte über Trümmern, unter denen die Knochen unzähliger Opfer faulten. Es lebte sich nicht schlecht auf diesem Fried-hof, befriedet von den Siegern des Jahres 1945, die kamen, um angeblich zu befreien und die sofort den Deutschen ein hartes Besatzungsregime auferlegten. Ulrike wurde kein Mädchen und keine junge Frau, von denen zwölf auf ein Dutzend gehen. Sie folgte bald nicht mehr alten Wegspuren, die, so erkannte sie oder glaubte sie zu erkennen, zu nichts führen. Sie erprobte manches, verwarf dieses, behielt jenes. Sie war, wie man altväterisch sagte, ein junger Mensch, der zu den schönsten Hoffnungen berechtigte.
Als die Prägung durch Elternhaus und Jugendgemeinschaft verflachte, widerfuhr ihr Schlag auf Schlag das Schicksal ihres kurzen Lebens: Sie fing drei Vorhaben an und brachte keines zuende. Zuerst ein Hochschulstudium, das sie nicht hinter sich brachte; die einen sagen, weil ihr an dem sogenannten bloßen Wissenskram und dessen Abfragen im Examen nichts lag; andere, weil sie gar nicht fertigmachen wollte und eine gewisse Zerfaserung ihres Lebens begonnen hatte. Sicher ekelte ihr vor dem Wettlauf ihrer Kommilitonen im Studium, dem Streben nach raschestem Erwerb eines Diploms und dem damit allein schon begründeten Anspruch auf eine gehobene Berufslaufbahn mit abgesteckten Stationen des Vorwärtskommens. Diese Art von angeblich garantierter Sicherheit im Fortkommen schien ihr verdächtig. Sie scheute nicht das Leben der Gefahren.
Indem sie Fragwürdigkeiten aus dem Weg ging, erlebte sie eine fragwürdige Ehe, die zerbrach. Man sollte nicht sagen, daß es *ihre* höchstpersönlich gestaltete und erlebte Ehe war. Das Ehe-

leben dieser Zeit nach 1945 war nicht einmal mehr das, was Martin Luther ein bloß' weltlich Ding genannt hat. Man ging eine Ehe ein und man ging auseinander, wenn das – wie es hieß – Sexualmonopol der Ehe den anderweitig gebotenen Lustgewinn behinderte. Die Wahlfreiheit sexueller Beziehungen, in vieler Hinsicht Relikt der Kriegszeit mit ihrem kurzweiligen sexuellen Genuß in Zeiten des Urlaubs vom Tod, hat unmerklich angebahnt, was später die erste Forderung der Revolution einer Neuen Linken wurde: Die sexuelle Revolution, die Befreiung von erotischen und sexuellen Zwängen der Großvaterzeit.

Und dann erlebte Ulrike das dritte Fiasko ihrer Jugend: Sie arbeitete in der Redaktion einer jener modernen Zeitungen, die unendliche Serien von Fragen aufwerfen und einige mit oberflächlichen, fragwürdigen Statements auch beantworten. Zuletzt aber nichts hinterlassen als Spuren im Sand, die der Wind verweht. Im Kreis ihrer Berufskollegen erfuhr Ulrike die Flachheit eines gesellschaftlichen Lebens, das man nach amerikanischem Vorbild Society nannte. Nichtigkeiten der Parties, mit dem immer aufs neue versuchten Anlauf zu Geselligkeit bei Soft-drinks, immer häufiger bei Hard-drinks, wozu man selbst nichts anderes mitzubringen hatte als Tratsch, dem andere ihren Tratsch hinzufügen und der sich wie ein klebriger Film über den Rest des Daseins zieht. Nichtigkeiten, die schillernd über ein erlebnisarmes Alltagsleben hinweghuschen. Ulrike wurde kein Partygirl. Sie sprang einfach ab von diesem Vorortezug in Mittelmäßigkeit und Minderwertigkeit. Vielleicht erlebte sie damals, was der römische Philosoph Seneca zu seiner Zeit, als es mit Rom schon zuende ging, erlebte und niedergeschrieben hat:

»So oft ich unter Menschen war, kehrte ich als schlechterer Mensch zurück.«

Was immer Ulrike war und werden sollte: Sie war kein schlechter Mensch. Sie wehrte sich mit ungeheurer Leidenschaftlichkeit gegen dieses Abgleiten in Nichtigkeiten und Nichtswürdigkeiten. Alber sie zählte zu jener ersten Generation im Deutschland nach 1945, die oft von allen guten Geistern verlassen war, weil besagte Geister ihrerseits anfingen, Nichtigkeiten und formalen Dingen nachzujagen. Und ihre Zeit nicht mit der Mühsal der Erziehung junger Menschen vertrödeln wollten, wo doch diese Zeit auch von Hochschulprofessoren zu mehr lukrativen Dingen, mindestens aber mit mehr Prestigeerfolg, benutzt werden kann. Die Deutschen erlebten es, daß sie nach der größten Katastrophe ihrer Geschichte binnen weniger Jahre in einen äußerlichen Reichtum, in Wohlstand und gesicherte Wohlfahrt gerieten wie keine Generation vorher.

Indem sie ihre Lebensart, die sie als Ursache der Katastrophe ansahen, wegwarfen und sich fast hemmungslos den Versprechungen des Amerikanismus hingaben, bekamen sie als Preis für diese Hingabe ein Überangebot schöner und leckerer Dinge, die ihnen systematisch als neue »Lebensqualität« mit allen Dreistigkeiten moderner Werbetechnik aufgezwungen wurden. Wer sich diesem Überangebot entzog, wurde, wie man in den US sagte, ein Drop-out, einer, dessen Leben durch das Sicherheitsnetz des Wirtschaftswunders ver-tröpfelte, auf Deutsch: Ein Außenseiter.

Ulrike bekam die Fragwürdigkeiten und Schlechtigkeiten des sogenannten Establishments erklärt, sie sah, wie recht diese Kritiker hatten, und sie schaute schon auf jene aus ihrer Generation, die aus diesem Establishment unter Protest auszogen. Sie bemerkte aber auch, früher als andere junge Menschen ihrer Zeit, daß diese Exulanten nicht bloß ausziehen wollten, sondern zerstören. Was? Nun, das ganze Establishment, wie es liegt und steht. Ulrike kam zur Überzeugung, daß die Hochschule, die sie schon verlassen hatte, nicht bloß in ihrem Fall, sondern im Prinzip nichts taugte. Sie wunderte sich über eine Gesellschaft, in der eine solche Hochschule nicht bloß geduldet, sondern gerühmt wurde und sie wandte sich immer schärfer gegen die gesellschaftliche Umgebung der jungen Intellektuellen ihrer Zeit. Als sie sah, daß der Staat, der demokratisierte Staat ex 1945, die Gesellschaft, die Ulrike verachtete, stützte und trug, wandte sie sich mit allen Energien eines jungen Menschen gegen diesen Staat und dessen Exekutive. Sie schloß sich kleinen, aber sehr aktiven Gruppen der Drop-outs in Westdeutschland an, die sich nicht als Randexistenzen, sondern als werdende Elite fühlten und entschlossen waren, den Staat, die Gesellschaft und nicht zuletzt die Hochschule, so wie sie war, vollständig zu zerstören. Diese Menschen wollten nicht Anarchisten sein, obwohl sie es ihren Methoden nach waren, sie machten dem Staat von außen her Opposition, jene spätere »außerparlamentarische« Opposition, kurz APO. Die Revolutionäre erlebten, ehe die großen Patriarchen und Propheten der im Westen entstandenen NEW LEFT in Westdeutschland auftauchten, ein geistiges Klima, dessen politischer Gehalt von den in Deutschland heranreifenden Vorläufern des Amerikanismus bestimmt wurde: Da war der Dichter Günther Grass, in dessen Werk die sexuelle Revolution anklang. Wolfgang Abendroth, der aus dem Osten kam und in Westdeutschland die Chance erkannte, die seine Art von Linksintellektualismus im Osten nie bekommen konnte. Nach dem 2. Juni 1967, nach dem tragischen Tod eines Studenten aus der Menge, die bei einem Besuch des Schahs von Persien in Westberlin demonstrierte, schuf Knut Nevermann einen Mythos des 2. Juni, des Opfergangs der Neuen Linken. Schon hatten die jungen Außenseiter genug Mitleid mit ihrer Existenz, so daß sie mit Gier einsogen, was ihnen der Universitätsprofessor Kurt Sontheimer eingab betreffs des Elends der Intellektuellen in Deutschland. Erich Kuby mußte sensationell wirken, als er seinen Landsleuten, im Vollgenuß ihres Wirtschaftswunders der Nachkriegszeit, eben diesen Genuß als höchst unappetitlich und unwürdig hinstellte. Da war die Rotte der sogenannten Ex-Kommunisten, Menschen, die, nach Rückgabe ihres Mitgliedsbuchs irgendeiner KP in Europa, den Rest ihres politischen Tuns damit verbringen, einen anderen Zugang zu einem anderen und, wie sie meinen, besseren Kommunismus ausfindig zu machen. Und dann kam aus den US Herbert Marcuse heim in seine Vaterstadt Berlin. Er rief dort im Sommer 1967 seine sexuelle, moralische sowie intellektuelle und politische Revolution aus. So wollte er, der alte Mann aus der Großvätergeneration, mit Unterstützung seiner Schüler und Gefolgsleute aus der

Generation der Enkel, es den Vätern heimzahlen, die in Deutschland die Revolution von 1918, das Jugenderlebnis Marcuses, unterdrückt haben.
Mit blanken Augen lasen die Schüler Marcuses und jene anderer kongenialer Typen die Nachrichten von Sabotageakten und Guerillaterror, die, sehr zum Erstaunen deutscher Spießer, aus den US kamen; aus jenem Industriestaat, den es in Deutschland erst vollends zu verwirklichen galt; während man in den US schon über die nach-industrielle Gesellschaft nachdachte. In Detroit, Michigan, schoß man schon mit MGs auf Bullen. Gut so. In Washington, D. C., brannten schon die Kaufhäuser. Und an den Universitäten, damals die reichsten und mit den berühmtesten Lehrern ausgestattete Hochschulen, hörten die Studenten größtenteils auf zu studieren (oder wurden daran gehindert), eil der Fortschritt unterwegs war: Eben jene NEW LEFT, die den erstarrten Marxismus in Europa und den lahmen Kommunismus in den US links überholen wollte. Langsam verband sich mit dem Kampf der Neger in den US um ihr volles Bürgerrecht der Kampf gegen den Krieg in Vietnam, der zuviel Energien von anderen Aufgaben des Staates und der Gesellschaft abzog. Viele Studenten Deutschlands nahmen das mit großem Ernst auf und dachten nach den aus den US erhaltenen »Denkanstößen« das aufgeworfene Problem zuende. Kein Zweifel: Hier war es, was man suchte, nämlich das Engagement für den Kampf zur Zerstörung des Establishments. Gab dieses nicht nach, was immer mehr offenbar wurde, setzte es sich mit seiner Macht, seiner Exekutive, zur Wehr, dann wird man die Büttel des Establishments, letztenendes aber jene, die das Geld hergeben für diese Verteidigung der (wie man um 1968 in einem rororo-Band las) schlechtesten aller Welten, umlegen.
Nun war es doch so, daß nicht alle Linksintellektuellen, die so redeten, gleich gewillt und in der Lage waren, einen Bullen umzulegen, ein Kaufhaus in Brand zu stecken, einen Molotovcocktail zu werfen. Noch kämpften die allermeisten Kämpfer mit den Methoden des Sit-ins, Teach-ins und Go-ins und für viele jungen Menschen war das ein derber Ulk, bei dem man

schon mal mitmachte, ehe man ins Examen steigt. Ulrike ärgerte sich über derlei Beiläufigkeit von Pseudo-Revolutionären:
»Mich kotzt das Revolutionsgerede an«, schrieb sie 1968. Indem sie auch nachredete, schrieb und diskutierte, hatte sie schon eine Hand an der Klinke jener Tür, durch die sie aus dem Establishment gehen wird. Nicht ohne vorher diese Tür mit einem Knall ins Schloß zu werfen. Damals arbeitete sie im DRITTEN PROGRAMM einer westdeutschen Rundfunkanstalt. Dritte Programme gab es in fast allen Medien, man überließ die Gestaltung dieser Programme den ungestümen Jungen, sozusagen als Gärkeller für ihren jungen Wein, den diese nicht in alten Schläuchen haben wollten. Viele dieser Programme und ihrer Redaktionen in den Medien wurden Durchhäuser, durch die junge Menschen verduften, um bald nachher auf Seiten der Neuen Linken mitzumachen und schließlich in den Untergrund zu gehen. Schon gab es Typen, die sagten klotzig:
»Mal sehen, wie das ist, wenn in einem Warenhaus kein Ausverkauf stattfindet, sondern ein netter Kaufhausbrand, der die Spießer und ihre konsumwütigen Weiber erschreckt . . .«
Ulrike geriet in einen Kreis, in dem man überzeugt war, daß eine Revolution nie von den Massen gemacht wird, die auf die sogenannten Barrikaden gehen; vielmehr von kleinen, selbstausgewählten Gruppen, in denen alle und jeder von der Richtigkeit der verfochtenen Idee überzeugt und willens ist, sich für die rascheste Verwirklichung dieser Idee unter allen Umständen und mit allen nur denkbaren Mitteln, vor allem mittels Terrorhandlungen, einzusetzen. Verräter trifft die Rache der Gemeinschaft, der Tod. Sah man dabei den Proletariern aufs Maul, dann lernte man ihre deftige Ausdrucksweise, die Art, mit der man den Kindermachern begreiflich macht, daß der Kampf um die Macht ihretwegen geführt wird. Und nicht etwa, wie reaktionäre Typen sagen, dazu, die Macht bisherigen Eliten wegzunehmen und sie selbst zu handhaben.
Ulrike wollte anfangs noch die Armen Hunde, die vom Establishment ideell und materiell ausgelaugt wurden, auf ihre

Weise ansprechen, unruhig machen und sie zum Aufstand der Massen verführen: Hafenarbeiter in Hamburg, die von Tag zu Tag lebten und verdienten. Chemiearbeiter, die um ihren Arbeitsplatz im beginnenden Zeitalter der Automation bangten. Metallarbeiter, die in der Monotonie der Mechanisierung verblöden. Hausfrauen, die vor ihrem Herrn, dem Ehegemahl, kuschen. Lehrer, die in Halbtagsschulen des Industriestaats die Sysiphusarbeit an jenen Ganztagskindern verrichten, für die kein Vater und keine Mutter mehr Zeit und Muße haben, weil sie den Streß dieses Industriesystems nicht mehr bewältigen können. Und dazu noch die falsch organisierten Krankenhäuser, die samt ihren Intensivstationen zu Reparaturwerkstätten wurden. Nicht zu reden von Sozialarbeitern, die vergebens bemüht sind, die Bedauernswerten zu betreuen, die trotz des angeblich perfektionierten Sozialstaates in immer größerer Zahl durch die Lücken dieses Systems fallen. Von Aufgaben der Geistlichen, Pastoren, Pfarrern und Ordensleuten redete Ulrike nicht mehr.

Aber sie sah als Frau den Strom, der sich über die Packtische der Warenhäuser unablässig ergießt und – meistens von Frauen – in ihren Taschen nach Hause getragen wird zum sofortigen Verbrauch. In solchen Zusammenhängen war bei ihr weniger von Sportstadien die Rede, wo – genau so wie im alten Rom – den Massen die Spiele gereicht werden, jetzt schon zusammen mit einem gutbelegten Brot. Sie redete nicht von Kneiplokalen, wo man sich noch immer mit sogenannten Proleten zwecks Diskussion traf, um erstaunt festzustellen, daß diese Mitesser des Wohlstands zwar gerne zusammen mit den Intellektuellen schimpften, aber um keinen Preis der Welt zu gewinnen waren, eine MP in die Hand zu nehmen.

Sie alle kehren nach ihren Tageserlebnissen und dem Genuß der legendären Freizeitgesellschaft, deren Beginn schon spürbar wurde, heim in die Hoch- und Reihenhäuser, in schlecht abgedichtete Klein- und Kleinstwohnungen, durch deren dünne Wände jeder Laut des Lustgewinns und des Streits ausstrahlt in die oben und unten, rechts und links angrenzenden Behausun-

gen dahinlebender Kaninchen in Menschengestalt. Und da war die Angst, die Ulrike aus eigener Erfahrung kannte: Angst vor Terminen, Angst vor dem Zufall im Beruf, der das Einkommen des Betroffenen auf Leistungen der sozialen Fürsorge reduziert, wenn der Arbeitsausfall sich in die Länge zieht. Angst vor Schwangerschaft oder der – noch strafbaren – Abtreibung unerwünschter Leibesfrucht. Angst vor Eltern, Lehrern, Chefs und Abhängigkeiten, auf die man sich einlassen muß, um gewisse Verlustierungen nicht versäumen zu müssen.
Man wird tabula rasa machen mit derlei Dingen und Typen. Nicht reformieren sondern alles wie einen Haufen Unrat wegbefördern. Um Platz zu haben, damit alles in einer Stunde Null noch einmal begonnen werden kann.
Und während die Medien des Industriesystems den Menschen in Westdeutschland und überall in der Freien Welt einhämmerten, sie erlebten erst den Anfang einer Zukunft, die eben begonnen hat; ein Höhepunkt werde um das Jahr 2000 erlebt werden; und während die Finger der Manager an den Kurven ihrer Erfolgserwartungen Richtung Jahr 2000 emporglitten – war Ulrike schon gefeit vor derlei Lobpreisungen. Im Umgang mit Kampfgefährten gewöhnte sich Ulrike die rauhe Männersprache an, die nach 1945 Söhne von ihren Vätern erlernten, die im Krieg gewisse obszöne und vulgäre Ausdrücke ohne Bedenken gebrauchten. Auch im Zivilleben. Gerade eine Studentin, eine junge Frau durfte nicht zögern, diesen Sprachgebrauch harter Männer wie selbstverständlich zu übernehmen. Zumal man derlei immer häufiger in Büchern zu lesen bekam, von Bühnen herab hörte und selbst sich einige Erleichterung verschaffte, indem man nicht von Dreck sprach, sondern von Scheiße. Was Ulrike sonst hörte und sah, das nahm sich nicht wie jenes GOLDENE ZEITALTER aus, das ununterbrochen den Konsumenten vor Augen gehalten wurde. Die Zeit schien ihr garnicht goldig, wo doch Stahl und Eisen mit furchtbarer Mächtigkeit die Gewalt der Mächtigen dieser Erde noch militaristischer macht, als es ehedem die Deutschen zu Zeiten von Preußens Gloria und Hitlers Wehrmacht gewesen sind.

Für Ulrike war es gut zu sehen, daß sie nicht die einzige war, die sich im Kampfgelände bewegte. Neben ihr, der Pastorentochter, tauchte eine Susanne auf, welche die gewisse Wohlhabenheit satt hatte, die im Haus ihres Vaters, der war Rechtsanwalt, schon selbstverständlich war. Kristina schrieb sich um Christi willen nicht Christina und sie war doch die Tochter eines pflichtbewußten Staatsbediensteten, für den Gott noch nicht tot war. Brigittens Vater war Verleger, leider nicht jener Bücher, die ein Kämpfer gegen das Establishment studiert haben muß. Eine Majorstochter war die arme Silke, der man diese böse Herkunft nicht verzieh und lange vorwarf. Ingrids Vater war Apotheker. Natürlich erkannte Ulrike auch Kämpfer aus niedrigeren Schichten der Bevölkerung als Mitkämpfer an. Chargen wurden solche Typen aber selten. Man wollte denn doch unter sich bleiben im Kreis der selbstausgewählten Linksintellektuellen, und nicht zu sehr von Menschen belästigt werden, die eine gewisse primitive Not in den Kampf gegen das Establishment trieb. Not oder Benachteiligung, die das Los sogenannter Unterprivilegierter der herrschenden Gesellschaft waren.

Soziologen, Kriminologen, Politologen und andere Wissenschafter haben das erste Auftreten der geschilderten Kämpfernaturen früh erkannt und – je nach ihrer politischen Herkunft und Anschauung – mehr positiv oder mehr negativ beurteilt. Die Öffentlichkeit erfuhr in Zusammenhang mit derlei Untersuchungen »auf streng wissenschaftlicher Basis« wenig von dem Umstand, daß in der Mehrzahl der Fälle die Kämpfer und Kämpferinnen aus Familien kamen, in denen Erziehungsnotstände vorherrschten. Das 20. Jahrhundert wurde im Jahr 1900 als JAHRHUNDERT DES KINDES ausgerufen. Es erbrachte aber nach zwei Weltkriegen im Westen jenen Typ überbeanspruchter Eltern, die sich für vieles Zeit nehmen müssen, nur nicht für ihre Kinder. Kinder, deren Kommen im deutschsprachigen Raum immer weniger erwünscht wurde, so daß Westdeutschland und Österreich im sozialistischen Jahrzehnt die kinderärmsten Länder Westeuropas wurden. Zuletzt aber der herrschende krasse Individualismus so weit ging, daß man das Los des Singles – wieder eine amerikanische Novität – preist. Also das Einzeldasein geschiedener Männer und Frauen, entzweiter Lebensgefährten und vor allem jener, die der Zwei-samkeit, Ursprung alles Menschseins, überhaupt aus dem Weg gehen.

Man muß sich ausleben und vor allem die Kinder sich ausleben lassen. Vorbei waren Zeiten, in dem fortschrittlich gesinnte Menschen gegen den Alkoholmißbrauch waren, dem sich Studenten auf Commersen und Kneipen hingaben, um nachher zu verbummeln. Man verbummelte sich nicht mehr, man vergammelte und das war ein Vortraining zu wirksameren Protesthaltungen angesichts des Establishments und seiner Schulen. Wozu es einmal beträchtlicher Mengen Biers und langer Kommersabende bedurfte, das holt man sich in kurzer Zeit mit einer Serie von Hard-drinks. Die man sich auch nicht beim Branntwei ner holt (verachtet, wie der in bürgerlichen Kreisen ist), son dern in Espressos, wo hinter der Maschine zur Herstellung des Mokkas ganze Batterien schwerer Alkoholika in allen Farben des Regenbogens aufscheinen. Damen lieben nicht länger den Five-o'Clock Tea, sie müssen, so sie von Rang sind, sich täglich durch eine Serie von Parties drängen, Tratsch mitbringen, Tratsch mitnehmen, zuhören, wer es mit jener trieb, treibt oder treiben wird und was von ganz hoch oben im Gespräch bei Parties durchtröpfelt in die Ränge der amorphen Schichten moderner Menschen.

Keine Frau möchte beim Kettenrauchen zurückstehen, tut sie es, dann raucht sie auf jeden Fall »in Gesellschaft«, wo sie die angebotene Zigarette nicht zurückweisen könnte, ohne schief angesehen und womöglich als Küchentrampel abgewertet zu sein. Und junge Frauen fangen erst garnicht mit Coca-Cola an, denn diese Chiffre aus 1945 hat schon einiges vom Sensationellen des Tages ihres Erscheinens im Europa von 1945 eingebüßt, kommt nur mehr mittels unablässiger Propaganda gegen andere Getränke noch an. Frauen werden harte Trinkerinnen und im Durchschnitt nähert sich der Prozentsatz erkrankter Alkoho-

likerinnen rasch der bisher von Männern gehaltenen Höchstmarke in Statistiken. Mehr noch war notwendig:
Hatten nicht schon nach der Verrohung, die im 17. Jahrhundert dem Dreißigjährigen Krieg in Deutschland eine Zeit lang folgten, die Herren Studenten in Jena frech gefragt:
»Kein neues Lasterchen erfunden in Jena?«, dann brauchte es nach 1945 bald nicht mehr solcher Nachfrage. Das Angebot war unübersehbar und überwältigend. Eine Hure in Frankfurt wurde eines der Idole. Nach ihrer Ermordung bemächtigten sich Literaten, Filmmacher und Fernsehregisseure ihrer Story, machten gute Geschäfte mit dem toten Leib der Hure, selbst als der schon im Vermodern war. Nur mehr der Ausschuß der modernen Gesellschaft, jene prüden, heuchlerischen und miesen Typen, gefielen sich noch in Anschauungen, von denen man doch wußte, daß sich nicht einmal der Großvater daran hielt, ehe er die Großmutter nahm oder sich gewisse Libertinagen zulegte. Na also, warum die ewigen Vorwürfe an die Jugend und den alten Spruch, wonach Jugend keine Tugend haben soll.
Gewisse periodische Druckwerke änderten ihren Charakter und schlüpften in jene Marktlücke, die sich in der Pornokultur auftat. Magazine, die bisher in der soigniertesten Art ihre Ausgaben für den Geschmack von Damen herausbrachten, änderten ihren Geschmack. Zusammen mit der normalen Auflage verkauften sie einige bunte Bogen, in denen etwa eine Anleitung zum Gruppensex gegeben wurde. Wem dieser Geschmack nicht zusagte, der gab die Lektüre der fraglichen Magazine auf und warf sich auf eine Pornoliteratur, deren Übersetzungen ins Deutsche in den Sechzigerjahren den Markt überschwemmten. Weltbestseller wurde und blieb der Roman eines vor den Bolschewisten geflüchteten reichen Russen mit dem Titel »Lolita«. In der Übersetzung ins Deutsche war für den anfangs wohl überraschten Leser das Vorwort einer amerikanischen Sexualpsychologin eingeschoben. Darin konnte man unter anderem lesen, in den US sei jeder dritte Vater Schänder einer Tochter. Teufel noch mal, da war man in Deutschland und in Europa doch noch arg zurück. Es kam die Zeit – und sie kam sehr bald

–, in der nur bürgerliche Saubermänner im Westen und prüde Kommunisten im Osten sich gegen das Überhandnehmen einer literarisch wertlosen Pornoliteratur wehrten. Wer dabei auf gewisse Erotika der Klassiker vergaß, mußte sich belehren lassen, erst einmal bei den Klassikern nachzulesen und nachher die Dichtergrößen von heute anzugreifen. Mit der Zeit gewann die Pornokultur eine derartige Überlegenheit in den Medien, daß sich jeder Gegner dieser Entwicklung sagen lassen mußte, er sei ein Sexmuffel.
Ulrike erlebte einiges davon noch in der Oberwelt, ehe sie sich aus dieser zurückzog. Mit einem schlechten Geschmack auf der Zunge, aber immerhin mit dem Sprachschatz und den Anfangsparolen der Neuen Linken, saftig und deftig wie diese waren. In aller Öffentlichkeit stellte sich in Berlin die dortige Kommune Numero 1, Weiblein und Männlein, nackt, die Hinterseite zum Betrachter, vor. Dieses gut geschossene Bild erweckte in vielen Redaktionen genug Interesse, um alsbald in Zeitungen mit Massenauflage abgedruckt zu werden. Viele Zeitungsleser waren schockiert über diesen Abdruck, einige freuten sich darüber, daß sie fortan ihre Freude an derlei Ausgestaltungen ihrer Zeitung hatten und daß gleichzeitig die Saubermänner neuen Ärger bekamen. Wenn man etwa täglich auf Seite 3 oder 5 eine Nude erblickte und vielleicht schon auf der nächsten Seite den Abdruck einer Predigt eines Geistlichen, dann bedeutet das nicht bloß sexuelle Revolution, sondern Revolution in der Kirche.
In Wien zog sich ein angealterter Prophet der Neuen Linken nackt aus, um sich im Kreise der noch jüngeren Mitarbeiter der Redaktion seiner Zeitung fotografieren zu lassen. Vom Abdruck dieses Bildes erwartete man sich in der Redaktion des fraglichen Blattes viel Interesse in der Öffentlichkeit und eine Anhebung der Verkaufszahlen des nicht mehr ganz taufrischen Magazins. Der Fortschritt brach sich an unterschiedlichen Stellen Bahn. So wurde erzählt, daß sich in Wien und Österreich – sehr zum Gaudium der Linken – die Jungen einer mit Tradition und Muff beladenen katholischen Verbindung dazu hergaben,

dem nahestehenden Publikum einen Geschmack von dem zu geben, was ein Happening sein kann. Während diese Darbietung in Wien eine unerhörte und erstmalige Sensation wurde, wunderte man sich in den US darüber, daß man in Österreich noch überhaupt Anstoß nähme an Dingen, die in den Staaten längst nicht mehr »in« waren.
Ulrike wich all dem, was sich in Westberlin (neben Frankfurt am Main Hauptimporthafen des Amerikanismus in Westdeutschland) noch viel reichlicher anbot, aber aus. Sie beschäftigte sich in einem Roten Kindergarten, wo Kleinst- und Kleinkinder schon mit dem Text neuer Kinderlieder für den Klassenkampf erzogen wurden. Ulrike machte mit, wenn die Genossen abbruchreife Mietskasernen besetzten; einerseits, weil sich die in Bildung begriffene RAF (Rote Armee Fraktion) manchmal solcher Objekte bediente, um die Kader zwecks Auslese der Kampfgruppen zu vergattern; und andererseits als Protest gegen die Grundstücksspekulation des bisherigen Hausbesitzers, der mit dem Verkauf des Mietwohngrundstückes schon mehr verdienen konnte, als vorher zwei Generationen seiner Vorfahren an der früher üblichen Zinsausbeutung. Die Elite der Neuen Linken brach – unterstützt von ihren Sympathisanten in Politik, Kultur und Kirche – schon nach vorne durch. Es brannten Kaufhäuser, und mit der Zeit verstanden sich die Jungen in Deutschland (nur im Westen wurde derlei versucht und einigermaßen hingenommen) fast so gut auf den Terror zur Zerstörung der Industriegesellschaft wie einstige Vorbilder in den US. Ulrike geriet in Aktivitäten, die nicht sie, dafür aber das genormte Recht des Staates, als strafwürdige Verbrechen ansah. Sie kam in Haft. Sie machte die Hochschule aller Revolutionäre mit: Die mit Genossen zusammen ertragene Einkerkerung. Das Erwarten neuer Prozesse. Und sie wurde immer mehr davon überzeugt, daß ihr Kampf gegen den Staat gerechtfertigt war.
Ulrike war schon in Haft, da kam die zweite Welle der jungen Terroristen über die politische Szene Westdeutschlands. Das waren keine Amateure des Terrorkampfes mehr, die ihre Ideale

zu Schießern gemacht haben, sondern Profis. Junge Frauen und Mädchen, die in Übersee, meistens in einem arabischen Land, im Waffengebrauch, in den modernen Methoden des individuellen Terrors, aber auch in den Methoden der Verschwörung gegen den Staat gründlich ausgebildet wurden. Solche in arabischen Ländern als Terroristen willkommene Deutsche bekamen in der Freien Welt als die ersten Deutschen nach 1945 das Recht, die Juden und ihren Staat in Palästina angreifen zu dürfen, ohne daß sie gleich des Neo-Nazismus verdächtig wurden.

Es muß gesagt werden, daß in der langen Zeit, während der Ulrike hinter Gittern, zuletzt in einer ungemein wohnlich und kostspielig ausgestatteten Zelle, saß, die Terrorlandschaft in Westdeutschland sich sehr veränderte. Im In- und Ausland meldeten sich Sympathisanten mit Rang und Namen, Ansehen und dem Ruhm großer Menschlichkeit zu Wort. Sie argumentierten nach dem bekannten Satz:

Nicht der Mörder, der Ermordete ist schuldig, und erreichten so, daß Bullen und andere miese Typen ein äußerst schlechtes Image bekamen. Und viele anständige Deutsche – wie sich solche selbst nannten – mehr Mitgefühl für die Mutter eines im Kampf erschossenen Terroristen spürten, als für die Witwe und die Kinder eines »in Pflichterfüllung gefallenen Polizisten«. War es nicht unfair, daß der Staat eine zahlenmäßig ungeheuer überlegene Exekutive einsetzte, um junge Frauen und Männer zu fangen, bloß weil diese einen anderen Staat haben wollten als den bestehenden und sich nicht ganz legaler Methoden zur Herbeiführung des Umsturzes bedienten? Der Kreis der Sympathisanten wuchs und immer mehr und mehr davon gingen dazu über, mit Artikeln *für* Ulrike und ihre Genossen einzutreten, den Staat, der Ulrike einsitzen ließ, scharf anzuklagen und Polizisten, Staatsanwälte, Richter und politische Leiter des Justizressorts des Staates herunterzufetzen, so daß kein Hund mehr ein Brot von ihnen nehmen sollte.

In einem solchen Meer von Sympathie schwimmend, brauchten die Terroristen nicht mehr zu warten, bis einmal einem Bullen die Nerven durchgingen und einer der Jungen ums Leben kam. Schon griff man frank und frei die Bullen an. Denn wer in Freiheit für die Freiheit wirken will, darf nicht zulassen, daß Polizisten, die vom Staat dafür bezahlt werden, sich in den Weg stellen. Derlei Strategie des Terrors machte auch im Establishment einigen Eindruck. Politiker und Staatsmänner und nicht zuletzt Polizeiführer kamen zu der Ansicht, es sei kein Wunder, wenn junge Menschen ihren Aggressionen freien Lauf lassen, nachdem sie durch Uniformträger provoziert wurden. Weg mit Uniformen, die ohnedies nicht zum sozialistisch-liberalistischen Kombinat in den Regierungen paßten, und auch Christdemokraten garnicht zusagten. Von der Kirche garnicht zu reden. Wo doch christliche Kirchen Gelder hergaben, damit schwarze Guerilleros in Afrika damit Waffen für den Kampf gegen den Weißen Mann, mochte er auch Christ sein, beschaften, war es kein Wunder mehr, wenn sich in Westdeutschland Geistliche dazu hergaben, die Kassiber einsitzender Terroristen ins Freie zu verbringen. Um Gottes willen, wie es hieß. Wenn so die Kollegen von den Theologischen Fakultäten handelten, dann bestand für jene von den Juristischen Fakultäten erst recht kein Grund dafür, sich in der Anwaltspraxis nicht auch herzugeben für eine Mit- oder Nachtäterschaft im Terrorkampf. Anwälte wurden nicht nur verläßliche Verbringer von Kassibern ins Freie, sie gaben ihre Kanzlei als Treff für Terroristen und als Meldekopf im Terrorkrieg her. Schossen auch manchmal, um nicht als Scheißer, als nützliche Idioten des Establishments, vor den Jungen dazustehen. Mit der Zeit entstand im Staat ein Gegen-Staat. Einer, der in den Händen der Terroristen war, die über geschulte Terrorkampftrupps, Volksgefängnisse für Volksschädlinge und Stabquartiere verfügten.

Nachdem der israelische Geheimdienst damit begonnen hatte, einen deutschen Kriegsverbrecher in einem unbeteiligten Drittstaat auszuheben, ihn zu kidnappen und außer Landes nach Israel zwecks Aburteilung zu schaffen, wurde Kidnapping, also Entführung, Geiselnahme zwecks Gelderpressung und Geiselnahme zwecks Befreiung inhaftierter Genossen stehende Praxis der RAF und anderer Terrororganisationen der Linken. Und es wurde nicht nur geschossen, sondern (wie ein Zentralorgan des sozialistisch-liberalistischen Establishments in Westdeutschland schrieb) mit generalstabsmäßiger Vorarbeit und präziser Kampftaktik seitens der RAF und ihrer Verbündeten zugeschlagen. So in Stockholm, wo die Regierung schon immer viel Sympathien für Typen wie Fidel Castro, Allende und andere militärisch verbrämte sozialistische Regime hatte und daher nicht so pingelig war bei der Unterdrückung der Methoden der Linken Linken. In Stockholm überfiel man die Büros der dortigen deutschen Botschaft und schoß einen Büttel sowie einen Lakai des Kapitalismus über den Haufen. Bezeichnenderweise geschah dies also am Militär- und am Handels-Attachée. Die Schweden wollten nicht die Terrorszene an Ort, und so endete der brillant vorgetragene Angriff, mit dem Ulrike und andere aus der Haft freigepreßt werden sollten, mit einem Mißerfolg. Im Prinzip hatte sich aber die Praxis DO UT DES im Terrorkampf bewährt. Gib du, Staat, uns ein Dutzend unserer einsitzenden Freunde frei, dann entlassen wir einen deiner Politiker oder Kapitalisten, und wer es sonst noch ist, aus unserem Volksgefängnis.

Trotz des Mißerfolgs in Schweden ging der Kampf in Westdeutschland weiter. Mal brauchte man Waffen und so raubte man in einer großen Stadt das Geschäft eines Waffenhändlers aus. Mal gebrach es an Geld und also raubte man in einer Bank einige Beträge, um den Kriegsschatz der RAF wieder auffüllen zu können. Blieb Zeit übrig und war die Verwahrung von Genossen in Haftanstalten derart lässig, wie etwa im Roten Berlin, dann konnte man dazwischen schon mal einige Genossen direkt aus der Haft befreien und den Spießbürgern beweisen, wie dumm ihre Polizei ist. Die Zeitungen halfen zum Teil wacker mit. Wiesen darauf hin, wie einsam sich Terroristen in ihren Zellen vor dem Fernsehschirm oder am Radio oder beim Studium von Fachliteratur für den bewaffneten Aufstand fühlen; und wie schwer es ihnen gemacht wird, mit der Außenwelt in Verbindung zu treten und den Kampfeinsatz derer in Freiheit zu »motivieren«. Selbst in Wien, bei den hintersten Hinterwäldlern im Amerikanismus, ereigneten sich Überfälle der RAF auf Banken, Geiselnahmen zwecks Erpressung von Lösegeldern in Millionenhöhe und Anschläge auf den Sitz internationaler Organisationen, wie jener auf eine Vollversammlung der übernationalen Organisation erdölexportierender Länder, genannt OPEC.

In Wien ging alles viel leichter und ohne Gefahr. Man knallte etwa den einzigen zum Schutz der OPEC aufgebotenen Kriminalbeamten, einen, der nur mehr das Datum seiner Pensionierung erwartete, über den Haufen und schreckte die sozialistische Regierung, die gerne die Verbrecher entließ, um kostbare Menschenopfer zu vermeiden. Der Kapo der Terroristen hatte zuletzt eine leutselige Art, er gab dem Polizeiminister beim Abflug in einen afrikanischen Seeräuberstaat die Hand. Nein, in Österreich, wo man angeblich immer lieber heiratet als Krieg führt, geriet der Terror in eine wundersame Szenerie.

Das Jahr 1976 entwickelte sich zur Hohen Zeit des Linksterrorismus in Deutschland. Neben dem Rechtsspruch »do ut des« wurde »wie du mir, so ich dir« praktiziert. In Hamburg hatte ein Landesgerichtsdirektor das Verfahren gegen einen Terroristen geleitet. Da kamen die Männer des »Kommandos Heinz Neumann« ins Haus und warfen eine Bombe auf den Richter. Leider kam dieser mit dem Leben davon. Am selben Tag kamen bei einem Terroranschlag auf das Hauptquartier der US-Army in Heidelberg 16 Menschen nur mit schweren Verletzungen davon. Die Woche darauf bombte man das Bayerische Innenministerium, wohl die bei Terroristen am wenigsten beliebte Zentrale für Polizeiangelegenheiten eines Landes der BRD. Und gleich darauf ging es wieder in Hamburg los. Dort hatte ein Anwalt sich gegen den Willen der Terroristen dem Gericht als Pflichtverteidiger im Strafprozeß gegen zwei Genossen hergegeben und Unwillen erregt. Der Sinn war der: Gab sich aus Angst vor dem Terror kein Anwalt mehr als Pflichtverteidiger in einem Prozeß gegen Terroristen her, dann legte das die Prozedur der staatlichen Verfolgung des Terrors für eine Weile

lahm. Immer ging es darum, der schweigenden Masse zu beweisen, daß wenige Terroristen stärker sind und mehr vermögen als der Gigant Staat.
Kurz nach diesem Anschlag in Hamburg griffen sich Terroristen, ein gemischtes Kommando, in dem auch zwei Deutsche mitarbeiteten, ein Flugzeug der AIR FRANCE und zwangen die Piloten, nach Athen und Benghasi, zuletzt nach Entebbe auszuweichen. Damit sollten in der Schweiz, in Israel und in Westdeutschland einsitzende Terroristen freigepreßt werden. Die Terroristen hatten Pech, denn die meisten Fluggäste der entführten Maschine waren Juden. In solchen Fällen versteht Israel keinen Spaß. Ohne auf die Gebietshoheit des betreffenden afrikanischen Staates Rücksicht zu nehmen, lancierte Israel von seinem Territorium eine exakt ausgeführte Befreiungsaktion, die mit einem vollen Erfolg endete. Die beiden deutschen Mitarbeiter kamen dabei ums Leben.
Und das ging jetzt so weiter, bis ins Jahr 1977. Im Kampf gegen die Terroristen fiel der Generalbundesanwalt Westdeutschlands, zusammen mit seinem Fahrer und einem Justizangestellten. Die Mörder nannten sich stolz: »Kommando Ulrike Meinhof«. Den Monat darauf wurde Verena, die an dieser Mordaktion beteiligt war, zusammen mit Günther arretiert, nachdem zwei Mordversuche an Polizisten daneben gegangen waren. Es folgten Waffenbeschaffungen und Banküberfälle, die RAF rüstete offensichtlich zu neuen Taten. Eine ganz große Sache, eine gegen die Bundesanwaltschaft in Karlsruhe eingesetzte Stalinorgel, konnte leider nicht zum Feuern kommen. Einige Zivilisten vereitelten die Ausführung des gedachten mörderischen Feuerüberfalls auf das Stabsquartier der Verfolger der Terroristen. Noch bekam IBM, ein amerikanischer Konzern in Hamburg, eins ab und dann geschah es:
Das »Kommando Siegfried Hausner« griff sich den obersten der Bonzen des Kapitalismus in Westdeutschland, den Präsidenten des Bundesverbands der Deutschen Industrie und des Arbeitgeberverbands. Man wollte ihn nur dann lebendig in Freiheit entlassen, wenn die Kameraden Andreas, Gudrun, Jan-

Carl, Verena, Werner, Karl-Heinz, Hans, Bernd, Ingrid und Irmgard aus der Haft entlassen würden.
Das Establishment taktierte im Umgang mit den Terroristen, man wollte das Opfer nicht dem Tod preisgeben. Inzwischen gibt es in Holland eine Schießerei zwischen Terroristen und der niederländischen Polizei. Das wiederholt sich, und diesmal muß ein Hauptwachtmeister daran glauben, ein anderer holländischer Polizist wurde schwer verletzt. Brigitte entkommt, aber ihr Begleiter fiel der Polizei in die Hände.
Noch lief die Aktion »do ut des« mittels der Geiselnahme des erwähnten Oberbosses des Kapitalismus. Um der Sache mehr Nachdruck zu geben, kommt das »Kommando Siegfried Hausner« mit einem gemischten Kommando der arabischen Terrorszene überein, eine Lufthansa-Maschine zu entführen. Damit sollen Terroristen in Westdeutschland, auch Ulrike, und andere in der Türkei freigepreßt werden. Man unterstreicht im Verlauf der Aktion den Ernst des Unternehmens, indem man den Flugkapitän der deutschen Maschine ermordet und die Leiche während einer Treibstoffübernahme von Bord wirft. Da geschah es, daß Deutsche zuschlugen. In einem fremden Staat auf einem fremden Erdteil. Sie waren, merkwürdig genug, von Juden ausgebildet, mit Terroristen in der bewährten Methode der Israelis umzugehen. Es geschah dies bei dem Ort Mogadischu im unabhängigen afrikanischen Staat Somalia. Von diesem Scheitern der Aktion erfuhren Ulrike und ihre Genossen in den Haftzellen aus dem Radio. Ihre lange genährte Hoffnung, doch noch zu den Kämpfern in Freiheit zu stoßen, schien zuende zu sein. Die Enttäuschten begingen Selbstmord und verstanden es, das so zu tun, daß in gewissen Kreisen der Verdacht entstand, sie seien ermordet worden.
Der erschossene Flugkapitän wurde mit allen Ehren in einer eindrucksvollen Feier bestattet. Der Oberbürgermeister von Stuttgart, Sohn des legendären Wüstenfuchses General Rommel, stellte für die Beerdigung der durch Freitod ums Leben gekommenen Terroristen ein Grab zur Verfügung. Was ihm in gewissen Zeitungen hoch angerechnet wurde, obwohl es kaum

zulässig gewesen wäre, die im Umkreis der Stadt zu Tode gekommenen jungen Menschen etwa von diesem Erdbegräbnis auszuschließen. Ulrikens Vater stand am Grab seiner Tochter. Aufrecht, aber im Inneren wohl nicht anders gestimmt als jeder andere Vater, der seine Tochter in jungen Jahren verlieren muß.

Der Terror in Westdeutschland lief gegen das jetzt immer dichter werdende Netz der staatlichen Abwehr mit immer geringerem Erfolg an. Im kommunistischen Osten, wo man, Lenin getreu, die Revolution der Jungen so oder so unterstützt hat, ließ man die Unterstützung sein. Indessen weigerte man sich, Mordterroristen auszuliefern. Es sei denn, Westdeutschland würde etwa Jugoslawen, die gegen den Terrorismus Titos im Ausland terrorisieren, der Tito-Polizei überlassen.

Was immer noch den Terroristen blieb, war jenes geduldige Papier, dessen Inhalt von naiven Gemütern geglaubt wird, weil es ja in der Zeitung steht. In Berlin wurde in den Straßen das Informationsblatt INFO linksradikaler »Undogmatischer Gruppen 168« verkauft. Nach der erwähnten Ermordung des Generalbundesanwalts erschienen in den Medien der Linken Linken einige mörderische Nachrufe, die bei Spießbürgern Empörung hervorriefen. INFO machte es auf poetische Weise und benützte ein uraltes chinesisches Gedicht als Vorlage, wo vom unterschiedlichen Gewicht des Todes von Menschen mit unterschiedlichem Wert die Rede ist:

»Stirbt man für die Interessen / des Volkes, so ist der Tod / gewichtiger als der Tai-Berg; / steht man im Sold der / Faschisten und Unterdrücker / des Volkes, so hat der Tod / weniger Gewicht als Schwanenflaum.«

Alles bebildert mit dem Foto des Ermordeten und der Lage der Leiche. Denn, Rosa Luxemburg getreu, es atmet sich förmlich leichter, wenn eine der Bestien wie ein toller Hund auf dem Straßenpflaster verendet ist. Nun, so heiß wollten die bisherigen Sympathisanten der Terroristen denn auch nicht die von ihnen bereitete Suppe essen. Mit einem Schlag verschwanden die Reportagen der Terrorszene aus dem Vordergrund der Medienge-

staltung. Dafür holte man in gewissen Redaktionen Tonnen alten Stehsatzes hervor, um in ununterbrochener Folge wieder die Braunen Gespenster der Vergangenheit in der Öffentlichkeit tanzen zu lassen. Auf daß Spießbürger und überhaupt die schweigsame oder schweigende Masse vergesse, daß schon die Roten Teufel auf offener politischer Bühne tanzen.
Man rede nicht lange von den Ermordeten. Für die schweigsame Masse waren das Polizisten und andere vom Staat besoldete Beamte, für die Terroristen und ihre Clique jene, die von Bullen umgelegt wurden. Nichts da, Schluß mit derlei. Es könnten Zwistigkeiten entstehen und die Aufmerksamkeit von dem ablenken, was schon in den US bereitgestellt wurde, um die Deutschen ja nicht ihre Untaten vergessen zu lassen: der Film ROOTS, der den Rassismus, also jetzt den der Deutschen, ins richtige Licht setzt. Der Tendenzfilm HOLOCAUST, der sich nicht mit der Dokumentation der KZ-Grausamkeiten in sachlicher Hinsicht beschäftigt, sondern erklärtermaßen die Empfindungskraft und die Gefühlsstärke noch einmal kräftigst anheizen soll. Und andere Verfilmungen von Romanen, die in den US jeweils vor Erscheinen mit großem Lobe bedacht werden und für die eine Clique die Leistung einer Clique vorweg belohnt.
Denn Gott straft die Sünden der Väter bis ins vierte Glied. 1945 plus 4 × 30 Jahre = 2065. Im Falle der Deutschen also bis ins Jahr 2065.

Am 30. April 1945 machte der im Rang eines Reichsministers und Reichsleiters der NSDAP stehende Sekretär des Führers und Reichskanzlers Adolf Hitler – er hieß Martin Bormann – die letzte Eintragung in das von ihm schlagwortartig geführte Tagebuch. Er schrieb bloß Adolf Hitler, sowie Eva B., also den abgekürzten Namen der am Vortag dem Führer angetrauten Frau, und hinter beide Namen die altgermanische Rune für das Sterben und den Tod. Dies getan, verließ Bormann seine und seines Führers letzte Amtstelle, den Bunker der Reichskanzlei in Berlin, und verschwand im Dickicht von Gerüchten und Legenden; wie sie das Volk in Zeiten großer Katastrophen eher liebt als nüchterne Beschreibungen großen Unglücks. Zumal des eigenen Unglücks.

In der seit 1945 zweigeteilten Welt konnten sich aus verständlichen Gründen Amerikaner und Russen nicht über das Ende des Hitler und die näheren Umstände des im übrigen auf beiden Seiten herzlich begrüßten Tod des Führers einigermaßen einigen. Die Aussagen, die der Chauffeur als Tatzeuge der Feuerbestattung der Leiche Hitlers machte, waren an sich nüchtern und durchaus glaubwürdig. Aber dieser Mann war zugleich ein Offizier der SS und daher eine Auskunftsperson, die nicht ins Schema 1945 paßte. So behauptete dieser Mann, er hätte am 30. April 1945 von einem gewissen Günsche, Adjutant Hitlers und ebenfalls SS-Offizier, den Auftrag bekommen, 200 Liter Benzin in den Hof der Reichskanzlei zu holen. Um 15 Uhr wollte der Chauffeur die Vollzugsmeldung darüber erstattet und bei dieser Gelegenheit vom Tod des Führers erfahren haben. Der Kammerdiener des Führers und SS-Männer seien die Treppe heraufgekommen. Sie schleppten in einer grauen Decke, wie sie zu den Ausrüstungsstücken des Deutschen Heeres gehörte, einen Leichnam, offenbar den des Führers. Zu sehen waren allerdings nur Hose, Socken und Halbschuhe, alle von der Art und Farbe, wie sie Hitler zuletzt getragen hat. Dann brachte man die Leiche der Eva, deren Gesicht zu erkennen war. Schließlich erschien Martin Bormann, befahl, die Leichen mit Benzin zu übergießen und Feuer zu legen. Während sich Rauch und Gestank verbreiteten, hoben die Zeugen der Feuerbestattung noch einmal die Hand zum deutschen Gruß. Dann verdufteten sie, denn die Russen waren nahe herangekommen an das Zentrum des Dritten Reiches und es gab keine Luftwaffe mehr, die den Roten den Luftraum über der Reichshauptstadt hätte streitig machen können. Man wird verstehen, daß diese von SS-Männern erzählte Story im Westen auf Skepsis stieß.

Außerdem blieben die Russen, die bald das Gelände der Reichskanzlei besetzten und die also die verkohlten Leichenreste des Führers und seiner Frau hätten finden müssen, merkwürdig stumm in der Sache. Es gab Fotos von den beiden Kanistern, mit denen der SS-Chauffeur das Brennmaterial für die Feuerbestattung herangeholt hatte. Auch gab es ein Foto von den verkohlten Resten der Leiche des Reichspropagandaministers Joseph Goebbels, der kurz nach Hitlers Ende auch freiwillig in den Tod ging und der das Bestattungsritual, das der Führer in seinem Falle bestimmt hatte, nachahmte. Sonst gab es nichts. Die Sowjets ließen offenbar die Leichenreste des Hitler dort verschwinden, wohin neugierige Reporter aus dem Westen nie hinkommen, es sei denn, sie ließen es auf einen gefährlichen Konflikt mit der Sowjetmacht ankommen.

Jetzt holten die Sieger die überlebenden Zahnärzte Hitlers hervor. Niemand wird sich wundern, daß jene Karteiaufzeichnungen, die sich darnach die Amerikaner verschafften, nicht mit jenen Zahnformeln übereinstimmten, welche die Russen an Hand der Leiche aus dem Garten der Reichskanzlei feststellten. Denn es stimmte ja nichts mehr von dem überein, was einmal die Allianz von Ost und West gegen den Hitler war. Die wieder in Betrieb gesetzten Zivilgerichte Westdeutschlands und jene in

der Ostzone kiefelten ihrerseits an den fragwürdigen Fakten des Todes Hitlers herum und ließen sich Zeit mit der amtlichen Todesfeststellung. Demnach war Adolf Hitler als Rechtsperson bis ins Jahr 1956 hinein, wenigstens in Westdeutschland, nicht tot. Die Verlassenschaft konnte nicht abgehandelt werden.
Lange nachher kam im Osten ein gewisser Lew Besymenski, Bürger der SU, mit seiner Reportage vom Tod des Adolf Hitler heraus. Sicher tat er das nicht ohne ausdrückliche Genehmigung der Behörden seines Staates. Besymenski bekam auch das erbeutete Tagebuch Martin Bormanns. Dies und anderes bei der Hand, fing er wegen des Todes Adolf Hitlers mit Wissenschaftern des verfaulten Westens und deren Machthabern einen häßlichen Streit an. Indessen kennt man im Westen nicht die im Osten übliche Solidarität im Ost-West-Konflikt, schon gar nicht jene in Publikationen, die für die Öffentlichkeit bestimmt sind. Kurz, es fand sich im Westen ein gewisser David Irving, der in der Londoner konservativen Abendzeitung EVENING STANDARD schrieb, was Besymenski sehr in den Kram paßte: »Bedauere, ich irrte mich ... Die Röntgenbilder lassen überhaupt keinen Zweifel daran, daß die Zähne, die die *Russen* geprüft haben, Adolf Hitlers Zähne waren ...«
Röntgenbilder? Natürlich jene der in den Händen der Russen befindlichen Leichenreste Hitlers. Die Russen hatten wieder einmal recht bekommen vom Westen. Aber damit hörten die Reportagen zeitgeschichtlicher Untersuchungen, Legenden und Romane vom Tode Hitlers und seiner Frau Eva nicht auf. Aber es waren nicht mehr ausschließlich Schilderungen der Bestie, die im Hitler lebendig war und wohl auch in vielen Deutschen. Vielmehr glitt das Ganze ab in eine einerseits wissenschaftliche, tendenzfreie Erörterung des Themas, andererseits in eine literarische Auswertung des Themas, die keine echten Beiträge zur Geschichte des Grauens unter Hitler lieferten.
Von Amts wegen (und das wog immer noch) wurde der Führer und Reichskanzler am 25. Oktober 1956, also mehr als elf Jahre nach dem Geschehen in der Reichskanzlei, für tot erklärt. Natürlich wurde in der diesbezüglichen Ausfertigung des Gerichts-

beschlusses der bis zum Moment des Todes ausgeübten Berufsbeschäftigung Hitlers keine Erwähnung getan. Mehr als das: Dem Bayerischen Amtsgericht Berchtesgaden lag offenbar daran, die Nichtexistenz Hitlers in dieser Welt in einer derartig beiläufigen und dürren bürokratischen Manier zu bestätigen, daß über die gänzliche Mißachtung des gewesenen Führers und Reichskanzlers kein Zweifel bestehen kann. Die Rede war von einem Adolf Hitler, ohne Berufsangabe, geboren am 20. April 1889 in Braunau am Inn. Keine Rede ob diesseits oder jenseits des Flusses, also im Österreichischen. Und als Zeitpunkt des Ablebens der letzte Tag des Aprils 1945, 15 Uhr 30. So hat der Chauffeur von der SS wenigstens im Rechtsbereich der Bundesrepublik Deutschland mit seiner Aussage Recht bekommen.
Diese nicht bloß in rechtsgeschichtlicher Hinsicht bedeutsame Beurkundung des Endes des letzten Reichskanzlers des Deutschen Reiches bestätigte laut Gerichtsbeschluß ein in der Geschichte gänzlich unbekannter Dr. Stephanus vom oben erwähnten Amtsgericht. Nicht einmal er würdigte die Ausfertigung des Beschlusses einer handschriftlichen Unterfertigung. Die zur Rechtsgültigkeit des einschlägigen Gerichtsbeschlusses notwendige händisch besorgte Unterschrift besorgte eine gewisse Wellert, ausgewiesen als Justizangestellte, also eine ohne Rang und Rangbezeichnung tätige Angestellte im Justizdienst des Landes Bayern. Sie war auch nicht der Urkundsbeamte des fraglichen Gerichts; sondern nur stellvertretend für diesen tätig. Offensichtlich legte man im südlichen Bayern einigen Wert darauf, nicht bis zuletzt mit dem im Norden, in Berlin, verstorbenen Hitler auch noch nach dessen Ende in zuviel amtlichen Kontakt zu kommen. Wo ohnedies in allen Schulen die Schüler darauf hingewiesen wurden, Hitler sei ein Österreicher gewesen. Und das ungeachtet der Tatsache, daß Hitler schon zwanzig Jahre vor seinem Tod Wert darauf gelegt hat, aus dem österreichischen Staatsverband entlassen zu werden. Lebte er doch lieber als Staatenloser im Deutschen Reich, als einer, der noch immer einen österreichischen Paß braucht, wenn er die Grenzen des Staates von Weimar überschreiten will.

So setzte diese Bescheinigung vom Jahre 1956 einen Schlußpunkt. Niemand konnte sich darauf berufen, nach dem 30. April 1945 in jenem Befehlsnotstand gehandelt zu haben, auf den sich viele Menschen ausredeten, wenn man ihnen wegen strafbarer Handlungen, begangen in der Zeit des Dritten Reiches, auf Grund eines nachträglich entstandenen Strafparagraphen den Prozeß machte. Nein, das hat man keinem Deutschen durchgehen lassen. Denn jeder Deutsche, auch einer, der beim Tod des Hitler noch im Mutterleib war, sowie spätere Enkel dieses Ungeborenen sollten solidarisch verhaftet bleiben und schuldig für alle Grausamkeiten und Unmenschlichkeiten, welche von Deutschen nach 1933 und bis 1945 begangen wurden. Denn Gott straft, wie im Alten Testament der Bibel steht, die Sünden der Väter bis in dritte, ja bis ins vierte Glied der Nachkommenschaft des Täters. Und Täter waren alle Deutschen, die zu Zeiten Hitlers nichts taten, um dessen Taten zu verhindern.
An sich haben die Deutschen nach 1945 ziemlich viel geschrieben über ihre Untaten in der Hitlerzeit, wie man nachher die Zeit des Großdeutschen Reiches nannte. Noch mehr wurde darüber in den Ländern geschrieben, die ihre gewisse Beteiligung am Experiment Hitler außer Evidenz bringen wollen. So etwa die Mittäterschaft ihrer Politiker und Staatsmänner, dann die Nazi- und Faschistenparteien dieser Länder, die Vertretungen solcher Parteien in den Parlamenten (und zwar lange bevor die Nazis ins Land kamen). Die allerlei grausames Geschehen verdrängen, das man besser den Deutschen allein in die Schuhe schob als dafür die solidarische Haftung unzähliger nichtdeutscher Parteigänger Hitlers zu bestätigen. Denn die Rache war schon im alten Rom, zumal in der Zeit des Niedergangs des Römischen Reiches, nach Ansicht eines damaligen prominenten Philosophen, nicht nur Befriedigung eines Gefühls, sondern auch Sicherheit für die Zukunft.
Ohne daß die Sieger von 1945 allzuviel dazu tun mußten, fingen nach 1945 die Deutschen an, in ihrer Geschichte, zumal in der Zeitgeschichte der Hitlerära, herumzuwühlen, so daß für

andere Geschichtsbetrachtungen nicht mehr viel Zeit übrig blieb. Letztere Mühe war nach einer immer mehr aufkommenden Meinung ohnedies verlorene Mühe. Denn was nützte es, etwa eine – bisher ohnedies nur geschönte – Darstellung der deutschen Geschichte zu kennen, wenn es offensichtlich so viel Mühe und Zeit kostete, um den Generationen nach 1945 das richtige Image vom Hitler einzuprägen und es vor allen Deutschen für alle Zeit präsent zu halten. Die Rache für den in KZ an unzähligen wehrlosen Menschen vollzogenen Mord kann demnach das deutsche Volk nur sühnen, wenn es in seinem Geschichtsbewußtsein fortan Reue und Leid für die Taten zu Hitlers Zeiten übt, die unverlierbarer Bestandteil seines nationalen Bewußtseins bleiben müssen. Andere Völker mögen die einschlägige Geschichtlichkeit vergessen und bewältigen. Die Deutschen nie.

Die braunen Gespenster müssen nämlich tanzen, immer wieder tanzen, damit die Lebenden nicht so sehr auf die roten Teufel achten, die quicklebendig in der Gegenwart ihren Teufelstanz in den Hirnen der Menschen und in der ganzen Öffentlichkeit aufführen.

Als fast dreißig Jahre nach dem Tod Hitlers vorbei waren, entstand bei ausländischen Betrachtern und in den Hirnen ihrer Gesinnungsfreunde in Deutschland der schwere Verdacht, als würden die Deutschen nicht mehr unablässig die Platte mit dem Hitler abspielen und als wären die alten Platten nicht mehr ganz verständlich in ihren wörtlichen Angaben. Bevor man im Ausland den Deutschen neuerdings vorwarf, daß sie *ihre Taten* nicht betrauern können, geschah in Deutschland einiges, um alte Erinnerungen aufzufrischen und sie vor allem in den Herzen und Hirnen der Jugend präsent zu halten. Das ereignete sich natürlich nur in Westdeutschland, denn das kommunistisch gewordene Ostdeutschland hatte inzwischen nicht nur in Form einer Verfassungsreform die Hinweise auf gesamtdeutsche Belange gestrichen, es konnte sich als sozialistischer Arbeiterstaat in keiner Weise zu dem bekennen, was man in Westdeutschland den Nachkommen des verruchten Nazideutschland vorwarf.

Niemand im Westen hat deswegen den Kommunisten in Ostdeutschland einen ernsthaften Vorwurf gemacht oder diese gar aufgefordert, so wie die Deutschen im Westen Entschädigungen an jüdische Naziopfer zu entrichten.
Der Sensationsfilm eines Amerikaners, HOLOCAUST, die romanhafte Schilderung des Elends von Juden und Judenfreunden unter Hitler, war noch nicht in die Produktion gegangen, da macht sich ein Deutscher daran, einmal zu prüfen, was von den Tonnen bedruckten Papiers in Sachen Hitler einen Niederschlag in den Kenntnissen der Elementarschüler und Berufsschüler des Jahres 1976/77 gefunden hat. Um richtig zu gehen, nahm man die Schulverwaltungen der beiden sozialistisch verwalteten Bundesländer Westdeutschlands Nordrhein-Westfalen und Berlin zu Hilfe. So wurde in diesen Teilen Deutschlands, aber auch in anderen, das Saarland ausgenommen, ein Schüleraufsatz mit dem Thema WAS ICH ÜBER DEN HITLER GEHÖRT HABE geschrieben. Für 3 042 Schüler und Schülerinnen war es ein guter Tag, einmal ohne Gefahr einer Benotung hinzuschreiben, was man so über ein bestimmtes Thema gehört hat und wie es bei einem angekommen ist.
Als dann in Fischers Taschenbuchverlag eine wohlfeile Ausgabe der bemerkenswertesten Sätze aller dieser Aufsätze erschien, waren es natürlich die sattsam bekannten Typen auf der Rechten, die zur Tendenz des Sammelbandes sagten:
»Wie man in den Wald schreit, so schallt es zurück.«
Damit war natürlich einiges ausgesagt über Schullehrer in sozialistisch verwalteten Ländern Westdeutschlands. Und das, was Kinder zu Papier brachten, wurde nicht als Unwissenheit der Kinder hingestellt, sondern als trügerischer Nachhall dessen, was der Unterricht in Zeitgeschichte in den betreffenden Schulen der siebziger Jahre alles angerichtet hat. Um es kurz vorweg zu sagen: Das Image vom Hitler, das Kinder um die Mitte der siebziger Jahre des 20. Jahrhunderts haben, entspricht in keiner Weise den Erwartungen jener, die nach dem Motto: NIEMALS VERGESSEN leben. Da mischt sich Ungereimtes und Fantastisches mit dem, was die Schulkinder von ihren El-

tern oder Großeltern zuhause mitbekommen haben. Einmal mehr erwies sich die mangelnde Eignung des Elternhauses, mehr zu sein als bloße Stätte einer Tradition, nämlich als der Ort, wo das ansetzen sollte, was sozialistische und liberalistische Schulleute zuweilen als eine REVOLUTION IN DER SCHULE (anstatt eine womöglich blutige Revolution in der Gesellschaft) gerne haben möchten. Die Re-education der Besatzungsmächte nach 1945 hat offenbar nicht jene Umerziehung der Schulkinder von damals erzeugt, die jetzt bei den Eltern der 3 042 Aufsatzschreiber hätte vorhanden sein müssen, auf daß deren Lehrer in 121 Klasssen es leichter haben, das richtige Image Hitlers und seiner Zeit anzubringen.
Wie es schon war: Die Erziehungsfachleute der vier Besatzungsmächte in Deutschland und Österreich waren sich zwar in der Verurteilung Hitlers und des Hitlerismus einig, im übrigen aber gerieten sie mit ihren marxistischen oder kapitalistischen Geschichtsauffassungen untereinander ebenso in Konflikt, wie mit den Resten einer bedauerlichen nationalistischen Gesinnung, die natürlich je nach dem Herkunftsland des Besatzers sehr verschieden war. So konnte man den Deutschen bei der Beschaffung einer ganz neuen Geschichtsauffassung nicht zu Hilfe kommen, zumal in Westdeutschland das geistige Klima der Ära Adenauer gar nicht geeignet war, in den Schulen junge Menschen zum Mitvollzug der im Anschluß an Marx entstandenen Ideen zu gewinnen.
So wie 1967 in Berlin die Revolution der Neuen Linken zuerst als eine sexuelle ausgerufen wurde, ergibt es sich, daß in den Aufsätzen der Halbwüchsigen die Vermischung von Sex und Geschichte am farbigsten gelingt. Vieles mögen die Kinder in Filmen und auf dem Fernsehschirm gesehen haben. Einige berufen sich auf diese Fundstellen. Andere hängen ihr Hitler-Image offensichtlich auf den viel besser im Gedächtnis gebliebenen Sexvorstellungen – teils schulischer, teils außerschulischer Herkunft – auf. Sie glichen darin ganz ihren Großvätern, für die in der Zeit ihres Landserdaseins Sex anerkanntermaßen das Thema 1 war. Und also fällt die Aussage zum Titel »Hitler und

die Frauen« merkwürdig genug aus. Sie bietet einen anschaulichen Querschnitt durch die Geistesverfassung jener Jungen, deren Ideenwelt schon im Sinne der Fortschritte der sechziger Jahre geschult werden. Und es wird noch besser werden. Nicht bloß in Westdeutschland sind es Vertreter der Linken Linken, die in den Studentenvertretungen der Schulen das Wort haben. Auch im, was den Amerikanismus anlangt, rückständigen Wien hat bei der Wahl der Studentenvertreter der dortigen Pädagogischen Akademie des Staates wohl die traditionelle Linke ihre kompakte Mehrheit vertreten können, die Linke Linke aber 10 Perzent der Stimmen und Mandate einheimsen dürfen. So diese Linken Linken einmal in die Schulstuben kommen werden, um dort zu lehren, werden sie das tun können, was in Westdeutschland die Radikalenerlässe gegen die Anstellung von politischen radikalen Anwärtern für das Lehramt unterbinden können.

Petra, 15, weiß, daß Hitler drei Frauen gehabt hat. Christa, gleichalt, weiß von einer früheren Jugendliebe Hitlers, die, jetzt schon ungefähr 85 Jahre alt, in München lebt, wenn sie nicht gestorben ist. Jochen, 16, erwähnt von den Freundinnen des Hitler namentlich Beate Uhse. Nach dem, was über besagte Dame in deutschen Boulevardzeitungen zu lesen war, ist es dem Jungen nicht zu verübeln, seine Zeitgeschichte betreffs Hitler auf dem letzten Stand gehalten zu haben. Eva Braun erscheint im Hitler Imago dieser zu großen Hoffnungen berechtigenden Jungen mehrmals auf. Helger schreibt, Eva brachte sich anfangs der vierziger Jahre um, und das konnte Hitler, so Helger, nie verkraften. Anders Manuela: Sie nennt Eva eine wilde Bestie und meint, Hitler hätte mehrere solche Typen besessen. Michaela, 15, vertritt einen gegenteiligen Standpunkt: Demnach hat Hitler Eva jeden Tag vergewaltigt. Christa war offenbar ihrer Lehrerin nicht grün, denn sie weist ausdrücklich darauf hin, daß die von ihr mäßig geschätzte Eva eine Lehrerin war. Maria wußte mit 14, was ein Frauenheld ist, und also nannte sie Hitler einen solchen. Susi faßte dieses Urteil schärfer, sie weiß, daß dem Hitler eine nicht genügte und er mehrere

Geliebte und Söhne hatte. Petra, immerhin 14, schreibt: Auch trieb er es mit Frauen in Betten. Natürlich unterliefen den jugendlichen Zeitgeschichtlern Irrtümer, die man bei dem Umstand, das mit dem TV das Kino ins Elternhaus kam, nicht überschätzen sollte. Arndt nennt Hitler den Geliebten von Hertha Feiler, Britt nennt in diesem Zusammenhang Eva Bartok. Sonja mixte Politik und Eros und kommt zu dem Schluß, daß Hitlers diverse Eheversprechen nichts taugten, daß er seine Freundinnen bestimmt nicht ernst genommen hat, wie die Leute insgesamt. Frauen urteilen oft schlecht über ihre Geschlechtsgenossinnen, und Gitta, 13, weiß, daß Eva Braun ihren Hitler tyrannisiert hat. Gert denkt sich etwas und schreibt, Hitler hätte von seinen Geliebten Nacktfotos gehabt. Antja aber will in Filmen gesehen und auch in Büchern gelesen haben, Hitler wäre in seiner Ehe sehr liebevoll gewesen. Hier soll nicht des langen und breiten erzählt werden, wie es Hitler mit Jüdinnen getrieben hat. Daß Hitler geschlechtskrank war, bestätigen Wolfgang und Tom. Maike, 17, weiß, daß Hitler als Jugendlicher Syphilis gehabt hat und aufgrund dessen geistig »etwas« behindert war.
Niemand sollte Deutschlands Jugend vorwerfen, sie wüßte nichts von Hitler und seinem Umgang mit Juden. In immerhin 121 Klassen – in anderen Klassen könnte das Klassenwissen noch größer sein – wurde in den fraglichen Schüleraufsätzen darüber, oft in lapidaren Worten, genug geschrieben. Nicht alle Schreiberinnen und Schreiber sehen aber bloß den Judenmörder. Astrid, 15, findet es doof, von Hitler zu sagen, dieser sei ein fieses Schwein gewesen. Denn, so das Mädchen aus 1976/77, Hitler mußte ja die Juden umbringen, da ihm sonst die Armee bestimmt an den Kragen wollte. Nicht Hitler war ein fieses Schwein, schuld waren fiese Generale, von denen es auch im Westdeutschland nach 1945 genug gab. Rudolf sah den Nachteil des Naziregimes nicht einfältig, sondern vielschichtig: Er rechnet zu den ungelösten Problemen jener Zeit die »sinnlose« Judenverfolgung. Sinnlos, wie mitleidslos. Renate hält dafür, Hitler hätte auch eine »andere Weise nehmen« können, sie, die Juden, zu töten. Thomas hingegen nimmt Hitler gegen die

SS in Schutz; diese, nicht der Hitler, habe es mit der Judenvernichtung zu tun gehabt. Hingegen nennt Thomas den Reichsführer der SS, (Heinrich) Himmler, einen Drecksack. Die alte Weisheit der Landser des Zweiten Weltkriegs: Bloß nicht anstreifen an die SS, schimmert in Thomas' Ansicht aus 1976 durch. Dieter bleibt darin sachlich: Es müßten einige Fehler im System gewesen sein, denn sonst hätte Hitler nicht so viele Menschen völlig unbegründet verurteilt oder getötet. Sascha, 15, zeitnahe in ihren zeitgeschichtlichen Betrachtungen, bedauert die Tatsache, daß die Deutschen hohe Wiedergutmachungssummen an Israel entrichten müssen, und alles nur wegen des Hitler. Die lustige Gaby hält dem Hitler wenigstens zugute, daß er für die vielen Judenwitze verantwortlich sein soll.

Weit verbreitet scheint die Ansicht zu sein, Hitler selbst sei Jude gewesen oder wenigstens jüdisch versippt. Was Historiker nur mit starken Vorbehalten andeuten und meistens wieder zurücknehmen, das bekommt in den Hirnen der Schüler einen fixen Platz. Renate, 23, also spät in der Berufsschule, sagte es am deutlichsten, kurz und bestimmt: Hitler war selbst jüdischer Abstammung. Paul nimmt bloß an, daß Hitler Halbjude war und folgt damit einer bis unlängst gültigen Ansicht vieler Historiker und Geschichtsschreiber. Jutta nähert sich dem Kern der Sache anders: Der Haß Hitlers auf die Juden soll von dessen persönlichen Beziehungen zu Jüdinnen herrühren. Maria nennt die Mutter Hitlers eine Jüdin. Britta sagt kurz bemessen, Hitler war selbst ein Jude und wurde (deshalb?) von allen Menschen verachtet. Julius weiß von einem Attentat eines Juden auf Hitler, daher der brutale Haß gegen die Juden und die Brutalität. Volker, offenbar auch den Generalen nicht grün, meinte, Hitler sei durch den Einfluß von Hintermännern, ausdrücklich genannt sind die Generale, zu seinen grausamen Taten gegen die Juden gekommen.

Gabi, immer aussagekräftig, kommt nun auf den Rassismus. Sie weist auf die Nürnberger Rassengesetze hin, nennt auch das Jahr ihrer Entstehung, 1935 und meint, die Gesetze, sie nennt

sie Gesetz, seien noch positiv zu werten. *Noch* positiv. Marina bedient sich der neuen Sprache und sie wirft Hitler vor, dieser hätte die Juden nicht bloß vergast, sondern auf der Straße vergammeln lassen. Dagmar läßt die Deutschen nicht aus ihrer Verantwortung für die Taten des Hitler entkommen; warum taten *sie* es? Sie sind genauso schlimm wie Hitler! Elfriede, offenbar vom Land, redet von der Vernichtung in KZ; es hätten einige es so weit gebracht, daß sie Mitmenschen zu Sülze und Speck verarbeiteten. Jan wundert sich: Wieso hat die linke(!) Sau, also Hitler, die schönen Juden umgebracht? Sarkastischer Neo-Nazismus oder Seltsamer Humor, wer mag es deuten, ohne in Abgründe der Tiefenpsychologie zu stürzen?
Hitler wollte offenbar eine neue Rasse züchten, das wissen die Jungen. Sandra weiß, daß Hitler von Frauen angehimmelt wurde. Sie gebaren Kinder, vollwertige Kinder für ihn. Ursula rügt, daß Gefangene, sogar »noch fast kleine Kinder«, wie Hunde am laufenden Band Kinder zeugen. Claudia mit dem Wissen der Fünfzehnjährigen weiß, daß damals junge Soldaten, große Blonde und Blauäugige ausgesucht wurden, um Frauen zu schwängern. Karsten, 13, resumiert kühl: Im großen und ganzen ist er – Hitler – ein wenig zu weit gegangen. Sie gleicht darin der Ansicht von Ulrike, 13, die es sogar grausam fand. Aber – vielleicht war es gar nicht so schrecklich? Sonja, 13, findet die Judenverfolgungen albern.
Man wird verstehen, daß manche Jungs sich in ihren Aufsätzen weniger mit den Vorgängen in KZ beschäftigen oder mit dem Schicksal der Juden. Ihre Phantasie ging durch bei den Erzählungen von den Aufzuchtsanstalten für arische Menschen. Michael, immerhin schon 16, nahm sich kein Blatt vor den Mund und gebrauchte Tätigkeitswörter nach Vorlagen des Nachkriegs-DUDEN:
»Blonde Männer bumsten irgendwelche Mädchen, die später Mütter von irgendwelchen Kindern wurden.«
Der Vorbehalt gegen die Zeugung außerhalb einer dauernden Verbindung von Mann und Frau ist spürbar. Ansonsten wird sichtbar, daß das Theater-Deutsch, wie es Mitte der siebziger

Jahre aufkam, längst nicht mehr ein Privileg gehobener Schichten war. Viele Erwachsene hörten von derlei Reden der Jungen. Und davon, wer darin Vorbilder der Jungen war. Aber sie schauten weg und hörten weg und taten so, als würden wenigsten sie in einer heilen Welt leben; jener Welt, die von Jungen geringer geschätzt wurde als alle anderen reaktionären Begriffe. Und weil die Alten so taten, hatten sie zuletzt überhaupt keine Ahnung, wie weit die Sinne schon gediehen waren. Sie bemitleideten sich gegenseitig, wenn in der Straßenbahn die Jungs nicht mehr daran dachten, den Alten oder Versehrten Platz zu machen; und Mädels ihnen frech ins Gesicht lachten, wenn man sie bat Platz zu machen für eine Alte. Und man redete und redete, daß man das längst hätte kommen sehen und daß derlei schon der verstorbene Ehegatte gesagt hätte. Aber leider, sei es jetzt so und es sei niemanden gegeben, dafür eine Änderung zu suchen. Nur wenige baten höflich junge Menschen um Hilfe und diese bekamen sie fast immer. Im kleinen beginnend, lebten sich Generationen auseinander.

Wie immer war man im Deutschen Sprachraum in Schulangelegenheiten weit hintan. In England wurden bereits Schulbücher in Gebrauch genommen, die weniger auf die Nazizeit, als vielmehr auf den Partisanenkrieg in Indochina Bezug nehmen. Ein Lehrbuch stellt an die Schüler an Hand der Skizze von einem zwischen zwei Städten in Ostasien angenommenen Eisenbahnnetz eine interessante Frage:

Das angenommene Netz war so dicht, daß man auf vielen Strecken von einer Stadt zur anderen hätte kommen können. Zwischen den diversen Linien gab es Querverbindungen und viele Brücken, um den Verkehr zu erleichtern. Die Annahme der Schulaufgabe ist, daß Partisanen zwar den Eisenbahnverkehr zwischen den beiden Städten unterbrechen wollen, aber als Partisanen (und nicht imperialistische Soldaten) das Volksvermögen, in diesem Fall die Eisenbahnanlagen, schonen wollen. Sie rechnen sich aus, wie sie wohl am besten den Bahnverkehr für längere Zeit lahmlegen könnten, dabei aber so wenig wie möglich Brücken sprengen. Natürlich fanden die Partisanen die volks-nahe Lösungsvariante. Werden sie die Schüler in England auch finden? Solche Aufgaben machen auch solche Schüler fix und alert, die sonst dahindösen, weil sie schon nachts mit den Eisenhämmern durch die Straßen gehen, um mal hier, mal dort eine Fensterscheibe mit einem einzigen Schlag zu zertrümmern. Wer über das redet oder schreibt, was er über den Hitler gehört hat, der fragt schon 'mal zurück oder riskiert eine Lippe, um eine Meinung zu äußern, die nicht zum Aufsatzthema gehört, dafür aber in den Zusammenhang. Immerhin war Hitler für Heiko, 22, nach wie vor der GRÖFAZ, wie man einmal sagte, ausgeschrieben: Der größte Feldherr aller Zeiten. Elke, 20, schreibt ihm gute Ideen zu. Dieter, 19, weiß, daß er das Deutsche Reich wieder aufbaute. Und Stephan bescheinigt ihm, daß er viel für sein Volk getan hat. Immer wieder ist von der Abschaffung der Arbeitslosigkeit die Rede, Siegfried, 19, rechnet Hitler zu, daß er für Ordnung sorgte, die Kriminalität hart bestrafte, so daß sie abnahm und daß Hitler für den Ausbau der Autobahnen sorgte. Sie denkt, was die Kriminalität anlangt, im Vergleich zur Gegenwart. Auch Rex, 19, Barris, 18, verstehen nicht, daß man Hitler, solange er lebte und siegte einen Helden nannte, nach dem verlorenen Krieg ein Kommunistenschwein. Ohne Zweifel war Hitler eine Persönlichkeit, meint ein Neunzehnjähriger. Werner, 18, bedauert, daß es jetzt keinen Adolf mehr gibt. Und Hans-Dieter glaubt, Hitler hätte von allen »Bundeskanzlern« die beste Politik in Deutschland gemacht. Vor allem hat er das Ruhrgebiet stark aufgebaut. Karin, 18, meint, er führte sinnvolle Kriege. Heinrich, 18, möchte, daß man nicht bloß Schlechtes über Hitler sagt: Zu seiner Zeit gab es die Todesstrafe. In Klammer vermerkt Heinrich, die müßte man auch heute einführen. Udo zeigt kurz und bündig die Vorteile einer Diktatur auf: Keine Arbeitslosen, keine Verbrechen, härtere Bestrafung von Verbrechen. Christian meint, daß Hitler, käme er heute an die Macht, die Welt auch wieder sauber machen würde. Jochem, 18, und in Gewärtigung seines Dienstes bei der Bundeswehr, meint, in Adolfs Armee hätte noch Zucht und Ordnung geherrscht – im Gegensatz zu heute. Wolf, schon 17, weiß, daß Hitler ein Diktator war. Wolf weiß nicht, wann Hitler es geworden ist. Er fragt sich: Aber – muß ein Diktator schlecht sein? Andreas redet vom Dreck und hält Hitler zugute, daß dieser das Deutsche Reich zunächst einmal aus dem Dreck gezogen hat. Warum? Erhard, 17, weiß es: Hitler war ein Genie.

»In Hitlers Zeiten konnte man getrost nachts auf den Straßen sein ohne Angst zu haben, daß man überfallen wird.«

Heike, 17, meint das. Andere Jungen schreiben dem Hitler mehr und mehr Schlechtes zu. So daß diese Serie von guten Zensuren auffällt und zum Nachdenken anregt. Es sind Antworten, die nicht Gymnasiasten geben, sondern Berufsschüler, solche, die meistens aus keinem gehobenen Milieu kommen. Wo, wie man sagt, die gute Nachrede auf Hitler Tischgespräch der Kapitalisten und dergleichen ist. Und es sind Schüler aus einem Land, das seit Jahren fest in der Hand der SPD ist. Der Hinweis auf Nöte im Ruhrgebiet ist Indiz auf die Herkunft der Schüler, überhaupt auf das Ambiente, wie man heute sagt. Um wieviel schärfer fallen die Urteile der Besucher Höherer Schulen aus. Weil ihre politische Bildung auf mehr Wissen aufbaut? So sagen die einen. Weil sie einfach verstehen logisch zu denken und sich nicht von alten Geschichten beeinflussen lassen, sagen andere.

Wie symptomatisch sind diese Schülerarbeiten? Waren nicht um 1930 die Schüler im Roten Preußen dem Geschichtsunterricht ebenso abgeneigt? Und, jetzt Großväter und Großmütter, so wie ihre Kinder in der Zeit Hitlers, ebenso froh, Schulwissen wegzuwerfen, sowie es abgeprüft war und ist. Woher aber dann die oft läppischen, aber bezeichnenden Details in den Schulaufsätzen derer von 1976/77? Wieviel färbte die mißlungene Revolution, die sexuelle, die moralische, die intellektuelle und die politische ab im Schulwesen, vor allem auf die in jenen Jahren herangebildeten Lehrer.

Und was bleibt im Bild der Jungen vom Image Hitlers, angesichts des Todes, wie ihn Martin Bormann unterm 30. April 1945 bescheinigte?

Wolfgang, 19, weiß eigentlich wenig von Adolf Hitler. Vor Jahren hörte er mal, daß es Gerüchte gibt, die darauf schließen lassen, daß Hitler doch noch lebt und sich irgendwo versteckt hält. Man hat ja angeblich kein Gebiß von ihm gefunden. Anton weiß, daß man Adolfs verbrannte Asche in einem Bunker fand und daß man ihn an seinem Gebiß erkannte. Renate meint, Hitler hätte eine Blausäurekapsel geschluckt. Hans-Paul weiß, daß man Hitlers Leiche nie identifiziert hat. Und daß er das Gift an seinem Hund ausprobierte. Von der Tötung des Hundes ist viel die Rede bei den Jungen. Adolf, 17, rechnet das Todesjahr seines Namensvetters dem Jahr 1900 und einiges mehr zu. Marion aber fragt sich, ob Hitler nicht sogar noch lebt. Beate hält einen Selbstmordversuch für die Todesursache. Susanne sagt aber, daß Hitler von einem Mann erschossen wurde, der heute noch im Gefängnis sitzt. Andrea sah es anders: So wie ehedem Führer verlorener Schlachten, stürzte sich Hitler in sein eigenes Schwert. Uwe meint aber, er hätte sich mit einem Messer erstochen. Man merkt, man weiß es nicht genau; irgendwie muß Hitler aber zu Tode gekommen sein; sonst wäre im Aufsatzthema nicht darnach gefragt worden. Bernd ist so verwirrt durch diese Frage, daß er annimmt, Hitler sei seit 1949 vermißt. Christa mag sich aus der Vermischung von Sex und Politik nicht zu lösen: Hitler hat sich selbst umgebracht, seine Frau wurde nach seinem Tod mißbraucht. Andreas unterscheidet das Kaliber der Schußwaffen: Für Hitler eine 45er, für seine Frau eine 38er Pistole. Details erhöhen immer die Glaubwürdigkeit einer Tatbestandsschilderung. Hartmut weiß ein neues Detail: 1948 nahm Hitler in jede Hand eine Pistole, eine behielt er in Reserve, falls die erste Ladehemmung haben sollte. Überhaupt wird viel von möglicher Ladehemmung und Ersatztodesarten geschrieben. Wolfgang geriet in immer größere Verwirrung: Als Hitler sah, daß der Krieg verloren war, jagte er sich eine Kugel durch den Kopf. Ein paar Jahre später kam Göring ins Gefängnis. Und um diese Zeit erschoß sich Hitler. Nach ihm kam Göring. Jetzt verfilzte sich die Story mit der von Göring: Demnach hat sich Hitler im Gefängnis umgebracht. Elvira sieht mit den Augen einer Frau den Tod Hitlers: Er hatte sicher viele Probleme und Sorgen, sonst hätte er nicht Selbstmord begangen. Cornelia wirft Zweifel auf: Das Gebiß, das die Polizisten gefunden haben, ist nämlich gar nicht von Hitler. Uwe hat es nicht gerne gesehen, daß Hitler zuletzt vor ein Kriegsgericht gekommen ist. Also schrieb er, das sei durch »Verrat« geschehen, aber – Hitler entkam.

Dirk schildert das Ende mit großartiger Aufmachung: Hitler leitet eine Sitzung, er verläßt den Raum, verspricht aber, gleich zu kommen. Man hört im Nebenraum den Schuß (so auch in einem Film), man kommt, aber es ist schon zu spät. Makabres folgt: Man schleppt Hitler hinaus und hinein in den Bunker. Dort blieb er liegen, bis er nicht mehr zu identifizieren war. Weber, 13, verlegt die Zeit des Todes ins Jahr 1950. Sonderschüler Udo sieht Menschen mit Mistgabeln, Knüppeln und Steinen, die Hitler umbringen. Jörg, gegenwartsnah, meint, Hitler hätte sich nach China geflüchtet. Der Sonderschüler Peter aber hält dem entgegen, Hitler sei einfach abgehauen, bis man ihn in Afrika gefunden hat. Jörg würde ihn in Brasilien suchen. Christine beruft sich auf eine Nummer der BILD-Zeitung und, obwohl Frau, merkte sie sich, daß es eine 5,6 Pistole war, mit der er sich umbrachte. Jens kam zuletzt ganz aus dem Zusammenhang und verlegte den Tod ins Jahr 1846. Astrid nennt das Jahr 1935 als das verhängnisvolle. Harald erwähnt das Jahr 1947, ist sich aber nicht sicher. Kerstin sah, was sich ein Emigrant aus Wien in New York, in der Emigration, vorstellte: Hitler auf der Straße mit zerrissenen Kleidern, niemand kümmerte sich um ihn. Anders Thomas: Demnach haben die Österreicher in Salzburg sogar ein Hitler-Denkmal errichtet. Ja, den Österreichern mit ihrem Hitler war und ist eben nicht immer zu trauen. Haiko, sonst eher verläßlich in seinen Anmerkungen zu Hitler, beruft sich letztendes auf das Wissen seiner Mutter. Die gute Mutter hat ihm gesagt, Hitler sei im Feuer, zusammen mit Konrad Adenauer, umgekommen. Ob die Mutter dabei meinte, es wäre nicht schade um beide, wenn sie der Teufel in sein höllisches Feuer holt, oder ob sie bloß Hitler und Adenauer in einer

Linie sah, wie das Sozialisten und viele Liberale der siebziger Jahre tun, das ist leider nicht zu erheben gewesen.

Das wirklich Große ist in seiner geschichtlichen Äußerung fast immer einfältig und deswegen so sinnfällig für Einfältige. Kein Schultyp unserer Zeit der Schulreform ohne Ende produziert solche Einfalt besser als der sozialistische Typ der Gesamtschule. Rudolf, 14, ist als Schüler einer Gesamtschule Westdeutschlands ausgewiesen. Er schreibt so über den Hitler:

»Er wurde geboren. Später ist er dann gestorben.«

Nein, nein, solche Endabrechungen des Hitlerismus wird man den Deutschen nicht abnehmen. Man wird sich vielmehr einiges einfallen lassen, das ihnen nicht bloß unter die Haut geht, sondern ins Hirn vordringt und dort unauslöschlich bleibt. Nur ein in unablässiger Reue verharrendes deutsches Volk garantiert auf die Dauer jene Ordnung, die seit 1945 in Ost und West zu gigantischer Mächtigkeit herangewachsen ist. Zu dieser Reue gehört die Einsicht, daß der tote Hitler und nicht die Lebendigkeit der politischen Linken aller Konfessionen die Gefahr für die Welt ist.

Der Interviewer näherte sich dem Gast im Fernsehstudio mit der ausgesuchtesten Höflichkeit. Schließlich handelte es sich nicht um irgendeinen Politiker des betreffenden Kleinstaats, den man bei solchen Anlässen vom Fleck weg gegen den Strich kämmen konnte, um ihn nicht erst zum Flauseln kommen zu lassen. Dieser Gast galt nicht als eine Existenz im Politischen, vielmehr als Wissenschafter. Nur dümmliche Reaktionäre sahen in ihm einen jener Ex-Kommunisten, die im Westen ihre Kenntnisse der Inside-Story des Kommunismus verhökerten, nachdem sie ihre KP-Mitgliedschaft nolens volens aufgegeben haben.

Schon der Vater des Gastes im Studio hat in Deutschland der Sache der Linken Linken gedient. Nach der November-Revolution 1918, an der er beteiligt war, stieß er zur Spartakus-Bewegung, deren demokratischer Charakter nach ihrem Putsch im Jänner 1919 verschiedenenorts sehr bestritten wurde. Den weiteren Lebensweg nahm der Vater nicht in der KPD, er wich nach Westen aus und kehrte erst nach 1945 heim: In die sowjetisch besetzte Zone Deutschlands, wo er seinen Sohn – dieser kam mit der Roten Armee nach Deutschland – wiedertraf.

Sein Sohn Wolfgang, nunmehr Gast im Fernsehstudio des erwähnten Kleinstaates, kam in der Hauptstadt dieses Gastlandes zur Welt, war also Wiener. Das Jahr der Machtergreifung Hitlers in Berlin erlebten er und seine Mutter an Ort. Als Sohn eines im Ausland lebenden und die Ereignisse in Deutschland nicht eben im Sinne des Führers kommentierenden Juden, tat er gut, zusammen mit seiner Mutter nach Schweden auszuweichen. Für die Prominenz der Linken Linken war und ist Schweden schon seit langem ein Durchhaus für Kommunisten, die sich in ihren Einsatz-Bewegungen in der einen oder anderen

Richtung bewegen. Den jungen Wolfgang zog es in den dreißiger Jahren ins Vaterland aller Werktätigen, obwohl er im eigentlichen Sinne nie ein Proletarier oder Tätiger an einer Werkbank war. Auch störte ihn nicht die Art, mit der in den dreißiger Jahren der Große Stalin über seine Feinde – mochte er sie innerhalb oder außerhalb seiner KP vermuten – herzog und sie liquidieren ließ. Selbst die Ermordung des Großen Trotzki, geschehen im Jahr nach dem historischen Kompromiß, den der Große Stalin mit Hitler einging, störte den jungen Wolfgang nicht. Als nach 1941 andere Kommunisten in den Krieg gegen den Verräter dieses Kompromisses, also gegen Hitler zogen, bezog Wolfgang die Kaderschule der in den letzten Zügen dahinsiechenden Kommunistischen Internationale. Weit hinter der Reichweite der Fernkampf-Artillerie der Deutschen lebte er nachher in Moskau in einem jener Hotels, die man als Denkmäler feudalistischer und bourgeoiser Unterdrückung im Arbeitsparadies bestehen ließ, weil schließlich der Kommunismus für seinen Betrieb ja irgendwelche Hotelbetten braucht.
In diesem Hotel war die erste Garnitur der jetzt vom Hitler neuerdings scharf verfolgten KPD in Lauerstellung; bereit, zusammen mit der Roten Armee ins befreite Deutschland zurückzukehren und dort das zu vollenden, was dort leider mit dem KP-Putsch von 1919 nicht zustande kam: Eine Dependance der SU. Leider, es muß das hier gesagt werden, blieben die Zeiten des Spätstalinismus so windig wie eh und je. Wie jeder Diktator brauchte auch der Große Stalin stets ein Feindbild, auf das er den Haß seiner keineswegs unter Überkonsum klagenden Genossen lenken konnte, um deren verständliche Aggressionsausbrüche zu nutzen. Als Stalin nach 1945 wieder mit der Verfolgung der Juden in der SU anfing, wich im Jahre 1949 der jetzt schon achtundzwanzigjährige Wolfgang neuerdings aus und ging weg aus der sowjetisch besetzten Zone seines Vaterlandes. In Jugoslawien war es unter dem kommunistischen Diktator Tito möglich, Kommunist zu sein, ohne deswegen dem Stalinismus zu fröhnen.
Ergänzend zu gewissen Bewegungen im Kommunismus ent-

stand damals in den US jener Anti-Antikommunismus, der es einem Ex-Stalinisten durchaus erlaubte, in den Dienst der größten Macht des Kapitalismus, der US, zu treten. Es mußte nicht gleich der Staatsdienst sein. Im Falle Wolfgangs tat es eine Lehrtätigkeit an der hochgerühmten Yale-University im Staate Connecticut. Denn Ex-Kommunisten sind im Gegensatz zu Ex-Faschisten durchaus im Reinigungsbad der Demokratie in Amerika willkommen.

Jetzt zeigten sich auch die publizistischen Erfolge des früheren Dozenten an der ostdeutschen Karl-Marx-Parteihochschule und jetzigen Lehrers in der Freien Welt des Westens. Denn Wolfgang Leonhard wußte natürlich eine Menge Interna aus der Stalinzeit im Kreml. Auch konnte er sich ein Bild davon machen, wie es in der KPdSU unter dem nächsten Diktator der SU, Nikita Chruščov, aussah. Und mit der Untersuchung einer Dreiteilung im internationalen Kommunismus mit den Zentralen Moskau, Peking und Belgrad kam er schon in die Nähe dessen, was der Kommunismus in den siebziger Jahren als Lockvogel über die Weiten des Westens flattern ließ: Der Euro-Kommunismus war fabriksfertig, und Wolfgang sah eine neue Tür, durch die nicht nur er selbst, sondern unzählige bisherige Gegner des Kommunismus doch ein Heimgehrecht in die einzige Fortschrittsbewegung der Zukunft, den humanen Kommunismus, finden sollten. Um eben diesen Euro-Kommunismus ging es in dem eingangs erwähnten Fernseh-Interview. Noch gab es engstirnige Individuen in den Teilen der Welt, die lange zur Freien Welt gehörten, die den Euro-Kommunismus lediglich als das neueste Modell jenes Trojanischen Pferdes ansahen, in dessen Bauch sich der Kommunismus von Zeit zu Zeit im Westen herumtreibt. Euro-Kommunismus war gedacht als unerläßlicher »Beitrag zur demokratischen Ordnung« eines jeden Staates im Westen. Je mehr Euro-Kommunismus, desto fortschrittlicher konnte sich ein Land dem Rest der Welt zeigen. Ohne Euro-Kommunismus ist stets die Gefahr der Reaktion des Faschismus und des Imperialismus sowie einer Serie weiterer ISMEN gegeben.

Die Zeit für den Euro-Kommunismus im Bauch des internationalen Kommunismus (in Europa noch immer vorwiegend einer, der nach Moskau schaut) war günstig. Selbst innerhalb der Katholischen Kirche zeigten prominente Theologen wie Karl Rahner auf, daß Christentum und Marxismus sich unter gewissen Voraussetzungen solidarisieren könnten. Und Marxismus war und blieb doch der harte Kern jeder kommunistischen Konfession, wie auch jeder sozial-demokratischen Partei des Westens. Nicht bloß im Katholizismus wurden Türen oder wenigstens Fenster aufgemacht. Die Internationale der Parteien des demokratischen Sozialismus vereinigte auf ihrer Plattform Schwesterparteien, die in ihrem Land mit Kommunisten zusammen in der Regierung sitzen und andere, die aus verschiedenen Gründen solche Aktionsgemeinschaften lieber vermeiden; solange es noch geht und die SU nicht derlei Koalitionen (wie etwa in Finnland) erzwingen kann. Ob daher diese Internationale wegen ihrer in Richtung KP zur Zusammenarbeit bereiten Parteien einzelner Länder ein Durchhaus zum Kommunismus ist oder sein kann, ist heftig umstritten. Weil es immer noch Sozialdemokraten gibt, die in einem solchen Durchhaus nicht wohnen wollen. Manche wohnen darin oder müssen darin wohnen, um mit Unterstützung der KP-Fraktion im Parlament die Mehrheit im Land zu haben. Und so ereignete es sich, daß die Linksregierung in Schweden unter dem deutschblütigen Olof Palme dem Regime des kubanischen Militärdiktators Fidel Castro aus Budgetmitteln des Staates laufend finanzielle Hilfen zukommen ließ. Diese Unterstützungen haben dem Diktator in Kuba geholfen, eigene Budgetmittel seiner Regierung für die Aufrüstung jener Truppen zu verwenden, die nachher im Auftrag der SU in Teilen der Dritten Welt eingesetzt wurden; wenn es etwa in einem solchen Land eine Mehrheit gab, die nicht dafür war, daß ihr Land kommunistisch wird.
In dem oben erwähnten Fernsehinterview erwies sich Wolfgang Leonhard als gutinformierter Kenner in Sachen Euro-Kommunismus; einer Politik, die sich die Bevölkerung besagter Kleinstaaten aus unerklärlichen Gründen nicht wünschte. Solchen

Vor-eingenommenheiten gegenüber stellte Wolfgang fest, daß Euro-Kommunismus nicht bloß ein Tarnmittel des in dem fraglichen Kleinstaat aus Zeiten der militärischen Besatzung gut bekannten Sowjetimperialismus und -dogmatismus ist. Vielmehr handle es sich um einen Emanzipations-Prozeß. Emanzipation lag den Rundfunkteilnehmern im Ohr. Frauen betätigten sich in Emanzipation von der uralten Diktatur der Männer. Kinder emanzipierten sich von den meisten Erziehungsmethoden, um frei von Zwängen und Erfahrungen der Alten in eine Freiheit hineinzuwachsen, die noch keine junge Generation auf Erden genießen konnte. Und Euro-Kommunisten gehorchen angeblich nicht mehr den Großen Kommunisten in Moskau. Das schien manchen Fernsehern des genannten Kleinstaates eine ausgesprochene Seltenheit zu sein. Vergleichbar etwa mit der versuchten Durchtrennung der Nabelschnur eines Ungeborenen im Mutterleib. Der hochgerühmte Universitätslehrer aus den US ließ sich nicht auf derlei herabwürdigende Betrachtungsweisen ein. Er belehrte die in mancher Hinsicht, zumal im Westen, als etwas borniert geltenden Eingeborenen des fraglichen Kleinstaates, man müsse erst einmal das Ergebnis des Entwicklungsprozesses im Euro-Kommunismus abwarten, ehe man darüber urteilt. Auf keinen Fall sollte man gegen den Euro-Kommunismus polemisieren, wie man im Westen die längste Zeit in Form des Anti-Kommunismus polemisiert hat. Wo käme der Kommunismus und überhaupt die ganze Welt hin, wenn man, wie in der Zeit als der Großvater die Großmutter nahm, weiterhin den Kommunismus verdächtigen und an den äußeren Rand der nationalen Existenz eines Volkes drängen wollte. Ein solcher, man kann sagen: diskriminierter und unterpriviligierter Kommunismus muß ja bösartig werden und von einer Diktatur reden, die seinen Feinden nach Ansicht Mao Tse-Tungs gebührt. Mit dem Euro-Kommunismus könnte das ganz anders werden.

Weil der Hochschullehrer aus den US kein eingeborener Politiker des betreffenden Kleinstaates war, unterließ es der Fernseh-Interviewer zu bohren und herauszubekommen, was denn am

Euro-Kommunismus, verglichen mit dem bisherigen Kommunismus Moskauer Konfession, so neu sei. Ob bloß die jetzt auftretenden Typen euro-kommunistischer Agitatoren und Führungskräfte neu seien; oder auch die Methoden; und ob der Euro-Kommunismus ein vom bisherigen Kommunismus verschiedenes Ziel habe, etwa ein anderes Vehikel als jene, die Moskau oder Peking oder Belgrad auf die Straßen der Politik schicken. Vielleicht hätte im Fall dieser Frage der Gast im Studio gesagt, man sollte gefälligst den Emanzipations-Prozeß des Euro-Kommunismus abwarten und nicht mit voreiligen Fragen die Produktion stören oder aufhalten.
Es wäre interessant gewesen, hätte man in dem schon mehrmals erwähnten Interview erfahren können, woher die Bezeichnung Euro-Kommunismus kommt. Und wie sich Kommunisten in Italien, in Frankreich und in Spanien – dort sollen die Euro-Kommunisten eine wahre Macht unter den eingeborenen Kommunisten ausmachen – zu dieser Benennung durch Dritte stellen. Vom bloßen Wortgebrauch abgesehen, war Euro-Kommunismus ein Paßstück zur Détente, zur Entspannungspolitik des Westens.
Tito, der mit seiner Deckfarbe für eine von ihm ausgeübte Diktatur recht gut ankam im sogenannten Freien Westen, hatte nichts gegen die Bezeichnung Euro-Kommunismus. Mit derlei Anstrichen ist der Kommunismus schon bisher zu Zeiten, so nach 1945, in verschiedenen Ländern nicht schlecht angekommen. Leider hat dann der Stalinismus dieses Image verdorben. Es geht immer um das gleiche Motiv: Bürger und Kleinbürger, auf alle Fälle aber Spießbürger, ängstigen sich vor dem Kommunismus. Sie fürchten, es könnte ihnen so wie ihren Schicksalsgefährten in Rußland gehen, die nach 1917 unter dem Bolschewismus in den Feuerofen kamen, aus dem sie kein Jesus erlösen konnte. Weil man in der SU gottlos war. Aber Lenin, der Große Lenin, hat nach seinem Sieg wenigstens jene »loyalen Kapitalisten« belohnt und nicht in die Hölle befördert, die ihm vor dem Sieg den berühmten Strick lieferten, mit dem Lenin den Kapitalismus aufhängen wollte und auch da und dort wirk-

lich aufknüpfen konnte. Auch Mao ist später so verfahren und konnte die Nationalen in China samt ihrem Militaristen Tschiang Kai-Schek besiegen. In der Politik gibt es unter allen Umständen viele Menschen, die *jeden* unter Dampf stehenden Zug besteigen, soferne man sie hineinläßt, und die hoffen, mit dieser Zugsreise ihrem Lebensziel, mehr Wohlstand, näherzukommen.

In Schweden, wo man ja im Verkehr mit Fidel Castro modernes kommunistisches Denken erlernte, wurde der Ausdruck Euro-Kommunismus gerne akzeptiert. Wer Euro-Kommunismus bejaht und orthodoxen Kommunismus meint, braucht sich nicht mit jenen Typen herumzuschlagen, die gegen den Kommunismus polemisieren; anstatt in akademischen Gesprächen zu analysieren, was Kommunismus ist, was er sein könnte und wieviel von ihm man ruhig übernehmen könnte in das erstarrte Denken des Westens. In Japan, das seit 1945 immer noch im offiziellen Kriegszustand mit der SU war, kam den Kommunisten die neue Bezeichnung wie gerufen; so umging man die Vorstellungen von jenem Sowjet-Imperialismus, der 1945 Japan überfallen hat, nachdem die US den Japanern schon den Fanghieb gegeben hatten. So unterschied sich dort das Neue, das gestattete, endlich dem Kommunismus im Kaiserreich Japan jene freie Bahn zu bereiten, der auf dem asiatischen Festland seit der Preisgabe Chinas durch die US an die SU in einem unaufhaltsamen Fortschreiten war.

Die große Hoffnung aller Kommunisten, jene in Peking momentan ausgenommen, war, daß es in Italien gelingen möge, ein historisches Bündnis mit den dortigen traurigen Resten der Christdemokraten zu schließen. Denn auf die Dauer hält es auch ein italienischer Euro-Kommunist nicht aus, im Parlament davon abzustehen, die Minorität der Christdemokraten haltbar zu machen, anstatt deren seit 1945 bestehendes Regime auf den Müllhaufen zu kehren und mit irgendeinem Vehikel erst einmal so weit nach links hin zu steuern, daß eines Tages die KPI dorthin gelangt, wohin sie zahlenmäßig längst gehört: An die Spitze der Politik in Italien.

In Italien hat der Euro-Kommunismus jene Typen und Methoden und Ziele an sich, die ihn ungemein glaubwürdig machen. So glaubwürdig, daß einzelne in Rom arbeitende Auslandskorrespondenten liberalistischer Herkunft zu Zeiten den dortigen KP-Chef Berlinguer ebenso begeistert anhimmeln, wie irgendeinen Papst nach dem Ende jenes Pius XII., dessen Name nie genannt sein soll in Zukunft. Berlinguer ist, wie Lenin, aristokratischer Herkunft, kein Prolet aus den Slums von Neapel und kein Facharbeiter der FIAT-Werke. Aber man redet sich in der KP Berlinguers sehr gut mit Kapitalisten, wie etwa der Präsident der FIAT S. P. A. Giovanni Agnelli einer ist. Der traditionelle Antiklerikalismus der Liberalen Italiens gestattet es dem Wirtschaftsliberalismus dieses Landes erstaunlich gut, mit Kommunisten auszukommen, wo diese in Städten und Provinzen auf Ordnung schauen. Und nicht so ein Chaos haben wie die Christdemokraten in der Regierung Italiens. Welch letzteren die von Kommunisten kommandierten Gewerkschaften Tag für Tag jene Schwierigkeiten machen, die sie den Genossen in den von diesen verwalteten Städten und Provinzen ersparen. Und: Loyale Kapitalisten dürfen nicht bloß ihren Dank vom kommunistischen China quittieren; als »lojal'nye kapitalisty« brauchten sie nach dem Sieg der KPI nicht befürchten, den Weg gehen zu müssen, den unverbesserliche Feinde des Kommunismus nicht umgehen können, wenn erst einmal die letzten Signale zum letzten Gefecht unter dem fünf-zackigen Stern ertönen und der Sieg errungen sein wird.
Nicht jeder Kritiker Moskaus aus den Reihen einer KP ist allein deswegen schon ein Euro-Kommunist und geduldet in der Bewegung. Die KP Frankreichs hat in ihrer Geschichte öfters den Preis dafür zahlen müssen, daß sie mit der Politik der SU durch dick und dünn ging. So nach 1939, als ihr damaliger Chef sich weigerte, an die Front zu gehen, um gegen die Soldaten Hitlers, der sich eben mit dem Großen Stalin verbündet hatte, zu kämpfen. Wer damals ein treuer Kommunist war in Frankreich, der desertierte lieber, als mit der Waffe dem Großen Stalin in die Quere zu kommen. Die Niederlage Frankreichs in Indochina

war für die KP kein Anlaß zur Trauer, ihre Parlamentsfraktion beteiligte sich daher nicht an der Trauerkundgebung der Nationalversammlung für die Toten von Dien Bien Phu. Nachher kam ihr eigener Chefideologe unter die Räder, als er, Jude der Herkunft nach, den Spät-Stalinismus und dessen Judenverfolgungen in der SU zum Anlaß nahm, die angeblich in der SU bestehende Freiheitsordnung arg zu kritisieren.
Die KP Frankreichs, lange die stärkste und mächtigste im Westen, glaubte nach dem Ende der Ära De Gaulle die politische Entwicklung im Land endlich, und sei es mit Hilfe der Sozialisten, so weit über eine mittlere Linie nach links schieben zu müssen, daß sie auf dieser neuen Basis leichter an die Macht kommt. Der etwas schillernde Staatspräsident und Vorsitzende des Ministerrats Giscard d'Estaing vereitelte diesen Durchbruch der Vereinigten Linken, um, nur zu bald, sein Regime möglichst weit nach links zu schieben. Dort wollte er wenigstens eine Toleranz durch die Sozialisten erreichen. Da blieb den vereinsamten Kommunisten nichts anderes übrig als, so wie die Genossen in Italien, wieder in den Bauch eines Trojanischen Pferdes zu kriechen. Der Euro-Kommunismus bot sich an. Und der KP-Chef hörte auf von der Diktatur zu reden und begann, den Sowjetdogmatismus und den dortigen Imperialismus anzugreifen. So konnte es nicht ausbleiben, daß die KPF in die Zwistigkeiten gezogen wurde, die in Indochina Mitte der siebziger Jahre ausbrachen. Wer moskauhörig war, mußte jetzt Farbe bekennen. Und das zu tun zögerte die KP Frankreichs auch nicht, als das kommunistische Vietnam, das der Leitzentrale Moskaus angeschlossen ist, über das unter Mao Tse-Tung herangezüchtete Regime der Roten Khmer in Kambodscha herfiel. Auf einmal quollen gewisse Zeitungen der Freien Welt über von Greuelnachrichten aus Kambodscha, wohin demnach die Vietnamesen, Moskau sei Dank, die Freiheit brachten. Wenn auch mit Gewalt. Denn der Massenmord in Kambodscha, der trotz der Anlernung der dortigen Kommunisten durch den humanen Mao wie ein Waldbrand um sich griff, war Pressemeldungen zufolge so arg, daß in den US von einem Holocaust in Ostasien

gesprochen wurde. Wo doch Völkermord ausschließlich in Zusammenhang mit dem Hitlerismus genannt wird.
Die KPF lobte den Überfall der Kommunisten Vietnams auf die Genossen Kambodschas und verurteilte, laut Schema, den Überfall Chinas auf Vietnam, als Peking die Vietnamesen für deren Überfall auf Kambodscha züchtigte. Jetzt standen die Dominosteine in Ostasien nicht mehr hintereinander, sondern im Kreis: Jeweils ein Staat am Leitseil Moskaus und dann einer am Leitseil Pekings. Für Kommunisten in Europa, mochten sie auch keine Maoisten sein, wurde es schwer, von ihrer Weltrevolution zu sprechen, wo doch schon verschiedene Konfessionen ihre Religionskriege untereinander austragen.
Im März 1979 war es endlich so weit, daß die KP Frankreichs einen Marsch nach Paris proben ließ. Ihre Kontrolleure in den Gewerkschaften setzten die Metallarbeiter – gefährdet, wie deren Arbeitsplätze waren – in Marsch. Und wieder, wie schon im Mai 1968, stahlen die linksradikalen Intellektuellen der Hauptstadt den Genossen in der KP die Show. Die Massen entglitten den von der KP gestellten Ordnern. Es ließ sich später nicht leugnen, daß auch disziplinierte Genossen aus der KP an jenen Schaufensterzertrümmerungen in Paris teilgenommen haben, bei denen die dortigen Linksintellektuellen ihre unversöhnliche Feindschaft zum Kapitalismus und dessen Ausbeutermethoden einmal mehr beweisen wollten. Das war ein Schock für die Spießbürger. Erschreckt zogen sich die einen von ihnen zurück hinter die noch vom Regime Giscard d'Estaing verteidigten Linien, andere aber meinten, es wäre vielleicht die letzte Möglichkeit, vor einem endgültigen Linksrutsch in Frankreich auf der Seite der Linken mitzumachen. Die Verteidigungslinie Giscard d'Estaing ist wackelig geworden. Bei den Gemeinderatswahlen im Frühjahr 1979 zogen die Sozialisten und hinter ihnen die Kommunisten mit Gewinnen davon, das Regime mußte seine Linien zurücknehmen.
Im Westen muß eben eine KP absolut linientreu im Prinzip, dabei aber äußerst versativ in der Taktik bleiben; also beweglich, geschmeidig, äußerlich anscheinend wandelbar. Immer kann die

KP damit rechnen, daß die zu ihr führenden Durchhäuser aus dem Lager der Liberalen sich lohnen. Denn schon Thomas Mann hat zu seiner Zeit als politische Krankheit des Liberalismus eine Art von Tuberkulose diagnostiziert. Wenn die Liberalen beim gemeinsamen Geländelauf schon kurzatmig werden, kommt die große Zeit der Kommunisten. Haben sie beim Frontalangriff auf die Linie Giscard d'Estaing bisher verloren, so gewinnen sie da und dort Positionen, die sie sogleich mit Sandsäkken verstärken, eine MP postieren und daraus ein wütendes Feuer auf die Nachbarschaft eröffnen.

Für die KP gilt in erster Linie, und wohl nur für sie, die Vorhersage, die Henry Kissinger zur Rechtfertigung seines Fiaskos in Vietnam getan hat. Daß es sich nicht lohnt, wegen der Machtergreifung der Kommunisten in ganz Vietnam so ein Getöse zu machen, wo doch innerhalb von 10 Jahren – nach damaliger Rechnung bis 1983 – Europa marxistisch sein wird.

Zehn Jahre gab Kissinger nach der Vietnamisierung Indochinas dem Europa diesseits des Eisernen Vorhangs; nachdem ja der Teil des Kontinents, der hinter dem Eisernen Vorhang existiert, seit 1945 kommunistisch ist und auf Menschengedenken kommunistisch bleiben wird. Es sei denn, den liberalen Technokraten gelänge es, die Bolschewisten zugleich mit ihrem Industriesystem auch mit ihrer Tuberkulose anzustecken. Daher das Drängen in Westdeutschland, dort, wo der Ex-Kommunist Herbert Wehner tonangebend ist: Wiedervereinigung mit Ostdeutschland unter dem Zeichen eines gewissen Sozialismus. Den Typ wird Wehner in der Stunde der Wahrheit schon bekannt geben.

In Moskau regiert schon die Vergangenheit. Keine Bolschewisten mit dem Feuergeist von 1917, sondern Greise: Breśniev, 73, Kossigyn, 75, der Chefideologe Suslov, 77, Gromyko, 70. Werden die Jüngeren, die auch keine Jungen sein dürften, die Weisheit der Uralten im Kreml besitzen? Werden sie jene Taktik beherrschen, die Kommunisten nach dem alten persischen Sprichwort immer gekonnt beherrscht haben:

Um einer Rose willen muß der Gärtner viele Dornen hegen?

Viele Dornen: Alle diese Bündnisse und Regierungskoalitionen in vielen Ländern, wo Kommunisten zusammen mit sozialdemokratischen Abweichlern in den Regierungen saßen und sitzen, hoffend, bei der Endabrechnung mit den Kapitalisten auch gleich mit den Abweichlern abzurechnen. Die mühsamen und doch auch wieder erfolgreichen Aktionsgemeinschaften in einer Volksfront, zusammen mit Sozialdemokraten, Linksliberalen und fortschrittlichen Katholiken. Die Duldung der unglaublichen Zustände in Polen, wo immer noch die Pfaffen und ihr Volksbetrug konkurrenzieren mit der reinen Lehre des Marxismus-Leninismus. Und Strapazen im Umgang mit dem eigenwilligen Tito, der Moskau oft bloßzustellen scheint vor den Augen des Westens, der letzthin aber in jeder Krise der verläßlichste Partisane Moskaus in der internationalen Politik bleibt. Und das mit dem verrückten Fidel Castro, für dessen Regime man Tag für Tag Millionen auf den Tisch legen muß, weil diese Militärdiktatur, die man für Ordnungsaufgaben in jungen kommunistischen Staaten der Dritten Welt braucht, sonst krepieren würde. Und nicht zuletzt: Die Ko-Existenz mit jenem China, einmal an der Mutterbrust groß geworden und jetzt scheinbar unbotmäßig gegen die Zieheltern.
Was sind die Mühsale für Kleinigkeiten, verglichen mit dem ständigen Gedanken und der Hoffnung, daß eines Tages alle diese Konfessionen nicht länger mehr Hausordnungen einzelner Staaten sein werden, vielmehr in einer Hausordnung der ganzen Welt das Maß des Kommunismus voll machen und das Erbe Lenins – die Weltrevolution – zum Sieg führen werden. So hat auch dieser Euro-Kommunismus, den die Ideologen in Moskau nie anerkannten, nie verdammten, seine Wirkung gehabt. Denn, wenn schon Kritik an Zuständen in Kommunismus nach Ansicht der Intellektuellen im Westen notwendig war, dann durfte man diese Kritik um Lenins willen ja nicht den Kapitalisten überlassen. Nur Kommunisten verstehen es, die dürren Äste am Baum des Kommunismus abzuhacken, ohne das Wachstum des Baumes zu schmälern. Schließlich kann man im Westen nicht mit den grandiosen Methoden vorgehen, die ein-

mal Stalin (bald wird auch er wieder als groß und Retter vor dem Nazifaschismus gepriesen werden) in der SU nacheinander zu verschiedenen Zeiten angewendet hat. Und nie soll man vergessen, daß die Euro-Kommunisten den gewissen Dreckschleudern im Westen, die von akademischer Analyse des Kommunismus reden, aber die Todeskrankheit des Kommunismus suchen, das Maul zu stopfen. Haben es die Euro-Kommunisten nicht zustande gebracht, daß nicht bloß Büttel und Schergen des Kapitalismus, vielmehr dessen Superreiche meinten, man möge doch um Gottes Willen den Euro-Kommunismus nicht aburteilen, ehe man den gedanklichen »Entwicklungsprozeß«, der sich in ihm vollzieht, auch in seinen für den Westen positiven Auswirkungen abschätzen kann.
Ja – das war die große Stunde für den Kommunismus in Italien, als die privatkapitalistischen Unternehmer, die fast ein Jahrhundert lang die Sozialisten als Verbündete ihres Systems mißbraucht haben, endlich einsehen mußten, daß es keine Ordnung mehr im Land, vor allem nicht in den Betrieben geben kann, wenn man nicht die Kommunisten und ihre Gewerkschaftsfunktionäre als »Partner« heranzieht. Lenin hatte eben recht, als er vorhersagte, die Kapitalisten würden dem Kommunismus jede Lieferung und jeden Kredit zuschanzen, solange sie auch nur einen kleinen geldlichen Gewinn dabei machen können. Auch ihr eigenes Leichenbegängnis wird für sie ein Geschäft werden, ihr letztes allerdings. Denn nach dem Endsieg des Kommunismus wird es selbstverständlich keine Ausnahmebestimmungen und Belohnungen für ehedem loyale Kapitalisten geben können.
Eine böse Vision fing an, den Westen arg zu beunruhigen. Was wird geschehen, wenn einmal der uralte jugoslawische Diktator Tito die Augen zumachen wird? Wird es so sein, wie im Zwölferjahr, als die europäische Türkei unter den Schlägen der jungen Nationalstaaten auf dem Balkan zusammenbrach und das Ende des Kranken Mannes am Bosporus nahe zu sein schien? Und just um diese Zeit der uralte österreichische Kaiser an einer gefährlichen Bronchitis erkrankte, so daß in den Staats-

kanzleien der Alten Welt die Frage auftauchte, ob wohl die Ordnungskräfte der internationalen Politik ausreichen werden, um Ordnung in das allgemeine Chaos zu bringen, das mit dem gleichzeitigen Ende der beiden Kranken Männer am Bosporus und an der Donau unausbleiblich würde?

Der zweiundachtzigjährige Kaiser Franz Joseph hatte sich an einem feuchtkalten Tag eine gefährliche Bronchitis geholt, als er den russischen Großfürsten Nikolai Nikolaievič vom Bahnhof abholte. Der Großfürst kam von den Manövern in Frankreich, wo man ihn als Repräsentanten der ungeheuren Militärmacht des verbündeten zaristischen Rußland mit Begeisterung empfangen hat. Die Franzosen hatten ihrerseits durch die Einführung der dreijährigen – anstatt der bisherigen zweijährigen – Dienstzeit einiges getan, um, zusammen mit den Verbündeten, gegenüber dem Feind jenseits des Rheins gleichzuziehen. Die Stunde der Revanche war nahe. Und der Großfürst hatte beim Abschiedsdiner mit Champagner seinen französischen Kameraden zugeprostet:

»Ich trinke auf unsere gemeinsamen Siege in der Zukunft. Auf Wiedersehen, meine Herren, in Berlin!«

Der Toast war in einem Taumel der Begeisterung untergegangen. Der alte Kaiser in Wien wußte nichts von derlei Verbrüderungen der Feinde von morgen. Konnte nicht ahnen, daß im Herbst 1914 der Großfürst, dem zu Ehren er die Uniform seines russischen Infanterie-Regiments angelegt hatte, zwei Jahre später die russische Dampfwalze kommandieren wird, die sich, scheinbar unaufhaltsam, quer durch Galizien und über die Karpaten weg direkt auf Wien zu bewegen wird. Er hat sich an eben diesem Tag den Keim seiner Todeskrankheit geholt, der er vier Jahre später, mitten während des Ersten Weltkrieges, erliegen sollte.

Diesmal, im zweigeteilten Europa von 1945, hoffte man im Westen, der uralte Tito würde es noch eine Weile machen. Ging nicht ein Gerücht, er hätte sich unlängst von seiner zweiten Frau getrennt und sich eine dritte genommen, eine erstaunlich junge Dame, besser: Genossin. Trotzdem hörten Gespräche im vertrauten Kreis und ohne neugierige Stabshelfer und Stabspersonal nicht auf im Westen.

»Was geschähe, wenn der Tito ...«

besprach ein Kreis höherer Offiziere verschiedener Staaten des Westens. Die Herren, alle in Zivil und ohne dienstlichen Auftrag, konnten unter sich das kalkulierte Risiko, das in dieser Andeutung steckt, viel vorbehaltloser und bis zur ultima ratio durchbesprechen, als bei irgendwelchen Kriegsspielen. Wo man ohnedies nicht mehr wußte, ob nicht die eine oder andere absolut zuverlässige Mitarbeiterin bei der Reinschrift der Aufzeichnungen eine Kopie mehr in die Schreibmaschine legt, um sie dem Geliebten und Auftraggeber von drüben zuzuspielen. Einige der Herren meinten, es würde auch diesmal nicht so heiß gegessen wie gekocht, wenn der Tito die Augen zumachen würde.

»Immerhin«, entgegnete ein anderer der Herren, »stehen in Südungarn zwei sowjetische Panzer-Divisionen. Und man weiß seit der letzten – gut ausgegangenen – Erkrankung Titos, daß zwei Luftlandekorps und zwei Panzerarmeen in jene gewissen Versammlungsräume einrücken werden, die sowjetischerseits eben sorgfältig erkundet werden.

»Aber«, entgegnete ein Dritter,« sagt nicht Herr Wehner in Bonn unentwegt, die SU sei überhaupt nicht willens, in Europa offensiv vorzugehen, und denken nicht die Westdeutschen daran, dem Rechnung zu tragen bei der Bereitstellung von Budgetmitteln für ihre Landesverteidigung in den achtziger Jahren?«

Der Herr aus Westdeutschland sagte kein Wort. Dafür warf ein anderer ein, der Osten würde im Falle einer Änderung der Zustände in Jugoslawien sich jedenfalls rechtzeitig vorsehen, um die Nachfolger Titos keine Sekunde im Zweifel zu lassen, wer seit 1945 die Oberkontrolle auf dem Balkan und in Ostmitteleuropa hat. Und haben sich nicht die Dinge in Belgrad geändert, seit während des letzten gesundheitlichen Rückschlags, der Tito traf, gleich wieder die alten Stalinisten aus den Löchern hervorgekrochen kamen und man in Titos Umgebung mit

großer Uberraschung feststellte, wie rasch der Große Tote Unrecht bekommen wird, wenn er und seine Diktatur gestorben sein werden.
»Und was wird China bei einem solchen Konflikt in Europa tun?« wollte einer der Herren wissen.
»Momentan gar nichts«, antwortete einer der Herren, der sichtlich daran war, die Diskussionsleitung zu übernehmen. »Diese Krise käme Peking um 10 Jahre zu früh. Jetzt rächt es sich, daß der verstorbene Mao Tse-Tung zu lange sein Reich vom Rest der Welt abgekapselt hat. Um der Reinheit seiner Ideologie willen hat er erst kurz vor seinem Tod den Amerikanern die Tür geöffnet , um die Technologie im eigenen Land leistungsfähig zu machen. Aber vorerst müssen sich die Chinesen auf alte Lieferungsbestände verlassen. Die Waffenlieferanten aus Europa, die jetzt ins Geschäft kommen wollen, werden auch nicht das Kraut fett machen.«
»Aber die wilden Maoisten und andere Anarchisten in fast allen Ländern Europas . . . sie und die Terroristen der Linken Linken, werden sie nicht Sand ins Getriebe streuen?«
Der, an den die Frage offensichtlich ging, hatte nichts mehr mit dem Offizierstyp der Vergangenheit gemein. Er fühlte sich sichtlich wohl in dem kommoden modischen Anzug, den er trug; wie ein Zivilist und nicht wie ein Militär, der mit dem zivilen Zeugs nicht zurecht kommt. So wie er sehen Chefmanager von Konzernen aus oder Chefingenieure oder Seelengucker und Chefideologen in Linksparteien. Mit einer gewissen Lässigkeit antwortete er auf die Frage nach den Maoisten und Konsorten:
»Saboteure und Diversanten und Agenten sind mit ihrem Latein zu Ende, so wie großflächige militärische Bewegungen anfangen werden und man auf ihre Störungen nicht mit zivilistischen Methoden zu antworten hat. Diese Linksintellektuellen mit ihren schießwütigen Weibern, in Italien mögen es insgesamt 3 000 sein, können ein altersmüdes christdemokratisches Regime in Rom bei der Abwehr von Serien von Anschlägen auf Trab halten. Sonst, wie gesagt, werden sie wenig ausrichten.«

Und nach einer Pause:
»Wir sind nicht in Bosnien.«
Er dachte wohl an die Hohe Zeit Titos im Zweiten Weltkrieg, als dieser die Naziokkupanten langsam fertig machte, während die Deutsche Wehrmacht an der Ostfront schon auf dem Rückzug war. Einer der Herren wollte erörtert haben, wie sich nach Tito die anderen Balkanstaaten verhalten werden. Der Gesprächsführer meinte:
»Die Bulgaren werden auf Befehle aus Moskau warten. Sie haben seit 1913 und erst recht seit 1945 mit Serben und Griechen ein Hühnchen zu rupfen und sagen neuerdings, die Mazedonier seien eigentlich Bulgaren. Via Bulgarien wird dann die SU die unmittelbare Kontrolle über das Ägäische Meer und die dortigen Ölvorkommen ausüben. In Athen ist man seit dem Linksrutsch bei den letzten Gemeindewahlen schockiert, und man glaubt, daß die Armee sich doch nicht ganz einig ist in der Aburteilung jener Militär-Junta, der die jetzige Demokratisierung des Landes folgte. Albanien hat den alten Bruch mit Moskau nicht geleimt, und nach dem jüngsten Bruch mit Peking wird es, wie immer, zwischen zwei Sessel fallen. In Ankara ist man jetzt schon durch die unablässigen Verstärkungen der sowjetischen Mittelmeerflotte, für die sich die SU den Weg durch den Bosporus und die Dardanellen erzwungen hat, in Sorge. Moskau wird erinnern, wie gut es jetzt wäre, alte Verbindungen zur SU in einen besseren Zustand zu bringen. Anstatt fortschrittlich gesinnte Studenten zu belästigen, weil man sie verdächtigt, sie spielten die Rolle der SU bei den ständigen Unruhen im Land.
Auch sei es nicht gut, auf reaktionäre Bräuche der Vergangenheit zurückzugreifen, die sich zu ihrer Zeit schlecht bewährt haben. Mit Janitscharenmusik und -uniformen gewinne man keine Kriege mehr. So beiläufig wird Moskau erwähnen, daß die US keinen Finger rührten, als im benachbarten Iran das Regime des Schahs zusammenbrach wie ein Kartenhaus. In den US wisse man, wie jetzt die Uhren gehen in Europa.«
Man besprach dies und jenes und dann fiel das Wort Italien. Es

war gut, daß kein Herr aus diesem schönen Land anwesend war. So konnte man ungeniert über die Krankheiten dieses lungenkranken Partners in der NATO sprechen. Was wird dort geschehen, wenn nach Tito in der Nachbarschaft der Teufel los sein wird?

»Wahrscheinlich werden sie während eines Wochenendes kommen«, begann der Gesprächsleiter. »So wie damals in Korea und öfters, wenn man im Westen sein Wochenende beansprucht, der Osten aber mit seinen Vorbereitungen just wieder einmal zu diesem Zeitpunkt der Woche fertig ist und nicht Rücksicht nimmt auf christliche oder jüdische oder mosleminische Feiertage. Wir haben es zu oft erlebt, daß bei plötzlich auftretenden Krisen die maßgebenden Herren erst mühsam versammelt werden müssen, und die an Ort zuerst betroffenen Herren der zweiten und dritten Garnitur mit ihrem Krisenmanagement nicht zurechtkommen. Für den Staatsmann einer Atommacht ist die Zeit, binnen der er im Alarmfall reagieren muß, noch kürzer geworden als anläßlich früherer großer Krisen der Weltpolitik. Denn die letzte Entscheidung nimmt ihm keine Maschine ab, er ist auf seine Nerven und seinen Verstand, vor allem auf seine Entschiedenheit angewiesen . . .«

Ein unangenehmer Punkt des Gesprächs. Einer, der das kalkulierte Risiko der ganzen beruflichen Existenz eines Militärs in Frage stellte im Zeitalter von Atom-, Wasserstoff- und Neutronenbomben; von denen da und dort genug auf Lager sind, um die alte Erde ohne weiteres gleich mehrmals zu vernichten. Der Gesprächsleiter goß nicht weiter Öl ins Feuer, sondern versachlichte die Zukunftsanalyse:

«In Italien werden sie wohl schon die Viertagewoche haben. Dann dürften schon am Donnerstag zu Mittag die diversen Aktivitäten im Land erschlaffen. Im Sommer werden alle 'raus wollen aus der Stadt, zumal die Römer. Wer will schon in den Stau eines Wochenendverkehrs am Freitag früh kommen. Man kann annehmen, daß an diesem Wochenende, so wie in jedem vergangenen Jahr, da oder dort ein Streik ausgebrochen sein wird. Und die Kommunisten in den von ihnen verwalteten Städ-

ten und Provinzen nicht scharf sein dürften auf Anwesenheit ihrer Mitarbeiter. Zumal, wenn ihre Partei oder ihre Gewerkschaften just mit irgendeiner Protestkundgebung unterwegs sind, weil die Kapitalisten und die Regierung wieder einmal das werktätige Volk herausgefordert haben. Oder einige Dutzend Neo-Faschisten es zuwege brachten, ein riesiges Getöse hervorzurufen.
In Rom wird wohl der wahrscheinlich letzte Ministerpräsident, den nicht die Linke Linke stellte, derlei Unruheherde beobachten, keineswegs aber beunruhigt sein. Die Kommunisten haben durch ihre jahrelangen, ununterbrochenen Streik- und Protestaktionen die Wachsamkeit ihrer Gegner zur bloßen Routine gemacht. Mit anderen Worten, der Ministerpräsident wird aufs Land fahren . . .«
Einer der Herren, der in England die Streikwellen mitgemacht hat, wird sagen, daß dort sogar die sozialistische Regierung alarmiert und alert war, wenn die Genossen in den Gewerkschaften der Wirtschaft und der Regierung etwas aufführten, daß dem guten Volk Hören und Sehen verging und die Leute sich die Nasen zuhielten, wenn sie durch die herumliegenden Müllberge in den Straßen wanderten.«
»Die Italiener sind keine Engländer«, fuhr der im Gespräch unterbrochene Vortragende fort. »Was Mussolini ihnen vergebens beibringen wollte, das haben sie sich unter den jetzigen Zuständen nolens volens angewöhnt: Sie leben auf einem Vulkan, wissen es und lassen trotzdem das Leben nicht ganz freudlos vorübergleiten. Nun, vielleicht wird zu dem Wochenende, an dem sie kommen, nämlich die Russen, in Bologna oder in einem anderen Zentrum der Kommunisten etwas los sein. Massen in den Straßen sich sammeln. Zu irgendeinem Protest. Nun, der Ministerpräsident wird für diesen Fall Auftrag hinterlassen haben, die Massen ja nicht durch den Anblick Uniformierter zu provozieren. Was bereitgestellt sein muß, möge in den Kasernen bleiben. Und es wird trotzdemlosgehen. Vielleicht wird in dem Moment, in dem der geplagte Ministerpräsident endlich in der Campagna freiere Fahrt bekommen hat nach Verlassen der

Stadt, in Bologna – oder an einem anderen Ort der Region – die Bombe platzen. Keine Bombe im übertragenen Sinn, sondern eine der Bomben, die es braucht, um ein kleines Blutbad unter der Masse anzurichten. Es wird Tote geben und Verwundete, deren Versorgung nicht klappen wird können.
›Tod den Faschisten‹,
wird man hören, weil als Mörder gleich die Neo-Faschisten aufgezeigt werden in einem solchen Fall. Man wird die Toten unter den Arkaden oder in Haustoren betten. Aber niemand wird da sein, der sich der Verwundeten annimmt: Denn zufällig wird das Personal der Spitäler im Streik sein. Der Notdienst wird nicht funktionieren und die vom Rettungsdienst werden sich dem Streik aus Sympathie anschließen. So werden die Verwundeten auf dem Pflaster liegen und ihr Hilferuf wird die allgemeine Hysterie anfeuern. Um diese Zeit werden schon die Lokale der Neo-Faschisten zerstört sein und die dafür eingesetzten Rollkommandos werden Zeit haben, sich der ›anderen‹ Parteilokale anzunehmen. Dafür werden ›Ordner‹ der KP auftreten: Sturzhelm, Schlagstock, Schußwaffen noch versteckt. Einen naseweisen Oberstleutnant des Heeres, der rückfrägt, ob er seine Truppe alarmieren soll, belehrt der kommunistische Provinzchef, er möge seine Aggressionen im Bett austoben.
In Rom tut an einem glutheißen Tag, wie jener im Sommer 1943, als der Mussolini gekidnappt wurde, die dritte oder vierte Garnitur Dienst. Die wenigen Telefonistinnen versuchen verzweifelt, die Chefs unter den amtsbekannten Nummern, die Chefsekretärinnen auch unter den gewissen diskret zu verwendenden Telefonnummern zu erreichen. Die Staatspolizei macht den Ministerpräsidenten ausfindig, sorgt für dessen sichere Verbringung an Amtsstelle. Kaum ist der Chef in seinem Salon, meldet sich ein alter Gewährsmann aus dem Vatikan.«
Die Zuhörer lächeln, sie kennen die nächste Variante schon.
»Monsignore sagt, auf eigene Verantwortung, man möge jetzt ja nichts tun, was nicht mehr ungeschehen gemacht werden könnte oder später umsonst bereut würde. Andere raten dem uralten Staatspräsidenten, der noch zusammen mit Mussolini in

der Sozialistischen Partei war, dieser möge alte Genossen, die jetzt drüben bei den Kommunisten sind, einschalten. Niemand kümmert sich um den Greis. Dann kommen eher beruhigende Nachrichten. Zumal in Mailand und Turin, sonst Zentren des Aufruhrs, scheint nichts los zu sein. Der Ministerpräsident entläßt die Minister auf Abruf. Die RAI bekommt Auftrag, in den Nachrichten die blutigen Ereignisse zu unterspielen. Die Gewährsleute der KP hören sich das an und denken bei sich: Die können uns 'mal.«

Die Herren lächeln. Und es geht weiter im Text:

»Für morgen wird in Bologna schon die Szene für den nächsten Akt aufgebaut. Einige Tote werden im Dom aufgebahrt, um den Klerikalen Angst einzujagen, für die anderen findet morgen an Amtsstelle eine Feier statt, auf der ein KP-Chef sprechen wird. In den Zeitungen werden die Faschisten mit wilden Drohungen überschüttet, die eigentlich den Gegnern der KP insgesamt gelten, denn es ist schon bekannt, daß diesmal nicht die Faschisten die Bombe warfen. Der Große Chef der KP, dessen Ahnen einmal im Feudalzeitalter mit einigem Pathos die Massen zu zügeln verstanden, hat auch das Pathos, das die Stunde verlangt. Keine bloßen Gefühlsausbrüche. Denn die Stunde der Abrechnung ist da. Jetzt werden die Klerikalen jammern, weil sie die Stunde, da ihnen die KP einen historischen Kompromiß anbot, versäumten.«

Das Gespräch der Herren wird allgemein. Sie spielen die Varianten durch, für den Fall, daß Brennpunkt weiterer Ereignisse Rom würde oder Mailand oder Turin oder Neapel. Aber der Gesprächsführer rückt derlei Anschauungen zurecht:

»Am nächsten Morgen melden sich die Befehlshaber des Heeres, der Marine und der Luftwaffe beim Ministerpräsidenten. Der möchte nicht, daß es ihm so geht, wie 1943 dem Mussolini. Aber die Herren Generäle versichern ihm, daß sie über die modernsten Nachrichtengeräte verfügen und immer in der Lage sein könnten, mit Seiner Exzellenz zu sprechen. Dann gehen die Herren, und der Ministerpräsident wird sie nie mehr sehen. Der Tag verläuft, äußerlich betrachtet, ruhig. Der Staat verfällt

in Lethargie, dafür rasselt der Apparat der KP auf Hochtouren. Die Stunde ist gekommen.
Am Morgen des dritten Tages erfährt der Ministerpräsident, daß in verschiedenen Provinzen die KP das Regime übernommen hat. Was heißt, daß alle noch bisher im Dienst gewesenen Nichtkommunisten gefeuert und ihre Posten mit verläßlichen Genossen besetzt sind. Die Demokratie in Italien nähert sich ihrer Vollendung. Der Ministerpräsident wird nervöser. Er fragt den Außenminister, welche Reaktionen in Washington zu vernehmen sind, was in Brüssel bei der NATO geschieht, was Freunde in Bonn denken und wie überhaupt die Stimmung in den westlichen Staatskanzleien sei. Es ergibt sich, das niemand dem Präsidenten der US mit einer Äußerung oder Entscheidung vorgreifen möchte. Daß letzterer schweigt und man nicht erfahren kann, was im direkten Verkehr zwischen Washington und seinen Verbündeten vorgeht. In Rom bekommt man den Eindruck, als wäre man recht isoliert, da und dort vielleicht schon abgeschrieben.
Denn jetzt geht es Schlag auf Schlag. Gegen Abend kommt eine seltsame Nachricht aus Venetien. Dort sollen Urlauber auf den Fernverkehrsstraßen in der Nähe der Grenze zum jugoslawischen Nachbarn auf Fahrzeuge gestoßen sein, die mit Militär und Waffen beladen waren, auch Panzer waren dabei. Erst als auch jugoslawische Uniformen aufschienen, wurde klar, daß die Kameraden aus dem Osten im Land sind. Sie verlauten, es handle sich um bloße Umfahrungen wegen einer Wetterkatastrophe im eigenen Land.
Endlich, endlich erscheint der Botschafter der SU im römischen Außenministerium. Er trifft nur den Unterstaatssekretär an, weil der Ministerpräsident den Außenminister immer in Sichtweite haben will. Man überlegt immerhin eine diplomatische Aktion. Der SU-Botschafter beträgt sich mit der ausgesuchtesten Höflichkeit und überreicht dem Unterstaatssekretär eine Note. Der nimmt sie in Empfang, als gäbe man ihm ein Stück brennendes Papier. Wenige Sätze, rasch überlesen genügen, um zu wissen, woran man ist. Der Botschafter verabschiedet sich

mit der ausgesuchtesten Höflichkeit. Eilends begibt sich der Gehilfe des Außenministers in den Kreis der Minister, wohin das Gerücht vom Inhalt der Note schon voraus unterwegs ist. Die KP sorgt für die Verbreitung des Noteninhalts unter den Massen.

Als die meisten Italiener es schon wissen, liest der Ministerpräsident das fatale Papier. Schuld sind wieder die Faschisten. Sie haben das Blutbad angerichtet und die Bombe zum Platzen gebracht. Und die Regierung wird das Bad ausgießen. Denn Moskau teilt mit, es sei nicht gewillt, derlei Verletzungen von Verpflichtungen hinzunehmen, die Italien in den Pariser Friedensverträgen vom Februar 1947 zur Abwehr des Faschismus übernommen hat. Man wird im Osten nicht dulden, daß in Italien Arbeiterblut vergossen wird, bloß weil die Regierung es vorsätzlich unterläßt, die Faschisten gehörig unter Kontrolle zu nehmen und deren Aktivitäten, wie sie an sich den Siegern von 1945 gegenüber verpflichtet wäre, zu unterdrücken. Daher die Truppen in Venetien.

Jetzt nur keine Aufregung, meint der Ministerpräsident. Es kommen Nachrichten aus allen Teilen des Landes, die zeigen, daß das in Bologna nur ein Anfang war. Die Panzer der Russen in Venetien, das ist so wie 1956 in Ungarn und 1968 in Prag. Aber, man ist doch keine Volksdemokratie! Schon melden einige Präfekten, daß sich Militär und Exekutive zurückgezogen hätten und jeden Einsatz vermeiden. Also rollen die sowjetischen Panzer, so wie 1943 nach der Absetzung Mussolinis die Panzer der Deutschen. Wie man von Nazi und Kommunisten in einem Atem reden könne, meint ein Minister, dessen Verbindungen zur KP bekannt sind, war er 1944/45 doch unter den kommunistischen Partisanen. Und: Man sollte ja nicht dem Volk vormachen, die SU habe mit einem Ultimatum gedroht. Die momentanen Truppenbewegungen seitens der SU und Jugoslawiens würden sich im Rahmen der Pariser Verträge vollziehen. Dienten keinen Kriegsvorbereitungen, sondern der Erhaltung des Friedens. Und man könne sich nicht denken, daß die US oder die NATO sich einschalten würden, wenn es in Ita-

lien endlich zur Ausrottung der Pest des Faschismus kommt. Was sollten also diese simulierten Abwehrmaßnahmen Italiens entlang des Tagliamento?
Dann kommt ein Gerücht auf: Die ausländischen Truppenverbände seien nur deswegen auf italienisches Gebiet ausgewichen, weil angeblich das Manövergelände im benachbarten Jugoslawien unpassierbar geworden und Verpflegsnachschub nur auf diesem Weg möglich sei. Unsinn, sagen Militärs, die meinen, man werde sich nicht einmal, wie 1917, am Piave halten können. Denn schon durchstoßen sowjetische rasche Verbände die Versammlungsräume der eigenen Truppen, um in Eile Mailand zu erreichen und auf Turin vorzustoßen. Es geht zu, wie 1940 während des Norwegenfeldzugs der Deutschen bei der kampflosen Besetzung Dänemarks.
Die Marine meldet, daß in der Bucht von Cattaro, auf Grund eines seinerzeit noch mit Tito abgeschlossenen Vertrags, russische Kriegsschiffe die Kontrolle übernommen haben. Einige Stunden später wird der Verlust eines italienischen Schnellbootes bekannt gegeben, das, offenbar als Folge eines Mißverständnisses, von einem Kreuzer der SU versenkt wurde. In der Umgebung des Ministerpräsidenten entsteht Unruhe. Zwei, drei Minister erklären, sie könnten bei der Lässigkeit, mit der man den Putsch der Faschisten bekämpfe, nicht länger in der Regierung bleiben. In einem Moment der Schwäche erklärt der Ministerpräsident seinen eigenen Rücktritt. Nicht zum Protest, sondern um Platz zu machen für eine Konzentrationsregierung zur Abwehr des Faschismus. Es dauert nicht lange und die Journalisten haben aus der Umgebung des Staatspräsidenten den Namen des neuernannten Nachfolgers. Man frägt in den Redaktionen nach, denn von diesem Mann gibt es keinen Lebenslauf, der schon den Medien bekannt wäre.
Da und dort erinnern sich jüngere Redaktionsmitglieder, den Namen während der Studentenunruhen der sechziger Jahre gehört zu haben. Die kleinen Leute im Land begrüßen die sogenannte Übergangsregierung:
›Gott sei Dank! Nur jetzt keine Scharfmacher. Sie würden ja

der KP in die Arme arbeiten. Alles wird sich beruhigen, wie schon so oft seit dem ersten Krieg ...‹
Die Armee verlautet, sie befände sich in der angenehmen Lage, über Truppenführer zu verfügen, die schon bisher bei Manövern die Achtung aus West und Ost bezogen haben. Sie sei der Aufgabe vollends gewachsen und hätte in Brüssel notifizieren lassen, die NATO sei jetzt in Italien mit Aushilfen fehl am Platz. Man werde gegebenenfalls von sich hören lassen. Wichtig sei die Lokalisierung entstandener Folgen von bloßen Mißverständnissen. Das Finanzministerium verlautet, es wären keine Kredite vorhanden, um mehr für die bewaffneten Streitkräfte auszugeben, als deren ohnehin teure Unterhaltung in Friedenszeiten und unter normalen Verhältnissen erfordere. Im übrigen: Morgen ist Sonntag.
Ehe es morgen wird, landen auf dem Flugplatz Roms einige Passagierflugzeuge der sowjetischen Fluggesellschaft AEROFLOT Ihnen entsteigen etwa 500 Zivilisten, die sich als neu hinzukommende Mitglieder der Botschaft der SU in Rom ausweisen. Man erspart den Herren jeden bürokratischen Kram, zumal sie wissen, daß ihre Botschaft bereits tätig sei, um ihre diplomatische Immunität zu erlangen.
So vergeht die Mittagszeit, und nach der Mittagsruhe erfährt das gute Volk Italiens, die SU sei daran, Italien zu helfen den Frieden zu wahren. Nur die Reste des Kapitalismus, des Faschismus und einiger anderer ISMEN würden beseitigt, im übrigen aber werde das Volk die Segnungen eines ungeschmälerten Sozialismus genießen. Um diese Stunde macht der Botschafter der SU dem neuernannten Ministerpräsidenten einen Besuch, wartet gar nicht, bis der zu ihm kommt. Man ist schon quasi unter sich. Der Botschafter klopft den neuen Herrn auf die Schulter. Offenbar hat er einen leutseligen Tag:
›Genossen, ein langer Tag geht zu Ende. Und nie mehr wird die Sonne aufgehen über einem faschistischen Italien.‹
Jetzt tritt die Kammer zusammen. Abgeordnete der Faschisten und der Monarchisten werden als ›verhindert‹ genannt. Auch andere Abgeordnete fehlen. Niemand wirft ihnen ihre Abwe-

senheit vor, ihre Ansicht würde im Moment ohnedies nur störend wirken. Die euro-kommunistischen Typen von gestern grinsen ihre Gegner höhnisch an und sagen ihnen, nun sei ihre humane Gesinnung dabei, den Frieden und die Sicherheit – ohne Gewalt selbstverständlich – dem Land und seinem Volk zu bringen. Der neue Ministerpräsident und die Anfänge seines Kabinetts, man wird die komplette Ministerliste später vorlegen, bekommen vorschußweise das Vertrauen. Das ganze Haus erhebt sich und grüßt hinauf zur Ministerbank, wo schon der Fortschritt tätig ist.

Und dann gehen die Herren heim. Sie essen und gehen schlafen. Morgen wird in Washington der US-Präsident im Senat das Wort ergreifen. Man weiß von ihm, daß er sich einmal für die Dissidenten in der SU in einer Weise eingesetzt hat, die er sich nachher abgewöhnte. Weil man ihm sagte, in Moskau würde man derartige direkte Anwürfe nicht vertragen. Also wird er diesmal gemessen reden: In Italien sei es zu schweren Verletzungen der dem Land in den Pariser Friedensverträgen auferlegten Verpflichtungen gekommen. Man dürfe nicht etwa erwarten, daß die US sich engagieren, wenn in Italien unter genauer Einhaltung der Vertragsbedingungen aus 1947 dem Faschismus der Garaus gemacht wird. Das Wort Garaus war in der neueren, mehr gepflegten Redeweise nicht enthalten. Garaus, weil man in Deutschland den Nazis nach 1945 den Garaus machte, indem man den bösesten unter ihnen mittels eines Hanfseiles die Luftzufuhr abschnitt.

Im übrigen befände sich Washington in völliger Übereinstimmung mit dem Generalsekretär der UN. Dieser hätte seinerseits festgestellt, daß die Maßnahmen der SU zur Wahrung der Verträge aus 1947 die Zustimmung der großen Mehrheit der UN-Mitglieder haben. Wie dies von besagten Mitgliedstaaten spontan dem Generalsekretariat versichert wurde. In Richtung Moskau gesprochen, sagte der US-Präsident nur ganz allgemein, die neue Lage in Italien werde die Anstrengungen Washingtons zur Wahrung des Friedens in der Welt anspornen. Man sähe, wie notwendig Détente sei.«

Die böse Vision war zu Ende. Die Herren waren es leid, sich derlei anzuhören. Immer schon haben sie den Kameraden, der Italien so schlechte Dinge vorhersagte, für einen Spinner gehalten. Sie erhoben sich aus ihren bodennahen Fauteuils, reckten sich, wie nach einem gesunden Schlaf, und sagten, es wäre Zeit zum Schlafengehen. Und sie gingen. Ohne diesen Spinner näherer Ausführungen zu würdigen.
Übrigens: Der Euro-Kommunismus Italiens und Frankreichs häutete sich nach den nächsten Schlappen bei Wahlen, warf die Tarnjacke ab und machte Moskau-Kommunismus, wie eh' und je. Und wie es sich für einen anständigen Kommunisten gehört. In Italien verloren die Kommunisten bei den Parlamentswahlen Stimmen, die Christdemokraten gewannen einige Stimmen. Aber die Sozialisten – es gibt deren mehrere Konfessionen in Italien – kamen schließlich doch in die Lage, die Weichen zu stellen. Sie haben, anders als die Christdemokraten, nie etwas dagegen, wenn Kommunisten in die Regierung des Landes kommen. Vielleicht wird der oben erwähnte Spinner gar nicht Recht bekommen, weil in Italien zuletzt die Christdemokraten umfallen werden wie eine alte Gartenmauer und die vereinigte Linke die Macht übernehmen wird.

Ende der sechziger Jahre verloren die US nicht nur den Krieg gegen die Kommunisten in Vietnam, sie büßten auch einen wichtigen Teil ihrer Unabhängigkeit ein. Bisher hatten die Chiffren ESSO, STANDARD OIL, MOBIL OIL, TEXACO und dergleichen so viel bedeutet wie Selbstversorgung des Landes beim Betrieb des Vehikels Numero 1, des Automobils. Bei der Namensgebung dieses Fahrzeugs ist schon ein folgenschwerer Irrtum unterlaufen. Die Verwendung des griechischen Wortes AUTO, also SELBST, verleitete Generationen von Autobesitzern zu der Annahme, das Ding würde quasi von selbst laufen. Denn die Beschaffung des dazu notwendigen Treibstoffs war überhaupt kein Problem. Niemand dachte ernsthaft daran, daß gerade dieser Treibstoff, Produkt des Erdöls, einmal für die US das Schicksal bedeuten wird. Benzin oder wie die Amerikaner sagen: OIL oder, wie die Engländer es nennen: PETROL. Petroleum, der Brennstoff für das Licht des 19. Jahrhunderts und nachher noch für die armen Leute, wurde Weltmacht für das Land, das davon besaß, genug besaß, um es zu fördern und zu exportieren.

Die Russen, nachher die Bolschewisten, hatten davon lange genug. In den Kolonien der alten Kolonialmächte Europas gab es davon, scheinbar, mehr als genug und für alle Zeiten genug. Die Erdölförderung in den Kolonien war eine feine Sache: Dort gab es keine aufsässigen Gewerkschaften, die Eingeborenen befolgten vielmehr die Befehle der Ingenieure des Weißen Mannes; alles, was man ihnen gegen geringes Entgelt auftrug. Als Roosevelt zusammen mit Stalin 1943 in Teheran die Liquidierung des veralteten Kolonialismus der Europäer ins Auge faßte (Amerikanismus und Kommunismus boten viel wirksamere Möglichkeiten eines Neo-Kolonialismus), schien die

Sache für die US gelaufen zu sein. Die Riesenkonzerne in den US – aber auch andere – brauchten keine Flotteneinheiten und keine Marineinfanterie, um die jetzt »unabhängig« gewordenen früheren Kolonialländer dazu zu bringen, wacker weiterzutun in der Lieferung von Petroleum. Ob Klassenkampf, ob Rassenkampf, das Geschäft mit dem OIL wurde das Geschäft für die Superreichen, deren Luxuskomfort bald alles überstieg, was einmal die Herausforderung für bürgerliche und proletarische Revolutionäre gewesen ist. Vorderhand verstanden es aber die Nachfahren dieser Revolutionäre recht gut, die Ausbeutung der von ihnen befreiten Klassen weiter zu betreiben. OIL, die Massenherstellung von Automobilen, die enorme Ausweitung der Stahlproduktionen et cetera wurden ein Laufwerk im perpetuum mobile des Industriesystems, das sich unentwegt und mit immer größerer Tourenzahl in den Phasen: Investieren – Produzieren – Konsumieren zu drehen schien.

Um 1970 muß es gewesen sein, daß wieder einmal einer dieser ganz unmöglichen Texaner sagte:

»Mir scheint, daß wir wieder einmal das falsche Schwein schlachten!«

Wieder einmal. Wann tauchte dieser Verdacht zum ersten Mal nach 1945 auf? Nun, das war in der Zeit des Kalten Kriegs, als in den US viele Menschen einsahen, daß der Hitlerismus eine furchtbare Tatsache gewesen ist; aber eine vorübergehende und unhaltbare; daß aber der Kommunismus und die SU bleiben, und auf Menschengedenken hinaus niemand sagen kann, wie lange noch.

Solange die US unabhängig von den erdölexportierenden Ländern waren, konnten sie sich mit aller Kraft und ohne Bedenken dem Schutz des jungen Staates der Juden in Palästina hingeben. Aber – so wie bei jeder anscheinend perfekten Lösung eines Problems – gab es auch in diesem Fall Späne, die angeblich fallen müssen, wenn die Großen dieser Welt an ihren politischen Hobelbänken zu werken anfangen. Diesmal waren es hunderttausende Palästinenser, die in dem Maße ihre Heimat verloren, in dem Juden in Palästina die Heimstätte fanden, die Großbritannien ihnen 1917 versprochen hat. Heimatvertriebene Palästinenser, die, anders als die heimatvertriebenen Deutschen, keine Judenmörder waren, erwiesen sich als ganz und gar unwillig, etwa auf unabsehbare Zeiten in Lagern und provisorischen Unterkünften leben müssen. Je reicher nach 1945 dieser oder jener von Selbstherrschern verwaltete arabische Staat wurde, desto mehr mußte er, wollte er nicht die Revolution im eigenen Land haben, für die heimatvertriebenen Palästinenser tun. Und das, während gleichzeitig diese und andere ölexportierende Länder in Nahost ihr großes Geschäft mit dem Industriesystem des Westens machten, vor allem mit den US.

1933 entstand die ARAMCO, die Arabian-American Oil Company, von amerikanischen Erdölgesellschaften gegründet, Sitz in New York. Bis 1963 konnte diese Gesellschaft fast widerstandslos die Erforschung und Ausbeutung arabischer Erdölvorkommen in Nahost betreiben. Nachher kam Sand ins Getriebe. In einzelnen arabischen Staaten kam die naheliegende Idee auf, den Ausländern – zuerst waren es Engländer, nachher Amerikaner – die Last der Erdölförderung abzunehmen und diesen kostbaren Rohstoff selbst aus der Erde zu holen und damit endlich den Fortschritt des Landes im Zeitalter des Industriesystems zu beginnen. Alles ging noch ganz manierlich, denn die westlichen Konzerne verstanden es, sich auch in der neuen Lage zurechtzufinden.

Zum ersten Mal krähte der Hahn im Irak. Es geschah zu Nassers Hoher Zeit und unter dem beginnenden Einfluß der SU in arabischen Ländern, daß im Irak bei einem Putsch der König unter Umständen ermordet wurde, die weit die Bestialität übertrafen, mit der einmal die Serben einen König und dessen Frau ermordeten. Der Irak, im Zweiten Weltkrieg ohnedies anfällig für Einflüsse seitens Nazideutschlands, wurde nicht mehr anfällig, sondern sympathisch für jede Macht, die ihn schützte, wenn er ausländisches Vermögen und Betriebe enteignete. Und kommunistische Infiltrationen längst nicht mehr mit jener Entschiedenheit zurückwies, auf die man im Westen rechnen konnte, solange die unbeschränkte Herrschaft der Könige des Irak, des

Iran, Jordaniens und Saudi-Arabiens, geeint im sogenannten Bagdad-Pakt, andauerte. Die SU wurde »in« in Nahost.
US-Präsident war um diese Zeit Richard Nixon. Er hatte frühzeitig Gespür dafür, daß gewisse Erdölvorkommen in Nahost im Falle einer internationalen Großkrise für die US versiegen könnten. Das bekam ihm nicht gut. Denn er wurde das Kamel, welches das Gras wegfraß, das in den US über das Palästinenserproblem gewachsen war. So dort von Palästinensern überhaupt in den Medien die Rede sein konnte, waren Palästinenser und ihre arabischen Parteigänger nicht mehr als Terroristen, Judenhasser und Mörder. Eine dieser Typen hat ja den Bruder des unvergessenen US-Präsidenten Kennedy ermordet. Unverständlich für jene Durchschnittsamerikaner, die in den Zeitungen als Spießbürger, in modernen Romanen noch mehr heruntergefetzt wurden. Dieser Mord geschah 1968, er traf sozusagen den Thronfolger aus der Dynastie Kennedy für das Amt des US-Präsidenten. Der Hahn krähte zum zweiten Mal in Nahost.
Langsam griff die Kontrollmacht SU um sich im arabischen Raum. Ägypten war ein bloß vorübergehender, dafür aber umso wichtigerer Stützpunkt, zumal damit auch die Basis für die Flottenmacht der SU im Mittelmeer gegeben war. Der Irak mußte sich nach der Mordaffaire und dem Zerfall des Bagdad-Paktes nolens volens immer wieder als gefügig zeigen, wenn ein Wink aus Moskau kam. Ein großer Erfolg glückte Moskau im Falle Libyen, dessen Diktator Muamar Al Gaddafi mit großer Entschiedenheit den Ausländern wegnahm, was diese in Form des industriellen Fortschritts ins Land gebracht hatten, und bald Herr eines wichtigen erdölexportierenden Landes wurde. Deutsche Terroristen fanden in ihm sowie in seinem kongenialen Nachbarn in Algerien den einsichtsvollen Förderer und ein Heimgeh-Recht in jene Freiheit (nach Mordanschlägen zumal), die es in Westdeutschland nach Ansicht dieser Terroristen nicht gibt. Einmal waren die nordafrikanischen Länder, es war dies vor der Ära des europäischen Kolonialismus im 19. Jahrhundert, Seeräuberstaaten und Sklavenhändler en gros. Damals, als

man in katholischen Ländern Geld sammelte, um christliche Sklaven, die in die Hände von Algeriern und anderen Seeräubern gefallen waren, loszukaufen. Das war, als auch die US ein Kriegsschiff herüber schickten, wenn diese Piraten auch vor THE STARS AND STRIPES keinen Respekt zeigten. Jetzt war aber der Fortschritt in diesen Ländern, und ihre Diktatoren hielten sich viel zugute, wenn sie von Freiheit im Lande redeten.

Schalten wir hier nur den kurzen Hinweis ein, daß das neutrale Österreich betreffs der Belieferung mit Erdölprodukten ausschließlich abhängig ist von der SU und deren sozialistischen Freunden, zumal in der arabischen Welt. Für den Krisenfall gewährt das eine gewisse Unabhängigkeit vom ohnedies puncto Ölvorkommen unsicher gewordenen Westen. Nur Reaktionäre reden von der damit geschehenen Einbeziehung in den Strom wirtschaftlicher Beziehungen, deren Leitzentrale fernab vom Westen liegt.

Nun läßt es sich nicht mehr länger leugnen, daß Erdöl ein kriegsentscheidender Faktor sein kann und daß über den Einsatz dieser Waffe nicht Länder wie Israel und deren Waffenlieferanten in den US entscheiden, sondern Araber. 1973 schon, nach dem vierten jüdisch-arabischen Krieg, haben die Länder der OPEC eine Kürzung der Erdöllieferungen angekündigt, solange Israel die seit 1967 besetzt gehaltenen arabischen Gebiete nicht geräumt haben wird und die »legitimen Rechte des palästinensischen Volkes« nicht wieder hergestellt sein werden. Soweit arabische Grundsatzpolitik. Sofort meldete sich in erdölexportierenden Ländern der OPEC auch die Realpolitik und also unterblieb noch einmal die drohende Eskalation des Erdölkriegs. Statt dieses Kriegs ereignete sich ein Riesenprofit der meisten im Westen ansässigen erdölimportierenden und benzinexportierenden Firmen.

Immerhin, eines konnte in den US auch von den Naiven nicht länger übersehen werden: Sie, die größten Autofans der Welt, waren angewiesen auf Öllieferungen aus arabischen Ländern. Und: Neben Israelis waren Palästinenser als Subjekte der Nahostpolitik nicht länger zu übersehen. Irgendetwas mußte für letztere getan werden, wollte man nicht womöglich in einen bis aufs letzte geführten Konflikt mit den Arabern und ihrer Weltmacht kommen. Daß gewisse Superreiche, so wie jeden Krieg, auch einen Ölkrieg benutzten, um enorme Gewinne zu erzielen, indem sie aus alten Beständen die erhöhten Preise holten, genügte nicht mehr. Es erwies sich nämlich, daß auf dem Höhepunkt des sogenannten Ölkriegs von 1973 vor dem größten Erdölhafen in Europa, Rotterdam, sich die Öltanker stauten; weil die dortigen Öllager überfüllt waren und sie erst einmal diese Bestände loswerden mußten (zu erhöhten Preisen), ehe sie die unablässig fließenden Importlieferungen annehmen konnten. Immerhin beeilten sich jetzt die westeuropäischen Industrieländer, in ihrer Festen Burg, in Brüssel, zusammenzutreten, um der neuen Situation Rechnung zu tragen. Was hieß, mehr auf die Linie der Politik erdölexportierender arabischer Staaten einzuschwenken. Zur allgemeinen Überraschung war dieser Schwenk-Winkel eher gering, denn schon schwenkten besagte arabische Staaten ihrerseits ein auf die Wirtschaftspolitik des Westens, dessen Industriesystem sie erst einmal vollends übernehmen mußten puncto Produktion, ehe sie dem Westen die endgültige Absage erteilen konnten.

Indessen: Wer sich grün anstreicht, den fressen die Ziegen, sagte man einmal in Deutschland. Nicht ungestraft durften sich die superreichen sogenannten »Ölscheichs« und die kapitalistischen Länder der arabischen Welt einlassen auf den westlichen Komfort. Nicht nur die Scheichs (zumal die mehr lebenshungrigen unter ihnen, welche sich die im Westen grassierenden Krankheiten des Leibes und der Seele holten) verfielen einer Häresie, der zufolge ein Ölkrieg bei weitem nicht so gut ist, wie arabische Scharfmacher es hinstellen möchten. Denn mit der Drosselung der Öllieferungen an den Westen verringert sich der Profit solcher kriegführender Staaten. Mit anderen Worten: Die Palästina-Politik verschiedener arabischer Staaten wurde, wie man sagt, doppelbödig. Das Gewissen moslemischer Staatsführer geriet in Konflikt. Einerseits mußte man nach außen hin

die Solidarität mit den Palästinensern wahren und ihren Kampf um die Wiedergewinnung ihres Heimatbodens fördern. Andererseits wurde das Ölgeschäft mit der Schutzmacht der Israelis, mit den US, immer ergiebiger. So daß einer der Herrscher der Welt des Islams, der Schah von Persien, einsah, daß er seine Geschäfte mit dem Export von Erdöl aus seinem Land noch gewinnbringender machen könnte, wenn er direkt an die Israelis liefert. Und das tat er denn auch, nicht wissend, daß er damit in die Gefährlichkeit geriet, welche die Renaissance des Islams in den siebziger Jahren für derlei Verräter an der Sache Mohammeds bereit hielt. Gab es doch moslemische Diktatoren, wie jenen in Libyen, die offen sagten, worin die Gefahr bestand:
»Die Ölgesellschaften haben Angst bekommen. Ganz leicht können sie sich selbst von der Angst befreien. Sie brauchen nur mit ihren exzellenten Beziehungen und mit ihrem Einfluß ihre Regierungen zu einer gerechten Postition gegenüber den arabischen Problemen bringen. Die Gesellschaften müssen die Regierung veranlassen, ihr Verhältnis zur arabischen Welt zu korrigieren und zu normalisieren. Je mehr Erfolg die Ölgesellschaften in dieser Richtung haben, desto weniger brauchen sie sich von ihrer Angst plagen lassen.«
Die westlichen Industrieländer konnte der libysche Diktator mit derlei Drohungen nicht erschrecken. Es gab aber andere arabische Staaten, die, Islam hin, Islam her, lieferten, was das Idol Numero 1, das Auto, immer mehr brauchte: Erdöl für Benzin. Angst mußte in diesem Fall der Schah von Persien bekommen. Er machte das Geschäft mit seinem Erdöl aus dem eigenen Land selbst. Und er glaubte keine Angst zu haben, denn die Waffenlieferanten im Westen halfen ihm, in Kürze eine der bestausgerüsteten Armeen der Welt zu haben. Mochten also seine Feinde im Inneren und von außen kommen. Außerdem glaubte er an seinen Freund, Jimmy Carter. Aber in den US hielt man es eher mit dem ägyptischen Diktator Anwar El Sadat. Dieser frühere Berufsoffizier hatte nach vier Kriegen mit Israel genug vom Krieg. Er wollte ins Geschäft mit dem Westen, mit den US kommen. Er hat in dem seinem Land nach die-

sen Kriegen verbliebenen Gebiet keine Erdölvorkommen. In dieser miesen Lage bekam er in dem Lenker der US-Außenpolitik Henry Kissinger einen vertrauten Helfer. Kissinger, Glaubensjude, konnte sich leisten, was sich ein Nicht-Jude noch nicht leisten konnte: Bruder jenes ägyptischen Diktators zu werden, dessen Land bisher die Hauptlast in allen gegen Israel geführten Kriegen zu tragen hatte. Langsam geriet der Plan: Ägypten löste sich, unter unentwegten Freundschaftsbeteuerungen gegen die von ihm verratene Sache der Araber, aus der gegen Israel gerichteten pan-arabischen Front. Ging auf Westkurs. Nach der Beseitigung des US-Präsidenten Nixon aus der Politik kam unter dem Nachfolger Nixons die große Zeit Kissingers. Dieser Nachfolger war ein Mensch mit sauberen Händen, er war ein fairer Sportsmann, aber er war eben kein Tricksy Nixon und also viel leichter zu gängeln als sein Vorgänger. Zudem hatte das liberale Establishment einen noch besser lenkbaren Mann für die nächste Präsidentenwahl in petto: Jimmy.

PEANUT wurde in den US zur populären Figur eines Comic-Strips. Peanut, auf Deutsch: Erdnuß, ist im Amerikanischen ein Spitzname, eigentlich schon eine Schmähung im Sinne von »Kleines Würstchen« oder »Unbedeutender Mensch«. Nach den herben Enttäuschungen mit TRICKSY NIXON und dessen in der Presse groß herausgebrachten üblen Methoden brauchte man einen Präsidenten mit einem ganz anderen Image. Nicht cool, smart und clever, sondern eben PEANUT, wie er in den Comics der Zeitungen tagtäglich abgebildet wurde. Keine große Persönlichkeit, aber freundlich bis zur Beschränktheit, gutgläubig und bereit, um des Glaubens an eine gute Sache willen einiges einzustecken.

Jimmy Carter ist der Sohn eines Erdnuß-Farmers im Süden der US. Im Staate Georgia brachte er es zum Gouverneur, zuletzt allerdings von der Gefahr umwittert, bei einer weiteren Kandidatur um diesen Posten durchzufallen. Für ihn fabrizierten die Meinungskneter des liberalen Establishment in kürzester Zeit ein Image, das den im Wahlkampf anfänglich kaum bekannten

Jimmy bei der Wahl von 1976 mit 50,4 Perzent der Stimmen eine Mehrheit einbrachte. Diesmal stimmten die Farbigen, die unlängst erst die Wiederwahl von Nixon ermöglichten, erwartungsgemäß, also für den Kandidaten der Liberalen Jimmy Carter. Auch als US-Präsident beließ es Carter bei »Jimmy«, was immerhin eine solche Novität war, daß die Juristen erst austüpfeln mußten, wie er trotz Verwendung von JIMMY statt des korrekt ausgeschriebenen Vornamens JAMES, amtliche Dokumente staatsgültig unterschreiben wird. Aber Jimmy, das hing eher mit Jim Crow zusammen, einem Symbol für Rassentrennung und Jimmy war und ist gegen jede Diskriminierung von Minderheiten in den US und in der Welt. Viele Minderheiten in den US zusammengerechnet ergeben ein Plus, das in einem Wahlkampf entscheiden wird. Für Jimmy schweißte die Wahlwerbung alles zusammen, was es brauchte, um die Nixon-Vergangenheit endgültig zu bewältigen.

Jimmy war der Mann, der erwarten ließ, daß er im Weißen Haus die Politik des Council on Foreign Relations der Rockefeller Stiftung besorgen wird. Längst ist die Demokratie in den US lückerig genug, als daß die Außenpolitik der US weniger im Weißen Haus oder im Senat entschieden wird. Vielmehr wird sie vorprogrammiert in dem erwähnten Rat für auswärtige Angelegenheiten, wo eine vom Parlament unabhängige Clique jene Programme entwirft, die dann von der Claque in den Redaktionen hochgejubelt werden.

Zu diesem einflußreichen Rat kam Mitte der siebziger Jahre die TRILITERAL COMMISSION hinzu. Und als deren Gründer ein gewisser Zbigniew Brzezinski, Sohn von Einwanderern aus Polen, zuletzt Generalsekretär besagter Kommission oder wie man drüben sagt: Direktor. Die Dreiheit der Kommission entfaltet sich in den US, in Europa und in Japan. Vorsitzender in Europa wurde Max Kohnstamm. Aus diesem Kreis ging unter anderen in der Ära Jimmy Carters der US-Finanzminister William B. Blumenthal hervor, ein gebürtiger Berliner.

Carter kam ins Weiße Haus. Brzezinski folgte ihm als sein Berater für nationale Sicherheit, steht also an der Spitze des Küchen-Kabinetts des 39. US-Präsidenten. Anders als Abraham Lincoln kam Jimmy nicht als einfacher Mann aus der Wildnis, er war auch kein Senkrechtstarter, er wurde richtig katapultiert, also von Kreisen gestartet, für die er gut lenkbar war. Die Zeitung NEW YORK TIMES hat schon vor der Wahl Jimmys auf gezeigt, wo in den US die Wurzeln der Macht des Präsidenten eigentlich zu suchen sind:

»Die Befehlsgewalt, die vom US-Präsidenten innerhalb des verfassungsmäßigen Rahmens ausgeübt wird, ist in der Sicht des Präsidenten begrenzt durch Restriktionen, die von Vertretern unabhängiger Machtzentren auferlegt ist. Diese Männer, die ›Barone‹, haben die Kontrollinstanzen und das Management der Banken, Versicherungzentren, der Armee sowie von Indu striekomplexen in der Hand. Die Barone erwarten vom Präsi denten, daß er als Makler in ihrem Sinne handelt. Der Präsident muß ihre Einflußsphäre im Ausland bewahren und die ökono mischen Strukturen im Sinne der ›Barone‹ ordnen.«

Der geneigte Leser wird bemerken, daß dieser von einem Zen tralorgan des liberalen Establishment in den US aufgezeigte Machteinfluß der »Barone« eine verteufelte Ähnlichkeit mit den sogenannten »Ruhr-Baronen« hat, gegen die England und die US zwei Weltkriege geführt haben, um ihre Macht in Europa und der Welt zu brechen. 1975 sprach in den US ein gewisser Brzezinski aus, was einer der Väter der Demokratie in Amerika, Benjamin Franklin, zu seiner Zeit nur vage anzudeuten wagte:

»Die Welt wird von ganz anderen Personen regiert, als es gewöhnlich den Anschein hat. Wer sich als Herrscher ausgibt, ist meist in Wirklichkeit nicht der wichtigste Mann.«

Ob das nun als Anklage gegen das demokratische Zeitalter gedacht war oder als Selbsteingeständnis, deutlicher konnte es nicht gesagt werden. Undifferenzierte und plumpe Ansichten von Macht und Machtausübung, wie sie Hitler anbrachte, sind jetzt verpönt. Ein Freimaurer hätte derlei Offenherzigkeiten lieber vermieden. Nicht einmal ein Ex-Jesuit durfte so reden. Längst hat man in den US Jesuiten die Zähne gezogen. Heute

dirigieren die »Barone« die Entspannungspolitik mit anderen Methoden als ehedem in Europa, wo Große Männer ganze Kontinente »vierspännig vom Bock kutschierten«. Vatikanische Ost-Politik – umstritten wie sie zuweilen ist – muß sich jetzt Kurskorrekturen gefallen lassen, auch Hinweise auf die »sinnlose« Abwehrstellung gegen den Kommunismus, wie sie noch unter Papst Pius XII. die Regel war. Wer aber ist Brzezinski?
Brzezinski ist so wie der israelische Außenminister der Herkunft nach Pole. Ihm wird übrigens von gewissen Spürnasen anhand seiner zahlreichen in Amerika ansässigen Namensvettern nachgesagt, er käme aus dem gleichen Winkel wie Begin. Begin, der 1939 bei seiner Gefangennahme durch die Rote Armee noch einen anderen Namen führte. Der frühere Direktor der berüchtigten TRILITERAL COMMISSION, Brzezinski, zieht hinter sich die Kollegen nach, die wie er aus der Kommission stammen: Blumenthal übernahm die Finanzen, Herald Brown zog ins Verteidigungsressort als politischer Ressortleiter. Brzezinski wurde oder wird, was im Fränkischen Reich, ehe die Karolinger hoch hinaufkamen, der Hausmeier war: Der Sachwalter des Reiches, der im Interesse der Sache über diese verfügt, wenn der eigentliche Herrscher nicht mehr der Machtausübung fähig war. In den US heißt dieser Hausmeier: NATIONAL SECURITY ADVISER TO THE PRESIDENT. Also: Stratege, der über die Sicherheit der US wacht, und zwar in vielfacher Hinsicht. Am besten sagt Brzezinski selbst, was er sich unter seiner jetzigen Aufgabe vorstellt:
»Der Sicherheitsberater kontrolliert die Integration der Ministerien für eine übergeordnete globale Politik. Diese Arbeit kann nicht vom State Department (= Außenministerium) aus geleitet werden. Unsere Außenpolitik braucht einen Dirigenten, der alle Anstrengungen koordiniert.«
Es geht das unter Brzezinski recht leicht, denn im State Departement sitzt sein Kollege Cyrus Vance, auch einer aus der TRILITERAL COMISSION. So weit, so gut. Nur eine Frage bleibt über: Warum besorgt diese Tätigkeit nicht der mit großen verfassungsmäßigen Vollmachten ausgestattete und dem Parla-

ment verantwortliche US-Präsident, dessen zentrale Funktion in der Exekutive doch wegen eben dieser Koordinierung auf ein Ziel hin geschaffen wurde von den Vätern der US-Verfassung?
Grob gesagt, ist die Antwort die: Die »Barone« würden das nicht zulassen, sie haben ja deswegen ihre Kontrolleure und Lotsen im Weißen Haus, im Küchen-Kabinett des Präsidenten. Man ließ Jimmy eine Zeit lang gewähren bei seinen pastoralen Bemühungen zugunsten der Menschrechte in der SU. Bis die um vieler dieser Rechte verkürzten dortigen Juden die US baten, man möge es doch um Gottes Willen nicht so anfangen, wie es der Präsident tut. Der mit jedem Wort über die mangelnde Freiheit in der SU noch mehr Unfreiheit über jene herabbrachte, denen zu helfen er bemüht ist.
Brzezinski hat in Europa lange das Image eines »Falken« gehabt, eines Vertreters des harten Kurses gegenüber der SU. Das mag nach dem Schock der Vietnamisierung gut gewesen sein. Und doppelt notwendig, als in der Ära Carter nacheinander Afghanistan und Iran abfielen vom Westen, ım Iran ein pseudoreligiöse Experiment begonnen wurde; das jenes Chaos schuf, welches der SU viel besser zusagt als die Armee unter dem Schah, die einmal jene militärische Macht vor der Grenze der SU zu werden drohte, die es nach dem Sturz des Schah nicht mehr gibt. Viele sagten, Washıngton habe 1978/79 den Umsturz in Iran gewähren lassen, um wenigstens für eine Weile die Hand der SU nicht in der Ordnung der ägyptisch-israelischen Beziehungen spüren zu müssen. *Do ut des*, sagten die alten Römer im Geschäftsverkehr. Brzezinski ist für derlei versative Schwankungen in der US-Außenpolitik kein Hindernis. Er selbst bekannte ganz offen:
»Wenn die US ihre Beziehungen abhängig machen von der ideologischen Einstellung eines Landes, dann treiben sie sich selbst in die Isolation. Mit solcher lehrhaften Politik erzeugen wir (die Amerikaner) eine Doktrinäre Koalition gegen uns, die durchaus unerwünscht ist.«
Klar tritt an dieser Stelle zutage, was seit US-Präsident Kennedy Sinn und Zweck des Industriesystems ist: eine von Ideolo-

gien befreite Politik. Dazu das ununterbrochene Gespräch der Mächtigsten, US und SU, miteinander. Und stets bei jeder Einzelaktion ein Interessenausgleich per saldo. Denn jeder Erfolg der US wird in Moskau als Mißerfolg der SU gewertet, soferne die US nicht sofort eine fällige Kompensation zu Lasten des bisherigen Besitzstandes der Macht der US leisten. Demgemäß die Zweiteilung der Kontrolle über die ölexportierenden Länder in Nahost: In der Endabrechnung künftig der Irak und der Iran unter Kontrolle der SU, Saudiarabien und dessen Clique mit Washington verbunden.
Für den Realpolitiker Brzezinski ist die PLO ebenso eine bemerkenswerte politische Macht, wie sie es nach Ansicht der SU und in Wirklichkeit längst war. Nie davon reden, immer an sie denken. Nicht das NEIN Israels zur PLO gilt es zu eliminieren, sondern das unbedingte NEIN der jüdischen Konservativen oder Religionsfanatiker oder wie sonst man einschlägige Typen in Washington nennt. Das braucht Zeit, um zu werden. Jimmy wird diese Zeit haben und man wird es ihm überlassen, aufsässigen Juden und Arabern so lange zuzureden, bis die bekannte Wirkung eintritt, die heilsam sein soll, wenn man ein Pferd bespricht. Wie lange? Nun, bis man mit den Ägyptern und den Israelis zu einem Arrangement gekommen sein wird. Und bis dieses Arrangement, selbst gegen heftige Widerstände, in die Tat umgesetzt sein wird, hat man auch genug Zeit, den Platz für einen Palästinenserstaat zu suchen. Dabei dient der Anwar El Sadat. Und er läßt die PLO wissen, worauf es ankommt:
Haben erst die Palästinenser für sich ein Gebiet in Palästina zugesichert bekommen, dann sollten sie das »Geschenk« nicht ablehnen. Haben sie es erst, dann, so Anwar El Sadat,
»was ihr später daraus macht, das ist eure Sache.«
Es ist die alte Theorie, daß man nur eines festen Punktes bedarf, um dort den Hebel anzusetzen, der, so die Alten im Altertum, sogar eine ganze Welt aus den Angeln heben kann.
So wenig es für liberale Politiker in den US Entscheidungen gibt, die nicht überholbar wären, so wenig gibt es eine derartige Einsicht, in Notwendigkeiten einer Realpolitik unter den Ara-

bern. Terror mag angehen, Bedrohungen und Revanche – aber in Nahost ist seit dem Untergang des oströmischen Reiches so oft die Machtspitze ausgewechselt worden, daß es unwahrscheinlich scheint, anzunehmen, dieser raschen Wechsel der Ideen und Mächtekonstellationen würde aufhören. Brzezinski weiß, wann er mit seiner Triliteral Commission weiterkäme in Nahost und der PLO-Chef hat es in Worte gefaßt: Nach der Umwandlung der dreiseitigen Kommission in eine vierseitige. Glaube ja niemand, daß man in den US dabei an eine vierschneidige gegen die SU gerichtete Waffe denkt. Denn über alle Spannungen und Gefahren für Détante erhebt sich das Großziel der US: Es muß weiter gehen mit Détente, denn die Last des Wettrüsten ist für einen auf Konsum und Wohlstand bedachten Staat unausstehlich. Daher ist es notwendig, die US dahin zu bringen, der Große Vierte der Großen Drei zu werden.

In den US wecken die Erdölkonzerne, deren Barone und Propagandisten, immer mehr Sympathie für die arabische Sache. Sie sprechen von Freiheit und Frieden und meinen Erdöl. Immerhin: die jüdische Lobby in Washington muß erkennen, daß die Zeit, in denen die US für die Sache Israels durch dick und dünn gingen, und zwar unter allen Umständen, vorbei ist. Nach Serien von Rückschlägen in seiner Politik, muß man Jimmy von dem unpopulären Image befreien, wonach man glaubt, er unterordne das Interesse der US jenen Israels. Wer Augen hat zu lesen, der erkennt diese geänderte Tendenz in der Schreibweise von THE NEW YORK TIMES und WASHINGTON POST. Auch die reichen Geldspenden der Juden in den US können nicht darüber hinwegtäuschen, daß die in der Masse – im Grunde schon liberale Assimilanten – Hoffnung in erster Linie auf die US setzen. Und nicht auf das Gelingen gefährlicher Experimente; nicht in Fernost, nicht in Nahost.

Über dem Ganzen liegt, wie eine unanbringliche Hypothek, die im Ersten Weltkrieg betriebene Politik des Doppelten Bodens, zu der sich damals, in der Krise des Jahres 1917, die Londoner Regierung entschließen mußte: Die nochmalige Vergebung des

zu erobernden Palästinas, das schon den gegen den Sultan aufgehetzten Arabern versprochen war, an die Juden für ihren Staat über dem Boden des Landes ihrer Väter.
Vom Erbe unserer Väter aber redet Menachem Begin, seit Juni 1977 israelischer Ministerpräsident. Ein intransigenter Jude, sagen die einen, also jüdische Assimilanten, Liberale und Sozialisten. Einer jener Konservativen, die schon genug Unheil angerichtet haben. Begin geht es um das ganze Land am Jordan. Nicht nur um das Westufer des Flusses, vielmehr um das Land um die Golanhöhen im heutigen Syrien, jenes Galiläa, aus dem, so die Ansicht zur Zeit des Galiläers Jesus, nichts Gutes Kommen kann.
Es wird einmal eine interessante Aufgabe der politischen Staatengeschichte sein, zu erforschen, wie es in den siebziger Jahren des 20. Jahrhunderts geschah, daß der anfänglich gewisse Zusammenhalt arabischer Staaten im Kampf gegen den Judenstaat zerbrach. Egoismus einzelner Machthaber, Könige wie Diktatoren, steckte dahinter. Klassenkämpferische Ziele der Linken und Linken Linken dieser Länder. Und direkte Beeinflussungen seitens der Supermächte, der US und der SU. Immer hat das nackte Geld und Geldverdienen eine entscheidende Rolle gespielt. Der Luxuskomfort des Westens schien vielen Arabern so wichtig zu sein, daß sie allen Exzessen des Amerikanismus rettungslos verfielen und sie in dieser Verstrickung keine Gelegenheit mehr fanden, zu einer gewissen Eigenständigkeit zurückzukehren. Die harte Waffe des Ölkrieges wurde vertan, weil momentan das Ölgeschäft mehr einbrachte, weniger strapaziös war und zudem das Leben in Gefahren zugunsten Luxus im Überfluß ausschloß. Es sei denn, daß man vor Terroristen und Mördern auf der Hut sein muß.
Zuerst brach der Irak, letzter Stützpunkt Großbritanniens in Nahost, aus. Eine Bande von Mördern massakrierte die Königsfamilie auf eine Weise, daß verglichen damit selbst der schauerliche Mord der Serben an ihrem Königspaar im Jahre 1903 – an sich Höchstleistung der Grausamkeit bis jetzt – human aussieht. Dann erkannte der König von Transjordanien, daß er sein 1967

an Israel verlorenes Gebiet am Westufer des Jordans nie mehr zurückerobern wird und er im jüdisch-arabischen Krieg dieses Jahres den Anteil der Araber an der Stadt Jerusalem für immer vertan hat. Anarchistische Aufstände der Palästinenser seines Landes gaben ihm den Rest. Der Schah des Iran, 1953 bereits einmal vor einem drohenden Umsturz aus dem Land geflohen, vertraute nachher nur mehr wenig den islamischen Nachbarn in der arabischen Welt, wo Nassers Geist weiterlebt, auch wenn er in Kairo nicht mehr wehen darf. Zuletzt überließ Jimmy Carter seinen Freund, den Schah, der Rachsucht schiitischer religiöser Eiferer und den aus dem Westen heimkommenden iranischen Linksintellektuellen. Des vollen Verständnisses der nahen SU gewiß, haben diese Typen in Persien das Feuer angezündet, in dem nach wilden Massakern die älteste der noch bestehenden Monarchien verbrannte und ein verkrüppelter Staat übrig blieb, der für die benachbarte SU kein Risiko mehr sein kann, zumal es fortan keine Stützpunkte der US im Iran gibt. Um diese Zeit war der Ägypter Anwar El Sadat längst mit Henry Kissinger per Du. Nannte ihn Henry. Und Carter später Jimmy. Mehr noch. Die US setzten Anwar El Sadat unter dem Beifall ihrer Medien als Friedensbringer in Marsch nach Israel. Dort wurden Szenen angeblicher oder tatsächlicher religiöser Gläubigkeit von Moslems und Juden vorgeführt, die ansonsten das liberalistische News Management mit Spott überschüttet hätte. Diesmal gehörten sie aber zu jenem Frieden, der auch Öl bedeutet. Erzählte man sich nicht längst jenen Witz über einen amerikanischen Auto-Magnaten, der während einer Papstaudienz den Heiligen Vater dazu bewegen wollte, im Vaterunser anstatt des Wortes FIAT doch FORD zu sagen.
Für einen Moment verstummte der übliche Trommelschlag Begins, etwa jener, als er sagte:
»Nie gehen wir – die Israelis – zurück auf die Grenzen von 1967.«
Es ging zu, wie zu Zeiten des US-Präsidenten Harry Truman, den sein Kompagnon in einem Krawatten- und Modegeschäft im Mittelwesten der US mit seinen Tränen dazu brachte, die

US vom ersten Tage des Bestehens Israels diesem zu verbinden. Und jetzt holte Jimmy Sadat und Begin zu Meditationen ins Camp David. US-Präsident Roosevelt hat im Zweiten Weltkrieg diesen Ort im Staate Maryland gerne aufgesucht, um Stunden des Nachdenkens, der Besinnung und vor allem des Planens fernab vom hektischen Betrieb in Washington zu finden. Er nannte diesen Platz noch Shangri-La, irgendeiner asiatischen Vision folgend. Hier ging ihm Winston Churchill ins Netz, ehe die beiden aufbrachen nach Teheran, 1943, wo Roosevelt unter vier Augen mit Stalin das Ende des europäischen Kolonialismus zum Vorteil der US und der SU plante. Nachher kam Eisenhower hieher. Er hat den Ort umbenannt nach seinem Enkel David, der später eine Tochter des verfluchten Nixon geheiratet hat. Seither Camp David. Er traf sich hier mit Chruščov, der angesichts des Amerikanismus das bemerkenswerte Wort redete:

»Diesen Schmutz brauchen wir nicht.«

Zuletzt, im Herbst 1978 und im Hochwinter 1979, sperrte Jimmy auftragsgemäß Begin und Sadat in dieses Camp, wo sie jeweils in einem Konklave leben müssen. Angeblich abgeschirmt vom Rest der Welt, wie Kardinäle bei einer Papstwahl. Im Spätherbst 1978 gelang es auf diese Weise, Sadat wie Begin zu einer Kurskorrektur zu bewegen, die während einer weiteren Meditationstagung im Camp David die Einigung für einen Friedensvertrag zwischen Israel und Ägypten erwarten ließ. Zuletzt, man ist schon im Jahr 1979, zog Jimmy eine geradezu utopische Marschordnung für den gemeinsamen Marsch der Ägypter und Israelis in den kommenden achtziger Jahren heraus. Zeit sollte demnach genug sein, um das Palästinaproblem zu applanieren. Haben es nicht auch die 1945 heimatvertriebenen Deutschen schon in der zweiten Generation aufgegeben, von einer Rückkehr in ihre alte Heimat zu reden? Warum soll es auch nicht im Falle der Palästinenser so ergehen, bei denen es sich doch nicht um viele Millionen von Heimatvertriebenen handelt, sondern um etwa eine einzige Million und zweihunderttausend Menschen? Für diesen gemeinsamen Weg der Ägypter und Israelis

in die achtziger Jahre sind Brücken geplant, die vorläufig im Schuttgelände der vier jüdisch-arabischen Kriege noch kaum Fundamente haben; hinweg über Wüsten voller Trümmer von Kriegen und Aussiedelungen; auf Wegen, die von den unbedingten palästinensischen Freiheitskämpfern ausersehen sind, um Verräter, wie Sadat und den Juden Begin zu überfallen und zu liquidieren.
Hoch ragt über dem Ganzen die Stadt Jerusalem. Künftige Hauptstadt Israels und für immer unerreichbar für irgendwelche Ansprüche von Moslems und Christen, die mehr in der Heiligen Stadt suchen möchten, als das Ziel einer politisch harmlosen Pilgerreise dahin, wo Christus, der Messias, ans Kreuz geschlagen wurde.
Vergessen sind momentan die zu keinem Kompromiß tauglichen Ansichten Begins, die dieser noch anfangs 1979 dem nach Israel gekommenen ägyptischen Außenminister ins Gesicht warf: »Die Forderungen der Palästinenser nach einer Heimat (in Palästina) ... ist vergleichbar mit dem einstigen Anspruch der Nazi auf das Sudetenland...«
Über solche Abgründe des Hasses also erhebt sich das Friedenswerk von 1979, zustande gekommen weitab von Palästina, im US-Staat Maryland. Dazu die Life-Übertragung der Unterfertigung eines Friedensvertrags zwischen Israel und Ägypten in Washington, ausgestrahlt in alle Welt, bis sich diese Wellen brachen an den vom Kommunismus aufgehängten diversen Vorhängen und den anderen, die Araber jetzt aufhängen, wenn sie mit dem Westen Schluß gemacht haben. Überall die stumme, manchmal laute Bitte:
»Wenn es nur nicht zu einem Krieg kommt!«
Dazu schrille Töne haßerfüllter Ablehnung aus der Weite der arabischen Welt. Aus Kairo, ehedem Sitz der Arabischen Liga, werden die Diplomaten der von Anwar El Sadat verratenen Länder abberufen, Ägypten verläßt die Liga, ehe es gefeuert wird. Und ein Schwall von Statements, jener NEIN, die aus allen Winkeln der mohammedanischen Welt hervorkommen: »Allah verbrenne sie...«

Morddrohungen gegen Sadat, erneuerte gegen Begin. Hinter Kaskaden von Beschwörungen eines heiligen Kampfes gegen die Juden fließen trotzdem Ströme von Öl jenen zu, die vor allem verdammt sind: Die US und der ganze Westen. Offen bekundete Genugtuung in der SU. Ihr Außenminister eilt nach Syrien, um jeden voreiligen Schritt zur Unzeit zu verhindern. Das Jahr 1978/79 brachte der SU eine gute Ernte in Asien, Afrika und wohl auch in Europa. In Nahost fiel die alte anti-sowjetische Zwingburg Afghanistan einem Militärputsch, ausgeführt von Fliegeroffizieren, die in kommunistischen Ländern getrimmt wurden, zum Opfer. Als im Iran das Kesseltreiben gegen den Schah losging, konnten schon aus dem kommunistisch gewordenen Afghanistan Stoßtrupps für AGITPROP abgestellt werden. Die Rundfunkstationen im Süden der SU schürten das Feuer: Alle fortschrittlichen Kräfte, auch die sonst arg geschmähten schiitischen Pfaffen, sollten sich zusammentun zum Sturz des widerlichen Alleinherrschers. Die Militärmacht des Irans zerfiel nach der Flucht des Schah's, nie mehr wird sie die SU stören und eines Tages werden im Iran die Fortschrittlichsten, die Genossen der KP, auch das Pfaffenregime beseitigen.
Schließlich wurde es aller Welt klar, daß es in Nahost nicht um die Juden und um den Frieden geht, sondern um einen Rohstoff, ohne den das westliche Industriesystem momentan zusammenbrechen könnte. Gleichzeitig mit dem Abschluß des »Friedensvertrags« zwischen Ägypten und Begin brach der Ölkrieg wieder aus. Nicht so brutal und ungeschickt geführt von den arabischen Erdölländern wie unlängst, zum ersten Mal. Vielmehr wurde dem Westen endgültig klar, daß es erst einmal aus war mit den hochgesteckten Zukunftserwartungen, aus denen der Westen dem Hochziel des Jahres 2000 entgegenzueilen hoffte. Erdöl wird nie mehr die Antriebskraft einer solchen Aufwärtsentwicklung sein. Die Wissenschafter, die nie den Mut hatten, klar zu sagen, daß sich die Erdölvorkommen auf der Erde längst einer gewissen Erschöpfung nähern und alle auf Öl gebauten Hoffnungen auf Sand gebaut sind, fangen in aller

Hast an, Ersatz-Energiequellen zu suchen und wirtschaftlich verwertbar zu machen. Niemand kann sagen, *wann* dieser »Ersatz« (längst ein Fremdwort im Amerikanischen) das gute alte Öl ersetzen wird können.

Mehr noch. Unter Jimmy erreichte die SU endlich die formelle Anerkennung dessen, daß ihre Militärmacht jener der US nie mehr unterlegen sein darf. In Wirklichkeit ist die SU auf diesem – wie auf anderen Gebieten – längst *überlegen*. Im Sommer trafen sich Jimmy und der SU-Diktator Brešniev in Wien. Wieder einmal ging es um SALT, ausgeschrieben: *S*trategic *A*rms *L*imitation *T*alks. Talks, also Gespräche zur Begrenzung der »strategischen Waffen« der US und der SU. Ein solches Gespräch geriet schon 1969, unter dem unseligen Nixon, zu einem Vertrag: SALT I. Bei dessen Abschluß es den Beteiligten klar war, daß die Talks fortgesetzt werden müßten und es einmal ein SALT II geben wird. Letzteres kam im Sommer 1979 in der Stadt Wien zustande, das sozusagen die polizeilich abgesicherte Fremdenverkehrseinrichtung zu diesem Zweck wurde. Und SALT II geriet kaum zum Vertrag, da war man sich einig in der Berechnung, daß SALT II für die US und die SU nicht mehr ist als die Bereitschaftserklärung, demnächst ein SALT III zu schließen. Denn die Gespräche zur Begrenzung der Strategischen Waffen beider Supermächte entwickeln sich leider nicht so rasch wie die Rüstungsindustrie der SU und der US. Man redet davon, daß 1983 ein SALT III notwendig sein wird. Leider gibt es in den US dumme und bösartige Militärs, die meinen, daß bis 1983 oder 1985 die SU ein solches Abkommen nicht brauchen wird, weil dann die US ohnedies und für immer der Militärmacht der SU unterlegen sein werden. Und die SU keinen Wert auf SALT III legen wird, wo es doch mit der Gewalt der Tatsachen kommen wird. Im Parlament in Washington aber hat Jimmy mit seinem SALT II einen Sprengkörper plaziert, dem die Demokratie in Amerika wohl auf die Dauer nicht gewachsen sein wird. 1983 wird nicht nur Öl bloß tröpfeln, Blei wird versiegen und andere Rohstoffe werden »Ersatz« brauchen. »Ersatz« wird auch das Regime brauchen, das Jimmy machte.

Es geht Ende der siebziger Jahre um eine Frage, die seit 1945 in Deutschland nie mehr verstummt ist: Werden die Russen womöglich auch nach Westdeutschland kommen? Oder gar bis an den Atlantik? Und wer wird sie gegebenenfalls daran hindern? Der erste Bundeskanzler in Westdeutschland, Konrad Adenauer, ist diese quälenden Fragen zeitlebens nie losgeworden, seit die Russen 1945 die Elbe erreichten und 80 Kilometer vor Hamburg standen. Im Wahljahr 1957 sagte er auf einer Kundgebung in der alten Bischofstadt Bamberg:
»Es handelt sich darum, ob dieses Deutschland, ob Europa christlich bleibt oder ob es kommunistisch wird.«
Das hatte vielen gerade noch gefehlt. Nicht nur, daß der uralte Klerikale es nach 1945 verstand, mit seinem aus der Mottenkiste geholten politischen Katholizismus eine Mehrheit in Westdeutschland hinter seine Regierung zu bringen, versuchte er jetzt noch, mit mittelalterlichen Vorstellungen von einem »christlichen Abendland« moderne Menschen nervös und seiner Politik gefügig zu machen. Wo doch jeder fortschrittlich und freisinnig orientierte Mensch in Westeuropa weiß, daß die Alternative zum Kommunismus nicht ein aufgewärmter Klerikalismus ist, sondern ein fortschrittliches Denken, wie es bei den Sozialdemokraten und Linksliberalen zu Hause ist. Anstatt die politische Linke in Westdeutschland zur Abwehr des »gemeinsamen Feindes«, des Kommunismus samt der SU, aufzurufen, muß es vielmehr Ziel jeder Politik von morgen sein, sich aus den Verstrickungen des Uralten und seines veralteten Anti-Kommunismus zu lösen. Der Hohn linksintellektueller Kreise über Adenauers Auslassungen in Bamberg war noch nicht abgeklungen, da kam der Uralte mit noch stärkerem Tobak:
Am 8. Juli 1957 sprach er auf einer Wahlkundgebung in der

Stadt Nürnberg. Nürnberg war einmal Stätte der jährlichen Reichsparteitage der bestandenen NSDAP. In Nürnberg wurden die vor allem gegen die Juden gerichteten rassenbiologischen Gesetze beschlossen, über denen sich dann die berüchtigte »Endlösung« auftürmen sollte. In dieser Stadt hat man aber auch 1946 die Hauptkriegsverbrecher aus den Reihen der Nazi abgeurteilt, die Leichen nachher verbrannt und die Asche irgendwo in den Bach geschüttet. Dies zur Abrechnung mit dem Nazismus und zur Abschreckung aller, die lebend davonkamen, und jener, die es noch einmal versuchen sollten. Und jetzt kehrte der uralte Klerikale diesen Sinn der Geschichte quasi um. Lenkte er die Aufmerksamkeit von den Nazigreueln ab, verdächtigte er die deutschen Sozialdemokraten etwas anzufangen, das der Kommunismus zu einem üblen Ende bringen könnte.

»Nach dem Zusammenbruch«, sagte der Uralte aus dem 19. Jahrhundert im Rückblick auf 1945, »galt bei den Besatzungsmächten nur *der* als frei denkender Mensch, der entweder *Sozialdemokrat* oder sogar *Kommunist* war. Wir (die *Christlichen Demokraten*) haben unsere Position gegenüber dem Ausland, gegenüber der Sozialistischen Partei, die als Partei des Fortschritts und der Freiheit galt, schwer erkämpfen müssen. Bis in die letzte Zeit hinein haben sich – ehrlich, meine Freunde – Politiker des Auslands gefragt: Wird denn nicht eines Tages diese Partei, die Sozialdemokratische Partei, an die Macht kommen und ist dann nicht alles vergebens gewesen, was wir zusammen mit dem deutschen Volke gemacht haben?«

Der Uralte wartete nicht den Beifall ab, dämpfte ihn vielmehr mit einer typischen Handbewegung. Denn er wollte nicht einen Gefühlsausbruch der Zuhörer, wenn er jetzt zu seiner furchtbaren Schlußfassung kam:

»Wir sind fest entschlossen, daß die SPD niemals an die Macht kommt. Warum sind wir so fest dazu entschlossen? Nicht etwa – glauben Sie es mir – aus parteipolitischem Haß. Das ist nicht der Grund. Sondern wir sind dazu so fest und zutiefst entschlossen, weil wir glauben, daß mit einem Sieg der Sozialdemokratischen Partei der Untergang Deutschlands verbunden ist.«

Die Linke antwortete so, wie Adenauer in den Wald hineingerufen hat, mit der gleichen Schärfe, wie eine angesehene, in Zürich erscheinende liberale Zeitung schrieb.

»Die Nürnberger Demagogen-Rede ... Demonstration der Unanständigkeit ... ein alter und offenbar verbitterter Mann ... hat seinen ganzen Haß abreagiert ... Er weiß genau, daß das Gegenteil wahr ist.«

Aber der Uralte gab noch immer keine Ruhe. Auf einer in Bonn abgehaltenen Pressekonferenz stieß er vielmehr nach. Sagte, er habe den Eindruck, daß weite Kreise sich über die außenpolitische Situation der Welt ein unzutreffendes Bild machten. Weite Kreise. Das war offenbar auf das Ausland gemünzt. Und prompt bekam er von dort her, nicht nur aus dem Osten, scharfe Entgegnungen.

In Frankreich übernahm es die weltberühmte Zeitung LE MONDE, den deutschen Bundeskanzler gründlich zurechtzuweisen. Sie kam zu dem Schluß, es sei ganz unwahrscheinlich, daß etwa die SPD in der bevorstehenden Bundestagswahl die Mehrheit gegenüber der Partei Adenauers gewinnen könnte. Und damit war gesagt, was gesagt werden sollte, um Adenauers Befürchtungen zu entlarven: Niemand sollte sich von derlei düsteren Prophezeiungen bluffen lassen, sondern ruhig und gelassen bleiben angesichts der bevorstehenden Wahlentscheidung. Die SPD schöpfte aus diesem Understatement, was ihr genehm war: Wählt ruhig SPD!

Weiter im Westen hat nachher Mister Kissinger diesen Zwischenfall ähnlich analysiert:

»In addition to Adenauer's own rapport with the audience, the tone of his speeches was a matter of high campaign strategie.«

Nun, in den angelsächsischen Mutterländern der parlamentarischen Demokratie mußte man ja wissen, was Wahlpropaganda, was Realpolitik und was Ideologienstreit ist. Mochte sich der Uralte das von gestandenen Demokraten des Westens gesagt sein lassen und aufhören, den Teufel an die Wand zu malen.

Wer lange genug lebt und überlebt, erfährt zuletzt, was bloße höhere Wahlkampfstrategie ist, wie Mister Kissinger es verstand, und was davon harter Kern ist und verbleibende Gewalt der Tatsachen. In Österreich haben um diese Zeit die Sozialisten die dortige klerikale Partei – damals war sie wohl noch so etwas – beschuldigt, sie hätte üble Machenschaften mit der KP betrieben und damit die Gefahr eines Umsturzes zugunsten der noch im Lande befindlichen Russen beschworen. Dann wieder sind die Klerikalen von der Linken beschuldigt worden, sie ließen in Wahlzeiten die »Rote Katze« aus dem Sack, um die guten Österreicher vor den Roten (welchen Roten wohl?) zu erschrecken.
In Westdeutschland gingen die Uhren schon anders. Mit der Zeit bekam das Konzept einer linken Alternative zum Adenauer-Deutschland schärfere Konturen. In außenpolitischer Hinsicht hieß es etwa: Weg von der NATO, keine Aufrüstung der Bundeswehr, sondern Abrüstung und Auflösung von NATO und WARSCHAUER PAKT. Mit solchen Vorleistungen bekämen die Westdeutschen den Verdacht der Russen wegen der Gefahr eines Revanchismus vom Hals; die SU sei ohnedies nicht auf Angriff, sondern eher auf Verteidigung bedacht, und innenpolitisch käme die SPD von der Hysterie vom »gemeinsamen Feind« los, eine politische Krankheit, von der ohnedies nur die Adenauerpartei profitiere.
Der Ex-Stalinist und Ex-Kommunist Herbert Wehner ist als Sozialdemokrat in Westdeutschland gegen Ende der Adenauer-Ära schon so etwas wie der Rangiermeister auf dem Rangierbahnhof der westdeutschen Innenpolitik gewesen, vielleicht schon mehr. Was er zu tun sich vornahm, war, die SPD endlich aus einer langwierigen und unergiebigen Opposition in Bonn herauszuholen und ihr das Image einer Regierungspartei zu verschaffen. Herr Wehner versteht derlei und andere Geschäfte so, wie es ein erstklassig geschulter und erprobter Berufspolitiker erlernt . Erst einmal mußte er mit seinen Sprüchen die Schwarzen derartig beeindrucken, daß ihnen nicht länger der Geruch des Stalinismus in die Nase kam, wenn sie mit Herrn

Wehner redeten. Und das gelang Herrn Wehner so gut, daß zum Beispiel sogar Otto von Habsburg nachher meinte, Herr Wehner sei ein bedeutender Mann, von dem man sich schon Gutes erwarten könnte. Die Berufschristen in der langsam müde werdenden Adenauerpartei lachten, wenn Herr Wehner einen guten Witz über eine schlechte Type in der Adenauerpartei machte. Der Weizen des Herrn Wehner begann, sehr zum Vorteil seiner jetzigen Partei, zu blühen, seine Methoden aber blieben jene, die er einmal von Bolschewiken gelehrt bekommen hat.
Nun sind bolschewistische Methoden nicht etwa Terror und Gewalt und Totschlag oder Mord. Das wohl auch. Im eigentlichen Sinn geht es dabei darum, einer *effektiven Minorität* das Image einer *Mehrheit* zu verschaffen und sie als *Minderheit* an die Macht im Staate zu bringen. Herr Wehner verstand es, nie auf die nationalen Belange zu vergessen, wenn er in seinem Sinn von der Wiedervereinigung jenes Deutschland sprach, daß die Sieger nach 1945 übrig gelassen haben. Ein ganzes Deutschland unter dem Banner des Sozialismus. In dem nie mehr Berufschristen und andere Lakaien des Monopolkapitalismus etwas zu sagen haben werden. Denn westdeutsches Blaßrot + ostdeutsches Knallrot ergeben zusammen eine Mischung, die jedenfals rot wäre und so sein soll.
Kaum war der uralte Adenauer weg, fing die alte Geschichte mit den Russen wieder an. Hat nicht 1922 schon der »Rote Wirth«, ohnedies ein klerikaler Reichskanzler der Weimarer Republik, hinter dem Rücken der Westmächte in dem italienischen Kurort Rapallo den Vertrag geschlossen, mit dem die großen Verlierer des Ersten Weltkriegs, das Deutsche Reich und die SU, sich aus einer Ecke am Rand der internationalen Politik wieder herauswursteln konnten? Man sprach sich damals sehr gut mit dem Außenkommissar der SU, Herrn Čičerin, dessen adelige Vorfahren ohnedies in Italien zu Hause waren und einmal feudale Politik machten.
Nicht zu reden davon, daß nach Rapallo die deutsche Reichswehr anfing, in der SU im Verein mit der Roten Armee jene

Aufrüstung der Luftwaffe, der Panzerwaffe und der chemischen Waffen zu betreiben, die den Deutschen nach ihrer Niederlage im Jahre 1918 von den Siegern verboten worden sind. Und nicht zu reden von dem historischen Bündnis, das 1939 Hitler mit dem Großen Stalin schloß. Zwecks einer vierten Teilung Polens. Wäre der Hitler mit diesem Erfolg zufrieden gewesen, hätte er nicht vergebens versucht, England zu erobern oder mit Unterstützung Francos (der ohnedies nicht mittun wollte) Gibraltar und damit den Eingang zum Mittelmeer zu gewinnen, wer weiß wie dieser Krieg ausgegangen wäre. Wo doch der Stalin auch noch Japan bei der Stange halten konnte, jenes Japan, das an sich mit dem Dritten Reich in einem Anti-Kominternpakt verbündet gewesen wäre.
Und lassen wir das Gras wachsen, über den Boden jener Verhandlungen, die Stalin mitten im Krieg noch in Schweden mit den Nazi führen ließ, um doch noch den furchtbaren Massakern auf russischem Boden ein Ende zu bereiten und die Naziokkupanten auf andere Weise aus dem Land zu kriegen. In Schweden, immer schon jenes Durchhaus, das Kommunisten in beiden Richtungen benutzen; je nach dem Kampfauftrag, den sie aus Moskau bekommen haben. Übrigens hat Herr Wehner damals, 1943, das schwedische Durchhaus Richtung Westen benützt. Aus der SU kommend. Einsatzort der Westen.
Man sprach auch in Westdeutschland nicht überall gerne über das, was der uralte Adenauer bis zuletzt in Gesprächen im engeren Kreis seiner Epigonen als Warnung hinterlassen hat und was er seinem Freund de Gaulle vergebens beizubringen versucht hat:
»Sie werden es noch erleben, die Russen werden an den Rhein kommen. Und sie werden das wahrscheinlich, ohne einen Schuß abgeben zu müssen. Aber de Gaulle irrt, wenn er annimmt, sie (die Russen) würden am Rhein verbleiben: Ihr Ziel ist der Atlantik.«
Das dumme Geschwätz des uralten Klerikalen aus dem 19. Jahrhundert wurde den Linksintellektuellen, die in den sechziger Jahren schon mehr und mehr die Massenmedien steu-

erten, lästig. Der Wind im Westen hatte umgeschlagen. Aus den US kam anstatt des früheren Anti-Kommunismus ein Anti-AntiKommunismus, der gut zur gleichzeitigen Marx-Renaissance paßte. Selbst junge Christen sprachen weniger vom Jungen Christus, dafür immer mehr vom Jungen Marx, von Lenin, von Trotzkij, von Mao Tse-Tung und von Fidel Castro. Den Adenauer, in Österreich den Raab, vergaßen sie lieber. Eine neue Linke durchzog alle Parteien Westdeutschlands auf breitester Front. Auch die Kirchen und vor allem die Hochschulen, die nie mehr ein Haltepunkt der Reaktion und des üblen Rechtsextremismus werden sollten. Rechts sollte es nach dem Wortgebrauch der Linksintellektuellen nur mehr rechtsradikale Typen geben. Wer nicht rechtsradikal war, wurde eben von den Medien dazu abgestempelt. Rechts ist demnach auch Adenauer begraben.

Alles das ging nicht so einfach und in kurzer Zeit, wie es hier, der notwendigen Kürze halber, erzählt wird. Noch gab es unter den Epigonen des Adenauer solche, die wie er dachten: Daß sich nämlich die US, so wie schon 1945, ein zweites Mal mit der SU auf Kosten Deutschlands und der Deutschen arrangieren könnte. Oder: Daß sich die Deutschen breitschlagen lassen könnten, für die Entspannungspolitik der US einen Vorspann zu stellen, womöglich gar auf Kosten Deutschlands auf dessen Boden die Brücke zu dem zu bauen, was dann Détente hieß. Schon war Herr Wehner berufstätig, im politischen Sinne.

Nicht, daß etwa Herr Wehner ein böser Mensch wäre. Böse Menschen sind nur jene Typen, die seiner Ostpolitik nicht recht trauen, weil sie ahnen, worauf sie hinauswill. Im übrigen war es einfach großartig, was der Rangiermeister auf dem Rangierbahnhof der westdeutschen Innenpolitik der sechziger Jahre leistete. Es ging zuerst darum, die Garnitur der Freiheitlichen Partei abzukuppeln von der Zugsgarnitur, wie sie Adenauer zuletzt, im Verein mit den Freiheitlichen, hinterlassen hat. Nur so konnte nachher der Rangiermeister eine SPD-Garnitur an den Zug ankuppeln, dessen Lokführer Adenauer so lange gewesen ist. Die zunächst auf ein Abstellgeleise rangierte FDP mochte

sich dort ihrer veralterter Waggons entledigen und überhaupt ihre nationale Substanz verwesen lassen, um als gereinigte linksliberale Partei wieder an einen Regierungszug angekuppelt zu werden. An einen Zug mit einem roten Lokführer.
Wie Herr Wehner den schlafmützigen Christdemokraten ihre vorübergehende Koalition in Bonn mit den Sozialisten aufgeschwätzt hat, müßte noch im einzelnen erzählt werden. Viel Mühe hatte Herr Wehner dabei nicht, denn die bisherige Freiheitliche Partei zerbrach und konnte zur Komplettierung der relativen Parlamentsmehrheit der Christdemokraten nicht länger reichen. Also mußten die Berufschristen erst einmal mit den Roten ins Bett einer Großen Koalition in Bonn. Das geschah, als in Wien die Gesinnungsfreunde der Bonner Christdemokraten eine Gelegenheit benützten, um die dortigen Sozialisten aus dem Bett der legendären österreichischen Koalition zu schmeißen. Sicher ein Fehler, wenn man bedenkt, daß man in Bonn momentan froh darüber war, zusammen mit der SPD weiterregieren zu können. Aber die Wiener Berufschristen meinten, es ginge nicht an, daß in einer Demokratie immer dieselben oben bleiben. Insbesondere die Jungen meinten dort, es sei besser, wenn eine Regierungspartei 'mal hinunterrutsche auf die harten Bänke der Opposition. Wenn sie dort Muße gewinne für eine Erneuerung oder das Gesundheitsbad im »Stahlbad«. Auf der Linken hört man derlei seltsame Ansichten eigentlich nie. Hat man die Macht, mußte es schon des Teufels sein, wenn man von ihr abließe.
In Bonn waren Christdemokraten nach dem Verlust der in sich zerfallenden FDP der ersten Nachkriegszeit eher froh, jetzt die Linke zur Abstützung der relativen Parlamentsmehrheit für sich zu haben und also mit den Roten in einer Regierung zu sein.
Das war der Bruch mit der Adenauer-Ära. Die SPD benützte die vorübergehende Beschmutzung im Umgang mit den Schwarzen, um sich zu mausern und das Image einer passablen Regierungspartei zu gewinnen. Die Neue Linke mit ihrer wilden außerparlamentarischen Opposition kam nolens volens dem

Machtaufstieg der SPD zugute. Mochten die Jungen auch die SPD zuweilen arg rupfen, der Feind der Neuen Linken stand mehr rechts, dermalen war es die drückende Mehrheit der Christdemokraten. Auf sie ergoß sich der brutale Spott und die rüde Art der Jungen.

Mit besonderer Vorliebe nahm sich die Neue Linke den Bundeskanzler der schwarzroten Bonner Koalition, den legendären »Vater des Wirtschaftswunders«, Erhard, aufs Korn. Der alte Herr, ein christlicher Liberaler mit Vorkriegsmanieren, hatte kein Verständnis für die angeblichen Neuigkeiten der Neuen Linken, ihre Go-in, Sit-in, Teach-in und dergleichen. Für ihn war derlei eine Störung des Klimas einer modernen Demokratie, nicht unähnlich den Methoden, mit denen die SA einmal die Weimarer Demokratie fertig gemacht hat. Die Medien waren da anderer Meinung. In ihnen waren Vorhuten der Neuen Linken und alte Linksliberale tätig, die es nicht angehen ließen, daß Erhard die Nazi und die Neue Linke in einer Linie sah. Mit der Zeit holten sich die Christdemokraten einen jüngeren Mann als ihren Bundeskanzler nach Bonn. Ihm ging der Ruf eines erfolgreichen und eher moderneren Politikers voraus. Für seine Behandlung holte man sich aus dem Ausland eine Frau, die es übernahm, diesen neuen Bundeskanzler vor aller Welt eine Watschenszene zu machen. Das war eine Gaudi für alle, die links standen und über derlei lachen konnten.

Noch dazu, wo der Geohrfeigte an seinem Unglück selbst schuld war. Hätte er, der vor 1945 Mitglied der bestandenen NSDAP war, sich nachher ein Parteibuch der Sozialdemokratischen Partei eingesteckt, dann wäre fortan alles in Ordnung gewesen. Denn ein Bad im Roten Parteiwasser – und nur ein solches – tilgte alle früheren, jetzt unerwünschten Gesinnungsmarken. In Bälde wird auch die Zugehörigkeit zur Freiheitlichen Partei die gleiche reinigende Wirkung haben, so wie diese Partei es übernehmen wird, in Bonn bei einem sozialistisch-liberalistischen Kombinat auf Dauer mitzuwirken. Daß ein früheres Mitglied der NSDAP deutscher Bundespräsident, ein anderes Regierungschef wurde, konnte nach dieser Maxime niemanden

stören, und wen es dennoch störte, kam schlecht an in der SPD und FDP, der diese Staatsmänner angehörten.
In diesem Sinne waren die literarischen und publizistischen Vertreter einer linken Alternative in Bonn denn auch tätig, das Image eines künftigen Kanzlers der Vereinigten Linken zu fabrizieren. Einer, der sich nicht mit einer Pension durch die Nazizeit »rettete«, sondern in der Emigration leben mußte, wie der Vorsitzende der SPD Willy Brandt, oder der KZ-Haft und Berufsverbot durchzustehen hatte. Anständige Leute in der Politik, wie Erhard, waren zuwenig. Große und tief verändernde Initiativen waren fällig. Amerikanischen Vorbildern getreu, formulierte man die Alternative in Bonn einfach: »It's time for a change.« Früher hätte man angesichts der guten Zeiten, die man in Westdeutschland momentan erlebte, gesagt: Wenn es dem Esel gut geht, geht er aufs Eis tanzen. Und also ging man aufs Eis, denn es ging vielen Leuten zu gut.
Unter den Künstlern und Intellektuellen, die eine SPD-Regierung in Bonn heranzwingen wollten, ragte Günther Grass hervor. Grass, der zweifellos als früher Vertreter einer Pornokunst einen gewissen Namen verdient. Er machte aus seinem Herzen keine Mördergrube und versuchte gar nicht, der fraglichen Alternative in wissenschaftlich fundierter Weise Ausdruck zu geben. Vielmehr schrieb er 1965 folgendes Poem als Beitrag für ein rororo-Taschenbuch, mit dem der Rowohlt-Verlag in Hamburg wieder einmal einen Beitrag zur Popularisierung der Idee einer Linksregierung in Bonn leisten wollte:

Bald wird das Frühjahr, dann der Sommer
mit all den Krisen Pleite sein. –
Glaubt dem Kalender, im September
beginnt der Herbst, das Stimmenzählen;
ich rat Euch, Es-Pe-De zu wählen!

Übergetitelt war das Poem bezeichnenderweise mit der Losung: Gesamtdeutscher März. Grass möchte darin die düstere Atmosphäre am Eisernen Vorhang, der mitten über Deutschland hängt, verscheuchen. Er spricht von Vogelscheuchen, die beiderseits dieses Vorhangs aufmarschieren, nichts anderes als

»Spatzen«, die man ideologisiert. Und wer ideologisiert? Der Adenauer natürlich – noch lebte er –, der seinen Fuchsbau verläßt, um wieder einmal einen Kirchgang-Wahlkampf aufzuziehen. Und schon riecht es am Rhein »fromm nach Abendland«. Am Eisernen Vorhang, an der nun schon fast perfekten Mauer in Berlin und entlang dieses Vorhangs will Grass die Toten, die es nach wie vor im Verfolgungsfeuer der ostzonalen Volkspolizei gibt, nicht wahrhaben. Er denkt wie der Österreicher Johann Nestroy, wenn dieser einmal den Helden einer seiner Travestien sagen läßt, man möge doch die Toten wegräumen, er, der Held, könne keine Schlampereien mit ansehen.

Ja, die Toten am Eisernen Vorhang störten schon noch Menschen, die verstanden, daß Menschen aus dem kommunistischen Osten nicht nur wegen des westlichen Zivilisationskomforts ihre Heimat im Osten verließen. Auf die Gefahr, daß sie ein Volkspolizist der Regierung in Ostberlin abknallt. Im Westen wollten viele nicht mehr vom Tod und den Toten reden. Lange genug war im Krieg davon die Rede. Mochte er jene treffen, die es drüben absolut nicht aushielten (obwohl man wußte, daß sich einiges drüben gebessert hat); mochten die Knochen von Millionen, die der Bombenterror erschlagen oder der Krieg gefressen hat, unter den Trümmern verfaulen, über denen der Hochbau des modernen Wohlstands immer ansehnlicher wurde. Also – mal die Roten 'ran lassen!

In einem bekam Grass recht, der September hat es den Berufschristen angetan. Wenn auch nicht schon 1965, dafür umso gründlicher 1969. Und doch wären auch vielleicht im letzteren Jahre alle Bemühungen zugunsten der Es – Pe – De umsonst gewesen, hätte man nicht jene Persönlichkeit an die Spitze der Bundesrepublik Deutschland gebracht, die eine vollendete Verkörperung der Ablehnung der Adenauer-Ära wurde; besser noch: deren konsequenteste Ablehnung und Verneinung: den Sozialdemokraten Gustav Heinemann.

Heinemann war alles andere, als in der Wolle rot gefärbt. Vielmehr mußte er zuerst einige Rochaden nach links hin machen, ehe er zuletzt im Stück rot eingefärbt wurde. Niemand hätte dem berufstüchtigen Justitiar und Prokuristen der Rheinischen Stahlwerke diese politische Ziehung nach links hin zugemutet. Denn Eisen und Stahl war in Verbindung mit Rhein und Ruhr für die Sieger von 1918 und 1945 die Chiffre für die Waffenschmiede des deutschen Militarismus. Statt dessen nach 1945 ein Weideland an Ort zu schaffen, war einer der Vorschläge, die man US-Präsident Roosevelt für das Nachkriegs-Deutschland gemacht hat. Es kam ja anders. Und Heinemann begann seine politische Karriere an der Seite Adenauers, in dessen Kabinett er westdeutscher Innenminister wurde. Der Grund seines 1950 eingetretenen Konflikts mit Adenauer machte ihn um 1970 geradezu prädestiniert dazu, die künftige Regierungspolitik eines sozialistisch-liberalistischen Kombinats in Bonn aus der Taufe zu heben und es abzuschützen in den Wechselfällen der Politik. Heinemann trennte sich von Adenauer und seiner Partei, weil er – als einziges Kabinettsmitglied – einen offenen Protest bezeigen wollte: Gegen die Westorientierung der Bundesrepublik, gegen die Schaffung einer Bundeswehr, gegen den Weg in die NATO. All das war für den Politiker Heinemann ein System von Hindernissen, das Adenauer errichtete, um eine »Wiedervereinigung« Deutschlands, also ein Kombinat mit dem kommunistisch regierten Ostdeutschland zu verhindern.

Was 1950 mißlang, sollte um 1970 endlich gelingen. Heinemann selbst ging dahin zuerst auf einem Umweg, indem er eine eigene Partei gründete: Die Gesamtdeutsche Volkspartei. Derlei mißlang ihm allerdings völlig. Da tat er den letzten Schritt: 1957 trat er der Es-Pe-De bei, wurde deren Abgeordneter in Bonn, um 1966 wieder zusammen mit Christdemokraten in einer Regierung zu sitzen. Diesmal allerdings als Angehöriger der SPD-Regierungsfraktion und als Bundesjustizminister. So kam das Frühjahr 1969. Die von nationalen Verschmutzungen gereinigte FDP wurde von der SPD aus dem Abstellgleis geholt und bei der Wahl des Bundespräsidenten Heinemann zur Bildung einer Mehrheit gegenüber dem Kandidaten der Christdemokraten eingesetzt. Wie wichtig das war, sollte sich im nächsten Herbst erweisen.

Auch bei der Bundestagswahl 1969 gelang es der SPD nicht, die stimmen- und mandatsstärkste Fraktion im Bonner Bundestag zu werden. Alles Steilfeuer, das die Linkspresse und die sogenannte unabhängige Presse auf die Christdemokraten und ihre Parteien richteten, genügte nicht, um diese aus dem Vorrang in der Sympathie des Wählervolks zu schießen. Es wäre also fällig gewesen, was bisher stets geübter Brauch in Bonn war: Die mandatsstärkste Fraktion im Bundestag nennt, wie bisher, dem Staatsoberhaupt den Politiker, der den ersten Versuch zur Neubildung einer Regierung machen soll. Indessen hat man im Frühjahr 1969 nicht umsonst einen gewesenen Justitiar und Prokuristen zum Staatsoberhaupt gemacht. Die Heinemann erteilte Prokura lautete, nach der nächsten Wahl einen Sozialdemokraten vom Fleck weg mit der Regierungsbildung zu betrauen. Dem diente die einfache Rechnung, wonach das sozialistisch-liberalistische Kombinat SPD/FDP in der Tat eine Mehrheit gegenüber der Fraktionsgemeinschaft der Christlich-demokratischen und der Christlich-sozialen UNION besaß. Der Fernzug der westdeutschen Politik, der über andere Weichen auf anderen Geleisen fahren wird, ging ab. Abgefertigt dank Gustav Heinemann.
Der SPD-Vorsitzende Willy Brandt kam in die Lok dieses Zuges und er fuhr gleich mit großer Geschwindigkeit auf die erste Zielstation der neuen Deutschland-Politik los. Während das kommunistische Regime in Ostdeutschland wacker an der Fertigstellung der Berliner Mauer arbeitete und seine Volkspolizisten auf Flüchtlinge aus der DDR schoß, so wie man auf Hasen schießt, stieg 1970 der Vertrag des neuen Bonner Regimes mit der SU und ein weiterer mit dem kommunistischen Polen. Solche sogenannte Gewaltverzichtserklärungen bedeuteten für Westdeutschland die Anerkennung aller derzeit in Europa bestehenden Staatsgrenzen. Das bedeutete auch die Anerkennung der 1939, nach der vierten Teilung Polens, gezogenen sogenannten Ribbentrop-Grenze, mit welcher das Gebiet der SU auf Kosten Polens beträchtlich erweitert wurde. Dazu kam die stillschweigende Anerkennung der 1940 von der SU vollzogenen

Annexion der Staaten Litauen, Lettland und Estland, ein Vorgang, der damals noch die restlose Verurteilung in den US und im Westen erfuhr. Weiters die Anerkennung der Annexion rumänischen Gebietes – alles von Stalin im Einvernehmen mit Hitler besorgt. Bonn nahm schweigend auch zur Kenntnis, daß die SU nach 1945 den östlichen Teil der von ihr befreiten ČSR annektiert hat; mehr noch, daß nämlich diese Annexion mit ein Grund war für die Austreibung der Sudetendeutschen aus der Rest-ČSR. Denn: Was den Tschechen im Osten von der SU genommen wurde, sollte ihnen im Westen auf Kosten der Deutschen reichlichst ersetzt werden. Man erinnert sich, daß 1979 der israelische Ministerpräsident diesen Vorgang anders in Erinnerung hatte.

Im Vertrag mit Polen ging man davon aus, daß Bonn sich mit der Grenze Polens zu dem, was 1945 von Deutschland übrig blieb, abfand, also auch mit der umstrittenen Oder-Neiße-Linie; die ausdrücklich oder stillschweigend hinzunehmen den Regierungen in Ostberlin oder in Bonn nicht zustand, weil diese Grenzziehung dem Friedensvertrag, den es mit ganz Deutschland geben sollte, vorbehalten bleibt. Noch lebten in Polen mehr als eine Million Deutsche. Laut Stalin sollten sie 1945, nach »Abschluß der Erntearbeiten« abgeschoben werden nach dem Westen. Sie blieben aber an Ort, entrechtet und ihres Besitzes beraubt, immerhin aber ein Faustpfand, mittels welchem sich fortan Polen viele Millionen D-Mark einhandeln wird, so es willens ist, dieses Pfand aus seiner Hand zu geben.

Die Abkommen mit Moskau und Warschau waren bloß die Widerlager für den Brückenbau in Deutschland. Zunächst mußten sich die Sieger von 1945 ein weiteres Mal einig werden, daß die von ihnen im Krieg und nachher betreffs der Stadt Berlin getroffenen Abkommen in Kraft bleiben. Also auch die widernatürliche Sektoreneinteilung und die quer durch die Stadt verlaufende Mauer, bei deren Bau die Regierung in Ostberlin alles übertroffen hat puncto Konstruktion und Bauausführungen, was einmal die Bolschewisten in Rußland taten, um nach ihrer Machtergreifung bei ihren weiteren Taten unter sich und vom

Ausland ungestört zu sein. In Bonn nahm man vieles hin, was eben nur die Gewalt der Tatsachen annehmbar macht, um von der Regierung in Ostberlin wenigstens gewisse Erleichterungen im Reiseverkehr mit Ostdeutschland zu erreichen. Die vielen Flüchtlinge aus dem Osten von 1945 waren alt und grau geworden; ihnen noch einmal den Besuch der Heimat im Osten zu ermöglichen oder Verwandten, die auf beiden Seiten des Eisernen Vorhangs lebten, ein Zusammenkommen zu erleichtern, war in der Tat großer Opfer wert. Sie wurden erbracht. Über derlei spricht man nicht. Das könnte das Entgegenkommen derer im Osten vergrämen. Oder eine zusätzliche Last werden bei dem weiteren Marsch derer in Bonn nach dem Osten.

1973 war es so weit, daß die beiden Regierungen in Bonn und Ostberlin einen Vertrag der beiden staatlichen Gemeinschaften auf deutschem Boden abschließen konnten. Erst dieser Vertrag erbrachte die Stunde der Wahrheit. Und die Wahrheit war, daß die Deutschen seither, getrennt wie nie zuvor in ihrer Geschichte, nicht bloß in zwei verschiedenen Staaten mit unvereinbaren Staatsideen leben, sondern in einer Konfrontation bleiben, solange Détante nicht mehr ist als ein Programm des Westens. Ständige Vertretungen werden von beiden Staaten im »anderen« Deutschland unterhalten, von diplomatischen Vertretungen redete man nicht, die hatten beide Staaten ohnedies in Drittstaaten in aller Form. Um das zu verstehen oder gar zu billigen, muß man wissen, was in einer Stunde wie dieser Willy Brandt in seinen ÜBER DEN TAG HINAUS gedachten Memoiren festgehalten wissen wollte:

»Nichts spricht gegenwärtig dafür, daß der zerbrochene deutsche Nationalstaat, zumal in alter Form, wieder erstehen könnte. Die Deutschen sind heute keine Staatsnation ... (und) ist gewiß der Ausdruck erlaubt, daß wir (die Deutschen) als Nation noch ein wenig nachsitzen müssen ...«

Kein Wort über den pädagogischen Wert solcher alter Schulbräuche, jetzt ohnedies verachtet. Kein Wort, wer nachsitzen läßt. Welches Pensum den Nachsitzern aufgetragen ist. Wer sie entläßt. Das war das Klima jenes »Gesamtdeutschen Frühlings«, den Grass 1965 beschwor. Wozu er einriet, Es-Pe-De zu wählen. Herbert Wehner sah allerdings im Jahre 1973 die Dinge schärfer, richtiger, wie er meinte: Daß nämlich gerade die Begriffe deutsche *Nation* und *Einheit* der Nation zur Substanz der *Spaltung* Deutschlands gehören. Und mit den Christdemokraten abrechnend, die er mit seiner Ostpolitik noch immer am Krepierhalfter führte:

»Aber Sie hier, meine Damen und Herren, haben schon wieder Ahnungen, als ob wir es demnächst und gerade auf Grund dieser Verträge ... mit dem Versuch einer Konföderation (beider deutscher Staaten) zu tun haben könnten und daraus bald eine Gefahr werden würde.«

Nun, wie der Schelm ist, so denkt er. Gegen Ende der siebziger Jahre schien es Herbert Wehner so weit zu sein, von so etwas wie einer Konföderation der in Deutschland bestehenden Staaten in aller Öffentlichkeit zu reden. Die Weltpolitik hatte sich in den letzten fünf Jahren sehr zugunsten des Kommunismus aller Konfessionen entwickelt. In Italien und Frankreich, zum Teil auch in Spanien nach Franco, konnte sich der Eurokommunismus von dem bisherigen fatalen Bild einer KP in Westeuropa trennen. Das liberalistische Establishment auf beiden Seiten des Atlantiks sah den sogenannten Euro-Kommunismus in Europa als einen »echten« Versuch an, die kommunistischen Parteien besagter Länder vom Leitseil der KPdSU und der SU zu lösen. Vielfach wird in unabhängigen Zeitungen die Meinung vertreten, daß zu einer guten Demokratie im Westen die Präsenz einer KP gehört. Und daß die Spießbürger ihren alten Horror vor den Kommunisten ablegen sollten. In Asien und Afrika brauchte es nicht der Tarnungen, deren sich der Euro-Kommunismus in Europa bedient. Hier konnte der Kommunismus aller Konfessionen mit jener Gewalt der Tatsachen auftreten, die man in Moskau immer bevorzugt, wenn entweder die Macht sozialistischer Ideen zum Zweck der Machtergreifung nicht ausreicht oder dümmliche und verängstigte Spießbürger schon bei der Androhung besagter Gewalt erschreckt zurückweichen und den Platz räumen. Im Iran konnte man mithelfen, die beträchtliche Wirtschafts- und Militärmacht, die dort das Schahregime aufrichten konnte, zu zertrümmern. Kommunisten machen gerne mit Reaktionären – selbst mit reaktionären Pfaffen – gemeinsame Sache; für eine Weile; und in sicherer Erwartung, daß der Endsieg Moskau gehören wird. So im Iran und vorher schon in Afghanistan.

In Indochina verfuhr das kommunistische Vietnam tatsächlich nach der Dominosteine-Theorie des längst verstorbenen US-Präsidenten Eisenhower, ohne daß man auf die Ratschläge dieses alten Revanchisten und Militaristen angewiesen gewesen wäre. In Kambodscha stießen allerdings die vietnamesischen Aggressoren auf Widerstand, über den man sich in der Freien Welt zuerst wunderte; waren doch dort die Genossen der Roten Khmer drauf und dran, so etwas zu begehen, was man den Deutschen als Holocaust anrechnet. Der weise und äußerst humane Lehrmeister und Beschützer sowie oberste Herr der Roten Khmer, Mao Tse-Tung, hatte in diesem Fall tatsächlich einen seltsamen Lehrerfolg gehabt: Seine Genossen in Kambodscha übertrafen bei ihren Ausrottungsmethoden alles, was sich bisher Kommunisten bei der Liquidierung ihrer Feinde in verschiedenen Ländern geleistet haben. Jetzt nutzte es garnichts, daß in den US die Vorkämpfer der Vietnamisierung in Indochina die UN zu den Waffen und zur Intervention gegen die Massemorde, in dem unglücklichen Land aufriefen. Dazu gab es in der UN längst keine Mehrheiten. Zumal die Roten Khmer unter dem absoluten Schutz Pekings stehen, die Invasoren aus Vietnam aber unter dem Moskaus.

Und also erlebte die Welt von 1979 gleich zu Jahresbeginn an der Grenze Chinas zu Vietnam den ersten Konfessionskrieg unter Kommunisten: Peking wollte Vietnam züchtigen, so wörtlich, für das, was dieses Land in Kambodscha anstiften wollte, nämlich die Überführung des Landes unter die oberste Kontrolle Moskaus. Diese Züchtigung, sonst in der modernen Kriminalistik und Pädagogik, auch im Völkerrecht, arg verpönt, fand also statt. Sie erwies sich als nützlich, denn die in Angriffskriegen geschulten Roten Vietnams dachten nicht daran, in

Kambodscha Ruhe zu geben. Ganz im Gegenteil. Und so wurden in blutigen Gemetzeln zwischen den Roten Armeen Chinas und Vietnams tausende Menschen getötet, ganze Landstriche verwüstet und Krieg mit, wie man früher sagte, asiatischer Grausamkeit geführt. Das News Management des Westens fand für diesen Kampf kaum die üblichen Worte des Abscheus für den Krieg und die Taten der Militärs. Eines Tages waren die Berichte über diese Massaker aus den Gazetten verschwunden, so als wären Chinesen und Vietnamesen nach getaner Ernte heimgegangen.
Nicht nur in Fernost tobt der Konfessionskrieg zwischen den Genossen. Am sogenannten Horn von Afrika, wie man in amerikanischen Zeitungen das bestandene christliche Kaiserreich Äthiopien nennt, kamen Kommunisten aus dem Somaliland mit Genossen, die besagtes christliches Kaisertum liquidiert hatten, in Streit. Moskau hatte beide Parteien vorher aufgerüstet, um sie gegen Kräfte der Reaktion abwehrbereit zu machen. Aber leider – die also bewaffneten Genossen richteten die Waffen gegeneinander, so wie es immer häufiger in Ländern des schwarzen Kontinents geschieht, die nach dem Rückzug der alten europäischen Kolonialmacht in die Hände von Kommunisten fielen. Es war ein richtiger Jammer: Dem europäischen Kolonialismus in Asien und Afrika folgte zu oft ein Nationalismus, den man nicht einmal bei Nazi und Faschisten in dieser Art beobachten konnte; ein rassistischer Fanatismus, der bei weitem die üble Rassentrennung der Weißen in Südafrika übertrifft; eine religiöse Unduldsamkeit, die zumal jene christlichen Kirchen trifft, die einmal in Europa Geld sammelten, um kommunistischen Untergrundkämpfern in Schwarz-Afrika die Waffen im Kampf gegen den Weißen Mann zu beschaffen.
Man wird verstehen, daß in einer Stunde wie dieser, da die Sache des Kommunismus – gleichgültig welcher Konfession – gut vorankommt in aller Welt, der Ex-Stalinist und Ex-Kommunist Herbert Wehner keine Ruhe mehr findet in Westdeutschland. Der von der FDP gestellte Bonner Außenminister schien ihm zu lässig zu sein in der Politik einer weiteren Annä-

herung Westdeutschlands zu Ostberlin und überhaupt zum kommunistischen Osten. Mit Vergnügen bestätigten die Linkspresse und die sogenannten unabhängigen Blätter, der Wehner hätte dem Bundesaußenminister Beine gemacht und darauf gedrängt, daß man endlich weitertut auf dem anfangs der siebziger Jahre eingeschlagenen Weg nach Osten.
Um denen in Bonn zu sagen, woran sie waren beim Wehner, ließ sich dieser aus Holland einen Interviewer kommen, dem er alles sagte, was er auf dem Herzen hatte. Auf eine eventuelle Korrektur der Reinschrift dieses Interviews verzichtet er vorweg und ausdrücklich. Das, was in die Zeitung kommen sollte, konnte gar nicht alarmierend genug sein, um Spießer innerhalb und außerhalb des Bonner Regimes ängstlich und unruhig zu machen. Der Holländer riß Maul und Augen auf, als der Wehner in der Art loslegte, die angeblich Freund und Feind im Bonner Parlament so schätzen. Mit einem Eselstritt gegen den längst verstorbenen Adenauer fing er an. Denn Adenauer war der Christdemokrat, der von seinem festen Standpunkt aus die Absichten der Linken zu widerlegen getrachtet hat. Mit Wort und Tat.
Adenauer also hätte, so der Wehner ohne Namensnennung, das deutsche Volk betrogen. Indem der SU die Gefährlichkeit eines möglichen Aggressors in Europa in die Schuhe geschoben wurde. Und jetzt, da der Uralte längst tot ist, übernimmt es ausgerechnet der Außenminister des sozialistisch-liberalistischen Kombinats in Bonn, es zuzulassen, daß die SU auf der seit Jahren tagenden Wiener Abrüstungskonferenz quasi auf der Bank des Angeklagten sitzen bleibt, dem das Image anhaftet, als sei er Hemmschuh des fälligen Truppenabbaus in Mittel- und Ostmitteleuropa. Während das Bandaufnahmegerät leise surrte, konnte der Holländer sprachlos zuhören, was der Wehner so heraussprudelte:
»In den letzten Monaten wurde mehrmals von Angehörigen anderer (als westdeutscher) Delegationen in Wien verlautet, die Bundesrepublik sei dort der bremsende Faktor . . .«
Welche Delegationen waren gemeint? Nun, die Vorhuten der

SU, also Tschechen, zuweilen auch Rumänen und Ungarn. Durchwegs Genossen, auf deren Wahrhaftigkeit man sich verlassen konnte. Und deren KP von Gewährsleuten des Wehner kontaktiert wurden, um zu wissen, wo der Hase im Pfeffer liegt. Daheim werden unabhängige Zeitungen, die schon immer unbedingte Parteigänger und Bewunderer des Wehner waren, noch ganz andere Zeugen für die Richtigkeit und Wichtigkeit dieser Behauptung Wehners ins Treffen führen:
Da war einmal ein zwar angealterter, aber in Sachen SU sehr bewanderter früherer Diplomat in den US. Der war schon vor dem letzten Weltkrieg in der SU und also bezeugte er ausdrücklich, die Russen seien keine Teufel. Und das ist wahr, denn kein Volk ist des Teufels. Etwas anderes ist es mit der Politik, die man im Zentrum des heutigen Rußland macht; im Kreml. Und auch betreffs dieser bezeugte der Amerikaner, längst procul negotiis, also fern der Politik und ihren geheimen Papieren, man möge die törichte Angst vor Moskau aufgeben.
So weit war der Wehner informiert, als in Bonn die Debatte über den nächsten Voranschlag der Republik anfing. Die Zeit war da, in der man allen Medien die Weisheit entnehmen konnte, jetzt würden die Weichen für die achtziger Jahre gestellt. Was keine große Gabe der Weissagung bedurfte, wo doch das nächste Jahr schon das erste der achtziger Jahre sein wird. Und einige Entscheidungen in der Wirtschafts- und Finanzpolitik, aber auch der Bonner Außenpolitik fällig und die enormen Lasten der Rüstung von vielen guten Deutschen als arg lästig empfunden werden. Wozu für die achtziger Jahre aufrüsten und umrüsten? Das war die Kerbe, in die der Wehner schlug.
Wozu sich stark machen gegenüber angeblichen Angriffsabsichten des Ostens, zumal der SU? Wo doch der Kreml in rein defensiver Absicht seine Truppen am Eisernen Vorhang versammelt hat. Und garnichts, aber auch rein garnichts, für die Richtigkeit der düsteren Vorhersagen des toten Adenauers spricht, als der meinte, die Russen würden einmal eines Tages am Rhein und am Atlantik sein, ohne auch nur einen Schuß abzufeuern.

Nein, die wirklichen Kriegstreiber saßen vielleicht garnicht im Osten, sondern – wie man ja auch während des Vietnamkriegs in den US ermittelt hat – im Westen.
Jetzt trat, genau im richtigen Moment, im ostdeutschen Fernsehen ein Tatzeuge dieses kriegstreiberischen Verhaltens des Westens auf. Eine tüchtige Genossin, noch dazu eine, die sich während ihrer Arbeit im operativen Büro der NATO in Brüssel von ihren ursprünglichen Ansichten bekehrt hat. Ursula Lorenzen, eine Deutsche mit einem westdeutschen Paß, redlich und glaubwürdig, zumal nach den seelischen Qualen, die sie als Chefsekretärin der NATO in dieser Hölle westlicher Kriegstreiber erduldet hat. Bei an sich hohem Gehalt und exquisiten Lebensverhältnissen, wie sie der Westen für Spitzenverdiener bereit hält. Aber nein, die deutsche Ursel warf all den Tand von sich und eilte nach Ostberlin, um dem Fernsehpublikum in Westdeutschland – Aug in Aug – zu sagen, was sie wußte. Und was die einfachen Leute in Westdeutschland leider nicht wissen, so daß dort die sogenannten unabhängigen Zeitungen diese KP-Propaganda auch noch abdruckten, damit jene, die es nicht sehen konnnten, wenigstens lesen durften:
»Ich habe (in der NATO in Brüssel) die Unmenschlichkeit der Kriegsplanung, die tatsächlich auf einen künftigen Krieg ausgerichtet ist, miterlebt«, sagte die deutsche Ursel. »Und ich konnte und kann das nicht mit meiner humanistischen Grundeinstellung länger in Einklang bringen . . .«
Sie sagte das, während in Ostasien die guten Freunde der ostdeutschen Regierung mit ihren von Moskau ausgerüsteten Truppen – etwa in Indochina – eben daran waren, eines ihrer Gemetzel unter Zivilisten anzurichten. Nichts davon. Die Ursel sagte, just im richtigen Zeitpunkt, was der Wehner nicht sagen konnte: Nicht die Russen, wir, die Deutschen, sind mit unserem ständigen Rüsten und kostspieligem Umrüsten *die* Gefahr für den Frieden in Europa.
Es kam noch besser. Denn es braucht einen Militaristen um einem Militaristen den Mund zu stopfen. Der Kommandeur einer in Süddeutschland – noch dazu in Bayern – stationierten

Panzerdivision der Bundeswehr erschien als Tatzeuge auf der Bühne des Politischen. Er stellte sich den JUSOS, die ihn mit allerlei Fragen abtasteten, bis sie sahen, daß dieser Militarist eigentlich richtig war. Ihm konnte man glatt vergessen, daß er unter dem Hitler mit Notabitur von der Penne abging, weil er gar nicht abwarten wollte, bis sein Jahrgang zum Barras eingezogen wurde; er hat noch im Jahre 1943 nach Stalingrad als Kriegsfreiwilliger mitgemacht, hat den Krieg, die Verwundung und als Offizier die Gefangenschaft erlebt. In seiner Gegenwart durfte man, nach allem was er andeutete, ruhig darüber reden, daß die SU – leider – gezwungen ist, in Mittel- und Ostmitteleuropa ihre Truppen zu stationieren, weil in gewissen kommunistischen Ländern der reine Marxismus-Leninismus noch nicht so weit gediehen ist, daß die große Friedensmacht im Osten vor reaktionären Anschlägen und kapitalistischen Umtrieben gefeit wäre. Der General bestätigt wörtlich, die SU tue recht, wenn sie diese Truppen am Eisernen Vorhang versammelt hält. Und in Westdeutschland tue man viel zu wenig, um den naheliegenden Verdacht zu zerstreuen, es könnte der SU noch einmal so gehen wie 1941, als wir (also die Deutschen) die SU überfielen. Natürlich dächte niemand daran in der heutigen Bundeswehr. Aber – kann man die SU verhalten, ihre Abwehrbereitschaft nach dem zu richten, was der Westen für Zwecke der bloßen Abwehr als genügend erachtet? Kann man denn nicht verstehen, daß die SU nach dem, was sie von 1941 bis 1945 im eigenen Land mitmachen mußte, diesmal den feindlichen Angriff nicht ins Land vordringen lassen wird, sondern vorweg entschlossen ist, ihre Abwehr offensiv zu führen; was heißt, im Falle eines drohenden Angriffs den Kampf sofort ins Land des Angreifers zu tragen?
Müßten nicht gerade Deutsche, nach allem was sie angerichtet haben in der Weltgeschichte, dafür mehr als Verständnis haben? Na also. Und deswegen teilt der Divisionskommandeur durchaus die einschlägigen Ansichten des Genossen Wehner. Etwa wenn dieser bei den Budgetvorberatungen der Bonner Regierung vorhält, man möge sich erst einmal derlei Befürchtun-

gen der SU vor Augen halten, bevor man die weitere Aufrüstung und Umrüstung der achtziger Jahre angeht. Und Geld dafür bereitstellt.
Woher aber der Wehner die fraglichen Befürchtungen der SU weiß? Nun die Internationale der westlichen Sozialisten hat ein Durchhaus zu den Kommunisten: In ihr sitzen Parteien, die daheim mit der KP ihres Landes in einer Regierung sitzen oder bis unlängst – wie in Schweden – saßen. Die Genossen und Nachbarn von der KP können simplen Sozialisten (Wehner ist keiner) schon mal ein Gespräch mit richtigen Gewährsmännern im Osten vermitteln. Es müssen ja nicht gleich Männer aus dem Kreml sein. Nach solchen Gesprächen ist man natürlich besser informiert als gewisse Christdemokraten, aus deren Hirnen noch nicht ganz der greisenhafte Unsinn des toten Adenauers herausgewaschen ist. Und die natürlich nicht über derlei Beziehungen zum Osten verfügen, höchstens eine Ostspionin im Vorzimmer haben, die ihren Chef nur bespitzeln darf, nicht aber informieren.
Das Jahr 1979 sieht sich gut an und der Wehner hält dafür, daß, wenn es an so vielen Stellen der Erde mit dem Kapitalismus und der Reaktion bergab geht, auch die Westdeutschen und die Deutschen überhaupt nicht zurückhängen dürften. In Westdeutschland gibt es wohl keine Euro-Kommunisten, aber das ist noch lange kein Grund dafür, daß man nicht, etwa in Form einer Konföderation mit der DDR, eine »Wiedervereinigung« Deutschlands unter dem Banner des Marxismus vollzieht. Der Sommer 1979 ist nahe und vielleicht wird es heuer in Italien einen Herbst geben, in dem die Genossen in Italien schon das Sagen haben werden, KP + SP, und die sturen Christdemokraten dorthin gelangt sein werden, wo die Feinde des Marxismus hingehören: Auf den Misthaufen.
Gott weiß was geschehen wird. Wird er aber auch wollen, was gewisse Menschen wollen? Das GOTT ERHALTE Franz den Kaiser, gerichtet gegen die Große Französische Revolution, hat er erhört. Hundert Jahre nach der Revolution von 1789 hat Papst Leo XIII. den französischen Monarchisten, die ihn

um Unterstützung ihrer restaurativen Pläne baten, erwidert:
»C'est le seul cadavre que nous adorons.«
Und dabei hat er auf das Crucifix gezeigt, an dem der einzige Leichnam hängt, den Christen anbeten. Trotz des GOTT MIT UNS, das im letzten Krieg deutsche Landser auf ihren Koppelschlössern trugen, ist ihr Kreuzzug gegen den Bolschewismus ein Marsch ins Chaos geworden. Und auch der Oberkommandierende der Westalliierten General Eisenhower hat mit seinem CRUSADE IN EUROPA keinen Frieden, sondern Anlässe für neue Kriege gebracht. Europa existiert nur mehr in den Brückenköpfen der beiden Supermächte, die Amerikanismus und Bolschewismus in der Alten Welt unterhalten. Aber: Wird in den Ängsten der Endsiebzigerjahre GOTT GNÄDIG sein? Wo sind jene catalaunischen Felder, auf denen einmal ein Römer den Hunnen wehrte, als sie schon nahe dem Atlantik waren? Wo der König der Franken, der die in Frankreich eingedrungenen Araber zurückwarf über die Pyrenäen? Wo der Sinn für das Abendland, das, wie nie zuvor, zurückgeworfen ist auf seine engste Begrenzung? Ist alles nur mehr Platz für Kapitulation und Auslieferung und Unterwerfung?
Gott weiß es, ob die Russen tatsächlich, ohne einen Schuß abzufeuern, an den Rhein kommen werden. Und er weiß, was oder wer sie hindern wird, es doch zu tun. Vielleicht hat der Wehner in dem recht, daß sie, die Russen, daheim zu viele Probleme haben, als daß sie sich über den verfaulten Westen hermachen. Oder bekommt am Ende noch jener Prälat Seipel, Ignaz Seipel, recht, der 1929 zu katholischen Hochschülern im Stift Heiligenkreuz sagte:
»Vielleicht kommen wir einmal darauf, daß wir die Rettung vor dem Bolschewismus den Chinesen verdanken. Was uns nur als chinesischer Bürgerkrieg erscheint, ist in Wahrheit das gigantische Ringen mit dem Bolschewismus . . .«
Die US haben 1949 die Chinesen in diesem Bürgerkrieg verlassen. Das Ringen der Chinesen mit dem Bolschewismus ist aber noch lange nicht aus.

Wer auf die gefährliche Idee gekommen ist, den letzten Schah des Irans Mohammed Reza Pahlevi bei seinem Deutschlandbesuch im Jahre 1967 ausgerechnet nach West-Berlin zu schleppen, ist nicht feststellbar. Fest steht, daß dort zur gleichen Zeit der aus den US gekommene Gastprofessor Herbert Marcuse, ein gebürtiger Berliner, die legendäre Studentenrevolution ausgerufen hat; jene »sexuelle, moralische, intellektuelle und politische« Revolution, die das bestehende Establishment total liquidieren sollte. Was 1967 noch zum Ausbruch dieser Revolution fehlte, war ein dramatisches Ereignis, das aller Welt die Unmenschlichkeit des sogenannten »Establishments« sinnfällig machen sollte. Dazu kam es, als beim Schahbesuch in West-Berlin die Polizei gegen die wütenden Antischahdemonstrationen der Studenten einschritt. Hochschulen in der BRD und den US waren längst Zentren zur Vergatterung linksradikaler Studenten aus dem Iran, die mit Unterstützung der Regierung des Schahs im Ausland studieren sollten, um später den Fortschritt in der Heimat zu beschleunigen. Zusammen mit linksradikalen Studenten des Gastlandes bereiteten sich diese iranischen Studenten meistens jedoch darauf vor, mit den Terrormethoden der Neuen Linken das Establishment des Schahregimes in ihrer Heimat zu stürzen. So gesehen, war der Schahbesuch in West-Berlin eine Provokation. Als die Berliner Polizei den hohen Gast gegen die Demonstranten schützte, ging einem Polizeimeister ein Schuß aus der Pistole los, und ein eher unbeteiligter Student wurde zu Tode getroffen. Die Revolution hatte ihren Blutzeugen, der Schahbesuch wurde das Signal zum Ausbruch der bereits geprobten Revolution. In den nächsten zehn Jahren sorgten in Westdeutschland Studenten dafür, daß die Polizei des Establishments nicht mehr zur Ruhe kam.

Im Iran schien es, als würde das Land zu Reichtum und Größe emporwachsen, wie derlei seit dem legendären König Kyros nie mehr der Fall gewesen ist. Erdöl, später auch Erdgas, hoben das Land in den Rang einer Wirtschaftsmacht erster Größe.

Wo immer seit dem Aufkommen des Autoverkehrs Erdöl in großen Mengen zu haben war, tauchten Engländer, später Amerikaner auf. Im alten Persien machte sich 1911 ein gewisser Mister Shuster zu schaffen, angeblich zur Verbesserung der Wirtschaftsverhältnisse im Land. Die Russen sahen das Kommen dieses tüchtigen Wirtschaftsexperten mit Mißtrauen. Vier Jahre zuvor hatten sie sich mit England auf Kosten Persiens geeinigt, um die uralten Streitigkeiten beider Mächte wegen der Konflikte ihres Imperialismus in Vorder- und Mittelasien zu schlichten. Auf diese Weise konnte sich England der bereits bestehenden Entente zwischen Rußland und Frankreich anschließen, nachdem es selbst schon längst mit Frankreich verbündet war. Die »Einkreisung des Deutschen Reiches« vor 1914 war jedenfalls perfekt. Indien, Juwel des englischen Kolonialbesitzes, lag fortan abseits der Stoßrichtung des zaristischen Rußlands, welch letzteres mehr zum freien Meer am Persischen Golf und Indischen Ozean drängte. Es gibt zwei Dokumente, die in der politischen Staatengeschichte Erwähnung finden, obwohl beide nie zu Papier gebracht worden sind. Beide stehen mit Rußland in Beziehung: die sogenannten Protokolle der Weisen von Zion und das angebliche Testament des Zaren Peter der Große. Beide sind das, was man eine »viticinia post eventum« nennt: angebliche Großplanungen, die in Wirklichkeit erst dann zustande kommen, wenn die Fakten bekannt sind, also wesentlich später als vorgegeben. Ersteres Protokoll ist ein Instrument der zaristischen Polizei, entstanden in deren Kampf gegen die Revolution, wobei sicher das Konzept von dem im Westen aufkeimenden Antisemitismus geliefert worden ist. Das sogenannte Testament Peters des Großen entstand hundert Jahre nach dessen Tod im Propagandaministerium Napoleons I. zu dem Zweck, den unaufhörlichen und gefährlichen Aggressionsdrang Rußlands bloßzustellen. Wie auch immer: es haben die Zaren,

selbst der letzte, der schwächliche Nikolaus II., kein Testament ihres Ahnherrn, des Zaren Peter, bedurft, um dem russischen Imperialismus immer neue Wege in aller Welt zu bahnen. Was Persien betraf, so sah man 1911 mit Mißgunst auf die Anwesenheit Mister Shusters. Gestützt auf die Möglichkeiten, die das vier Jahre zuvor mit England auf Kosten Persiens geschlossene Arrangement bot, verlangte die Regierung des Zaren in Teheran, Mister Shuster möge raschest seine Tätigkeit aufgeben, weil er ältere Wirtschaftsinteressen Rußlands gefährde.
Nachdem Mister Shuster aus Persien verschwunden war, legte die russische Regierung in Teheran eine Rechnung über die Kosten vor, die sie sich zur Unterstreichung der an Persien gerichteten Forderung mit einer Truppendemonstration an der Grenze zu Persien aufgebürdet hatte. Diese Kosten sollte Persien ersetzen, wollte sie nicht die zwangsweise Eintreibung derselben durch russische Truppen riskieren. Wie so oft und nicht immer zum Nutzen des Landes taten sich auch damals, am Vorabend des Ersten Weltkriegs, die schiitischen Geistlichen in Persien hervor. Dank ihrer Hetze entstand in der Körperschaft zu Teheran, die man mit einiger Übertreibung Parlament nannte, die Parole:
»Mag es der Wille Allahs sein, daß Freiheit und Unabhängigkeit uns mit Gewalt genommen werden, wir wollen jedenfalls nicht mit eigener Hand ihren Verlust unterschreiben.«
Die Russen bekamen also die fraglichen Kosten nicht ersetzt, dafür bekamen die Perser die Russen ins Land. Auf ihrem Marsch gegen Teheran liquidierte das reguläre Militär des Zaren zahllose Perser, die bekannt waren als Anhänger obiger Parole: Geistliche, Lehrer, Politiker und jedermann, der sich den Mund zu voll genommen hatte. Die Russen sind übrigens mehrmals bis Teheran gekommen, so auch im Zweiten Weltkrieg, als 1944 jene Konferenz der damaligen Großen Drei, Stalin, Roosevelt und Churchill, stattgefunden hat, bei der über Deutschland das Los geworfen worden ist.
Im übrigen verließen die Russen noch vor Ausbruch des Ersten Weltkriegs mit der Masse ihrer Truppen Persien, um die ver-

bleibende Schmutzarbeit einheimischen Verrätern und Terroristen zu überlassen. Sie ernannten einen »Generalgouverneur« im Umkreis der Städte Täbris, Reschd, Mesched. In einer dieser Städte wurde von einem Fanatiker ein Überfall auf einen Russen verübt. Seine Exzellenz, besagter Generalgouverneur von Rußlands Gnaden, ließ den Täter hinrichten; man sägte den Unglücklichen entzwei und hängte je eine Hälfte an den Beginn der beiden Ausfallstraßen nach Norden und Süden. Geistlichen, die die Folgen der russischen Invasion vorausgesagt hatten, wurden die Augen ausgestochen, aus denen die Blicke in eine düstere Zukunft Persiens offenbar gekommen waren. Über die »Erwürgung« Persiens von damals gibt es eine in England erschienene Fotoreportage; sie kam den Engländern allerdings nicht sehr zu Bewußtsein, denn der Erste Weltkrieg brach aus, und die englische Propaganda mußte sich mehr mit den gewissen Greueltaten der Deutschen im eroberten Belgien befassen. Da wäre es ein Fehler gewesen, fotografisch festgehaltene Greueltaten der Truppen des verbündeten Rußlands bloßzustellen.

Nachdem die Bolschewisten 1918 den letzten Zaren, Nikolaus II., samt seiner Familie liquidiert hatten, übernahmen sie selbst die weitere Vollstreckung des legendären Testaments des Zaren Peter der Große. Und wie 1911 fand sich auch 1921 ein Individuum, das sich hergab, als »Perser« stellvertretend das zu tun, was seinen russischen Geld- und Auftraggebern recht war. Dieses Individuum war der Kommandant einer persischen Kavalleriebrigade namens Mohammed Reza Pahlevi. Mit sowjetischer Hilfe, vor allem unter Verwendung der von den Sowjets gelieferten Waffen, komplettierte er seine Einheit, bis diese stark genug war, daß der Herr Kommandeur einen Putsch im Land wagen konnte. Dieser gelang dank der sowjetischen Abstützung ganz ausgezeichnet, der Kommandeur machte sich zum Haupt dessen, was man heute im Westen eine Militärjunta nennt, wobei er dem regierenden Schah noch einige Jahre ein Schattendasein beließ, bis er sich selbst an dessen Stelle auf den berühmten »Pfauenthron« setzte.

Der erste Schah Reza Pahlevi, Vater des letzten Schahs, regierte bis 1941. Damals entstand im Iran und im benachbarten Irak die Idee, man bekäme die Engländer am besten dadurch vom Hals, indem man sich mit dem offenbar unbesiegbaren Adolf Hitler verbündet. Man hat es versucht, aber im Iran verlor Schah Reza Pahlevi 1941 den Thron, man arretierte ihn und brachte ihn nach Afrika in eine englische Kolonie, wo er starb. So ist der letzte Schah von Persien als Nachfolger des exilierten auf den Thron gekommen. Als es nach 1941 den Bolschewisten besser ging im Kampf gegen die Naziinvasoren, versuchten sie es im Iran mit einem neuen Stil einer Invasion. Man war bereits im Zeitalter Roosevelts, und Demokratie samt den dazugehörigen Parteien wurde großgeschrieben. So taten die Bolschewisten wacker mit bei der Bildung der iranischen Tude-Partei, in der sich Kommunisten, Linksintellektuelle und Nationalbolschewisten sammelten. In dieser Partei wurde der spätere Todfeind des letzten Schahs, Hedajät, genannt Mossadegh, groß. Ein erster Putschversuch dieser Gruppe scheiterte, aber 1952 sah sich der letzte Schah gezwungen, ausgerechnet Mossadegh zu seinem Ministerpräsidenten zu machen. Prompt mußte er bald darauf außer Landes gehen.

Wer weiß, ob es Mossadegh nicht gelungen wäre, den Schah kaltzustellen, hätte er nicht die Anglo-Iranian Oil Company verstaatlicht und damit den ganzen Westen und dessen Interessen an der Erdölausbeutung in Nahost alarmiert. Kurz gesagt: der Schah ging zwar gezwungenermaßen außer Landes, kam aber mit einem vom US-CIA gesteuerten Militärputsch wieder zurück und an die Macht. Mossadegh aber wurde Symbolfigur aller iranischen Revolutionäre, von den Geistlichen bis zu den Kommunisten im Exil. Das blieb er, bis später in Paris ein anderer Patriarch der Revolution aufstand: der mit prophetischen Gaben ausgestattete Ajatollah Khomeini.

Nicht ohne Bezahlung machte der CIA mit bei der Wiederinthronisierung des letzten Schahs. Dieser wird nie mehr ausscheren aus dem Kurs der von den US gesteuerten Interessentengruppen im Lande. Sehr zu seinem Nachteil wurde der letzte

Schah verläßlichster Partner der US in der unruhig werdenden Welt des Islams. Damit zog er sich zwei böse Feindschaften zu: im Inneren die Hinterbliebenen des Mossadegh-Regimes und deren Neuzugänge; und in der Welt des Islams Radikale, die sich in den sechziger Jahren zur Palästinensischen Befreiungsorganisation – PLO – zusammentun werden, um den Staat Israel zu liquidieren. Immer mehr wagte der Schah, gegen den Strom zu schwimmen: Trotz teilweiser Verstaatlichung der Erdölindustrie im Lande überließ er die Kontrolle über Förderung und Export von Erdöl in erster Linie US-Interessenten; und noch dazu lieferte er dem Erzfeind der Araber, den Israelis, Erdöl quasi ins Haus.

Das geschah in der großen Zeit der US in Nahost: Ein US-gesteuerter Bagdad-Pakt, gestützt auf den Irak, den Iran, die Türkei und Pakistan, legte sich quer zu sowjetischen Absichten in diesem Teil der Welt. Aber in Bagdad zeigten kommunistische Experten, wie das geschieht, wenn man einen vom US-Kapitalismus abhängigen Herrscher umbringt, wie das denn auch 1958 geschah, als man die Leiche des ermordeten Königs wie einen toten Schakal durch die Straßen der Stadt schleppte, als Symbol des Sieges der Revolution. Im Westen wurde dieses Ende wenig bedauert, war es doch ohnehin ein feudalistisches Regime gewesen. Erst als die SU das Revolutionsregime in Bagdad mit Waffen versorgte, ließen sich die US noch einmal mit gewissen, wenig demokratischen Regimen dieser Region ein: mit dem Iran, der Türkei und Pakistan. Indem so der letzte Schah Verbündeter Pakistans wurde, geriet er in die endlosen Streitigkeiten, die nach dem Ende der Kolonialherrschaft Englands über Indien die unabhängigen Nachfolgestaaten Pakistan und Indien miteinander führen.

Schon 1944, in Teheran, hat US-Präsident Roosevelt unter vier Augen Stalin vorgeschlagen, die Reform in einem künftigen unabhängigen Indien »ungefähr« nach »sowjetischem« Muster durchzuführen. Stalin hat bedeutungsvoll darauf aufmerksam gemacht, daß eine solche Reform »von Grund auf« eine »Revolution in Indien« bedeuten würde. Von einem diesbezüglichen

Einwand Roosevelts steht nichts in den Protokollen der Zusammenkünfte der Großen von 1945. Dafür tauchte hinter der Symbolfigur des gewaltlosen Widerstands der Inder gegen die Kolonialherrschaft, Mahatma Gandhi, der Absolvent der englischen Universität Cambridge Jawharlal Nehru auf, später Pandit Nehru, soviel wie Nehru der Gelehrte, genannt. Nehru widmete sich nur kurz der in England erlernten Tätigkeit eines Advokaten, übersiedelte in die Politik, wo er angesichts der Problemfülle seines Landes zu der nämlichen Ansicht kam, die Roosevelt 1944 Stalin gegenüber erwähnte: »I imagine that such problems should be easier dealt with in a socialist structure of society.« Pandit Nehru und seine Tochter Indira Gandhi stehen in *einer* Linie, was ihre Vorstellungen von den im Anschluß an Marx entwickelten Theorien betrifft, wenngleich sie nicht im Marxismus-Leninismus erstarrten. Und doch bedeutete ihr Kommen in Indien einen Wandel, denn das unabhängig gewordene Riesenreich wandte sich vom westlichen Kapitalismus der Kolonialzeit ab; es wurde, wie man sagte, blockfrei; half aber vom Standpunkt seiner Blockfreiheit dem internationalen Kommunismus in schwierigen Lagen, etwa bei dessen Invasion in Südkorea und Afghanistan, indem es sich in der UN der Stimme enthielt, wenn über derlei Aggressionen abgestimmt wurde. Der Pandit und seine Tochter entwickelten auch einen seltsamen Stil in der Innenpolitik, einen einäugigen Sozialismus, den Indira Gandhi schon in ihrer ersten Funktionszeit als Ministerpräsidentin mit größter Entschiedenheit praktizierte und der auch vor Terror nicht zurückscheute. Trotzdem bekam sie von der liberalistischen und sozialistischen Presse des Westens die Auszeichnung, das von ihr regierte Reich habe die »beste Demokratie in Asien«. Diese Demokratie blieb auch weiterhin quasi Vorbild, als Indira Gandhi Pakistan den Krieg erklärte, ihre Truppen in Ostpakistan eindringen ließ, um dort der in London getrimmten Regierung des neuen Staates Bangladesh auf die Beine zu helfen. Bangladesh wurde zum ärmsten der armen Länder Asiens, der von Indira Gandhi vertiefte Konflikt zu Pakistan aber förderte die Afghanistankrise 1980.

Nicht, daß man im Moskau der sechziger und siebziger Jahre das Testament Peters des Großen vergessen hätte. Man hatte auch nicht vergessen, daß zur Zeit der Regierung dieses Zaren Afghanistan ein Teil Persiens war. War man erst einmal in Afghanistan, hatte man einen Fuß im Iran. Der letzte Schah hat mehrere Goodwill-Touren nach Moskau gemacht. Trotzdem zwang man dem hochentwickelten Land einen jener Wirtschafts- und Technologieverträge auf, mittels der die SU sich gern in anderer Länder Sachen mischt, obwohl der Iran das bessere Know-how und das Marketing der US längst im Griff hatte.
Es versteht sich, daß immer dann, wenn eines der reichen Erdölländer in Vorderasien und Nahost mit Moskau paktiert, die US derlei als Alarmzeichen ansahen. Also kontrierten sie die beginnende Bindung an die SU mit gigantischen Militärlieferungen an die Regierung des letzten Schahs, der so unbewußt seine Selbstmordwaffe in die Hand bekam. Denn die Militärmacht ersten Ranges, die der letzte Schah dank der Erträgnisse der Erdölindustrie organisieren konnte, erreichte schließlich für die benachbarte SU unausstehliche Ausmaße. Im Umkreis seiner Grenzen duldet die SU nur Ostblockstaaten oder ein schon finnlandisiertes Finnland oder ein stalinistisches China (zu Stalins Zeiten) oder einen zum Staat gehäuften vagen Zusammenhalt von Stämmen in Afghanistan, keineswegs aber ein von den US hoch aufgerüstetes Militärregime. So mußte es Ende der siebziger Jahre wieder zu dem kommen, was anfangs des zweiten Jahrzehnts über das alte Persien hereinbrach: eine Katastrophe.
Zum Ausbruch der Katastrophe im Iran kam es, als in Paris der Ajatollah Khomeini und seine Umsturzbewegung den Schutz der Regierung Giscard d'Estaings bekamen und ein in den Händen Khomeinis zerfallendes Persien denen in Moskau ungleich mehr genehm war als die Militärmacht des US-hörigen letzten Schahs. Noch etwas kam dazu: für die Linksliberalen in den US war das Regime des letzten Schahs ebenso unerwünscht wie alle ähnlichen Regime in Asien, Afrika und Amerika. Nach

dem Sturz des letzten Schahs hat der Vizepräsident Jimmy Carters, der in der Demokratischen Partei der US etwas weit links stehende Walter Frederick Mondale, lautstark auf gewisse Vorwürfe seiner Landsleute erwidert:
»Ja, hat man denn ernstlich geglaubt, wir würden dieses (Schah-)Regime im Iran stützen?«
Zugegeben, der letzte Schah wurde zuletzt in seinen Presseerklärungen an westliche Journalisten geradezu mussolinesk. Einem Vertreter des US-Magazins *NEWSWEEK* erklärte er zum Beispiel, der Persische Golf müsse ein MARE NOSTRUM der vom Iran geeinten Anrainerstaaten werden. Um sich nach allen Richtungen hin abzuschirmen, gingen aus Teheran Fäden nach Saudi-Arabien – aber auch in den Irak. Mehr noch: man ließ sich mit der terroristisch regierenden Indira Gandhi ein und mit dem Diktator in Peking; letzteres lange bevor der US-Präsident Nixon seine historisch gewordene Reise nach Rotchina machte. Es war, als ob der letzte Schah alle Interessenten am Reichtum seines Landes auf eben dieses Land in Nahost konzentrieren wollte. In den US hielt man sich seit 1978 an gewisse CIA-Berichte, denen zu entnehmen war, daß sich das Schahregime gegen aufkommende Unruhen im Land als wenig schlagkräftig erwies, wenngleich schon genug Blut floß im dortigen Land. Zu Neujahr 1978 hatte der letzte Schah einen seltsamen Gast: den US-Präsidenten Jimmy Carter, der quasi zum Krankenbesuch nach Teheran gekommen war.
Wieder füllten sich die Gefängnisse im Iran mit politischen Gegnern des Regimes von rechts wie links. Das reguläre Militär schoß mit US-Waffen, zuerst über die Köpfe der Demonstranten, dann auf einzelne Demonstranten, zuletzt in die Masse. Die linksradikalen iranischen Studenten im Westen witterten Morgenluft, sie waren entschlossen, jeden Putsch in der Heimat zu unterstützen, und käme er auch von den reaktionären Pfaffen, den Mullahs und ihren Theologen. Es kam eine merkwürdige gemeinsame Front gegen den letzten Schah zusammen. Niemand wußte, was nachher, nach dem Schahregime, im Iran sein sollte; einig waren sich die ansonsten uneinigen Gruppen

nur in dem Willen, den letzten Schah zu beseitigen, am besten zu massakrieren, wie seinerzeit den König des Iraks.
Sender, die in der SU nahe der Grenze zum Iran stehen, schürten die zum Umsturz drängenden Tendenzen im Iran. Was die Sender brachten, war im Grunde nicht viel anderes als die Übertragung ins Parteirussisch dessen, was man gleichzeitig in amerikanischen Zeitungen des linksliberalistischen Establishments vorgekaut bekam. So konnte es nicht ausbleiben, daß da und dort schon der Verdacht aufkam, wonach im Falle eines Sturzes des letzten Schahs die US und die SU sich nicht in die Haare geraten würden. Beide Regime schienen entschlossen zu sein, zu geeigneter Zeit die Verlassenschaftsabhandlung in Sachen Iran ohne Streit zu beenden. Bis dahin mochte die SU sich in Afghanistan ein Faustpfand für die Endabrechnung im Raum des alten Persien beschaffen. Alles das ging über die berüchtigte Abrechnung, die DÉTENTE heißt, aber Rückzug vor der SU ist.
Jetzt krähte der Hahn zum zweiten Mal, und er kräht bald immerfort. Ende 1977 wurde ein hoher iranischer General hingerichtet, der trotz seiner äußerlich und schon in der Form der Uniform zur Schau getragenen Anhänglichkeit zu den US ein Spion der SU war. Das Regime in Teheran wurde wackelig; im Frühjahr 1978 mußte der letzte Schah Hunderte Todfeinde seines Systems aus der Haft entlassen. Endlich hatten die zum Umsturz bereiten verschiedenen Gruppen ihre Unterführer zur Stelle. Aus dem Westen kamen die Vorhuten der linksradikalen Studentengruppen heim ins Vaterland, um den Kern der Revolutionsmacht zu bilden, ehe die Geistlichen sich allein dazu aufschwangen. Brände, deren Anstifter nicht mehr gefaßt werden konnten, häuften sich im Land, erzeugten Unruhe und Angst. Alles nach dem alten Marschtableau für den Fortschritt jeder Revolution. Terrorhandlungen provozierten brutale Gegenschläge der Staatspolizei. Und dann setzten Terroristen im Zentrum der Erdölindustrie, dort, wo die Kommunisten am dichtesten sitzen, ein Kino in Brand. 400 Personen kamen dabei um; zugleich verbreiteten die Linksintellektuellen in westlichen Zei-

tungen den Verdacht, es sei das ein Verbrechen der mörderischen Staatspolizei, welche die Massen in Angst versetzen wolle und sich vor dem Mord an Hunderten Besuchern einer Kindervorstellung nicht scheue.

Die Jugend im Iran hörte jetzt aus den von den US bezogenen Radiorecordern die in Massen verbreiteten Bänder mit den Propagandasprüchen des Ajatollah Khomeini. Und Studentinnen, die unlängst noch in Hot pants herumgelaufen waren, hüllten sich gemäß der Weisung des Ajatollahs in häßliche schwarze Umhänge. Die Weisheit des zum Kommunisten gewordenen Abkömmlings einer chinesischen Mandarinfamilie Tschou En-lai:

»Junge Studenten, die nicht viel Erfahrung haben, sind leicht zu verführen«,

bewahrheitete sich im Iran aufs Wort. Was derlei Studenten in Westdeutschland von Typen wie Cohn-Bendit gelernt haben:

»Wir lehnen das ganze System total ab«,

verwirklichten sie im Iran. Die Sprüche der Studentenrevolution im Westen, in den siebziger Jahren schon abgestandener Kaffee, gerieten im Iran zu einer furchtbaren Wirklichkeit. Nicht nur daß der Schah zuletzt gezwungen war, unter Hinterlassung eines machtlosen Ministerpräsidenten das Land zu verlassen, daß aus der Schutzmacht Frankreich der Ajatollah Khomeini im Triumph als Diktator heimkehrte; es kam im Iran – endlich – zu dem, was in Westdeutschland nicht gelungen war: man fing an, die Typen des Establishments nach dem Sieg der Revolution zu liquidieren. Mehr noch, als die US dem krebskranken Schah erlaubten, in New York eine Spezialklinik aufzusuchen und ins Land zu kommen, hatten die Terroristen in Teheran, was sie wollten: sie besetzten die US-Botschaft in Teheran, während der dortige US-Botschafter, ins Außenamt gelockt, dort als Geisel gehalten wurde. Einige Dutzend US-Botschaftsangehörige nahmen die Linksterroristen, Studenten, denen nicht einmal der Ajatollah Herr wurde, ebenfalls als Geiseln, um damit die Auslieferung des Schahs und seines im Westen deponierten Vermögens zu erpressen. Weihnachten 1979 kam, die Geiseln in Teheran waren noch immer nicht frei. In Washington blieb der für sie aufgestellte Christbaum ohne die Lichter der Weihnachtskerzen. Jimmy Carter ließ grimmigen Blicks einige Papiertiger hochsteigen: Flottendemonstrationen im Indischen Ozean und im Mittelmeer.

Und dann, am Stephanitag 1979, wie man in Wien sagt, am 26. Dezember 1979, machten sich SU-Truppen ihrerseits auf. Aber es kamen nach Bethlehem keine Hirten zur Krippe und keine Heiligen Drei Könige, sondern ein halbes Dutzend regulärer SU-Divisionen nach Afghanistan. Die Zeit war günstig für diesen Okkupationsfeldzug der Russen. Zwischen dem Heiligen Abend und dem Heiligendreikönigstag zelebriert die westliche Welt samt ihrer Prominenz die erste Hälfte des Winterurlaubs. Wo hat man je gehört, daß ein Staat im Hochwinter einen Feldzug in ein unwegsames Gebirgsland unternimmt, in dem es nicht einmal eine Eisenbahn gibt (wie im armen Bangladesh) und die Straßen miserabel geblieben sind?

Wer achtete darauf, daß gleichzeitig die Kommunisten in Italien die Tarnjacke des Eurokommunismus endgültig abwarfen und mit ihrem Steuerungsapparat in den sogenannten »freien Gewerkschaften« des Landes die wackelige Regierung unter den Christdemokraten dermaßen zu terrorisieren anfingen, daß man mit deren nahem Sturz, ja mit dem Ende der NATO-Zugehörigkeit Italiens rechnen darf. Wer wußte, daß am Heiligendreikönigstag der uralte Diktator Jugoslawiens mit seinen aus dem Ausland gekommenen Ärzten noch einmal bei Tisch saß, nachdem letztere schon erkannt hatten, daß man den Siebenundachtzigjährigen ein Bein wird amputieren müssen. Blockfrei, wie es Tito beliebte, saßen ein Spezialist aus der SU und einer aus den US bei Tisch. Nachher war in Moskau gewiß, daß der auf den Tod kranke Tito keine Manderln mehr machen wird, wie man in Wien in solchen Fällen zu sagen pflegt.

Was die von den Studenten als Geiseln gehaltenen US-Bürger in der besetzten US-Botschaft Teherans anlangt, so hielt es Moskau noch mit Gebräuchen, die im alten Persien schon vor 2 500 Jahren heilig waren: Selbst die Gesandten der feindlichen

Griechen genossen in Kriegszeiten den Schutz der Person, wenn sie an den Hof des mächtigen Perserkönigs Kyros kamen. Der islamische Ajatollah Khomeini verachtete derlei, wohl weil derlei alte Bräuche aus der Zeit vor dem Auftreten des Propheten Mohammed stammen. Wie gesagt, es widersprach den Interessen der SU, wenn auswärtige Missionen von der Regierung des Aufenthaltsstaates besetzt und die Botschaftsangehörigen zu Geiseln gemacht werden, und so äußerte sie sich auch im Weltsicherheitsrat der UN. Auch waren sie dafür, daß der Generalsekretär der UN sich in Teheran bei den neuen Machthabern zugunsten der Geiseln bemühe. Dem erging es leider so, wie Karl May es schildert, wenn ein Parlamentär sich ins Lager unzivilisierter Indianer begibt und nachher trotz des Mißerfolgs der Sendung froh ist, mit dem Leben davongekommen zu sein. Dann aber kam man der SU in der UNO heimtükkisch.

Einige der sogenannten blockfreien Staaten gaben sich dazu her, in der UNO den Antrag zu stellen, diese möge beschließen, daß alle in Afghanistan befindlichen ausländischen Truppen das Land zu verlassen hätten. Im Sicherheitsrat konnte die SU den dahin lautenden Beschluß kraft ihres Vetorechtes verhindern, nicht aber in der Vollversammlung der UN. Darüber herrschte eitle Freude in jenem Teil der Welt, den man früher die freie Welt genannt hat. Viele hofften, die SU werde tatsächlich Afghanistan räumen; denn was suchte die SU in einem Land, in dem es kein Öl gibt, keine Eisenbahn, nur aufsässige mohammedanische Bergstämme, die meinten, Marxismus sei des Teufels. Auch in Bonn wollte man es sich wegen der fernen Afghanen nicht mit Ostdeutschland und anderen kommunistisch regierten Ländern verderben, womöglich den dahinlaufenden Warenfluß unterbrechen. Ein General, der sich gegen die »Nachrüstung« der Bundeswehr aussprach, kam klugerweise selbst um die Pensionierung ein; nachdem er die Absicht vertrat, SU-Truppen stünden an der Ostgrenze der BRD, weil man in Moskau eine Wiederholung des Ostfeldzuges Hitlers (bei dem besagter General dabei war) verhindern möchte; und überhaupt Dissidenten und Diversanten die Befriedung in den Ostblockländern im Auftrag der US stören.

Nach dem Ersten Weltkrieg konnte Afghanistan endgültig die stets drohende Vorherrschaft Englands abschütteln; nach dem Zweiten Weltkrieg geriet aber die Regierung in Kabul unter jene der SU, sie ist die einzige in einem Land, das nicht dem Ostblock angehört und die trotzdem aus der SU Geld und Waffen und sonstiges bekam und bekommt. Niemand mißtraute den Bolschewisten oder den Afghanen wegen dieses Umgangs. Zudem bekam die dortige Regierung von der SU nur rückzahlbare Kredite, während die Hilfe aus dem Westen, zumal aus den US, à fonds perdu gegeben wurde. Aber bald sorgte die Linkspropaganda in aller Welt, daß man in Entwicklungsländern oft lieber SU-Kredite nahm als Schenkungen der US-Kapitalisten. Die in der SU ausgestreute Propaganda gegen den HÄSSLICHEN AMERIKANER kam bei Arabern und islamischen Völkern mit der Zeit nicht schlecht an, sowie nur genügend viel Studenten aus diesen Ländern ihre Umerziehung an Hochschulen der US, der BRD oder anderer freigiebiger Länder des Westens genossen hatten.

Die SU sorgte schließlich auch dafür, daß afghanische Offiziere ihre Ausbildung im Gebrauch moderner Waffen, vor allem der Kampfflugzeuge, nur in Ostblockländern bekamen. Kein Wunder, daß die so »ausgebildeten« Offiziere nach ihrer Rückkehr in die Heimat taten, was vor ihnen bereits portugiesische Kameraden nach Schulungslehrgängen der NATO taten: man putschte gegen das Regime und bekam dafür viel Anerkennung in der freien Welt. Denn auch das gestürzte Regime in Afghanistan war durchsetzt mit Resten eines Feudalsystems und daher für das US NEWS MANAGEMENT viel ungeheuerlicher als irgendein Regime der linken oder radikalen Linken.

Belehrt durch den eher ungünstigen Effekt des Auftretens des »Panzerkommunismus« in der ČSSR im Jahre 1969, kamen die Truppen der SU im Hochwinter auf 1980 als Befreier ins Land. Um nicht auch in Afghanistan als »Panzerkommunisten« auftreten zu müssen, hatte sich die Regie des internationalen

Kommunismus im Fall Afghanistan etwas Besonderes einfallen lassen:

1978 klappte der schon erwähnte KP-Putsch der Militärs in Kabul. Im gleichen Jahr wurde dort am Tag der Arbeit die DEMOKRATISCHE REPUBLIK AFGHANISTAN ausgerufen. Die Macht glitt in die Hände der von Kommunisten getrimmten »Demokratischen Volkspartei«. Die Stämme Afghanistans, gewohnt, *nie* dem zu folgen, was man in der Hauptstadt befahl, gingen in ihren alten Zwingburgen wieder einmal in Stellung. So geschehen, schien fürs erste der große Terror des der SU ergebenen Staatschefs Mohammed Taraki nur zu sehr am Platz zu sein. Und dann folgte Ablösung auf Ablösung an der Spitze der Regierung. Neuer Machthaber in Kabul wurde der linientreue Kommunist Hasifullah Amin, in manchem ähnlich dem afrikanischen Massenmörder Amin. Unter ihm füllten sich die Gefängnisse, man liquidierte die Feinde des Volkes, der »Grand Terreur«, unverlierbares Erbe der großen Französischen Revolution von 1789, wiederholte sich. Amin war eine üble Rolle zugedacht:

Er mußte die SU-Truppen ins Land rufen, jene Truppen, die das Land vom Terrorregime »befreien« sollten – laut Regiebuch in Moskau. Und eines Tages wurde in Kabul gegen ihn, den treuen Kommunisten, geputscht. Amin kam um, und es blieb von ihm nur eines übrig: ein weder bestätigter noch zu bestreitender angeblicher Hilferuf an Moskau, dieses möge doch Truppen ins Land schicken, um ein Blutbad zu verhindern. Manche vergreisten Typen meinten, es sei zugegangen wie im März 1938 in Österreich, wo auch nachher niemand die Truppen der Deutschen Wehrmacht ins Land gerufen haben wollte. Die Russen kamen vom Fleck weg. Diesmal taten sie ganze Arbeit. Sie überließen nichts irgendwelchen Stellvertretern, wie man im Westen überrascht feststellen mußte. Sie überschritten zum ersten Mal mit regulären Truppen die Grenze innerhalb der 1945 in Potsdam zweigeteilten Welt. Ihnen entgegen eilte der neue Diktator Afghanistans, Barak Karmal. Er öffnete die von seinem Genossen und dermalen schon toten Vorgänger

Amin überfüllten Gefängnisse. Und so konnte geschehen, daß 1980 in Afghanistan sich nicht wiederholte, was 1956 in Ungarn und 1969 in der ČSSR geschehen war. Diesmal kam die Armee der SU als Befreierin, nicht nur des Landes, sondern auch der Genossen in den Gefängnissen und jener, die sich dort schon bekehrt hatten zum Kommunismus. Im übrigen stieg dennoch die Sterblichkeitsrate im Land; einerseits wegen des Widerstands gewisser Stämme in den Bergen und andererseits, weil es noch einige Nissen der Reaktion abzutöten galt.

Man erinnert sich hier, was dermalen in Italien vor sich geht, was in Jugoslawien befürchtet wird »nach Tito« und was rund um Israel an politischem Sprengstoff noch im Gelände liegt. Zu allem kommt hinzu, daß Pakistan im jetzigen Okkupationsfeldzug der SU das wurde, was im Vietnamkrieg einmal Kambodscha und Laos, zwei neutrale Staaten, für die Kommunisten gewesen sind: Fluchtburg jenseits der Grenze im Falle einer Niederlage. Die US aber fingen in Pakistan an, was sie erst unlängst in Vietnam mit großen Opfern liquidiert haben: Hat US-Präsident Harry Truman 1952 mit einer militärischen Unterstützung Südvietnams gegen die Invasion der Kommunisten begonnen, so wiederholte jetzt, 1980, Jimmy Carter ähnliches bei der Abwehr des SU-Okkupationsfeldzuges in Afghanistan und der möglichen Verfolgungskämpfe der Sowjets auf pakistanischem Gebiet: er will Waffen schicken.

Und es tauchen in Pakistan auch Abgesandte des kommunistischen China auf, versprechen Hilfe, da doch ihr Riesenreich selbst auf Hilfen angewiesen ist, um gegenüber der SU zu bestehen. Selbst Madame Indira Gandhi revidierte die in der UN-Vollversammlung eingenommene Stimmenthaltung ihres Vertreters bei der Abstimmung zugunsten eines Abzugs aller in Afghanistan befindlichen ausländischen Truppen. Sie läßt der SU eine frauliche Ermahnung zur Besserung zukommen.

Jimmy Carter aber fährt fort, sich zu benehmen wie der deutsche Kaiser Wilhelm II. vor Kriegsausbruch 1914. Von diesem sagte nachher ein scharfsichtiger ausländischer Journalist, der Kaiser hätte sich Serien von Tritten in den Hintern gefallen lassen, bis er plötzlich einmal zurücktrat und mit diesem Tritt einen Weltkrieg auslöste. 1980 wird in den US ein Präsident gewählt, es ist dies immer eine Zeit der großen Worte, der weit ausholenden Gesten und oft unerwartet kommenden Ausbrüche. Im großen und ganzen aber geschieht viel mehr:

Das 1945 begonnene Transitorium, an dessen Ende der neue, der umfassende Weltfriede unter der Ägide der Sieger von 1945 stehen sollte, geht zu Ende. Den 1945 in Aussicht genommenen Frieden mit dem, was vom untergegangenen Deutschen Reich übrigblieb, wird es auf Menschengedenken hinaus nicht geben. Das sozialistisch-liberalistische Kombinat in Bonn hat das Absterben des Liberalismus verzögert, aufgehalten hat diesen Untergang aber nicht einmal jener Liberalismus, der aus den US kam. Die 1945 von christlichen Demokraten gegründeten Parteien verkümmern am Rande der Zonen der Entscheidung; in Italien noch an der Spitze einer Regierung, hoffen Kommunisten und Sozialisten, es wird die letzte vor ihrer Machtergreifung im Lande sein.

Die Sterne von 1945 sind längst untergegangen. Das politische Firmament überzieht sich mit fünfzackigen Sternen, zu denen immer mehr Menschen hinaufschauen; einige hoffnungsvoll, noch mehr aber angsterfüllt. Aber – was kommt jetzt?

In den US wird 1980 ein Jimmy Carter oder einer jener Typen gewählt, von denen nicht einmal *zehn* insgesamt soviel Standfestigkeit haben wie ein Brešniev. Brešniev, dessen Krankheitsgeschichte und Altersschwächen nur mehr die Regenbogenblätter des Westens zu bringen wagen. Aber – was wird nach Brešniev sein, nach Tito? Eines ist sicher: die im Anschluß an Marx entstandenen kommunistischen, sozialistischen und sozialdemokratischen Parteien haben das Transitorium überdauert. Der Linksliberalismus im Bündnis mit solchen Parteien hat das Absterben des bürgerlichen Wirtschaftsliberalismus verzögert, nicht aber ans andere Ufer retten können. In den US redet man von einem Neokonservativismus, der dort um zehn Jahre zu spät kommt und eher wie ein Spätkonservativismus ausschaut im ersten Kommen. Von der Maske Lenins ist die höhnische Phrase zu hören:

»Die Parteilosen sind in der Wissenschaft ebenso große Stümper wie in der Politik.«

Wo sind neue Haltepunkte? Vielleicht dort, wo junge Menschen erkennen, was der Dichter Dante als eine der Lehren seiner GÖTTLICHEN KOMÖDIE für alle Zeiten hinterlassen hat: daß nämlich jene Engel, die im Kampf der Engel mit den abgefallenen Engeln *neutral* blieben, die *schwerste* Höllenstrafe erleiden.

1943 US-Präsident Roosevelt und SU-Generalissimus Stalin werden sich am Vorabend der Konferenz der Großen Drei in Teheran unter vier Augen einig über die notwendige Liquidierung des Kolonialismus der europäischen Mächte.

1945 Amerikanische Atombomben auf offene Städte in Japan. Das Potsdamer Abkommen bestätigt die Zweiteilung des besiegten Deutschland und der ganzen Welt.

1948 Der (erste) jüdisch-arabische Krieg eröffnet die Serien von Kriegen in Nahost, bringt mehrmals die Welt an den Rand eines Dritten Weltkrieges.

Das Zeitalter der globalen UN erweist sich als jenes Zeitalter der Neuzeit, das in Zeiten sogenannten Friedens die meisten kriegerischen Auseinandersetzungen einer Epoche hervorbringt.

1949 Die US überlassen China, nachdem sich Tschiang Kai-Schek, Verbündeter im Krieg der US gegen Japan, nicht in eine Regierungskoalition mit den Kommunisten zwängen ließ, Mao Tse-Tung und dessen Oberherren in Moskau. Mit dem Beginn der Herrschaft des Maoismus in China ist das Schema der Zweigeteilten Welt aus 1945 zum Vorteil der Kommunisten zerstört.

1954 Zusammenbruch des französischen Kolonialismus in Indochina. Siegeszug des Kommunismus in Ostasien. Eindringen des Kommunismus in leere Räume der Dritten Welt, aus denen sich die europäischen Kolonialmächte zurückziehen (mußten). Gewährenlassen der US.

1960 Marx-Renaissance im »Freien Westen«. Aus den angelsächsischen Ländern kommt eine Neue Linke nach Europa.

1967 Ausrufung der sexuellen, moralischen, intellektuellen und politischen Revolution an der Freien Universität Westberlins.

1969 Die Ära von christlich-demokratischen Parteien nach dem Zweiten Weltkrieg geht in Europa zu Ende.

1970 Der Mythos von einer errechenbaren Zukunft im Jahre 2 000. Erste Erfahrungen mit einer sogenannten Wissenschaft von der Zukunft beweisen, daß die Zukunft offen ist, ihre eigenen Gesetze hat und nicht jenen des Materialismus des 19. Jahrhunderts unterworfen sein kann.

Religiöses »Revival« in den US (Sekten, religiöse Schwärmerei, Terror von »Religionsgründern«). Daneben religiöse Erneuerung des Islam (im Iran und in den meisten arabischen Ländern). Christliche Kirchen nach dem Zweiten Vatikanischen Konzil, im Zeitalter der Ökumene, angesichts der Erscheinung des Papstes Johannes Paul II. Apokalypse oder neues Hoffen wider die natürliche Hoffnungslosigkeit? Ideologien als Religionsersatz.

Neue Gottsucher und Gotterbauer (wie ehedem zu Zeiten Maxim Gorkis) diesseits und jenseits des Eisernen Vorhangs unterwegs. Radikaler Atheismus schafft jene Lebensleere, die Fragen nach einem Sinn des Lebens verschärft.

Seltsame Mischung von Aufbruchs- und Niedergangsstimmung unter den Gefahren von OVERKILL, des Potentials der Supermächte, mit ihren Waffen – wenn möglich – mehrmals die bestehende Welt zu vernichten.

Wissenschafter und Technologen warnen vor den Gefahren einer »Überkapazität«. Verzicht auf technische Fortschritte, die technologisch erreichbar werden, um des Überlebens willen? Wer bewacht die Wächter der drohenden »Überkapazität«? Grenzen des Rechts, das nur vom Volk ausgeht, werden sichtbar.

Recommencer à zéro, Wiederanfangen in einer Stunde Null, findet nicht statt. Das CONTINUUM, das Fortwährende, scheint die Fragwürdigkeiten eines TRANSITORISCHEN ZEITALTERS, einer vorübergehenden Zwischenära der Menschheitsgeschichte in Untergangsstimmung, zu überwinden. Gott ist nicht tot.

HEINRICH DRIMMEL

Oktober Achtundvierzig

Die Wiener Revolution

463 Seiten, S 198,– · 1978

»Heinrich Drimmel, Historiker aus Passion, verbindet genaue Kenntnis der Literatur mit kritischer Analyse und dramatischer Darstellung. In diesem Buch geht es um die dritte Phase der Wiener Revolution, der sogenannten Oktoberrevolution, die mehr von sozialen als nationalen Motiven geprägt war und die mit dem Sieg der Reaktion endete ... Quellentreu bis in die Zitate erinnert diese breite Schau an die Trilogie Bruno Brehms.«

Wiener Zeitung

AMALTHEA

HEINRICH DRIMMEL

Gott mit uns

Das Ende einer Epoche

448 Seiten, S 198,– · 1977

»Dieses Buch von Heinrich Drimmel ist alles andere als die ruhige Betrachtung eines abgeklärten Zeitgenossen, der in bequemer Großzügigkeit Gott und die Welt letztlich dort beläßt, wo sie nun einmal hingeraten sind. Eine so billig friedfertige Haltung liegt einem Heinrich Drimmel nicht, der mit diesem Buch dem Zeitschiff einen Schuß vor den Bug verpaßt. Er wird damit den Kurs des Schiffes nicht bestimmen können, aber er zwingt uns zum Nachdenken.«

»Politische Manuskripte« (ORF)

AMALTHEA

HEINRICH DRIMMEL

Gott erhalte

Biographie einer Epoche

400 Seiten, S 198,– · 1976

»Immer wieder kreist das Denken Drimmels um den Untergang der Habsburgermonarchie, der identisch war mit der Zerstörung der europäischen Ordnung und der nicht zuletzt unmittelbar zu den Katastrophen des Zweiten Weltkriegs führte. In unverwechselbarer, meisterhafter Sprache schildert Drimmel mit den Stilmitteln des historischen Romans ein Ereignis, mit dem für ihn das Sterben Europas begann: die Schlacht von Königgrätz 1866 zwischen Österreich und Preußen. Wie die Personen und ihre Epoche dargestellt werden, ist mitreißend.«

Berliner Morgenpost

AMALTHEA

HEINRICH DRIMMEL

Die Häuser meines Lebens

448 Seiten, S 280,– · 1975

»Man muß seinen Drimmel gelesen haben, um zu schätzen, was diese Fundgrube hergibt für die Kenntnis einer kleinbürgerlich-proletarischen Schicht, die in der Republik II zur Führung aufstieg und das, was von der alten »Gesellschaft« verblieben ist, weithin in Klubs, ins »Philharmonische« etc. abgedrängt hat . . . Die Republik, ihre Menschen haben es mit diesem Buch zu einem Zeugnis gebracht. Gerade der höchstpersönliche Spiegel gibt viel von dem wieder, was mit allen Österreichern seit 1918 geschah. Der Drimmel gehört zum Familienalbum. Er ersetzt es, wenn es verlorenging.«

Die Presse